刘昌毅 主编

威海市社会科学优秀成果获奖作品文库

（第十九卷）

社会科学文献出版社
SOCIAL SCIENCES ACADEMIC PRESS (CHINA)

编 委 会

编委会主任

刘广华

编委会副主任

许祖强　刘昌毅　张瑞英　王治国　李学波

编委会成员

蔡鹏程　王鹏飞　邢　奎

序

"物之所在，道则在焉"。哲学社会科学是人们认识世界、改造世界的重要工具，是推动历史发展和社会进步的重要力量。习近平总书记指出："人类社会每一次重大跃进，人类文明每一次重大发展，都离不开哲学社会科学的知识变革和思想先导"。在推动社会发展进步的过程中，哲学社会科学与自然科学宛如"车之两轮""鸟之双翼"，相互依存、相辅相成，缺一不可。

党的十八大以来，以习近平同志为核心的党中央多次强调要大力加强中国特色新型智库建设，发出了推动哲学社会科学大发展大繁荣的号召，提出了繁荣发展社会科学的战略任务。在哲学社会科学工作座谈会上，习近平总书记明确提出要坚持以马克思主义为指导，解决好真懂真信、为什么人、怎么用的问题，为繁荣发展哲学社会科学事业提供了思想指南和实践动力。同时，贯彻落实威海市第十五次党代会精神，深入实施"全域城市化、市域一体化""产业强市、工业带动、突破发展服务业"等重大战略，争当全省"走在前列"排头兵、实现现代化幸福威海建设新跨越，也需要丰硕的理论创新支撑。时代呼唤哲学社会科学的繁荣发展。站在新的历史起点上，立足威海发展实际，深入研究回答重大理论问题和实践问题，不断推进理论创新和实践创新，提供更多更好的智慧产品，是实现威海现代化宏伟发展蓝图的迫切需要，也是进一步增进共识、凝聚合力的现实要求。

长期以来，威海市委、市政府高度重视哲学社会科学事业的发展，不断完善机制、加大投入、优化环境，打造了一批有特色、有影响的社科品牌，造就了一批知名专家和学术带头人，推出了一批理论创新成果和学术精品。全市广大哲学社会科学工作者坚持以习近平总书记系列重要讲话精神为指导，深入研究和回答党和国家以及我市经济社会发展中面临的理论和实践问题，在理论普及、学术研究、决策咨询等方面，做了大量卓有成效的工作，为推进现代化幸福威海建设事业提供了有力的智力支持，做出了积极贡献。

经过 20 年的实践，威海市社会科学优秀成果奖评选工作，逐步走上科学化、规范化、制度化的轨道，其公信力、权威性和影响力不断增强，成为推介优秀成果、引导研究方向、展示我市社科水平的重要平台，成为促进研究成果应用、转化的有力杠杆，成为发现、培养优秀人才的学术摇篮，对激发广大社科理论工作者的积极性创造性、推动新型智库建设、繁荣发展我市哲学社会科学事业具有重要意义。

《威海市社会科学优秀成果获奖作品文库》（第十一卷～第二十卷）的出版，是对近十年来全市社会科学优秀研究成果的再次认可，也是对哲学社会科学研究的激励与推动。这是一个回顾，是近十年社会科学优秀成果的一个归集；但更是一个展望，是督促全市哲学社会科学进一步繁荣发展的一个新起点。希望全市社会理论工作者，在以习近平总书记为核心的党中央的英明领导下，坚持马克思主义理论学风，深入实际、求真务实、与时俱进、锐意进取，以更加昂扬的斗志，不断取得理论研究的新成果、新成就，为实现现代化幸福威海建设新跨越，做出新贡献。

中共威海市委常委、宣传部长　刘广华

2017 年 9 月

C 目录
CONTENTS

威海市基于大数据的智慧城市
管理对策研究

周学权

一 威海市城市管理的大数据应用现状分析

（一）威海智慧城市建设与大数据应用现状

自 2013 年开始实施智慧城市建设以来，威海市通过三年多的摸索，现已初步形成了智慧城市建设的"威海模式"，即由威海市政府选定当地最大的国有 IT 企业——北洋电气集团担当智慧威海投资运营主体，深度参与智慧威海顶层规划设计，参与项目建设和运营服务。这一创新模式部分解决了智慧城市建设过程中的资金投入问题，把项目管理交给专业公司去做，后续运营维护再也不用担心找不到服务单位的问题。

去年，威海市在智慧城市建设中大力实施便民惠民项目，推进了智慧交通、智慧城建、智慧供热、市民网、智慧旅游等 19 个项目建设，越来越多的市民感受到了智慧生活的方便与快捷。而 19 个政府部门的政务数据对外开放，尤其让创新创业者们有了更可靠的信息获取渠道。今年的智慧城市建设将更加注重服务百姓生活和产业发展，除了在原有基础上继续推进市民网、市民卡、智慧教育、智慧旅游、智慧交通 5 个续建项目建设外，还将推动企业融合服务平台、智慧医疗、智慧环保和摇一摇 4 个项目的立项实施，进一步扩大智慧城市服务面。

今年，威海市民网将新增 210 项政务和 300 项便民服务，并将研发教育、文化等 10 个专题服务模块，90% 以上服务事项将覆盖全市域。"市民卡"工程是一项便民、利民、惠民的民生工程，是数字威海、智慧城市建设的基础工程，一张市民卡将串起百姓生活的方方面面，水、电、气、暖、通信、有线电视等公共事业缴费服务和各类政策性补贴发放等功能都将纳入市民卡中，年内实现市民卡乘车、停车场支付应用，并全面覆盖环翠区、高区、经区和临港区。而对于乘公交车出行的市民来说，在原来用手机 APP 查询车辆运行情况的基础上，通过开通手机支付平台，今年有望实现刷手机乘公交车。

在智慧医疗方面，今年威海市将搭建市、市（区）、镇（街道）、村四级智慧医疗卫生网络，全市公立医院和基层医疗机构接入率达到 100%。建设人口健康信息综合平台和区域影像、心电、双向转诊、远程会诊等应用系统，实现全市公立医院和基层医疗机构服务协同。全市二级以上医院全部接入统一预约挂号系统，居民看病网上挂号率达到 30% 以上。此外，通过智慧环保建设，空气质量预报准确率提高到 90% 以上，预报天数由 1 天增加到 7 天。

在电子政务方面，威海市电子政务平台依托威海云计算中心，实现全市机关事业单位电子政务接入与管理，加快政务信息化工程建设，提高政务信息化水平，实现全市政务数据大共享。目前，已完成 230 多家机关事业单位电子政务的网络接入，实现了全市政务系统的"机房大集中、应用大整合、数据大共享、管理大统一"。环翠区 2013 年 4 月份，共投资 1200 多万元，建立了办公面积约 4000 平方米的社会管理服务指挥平台，下设政务服务中心、社会矛盾调处中心、社会信息中心和社会管理服务指挥中心四大中心，实现了对全区所有信息资源的网上调度指挥与分析研判。

（二）大数据在智慧城市管理中存在的主要问题

尽管威海的大数据应用在智慧城市建设中取得了一定的成效，但是，由于大数据的发展处于初期阶段，仍然存在一些问题，主要包括以下几个方面。

（1）数据资源整合与共享水平有待提升。丰富的高质量数据资源是大数据产业发展的前提，但已有数据资源存在标准化、准确性、完整性低，利用价值不高的情况。同时，政府、企业和行业信息化系统建设中受到各种因素制约，形成了众多"信息孤岛"，数据开放程度相对滞后。建立良性发展的数据资源储备与共享体系，是大数据发展的首要问题。

（2）大数据项目建设资金缺口较大。大数据项目建设是一个复杂、持续的系统工程，仅依靠财政和北洋集团的投入还是不够，建设和维护资金较为庞大，尤其是项目后期的应用和维护仍然需要大量的费用，确保项目建成后的正常应用和运行是关键。

（3）大数据建设领域的人才匮乏。从目前看，大数据建设经过几年的发展仍处于起步阶段，急需专业人才作为引导和支撑，而熟悉该领域的专业人才明显偏少，多层次、多形式、多途径的人才培养体系尚未建立。

（4）大数据相关的法律法规有待进一步完善。随着大数据挖掘分析越来越精准、应用领域的不断扩展，保护个人隐私和数据安全变得非常紧迫。我国个人信息保护、数据跨境流动等方面的法律法规尚不健全，这成为制约大数据产业健康发展的重要原因之一。

（5）领导干部缺乏大数据思维意识。部分领导干部没有充分认识到打造大数据施政平台对于提升政府治理能力的重要性，需及时转换思维模式，调整数据管理的内容以适应大数据管理要求。

二　面向威海市政府的大数据储存与共享策略

（一）统一大数据存储

大数据要求把威海市作为一个整体考虑，只有在市级层面进行统一的信息化管理，才能充分利用大数据技术的优势，充分挖掘数据的真正价值。在管理层面上，市政府需要建立一个大数据主管部门，发布信息化建设和大数据共享的统一标准，对大数据项目进行审核，对下级数据共享进行指导和监督。其下属的各个部门负责在本市范围内执行信息化建设和数据系统建设。主管部门根据统一的需求分配各个部门任务，然后各单位负责基础数据的采集和审核，最后按照由下向上的顺序逐一筛选和整理汇总数据到主管部门，实现政府各部门大数据的统一存储和管理。在技术层面上，威海市需要建立全市统一的大数据中心，扩容现有数据交换平台，增加中心集群、前置集群，提升现有交换性能和稳定性，并提供对云交换的支持。作为全市信息存储的基础设施，数据中心要逐步为更多项目、更大范围跨部门、跨地区信息交换、资源共享和应用服务提供支撑，确保大数据来源渠道的畅通。

大数据的管理与存储应以需求为导向，大数据建设必须避免为了大数据而大数据的盲目建设现象，必须在全市统筹规划下，以需求为导向，扎实推进数据的统一存储和信息共享，逐步建立起大数据的分析、应用和支持体系，发挥大数据巨大的潜在价值。坚持创新驱动发展，深化大数据应用，为稳增长、促改革、调结构、惠民生和推动政府治理能力现代化服务。

（二）建立基于数据内容性质的分等级开放策略

数据既然是一种资源，就应当像管理国土资源、矿产资源一样，有一套有法必依的法规。政府拥有大量数据，如果不开放政府数据，大数据研究和应用就会面临"无米之炊"的窘境。政府开放的数据应该不受版权或第三方所有权的限制，最好符合开放标准，通过搜索引擎容易找到。根据数据的内容性质，可分等级地控制开放范围。但如果随意开放政府数据，又可能出现严重的安全问题。安全问题是贯穿电子政务发展始终的焦点问题，在大数据时代尤为重要。政府信息资源都集中存储在大数据信息平台，所以对大数据平台的安全保护提出了更高的要求。

大数据平台中的数据使用分为公开使用和内部使用两种主要形式。公开数据可以对公众开放、随意使用，公开数据主要是社会生产生活方面的基础数据，需要经过严格的数据审核和审批，才能对外公布。内部使用数据主要在政府部门内部使用，只需要主管部门和大数据主管部门审核发布即可使用，同时也可以使用未经审核的数据，内部的一些分析数据和结论也可以共享在大数据平台中，这样可以避免因保密等原因出现的分析结果不准确问题的发生。

政府可以采用金字塔式的数据分级开放策略，越靠近金字塔顶端的数据价值越大，要重点保护和利用，并且因人而异地设置访问机制，根据不同职务的人员对信息的不同需求设置权限，确保数据安全。其次，信息资源传输渠道应该运用数据加密技术，采用高级新型秘钥对传输前的数据进行加密，对秘钥进行特殊管理，传输过程中对数据进行监控，传输结束对数据进行备份。

除了实行金字塔式的数据分级开放策略，开放政府数据还应遵循以下四项原则。

（1）价值导向原则：数据资源具有经济价值和社会价值，对数据资源开发利用者有吸引力。

（2）质量保障原则：数据格式应当方便使用，内容及时更新，及时剔除冗余过时的数据，避免出现数据的不准确等问题。

（3）责权利统一原则：政务数据资源拥有部门承担数据开放的责任，依法明确开放数据的范围，数据用户有对其下载后数据的使用行为负责的义务。

（4）数字连续性原则：开放的政务数据资源应维护其数据连续性，保证可持续利用。数据主管部门在发布数据时需要注明数据的有效期和更新周期，确保数据在有效期内使用，并保证及时更新。大数据平台主管部门要定期对数据的有效性进行检测，及时标注过期数据和有分歧的数据，确保数据的更新和有效。

（三） 推进大数据开放与共享

数据的开放将创造出更大的社会价值。国务院也在近期强调了推动大数据的开放与共享的重要性。如果一个城市公开所有的交通事故的数据，包括时间和地点，人们将会根据这些数据提高警觉，从而有助于改善城市的交通安全。城市路况手机应用，提供路况拥堵状况为公众出行提供实时建议，而且为公共交通系统在客流高低峰时段、热点站和普通站之间的调配提出更优的方案。由需求推动的大数据产业环境已经形成。最终产业环境的发展必然带动信息环境的发展，走产业环境推动信息环境发展的路径将是全市大数据产业发展的最佳方向。

全市各部门电子政务以及智慧城市各项应用的不断推进，不仅把部门电子政务建设推向了全新的高度，而且客观上产生了部门间信息共享的迫切需求。在全市统一的大数据存储平台，实行分等级的数据开放制度的基础上，有序地进行公安、住建、卫计、人社、教育、民政、食药监、质监、公积金、房管等部门间信息资源的共享与交换，要注重数据、信息之间的关联，进一步推动政府信息开放共享，消除信息的"盲区""孤岛"。

三　基于大数据的政府治理水平提升策略

世界上越来越多的国家从战略层面上认识并应用大数据，在政府治理领域融入大数据思维和技术。在此背景下，威海市政府也应顺应时代发展趋势，契合推进政府治理能力现代化的时代要求，充分利用大数据提升政府治理能力。

（一） 转变管理理念和治理模式

"政府管理"与"政府治理"尽管只有一字之差，含义却大大不同。政府管理侧重于政府对社会进行管理，政府是社会管理合法权利的主要来源。而政府治理则强调合法权利来源的多样性，社会组织、企事业单位、社区组织等也同样是合法权利的来源。治理的主体是多元的，任何一个单一主体都不能垄断规范和管理的实践过程。在大数据时代，政府需要将管理转变为治理，更多地强调发挥多主体的作用，更多地鼓励参与者自主表达、协商对话，并达成共识，从而形成符合整体利益的公共政策。

传统的政府管理侧重于政府由上而下的管理，政府治理则侧重于由下而上的治理，大数据时代的社会治理本质上是数据治理。当前舆论自由，人们可以在微信、微博等网络空间发表言论，提出见解。在大数据环境下，政府有能力挖掘并使用这些异步、异构的数据表达形式，切实了解民众的想法。过去，政府为了了解民众对政府的看法，大多会采用问卷或电话访问的形式，但对于涉及隐私或政治的敏感性问题，民众的回答可能会模棱两可，甚至口是心非。大数据时代，政府则可以通过数据挖掘来了解民众的内心想法。

海量数据的聚集、融合以及大数据思维手段的广泛应用，要求政府加快把治理模式从一元转向多元，切实提升共治力、善治力、综治力。比如，要稳步推进公共数据资源开放，数据开放将不仅是保障公民知情权的需要，更是推动一个地方经济社会发展、营造创新创业氛围的基础性支撑。应加快推进从政府"一家独大"向"政府搭台、社会唱戏"转变，使共建共治理念更加深入人心，逐步形成网络状、实时化、多维度的政府、社会协同治理结构和格局。

以社会治安为例。研究表明，人口流动性每提高1%大约将导致犯罪率上升3.6%。人口流动性大、信息不透明，是流动人口服务管理面临的首要难题。这些流动人口，他们从哪里来，到哪里去，从事什么工作，家庭什么结构，有什么需求，诸多"个人私密"，谁来摸清，怎样摸清，这些信息在以前的小数据时代是很难获取的，但是在当前大数据时代是可以完成的，技术的进步促使政府必须转变管理理念和治理模式，信息量的变化导致决策方式的变化。威海是一个游客、学生密集的城市，人口流动性较大，当人口流动率显著提高时，公安部门必须加大治安力度，并提前做好准备来应对各种突发状况。

从2011年开始，威海市政府在全市所有汽车站、火车站、港口、机场、治安卡口及部分重点单位布建了旅访客信息采集分析系统，目前已形成了一张覆盖城市所有交通出入口和部分重点单位的信息采集、预警网络。近三年来，该系统共采集流动人员身份信息377万余条，数据以每月10万余条的数量递增。通过对这些数据的挖掘分析，公安部门直接抓获逃犯49名，获得逃犯线索300余条，通过线索反查抓获逃犯10名，获得案件线索1000余条，直接破获案件130余起，产生嫌疑人轨迹数据500余条，稳控各类重点人1136名。

古语有云："夫参署者；集众思；广忠益也。"民众的智慧是无穷的，传统观念中政府是治理者，民众是被治理者。但是，政府人员毕竟数量有限，眼界有一定局限。大数据时代，民众可以对某个问题提出自己独特的思考与见解，对政府决策起一个很好的辅助作用。政府可以通过收集民众的意见，从而找到更好的解决方案。民众偏向于将自己的所见所闻发布到网上并进行转发，因此，民众也可以是信息源和信息的传播者。比如，大树被台风吹倒阻断了道路，这件事的最早知晓者可能是一名开车人士，他会将这条消息发布到朋友圈，而相关的政府部门通过对网络信息进行收集、分析而知晓这一消息，进行相应的紧急抢修工作。

因此，在政府治理领域，通过让海量、动态、多样的数据有效集成为有价值的信息资源，可推动政府转变管理理念和治理模式，大幅度提升治理能力和工作效能，有效降低城市管理成本，进而加快治理体系和治理能力现代化。

（二）提高决策的精细化和科学化

在传统的决策机制中，地方政府的一些领导往往凭借自身经验进行决策，由于缺乏对客观数据的把握，容易导致决策失误率高、滞后性严重、透明度低等，违背经济社会的科学发展规律。在大数据时代，地方政府应改变传统的决策方式，充分运用大数据来建立有效的科学决策机制，防止出现个别领导"拍脑袋"决策现象，提高政策决策的精准性、科学性和预见性。同时，随着政府职能转变加快、党和政府民主科学决策进程提速，在大力推进电子政务建设和大数据开发与利用的背景下，地方政府不仅要充分运用大数据的智能化、精准性和快速性来评估政策执行的效度，而且还要对政府决策的准确性、时效性进行客观科学的数据分析和跟踪评估，纠正政策在执行过程中偏离实际的情况，为科学决策保驾护航。

地方政府在重大决策过程中，运用大数据来分析民众对重大决策的关注程度、意见表达、利益诉求以及民众的情绪变化等，不仅能够促进决策的科学性，还能有效预防和化解潜在的社会风险和社会问题。因此，地方政府应充分运用大数据来建立畅通的民意反馈渠道，通过大量收集反馈数据进行舆情分析和预测，及时有效地修改、调整、完善、纠偏决策，提升地方政府的科学决策能力。

面对越来越复杂多变的社会事务，传统的管理思维往往停留在增加编制、增加人员、增加经费等层面，信息化手段运用不足，止步于粗放式管理。政府应借助大数据手段进行政务管理，通过数据的"留痕"、关联分析，对诸如市场监管、检验检疫、违法失信、消费维权、司法审判等各类数据进行整合，精准掌握企业、个人等各类主体的真实状况，准确把握、及时发现问题，从而进一步提升政府监督管理的精准性和针对性。

为了掌握各类主体的真实状况，必须坚持以信息化推进社会治理的精细化。推进网格化治理，将网格作为加强基层基础工作的坚强堡垒。以县（区）为单位，将所辖区域划分为多种类型的网格，将区域内所有人、地、物、事、组织等要素和服务事项全部纳入网格。网格内配备若干名网格员，实行日常巡察与专业巡察相结合制度和工作台账制度，全面负责网格内矛盾隐患排查、基本信息搜集、问题排查。

当前，政府决策、施策的事项纷繁复杂，各类矛盾交织、各种变量融合的情况比比皆是。缺乏数据支撑的决策特别是凭经验做出的决策，往往"顾此失彼"，科学性、前瞻性不够。政府应借助大数据手段，利用数据关联分析、数学建模、虚拟仿真乃至人工智能等技术，在广泛、大量数据的基础上进行模块化分析和政策模拟，为决策提供更为系统、准确、科学的参考依据，为决策实施提供更为全面、可靠的实时跟踪，推动政府决策由过去的经验型、估计型向数据分析型转变，最终实现政府决策机制再造。

建立大数据信息平台，工作流程在平台上闭环运行。组建区县、街镇、管区三级互联互通社会治理信息支撑平台，实现信息多元化收集、重点区域实时监控、数据综合分析研判、问题高效处置等"四大功能"，使发现问题、分析问题、解决问题、核实反馈"四个环节"环环相扣、闭环运行。全面整合公安、安监、街镇等视频监控资源，对安全生产、社会治安等问题多发区域进行可视化监控，实时获取并处理各类信息。信息化自动巡查的"天网"与网格化人工巡查的"地网"相结合，构成无缝覆盖的"天罗地网"。依托梳理出的大数据，实施风险等级研判，及时提出对策措施。信息平台在接到问题后分转到街镇和职能部门限时办结，办结情况由网络员核实后反馈上报。

在大数据时代，互联网数据的价值随着海量积累而产生质变，能够对经济社会运行规律进行直观呈现，从而降低政府治理偏差概率，提高政府治理的精细化和科学化。政府信息化和数据共享以及基于大数据的分析和预测，能够提高政府决策的科学性和精准性，提高政府预警能力以及应急响应能力，节约决策的成本。以财政部门为例，基于云计算、大数据技术，财政部门可以按需掌握各个部门的数据，并对数据进行分析，做出的决策可以更准确、更高效。另外，也可以依据数据推动财政创新，使财政工作更有效率、更加开放、更加透明。

（三）基于大数据的协调策略

协调策略就是研究政府各部门间如何一起更好地为国家、为人民服务。

政府各部门不是各自为政，而是相互合作但又分工明确。协调在各个时代都是至关重要的，而大数据时代的协调又独具特色。部门合作的前提是数据共享，你明白我的动向，我明白你的需求。基于数据共享的威海电子政务云自2014年开始建立，将把威海200多家政府机关单位的业务逐步整合到一个统一的平台，由云计算中心统一负责数据的存储和设备的维护，可以减少各项财政支出近40%。"政务云"利用云计算中心的中心机房，为威海市直党政机关和事业单位的办公系统和行政审批系统提供量化的、可定制的服务，既节省了财政支出，又可以解决当前普遍存在的设备利用率低、系统运维难、人工成本高、能源消耗大等问题。

古语有言"山雨欲来风满楼"，任何事情的发生必有征兆。大数据时代，我们应当把各种征兆挖掘出来，以此来推测事态的发展方向，这就需要各部门的协同努力。以"山雨欲来风满楼"为例，检测"山雨欲来"是气象台的职责，疏散群众、护楼则是消防人员的职责。但是，如果气象台不将"山雨欲来"的消息告诉消防部门，消防部门就不能立即采取有效措施。各个部门往往更注重各司其职，然而部门间的合作与协调也是至关重要的。基于大数据的协调策略，可以让各部门做到未雨绸缪，合理安排人力、物力、财力，提高效率并节约成本。

目前，在气象观测站中，温度、湿度、气压、风向、风速等所有实况数据的采集和传输几乎都可以通过自动化完成，仅有少数几个项目需要人工参与，比如地面能见度观测、释放探空气球（采集高空数据）、卫星轨道控制等。截至2015年底，我国大约有50000个这样的地面观测站，所有观测站均为自动站。这些由气象观测站收集到的数据信息会首先在各省（市、区）的气象台进行汇总，再上传到位于北京的国家气象信息中心的通信台，然后进行后续处理，最后在计算机程序中输入当前已知的天气现象，它就可以输出未来的天气状况。这个庞大的计算机程序就被称作"模式系统"。

所有的国家基本上都有一套自己用来演算天气情况的模式系统，有的国家甚至还具有不止一套系统。模式系统一般每天计算2~4次，通常在整点开始，利用整点前采集到的实况数据进行计算，每次计算要生成大概几百个物理量，包括从开始计算的时刻（起报时刻）至未来24小时（或更长）的一系列二进制网格数据，预报时效通常间隔3小时，目前气象网格经纬度间距一般在0.25度（纬度0.1度≈11.1km，经度0.1度≈10km）数量级，一个网格文件大小通常在1MB~2MB，包含几十万个浮点数值。

威海市气象台每天通过卫星广播系统（CMACast）接收的常规观测资料、

雷达资料、数值预报、卫星云图等资料，数据量在 2～3G。这些资料经 MI-CAPS 系统处理，推送到预报桌面显示。威海市气象台还负责本地 6 个国家级自动站、1 个探空站、70 多个区域自动站、荣成雷达站、国家空间观测站实时观测资料的收集上传及这些资料在本地的处理入库显示。最终，天气结果可以在交通部门以及个人手机客户端等平台进行显示，保证交通部门以及个人可以提前准备。当然，仅靠交通部门本身并不能完成城市智慧交通的各类服务，天气信息需要气象部门提供，道路状况需要交通监控报告，交通事故需要医疗救助，事故信息需要传播转发，等等。如图 1 所示。我们引用了在2015 年服务科学国际会议上哈尔滨工业大学徐晓飞教授所展示的面向智慧城市交通的大服务概念，对政府各部门之间如何协调以实现综合性个性化的交通服务进行阐释。

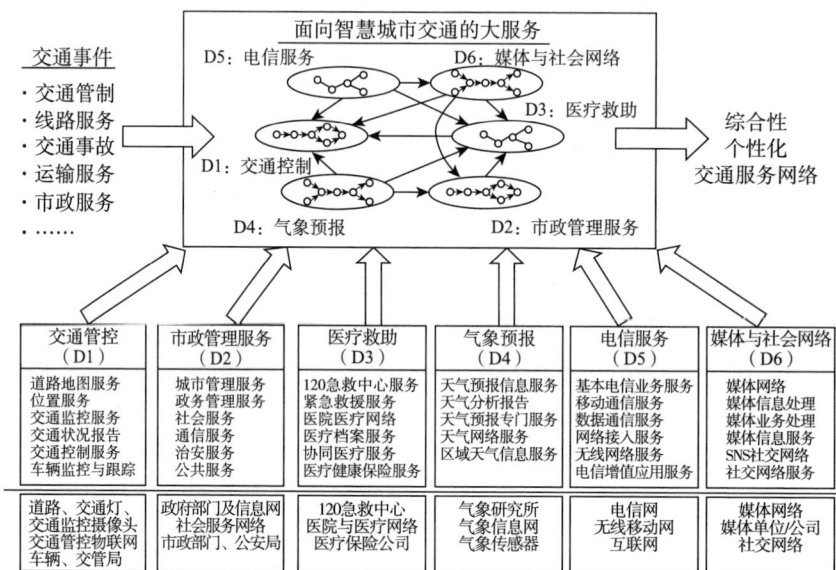

图 1　面向智慧城市交通的大服务

事件的预测、分析到行动需要多个部门的共同努力，因此，各部门之间的协调是至关重要的。为了实现各部门间的协调，气象部门需要与水利、国土、环保、交通部门建立数据共享平台，实现水利局已建降水观测站数据和水文观测站数据、交通观测站数据、环保监测站点观测数据在同一平面显示，实时共享。气象预报预警信息实时推送到各家平台。这样，各部门就可以根据气象数据进行计划安排，达到未雨绸缪的效果。

目前，政府部门信息共享服务平台已通过采用人工拷贝和专线引入相结合的方式，整合了人社局、工商局、统计局、银监局、电信公司、移动公司、联通公司等 12 家单位 27 类 8828 万条社会数据。通过深度的数据挖掘分析，对市场主体的行为动向和违规违法风险进行预测预警，促使政府在跨部门数据共享和联合行动的基础上，实时响应、处理公共事件和公众诉求，对各类行为实施精准预测，实现从事中干预、事后反应向事前预测、超前预测转变。理顺体制机制，推进协同化治理，各部门必须坐实管理体制和管理机构，统筹协调辖区社会治理工作，统一调度信息汇总、问题转办和督查考核等工作。

因此，基于大数据建立跨部门、跨行业的综合监管和执法体系，把相关部门的监管事项、监管规则都放到统一的监管平台，形成监管和执法合力。同时，广泛吸引公众参与监管，充分发挥社会组织的作用，切实落实企业责任，还要重视发挥媒体舆论的监管作用。切实推进社会信用体系建设，各部门、各区县都要加快完善市场主体信用公示系统，推进各部门、各方面信息互联共享，构建以信息公示为基础、信用监管为核心的监管制度，从而提升政府治理水平。

四 基于大数据的公共服务和社会管理 能力提升策略

在政府开放数据的基础上，积极推进大数据在政务和公共服务领域的应用，特别是在智慧城市建设中要大力推广大数据技术，惠及大众，提升政府的管理效率和服务水平。

（一）以智慧公交为基础提升政府公共服务能力

威海作为国家一级旅游城市，旅游资源丰富，有海岛海岸、城市园林、历史遗迹、民俗风情等十多种类型景区，拥有国家 5A 级旅游景区 1 处，4A 级旅游景区 8 处，3A 级旅游景区 6 处，2A 级旅游景区 1 处，省级旅游度假区 4 处，游览景区（点）80 多处。近年来吸引了众多国内外游客，为方便游客出行，提升威海市貌，在智慧公交的基础上循序渐进提升智慧旅游、天气、路况、预警等服务能力。

1. 完善智慧交通移动应用

迄今为止，威海市基本上实施了智慧交通体系。其中交通"绿波带"通过对路口信号灯和车流车速的设计，节省了车辆行车时间和汽油费用；调时卡对威海公交车采取了优先通行的技术控制，为公交优先"开绿灯"；智慧公交实时监控公交车的运行状况，方便了市民出行。

现阶段的威海公交 APP 支持公交线路搜索、公交站点搜索、公交换乘搜索、公交实时到站提醒，但页面比较简单，实现功能较为基础，并没有任何的景点或者旅游路线信息。建议可将威海公交 APP 分为标准版和旅游版两个版本，标准版只需满足威海本地市民正常出行即可，现阶段已经实现了线路查询、站点查询、换乘查询等查询公交的基本功能，使用者可以看到公交的具体位置和进站时间。在此基础上可添加路况信息，比如出行路线或者两站之间是否存在拥堵情况，提示乘车人车辆可能晚于预计时间多久进站，方便市民安排出行方式，避免因交通堵塞耽误出行时间。旅游版的威海公交 APP 主要为游客出行提供帮助，在各个公交线路中加入相关的景点标记，游客可以通过景点标记获取景点的详细信息。比如，威海市区的 7 路公交线路可以在国际海水浴场等景点设置景点标记提示游客，游客点击景点标记后即可了解景区详细信息，包括景区简介、旅游特色、周边美食、注意事项等公共服务信息。除了在公交路线中加入景区信息，还可在 APP 首页增加景区列表，每个景区中包含景区概况和经过的公交车路线，方便游客及时选择出行方式和换乘方向。

在 APP 的两个版本中都可加入实时天气，让使用者及时了解到出行路线的天气状况。在后续的更新之中也可逐步加入路线周边的商户信息，包括餐饮、购物、医院等，通过完善威海公交 APP 的功能，吸引包括威海市民在内的旅游人士的使用，提高游客的使用满意度，这不仅方便市民的出行，更直接地提升威海的"智慧"程度，间接地为威海旅游业做出一定的贡献。

同时，威海市的电子公交站牌也在积极建设之中，市区大部分公交站点已经实施并启用。电子公交站牌上端配有电子显示屏清晰显示停靠各路公交车的动态位置和到达时间，在此基础上可与威海公交 APP 相结合，补充天气、景点介绍、旅游路线等信息，方便并引导游客出行。

2. 基于大数据的智慧旅游

目前，微博、微信等社交网站以及携程、去哪儿等电子商务网站每天产生数以百万计的数据。这其中既包括在线旅游预订网站中用户的预订频率、价位，也包括旅游攻略网站中用户对酒店各硬件软件的评价、对旅游景点公共服务设施是否齐全的描述，这些信息可能是文字，也可能是图片或视频。另外，景区、酒店自己内部管理所有的信息系统、视频监控系统、感知系统等相关旅游服务系统也产生大量文字、视频、图像等数据。通过采集、积累和挖掘旅游行业相关的数据，有助于分析顾客的消费行为和价值取向，便于更好地为消费者提供服务和发展忠诚顾客。

通过大数据分析与应用可使威海旅游营销更切实有效。以前旅游行业的营销体系一般是通过打广告或者是搞活动来进行旅游营销，基本都是"B2C"模式（B2C 是企业对消费者直接开展商业活动的一种电子商务模式。这种形式的电子商务一般以直接面向客户开展零售业务为主，主要借助于互联网开展在线销售活动，故又称为电子销售或网络销售），该模式效率低下，难以考核其有效性。大数据时代的智慧旅游应该采用"O2O"模式（O2O 营销模式又称离线商务模式，是指线上营销线上购买带动线下经营和线下消费）。"O2O"通过打折、提供信息、服务预订等方式，把线下景区的消息推送给互联网用户，从而将他们转换为自己的线下客户，这就特别适合必须到景区消费的服务。目前，山东省旅游局信息中心就已经跟百度合作，通过百度的数据准确地反映山东旅游的客源市场在哪里，哪些产品是消费者关注的，通过网站数据监控系统和大规模数据仓库技术，挖掘客户需求，并依据客互需求创新产品，并制定更精准的营销策略，充分发挥社交媒体的互动传播功能，这就为精准营销提供了重要的数据支撑。

同时，针对威海的旅游景区引入收益管理。收益管理作为实现收益最大化的一门理论学科，近年来受到旅游行业人士的普遍关注和推广。收益管理意在把合适的产品或服务，在合适的时间，以合适的价格，通过合适的销售渠道，出售给合适的顾客，最终实现企业收益最大化目标。要达到收益管理的目标，需求预测、细分市场和敏感度分析是此项工作的三个重要环节，而这三个环节推进的基础就是大数据。大数据时代的来临，为收益管理工作的开展提供了更加广阔的空间。需求预测、细分市场和敏感度分析对数据需求量很大，而传统的数据分析大多采集企业自身的历史数据来进行预测和分析，容易忽视整个旅游行业信息数据，因此难免使预测结果存在偏差。威海市旅游企业在实施收益管理过程中如果能在自有数据的基础上，依靠一些自动化信息采集软件来收集更多的旅游行业数据，了解更多的旅游行业市场信息，将会对制订准确的收益策略，赢得更高的收益起到推进作用。

3. 引导智慧景区建设

智慧景区指景区能够通过智能网络对景区地理事物、自然资源、旅游者行为、景区工作人员行迹、景区基础设施和服务设施进行全面、透彻、及时的感知，对游客、景区工作人员实现可视化管理，优化再造景区业务流程和智能化运营管理，同旅游产业上下游企业形成战略联盟，实现有效保护遗产资源的真实性和完整性，提高对旅游者的服务质量，实现景区环境、社会和经济的全面、协调和可持续发展。

为缓解节假日日益增长的旅游人数给景区交通、服务、设施以及环保等方面带来的压力，威海市政府可将某一景区作为智慧景区试点。开通微信公众账号，游客可通过推送了解景区动态，包括天气、游客人数、停车场空余位以及基本的景点信息和路线地图；也可通过在线支付网上购票，入门时只需扫一扫二维码，大大减小售票和问讯的负担，节省游客时间，创造好的旅游体验；通过线上平台提醒游客一些注意事项，例如危险地区、求助方式，更重要的是不得随意破坏公共设施和乱丢乱弃，这对保护自然资源有着重大意义。威海市可参照云南的智慧景区建设方法，提升景区运营效率、服务质量以及线上流量管控能力，从而加强景区在市场的竞争能力，建设智慧环保型旅游城市。

综上，威海作为国家一级旅游城市，以建设公共交通出行服务体系（包含手机端公交出行信息服务、网页端公交出行信息服务系统、电子站牌信息发布系统）（见图 1）为基础，以旅游服务为切入点，研发景区手机应用服务，搭建微博、微信营销服务平台和景区、酒店 OTA 服务平台等，逐步扩展到智慧养老、房地产等相关领域，实实在在提升政府的公共服务能力。

（二）以食品安全为核心提升社会管理能力

民以食为天，食品安全是关系到国计民生的重大问题，是社会管理的核心问题之一。食品安全既与国民的身体健康、生命安全息息相关，也涉及我国食品产业在国际上的声誉，且同我国经济发展和社会安全密不可分，食品安全与否极大地影响当今社会稳定和政府形象。同时，食品安全又是一个复杂的问题，从生产到流通，涉及食品链的各个环节，这些环节的关键点可组成各种庞大的数据模型，有效、适时的大数据应用能够让我们从这些数据中分析出很多有价值的信息，从而正确应对食品安全问题。

现阶段食品监管部门条块分割，造成监管信息分散、信息内容单一、部门之间信息沟通不畅等问题。大数据管理有助于建立综合性立体的食品监管信息体系，将生产、经营、消费等各种数据纳入系统，通过集成检索、利用和分析来提取相关信息，满足各种监管需求。更重要的是大数据管理可以优化监管职能部门的资源配置，增强食品监管的有效性。传统的监管模式由于职能部门多、专业分工细，造成职能重叠，在运营上浪费了极大的人力、物力。大数据管理有利于制定出较好的统筹与协调解决方案，合理配置部门监管职能，优化资源配置。同时，大数据管理将信息技术应用于食品监管，可以提高信息资本的利用效率，减少对外部资源的依赖。

1. 构建食品安全溯源系统

食品质量安全溯源系统是一套利用自动识别技术和 IT 技术，帮助食品企业监控和记录食品种植（养殖）、加工、包装、检测、运输等关键环节的信息，并把这些信息通过互联网、终端查询机、电话、短信等途径实时呈现给消费者的综合性管理和服务平台。所谓溯源，就是追溯产品的原料和流通等信息。例如一个苹果的溯源，就是这个苹果是在哪里买的种子，什么时候开始生长，施的什么肥，在什么地域，什么时候成熟，什么时候采摘、装箱，在哪里售卖，最终到消费者手中。

食品安全溯源系统要求食品生产经营者在食物链的各个环节应当明确食品及原料供货商、购买者，以及相互之间的关系，并记录和存储这些信息。食品身份的管理，包括确定产品溯源的身份单位和生产原料；对每一个身份单位的食品和原料分隔管理；确定产品及生产原料的身份单位与其供应商、买卖者之间的关系；原料的身份单位与其半成品和成品之间的关系等并记录相关信息。之后，通过对企业的内部调查，第三方的监督检查，最终向消费者提供完善放心的食品信息。

目前，国内的许多地区已经开始推行食品安全溯源系统，国务院办公厅发布的《2016 年食品安全重点工作安排》中，提到"建立食品安全共享数据库，促进'互联网'食品安全检验检测新业态发展"。2015 年 10 月 1 日起施行的《食品安全法》规定："国家鼓励食品生产经营者采用信息化手段采集、留存生产经营信息，建立食品安全追溯体系。"国家食品（产品）安全追溯平台也已经逐步上线。

除了将食品的来源等信息汇入到共享的数据库之中，也可开发相关的手机应用。在其他地区，如贵阳已经上线了"食安测"APP，打开手机应用，扫一扫食品包装的条形码，界面上立刻显示商品详情、检测结果、食品认证等信息。市民在超市购物前，用它就能查看食品的"出身"，方便选购。

真正建设和实施追溯体系的路还很长，除了企业对食品生产链信息的追溯，政府对于生产链信息的监管数据库建设也是溯源体系的重要环节。威海市可效仿已有溯源体系雏形的一些地区，逐步建设食品安全溯源系统，这不仅是市民食品安全的重要保证，也是建设智慧城市的重点方向。

2. "食品安全云"工程

目前，威海市持证食品生产加工企业 576 家，小作坊 363 家，食品经营单位 20782 家，餐饮单位 6695 家，他们的食品安全数据，在机构改革之前，分散于质检、工商、食品药品监督管理、农业等不同层级的政府部门和食品生产、流通、消费不同领域的企事业单位，多数是纸质的档案、报告等非结构化数据。应将数据分为保密、敏感、公开等类型，依托威海市政务云平台，进行上传、汇总，构建威海市"食品安全云"，通过不同层级的权限设定，可授权不同的利益相关方使用，促进信息的开放与交流。"食品安全云"工程，本质上是食品安全工作与大数据、信息化、互联网等领域的交融——把原先分散在政府部门、检测机构、企业、公众各个环节不相联系的数据，通过政府引导推动，消除条块分割，打通数据链，以云计算、云存储等技术汇聚。

把"智慧食药"平台建设纳入"十三五"规划，建立全市统一的食品药品安全综合门户和数据中心，搭建预警决策平台、部门监管平台、公众服务平台和企业追溯平台。整合定量数据，对卫计委风险监测信息、出入境检验检疫部门进出口食品检测信息等源头部门农产品质量安全检测信息，实行统一收集、统一分析、统一发布。通过采取 PPP 模式，整合 74 个基层监管所、64 个涉农乡镇农安办、14 个农贸市场、200 多所学校食堂以及泰祥、好当家、家家悦等龙头企业的食品农产品快速检测信息，用海量的检验检测信息、日常检查信息、行政处罚信息构筑"食品安全云"，用大数据支撑风险分析、风险预警和风险交流，实现全环节监控、全链条追溯、全过程留痕。

通过"食品安全云"工程，可以实现食品质量追溯和标识的数据化、信息化。以大数据分析手段，帮助政府部门预测食品安全敏感信息，及时发现周期性、趋势性食品安全重点问题，实现精准化管理，为企业提供更有公信力的产品质量展示平台和市场开发数据支撑，为消费者提供食品产地、成分、营养、标准等信息和个性化服务与膳食结构建议，帮助消费者选择放心食品与营养食品，让消费者不仅吃得安全，而且吃得健康。

在此基础上，突出应用平台建设，以提高食品安全水平为出发点，以保障网络与数据安全、维护消费者权益为基本要求，着力推进监管业务、商业模式、管理机制和技术服务创新，形成互联互通、信息共享、业务协同、统一高效的食品安全云平台，推进高效监管、科学决策、服务社会，全面提升社会管理能力。

（三）大数据下的社区管理体系建设

社区是社会的"细胞"，是社会生活的一个缩影，是市民生活的最基本单位。传统的社区行政化管理主要受到政府机制的牵引，政府不能灵活带动街道和社区的管理工作，存在一定的局限性；相关的政策和法规不能及时传达到居民的生活中，社会资源不能达到最优化效果，不能促进和保障居民的社会利益。大数据时代下社区管理机制改革，主要是居民能通过网络平台和通信平台及时了解当今社会和本地政府的相关政策和法规，政府能够及时对居民的需求做出反应。

为方便广大居民，提升社区管理服务能力，威海市可在各个社区逐步建设一站式的服务体系。威海市民可以通过一个平台缴纳电费、水费等生活费，减少在各个缴费站之间来回奔波。同时，市民还可以收到"社区服务网"为每户居民定制的居家、办事、生活、出行等各类公共服务信息。市民的社情民意也应有专职的社区信息管理员及时收集、报告和解决。

建立一站式服务体系的前提是社区信息的全方位共享，信息共享应当是多渠道的，打破传统的政府到区、区到街道、街道到社区的单一总线模式，采用网络式模式，居民不必通过传统的级级通关模式办事，只需通过互联网在家就可以获取相关的各种服务信息资源，简化办公手续。街道各个社区部门实现数据共享共建，社区部门所有与居民相关的审批和待办事项整合到一站式平台，后台办理无须等待，使威海居民平等便捷地享受政务服务。

五　面向智慧城市管理的大数据建设保障措施

在大数据建设中，不仅需要顶层设计，也需要保障措施来保障顶层设计落地执行。我们主要从顶层设计、环境营造、人才支撑、物质基础等方面提出威海市在推进基于大数据的智慧城市管理中的大数据建设体制机制、做好全市大数据的统筹规划、加强大数据人才引进和培养、合理安排资金投入的相关措施和建议。

1. 顶层规划，协同推进

大数据建设必须注重顶层设计的完整性，制定长远而实在的发展规划，确保后期项目的高效执行。顶层设计需要综合运用系统论、博弈论、控制论的方法，从全局的角度，对大数据工作的各方面、各层次、各要素统筹规划，以集中有效资源，高效快捷地实现大数据发展目标。

在顶层设计时，需要进行顶层定位，明确大数据建设所要遵循的原则，制定发展目标，以智慧城市建设为出发点，选择重点任务和关键技术并且建立保障措施，使得顶层设计真正落地。

2. 营造环境，开放融合

营造和完善大数据技术和产业发展所需的政策环境、融资环境、创业环境以及公共服务体系，推动大数据技术与城市经济社会各领域相关应用的深度融合。

2015 年国家制定发布了《中国制造 2025》和"互联网＋"行动计划，极大地激发了全民创新创业的热情，也明确了大数据发展的战略方向。在当前大数据发展的大好形势下，威海市政府必须紧跟国家号召，营造出适合大数据建设的优良环境。政策法规不仅需要引导大数据的建设方向，也需要营造出适合大数据发展的环境，多道路拓宽大数据建设的融资渠道，坚持响应"全民创业，万众创新"的号召，营造一个良好的创业环境。

3. 加强专业人才培养

大数据发展非常迅猛，而人才供给的缺乏正是大数据发展面临的一个重要瓶颈。根据麦肯锡报告，到 2018 年，美国在"深度分析"人才方面将面临 14 万至 19 万的人才缺口；在"能够分析数据帮助公司做出商业决策"方面将面临 150 万的人才缺口。从调研的情况来看，缺乏人才是各个部门的一个共同点。公安局、林业局、粮食局、地税局、畜牧局、农业局、科技局等多个部门和领域都缺乏专业人才和大数据人才，因此加大数据人才引进和培养是大数据发展的关键。

大数据的人才是复合型人才，要能够对数学、统计学、数据分析、机器学习和自然语言处理等多方面知识综合掌握，目前国内大数据人才数量稀少。而威海市的大数据产业发展和智慧城市建设离不开人才的支撑，政府部门应该从科研机构或相关企业引入人才，建立相应的大数据人才引进制度和奖励制度，吸引大数据人才落户威海，同时支持和鼓励本地企业引进大数据领域的人才，市级层面给予相应的奖励或补贴。同时，政府应该大力扶持本地高等学校大数据相关专业的发展，培养数据存储、数据挖掘、数据可视化等方面的专门人才，鼓励高校和企业通过建立联合实验室、研发中心等形式，联合培养理论和实践相结合的大数据专业人才。

4. 大数据建设资金筹措渠道多样化

大数据项目建设是一个复杂的系统工程，仅依靠财政投入远远不够，建设资金缺口较大，尤其是项目后期应用和维护仍然需要大量的费用，必须树立科学的大数据建设理念，创新思路，多渠道筹集大数据建设资金。要在坚持政府投入的同时，借鉴智慧城市建设的"威海模式"，创新机制，发挥市场配置资源的基础性作用，调动社会各方的积极性，实现城市建设投融资主体的多元化和融资方式的多样化，变政府包建为多方共建，变政府独资为多方筹资。

目前关心大数据研究、开发、生产和应用的主要是五类人群。一是网络信息服务企业；二是其他各行业的有关领导和信息化工作者，特别是金融、电信和制造业；三是政府部门负责智慧城市和信息化建设的官员；四是信息领域的软硬件制造商和科研开发人员；五是基础研究领域的科研人员。大数据建设不仅可以为政府带来便利，也会为群众和企业带来便利，应该充分利用民间融资和企业融资，不断拓宽大数据建设项目的资金筹措渠道。

［作者单位：山东大学（威海）］

关于"人社公共服务一体化信息便民工程"建设运行情况的报告

威海市人力资源和社会保障局

按照威海市委、市政府的安排部署,威海市人力资源和社会保障局于2014年11月启动了"人社公共服务一体化信息便民工程"建设,经过近一年的努力,各项工作进展顺利,取得了初步成效。现将有关情况报告如下。

一 工作进展及成效

目前,"人社公共服务一体化信息便民工程"的重要部分(一期工程)——社会保险一体化系统已建设完成,并于2015年10月28日正式上线。经过一个多月的运行,新系统运行效果良好,得到了广大群众和单位的高度认可:80%的用人单位足不出户,通过网上办事大厅完成社保业务办理;90%的档案托管人员通过自助终端完成社保缴费,缴费总额达8.1亿元;市级经办机构服务柜台工作量,由原来每天收费800~1000笔减少至现在每天20多笔,经办效率和服务质量显著提升。全市的一体化工程也得到了国家和省人社部门的高度评价,人社部社保中心、信息中心分别听取了专题汇报,《中国劳动保障报》、《中国社会保险》杂志及《社会保险工作信息》等都刊发长篇文稿,专题详细介绍我们的经验做法;已有省内外十几个市地来威海考察学习;威海市探索的社保缴费自助服务模式也被人社部推广到全国21个省市。

(一) 实现经办标准全市统一,服务均等

全市统一了业务标准和服务规范,所有业务流程固化于一体化系统中,

每项业务从受理到最终办结，都由固化的流程驱动完成。打破了传统的市、县、镇街、社区分级经办结构，建立了全市统一的协同工作平台，所有经办人员在同一平台协同办理业务，用人单位和个人在同一平台享受服务。将80多项业务直接下沉到基层，办事群众可在全市范围内的任何一个服务窗口，不分区域、险种、人群、层级，就近提交业务事项，享受"一站式、一窗式"的"同城、同质、同效"服务，既有效解决了服务标准不一致、质量参差不齐及窗口办事排长队、异地办事来回跑等现实问题，又堵塞了监督管理漏洞，降低了对经办工作的难度要求。

（二）实现社保征缴发放社会化，规避风险

依托银行等社会化、专业化金融机构，拓宽社保费征缴发放渠道。在基金收取环节，采取银行批量代扣、自助缴费、网银缴费等不同缴费方式，参保单位可通过企业网银进行缴费，人数较少的用人单位、灵活就业人员、城镇居民等可自主选择通过自助终端进行缴费，农村居民可通过银行代扣代缴社保费，异地居住人员还可以通过网上申报完成缴费。在社保待遇支付环节，社保经办机构将通过审核的各项待遇拨付给合作银行，由银行柜台直接支付或通过社保卡支付给参保人，既满足了不同群体的需求，又防控了基金的运行风险。

（三）实现多渠道、多样化服务，群众各取所需

在各级窗口柜台推进一体化"通收通办"的基础上，我们还充分利用现代信息技术和网络手段，广开多种形式的便民服务新渠道，满足职工群众的个性化、便捷化服务需求。一是推进人社"网上服务"。在全省较早建设了"网上办事大厅"，企业和个人通过门户网站随时申请办理包括缴费基数申报、人员增减变化以及就业招工等各种业务，减轻了单位和个人多次往返办事窗口的事务性负担。二是在全国首创人社"自助服务"。自主研发了人社自助服务系统，经过三年的不断完善和发展，已具备了信息查询、社保缴费、个人权益打印等11项功能。目前，在全市各大医院、银行网点及街道（镇）、城市社区等公共场所布设了1250台全天候智能终端机，月点击量高达18万人次，日点击量最高1.2万人次。下一步目标是将住房公积金、民政待遇、便民信息等纳入系统，实现部门信息的共享。三是开发人社"移动服务"。建设了微信公众号和手机短信服务平台，通过业务触发、定向告知、宣传公告、12333挂机短信以及自费订制等不同形式，将各项政策信息、个人应知信息、

业务办理进度信息等主动推送给服务对象，为各类群体提供广播式、个性化的优质服务。这种"柜台＋网络＋自助＋掌上四位一体"、线上线下相结合的服务新模式，为参保单位和个人自主选择服务方式、随时享受"一体化"服务提供了极大方便。

（四）实现全程化数据管理，确保记录一生、服务一生

建立了社会保险数据管理机制，对全市 260 万参保人的数据采集审核、保管维护、查询使用、质量控制等予以全方位规范，实行全市统一标准，严把数据入口、出口关。开发建设了社保电子档案管理系统，对档案的收集、整理、归档、使用等实行全程电子化管理，并对历史纸质档案进行数字化处理，方便查询使用和安全管理。构建了全国人社系统第一份电子签章系统，业务经办中的电子档案全部加盖电子签章，在保证数据档案真实可靠的同时，提供了防抵赖、防篡改功能，提高了安全等级，实现了业务档案数据化管理和可信认证，为人社大数据建设提供了可靠保障。

（五）实现各项业务实时监控，确保运行透明、公开

构建了经办业务电子监察系统，各级管理者可随时、全程监控业务办理状态、业务总量、业务分布等动态。服务对象可通过柜台、网上、自助、掌上，随时了解办事进度和办理结果，加强全程服务监督。

二 工作中采取的主要措施

"人社公共服务一体化信息便民工程"是威海市"智慧城市"建设的重要组成部分，是人社部门贯彻威海市委、市政府"全域城市化、市域一体化"发展战略，围绕中心、服务大局的重要举措，也是加快"智慧人社"建设，推进人社事业发展的一件大事，它是人社公共服务理念和服务方式的一种革命性、颠覆式变革。威海市委、市政府对此非常重视，将其纳入 2015 年为民办实事项目，张惠市长专门来威海市人力资源和社会保障局调研"一体化"建设工作，多次强调要把这项工作做实、做好、做出成效。省人社厅将这项工作列为省厅 2015 年改革试点，韩金峰厅长多次进行强调和部署，要求威海先试先行，在全省起个好头、当好样板。威海市人力资源和社会保障局将"一体化"建设作为今年的"一号工程"、头等大事来抓，全力以赴推进改革落实。

（一）前期准备工作

一是加强了基层公共服务平台建设。高标准完成了各区市的县级人社综合服务中心、73个镇街保障所和1098个城乡社区服务站建设，在全省率先建成了覆盖市、区（市）、镇（街道）、村（社区）的四级公共服务平台，并率先全部通过省级实体化、规范化考核验收，为"一体化"建设夯实了实体经办基础。二是理顺了机构和职能。一方面，按照"业务经办集约化，人员配置科学化，效能发挥最大化"的原则，成立了"五险合一"的社保中心，并对中心内部科室设置进行调整，打破过去以险种切块管理的模式，建立了以基金流向为主线、以监督管理为重点的经办流程，压缩了30%的重复经办环节，形成了决策、执行、监督"三位一体"的运行机制。另一方面，建立了"前后台分类柜员制"模式，前台进行事务性受理，后台进行政策性审核，前后台协同流水作业，为"一体化"建设提供了组织机构保障。三是完成了数据质量整理。开展了历时三年的社保数据质量整理，全市98%的基础数据做到了完整、标准、准确、唯一，构建起了全市统一的人社大数据中心，为"一体化"建设提供了数据支撑。四是实现了社保基金市级统筹。将企业职工五项保险和居民两项保险全部纳入市级统筹范围，执行全市统一的筹资、支付和衔接政策，建立全市"统收统支"的基金管理模式，保障了基金在全市范围内的合理配置和调剂使用，为"一体化"的建设提供了机制保障。

（二）具体实施过程

第一阶段：创新工作机制。围绕社保费征缴、数据管理、社保档案、电子签章等，密集出台了17个配套文件，全面创新经办模式，并广为宣传，使经办力量和服务对象能适应新的运行机制，构筑了一体化建设的总体框架。第二阶段：梳理业务流程。集中力量对原有的经办流程进行全方位梳理，优化再造了236项业务流程，既在全市范围内实现了经办服务标准化、规范化和一体化，又为系统开发建设提供了明确的业务需求。第三阶段：开发业务系统。委托软件开发公司对近千个业务逐一设计了流程图，组织100多名技术人员历时5个月集中新建了30个系统、升级改造5个系统、设计开发了4个系统集成接口。9~10月份，又组织60多名专业人员进驻威海市人力资源和社会保障局进行系统测试培训、历史数据迁移，为系统的全面上线提供了可靠保障。

新闻业应用大数据：展望、误区与对策

张　超　钟　新

信息技术的发展使我们进入了人、机、物融合的三元世界。有关大数据的探讨自 2008 年《自然》杂志推出大数据专刊就已开始，但大数据真正成为世界范围内的热门话题是以 2011 年 6 月美国麦肯锡咨询公司发布的研究报告《大数据：下一个竞争、创新和生产力的前沿领域》为起点的。在中国，"大数据热"也持续升温，从 IT 领域扩展到各行各业，与大数据有关的研究在中国逐渐成为一门显学。2013 年被称为中国的"大数据元年"。

大数据备受推崇，被称为"一场生活、工作与思维的大变革"。而大数据时代的新闻业也被寄予厚望。在传媒领域，以社交媒体为代表的新媒体利用大数据展开诸多尝试，而传统媒体也在思考如何应对大数据时代的到来。2013 年《纽约时报》《卫报》等老牌纸媒已利用大数据挖掘技术，推动新闻向"利基化""纵深化"方向发展。2014 年中国电视新闻也开始运用大数据，开启了"中国大数据电视新闻时代的元年"。这些举措一直为学界、业界所津津乐道，大数据时代的新闻业将有何转变值得探讨，而在一致叫好中，新闻业对大数据的认知误区已经显现，大数据发展中存在的问题也引起人们的关注，新闻业如何迎接大数据时代等问题需要我们重新审视。

一　大数据时代新闻业的展望

大数据的特点被总结为四个"V"：Volume（容量大）、Variety（种类多）、Velocity（速度快）和 Value（价值大）。那么新闻业应用大数据将给新闻业带来哪些重大变化，大数据时代的新闻业将走向何方？

1. 新闻报道样式的变化：由数据新闻升级为大数据新闻

数据新闻的缘起可追溯至 20 世纪 60 年代的精确新闻报道，在历经了计算机辅助报道、数据库新闻之后，如今的数据新闻是基于数据挖掘与分析思维的新闻报道，也是数据驱动型的调查性报道或深度报道。《数据新闻学手册》认为数据新闻的特点是：记者和编辑利用充裕的数字信息，将传统的新闻敏感性和引人入胜地讲述故事的能力相结合。数据新闻将深度与可视化结合起来，数字平台上的数据新闻还具有互动性。

大数据时代，数据新闻的内涵将极大拓展（见图 1），大数据新闻将成为数据新闻的重要组成部分。大数据新闻与传统数据新闻最大的不同在于它运用的是大数据技术，其数据主要是非结构性的或半结构性的，而不是结构性数据。

何为大数据新闻？笔者认为基于大数据技术，运用可视化和互动性手段，对社会某一热点问题进行宏观和中观的呈现、解释或预测的新闻样式即是大数据新闻，大数据新闻是深度报道的一种类型。

图 1 数据新闻的构成

大数据时代，大数据新闻将成为以"内容为王"的新闻业的核心竞争力之一，因为对真相的无限接近是新闻的核心品质，亦是新闻存在的价值。大数据新闻可以通过大数据挖掘与分析，通过关联分析和因果分析，从关注社会表层现实到发掘社会深层现实，极大拓展人们对新闻事件或社会现实的认知与把握。而这一新闻样式一经推出便受到欢迎，以 2014 年央视《晚间新闻》推出的"据说系列"为例，该系列的收视率通常高于《晚间新闻》前三个季度的平均收视率，可见大数据新闻是有受众市场的。

大数据的核心就是预测，以往新闻事件的预测多由专家、智库做出，大数据新闻的重要功能即是新闻媒体对某一新闻事件事态发展的预测能力大大加强。随着技术的进步，人们的态度、情绪、行为等都可以变成数据用于分析和预测。比如媒体可以通过情感分析（Sentiment Analysis）来测量和判断社交媒体上用户群的态度。2012 年美国大选时，与传统媒体依赖专家、评论员分析选情、预测结果不同，推特（Twitter）通过对用户每天推文和评论的关键词进行量化跟踪，计算出"政治指数"来判断民心所向。因此，对于精确新闻报道和预测性报道而言，大数据技术的应用无疑会提升精确报道、预测性报道的品质。

2. 新闻受众观的变化：由类型化受众观变为个体化用户观

从西方大众报业以受众为导向开始，近 200 年间新闻业的受众观经历了"想象"的受众观到类型化受众观，再到用户观的转变。

"想象"的受众观是指新闻采编人员"设身处地"的设想受众可能会对哪些内容感兴趣，从而指导新闻生产。类型化受众观则是伴随现代受众调查技术的发展成熟而树立起的受众观。通过对受众的抽样调查，总结出受众的类型。媒体的专业化是类型化受众观的具体表现。随着新媒体技术的发展和媒介间竞争的激烈，受众呈碎片化发展，对新闻媒体的信息传播提出更高的要求：既要提供信息，又要提供"体验"。如今的受众观变成了"准确"的用户观，即准确定位，在类型化受众之下继续细分。媒体基于用户过往的新闻阅读内容，随后推送有针对性的新闻，"今日头条"的运营模式即是如此。

大数据将"准确"的用户观继续深入，由准确定位变为精确定位，真正满足用户的碎片化需要，这种用户观可称之为个体化用户观。随着穿戴式智能设备和移动位置服务（Location Based Service，LBS）的广泛普及，物联网将用户与新闻媒体勾连起来，个体化用户观念将成为新闻生产的主导观念。与现在"今日头条"的推送模式不同，大数据时代的新闻推送是基于物联网提供的信息，即根据具体的情境向用户推送信息，包括地理位置、使用时间、个人生理、日常行为等因素，是一种完全智能化的信息推送，真正使新闻生产在版本上精确化，在推送上个人化。可以这样说，"想象"的受众观，受众是模糊的；类型化的受众观，受众是可知的；"准确"的用户观，用户是可了解的；个体化用户观，用户是可理解和可预测的。这也意味着大数据时代媒体对用户的研究，比以往更复杂。

3. 新闻产品本质的变化：由易碎的信息变为高附加值的知识

大数据时代新闻报道与客观现实的关系发生了变化，由折射现实向反映现实转变，人类将步入镜像化生存的时代。镜像化生存是一种以计算机、网络等硬件为基础，以数字化数据及其运算来显示物质世界中各种真实关系的生存方式。这使新闻产品的性质也发生了质变：由信息变为知识。大众传媒自诞生之日起，基本功能在于传播信息，知识生产只占传媒产品的很少一部分，科研机构、研发企业等是知识生产的主要来源，媒体承担的是知识传播的平台角色而非生产角色。

大数据可以让新闻业真正成为社会的"瞭望者"。大数据时代，将媒体推向知识生产的前台，因为媒体不仅有生产信息的能力，亦有生产知识的能力。这种从折射现实到反映现实的转变，使得媒体有能力以无限接近真实的状态反映世界，从而具备知识的生产能力。

媒体运用大数据进行新闻报道，从某种意义上说相当于一次科学研究，通过"数据—信息—知识"的进阶，使拟态环境与客观现实无限重合，由此带来的是受众内心感知的无限重合，即媒体反映现实功能的最大化实现。

信息向知识的转变，也使新闻产品的"保质期"延长，以往以生产消息为主的"易碎品"变为以挖掘社会现实为主的知识，甚至常识，新闻的附加值增加。以往一次性售卖的信息，在变为知识后，可以通过媒体二次售卖，或依据大数据结果分门别类多次售卖。新闻产品本质的转变也使媒体的功能得到拓展，如在提供财经资讯方面，可以利用大数据挖掘出来的知识为企业提供市场预测服务，延伸媒体的产业链。从目前传统媒体的盈利模式看，依靠广告为主的盈利模式已经触到"天花板"，因此利用大数据技术为新闻产品增值，拓宽媒体的盈利渠道，不失为一条可行的路径。

二　当前新闻业对大数据应用的认知误区

随着大数据技术的应用，一些现实问题也暴露出来。比如被人们奉为圭臬的《纸牌屋》，经验却难以复制，"大数据"其实只是奈飞公司（Netflix）的一个营销噱头。我们对大数据时代新闻业的展望是建立在大数据技术成熟、大数据资源互联互通与开放的基础之上的。如今我们不可回避的现实是，大数据变革正处于最初阶段。学界、业界当前的探讨多聚焦大数据对新闻业带来的美好前景，但对于大数据技术和大数据的发展欠缺客观、全面的认识和思考，相关阐述多理想化，甚至对大数据存在误解。因此重新审视大数据，客观看待大数据至关重要。目前新闻业对大数据的认知误区主要集中在三个方面。

1. 忽视算法：大数据分析的客观性误区

有人认为新闻业对于大数据技术的应用使新闻报道由"用事实说话"转变为"用数据说话"，保证了新闻的客观性，因为"有效加工的大规模数据可揭示更大范围内的或更接近事实的情状"。因此，大数据新闻运用社会科学研究的方式探寻事实及其背后的联系，有助于提高媒体对复杂社会问题进行新闻报道的透明度。按照这个逻辑，大数据技术的确可以保证新闻的客观性。

但这个逻辑恰恰是一个陷阱，大数据是客观存在的，大数据中的数据、数据挖掘与分析却并不是客观的。大数据反映客观现实的准确性不在于数据量，而在于异质数据和数据处理分析中的模型和算法。数据相同，但模型、算法不同，结果可能存在差异，甚至相反。以社交媒体数据为例，数据清洗的过程中哪些自变量、因变量被考虑，哪些被忽略，这个过程本质上是主观的。因此，数据样本是否足以代表整体、数据算法是否足以体现与现实的关联、对数据的解读是否尽可能抛弃主观性，直接决定数据的客观性、可信性。

通过大数据技术架构图（见图2）可以看出，大数据技术不是一款简单的数据分析软件，要从大体量、多类别的数据中快速提取价值，几乎需要重构整个数据库技术。正如《原始数据只是一种修辞》（"*Raw Data*" *Is an Oxymoron*）一书的作者丽莎·吉特曼所说："数据从来都不可能是原始存在的，因为它不是自然的产物，而是依照一个人的倾向和价值观念被构建出来的。我们最初定下的采集数据的办法已经决定了数据将以何种面貌呈现出来。数据分析的结果看似公正客观，其实价值选择贯穿了从构建到解读的全过程。"所以大数据技术不必然保证新闻客观性，客观性有赖于大数据及其技术的成熟和完善，尤其是在大数据时代初期，不能盲目信任大数据的分析结果。

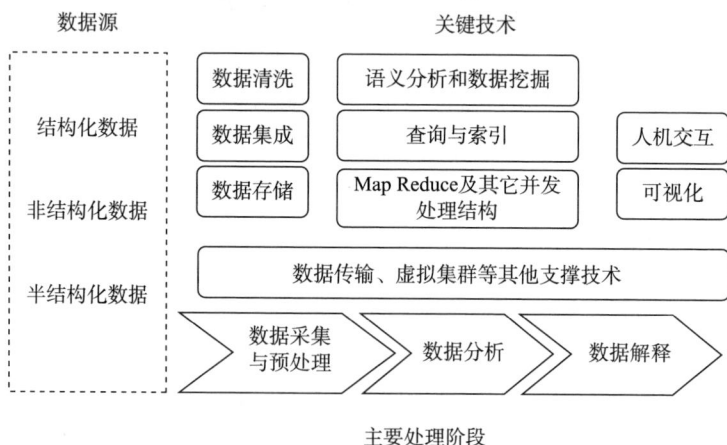

图 2　大数据技术架构

2. 忽视阈值：大数据采集的全样本误区

大数据的基础是数据挖掘和数据处理。2012 年末，非结构化数据占互联网数据的 75% 以上。大数据时代的关键并不在于获取更多数据，而是从数据中挖掘知识。从数据到知识转化的过程中，数据处理是核心的一环。有研究者指出大数据是全数据、总体样本，但实际上大数据不可能等于全数据，全数据是一个理想化、相对的概念。数据是动态产生的，采集数据只能获得一段时间、一些平台的数据（有些数据并不公开，或定期自动删除）。

虽然大数据时代新闻生产中知识的比例将占越来越大的比重，但是不可回避的是，新闻业不是一项非营利事业，新闻生产的投入与产出、经济效益与社会效益、叫好与叫座等问题是新闻业不得不面对的现实问题。解决这个问题最关键的环节在于大数据技术中的阈值（threshold），即解决一个问题所需要的数据量。有关阈值的问题也被称作"预言性数据分析问题"，即"在做大数据处理之前，我们可以预言，当数据量达到多大规模时，该问题的解可以达到何种满意程度"。

新闻业的竞争已经从今日新闻今日报（Today News Today，TNT）发展到现在新闻现在报（Now News Now，NNN），新闻时效的竞争更加激烈，如果追求全样本、反映复杂现实，忽略了高效的阈值，必然影响新闻时效性，且是否是全样本与能否得出真实的结果并不一定成正相关关系。如在民意调查中，对 10000 个人的测量并不见得比 1000 个人的更准确。

阈值与新闻生产成本直接相关。2012 年全球数据新闻奖的作品《纽约时报》的特别报道《雪崩》（Snow Fall），叫好却不叫座。《雪崩》专题共耗时 6 个月才完成。虽然《纽约时报》拒绝透露具体成本，但业内普遍估算应该有几十万美元之巨。虽然这个专题报道点击量很高，还出版了电子版，但这个项目依然没有收回成本。

解决好阈值可以节约新闻生产成本，提高新闻生产效率，否则大数据新闻不会成为常态化的新闻产品，而会沦落为"奢侈品"。大数据样本的关键不在于全样本，而在于真样本、异质数据、厚数据（thick data）。

3. 忽视情境：大数据结论的适用性误区

大数据技术被人寄予厚望，甚至被认为"无所不能"。通过大数据技术做出的预测已有诸多成功的尝试，如 2009 年谷歌流感趋势（Google Flu Trends）曾成功预测了流感在美国的传播。预测准确、数据说话、大体量数据采集往往被视为大数据分析结论可靠性的保证。然而大数据技术也有失灵的时候，谷歌流感趋势在 2011~2013 年的流感预测不尽如人意，原因在于大数据虽擅长观察人们的行为，但不擅长理解人们对每样事物的背景知识。大数据不善于结合具体情境分析问题，分析出的数据结果不能简单套用在现实中，而是有一定的适用范围。大数据除了"算法"这一关键要素外，还包括对数据的分析、阐释，这些环节并非数据处理的强项，这也就是大数据之所以擅长相关关系，而不是因果关系的重要原因。但新闻报道探寻的不仅是相关关系，更重要的是因果关系。

TOW 数字新闻研究中心的研究者尼克·蒂亚克普洛斯（Nick Diakopoulos）认为："数据自身并不意味着真实。是的，我们通过诚实的推理过程可以在数据中找到真相，但是也可找到多个真相，甚至是完全的假相。"2014 年 9 月，百度利用大数据预测《黄金时代》电影票房，结果遭遇"失算"，百度的票房预测为 2 亿元至 2.3 亿元，但实际票房不足 5000 万元。这是因为关注度不等于实际的观看、消费行为，二者间的性质差异，往往存在于被调查对象的一念之间。

大数据的这一弱项对于新闻业而言是一个"致命伤"。对于新闻业而言，真实性为立身之本。如果说预测性报道出现失误情有可原的话，那么对于非预测性报道、对大数据结论的阐释和适用性要保持高度警惕。以 2014 年央视和百度合作的《据说春运》为例，记者将分析后的数据套在现实中，结论的可信性却受到质疑，原因在于记者可能带入太多随意和武断的推论，使数据的适用逻辑出现偏差。因此，记者用大数据进行新闻报道时，应该对大数据有客观认知，对现实世界保持敬畏心。

三　新闻业如何迎接大数据时代

大数据对于新闻业的重构是革命性的，新闻业的走向很大程度上取决于大数据技术的发展，尽管当前大数据技术还存在诸多问题和困惑，但对大数据技术的应用也是新闻业今后的"必修课"。对于新闻业而言，需要建立应用大数据的顶层设计，主动、积极地迎接大数据时代。

1. 大数据资源的主动积累与获取

大数据的"原材料"是数据，在大数据时代，得数据者得天下。预计到 2020 年，中国产生的数据总量将是 2013 年的 10 倍，超过 8.5ZB。但新闻媒体，尤其是传统新闻媒体并未掌握这些海量的非结构化数据：一方面，传统媒体在新媒体时代来临之前，积累数据较为困难，且数据已过时；另一方面，在媒介融合过程中，媒体侧重内容生产和渠道延伸，忽视了线上数据资源的积累。

除了媒体自身原因，媒体外的数据垄断是导致大数据缺乏的另一主要原因。当前大数据主要掌握在政府和各数据终端平台（如百度、新浪、腾讯等）上。这些各数据终端平台的数据并未实现互联互通，数据垄断已经形成。以电视新闻为例，2014 年上半年央视、浙江卫视、湖北卫视、江苏卫视大数据新闻的合作方只有两家：百度和亿赞普，电视台的主要角色是传播平台和制作平台，核心数据由这两家公司提供。亡羊补牢，为时不晚，新闻业作为以"内容为王"为核心竞争力的行业，占有数据即是占有内容，因此，应抓住当前大数据初级阶段机遇，通过自身和合作等多种形式主动占有数据资源，获取数据资源。

2. 大数据技术的主动接轨与掌握

大数据时代已经开启，但是大数据技术还并未普及。根据《哈佛商业评论》杂志对全球财富 1000 强企业应用大数据情况所做的调研发现：大多数企业还处于大数据的入门阶段，还不具备真正挖掘大数据的能力。新闻媒体要在大数据时代掌握主动权，必须解决大数据技术这一关键问题，其中主动接轨与掌握大数据技术是题中之意。

当前新闻媒体的大数据新闻实践多通过合作的方式进行，例如央视《晚间新闻》的"据说系列"，就是央视与多家互联网企业展开数据合作的产物，所用数据和技术包括：百度的地图与检索数据、新浪的微博数据、360 的网络安全数据和可视化支持、腾讯 QQ 与微信的社交网络数据、阿里巴巴的交易数据以及拓尔思的数据分析技术等。

技术合作是大数据时代初期媒体可以采取的模式，毕竟当前媒体运用大数据技术面临很多挑战，但从长远看，媒体必须主动掌握大数据技术，在新闻内容生产方面占得先机。新闻媒体与互联网企业不同，新闻报道必须符合新闻专业主义标准、体现社会效益，不掌握大数据技术，就意味着内容生产是"外包"给互联网公司，技术受制于人，新闻报道真实、客观、公正的品质可能会存在风险。因此，大数据时代媒体中的技术部门或内容生产部门应包含大数据技术团队，该团队将密切关注、学习、掌握大数据最新技术，为新闻生产服务。

3. 大数据新闻常态采编模式的积极实践

传统上新闻媒体的采编模式是以编辑部为核心的单体作战模式，大数据时代新闻生产越来越依赖于媒体内的跨界融合。这种融合不是部门间流水线组装式的合作，而是彼此交叉、自始至终的深度合作，记者、编辑与数据团队成为两个并行又彼此交叉的新闻生产主体。2012 年首届国际数据新闻奖获奖作品的运行过程显示，数据新闻比拼的不是采访力量和团队规模，而是具有新闻敏感的人与具有数据挖掘、分析与可视化呈现能力的人之间的相互协作。

大数据新闻将是未来新闻报道的"新常态"，但这种常态的形成需要在不断的积极实践中得到发展。当前国内新闻媒体在大数据新闻报道上的尝试已经开始，但这些尝试与互联网企业的大数据应用相比，还存在较大差距，已有的大数据新闻报道都是阶段性的，并未形成常态化的报道、发布机制，所以未来有实力的新闻媒体应当将大数据新闻作为新闻生产的着力点，实现差异化定位，抢得市场先机。

4. 新闻业者"大数据素养"的积极提升

大数据发展的瓶颈之一是人才供给的缺乏，其中的关键在于复合型人才的匮乏。就大数据新闻人才培养而言，主要包括两个层次。一类是大数据新闻的专业人才，这类人既具有新闻专业精神，又具有数据技术基本处理能力，还具备大数据思维。他们是大数据新闻生产的高端人才，是未来新闻媒体人才资源的核心竞争力，在人才结构中比重较小，处于人才结构的金字塔尖。另一类是具有大数据素养（Big Data Literacy）的新闻业者，他们以新闻报道见长，具备大数据素养，但不一定擅长大数据技术。目前这样的新闻从业人员也并不多见。

我们认为大数据素养是大数据时代新闻业者的基本素质，是认识、评判、运用大数据的态度、能力与规范。具体而言，态度层面是指对大数据及其技术有较为全面客观的认识和实事求是的态度；能力层面是指新闻从业者在数据的采集、处理、分析、可视化等方面的能力，他们不一定是大数据方面的行家，但对大数据技术有一定的掌握，可以评判大数据对某一问题的分析，而非盲从大数据的结论；规范层面是指新闻从业人员在数据生产、管理、使用、发布过程中合情、合理、合法，使大数据新闻的整个流程符合专业规范和社会规范，在运用中符合新闻专业主义的采编标准。

相关的人才培养大体有两条路径：一条是媒体自行培养，招募团队；另一种是依托高校的专业培养，现在国外部分高校，如纽约大学、哥伦比亚大学等开设了数据新闻课程。反观国内，由于高校的专业和课程设置往往滞后于市场需求，因此，第一种培养方式是当前新闻媒体优先考虑的。

结　语

这是一个"媒介即讯息"的时代，对于大数据的认识，我们需要动态、发展的眼光，大数据时代新闻业的发展还有很多值得探讨的地方，如数据采集带来的媒介伦理（如隐私权），唯用户需求导致的"信息茧房"，数据生产带来的"数字鸿沟"等问题。大数据需要再审视，大数据时代的新闻业需要思考的还有很多。

[作者单位：山东大学（威海）　中国人民大学]

新能源产业金融支持影响因素实证研究

尹肖妮　王国红　冯晓慧

引　言

新能源是指实际利用还不是很多，开发需要用到高科技的能源。随着传统能源短缺危机的进一步加重和传统能源的使用带来的全球气候变暖和环境污染，各个国家都将新能源作为能源发展战略，致力于研究、开发利用各种新能源。中国在 2010 年将新能源列为七大战略性新兴产业之一重点发展，但发展新能源产业需要大量的资金投入和良好的金融支持。

国外学者对新能源产业金融支持这一问题的研究开始较早，主要侧重于制度和政策方面，针对不同发展程度国家提出了不同的金融策略。Joy 指出传统的融资方式已不适合飞速发展的发展中国家能源发展融资需求，应加大外来资本和民间私有资本的利用。J. P. Painuly 认为发展中国家新能源产业有更多成长空间，但是缺少有效融资渠道，单靠银行信贷系统难以满足其发展需求，应积极引入金融资本，完善市场机制。Zingales 和 Rajan 认为金融支持对于产业升级具有核心价值。Derrick 指出近十年来，发展中国家新能源的金融支持缺乏合适的资金来源，而太阳能光伏企业由于获得了政府担保投资，得以飞速发展。Morck 和 Nakamura 指出银行更加愿意向信用评级高的企业贷款，也会优先考虑处于成熟期的企业，而新兴产业往往具有很高的风险，所以新兴产业的融资渠道很欠缺。Wohlgemuth 等学者认为新能源的市场份额不断上升，所以这一领域将会成为重要的能源政策目标，并对比分析了投资成本和交易成本。

国内学者对新能源产业金融支持的研究相对于国外研究更注重微观层面，研究主要集中在借鉴发达国家经验、金融支持模式选择和实证研究等方面。

陈芳平等认为发展新能源产业就要为其创造一个良好的金融环境，完善信贷机制和资本市场制度。蒋先玲认为项目融资对于新能源企业的信用评级要求不是很高，有助于分散投资风险，有利于稳定用户方支持。樊长在研究了国外新能源产业的金融支持经验后，总结出可供中国利用的经验——创新产融模式。雒敏阐明风险投资对于新能源产业发展的必要性和可行性，提出利用风险投资来发展新能源产业。朱世宏分析了新能源产业金融支持现阶段的主要障碍，认为不能只靠政策扶持，必须鼓励金融工具的开发，为融资创建一个良好的环境。高小琼认为中国新能源产业发展处于起步阶段，必须完善政策支持体系，拓宽融资渠道，促使新能源产业与金融业形成紧密联系。温浩对广东新能源产业金融支持进行了定性和定量分析，认为广东应针对新能源产业优化金融结构。徐枫和陈昭豪选取 29 个国家 1992～2009 年的数据，运用面板 VAR 模型对新能源产业金融支持的研究显示可以通过直接投资和间接投资两种渠道支持新能源产业发展，间接投资的作用大于直接投资。苏江选取 M_2、总消费、银行贷款增加值等指标对生物质产业金融支持进行实证研究，结果表明这三项对生物质产业有很大的作用。徐枫和周文浩运用 DEA 和 Logit 模型，以风电行业和太阳能光伏产业各 20 家上市企业的数据研究了直接融资对新能源产业的促进作用。

作为中国战略性新兴产业之一的新能源产业尚处于成长初期，与日本、德国、美国等发达国家之间还有较大差距，其中一个重要原因就是新能源产业金融支持不足。由于新能源产业初期投入多、资金需求大以及金融风险高，因此中国新能源产业的发展必须要有完善的金融支持体系。而完善中国新能源产业金融支持体系，就必须针对中国新能源产业金融支持现状，分析出主要影响因素以及影响作用程度，为新能源产业金融支持体系的完善和政策调控提供依据。本文通过实证研究得出中国新能源产业金融支持的主要影响因素以及影响作用程度，这对于弥补中国新能源产业金融支持的不足，促进新能源产业发展具有重要意义。

1 中国新能源产业金融支持现状

1.1 金融信贷支持现状

金融信贷包括来自国家政策银行与商业银行的贷款。国家开发银行向新能源有关项目投放贷款如图 1 所示，环保及节能减排贷款发放额从 2010～

2013 年都保持在一个较高的数额上。清洁能源和十大节能工程是新能源产业的代表性工程，从 2009 年开始，国家开发银行对其贷款稳步上升，在 2013 年达到了 1213 亿元。

商业银行不同于政策性开发银行，其对新能源产业的金融支持一部分是出于履行社会责任，从商业银行发布的社会责任报告中可以看出商业银行对新能源产业发展也给予了支持。工商银行在 2014 年对新能源产业投入的贷款总额为 6552.81 亿元，较 2013 年增长 9.6%；重点支持风电和太阳能发电，对其贷款额较 2013 年末分别增长 60.37% 和 236.08%。中国银行在 2014 年支持大型清洁能源企业台山核电建设低碳能源项目，提供个性化的"一揽子"金融服务。交通银行提高节能减排项目的授信额，授信余额从 2012 年的 1440.28 亿元提高到 2013 年的 1658.36 亿元，增幅达 15.14%，其中水利、风电等清洁发电项目授信余额为 218 亿元，光伏产业为 106 亿元。

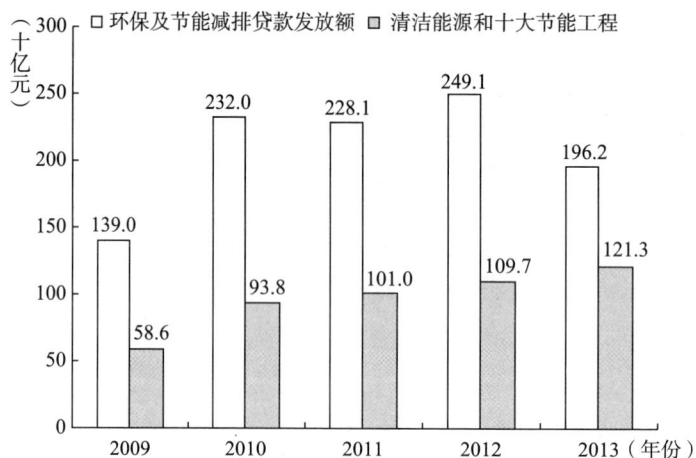

图 1 2009~2013 年国家开发银行新能源相关贷款额

数据来源：《国家开发银行社会责任报告（2009~2013）》。

1.2 资本市场融资支持现状

新能源企业成立初期，由于规模小很难在主板上市，而创业板的发展可以让更多的中小新能源企业通过发行股票进行融资。2009 年 10 月 23 日，创业板正式启动，意在打造中国的"纳斯达克"。截至 2012 年 6 月，在境内上市的太阳能公司达到 93 个，水电企业达到 20 个；截至 2014 年 10 月 30 日，创业板已有 400 家上市公司。但是，目前中国新能源企业利用股权融资的最大问题依然是上市途径狭窄，难以依靠股权融资满足其资金需求。现在已上市公司通过发行股票筹到的资金所占公司资产比例不高，如表 1 所示，除新南洋外，其他所有者权益总和都小于负债，部分资产负债率超过 60%，一些甚至超过 70%。

表 1 新能源部分上市公司融资结构

单位：百万元，%

新能源上市公司	总资产	总负债	资产负债率
粤电力	69084	41300	59.78
方大 A	3662	2362	64.39
新南洋	1722	791	45.96
金山股份	15010	12042	80.23
湘电股份	16687	14411	86.36
天威保变	9927	9646	97.17
东方电机	85230	64760	75.98

数据来源：2014 年上市公司年报。

1.3 风险资本支持现状

新能源产业的高科技性及产业发展特点决定了其发展需要大量的资金支持，其中风险投资是新能源产业金融支持的主要部分。然而，由于中国的资本市场还不是很完善，在风险评估、退出机制等方面存在一定障碍，因此风险投资者对新能源产业的投资态度很谨慎，资金也偏向于已经成型的技术。2012 年以来，中国风险投资发展的速度下降，在 2012 年共投资了 900 多个项目，比 2011 年下降 39%，总资金比 2011 年下降 54%。如表 2 所示，2011 年对新能源产业风险投资有 50 个，占总数的 3.09%，投资金额 63.82 亿元，占投资总额的 2.78%。受风险投资业萎缩的影响，2012 年新能源产业风险投资额在前两年持续上升的基础上有一个小幅回落，投资金额为 27.7 亿元，占投资总额的 2.67%。虽然，多数风险投资机构一直关注着新能源的发展态势，但是他们大都持观望态度，这使新能源产业中的风险投资不足。根据《2012年中国风险投资年鉴》，相对于电子商务、金融服务和传统能源等产业，新能源产业得到的投资处于最低水平。所以，从总体来看，新能源产业风险投资还是有很大的利用空间。

表2　2010～2012年新能源产业风险投资数据

年份	2010	2011	2012
项目数量（个）	42	50	11
比例（%）	4.94	3.09	1.13
投资金额（亿元）	30.54	63.82	27.7
比例（%）	3.86	2.78	2.67

数据来源：《中国风险投资年鉴（2010～2012）》。

2　变量选择与模型设定

从系统论的角度看，新能源产业金融支持的可能影响因素较多，并且各因素的影响作用程度也会有所不同。本文借鉴解耦思想，对其三个主要的可能影响因素，即金融规模、金融结构和金融效率进行研究，分析这三个因素的影响是否存在以及作用程度。

2.1　变量选择

2.1.1　新能源产业发展指标

选取中国各种新能源的年产量总和与一次性能源年产量的比值作为新能源产业发展的衡量指标，公式为：

$$N = 新能源年产量总和 / 一次性能源年产量$$

2.1.2　金融支持衡量指标

（1）金融规模指标。衡量一国或一个地区的金融规模可以用金融相关率、广义货币量与国民生产总值之比、金融体系机构数量、从业人数等。实证研究中一般选取金融相关率（FIR）与 M_2/GDP。FIR 是指一定时期内全部金融资产和全部实物资产的比值，彭兴韵通过相关实证研究得出，FIR 并不是一个适合中国国情的指标，主要原因是中国的 FIR 没有反映金融结构的演进，一些抑制措施可能增加国民储蓄，因此金融相关率也就上升了。由于本文是基于全国范围的研究，而中国各区域对新能源的金融支持手段侧重点有所不同，一些省份的贷款支持政策较明显，而一些省份的资本市场支持政策较明显。因此，选取广义货币 M_2 与 GDP 的比值作为金融规模的衡量指标，公式为：

$$金融规模 \ L = M_2/GDP$$

（2）金融结构指标。由于各种融资工具的结构体现了新能源产业发展的资金来源和需求，另外，考虑到数据的可得性，因此，采用融资工具结构作为金融结构指标。新能源产业资金的来源主要有债权融资和股权融资，选取中国股票新发行量和新增贷款量的比值作为金融结构指标，公式为：

$$金融结构\ T = 股票新发行量/新增贷款量$$

（3）金融效率指标。金融效率是指资金融通效率，在金融系统中金融资源的配置水平决定了有限资源的利用水平，金融效率高意味着实现了高水平的金融资源分配。金融效率的计算公式为：

$$金融效率\ I = 广义储蓄额/全社会固定资产投资额$$

2.2　模型设定

为研究金融支持对中国新能源产业发展的影响，选取金融规模、金融结构和金融效率三个指标作为自变量，新能源产业发展指标作为因变量，采用计量模型如下：

$$\ln N_t = C + \beta_1 \ln L_t + \beta_2 \ln L_t + \beta_3 \ln L_t + r^t$$

N_t 表示第 t 年新能源年产量总和与一次性能源产量的比值，作为新能源产业发展的衡量指标；L_t 表示第 t 年度的 M_2 与 GDP 的比值，作为金融规模衡量指标；T_t 表示第 t 年度的股票新发行量和新增贷款量的比值，作为金融结构衡量指标；I_t 表示第 t 年的广义储蓄额与全社会固定资产投资额的比值，作为衡量金融效率衡量指标；r_t 是随机扰动项。模型中的各个变量数值已剔除了当年的物价指数。模型采用双对数形式，这样可以较容易计算因变量对自变量的弹性，并且能够消除随机误差项的异方差性。

数据选取方面，选择 2000 ~ 2013 年的相关数据作为样本。新能源产量数据来源于中国新能源网 http://www.newenergy.org.cn。金融规模和金融结构的有关数据来自《中国金融年鉴（2000 ~ 2013）》，金融效率相关数据来自《中国证券年鉴（2000 ~ 2013）》。

3　实证过程

3.1　单位根检验

首先，时间序列数据必须保证其是平稳的，如果一个时间序列不平稳，我们不能将这个序列的结果推广到其他时期，就会失去预测的意义。其次，如果用两个以上的非平稳序列进行回归，会导致伪回归或无谓回归的现象。因此，必须对时间序列变量进行单位根检验。采用 ADF 检验法分别对新能源产业发展 N、金融规模 L、金融结构 T 和金融效率 I 四个变量进行检验。平稳性检验结果如表 3 所示，从表 3 可以看出，各个变量全为非平稳变量，通过一阶差分后在 10% 的临界水平下均平稳，也就是均为一阶单整序列。

表 3   平稳性检验结果

原假设	t	10% 临界值	P	结果
N_t存在单位根	− 0.923606	− 2.7180	0.3798	接受（非平稳）
D（N_t）存在单位根	− 2.973884	− 2.7349	0.0178	拒绝（平稳）
L_t存在单位根	− 0.944182	− 2.7180	0.3697	接受（非平稳）
D（L_t）存在单位根	− 3.132202	− 2.7349	0.0140	拒绝（平稳）
T_t存在单位根	− 2.714600	− 2.7180	0.0238	接受（非平稳）
D（T_t）存在单位根	− 3.923343	− 2.7349	0.0044	拒绝（平稳）
I_t存在单位根	− 0.397204	− 2.7180	0.7005	接受（非平稳）
D（I_t）存在单位根	− 2.753022	− 2.7349	0.0271	拒绝（平稳）

3.2 协整检验

对于单个时间序列，它是非平稳的，但将多个变量组合起来，其线性组合可以是平稳的。协整检验就是将多个不平稳的时间序列组合起来，检验组合是否平稳。如果检验结果表明这些变量在长期是线性关系，那么就可以研究这些变量的长期关系。对时间序列的协整检验主要有 Johansen 极大似然法与 Engle-Granger 两步法，选取 Engle-Granger 两步法来判定各变量间的协整关系。在对残差项 r_t进行单位根检验后，结果如表 4 所示。

表 4   协整检验结果

ADF Test Statistic	− 4.00127096395	1% Critical Value *	− 4.13664162159
		5% Critical Value	− 3.14832209878
		10% Critical Value	− 2.71804448962

* MacKinnon critical values for rejection of hypothesis of a unit root.

ADF 检验值为 − 4.00127096395，分别小于 5% 和 10% 显著性水平的临界值，证明残差项 r_t 平稳，因此各变量之间存在着协整关系。

3.3 回归结果

采用广义最小二乘法进行回归分析，通过对模型进行多重共线性、异方差和自相关等处理后，得出回归结果如下（括号内的为回归系数的 t 统计量值）：

$$\ln N_t = 1.864909 + 0.582033\ln N_t + 0.015391\ln N_t + 0.1551445\ln N_t$$
$$(-8.173746) \quad (2.403781) \quad (2.490560) \quad (4.491927)$$
$$R^2 = 0.912976 \quad DW = 1.936755$$

根据回归结果可得，各回归系数的 t 统计量在显著性水平为 10% 的水平下显著，表明在样本的统计年度内，中国新能源产业与金融规模、金融结构和金融效率分别呈显著正相关关系。R^2 为 0.912976，表明该方程总体线性关系显著。

3.4 Granger 因果检验

下面通过 Granger 因果检验确定变量因果关系，检验结果如表 5 所示。

表 5　Granger 因果检验结果

原假设	观测数	F	P	结果
L 不是 G 的 Granger 原因	12	2.70689	0.13464	拒绝
G 不是 L 的 Granger 原因	12	2.35535	0.14288	拒绝
T 不是 G 的 Granger 原因	12	1.41160	0.57763	接受
G 不是 T 的 Granger 原因	12	0.27190	0.76962	接受
I 不是 G 的 Granger 原因	12	2.74805	0.14224	拒绝
G 不是 I 的 Granger 原因	12	0.81834	0.47932	接受

从检验结果可以看出中国的金融规模和金融效率是新能源产业发展的 Granger 原因，但金融结构和新能源产业发展互不为 Granger 原因。

4　实证结果分析

上述实证结果显示了中国的金融规模、金融结构和金融效率均与新能源产业发展存在正相关关系。回归结果的常数项是负的，表明如果没有金融支持，新能源产量水平可能为负；截距项的负数效应表明了金融支持的重要性。由此可见，中国新能源产业的发展离不开金融支持。

从回归系数来看，各回归系数都为正，这说明金融支持对新能源产业发展具有长期稳定的促进作用。（1）金融规模平均提高 1%，新能源产业平均提高约 0.582%。随着新能源产业技术的成熟，银行逐渐放宽对新能源企业的贷款条件并提高信贷额度；新能源概念股在资本市场上也持续得到投资者青睐，对新能源产业的风险投资额也会增长。这些使金融规模越来越大，正符合了新能源产业作为新兴产业在成长初期需要大量资金的特点。（2）金融结构完善程度平均提高 1%，新能源产业平均提高约 0.015%。相对于其他两个指标，金融结构的促进作用没有那么明显。由于金融结构是用股票新发行额与新增贷款额的比值表示，所以该项的系数较小说明资本市场相比于金融信贷对新能源产业的支持作用不明显。这是因为中国的金融结构还不够合理，在融资方式中，银行信贷依然占很大一部分比例，资本市场虽然规模较大，但是运行机制还处于起步阶段，股市的起伏与经济的增长趋势有时不吻合，所以金融结构的促进作用有限。（3）金融效率平均提高 1%，新能源产业平均提高约 0.155%。

进一步分析各影响因素与新能源产业发展的联动性，如图 2 所示。从图 2 可以看出金融规模指数的变动趋势与新能源产业发展指标的变动趋势大体相同，都呈现缓慢上升的趋势，这说明金融规模和新能源产业发展的联动性很好。金融结构的变动围绕新能源产业发展指标上下波动，虽然曲线的变动趋势不一致，但是金融结构的变化总体上围绕在新能源产业发展的周围，表明金融结构与新能源产业发展在整体上有共同的变化趋势。金融效率一直保持在一个较高的水平，但是变动趋势向下，与新能源产业发展趋势相反，这与回归结果中金融效率的系数较小吻合，说明中国近年来金融效率的发展还很欠缺，金融体系不健全，资本导向效应发挥不是很好，资金利用成效有待进一步改进。

通过 Granger 因果检验，我们发现金融规模与新能源产业发展之间具有双向因果关系，即金融规模的扩张对新能源产业发展有促进作用，而新能源产业发展又会反过来促进金融规模扩大。金融效率也是新能源产业发展的 Granger 原因，而金融结构与新能源产业发展没有显著因果关系，即现有金融结构对新能源产业发展促进作用不明显。这与回归方程中各变量系数大小相吻合，即金融规模的系数最大，金融结构的系数最小。这是因为金融规模的扩张可以在相对较短时期内推动新能源产业的发展，而金融结构的改善是一

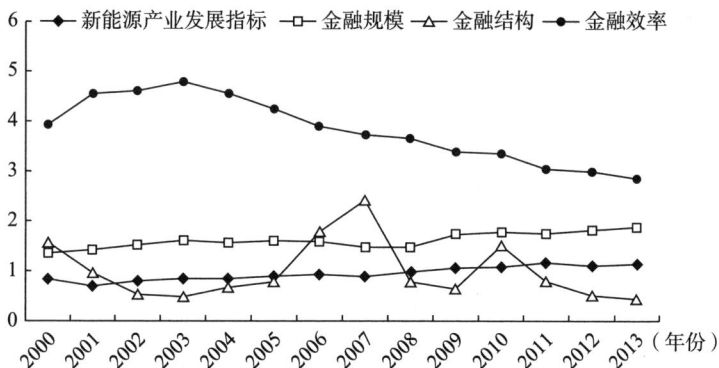

图2　各影响因素与新能源产业发展的联动性

数据来源：《中国金融年鉴（2000~2013）》。

个长期的过程，比金融规模发挥作用要慢。因此，要促进中国新能源产业的发展，不仅要继续扩大金融规模和优化金融效率，还要重点完善金融结构，长期来看，金融市场结构的完善更能促进新能源产业的发展。

结　语

上述对中国新能源产业金融支持现状和实证的分析显示，中国新能源产业金融支持还不完善，现在各种支持方式也或多或少有一定的不足。因此，要发展壮大中国新能源产业，一方面，要继续坚持新能源产业发展的战略地位，加强政策的引导和推动作用；另一方面，必须不断完善新能源产业金融支持体系。（1）加强金融信贷的支持作用，根据新能源产业不同的发展阶段和区域发展情况开展相应的信贷支持服务。以国家开发银行为首的政策性银行要继续发挥自身优势，扩大贷款规模。商业银行应加强和相关企业的沟通和调查，为新能源产业建立信用评价体系，便利于银行进行企业选择和贷款。此外，新能源企业在成立之初，除了部分企业规模较大，其余多为中小规模企业，其资金积累不多，要向银行贷款必须有贷款担保机构的担保。因此，要提高担保机构运行效率，遵循市场规则，发挥信用放大的作用。（2）健全资本融集制度，扩大风险投资的规模，同时注重金融创新，改善投融资环境，推动新能源产业融资高速成长。

[作者单位：哈尔滨工业大学（威海）　大连理工大学]

精准识别促重整　助企再生保稳定
——新形势下威海市帮企脱困妥处矛盾的实践与研究

王　晓　李　强　王常正

在经济下行压力加大和自身经营管理不善的双重因素影响下，部分企业陷入资不抵债、破产的严重危机，有的名存实亡，成为"僵尸企业"。对此，党的十八届五中全会和中央经济工作会议都对完善企业退出机制、化解过剩产能提出了明确要求，把"去产能"作为推进供给侧结构性改革的五大任务之一。实践中，威海市没有简单地清算核销、一破了之，而是通过联系走访企业，摸清经营现状，分类精准甄别，对有重生希望的暂困企业，充分利用破产重整制度的拯救功能，千方百计地帮助企业选择有实力的重整方，为企业脱困赢得了机会，为职工就业创造了条件，为社会稳定消除了隐患，实现了经济效果、社会效果和法律效果的多元融合。截至目前，威海市先后对42家企业进行了破产重整，占全部申请破产企业的36.5%，高于全省平均水平；目前已完成9家，依法化解债务86亿元，盘活企业资产22亿元，妥善安置职工9000多人，部分企业涅槃重生、恢复了活力。今年第一季度，全市地区生产总值同比增长8.0%，一般公共预算收入同比增长10.6%，两项指标增幅均列全省第2位；规模以上工业增加值同比增长8.32%，分别高于全国、全省2.52个百分点和1.60个百分点；受理的涉及职工讨薪类信访事项同比下降22.2%，社会持续保持稳定。

一　陷困企业的社会影响

威海市主要以轻工业为主，企业规模不大，大部分是中小企业，企业生产经营相对稳定。截至 2015 年底，全市 37 个行业大类中，有 33 个保持增长，增长面 89.2%，整体增长面全年始终保持在 90% 左右；全市重点调度的轮胎、玻璃、船舶 3 个产能过剩行业中，轮胎、玻璃产能利用率均维持在 80% 以上。但受国内外宏观形势复杂多变、经济转调压力持续加大、企业经营管理不善等多重因素影响，部分企业生产经营困难，甚至陷入倒闭、破产危机，潜藏着一定的稳定风险和发展隐患。

（一）不利于社会和谐

从威海市信访部门统计情况看，因欠薪或不能按时交房等原因引发的群体性事件占全部集体访的 60% 以上。从劳动保障部门统计情况看，涉及讨要工资及待遇的案件占总量的 30%。困难企业在关停前，普遍存在拖欠工资现象，职工维权意识强烈，在少数人员的组织下，极易引发影响重大的群体性事件，造成恶劣影响。如 2013 年，经区三进船业数百名职工一度采取集体步行的方式，到市信访局上访，要求市委、市政府介入，补发拖欠工资、落实社保待遇。虽然局势很快得到控制，没有形成恶性事件，但对全市和谐稳定的形象造成一定负面影响。

（二）不利于金融安全

在威海各级法院所受理的 115 起破产案件中，金融债权清偿比例仅为 30%，有的企业甚至更低，如经区三进船业债务规模达 23.7 亿元，涉及 335 家债权人，其中银行总债务 14 亿元，银行普通债务 8.6 亿元。虽然大部分金融债权都有财产抵押，但受资产评估虚高、业内参与拍卖积极性不高等因素影响，担保财产实际变现价值明显低于抵押评估值，再加上延期受偿的利息损失，金融债权在破产程序中损失巨大，实施破产仅能偿付普通债权的 7% 左右，极易形成大量的不良贷款，引发区域金融风险，给区域企业的融资带来不可估量的负面作用，严重影响区域经济发展。

（三）不利于职工稳定

申请进入破产程序的企业，既有普通中小企业，也包括一些大型造船企业、房地产开发企业、大型企业集团等。特别是造船企业，其作为技术、资金、人员密集型企业，对职工的技能和素质要求高，培养的周期长，一旦企业实施破产清算，不仅会导致技术人员和成熟工人大量流失，而且对整个行业发展造成较大影响。另外，从以往实践看，一个企业从立项到正式投产，平均周期为 2 ~ 3 年，有的甚至更长。同时，企业投产后，往往要经历较长的市场开拓期、客户培育期和职工培训期，而一个成熟且有重整希望的企业，会在相对较短时间内恢复正常经营。

二 破产重整的积极作用

在破产法体系中，完善破产重整制度，是世界破产法的发展趋势。破产重整，主要指对可能或已经发生破产原因但又有希望再生的债务人，通过各方利害关系人的协商，借助法律强制性地调整他们的利益，对债务人进行生产经营上的整顿和债权债务关系上的清理，以期摆脱财务困境，重获经营能力的特殊法律程序。破产重整制度作为公司破产制度的重要组成部分，已为多数市场经济国家采用。从实践看，破产重整制度的制定与实施，对于弥补破产和解、破产清算制度上的不足，防范大公司破产带来的社会问题，具有不可替代的作用。我国的破产立法工作尽管起步较晚（1986 年才出台《破产法》），但出台伊始，便对破产重整进行了明确。2006 年对该法进行修订，新修订的《破产法》与 1986 年版相比，针对性更强，现实作用更大，主要体现在三个方面。

（一）主体多元性

在 1986 年版《破产法》中，只有破产企业的上级主管部门有权申请整顿，其他人提出的申请法院一概不能受理。其原因主要在于 1986 年版《破产法》只适用于全民所有制企业，即国有企业，国企的破产问题还是要看上级主管部门（即行政机关）的态度，债权人、债务人均没有自主权，这体现出1986 年版《破产法》浓厚的行政干预色彩。而新破产法服务于市场经济，其适用主体不仅包括国有企业，还包括集体所有制企业、各种形式的公司、在中国设立的有法人资格的外商投资企业（中外合资经营企业、中外合作经营企业、外资企业）等，强调运用市场化手段摆脱企业经营危机，重视当事人意思自治。新破产法规定，申请重整的适格主体包括三类当事人，即债权人、债务人以及出资额占债务人注册资本十分之一以上的出资人。

（二）保护宽泛性

重整期间也叫作重整保护期，在保护期内，债权人、出资人、管理人的权利都受到限制，重整债务人的利益受到优先保护。重整期间设定得过长，会侵害债权人的权利，债权长期不能行使，重整债务人也一直处于不确定的法律状态；设定过短会使债务人获得复兴的难度增大、概率变小。一般而言，注重保护债权人利益的国家重整期间较短，例如澳大利亚规定重整期间仅为60天。我国1986年版《破产法》则定为两年。新破产法出于尽可能挽救债务人的考虑，没有明确规定重整期限，而是将自由裁量权交给法院。当重整没有预期进展时，法院可以裁定终止重整程序，并宣告债务企业破产。这样规定非常灵活，既有利于实现企业复苏的最终目的，又能有效防止长期侵害债权人利益。

（三）措施多元性

为真正实现重整企业的经济复苏，新破产法注重运用多种措施进行破产重整，试图调动各方面的力量保证债务人的权利，甚至要求债务人以外的其他利害关系人做出一定牺牲或让步，优先考虑债务人的利益。当然这种牺牲或让步只是暂时的，仅及于重整期间，其实质是让债务人恢复经济能力，使利害关系人的权益最终实现。具体而言，新破产法的整顿措施有：重整期间债务人的经营自主权可以恢复；重整期间担保权暂停行使；重整期间借款可设担保；重整期间出资人不得请求投资收益分配；重整期间董事、监事、高管人员股权转让受限制等。上述重整措施旧破产法均没有提到，对债务人采取什么挽救措施取决于上级主管部门的决定，以及与债权人之间的和解协议。旧破产法没有赋予债务企业任何优先权利，也没有对其他利害关系人权利做出限制，使整顿不具有操作性和可行性。

三　帮企解困的威海实践

基于上述考量，威海市把化解企业矛盾同促进经济发展同步谋划，把维护社会稳定作为前置条件，把"保企业、保金融、保职工、促发展"作为基本工作导向，坚持"政府推动、企业为主、市场引导、依法处置"的原则，充分运用市场机制、经济手段、法治办法，充分发挥破产重整制度的拯救功能，积极化解过剩产能，妥善处置困难企业，全面推动供给侧结构性改革。

（一）坚持专业论证，科学研判

坚持把对企业进行专业化论证分析和评估作为科学有序处置"僵尸企业"的前提和保障，贯穿于推进困难企业破产重整的始终。一是充分论证，"把脉会诊"。组织相关职能部门、行业代表和有关专家对全市困难企业进行"过筛子"式的专业论证，深入分析每一个企业破产的原因，评估企业是否具备挽救的价值，判断企业是否具备破产重整条件及应该采取的措施，初步确定哪些企业能进行重整，哪些企业应实施破产清算，做好重整企业识别等基础工作。二是精准甄别，分类研究。充分运用研判评估结果，对所有困难企业进行精准分类。主要分为四类：对威海赛洛金药业等技术、设备、品牌、市场竞争力较强，产品又适销对路、前景广阔，但资金链断裂的企业，积极通过破产重整、和解促进企业债务重组，化解债务危机，帮助企业轻装上阵；对威海三进船业等产品销路不畅或者管理不善，但通过技术升级换代、改善经营管理能够重返市场的企业，积极推进破产重整，帮助企业腾出精力改善管理，创新技术，催生新的需求；对山东百圣源集团等经营困难、丧失市场空间，但通过变更营业等手段可以盘活存量资产的企业，尽可能采取破产重整方式压缩和合并过剩产能，保留有效产能，最大限度利用资源；对哈飞汽车威海分公司等技术含量低、发展前景差、环境资源消耗大的企业，该"断奶"的就"断奶"，该断贷的就断贷，坚决拔掉"输液管"和"呼吸机"，及时进行破产清算，快审快结，让这部分"僵尸企业"尽快退出市场，释放生产要素。三是专业论证，有序推进。在推进具体重整案件中，由政府主管部门、工商、税务等人员及行业代表和有关专家共同组成重整专家小组，集思广益、审慎论证。裁定重整前，形成初步专家意见书，为重整受理提供决策依据；裁定批准重整计划前，形成最后专家意见书，为重整计划的批准提供依据，发挥集体智慧对重整做出正确判断和决策。如在对威海赛罗金药业进行破产重整时，由制药行业专家代表及工商税务等部门工作人员组成专家论证小组，在企业全面分析评估基础上形成的专家意见认为该企业的主打产品"促进人体肝细胞生长素注射剂"临床效果好、市场前景广，只是因企业在产品定价和经营管理上存在不足以及对外担保形成大量担保债务，导致企业陷入困境。论证充分的专家意见，很快吸引众多投资方，经债权人、债务人、职工代表和股东研究，确定由资金充足、实力雄厚的中国年代能源投资有限公司作为重整方，使企业很快起死回生。

（二）坚持市场运作，因企施策

注重运用市场化手段，按照"因企施治、一企一策"原则，采取不同方式方法最大限度地帮企重生。一是挖潜引资促重整，通过充分挖掘优质资源价值，寻找对接市场投资人全面接盘。如经济开发区三进船业作为国内少数具备整船制造资质的外资企业之一，具有造船技术先进、市场定价高的特点，通过引进浙江舟基集团小可控股公司，推动企业再生。目前，重整方累计筹集资金 18 亿元，争取新订单 23 艘，年内预计可交付船舶 6 艘以上、完成产值 15 亿元。二是资源变现促重整，通过土地置换、专利出售等方式，变现优质资产，帮助企业渡过融资难关。如百圣源集团作为全省唯一拥有大型木工机械研发中心的企业，国内市场占有率一度达 60%，只因管理层过度多元发展而忽略主营业务，导致企业陷入破产危机。在市委、市政府的大力支持下，引导企业整体搬迁，利用土地置换差价，帮助企业解决融资难题，利用破产重整帮助企业核销部分债务，使企业轻装上阵，加速发展。截至目前，累计实现销售收入 2.3 亿元，缴纳税款 1200 万元，手持订单维持在 2000 万元左右，持有 16 项国家发明专利和 34 项国家实用新型专利，制定和参与修订行业标准 5 项，重新焕发了生机和活力。三是债权转换促重整，通过引导企业主要债权人收购其他债权，全面介入企业经营。如威海爱威制药最大债权人湖北郑泰健康教育产业投资有限公司，通过债股置换方式，直接参与企业经营。威海人生药业集团则由主要债权人威海芝恩药业公司，收购其他债权，统一债权人意志，从立案到重整计划执行完毕仅用了不到 5 个月时间，保护了债权人权益，避免了企业动荡。2015 年，该公司实现销售收入 6000 万元，生产经营状况稳步向好。四是同质合并促重整，对企业性质类似、经营范围相同的破产企业，特别是从事同一建设项目的开发企业，进行合并重整。如乳山市将光谷新力房地产公司和哈尔滨阳光房地产开发公司合并，引进有资本实力企业进行重整，在较短时间内为 2193 户业主建好住宅，收房率达到 90% 以上，并及时清偿农民工工资和工程款 9000 多万元，有效保护了广大业主和农民工权益。

（三）坚持问题导向，化解矛盾

企业经营出现困难甚至引发重大社会矛盾的根源在资金，解决的突破口在职工和债权人。威海市紧紧抓住职工和债权人利益等关键，努力做到"一个优先，两个全力"，为妥善解决问题创造平稳环境。一是优先保障职工合法权益。按照"以人为本、尊重历史、公开公正、依法办事"原则，畅通职工诉求渠道，优先保障职工利益，切实解决职工困难，从根本上消除不稳定因素。在处置哈飞汽车劳资纠纷和三进船业、百圣源集团破产重整案件中，首先协商解决职工反映强烈的工资发放、社保缴纳、经济补偿、分流就业、住房安置等切身利益问题，逐人摸清利益诉求，随时接受职工咨询，能解决的及时妥善解决，不能解决的耐心细致答复，最大限度地维护职工利益。同时，切实帮助职工解决实际困难，经济开发区管委帮助协调资金7000多万元，完成了百圣源集团历时十年未完工的职工公寓，解决了430户职工住房问题；为三进船业提供财政过桥资金5.6亿元，帮助企业续贷，及时支付职工工资保险和补偿金；组织专场招聘会，帮助分流职工解决就业问题，以实际行动赢得职工信任和支持。二是全力做好债权人工作。问题企业资不抵债，涉及大量债权人的切身利益，必须充分考虑债权人现实情况，反复做债权人工作，晓之以理，动之以利，争取获得绝大多数债权人理解和支持。在三进船业破产重整过程中，采取集体开会、单独约谈等方式，先后与300多家供货商、外协配套单位和金融机构进行沟通协商，详细解释破产清算与破产重整对其债务影响的区别，把其思想引导到破产重整上来。同时，积极协调重整方全额承担并先行支付167户20万元以下的小额债权人债务，争取绝大多数债权人支持。三是全力防范金融风险。坚持把维护金融稳定作为重中之重，按照"降低风险、互利共赢"原则，在做好债权人工作的基础上，重点争取金融机构支持，尽快盘活优质资产，想方设法帮助问题企业回笼资金，降低债务规模，为企业恢复活力创造条件。在三进船业破产重整中，运用破产共益债务制度，联手银行对已完工88.9%的5001标箱集装箱船进行封闭建造，回笼资金4300万美元，避免了企业和银行遭受更大损失；同时，积极邀请相关银行全程参与重整合作谈判，协调银行承诺不压贷、不抽贷、不起诉、不查封，以新公司继续承担银行债务、银行增加流动资金贷款支持的方式，促使银行与重整方达成债务偿付协议，妥善化解了金融风险，保障企业后续资金需求，扫清破产重整最后障碍，使企业破产重整计划顺利通过并经法院裁定批准实施，于2016年1月份重整复工。

（四）坚持依法处置，阳光操作

企业陷入危机往往牵扯多方利益，伴随各种矛盾。威海各级牢固树立依法处置理念，依法依规化解矛盾，确保妥善处置，彻底根除影响社会稳定的风险隐患。一是依法推进，规范治理。针对企业破产重整或清算案件，组织司法部门和律师全程参与，依法分类施策，强化法律保障。在三进船业、百圣源集团等破产重整案件中，经济开发区法院和政法委（司法局）全程介入，在依法依规履行重整程序前提下，开创性地采取"律师事务所＋会计师事务所"的双管理人模式，既保证了案件依法推进，又确保了企业资产负债审计评估等一系列工作快速完成。在处理威海经济技术开发区石油公司破产案件中，开发区指导企业聘用专业律师，依照法律程序妥善化解了矛盾。同时，严格按照《企业破产法》《劳动法》《信访工作条例》等法律法规办事，针对部分职工上访问题，依法引导其通过合法渠道表达诉求，通过调解、仲裁、协商、起诉等有效方式解决问题。对个别不听劝阻、非法串联、刻意制造恶劣影响的人员，坚决依法处置，避免形成不良导向。二是阳光操作，正面引导。对外一个口径发布信息，涉及的所有政策、处置决定、操作程序等全部向职工公开，营造正确舆论导向；对内采取政策宣传、疑问解释、进展公开、个别疏导、对话谈判等方式，保障职工的知情权和建议权，争取最大多数职工的认可，为调处工作争取主动。三进船业、百圣源集团破产重整案件工作组长期入驻厂内办公，多次召开职工大会、职工代表大会、厂级领导班子座谈会，经常深入车间与职工面对面交流，定期印发公开信通报进展情况，全面公开公示职工工资、工龄、经济补偿金额和分流安置方案，让职工全面了解有关情况，吃上"定心丸"，有力地促进了问题妥善解决。三是跟踪落实，防止反弹。坚持事后跟踪不放松，依法监管不断档，对企业后续经营情况、各方履约情况及职工利益落实情况，安排专人跟踪服务，加强监管，协调调度，确保"案结事了"。如百圣源集团职工安置分流和经济补偿问题解决后，工作组继续留驻厂内，跟踪推进职工住房建设，监督企业正常生产经营，协调解决原厂区土地变性以及企业债务偿还工作。三进船业重整复工后，工作组帮助协调解决企业债权处理、融资授信、用工返工、税收优惠等事宜，督促重整方严格兑现重整协议，使企业迅速恢复活力，达到了企业不倒、队伍不散、品牌不丢的重整效果。

（五）坚持聚集合力，全程保障

坚持多部门联动、全过程保障、立体化服务，努力为企业重整汇聚强大工作合力，营造良好舆论氛围和外部环境。一是落实属地责任，集聚多部门合力。针对企业重大社会风险事件涉及面广、影响大、政策性强、处置要求高等特点，威海严格落实属地责任，采取党委政府主导、政法委及公检法等各级有关部门一体联动的方式，努力形成区镇街属地稳控、联席会议统筹协调的工作格局，汇聚起稳定有序地推进企业破产重整的工作合力。各级各部门坚持守土有责，对辖区每起重大事件或重大社会矛盾风险隐患进行深入摸底排查，全力靠上处置，不等不靠，不推不拖，确保矛盾不激化、问题不上交。建立快速预警反应和处置机制，通过在村居、学校、商场和规模以上企业设立社会信息员等有效形式，对重点单位和区域全方位布控，全面及时掌控社情动态，确保出现不稳定隐患苗头提前知晓，发生重大事件第一时间介入、第一时间处置，迅速控制局势，防止事态扩大、升级和激化。如在三进船业、百圣源集团等企业经营陷入困境后，市领导多次听汇报、做指示，协调解决资金和招商等问题，市直有关部门出谋划策，金融机构积极给予资金支持；经济开发区迅速成立工作组，靠上去做好处置工作，既管企业生产经营，又管矛盾排查处置，在企业内部安排多名信息员及时掌握职工思想动态和不稳定苗头，提早将多起聚集上访隐患消灭在萌芽状态。二是紧紧抓住关键环节，提供全过程保障。在重整启动前，组织专门班子进驻企业全面接管，能维系正常经营的，千方百计维持企业运转；不能经营的，想方设法保全企业固定资产和设备，解决职工工资问题，为重整奠定坚实基础。在重整过程中，由政府有关部门协调金融部门承诺"不抽贷、不起诉、不查封"，协调各债权人尽快达成重整计划，并主动出击，帮助寻找合适的重整方。在重整结束后，坚持"扶上马、送一程"，将原重整工作小组更名为企业帮扶小组，继续帮助企业解决实际困难和问题。如在三进船业重整中，在破产申请伊始，经济开发区管委组织专门力量，由一名处级干部带队，连续16个月驻守在企业，通过财政借款等方式，率先解决职工工资、社会保险等合法债权，分三批次分流安置职工1688名；重整启动后，协调重整方筹资全额偿清小额债权人债务，牵头向国内60多家重点造船企业发送招商意向书，组织并参与同10多家企业20多轮谈判，引进了浙江舟基集团小可控股公司，推动企业再生；重整完成后，继续帮助企业协调金融机构，确保最快争取更多授信额度。近期，威海市又运用这种模式，成功完成荣成神飞造船的破产重整工作，使全市造船企业整体呈现积极向好的态势。三是坚持常态化联系，构建立体化服务网络。积极开展常态化联系企业活动，帮助企业解决实际困难。特别是结合群众路线教育实践活动和"三严三实"专题教育，组织市发改委、经信、住建、商务等25个部门开展联系服务企业行动，落实市直25个联系部门和500余名机关干部作为联系人，指导各区市落实属地联系部门和联系人，并增选了300家企业作为各区市层面联系点，逐一落实联系人，形成了合纵连横、上下互动的立体服务网络。通过入企走访调研，累计帮助企业解决困难问题700余个，有效缓解了企业生产经营压力。如在威海船厂受国际金融危机影响出现下行态势时，市里借助船厂搬迁契机，多方寻找合作伙伴，最终与中国航空技术北京有限公司进行战略重组，合资成立了中航威海船厂，在战略定位、内部管理、技术工艺、设计建造、市场开拓等方面全方位提升。目前，中航威海船厂手持29艘订单，其中，滚装船、抛石船、自升式生活平台等高附加值产品占到 40%。

四　威海实践的现实意义

威海市运用破产重整机制，妥善处置"僵尸企业"、化解过剩产能的做法，探索践行的是一条"重整为主、清算为辅，帮企解困、妥处矛盾，维护稳定、保障发展"的路子，对各地落实"三去一降一补"、推进供给侧结构性改革和统筹做好稳增长、促改革、惠民生、保稳定等工作，具有一定的借鉴意义。

（一）要充分发挥市场配置资源的决定性作用

威海市在处置"僵尸企业"中，科学处理政府和企业、市场的关系，按照企业主体、政府推动的原则，用市场办法推进企业的重组整合。一方面，充分考虑企业经营前景和未来市场发展。明确要求重整计划草案必须有债务重组、营业整合、资产重组三方面内容，若只明确债务重组的有关内容，而不涉及营业整合和资产重组，经营前景和市场空间不明朗，不能解决导致企业破产的深层次矛盾，不能实现通过重整提档升级和更加适应市场的目的，就不会获得批准通过。另一方面，充分尊重债权人意愿，慎用法院强制批准权。在重整计划草案制定时，组织引导各重整相关利益者充分协商和谈判，最终重整计划力求由当事人表决通过。这表明，在政府发挥好推动监督作用的同时，只有充分发挥市场对资源配置的决定性作用，按照市场规律推进企业的破产重整，让企业的命运由市场来决定，让企业在市场中历练成长，让生产要素的流动更加市场化，才能盘活"僵尸企业"占用的资源，促进产业升级和结构调整，推动经济健康稳定运行。

（二）要依靠法治方式规范运作，稳妥推进

威海市坚持"以法去僵"，充分发挥法院审判职能，让法院"唱主角"，依法有序地处置各类破产重整案件。市法院树立破产审判新理念，依法受理，积极审理，优先适用重整程序，充分运用清算程序，研究制定了《破产案件审判操作规程》和《破产重整案件立案审查听证规则》，严格立案审查程序，开创性地采取"律师事务所＋会计师事务所"双管理人模式，为破产重整配置高水平、专业化管理人，并由司法部门全程跟踪监督重整执行情况，及时稳妥处理利害关系人反映的问题，确保了各方利益保护最大化，依法审理了

一大批企业破产案件，妥善安置了职工，保障了债权有序受偿，拯救了危困企业。截至目前，有9家企业通过重整程序摆脱困境获得新生，较好地发挥了破产审判在优化社会资源配置、规范市场主体退出机制、维护市场经济运行秩序、调节市场生态环境的作用。实践证明，只有依法推进，规范运作，才能最大限度地保障各方权益，挽救困难企业，防范经济风险，消除稳定隐患，确保破产重整工作公正高效地进行，才能进一步激发经济发展活力。

（三）要坚持突出重点，分类施策

威海市针对不同企业不同矛盾因企施策，分类施治，在充分论证分析的基础上将困难企业分为四类，对各类企业又采取不同措施和办法，盘活了企业，激发了活力。如对三进船业、正土房地产（韩国城烂尾楼）、爱威制药等企业采取"借力促活"的方法，对百圣源集团企业采取"激内促活"的办法，对华东数控股份采取"政企合作"的方法，对哈飞汽车、人生药业等产能落后、竞争力不足、没有发展前景的企业则坚决实行破产清算，对拖欠职工工资的企业采取说服教育、劳动仲裁等多种方式，及时保障职工合法利益，有力维护社会和谐稳定。威海的做法表明，"僵尸企业"情况千差万别，应逐一分析研究，针对不同类型、不同情况，采取不同措施分类处置。应加快建立全省"僵尸企业"分类数据库，制定针对性处置工作方案，指导全省各地妥善处置"僵尸企业"，分类施策化解过剩产能。

（四）要把经济发展与维护稳定统筹谋划

威海市坚持"抓发展就是抓稳定、抓稳定就是抓发展"理念，把维护社会稳定和促进经济发展统筹谋划，把化解过剩产能和处置"僵尸企业"通盘考虑，立足于保、着眼于活，以破促活、以解促转，通过运用破产重整机制的拯救功能，最大限度地保护优质企业坐存，保护债权人权益，及时妥处矛盾纠纷，更好地维护了社会稳定。据省经信委去年底统计，各市提报"僵尸企业"448家，其中规模以上企业307家，占全省规模以上企业总数的0.76%，占亏损企业的9.5%，处置不好，会对发展稳定形成一定潜在风险和隐患。各级各部门在处置"僵尸企业"、化解过剩产能和防范金融风险等经济发展中的突出问题时，应自觉把解决这些具体经济问题放在改革发展稳定大局中来统筹考虑，与维护稳定工作一体谋划，整体有序地推进经济社会持续健康发展。

（五）要充分调动各方面力量资源和积极性

陷入困境企业往往潜藏着大量矛盾问题和不稳定因素，单靠企业自身很难推进破产重整。从威海实践看，虽然重整企业数量和质量都高于全省平均水平，但由于前期职工安置、资产处置、企业过户等费用过高，单纯依靠财政解决，属地压力很大，有些也难达到预期效果。威海市坚持全过程保障、多部门联动、立体化服务，充分调动了各级各部门和社会相关力量，为企业重整汇聚了强大合力，营造良好舆论氛围和外部环境。全省在推进"僵尸企业"破产重整工作时，应强化顶层设计，制定相关鼓励措施，充分调动多种资源和力量来保障。一是研究出台重整企业遗留问题的化解政策。破产重整企业的经营主体已经发生变化，但由于企业组织机构代码无法变更，原有企业金融、信用污点等不良记录无法消除，原有遗留问题没有解决，对新的经营主体融资和正常经营造成很多问题。如三进船业原企业信用污点影响新企业贷款，原企业一条船因事故沉入海底无法交付出口，但海关仍按规定要求收取新企业来料加工关税等，这不利于重整后的新企业尽快甩掉包袱、轻装上阵和尽快复苏。二是研究出台对破产重整企业的税费优惠政策。企业实施破产重整时，涉及大量资产转移，并需要缴纳较多税费，这对正进行恢复生产的企业是一笔不小的开支。建议协调税务部门出台相关扶持政策，对破产重整企业资产转移涉及的税费予以减免，为企业成功重整、健康发展提供有力支持。三是研究出台引导金融机构积极参与的鼓励政策。金融机构是困难企业的主要债权方，对破产重整起着重要作用。可采取以奖代补等多种方式，根据核销债务及后续贷款数额，按一定比例对金融机构予以补贴，引导和鼓励金融机构更好地参与到企业重整工作中来，盘活信贷资金，以多样化融资方式向企业提供金融支持。

（作者单位：中共威海市委办公室）

《贸易开放影响环境的碳排放效应研究》
内容提要

谷祖莎

气候变化对人类生存环境的危害是当今世界所面临的巨大挑战之一。煤、石油、天然气等化石燃料燃烧产生的大量二氧化碳是导致全球气候变暖的主要原因。国际能源署（IEA）的数据显示，中国能源消耗所导致的二氧化碳排放量由1979年的14.31亿吨跃升至2010年的72.59亿吨，中国超越美国成为全球第一大二氧化碳排放国。随着当前全球气候变暖日益成为世界经济和政治关系中的焦点问题，我国的能源消耗量和二氧化碳排放量的不断增长已经引起国际社会的关注，也使我国成为国际气候变化谈判的焦点，如在《联合国气候变化框架公约》（UNFCCC）谈判过程中，美国等发达国家就强烈要求中国等发展中国家承担一定的减排义务，并以此为借口拒绝批准《京都议定书》。在2009年的哥本哈根气候大会上，美国更是提出以中国承诺减排作为它减排的条件。这使我国面临巨大的国际压力。

改革开放以来尤其是加入世界贸易组织之后，我国对外贸易迅猛发展，已成为世界第二大贸易国，第一大出口国。2010年我国进出口贸易总额达29740亿美元，贸易顺差1831亿美元。对外贸易的高速增长极大地拉动了我国经济的发展。但由于我国出口、进口产品结构差异较大，出口产品以高能耗、高排放及低附加值的商品居多，进口产品则以低能耗、低排放及高附加值的产品为主，因此我国的贸易增长是以国内能源、资源消耗和环境污染为代价的。"中国制造"的产品虽在世界范围内广泛流转，但其背后隐含着大量的二氧化碳排放。"中国气候威胁论"者一边在指责中国不承担温室气体减排义务，一边却在消费着中国制造的大量廉价商品，所以，在国内外气候变化和环境压力越来越大的情况下，研究贸易开放对环境影响的碳排放效应及其作用机理，定量检验贸易开放对我国二氧化碳排放的影响，全面有效地协调贸易开放与碳排放的关系，使中国贸易开放与环境保护都能满足可持续发展的必然要求，是本书的研究目的所在。本书借鉴 Copeland 和 Taylor 构建的环境污染供给与需求的一般均衡模型，将其运用到碳排放效应的分析上，并对其进行扩展，构建了包含国际分工及全球生产网络视角并考虑外商直接投资的碳排放理论模型。在此基础上使用我国 1998～2010 年 30 个省（区、市）的数据，采用基于理论模型而建立的动态及静态面板计量模型对全国及东中西部地区贸易开放对碳排放的整体影响及区域影响进行验证。同时，为了分析贸易开放所直接导致的碳排放问题，基于环境投入产出模型，估算 2001～2010 年中国各工业行业的二氧化碳排放系数，测算这一时期中国的贸易含碳量，采用净贸易含碳量指标值检验我国对外贸易的碳平衡问题。在此基础上对各工业行业进出口含碳量及我国贸易含碳量的流向进行分析。

本书主要包括以下几方面内容。

（1）基于环境的外部性和国际贸易的关系，运用局部均衡的分析方法分析贸易开放对环境的影响。本书认为国际贸易不是产生环境问题的根本原因，但是国际贸易确实通过商品的生产、流转和价格而间接地影响环境。环境问题产生的原因在于环境成本的外部化导致了贸易中的产品比较成本优势的扭曲。所以，必须将这些环境的外部性内部化，以促进资源的有效应用和环境的合理保护。在国际贸易中，实行环境成本内部化将会对国际贸易的福利效应产生重要影响。从静态角度分析看，当不采取措施控制环境外部化时，贸易开放的福利影响是不确定的。然而，如果环境的外部化大多被适当的环境政策内部化，贸易开放和环境作用的结果对福利的影响总的来说是正的。

（2）借鉴 Copeland 和 Taylor 构建的环境污染供给与需求的一般均衡模型，将其运用到碳排放效应的分析上，并对其进行扩展，构建一个包含国际分工及全球生产网络视角并考虑外商直接投资的碳排放模型。本书认为贸易开放影响环境的碳排放效应主要通过规模效应、结构效应、全球生产网络效应、技术效应及规制效应等几个渠道实现。贸易规模的扩大客观上要求投入更多的资源、能源，这导致碳排放量的增加。如果经济结构和生产技术水平不变，且又缺乏有效的政策法规的监管，环境质量水平将会降低，结构效应产生于贸易开放条件下的专业化分工，贸易壁垒的拆除使具有比较优势的出口部门的生产相应扩张，而其他部门的生产相应收缩，其对碳排放的影响就取决于扩张的出口部门与收缩的其他部门所产生的碳排放的变化量。一般来说，在一国经济发展的初期，贸易开放会导致一国的产业结构向碳排放增高的方向转移，而随着这一国家经济发展水平的日益提高，贸易开放则使产业结构不断向碳排放降低的方向转移。目前以全球生产网络为载体的产品内分工已然成为世界新的国际分工模式。在全球生产网络体系中，发达国家因为拥有资金及技术的优势，往往处于全球价值链的高端环节，负责产品的研发设计等；而发展中国家则处于全球价值链的低端，主要负责产品的生产与组装，技术含量低且能源消耗量大。但对于发展中国家来说，融入全球生产网络下的产品内分工体系，其比较优势可能不再局限于传统的碳密集型产业，还可能会体现在某些层次结构更高的产品生产阶段上，如计算机等高科技产品，参与产品内分工所进行的生产环节的生产也可能是相对清洁的。这是贸易开放影响碳排放的全球生产网络效应。技术效应是指由贸易所带来的生产技术的变化对碳排放的影响程度，贸易开放条件下的技术进步不仅来自一国的自主创新，而且还取决于对外界先进技术的学习、模仿与吸收，贸易开放可促使发达国家向发展中国家转让它们的清洁发展技术，因此，贸易对碳排放影响的技术效应是正向的。与环境有关的国家法律措施、财政措施和进出口贸易措施等都会受到贸易开放的影响，多边贸易体制鼓励使用国际标准，允许高水平的环境保护，随着越来越多的关于环境措施的各种贸易协定的贯彻实施，全球总体的环境水平将会提高。

（3）基于时间序列数据的实证分析表明贸易开放整体上增加了我国的二氧化碳排放。在研究期内，外贸依存度和外资依存度都是导致我国二氧化碳排放量变化的 Granger 原因，VAR 模型的脉冲响应函数分析表明外贸依存度和外资依存度的冲击响应累计值均为正值，外贸依存度的影响力度要远大于外资依存度的影响力度。方差分解分析显示，外贸依存度和外资依存度对二氧化碳排放的方差分解贡献度都是递增的，但外资依存度对碳排放的影响较外贸依存度要小。

（4）基于全国动态面板数据模型的实证分析表明，人均 GDP 与二氧化碳排放量呈显著的倒"U"形，CKC 假说成立；对外贸易规模对二氧化碳排放量具有正的效应，即中国对外贸易规模的扩大对环境的影响是负面的；结构效应增加了中国的二氧化碳排放；由自主研发而引起的技术进步对减少二氧化碳排放起到了显著的抑制作用，而 FDI 的技术溢出效应使 FDI 的流入在一定程度上减轻了我国二氧化碳排放的压力；政府管制措施却未达到预期有效的目的；全球生产网络效应虽然为正但不显著，说明我国虽然目前在全球生产网络中仍然处于价值链的低端，主要依靠低廉的劳动、土地及能源等生产要素，产品附加值低，对能源的消耗量较大，但和其他影响因素相比，全球生产网络的碳排放效应并不显著。

基于区域静态面板数据模型的分析表明，人均 GDP 与碳排放曲线呈不同形状。东部和中部地区人均 GDP 与二氧化碳排放量呈显著的倒"U"形，CKC 假说成立，但西部地区的碳排放曲线呈现正"U"形，CKC 假说不成立；区域规模效应、结构效应、政府管制与碳排放的相关性及全球生产网络的碳排放效应不同，但各区域研发水平与外商直接投资对碳排放的影响相同。

（5）基于环境投入产出模型的中国各工业行业贸易含碳量分析表明，研究期内，中国出口含碳量年均增长了 7.92%，出口含碳量在各工业部门碳排放总量中的比重大多数年份都在 10% 以上；而进口含碳量在各工业部门碳排放总量中的比重由 2001 年的 5.07% 下降为 2010 年的 1.99%；中国的净贸易含碳量一直保持顺差状态。净贸易含碳量最高的是化学工业、纺织服装鞋帽皮革羽绒及其制品业和通信设备、计算机及其他电子设备制造业等行业。影响中国净贸易含碳量变化的原因是进出口贸易规模及碳排放系数；2001～2010 年，中国对十大贸易伙伴出口贸易含碳量从 23223.87 万吨增加到41065.07 万吨。这一期间，美国是中国出口货物含碳量的最大接收者，10 年间中国对美国的工业出口贸易含碳量总计为 78550.48 万吨，中国对欧盟的工业出口贸易含碳量总和虽不及美国，但 2007 年欧盟已超过美国，成为中国出口货物含碳量的最大接收者。其他比较重要的接收者还有中国香港、东盟、日本。中国从十大贸易伙伴进口的贸易含碳量则从 2001 年的 7653.57 万吨减少到 2010 年的 6697.40 万吨，2001～2007 年，由于日本一直是中国进口货物的主要来源地，中国从日本进口货物含碳量也一直位居第一。2008 年以后，虽然日本仍然是中国进口货物的主要来源地，但中国从欧盟进口货物的含碳量却超过了从日本进口货物的含碳量，中国从东盟、韩国、美国和中国台湾进口货物的含碳量在总进口含碳量中所占比重多数年份都在 7% 以上。

（6）为了全面而有效地协调贸易开放与二氧化碳排放之间的关系，使中国的贸易开放与环境保护都能够满足可持续发展的要求，基于理论与实证分析，提出如下建议。①大力发展低碳型贸易产业。我国大部分区域到目前为止对外贸易的深化仍是以二氧化碳排放的快速增长为代价的。因此，必须从根本上改变贸易增长以高碳排放为代价的外延式增长模式，加快向低碳贸易新战略转型。为实现转型，国家一方面应转变出口贸易结构，改变出口中高碳排放、高能耗、资源性初级产品的出口结构与数量，发展低碳型贸易产业。另一方面，应鼓励资源密集型和碳密集型产品的进口以减少碳密集型产品的生产，达到保护资源和环境的目的。②政府需要加大产业结构的调整力度。虽然中国当前工业化的特点决定了这种高耗能的状况，但工业生产中特有的求速不求质的粗放型的增长模式加剧了能源消耗的进程。所以，中国应该大力鼓励低能耗的高端制造业及服务业的成长，限制高能耗的低端工业制造品生产的发展，从而加快我国产业结构的调整步伐，力争从粗放型的增长方式向集约型的增长方式转变。只有如此才可能从根本上降低中国工业生产领域的二氧化碳排放，使中国的生产环节从全球生产网络的低端环节迈向高端环节，从高碳产业走向低碳产业。③加强碳排放的政府规制建设及规制的监督执行。由于环保规制的实施牵涉到各种集团的利益，中国特色的经济增长动力，产生了独特的政府行为。地方政府存在着明显、强烈的 GDP 冲动，担心因施行严格的环境规制而影响到产业或企业的竞争能力，最终影响到经济增长水平。特别是部分地方政府出于自身经济利益考虑在执行环保规制时姑息纵容，致使我国的环保规制在实施过程中大打折扣。因此，政府不但要颁布环境保护的政策措施而且还要加强监督，建议在各地成立环境稽查部门，专门负责环境保护政策措施的监督执行，从而在全国范围内保证政府环保管制政策的实施效果。④突破"节能减排"关键技术，减少对外贸易的碳排放规模。要实现节能减排，必须从技术上入手。联合国政府间气候变化专门委员会（IPCC）在第三次评估报告中特别强调，未来在解决温室气体减排中，技术进步是最关键的因素。能源消费方式的改进、能源利用效率的提高都离不开低碳技术的支持。当前中国与发达国家相比较，不管是二氧化碳减排核心技术能力还是实际应用水平都比较低。因此，中国要加大自主创新力度，加大关键节能技术和清洁能源生产技术的投入扶持力度，在一定程度上减轻以煤炭为主的能源消费结构给我国对外贸易可持续发展带来的压力。⑤中国一方面要在发展中寻求碳减排之路，另一方面还要据理力争，为中国发展谋取更大的二氧化碳排放空间。在今后的国际气候谈判中，中国政府看一国的二氧化碳排放不仅要注意其国内的二氧化碳排放量，还要注意其通过出口转移的二氧化碳排放量。未来世界碳排放权的分配不仅是气候问题，环境问题，而且是世界各国为争取碳排放空间和维护一国生存权、发展权的较量，是关系到一国未来发展的经济政治问题。⑥加强同发达国家的低碳合作计划，争取获得发达国家的低碳技术转让与绿色基金支持。中国是以煤炭为主要构成的能源消费大国，而且企业的能源利用效率普遍偏低。作为中国主要贸易伙伴国的一些发达国家和地区，如美国、欧盟、日本及韩国等拥有世界上最先进的环境友好型技术，我国政府一方面应当大量引进这些国家的低碳技术，另一方面应当促进各地区与这些国家不同的高碳产业的合作。我国也应在坚持"共同但有区别的责任"的条件下，充分利用当前国际清洁发展机制（CDM）、多国基金机制以及坎昆会议中提出的绿色基金机制，寻求更多的国际低碳技术转让与资金支持。

[作者单位：山东大学（威海）]

《〈淮南子〉征引先秦诸子文献研究》内容提要

朱新林

先秦诸子在整合上古文献的基础上所进行的思考与写作，构成了中国古典学术的真正源头。《淮南子》一书则是先秦诸子之学的集大成之作，其中文献来源甚古，均被纳入到刘安的理论体系中。或明引，或暗引；或踵成其说，或敷演其义。本书采取专题研究的形式，以考论结合的方法将书中征引的部分诸子之学加以钩稽梳理，希冀通过这种方式勾勒出西汉诸子学的面貌，亦可视为对中国元学术的一种重新考虑。根据上述认识，本书从《淮南子》征引《老子》考论、《淮南子》征引《庄子》考论、《淮南子》征引先秦兵家文献考、《淮南子》所见邹衍遗说考、《淮南子》阴阳五行说考、《淮南万毕术》考论等方面加以分析探究。全文共分六章。

第一章导言对《淮南子》研究史进行了简要述评，并分析了本书的选题意义。第二章主要从全书序言《要略》分析了《淮南子》的著述目的及对先秦诸子的反思结果。第三章以专题的形式对《淮南子》所引《老子》文献加以考论，进而理清二者之间的关系。第四章以专题的形式对《淮南子》所引《庄子》文献加以考论，指出其引用《庄子》文献的体例与方法，并进而分析了二者之间的关系。第五章则以专题的形式探讨了《淮南子》所引先秦兵家文献，包括《孙子兵法》《孙膑兵法》《六韬》《尉缭子》等。笔者认为《淮南子》是西汉时代最早且有系统地保存并研究先秦兵家文献的重要文献载体，以往的学术研究忽视了这一重要文献，应该引起学者及军事研究者的重视。第六章考察了《淮南子》所见方术文献，包括邹衍遗说、《淮南子》中的阴阳五行学说以及《淮南万毕术》文献考论。

本书关于《淮南子》征引先秦诸子文献研究这一课题，主要形成以下初步研究成果。

一　就《要略》在全书的地位来讲，主要
形成了以下研究成果

第一，《淮南子》一书是刘安及其门客对先秦诸子加以反思后的理论成果，这些理论成果吸收了老子、庄子、韩非子等先秦诸子的部分思想和观点，将其纳入自己的理论视野中，进而成了诸子学在西汉时代的集大成之作。刘安及其门客对先秦诸子的总结与反思造就了《淮南子》的体大思精。这种体大思精不仅体现在各篇的篇章安排上，更重要的是实现了"天人相通""万物和谐"的理想局面，这也是先秦诸子与历代思想家、政治家所孜孜以求的终极目标。

第二，《要略》从社会形势变化的角度，探讨了先秦诸子兴起的原因，纠正了以往只从诸子学理角度单一探讨问题的弊病。从政治角度讲，这比较接近王朝更替的历史。王朝的更替，往往带来的是对以往政治制度的调整与反拨，而这些调整与反拨则需要相应的学说理论与之适应。它明确表达了淮南王刘安及其门客的著作旨趣，即依据先秦诸子的历史经验，就当下的社会统治思想给出自己的观点。每个时代社会形势的不断变化都对当时的学者提出了理论要求，刘安所处的时代是一个统一的封建帝国，那么这样的封建帝国究竟需要怎样的治国理论才能实现长治久安，这是摆在当时的政治家和思想家面前的首要历史课题。历史证明，当时的武帝并没有明确采纳《淮南子》的理论体系，因为这时正处于道家无为治国理念向儒法并用的转变时代，这也是《淮南子》一书长期被深藏皇室图书馆最主要的原因。

二　就《淮南子》引《老子》考论来说，主要
形成了以下研究成果

第一，长期以来，《淮南子》在保存和研究《老子》文献方面的历史功绩没有引起学者的关注，以至在《老子》研究史上缺少了刘安及其门客研究《老子》这一阶段。《淮南子》是体系完整、组织严密的一部著作，并非专为解《老子》之言而作，而是将对《老子》之言的理解与诠释纳入到自己的理论体系中，因而有时符合原意，有时则给出了迥然于别家的解释，这些诠释都在不同程度上深化了《老子》的内涵，扩大了《老子》的外延。因此，我

们应该恢复《淮南子》在《老子》研究史上的学术地位。

第二，《淮南子》对《老子》的研究与诠释可以为我们研究《老子》文本在汉代的流传提供一些线索，对我们理解汉人眼中的《老子》很有帮助。《老子》文本传至淮南，诚然有地缘上的优势。但我们从现有文献看，《淮南子》中所保存的《老子》文本多有古本面貌，为我们依据传世本与出土文献研究《老子》提供了有力的文献证据，这应该引起《老子》研究者的注意及大力挖掘。

第三，《淮南子》中有如此多的引用或诠释《老子》之言的文献，固然受到了当时黄老之学盛行的影响，也有刘安及其门客的主观喜好。但《淮南子》在研究《老子》时已经尝试着将黄帝之学从《老子》研究中剥离出去，试图将《老子》之"道"与"言"比较合理地纳入自己的理论体系中。从其研究成果来看，达到了较好的效果。

第四，《淮南子》对《老子》文本的研究及其阐释，直接影响了后世一些思想理论的发展。《淮南子》将《老子》所言"道""无为""有为""善"等概念不断深化，逐渐从形而上转向人类社会的方方面面，增强了"道"的可操作性，并赋予了《老子》较强的时代性，体现了道家与法家在《淮南子》中的结合。汉代以后对《老子》文本的研究，都是在这样的阐释基础上进行的。王弼注《老子》，倡导虚无，主张"以无为本"，正是受到《淮南子》论述的启发和影响。

三 就《淮南子》引《庄子》考论来说，主要形成了以下研究成果

第一，刘安及其门客所处的西汉初年上距战国较近，他们看到的《庄子》文本比较接近文本原貌。因此，《淮南子》所引《庄子》之文多存《庄子》古本之旧，将这些材料一一梳理出来，不仅能够尽可能地还原《庄子》古本面貌，而且可以使我们将两书互校。《淮南子》中保存的《庄子》研究成果代表了西汉研究《庄子》的主要成果，应该恢复它在西汉庄子研究中的学术地位。

第二，《庄子》经过在战国时期的流传后，在汉代较早地传至淮南。据现有文献看，这应是我们所知《庄子》在汉代的最早流传区域。西汉初年，官方重视《老子》之学，《庄子》之学在当时并没有形成气候。因此，《淮南子》中所保存的《庄子》文献为我们解读当时的学术发展状况提供了参照。

《淮南子》对《庄子》的研究成果主要体现在两个方面，一是以《庄子》之言为依据展开讨论，援为我用，进一步深化了《庄子》理论；二是移用《庄子》中的寓言故事，以增强《淮南子》的说理性。《庄子》号称"寓言十九"，《淮南子》将其中的一些故事为我所用，有时是为了说明同一个道理，有时则是从不同角度入手加以解读。这种寓言风格对整个《淮南子》文本也有一些影响，如《人间》中的很多故事便取自《庄子》。

四 就《淮南子》引先秦兵家文献考来说，主要有以下几个方面的研究成果

第一，齐、吴《孙子》文本不仅流传至淮南王处，而且还得到了他们的重视，并加以深入研究。吴、楚二地毗邻，故《吴孙子》流传至淮南王处有地缘优势。《齐孙子》传入当时楚地则应是由淮南王门客中的齐人完成的。在《齐孙子》竹简本出土之前，学界并不知道《齐孙子兵法》的一部分文献存在于《淮南子·兵略》中，学者也没有对《兵略》中的兵家文献给以足够重视。如果我们对其中文献加以仔细爬梳整理，至少可以发现其中不同于《吴孙子兵法》的文献记载。这对我们今后的学术研究也是一个重要启发。

第二，淮南王非常重视对于兵法的研究，不仅是有当时可供研究的齐、吴《孙子兵法》《六韬》等兵家文献，还有当时政治军事斗争的需要。刘安偏信田蚡以及术士等人之言，认定自己将承刘氏大统，并积极"治攻战具，积金钱赂遗郡国"，以致遣其女刘陵赴长安结交皇帝左右。为了配合这种政治斗争，刘安便在军事上不仅加以实际部署，而且勤于演练兵法计谋、计策等。《汉书》本传云："日夜与左吴等按舆地图，部署兵所从入。"又云："王数以举兵谋问伍被，被常谏之，以吴楚七国为效。"但最终的结局使这些兵法研究成果并没有机会应用到实际战场上，没有成功的原因自然有淮南王寡不敌众、行事不周等诸多因素，但与其一起讨论研究兵法的雷被、伍被等人对刘安的背叛则是致命性的。

第三，后世学者在编纂《六韬》《尉缭子》等辑本时，均忽略了《淮南子·兵略》中所见诸兵家文献。尽管在引用这些兵法文献的数量上不能与齐、吴《孙子》相比，但吉光片羽，弥足珍贵，应该引起学者的重视，将其不断充实到先秦兵家研究文献中。

第四，当时淮南王门客中不仅有通晓兵法的学者，而且还有大量的从战国时代流传下来的有关兵家文献，并且将这些兵家文献加以研究，融多家文

献之长，根据现实需要加以融会贯通。淮南王刘安及其门客对这些兵家文献的研究更多的是侧重于战争的战略、计谋等，对于形而上的军事理论较少探讨，这也正凸现了当时军事斗争中实际需要的迫切性。从这一角度讲，《淮南子》是西汉时代最早且有系统地保存并研究先秦兵家文献的重要文献载体。

五　就《淮南子》中所见方术文献，主要有以下几方面初步认识

第一，《淮南子》中保存了邹衍五德终始说的历史观，这种历史观将人们对历史的认识以"五德终始"的规律加以推衍，从五行相胜的观点出发，说明王者的代兴是五行运转的结果。邹衍的大九州岛说保存在《地形篇》，他的大九州岛说打破了儒、墨二家只有一个中国的封闭概念，大大开阔了人们的视野，将人们对自然和地理环境的认识提升到了一个新阶段。这是目前能看到的邹衍学说在现有文献中保存较为完备、较为系统的文献。

第二，就《淮南子》阴阳五行说考来说，《淮南子》中的阴阳思想既有道家一派的观点，又有邹衍一派带有齐地色彩的遗说；关于五行相生和五行相胜的运行规则，《淮南子》首次给出了相对固定的运行规则。五行思想包括了五行相生和五行相胜两个方面，保存了不同系统的学说，它既保存了邹衍一派的五行相胜说的遗说，又保存了两种不同的五行相生说。阴阳五行思想在中国传统文化中具有重要意义，而《淮南子》一书中所承载的阴阳五行学说对阴阳五行思想在汉代的整合和定型起到了承上启下的作用，应予以更多的关注。

第三，《淮南子》中天人相通的观念是其五行思想的具体表现，《淮南子》的编撰者们力图通过运用这种观念，建立天、地、人三者符合自然法则和人事礼制的和谐关系。阴阳五行思想既体现了《淮南子》的宇宙观，也是《淮南子》的理论框架，道家思想的合理内核被吸收并改造。

《淮南子》除保存有上述先秦诸子的学说外，还保存有其他各家之说，只是在数量上比较少。其他各家有墨子、公孙尼子、尸子、荀子、邓析子等。如《泛论》云："时屈时伸，卑弱柔如蒲苇，非摄夺也。"《荀子·不苟》云："与时屈伸，柔从若蒲苇，非慑怯也。"《泛论》云："怯者，夜见立表，以为鬼也；见寝右，以为虎也；惧揜其气也。"《荀子·解蔽》云："冥冥而行者，见寝石以为伏虎也，见植林以为后人也，冥冥蔽其明也。"《泛论》云："诎寸而信尺，圣人为之；小枉而大直，君子行之。"《太平御览》卷八百三十引

《尸子》云：“孔子曰：‘诎寸而信尺，小枉而大直，吾为之也。’”《本经》云：“故钟鼓管箫，干戚羽旄，所以饰喜也。衰绖苴杖，哭踊有节，所以饰哀也。兵革羽旄，金鼓斧钺，所以饰怒也。”《意林》二引《公孙尼子》云：“乐者，先王所以饰喜也；军旅者，先王所以饰怒也。”这些材料尽管不多，但吉光片羽，弥足珍贵。这表明，刘安及其门客广泛搜集当时流传下来的诸子材料，融会贯通，并将其纳入自己的理论体系中。在文中不仅合理地安排了这些材料，增强了《淮南子》理论体系的说服力，而且从不同角度呈现了《淮南子》对先秦诸子诸文献的融会贯通。

除此之外，《淮南子》中还保存有相当数量当时风俗礼仪方面的材料，对于我们了解先秦两汉的民俗民风很有裨益。如《泛论》云：“世俗言曰：飨大高者而彘为上牲，葬死人者裘不可以藏，相戏以刃者太祖軵其肘，枕户橉而卧者鬼神跖其首；此皆不着于法令，而圣人之所口不传也。”又《齐俗》云：“譬如刍狗土龙之始成，文以青黄，绢以绮绣，缠以朱丝，尸祝袀袨，大夫端冕，以送迎之。及其已用之后，则壤土草薊而已，夫有孰贵之？”又云：“故胡人弹骨，越人契臂，中国歃血也，所由各异，其于信一也。三苗髽首，羌人括领，中国冠笄，越人劗鬋，其于服一也。帝颛顼之法，妇人不辟男子于路者，拂之于四达之衢；今之国都，男女切踦，肩摩于道，其于俗一也。”利用相关文献对上述材料加以解读，可以使我们对当时的礼仪风俗有较为直观的了解。

限于时间和精力，本书探讨了《淮南子》征引《老子》考、《淮南子》征引《庄子》考、《淮南子》征引先秦兵家文献考、《淮南子》方术文献等相关专题。在今后的研究中，本人还将沿着这个研究方向继续推进并深化此项研究。具体而言，主要从以下几个方面来做。

第一，《天文篇》中所见数术资料考，这些数术数据包括占岁、“古五子”说、刑德说、《淮南子》所见“建除”、《淮南子》与日书之关系等，目前由于笔者这方面的知识尚不足以驾驭上述相关材料，故今后应该花大力气解决这方面的知识盲点。

第二，《淮南子》中所见古逸书考，主要以《缪称篇》《览冥篇》为中心，探讨《淮南子·缪称篇》与子思《累德篇》及其相关著作之关系、《淮南子·览冥篇》与《唐勒赋》之关系，进而探讨《淮南子》保存其他古逸书的可能性。

第三，《地形篇》所见算学资料考，这些材料代表了西汉时期几何学和算学的主要成就。

第四，《淮南子》引《慎子》《公孙龙子》《邓析子》《墨子》等文献考，将这些材料集中在一起，一方面希望充实现有的诸家辑本，一方面则探讨诸家与《淮南子》之间的关系。

将上述工作完成后，才能实现对《淮南子》中蕴藏的丰富诸子文献的全面清理，才能使我们对《淮南子》集先秦诸子之大成有尽可能直观的认识，这将是笔者今后继续努力的方向。

[作者单位：山东大学（威海）]

《比较文学视域下的王小波》 内容提要

江志全

王小波（1952～1997）这位被称为"体制外作家"和"文坛外高手"的当代作家，虽在中国当代文学史中的地位尚未有定论，但以其独立于当代文坛之外、特立独行的个性和充满想象力、机智幽默的文字，在当代文学赢得了属于自己的一席之地。20 世纪 90 年代末以来，他的作品风靡一时，甚至出现"王小波热"的独特文化现象，研究者们以极大的热情对王小波思想与作品进行了探讨，由于 90 年代末中国自由主义的再次复兴，王小波的自由立场和自由叙述姿态与这股潮流相契合，思想界对王小波的作品格外看重，对他随笔杂文的解读也较为深入，但随笔杂文并不是王小波创作的全部，占其整个作品大部分的是小说，通过小说对人存在状况及其可能性的不断探索、在小说美学上不舍的挑战性尝试更是王小波的天才创造。迄今为止，王小波的小说仍然等待人们去进一步解读和研究。从某种意义上讲，王小波于中国当代文坛的意义，主要体现在其自由的精神立场和独特的文学风格上。王小波的自由思想来源比较复杂，既与其复杂的生活经历有关，也与其接受西方思想资源有关，学者们对王小波自由主义思想从各角度进行了探讨。其中，李慎之（1923～2003）、秦晖（1953～）、许纪霖（1957～）、艾晓明（1953～）、仵从巨（1951～）、崔卫平（1956～）、戴锦华（1959～）等人文学者对王小波的思想渊源、文学特点和价值等都有深刻的论述。

李慎之在《悼念王小波》一文中称赞了王小波对"文革"的深入批判以及对 90 年代以来借爱国主义之名泛滥的国家主义思潮的痛快淋漓讽刺，体现了作家对中国文化最深刻的认识和深刻的忧虑。当然，作为具有自由主义倾向的作家，正如秦晖在《流水前波唤后波》中所讲，王小波并没有像亚当·斯密、萨缪尔逊等人一样建立自由主义经济学理论，或像洛克、李普塞特等人一样构筑自由主义政治学理论，或像边沁、罗尔斯等人一样构筑自由主义伦理学体系，但是他对自由主义精神的实质性把握以及由此而来的思想路径是一以贯之的。由于中国特定的社会土壤与时代背景，王小波独特的知识结构与人生经历，更由于他的天分与创作个性，他能够把文学浪漫主义与自由主义理性眼光成功结合。许纪霖分析了王小波的自由主义思想对中国思想传统的承继性，从其思想脉络来看，他的自由思想与半个世纪前中国自由主义一脉相承，但又不同于中国的传统自由主义，而是中国自由传统和西方自由主义思想相碰撞后的产物。王小波崇尚的理性主义有两条路径，一条是欧陆唯理性主义的，另一条是英美经验主义的，王小波选择的是英美的经验理性，是经验理性的自由主义，王小波继承了顾准以后的精神转向，从理想主义走向经验主义，这在当时的中国思想界是特立独行的。朱学勤分析了王小波被作为自由主义知识分子被广泛接受的原因：其一，他有不同于中文系的知识结构，他是站在英美自由主义理念上写作的"异数"，是"另一类写作"；其二，王小波的作品呈现了自由主义的韧性风格，低调进入，同时还能守住必要的精神底线；其三，独特的生存方式，自由主义不仅是学理意义上的，更是一种身体力行的生活态度。朱学勤的论述代表了思想界对"王小波热"作为一种现象的认识——王小波是自觉立足于自由主义立场的，无论是其杂文还是小说，贯彻始终的是对极权主义、文化专制的拒斥和戏弄。他称得上当代自觉的自由主义思想者——他不是要构筑复杂的理论体系，而是一种文学性的形象化思考，将哲学的叙述转变成小说的形象语言，用小说形象和情节来阐明自己的立场。朱学勤等人对王小波的言说体现了自由主义在这个时代、这个国度的独特处境：那些几代人梦想的所谓的"主义"已然分崩离析，作为上层建筑的旧体制与新的社会现实的矛盾越来越尖锐，在这种情况下，知识分子不能再继续埋头"独善其身"或者逃离现实"躲进小楼成一统"，而要敢于挺身追求公平和正义，这是时代赋予自由主义者的使命！

给作为作家的王小波以思想震动、启发和顿悟的，还是文学领域，实际上，从他的创作来看，其思想资源和创作养料更多的是从自己的中外同行身上获取的。王小波固然深受英美自由主义濡染，但他的文学渊源也有许多来自欧洲大陆，包括法国"新小说派""新寓言派"，如杜拉斯（Marguerite Duras，1914～1996）、图尼埃尔（Michel Tournier，1924～）、莫迪阿诺（Patrick Modiano，1945～）、尤瑟纳尔（Marguerite Yourcenar，1903～1987）以及卡尔维诺（Italo Calvino，1923～1985）、米兰·昆德拉（Milan Kundera，1929～）、君特·格拉斯（Günter Grass，1927～）等20世纪后半叶叱咤风云的欧洲文学巨匠。当然，英美文学尤其是"黑色幽默"派对他的影响也同样深远。王小波在其杂文中曾承认自己师承的是 50 年代以来的汉语翻译文学，而这些翻译文学绝大部分都是西方现代文学，研究者们将王小波的文学资源进行了梳理，从比较文学的角度溯流探源，如乔治·奥维尔（George Orwell，1903～1950）、约瑟夫·海勒（Joseph Heller，1923～1999）等对王小波产生影响的作家都进入了研究者的视野。对王小波的西方思想、文学资源进行系统探讨的学者是仵从巨教授。王小波的精神资源极为复杂，简单讨论一方面或几个思想家的影响始终难以阐释他思想形成的长期性和复杂性，对王小波而言，"家庭""学校教育""阅读"等都对其最终思想的产生发生作用，"家庭"给了王小波接触西方资源的宽松环境，"学校教育"培养了他科学理性的思维，而广泛的"阅读"则是王小波汲取精神营养的最主要途径，如此多种途径长时间、持续性、共时性地发生影响，产生作用并最终得以"整合"，形成他的自由思想和文学观。王小波拥有丰富的以欧美文学为主，兼及哲学、历史、自然科学等在内的"西方资源"，他在"本土"以中国当代小说家的身份、以中国当代知识分子的意识，面对"本土"的素材与题材，书写具有当代性的"本土化小说"。

王小波的思想资源绝大部分来自西方，因此他对中国传统文化基本上持批判否定态度。王小波看到自由平等的多元主义和科学理性思维的缺乏是中国传统文化所欠缺的，提倡"科学理性、民主自由"是他杂文的价值取向，王小波对于"本土的"传统文学和文化有着大量的借鉴和吸收，关于王小波的中国资源鲜有论者系统论述。虽然王小波对西方资源的吸收多于对传统的继承，但是身为成长于中国文化环境的本土作家，他不可能不受到传统文化的影响。王小波作为知识分子对当代文化和社会的批判得到了人们的注意，不少论者认为王小波继承了鲁迅的批判传统。王小波与鲁迅所处的时代虽不相同，但却同样存在着传统与现代、继承与扬弃的矛盾。房伟认为鲁迅和王小波的文学有着诸多相似的特质，尤其是在对待传统文化方面，王小波继承了鲁迅的批判精神，显示了中国文学内在的客观演变规律。有论者注意到王小波随笔杂文对传统文化、民族心理劣性的深刻批判，显示了强大的理性思考特色，这一点同鲁迅杂文有着相似之处。客观而言，王小波虽然在一定程度上具有或继承了鲁迅杂文的批判性，特别是对传统文化和民族性的批判，但在精神高度与批判的深刻性上都无法达到鲁迅的境界。

小说是王小波作品最大的部分，也是最独具特色的部分，王小波小说最突出的特色就是其富有个性特点的叙事艺术。在王小波的相关研究中，关于王小波小说叙事艺术的论文最多，主要集中于对小说形式的探讨上，分别从叙事学、狂欢化、黑色幽默、新历史主义叙事、元小说特征、后现代性等理论视角对王小波小说进行研究。王小波的小说无论是在叙事视角、叙事结构、叙事情节，还是在叙事语体、叙事笔调等方面，都带给读者一种别样的审美感受。从小说的叙事视角来看，王小波小说的叙事视角多变，他善于运用一种"儿童视角"进行叙事，这种叙述模式实质是一种"拟儿童"的叙述姿态，用儿童般的口吻来讲述成年世界，他巧妙地将儿童眼光所具有的好奇、自由、开放，同经验理性的冷静、宽容结合起来，形成了极为独特的叙述方式。张懿红在《王小波小说艺术的渊源与创化》一文中，对王小波小说西方源流作了详细探讨，并对王小波小说的复杂结构进行了归纳，其小说结构具有诸如"多维叙事时空""时空交错的叙事结构""古今共时的结构""对话体叙述方式"等特征，这些提法均表明了王小波小说繁复的叙事结构具有后现代文本的特征。戴锦华在《智者戏谑——阅读王小波》一文中认为王小波以若干不同角色和身份，在多个层面，以多重线索、多个视角构造了复杂且立体开放的叙事空间。关于叙事语言，我们不能不提到王小波所独有的"黑色幽默"语体，他的黑色幽默深受西方传统讽刺幽默文学，特别是马克·吐温（Mark Twain，1835～1910）、萧伯纳（George Bernard Shaw，1856～1950）的幽默风格的影响，另外，五六十年代风行欧美的"黑色幽默"文学对其产生的影响也不可低估，王小波的黑色幽默具有自己的特色，充满生活气息，以具有"京味"风格的口语、嬉戏游戏的笔墨、超常规的奇异想象构筑自己的叙述话语。也有论者从后现代主义角度来谈王小波小说的叙事方式，李娜指出王小波的多重叙事方式具有些后结构主义的特征，这种复式的叙事结构与所谓的狂欢化小说的结构原则是一脉相通。还有论者认为王小波吸收了西方后现代小说技巧，元小说特征是王小波小说叙事艺术独创之一，叙述者在文本中实施一种"自白式"的叙述，或讨论或虚构，甚至公然讨论各种叙述技巧，这都显示了元小说最显著的外部特征。一些研究者还从巴赫金"狂欢"理论在王小波创作中的体现来探讨其创作实践。崔卫平的《狂欢诅咒再生——关于〈黄金时代〉的文体》以巴赫金的狂欢化理论从多个方面来分析王小波小说的文体特色，显示了其小说典型的狂欢化叙事特征。李娜借助狂欢化理论解读小说《青铜时代》，指出其在内容、形式、人物、情节、语言等方面均具有狂欢化文学特色。在《缘何奇葩放于斯——王小波狂欢化小说的背景和特征》一文中，她又从社会因素、个人因素和传统文化角度，对王小波式狂欢小说的背景及其特征进行分析，揭示了王小波狂欢文学产生于当今文坛的必然性及其中国特色。纵观王小波的创作历程，我们可以发现，虽然其在早期小说中已有了怪诞的想象、夸张、变形（如《绿毛怪兽》《变形记》《这是真的》等）、顽童式的恶作剧（《地久天长》）等狂欢特征，但一直到《黄金时代》的完成才最终确立了了自己的狂欢式文体。作为成长于本土文化，同时又吸取了异域文化的思想者，显然，他的小说体现了东西方狂欢化文学特征的融和，在经过其个性化的独创后，最终形成了既不雷同于欧洲狂欢化文学，同时又对中国传统文学局限性有所突破的独特的狂欢化小说。

性描写在王小波小说中占有非常重要的地位。"性"是个人隐藏最为深刻的部分，透过性可以看到人以及社会的本质。长久以来，性被作为社会禁忌，人们羞于提及，但在王小波看来，性就是性，是人的自然欲求，无须遮遮掩掩。王小波小说的性描写不同于体制内认可的对于性的"遮蔽式"书写模式，而是采取大胆的、自然呈现的叙述方式。时至今日，"性"已然成为理论界研究王小波的一个重要突破口。艾晓明是较早发现王小波的研究者，后来也成为作家的好友，她曾写过多篇评论文章，热情洋溢地赞誉王小波的创作，尤其是小说中性描写的价值，为人们接受、理解王小波起了重要的作用。李银河也对王小波文中的性作过较为深刻的分析，她认为王小波直率地描写性，其眼中的性，也如同吃饭睡觉一样稀松平常。这样坦坦荡荡的性爱观让那些习惯于将性爱视为隐秘乃至猥琐之事的群体一时间无法接受和认同。大多数的论者都指出王小波笔下的性描写超越了性本身，其赋予了性一种更广阔的社会属性。同时，研究者们把目光聚焦于"文革"这样的宏观背景，在那样非理性的狂热年代，性被视为最为深刻的禁忌，王小波的主人公则以性爱为反抗的武器，肆意张扬生命的活力，达到对扭曲的意识形态的嘲笑。还有论者从西方资源角度来寻找王小波小说性思想的起源，戴锦华从王小波西方经历出发，认为其受到后现代主义大师福柯的影响，福柯理论的核心内容就是话语和权力的问题，并通过性关系来隐喻权力关系，这与王小波的小说颇为神似。此外，研究者们还关注到了王小波作品中虐恋的描写，李银河的性社会学，特别是关于虐恋的研究对王小波小说的虐恋描写影响颇大，李银河从社会学的专业角度来研究性反常现象，王小波作为研究的合作者，在此基础上创作的虐恋小说自然而然具有一定的社会学价值。她的著作《虐恋亚文化》成为解读王小波虐恋小说的一把钥匙。由于虐恋是一种在统治与屈从的基础上运作的文化现象，因此虐恋中的受虐和施虐是对权力本质关系的隐喻，王小波借助虐恋这一具有西方文化特征的意象来揭示权力运作的秘密，王小波曾用弗洛伊德的理论来说明这样的心理机制："人若落入一种无法摆脱的痛苦之中，到了难以承受的地步，就会把这种痛苦看作是幸福，用这种方式来寻求解脱。"他用荒诞的受虐场景的展示来揭示权力运作的本质，达到对权力的讽刺与消解的目的。王福湘在《复调小说——王小波的一种解读》中归纳出其笔下虐恋的隐喻关系：发生在个人与社会之间以及个人与个人之间，前者表达的是社会受虐倾向，而后者表达的则是性受虐倾向，虽然后者才是真正意义上的虐恋，但是前者的社会批判意义更甚。王小波的独特之处就在于能把人物受虐的场面写得极富创造性，这样的描写在当代文学中并不多见。

反"乌托邦"是王小波小说的另一个重要方面，王小波后期创作的大部分作品都指向一个目标，那就是对专制主义、极权主义的深刻批判。秦晖在《流水前波唤后波》中说："中国文学的发展特点在于：由于'反乌托邦文学'晚生，它与批判现实主义文学之间应有的时间差被压缩到几近于无。于是在人家那里从扎米西京到索尔仁尼琴的不同角色，在某种程序上重叠到了小波一人身上。"作为知识分子小说家，王小波将批判的矛头对准了极权主义。中国延续了几千年的封建专制主义传统，极权主义早已与中国文化和现实社会紧密地结合在一起，要撼动它也绝非易事，王小波选择了小说作为批判的武器，在经历过"文革"那种荒诞和恐怖的时代后，王小波对一切政治话语和可笑的政治"抒情"企图深恶痛绝，尤其是关于"乌托邦"的抒情梦想。"乌托邦"制度的荒诞之处："首先，它总是一种极端国家主义的制度，压制个人；其次，它僵化，没有生命力；最后，并非最不重要，它规定了一种呆板的生活方式，在其中生活一定乏味得要死。"他引用罗素的名言"参差多态是幸福的本源"来阐明自己的立场，他认为若被规定了一切则根本无幸福可言，他从极权主义的另一面来寻找突破："我看到一个无智的世界，但是智慧在混沌中存在；我看到一个无性的世界，但是性爱在混沌中存在；我看到一个无趣的世界，但是有趣在混沌中存在。我要做的就是把这些讲出来。"王小波后期的创作都是关于专制与极权主义的寓言式作品，他从中国历史，从专制主义传统中发现了极权主义的基础——那些隐藏在中国传统文化中的那些受虐与施虐、控制与屈服的文化基因，正如戴锦华所说："如果可以说王小波成就了某种'历史'写作，那么它不仅关乎于"文革"的历史，或中国历史，而且关乎于历史本身。一个学院式的说法便是：王小波的作品所指涉的是'元历史'。"——这个历史循环不断重演，成为朝代更替的根本原因。

王小波去世后，身前寂寞的他瞬间"红"了起来，在学者、网络青年、大众、文学爱好者、媒体、李银河等的共同推动下，出现了所谓"王小波现象"的复杂文化现象。王小波对网络青年和"70后""80后"作家的影响较大，一些论者着重强调王小波对"70 后""80 后"作家，尤其是对"80 后"作家的巨大影响。李静的《王小波这一代的精神兄长》分析了王小波被年轻人热捧的原因在于当下文化犬儒主义盛行，缺少精神启蒙者，而王小波的出现填补了这一空白，被青年推为精神导师。李凤亮、卢欣的《谁影响了这一代人的青春——80 后文学出场分析》分析了王小波对年青一代作家的影响。有论者从媒体对王小波的文化偶像的塑造，从大众文化角度以及接受美学角度的来分析"王小波热"的文化现象，李美皆在文章《李银河时代的王小波》中对李银河借媒体把失语的王小波任意塑造的做法提出批评，认为李银河不断炒作王小波，借王小波之名而行推销自己之实。房伟的《十年：一个神话的诞生》和张慧敏的《一个特殊的文化现象》则道出了王小波在媒体与大众的"共谋"下成为一个"神话"，媒体持有话语权，与网络青年一同塑造了王小波神话。然而我们看到，时至今日，"王小波热"虽然已经降温，但"王小波现象"到现在依然是个值得深入探讨的话题。这表明，王小波留下的文学遗产并没有过时，反而随着时间的推移、时代的变迁不断展现出新的价值。

［作者单位：山东大学（威海）］

劳动教养制度废止后劳动教养对象的类型化分流和处置

王瑞君

2013 年 11 月 12 日《中共中央关于全面深化改革若干重大问题的决定》（以下简称《决定》）确定"废止劳动教养制度"，同年 12 月 28 日，全国人大常委会通过《关于废止有关劳动教养法律规定的决定》，在我国实施 50 多年的劳教制度被依法废止。这样就出现了一个问题：废止劳动教养制度后，是否需要以及如何处置原来劳动教养的违法行为。与此相联系，不少学者和司法实务界人士担心废止劳动教养制度后，轻微违法犯罪行为会存在规制方面的空缺，会在《治安管理处罚法》和《刑法》之间留下空白，从而影响社会秩序的安定。如何在劳动教养制度废止后对原劳动教养对象进行有效的规制和处理？笔者试对此问题略述观点。

一 不适宜在"一元化"刑法惩罚制度之内通过刑法分流劳动教养对象

基于惩罚犯罪的需要，刑法作为最严厉的惩罚制度已经有几千年的历史，现代的刑法根据其所包含的法律后果的不同，理论上有"一元化"刑法惩罚制度和"二元化"刑法惩罚制度之分。一国的刑法如果是仅仅承认刑罚或者保安处分的，可以归入"一元化"刑法惩罚制度之中。现在大多数国家的刑法典都采用"二元化"的原则。"理解现代刑法的关键，是理解刑法中这两种法律后果之间的区别。如果人们暂时搁置关于刑罚和保安处分作用的争论，而采用最简洁的方式来表述这个区别，那么可以说：各种刑罚都是以行为人在行为当时所具有的罪责为条件的，各种保安处分则是以行为人对将来的持续危险为条件的。……罪责作为刑罚的条件和危险性作为保安处分的条件，是共同存在于两个相互关联的领域之中的，刑罚和保安处分作为法律后果不仅可以各自独立适用，而且也可以同时出现"。当然，刑罚和保安处分的区分不仅仅在于是否以罪责作为基础，保安处分被纳入到刑法中来的一个重要的刑事政策方面的依据是：刑罚不能充分地满足保卫社会的目的，所以必须通过保安处分，以预防某些犯罪行为的实施。正如罗克辛教授所说的"笼统地使用'刑法'这个名称实际上是不正确的。准确地说，人们本来应当称之为'刑法和保安处分法'"。

我国目前的刑法典尽管有类似于保安处分的内容（如关于精神病人强制医疗等的规定），但尚算不上是"二元化"的刑法，而应归属于将刑罚作为犯罪的主要法律后果的"一元化"刑法的范畴。在我国当前的"一元化"刑法模式下，劳动教养制度废止后，是否应该像有学者主张的将其中的一些行为犯罪化？笔者认为，不适宜在"一元化"刑法惩罚制度之内通过刑法分流劳动教养对象。

"一元化"刑法模式不仅将行为犯罪化，并且在相应的法律后果的设定方面基本上是刑罚手段，实施的结果也是以刑罚惩罚为主。这就存在一个刑法干预的界限问题，很可能将刑法干预的界限扩大化。为此，在考虑将哪些行为犯罪化、刑罚化的时候，要尽可能地推后刑法干预，力求避免不必要的刑法干预。美国学者帕克在他的《刑事制裁的界限》一书中，从法律与道德的关系、刑事制裁的正当根据、刑罚惩罚的得与失、程序制约等不同视角，通过一般论证和具体例证，分析和尝试回答了刑法干预的界限，得出的结论是能用别的社会控制方式就不用刑罚这一制裁手段。"因犯罪而被处以刑罚既不同于出于公共利益的规制，也不同于因行为损害他人时被迫付出的赔偿，更不同于因疾病而受到治疗。这种制裁不仅极具强制性，从最广泛的意义上讲，也极为昂贵。它应该被适用于那些真正危害严重的行为"。他还在该书中提出了六项刑事制裁的最佳使用标准。除了美国学者帕克的刑事制裁的界限理论，关于犯罪化、刑罚化的根据的探讨，即将哪些行为犯罪化、哪些行为纳入刑法调控的范围的理论，代表性的还有英国学者密尔的"损害原则"理论和德日刑法学中的法益理论。我国目前刑法理论对于刑事立法标准的探讨，基本上都是基于法益理论而提出的，当然也有学者是从刑法谦抑主义的立场来讨论刑事立法的界限问题的。

虽然围绕刑事立法的干预范围的问题，还存在一些争议，但也形成了一些共识：犯罪不仅是对行为之"恶"的评价，还涉及对这种"恶"的程度的评价，此外，还需要考虑刑法与其他法律甚至道德等的衔接问题，这是构建一国或地区和谐法律体系的要求。犯罪化处理要为社会主体留下足够自由的空间，刑法对社会生活的干预要优先让路于道德、社会自治与自律、国家的其他法律手段。诚如罗克辛教授所言："法益保护并不是仅仅通过刑法得到实现，而是必须通过全部法律制度的手段发挥作用。在全部手段中，刑法甚至只是应当最后予以考虑的保护手段，也就是说，只有在其他解决社会问题的手段——例如民事起诉，警察或者工商管理规定，非刑事惩罚等——不起作用的情况下，它才能被允许使用。人们因此称刑罚是'社会政策的最后手段'，并且将其任务定义为辅助性的法益保护。"

所以，是否将某种行为纳入刑法调整的范围，要放在整个社会秩序的维护和整体法秩序的范畴来考虑。受刑法谦抑理念的制约，基于犯罪的法益侵害性、刑罚处罚的必要性以及需要具备明确的客观要件的行为类型等对行为进行犯罪化的基本认识，当思考将某种行为纳入刑法调整的范围时，要考虑如下情形。（1）人的内心想法属于道德调整的范围，刑法不能规定腹诽罪或者思想犯。（2）属于私人自治领域的，不能违法化和犯罪化；本应归属于社会自治自律的，不需要违法化和犯罪化。（3）属于社会主体私权利处理的事项，由民事侵权法来调整的行为，不能将其犯罪化。（4）靠单位的规章制度约束的行为，不能够违法化和犯罪化。（5）某种行为属于政府行政管理能够解决的问题，行政执法不能够为了图简单、省事，而使用严厉的措施以实现政府的管理职能。如果某种行为的后果总是能够由行政机关及时消除的，就不要作犯罪化处理。刑法不是政府管理法，也不是危害防治法。（6）因程序法的规则而不可能证明的行为，不能规定为犯罪。

原劳动教养制度规定的对象主要包括8类：（1）罪行轻微、不够刑事处分的反革命分子、反党反社会主义分子；（2）结伙杀人、抢劫、强奸、放火等犯罪团伙中，不够刑事处分的；（3）有流氓、卖淫、盗窃、诈骗等违法犯罪行为，屡教不改，不够刑事处分的；（4）聚众斗殴、寻衅滋事、煽动闹事等扰乱社会治安、不够刑事处分的；（5）有工作岗位，长期拒绝劳动，破坏劳动纪律，而又不断无理取闹，扰乱生产秩序、工作秩序、教学科研秩序和生活秩序，妨碍公务，不听劝告和制止的；（6）教唆他人违法犯罪，不够刑事处分的；（7）吸食、注射毒品成瘾的，除依照有关规定处罚外，予以强制戒除，进行治疗、教育，强制戒除后又吸食、注射毒品的；（8）因卖淫、嫖娼被公安机关处理后又卖淫、嫖娼的。基于上述非犯罪化的标准以及刑法干预的谨慎性要求，我们认为，对原劳动教养对象的犯罪化处理需要慎重。例如，第（5）项"有工作岗位，……，不听劝告和制止的"，即可以通过单位规章制度来规范其行为，而无须犯罪化、违法化。再如第（1）项提到的"罪行轻微、不够刑事处分的反革命分子、反党反社会主义分子"，鉴于反革命分子、反党反社会主义分子概念本身的模糊性，加之《刑法》已经放弃使用反革命的表述，如果有叛国、叛逃等危害我国国家安全的行为，可以直接适用刑法的规定，无须再重提其犯罪化的问题。所以，在"一元化"刑法惩罚制度之内通过刑法分流劳动教养对象，是有失偏颇的。

而且，如果按照有些学者的主张，通过建立轻微罪体系或者通过犯罪概念分立化的刑事立法来对废止劳动教养制度后原来列入劳动教养的行为进行管控，一个最不应该忽略的问题是"犯罪"标签问题。受中国传统法律文化的影响，在我国，法律的主要功能被用于对违法犯罪的打击上，对于实施违法犯罪的人员，总体上惩罚手段多些，矫治手段少些，而中国传统文化又容不下犯罪之人。在中国，每一次刑罚的施加对当事人而言几乎是"一辈子的耻辱"，不仅犯罪者本人回归社会难，家人和亲属也跟着抬不起头来。犯罪这个标签给中国人带来的附带后果、道德上的否定，比西方社会给人带来的副后果要严重得多。

综上，劳动教养制度废止后，不适宜在"一元化"刑法惩罚制度之内通过刑法分流劳动教养对象。

二 通过"二元化"刑法惩罚制度对劳动教养对象进行分流和规制

"二元化"刑法惩罚制度，是指将刑罚与保安处分一同纳入刑法作为应对犯罪的手段的制度。刑罚和保安处分的不同之处在于：前者主要立足于对已然犯罪的惩罚，以行为人当时所具有的罪责为条件；后者主要立足于对未然犯罪的预防，以行为人对将来的持续危险状态为条件，适用的对象主要是一些需要对其人格或身体进行矫正治疗的"病人"，如吸毒成瘾者、精神病人以及有责任能力但有特种危险性的人。保安处分的必要性已由德国学者克莱恩在18世纪末进行了阐述，当然其作为具体制度则是19世纪末被提出来的。1893年瑞士的《刑法预备草案》是世界范围内较早的将保安处分与刑罚并列的法案，这种将刑罚和保安处分分别规定在刑法中的二元主义立法模式，对许多国家的立法产生了影响，后来的《意大利刑法》《波兰刑法》《瑞士刑法》等纷纷采用这种模式，并逐渐普及。另外，比利时、西班牙在刑法典之外的特别法中规定了保安处分，也属于采用二元主义的国家，1960 年的《苏俄刑法典》也采用二元主义。还有的国家，尽管刑法典自身采用的是一元主义，但在法律制度上则是采用了二元主义。因此，现在二元主义已成为世界性潮流。在英国、美国等英美法系国家，虽没有保安处分的观念，但是其刑法也是以二元主义的刑罚观为依据的。

笔者认为，在我国劳动教养制度废除后，有必要在刑法中规定保安处分制度，对一部分劳动教养对象通过保安处分来分流和处置。这就涉及我国刑法的"二元化"转化问题。上文将我国的劳动教养的主要对象概括为 8 类，这 8 类对象中，违法犯罪行为"不够刑事处分的"占 5 类。劳动教养制度废止后，首先应该考虑这 5 类行为有无可归入《治安管理处罚法》的。如果能够通过《治安管理处罚法》进行教育惩罚，就没有必要将其硬纳入刑法的规制范畴，当然，对违法的惯犯、累犯，比如吸毒人群的复吸人员、多次小偷小摸人员，多次欺诈他人、不时地寻衅滋事人员，定不了罪，治安处罚拘留又过轻，如果任其在社会上行偷、行骗、寻衅滋事，会造成对社会及其个人的更大危害，对这些人及其行为，不能够放任不管。从我国的现实出发，借鉴他国的做法，可通过在刑法中规定保安处分制度，把常习性违法者纳入保安处分的对象。这样一来，我国刑法的内容要发生由"一元化"向"二元化"的转变。刑法中既要有关于犯罪和刑罚的规定，同时也辅助有"非犯罪"和保安处分的规定，并且二者可以配合适用。

在我国刑法中设立保安处分制度，应该取保安处分为"社会防卫处分"的定位，名称可直接称为保安处分。保安处分与刑罚分别独立规定在刑法典中。要强调保安处分防卫社会的目的，而不是惩罚的目的；将保安处分的适用纳入司法程序；避免将不是非犯罪化不可的行为因犯罪标签化所带来的不必要的消极影响。尽管该类措施放在刑法中，但是，其并不是以与犯罪直接对应的措施的名义出现的，就如同现在我国刑法中对不负刑事责任的精神病人进行强制医疗的规定一样，从犯罪成立标准的角度来分析，其不具备构成犯罪的充足条件，从最终的裁判结论来说，也不认定为犯罪以及触犯了哪个罪名，这样，犯罪的标签在这里不存在，自然它的消极作用也不会得到发挥。

结合劳动教养对象，可以说，"二元化"刑法在确保社会和行为者本人安宁的同时，又连带地解决了两个关键的问题：一是将有的劳动教养的对象纳入保安处分的范畴，使其进入司法审查的程序；二是去除犯罪标签化，避免犯罪标签化带来的负面影响。

到此，我们可以分析一下，哪些劳动教养对象可以纳入保安处分的范围。

首先要注意，我国有《治安管理处罚法》，因此，"不够刑事处分"不是原来劳动教养对象纳入保安处分的充足条件，如果治安管理处罚能够起到惩罚、教育和预防的效果，就一定不能将其纳入保安处分的范畴，尤其是非常习、偶然违法之人，应通过治安管理处罚来规制。应当承认，我们过去的劳动教养立法特别是实践中劳动教养的适用，存在功利、不规范，甚至要特权的做法，在此应该予以清除。因此，我国原来劳动教养对象中，可能列入保安处分的只有如下几类：（1）有流氓、卖淫、盗窃、诈骗等违法犯罪行为、屡教不改、不够刑事处分的；（2）吸食、注射毒品成瘾的，除依照有关规定处罚外，予以强制戒除，进行治疗、教育。强制戒除后又吸食、注射毒品的；（3）因卖淫、嫖娼被公安机关处理后又卖淫、嫖娼的。概括起来，即是说，对于上述这些原有的劳动教养对象类型，除了构成犯罪的情形之外，不要刻意地将原有的违法甚至严重违法行为进行犯罪标签化，可以保留其"常习违法"或者"严重违法"的评价和称呼，但不要犯罪化，适用保安处分。我国刑法中设立的保安处分，可以与刑罚同时适用，也可以单独适用，它是非刑罚措施，但应通过司法审查程序来适用。

三　保安处分范畴以外其他的劳动教养对象宜做治安管理处罚与非违法化处理

对于以往的劳动教养对象，无非存在犯罪化、非犯罪化、违法化、非违法化几种情形。笔者基本上不赞同犯罪化的做法。对于常习违法者，仍属于违法但非犯罪，将其纳入保安处分的范围。保安处分范畴以外原来的劳动教养事由可以通过治安管理处罚、非违法化等途径来分流和处置。

1. 部分劳动教养对象的治安管理规制

我国的治安管理处罚是一种惩罚性的制裁手段，适用于扰乱社会秩序，妨害公共安全，侵犯公民人身权利、财产权利，违法但尚不够刑事处分的人员。对照原劳动教养对象的事由、类型，除常习性违法者纳入保安处分的范围之外，其余的可以依照《治安管理处罚法》的规定，进行处罚。以卖淫、嫖娼为例。《治安管理处罚法》第六十六条规定："卖淫、嫖娼的，处十日以上十五日以下拘留，可以并处五千元以下罚款；情节较轻的，处五日以下拘留或者五百元以下罚款。"卖淫、嫖娼行为属于无具体被害人的行为，危害性相对较小，对此类行为《治安管理处罚法》已经作出处罚的规定，因此《全国人民代表大会常务委员会关于严禁卖淫嫖娼的决定》中，对于卖淫、嫖娼的劳动教养的规定废止后，对于因卖淫、嫖娼被发现，尚不属于常习性的卖淫、嫖娼者，进行治安管理处罚即可。特别是，我国有的从事卖淫的女性是因为贫困，这些人过去被劳动教养后，无正当谋生手段，继续重操旧业的不在少数，故教给她们合法正当的谋生手段比惩罚更为重要。当然，嫖娼者不同于卖淫者，这些人通常不是因为生存危机而从事嫖娼活动，其罪过重于卖淫者，因此，对嫖娼者给予的治安管理处罚应较卖淫者严厉。

此外，对照原来被列入劳动教养对象的事由，其中的危害国家安全，不够刑事处分的；结伙杀人、抢劫、强奸、放火等犯罪团伙中，不够刑事处分的；有盗窃、诈骗等违法行为，不够刑事处分的；聚众斗殴、寻衅滋事、煽动闹事等扰乱社会治安，不够刑事处分的；教唆他人违法犯罪，不够刑事处分的，均可以通过区分是常习违法者还是非常习违法者，以决定通过保安处分或治安管理处罚进行惩罚。

2. 部分劳动教养对象的非违法化处理

原劳动教养对象中的以下几类，可以进行非违法化处理。（1）"有工作岗位，长期拒绝劳动，破坏劳动纪律，而又不断无理取闹，扰乱生产秩序、工作秩序、教学科研秩序和生活秩序，妨碍公务，不听劝告和制止的"。尽管不应该鼓励和认同这类行为，但这类行为也并未达到非违法化不可的边界，因此，可以进行非违法化处理。（2）原来劳动教养对象中的吸毒行为。吸毒是一种自损行为，因不涉及直接的被害人，已经为国际社会作为无被害人犯罪而非犯罪化，对吸食、注射毒品的人，放在戒毒所强制戒毒的效果更好，因此对一般的吸毒者，重在帮助其戒毒。（3）类似流氓行为、无理取闹等缺乏明确的行为类型的，从防止权力滥用、保护公民权利的角度，也应该从法律规制中剔除，将其非违法化。

将原来部分劳动教养对象非违法化分流，主要有几个方面的考虑。

第一，从社会控制资源优化分配的角度来看，任何国家在对社会规控时，都不能不考虑资源和成本问题。一个国家对犯罪的追诉需要花费一定的甚至很大的成本，治安管理处罚也不例外。因此，劳动教养制度废止后，是否意味着至少原来的劳动教养对象应归入治安管理处罚的范围，还不能一概而论。治安管理处罚只是社会控制的措施之一，如果依照英国犯罪学家斯坦·科恩的社会控制理论，我国的治安管理处罚属于"硬性"控制，是充满了强制性的控制。作为"硬性"控制手段，治安管理处罚同样需要我们将资源进行合理地分配和适用，不能超越行为的严重程度随意进行治安管理处罚。研究社会控制的英国学者马丁·因尼斯说过"每一种方式，无论我们讨论正式的或非正式的惩罚，我们都倾向于假设，我们之所以选择某一种特定的惩罚方式，是因为它违反了社会规范所认为的该种越轨行为的严重程度"。社会越轨行为，或者可以称之为社会异常行为，可以表现为用犯罪、违法、不轨、不道德、邪恶、堕落等概念或多个概念的集合概念所包含的行为和表现。相对应的控制手段包括惩罚、治疗、制止、隔离和预防等，目标无非是用来控制那些在一定程度上被视为异常的行为。

第二，将哪些行为进行犯罪化和违法化处理，除了要受刑事可罚性理念约束之外，还与该社会在一定时期的社会容忍度有关联。随着社会价值多元化发展，社会主体行为的划分也不再是简单的好与坏、对与错、主流与非主流的二元化区分，而是变得多元化，有的表现出中性的特征。为给社会主体留出最大的自由空间和私人自治领域，为确保社会既充满活力又和谐稳定，现代法治国家的法律为思想和言论让出很大的空间，腹诽罪、思想犯被排除在刑法之外；社会不仅要容忍人的内心思想，还要容忍人的非主流的行为，并且要提升对非主流行为的容忍度。立法决策要将社会的态度适当地纳入考虑的范畴。社会的态度汇集着民意，左右着某种行为或现象在一国的生存状态。如果一种行为或者一种现象在社会上的容忍度高，它就有了继续存在的充分理由，如果社会容忍度低，它就可能被驱逐出去或者被置于严厉的控制之下。那么，劳动教养对象的行为的社会容忍度如何呢？从一些学者的研究可以看出，学界对于类似于卖淫、嫖娼、吸毒等无直接被害人的行为的犯罪化基本上持反对态度。此外，社会对违法行为的认识和看法也不是一成不变的，随着人们价值观的转变和多元化，有些变得为社会所容忍，有的原本就可以为社会所容忍。对于社会能够容忍又不影响社会正常秩序的行为，应从违法和犯罪中排除。

社会容忍不仅有"质"的一面，也有"量"的一面；犯罪是对一种恶的行为之评价，它不但涉及性质的价值评判——即犯罪必须是一种"恶"，还涉及对这种"恶"的程度的评价。因此，社会对某类行为容忍度的不同，有关公权力主体对该类行为的规制、矫正或惩罚的手段的性质和轻重也应该有所不同。由于劳动教养的对象包含种类多样，每一类型的危害程度，行为人自身因素，被害人因素，社会、政治、经济、文化、道德等因素，各不相同，因此，对劳动教养的对象有必要进行类型化分流，更多的要被非违法化、有的应非犯罪化、少数的才可以纳入刑法调控的范围。

从社会容忍的角度来思考哪些行为犯罪化时，不能不提及刑法要表达谁的意志、谁的价值观和评断标准的问题。某一行为是否有必要动用刑罚，不能是政府出于社会管理需要的权宜之计、同样不能因为政府管理的乏力就转而依仗刑罚的威严来管理社会的失范行为。某种行为犯罪化，必须具备一定的公众认同之基础，一种行为如果需要动用刑罚，必须是社会广泛认同此种行为应成立为犯罪，才具有刑事可罚性。刑法所表达的应该是广泛的社会主体的价值观，包括哪些行为是社会公众普遍不能容忍甚至是强烈反对的行为，将这类行为犯罪化因为能够得到公众的信赖和社会主体的广泛的认可，从而使得法律的施行得以正常运行。以卖淫为例。社会主体对卖淫行为的不赞同、不认可，不等于不能容忍，不等于社会的"集体意识"或者"意志"是要主张对卖淫者一定要采取严厉的制裁方法如劳动教养的方法，也不意味着当劳动教养废止后，转为动用刑罚惩罚来处理。

第三，从社会控制理念的转变角度来看。我们过去是一种权力控制、崇尚"硬性"的控制手段，对社会治安、社会风尚坚持通过惩罚、隔离以实现绝对化的甚至道德优化的理想化理念，随着我们对社会认识的加深，我们应该树立惩罚是一种不得已的手段的理念，用脱离社会现实的高道德标准来要求这个社会、来实现社会的完全净化是做不到的。"我们尚未对吸烟、饮酒、赌博、通奸或者吸毒的'道德性'达成共识，更不用说言行之间还有鸿沟巨壑。社会越是多元化，这种压制可能对社会精神特质的背离就越严厉"。因此，对于道德中性行为，法律不宜干涉。就对所谓社会越轨行为的干涉手段来说，过多的"硬性"控制效果未必很理想，不妨学会使用一些"软性"控制手段，"软性控制是指那些更灵活地运用心理学的，以及对话、劝说和干预等方式的控制，其目标是使正式社会控制机构减少使用'硬性'资源去处理各种异常行为，更少地使用强制技巧"。对原劳动教养对象的某些能够为社会容忍的行为可以进行非违法化、非犯罪化处理，实际上也是社会控制理念由"硬性"向"软性"转变的体现。

[作者单位：山东大学（威海）]

威海都市休闲农业发展模式探索

王　全

　　休闲农业是贯穿第一、二、三产业，融合生产、生活、生态功能，紧密连接农业生产、农产品加工业、服务业的新型产业形态和消费业态，具有促进农业增效的经济功能、带动农民就业的社会功能、传承农耕文明的文化功能、美化乡村环境的生态功能，在农村经济和农业发展中发挥了重要作用。"十三五"时期，是我国全面建成小康社会，实现第一个百年奋斗目标的决胜阶段，也是我国农业发展进入转型升级的关键时期。今年中央一号文件提出要"积极开发农业多种功能，挖掘乡村生态休闲、旅游观光、文化教育价值。扶持建设一批具有历史、地域、民族特点的特色景观旅游村镇，打造形式多样、特色鲜明的乡村旅游休闲产品。加大对乡村旅游休闲基础设施建设的投入"。山东省农业厅等13个部门也联合出台了《关于积极开发农业多种功能，大力发展休闲农业的意见》（鲁农生态字〔2016〕1号）。《威海市国民经济和社会发展第十三个五年规划纲要》也指出威海市要构建以都市休闲农业为特色的现代农业产业体系。实施都市休闲农业发展模式研究，对促进威海市休闲农业提档升级、推进威海市农村第一、二、三产业融合发展、摆脱资源环境约束、转变农业发展方式、拓宽农民增收渠道、推进城乡统筹发展、全面建成小康社会具有重要的战略意义。

一　威海市休闲农业与乡村旅游的基本情况

（一）发展现状

近年来，威海市通过加大政策扶持力度，打造地域特色品牌，规范园区建设标准，开展丰富多彩主题活动等措施，加快推动休闲观光农业健康快速发展。目前全市各类休闲农业经营主体达到 626 个，其中休闲农业园区 462 个、休闲农庄 52 个、农家乐（渔家乐）99 个（1430 户）、民俗村 13 个，年营业收入 500 万元以上的休闲农业经营主体发展到 82 个；全市休闲观光农业从业人员达到 26000 多人，其中安排农民工 24000 多人，带动农户 32000 多户；全市各类休闲观光农业园区年接待游客数量为 340 多万人次，年营业收入 19.7 亿元，其中农副产品销售收入 14.9 亿元。

（二）现有发展模式

主要有 5 大类发展模式。

（1）观光采摘模式：以农业生产为主，附带旅游观光功能。包括农业观光园、农业采摘园、农事体验园等，例如仙极无花果采摘园、新自然草莓采摘园等。

（2）休闲度假模式：以旅游休闲为主，农业生产服务于旅游业。包括休闲农庄、休闲度假村、乡村酒店等，例如栗景山庄、台依湖国际酒庄等。

（3）科普教育模式：以提供了解农业历史、学习农业技术、增长农业知识为主要目的。包括农业科技示范园、农产品展览馆、农业博览园等，例如正华农林科技示范园、海波家庭农场等。

（4）民俗风情模式：以展示农村风土人情、民俗文化、民间技艺为特色。包括民俗村、乡土风情一条街、民间古镇等，例如石岛桃园民俗村、宋村镇李龙文化民俗等。

（5）农家乐模式：指农民利用自家庭院，自己生产的农产品及周围的田园风光、自然景点，吸引游客前来吃、住、玩、游、购等。包括农家乐、渔家乐等，例如里口山农家乐、大陶家渔家乐等。

（三）主要经验做法

1. 坚持规划引导发展，探索威海市休闲农业与乡村旅游特色之路

将休闲农业发展纳入威海市农业发展总体规划和全域旅游发展规划，根据威海市的地域资源和区域农业优势，初步制订了 5 条休闲采摘观光带、5 片农家乐（渔家乐）集中区、3 条精品民俗文化旅游线路的休闲农业大框架发展规划。具体的发展规划聘请了青岛农业大学休闲农业规划研究院在做，各区市也正在根据市里的大框架规划编制各自的休闲农业发展规划。

2. 举办专题业务培训，提高休闲农业从业人员经营管理水平

威海市农业局于今年3月底在威海电子宾馆举办了一期全市休闲农业培训班。邀请了青岛农业大学和兰陵国家农业公园的3位专家就休闲农业园区的规划与设计、建设与运营及典型园区案例等进行了授课，来自各区市休闲农业从业人员80多人参加了培训。各区市也利用农业广播学校、远程教育平台、农村劳动力就业培训等形式，举办了多期休闲农业培训班，培训乡村旅游与农家乐从业人员500多人次。

3. 加大政策扶持力度，推动威海市休闲农业与乡村旅游快速健康发展

近年来，围绕生态城市和旅游强市建设，市县两级先后出台了一系列的扶持休闲农业与乡村旅游发展的政策。威海市农业局、财政局下发了《威海市生态农业与休闲农业建设实施意见》，对创建市级精品观光采摘园给予资金扶持。荣成市出台了《关于促进生态休闲农业发展的意见》和《关于鼓励发展休闲观光农业园区的若干意见》，乳山市出台了《关于实施旅游提升"十大工程"的意见》和《乳山市旅游业发展奖励办法》，环翠区出台了《环翠区鼓励发展休闲观光农业扶持办法》，对休闲农业与乡村旅游给予资金扶持发展。

4. 打造地域特色品牌，提高威海市休闲农业与乡村旅游知名度

加强媒体宣传，加大推介力度，利用多种渠道全面塑造威海市休闲农业与乡村旅游地域特色品牌。截至目前，威海市共被评为"休闲农业与乡村旅游示范县"2个、"中国最有魅力休闲乡村"1个、"全国休闲农业与乡村旅游示范点"1个、"中国美丽田园"2个、"山东省休闲农业与乡村旅游示范点"8个、"山东省生态休闲农业示范园区"4个、"山东省美丽休闲乡村"1个、"齐鲁美丽田园"1个；获得全国休闲农业创意精品大赛文化创意金奖1个、银奖1个、产品创意优秀奖1个。

5. 规范园区建设标准，提升威海市休闲农业与乡村旅游发展档次

根据《精品采摘园旅游服务规范与评定》《开心农场旅游服务规范与评定》等地方标准，制订了《威海市精品观光采摘园建设标准》，对休闲农业园区环境与设施、规模与质量、管理与服务等进行了量化细化，引导休闲农业园区规范化、标准化发展，进一步提升全市休闲农业与乡村旅游园区建设档次。2015年，全市共有10家休闲农业园区通过了市农业局、财政局组织的验收，获得了"威海市精品观光采摘园"称号。

6. 开展丰富多彩主题活动，吸引更多市民分享休闲农业旅游资源

一是开展"休闲农业进园区"系列主题活动。威海市农业局每年"国民休闲汇"期间都举办一系列以"农事体验，健康休闲"为主题，以葡萄采摘、

无花果采摘及"开心农场"农事体验等多种形式的"休闲农业进园区"主题活动。二是举办名优茶评比暨全民饮茶日活动。近两年来，市农业局连续举办了两届威海市名优茶评比和全民饮茶日等活动，活动紧紧围绕"茶为国饮、品味生活"这一主题，提供饮茶健康知识咨询，让广大市民体验了博大精深的茶文化。三是举办威海市苹果擂台赛和名优农产品推介展示会。集中展示威海市现代农业发展成果，宣传推介威海市农产品品牌，进一步促进农业增效、农民增收。

（四）存在的问题

一是存在同质化无序竞争现象。当前全市多数休闲农业园区种植品种多以草莓、樱桃、葡萄、无花果为主。园区整体功能单一，项目雷同，呈同质化，体验性的旅游项目较少，品位档次偏低，容易出现盲目竞争和重复建设。

二是季节性影响明显。受威海市地理位置和气候特征影响，建立在农业产业基础上的乡村旅游与休闲观光农业大多存在较强的季节性，因此游客冷热不匀，忙时人山人海，闲时无人问津，季节性矛盾十分突出。

三是产后加工能力不足。目前，威海市现有休闲农业园区的采摘品种多以鲜食为主，尤其是草莓、无花果、葡萄等耐贮性较差。因农产品消费渠道较为单一，产后加工能力不足，一旦休闲采摘游消化不了，容易导致果贱伤农。

四是设施用地成为发展瓶颈。当前农业园区绝大多数经营主体均未与国土、城建等部门沟通，休闲观光农业园区建设中旅游服务设施用地难以解决，已成为制约休闲农业园区发展的"瓶颈"。

五是相关部门协作不够。休闲农业涉及旅游、农业、林业、海洋渔业、工商、环保、卫生、交通、建设等多个部门，各部门之间缺少协作，没有形成支持休闲旅游农业发展的合力。

二 国外休闲农业发展情况

休闲农业在国外发展已有100多年的历程，1865年，意大利专门介绍城镇居民到乡村去感受农业野趣的"农业与旅游全国协会"宣布成立，这标志着休闲农业作为一种乡村旅游类型诞生。20世纪30~40年代，欧洲休闲农业取得较大发展，并逐渐向美洲、亚洲地区拓展。随着国民经济的发展、居民收入水平的提高，城乡居民对休闲消费需求高涨，各国的休闲农业也蓬勃发展起来。

（一）国外休闲农业发展的典型模式

从国外不同国家休闲农业发展的具体实践来看，由于思想理念、资源禀赋和发展水平等的不同，各国休闲农业在发展形式、组织机制和综合效益等方面各有差异，形成了各具特色的休闲农业发展模式。

1. 以日本为代表的绿色观光旅游发展模式

日本是一个多火山、地震的岛国，气候高温多雨，国内资源贫乏，人均土地资源紧缺，农业规模小，因此政府希望通过政策和制度来引导休闲农业的发展，希望通过当地的自然景观、历史文化内涵和风土人情来吸引游客。因而，日本休闲农业奉行"回归自然"的理念，强调市民实践体验，通过农园吸引市民租地经营，农民在公园里生产、生活、休闲，实现了农业、农村和农民一体化经营管理。为了有效推动绿色观光旅游体制、景点和设施建设，政府制定了一套完整的农业土地法律体系，在硬件配套设施、税收、补贴等方面给予许多优惠政策。目前日本国内有很多富有诗情画意的观光农园，内设动物广场、牧场馆、花圃、跑马场、射击场等各具特色的设施，同时配有完善周到的服务，吸引了众多的游客，为观光农园赢得了不菲的经济收入。

2. 以法国为代表的专业农场发展模式

法国休闲农业的发展得益于多个非政府组织机构的联合，具体是指各行业协会在政府的政策指导下制定相关的行业规范和质量标准，推动以农场经营为主的休闲农业快速发展。这些农场基本上都是专业化经营，主要以农场客栈、点心农场、农产品农场、骑马农场、教学农场、探索农场、狩猎农场、暂住农场以及露营农场等形式存在。早在 1954 年，联邦国营旅舍联合会主办"法国农家旅舍网"，此后各类农业旅游社团组织和法国农业与渔业协会等中介机构陆续成立，有力促进了休闲农业的经验交流、信息传递和业务培训。随着行业协会的不断发展，行业自律作用逐渐凸显，法国政府也逐渐由管理职能转向监管职能，行业协会在休闲农业的发展中显现主导作用。截至 2005 年，法国已有 1.77 万农民经营休闲农业，超过 5800 户农民加入全国性的联合经营组织；2007 年有 2.92 亿人次前往乡村进行休闲，占全国旅游总人数的 33.4%，农业旅游收入约 244.6 亿欧元，相当于全国旅游收入的 1/5。

3. 以澳大利亚为代表的葡萄酒旅游发展模式

澳大利亚作为开展休闲农业最早的国家之一，其休闲农业特别重视葡萄酒旅游产业的"产、学、研"紧密结合，主要依托葡萄庄园的田园风光、酿造工艺生产设备、特色美食、葡萄酒历史文化吸引游客，同时开发观光、休闲和体验等农业旅游产品，带动餐饮、住宿、购物、娱乐等产业延伸，促使休闲农业向第二产业和第三产业延伸，实现了特色农业产业与旅游业的结合，为地区带来了巨大的综合效益。澳大利亚葡萄种植始于 1788 年，从 1810 年开始，葡萄酒酿造和销售开始走向商业化，目前已经形成了 60 多个葡萄酒产区，2008 年澳大利亚葡萄酒产量为 125714 百万升，出口量为 71417 百万升，成为世界第 6 大葡萄酒生产国和第 4 大葡萄酒出口国，吸纳了农村剩余劳动力，产生了巨大的经济效应。据澳大利亚资源、能源和旅游部统计报道，2009 年澳大利亚葡萄酒旅游就吸引 410 万国内游客和 66 万国外游客，创汇达 48.9 亿澳元。

（二）国外休闲农业发展的经验

国外休闲农业依托区域特色资源、民俗文化、科技水平等优势，形成了多样化的项目开发经营模式，取得了较为显著的经济效益、社会效益和生态效益。

1. 政府适度扶持

国外政府制定休闲农业发展相关法律、法规或规划，加强统筹协调和引导扶持。如日本制定了相关法律法规 20 多部，形成了一整套完善的法规体系。国外政府对休闲农业的精品景区实行以奖代补，并设立专项扶持发展资金。如在 1992 年，美国专门设立了"农村旅游发展基金"，推行"旅游政策会议"制度，确保国家的重大决策充分考虑旅游收益。

2. 协会积极推动

国外休闲农业通常通过行业协会制定行业标准来提高休闲农业质量，从而引导休闲农业经营者、管理者不断提升发展和管理水平，在会员与政府之间发挥桥梁和纽带作用，最终来规范休闲农业的发展。如法国农会、罗马尼亚乡村生态和文化旅游协会以及爱尔兰的农舍度假协会等行业协会均有力推动了当地休闲农业的发展。

3. 坚持市场导向

国外休闲农业坚持以市场为导向，确定主导产业，实行区域布局，形成市场牵龙头、龙头带基地、基地连农户，集种养加、内外贸、产供销、农科教于一体的管理和运行机制，实现了传统农业向现代农业的转变。如澳大利亚依托本地龙头产业——葡萄酒，通过拓展休闲农业旅游、休闲、度假和体验等新型职能，开发乡村旅游产品组合，带动农副产品加工、餐饮服务等相关产业发展，实现农业与旅游业的协同发展。

4. 协调均衡发展

国外休闲农业发展注重在发展经济效益的同时，鼓励当地农民积极参与，重视控制休闲农业活动对资源所造成的浪费和对环境造成的破坏，强调休闲农业在促进工农协调和城乡经济社会均衡发展，注重提升传统文化内涵、提高公民素质，促进人与自然和谐，从而创造社会文化效益。

三　国内休闲农业发展情况

我国的休闲农业兴起于 20 世纪 80 年代，最初城市居民对郊野景色的欣赏和果品的采摘活动，引发了全国范围内观光农业与乡村旅游全方位建设和开发。目前，随着现代化进程的加快和人民生活质量的提高，休闲农业已成为在城市和乡村之间产生双向吸纳力、双向融合力的朝阳产业。

（一）国内休闲农业的主要发展模式

1. 以娱乐性为主的田园式休闲农业旅游模式

现代旅游价值取向就是在旅游中娱身心，增加知识，开阔视野，创造一种悠闲的生活方式，满足个人精神娱乐需求。以娱乐性为主体的休闲农业旅游模式，恰好符合当前现代旅游价值取向的要求。娱乐性为主的休闲农业旅游主要有两种，农家乐式的娱乐休闲和健康疗养式的娱乐休闲。

农家乐式的娱乐休闲目前在我国很多旅游城市呈现。吃在农家，住在农家，干农家活成为一种独特的休闲旅游方式，凭借独特的农家环境，安排住惯了高楼别墅的游客体验农家乡村景观，农家乐式的娱乐休闲还推出游客共同参与采摘果实、烧水做饭等田园式生活，旅游产业开发的农家乐娱乐休闲模式已经取得很好的效果。农家乐娱乐休闲模式的优点在于，给没有涉足田园式生活的城市白领以独特的环境，没有世事纠纷，没有尔虞我诈，身心得到舒展。其缺点是失去了对想见识大城市生活的旅游者的吸引力。以健康疗养为主的娱乐休闲，其主要需求者是城市工薪阶层，随着工作竞争压力增大，和精神文化建设的推广，城市工薪阶层越来越关注自身休闲和健康。环境污染严重、生活节奏快、生活空间狭小的大城市，迫使工薪阶层急切需要一个舒缓身心的娱乐休闲健康合一休息场所。健康疗养为主的娱乐休闲优点是，随着生活节奏的加快，其需求越来越大，缺点是该模式的开发需要有独特的区域优势和生态优势。

2. 以体验旅游为主的休闲农业旅游模式

此种休闲农业旅游开发模式重在增加游客的知识，增加新鲜感，了解乡村民俗风情、节庆活动、乡村文化。通过游客的参与来增加其感情的共鸣为主要开发目标。主要分为三种体验式模式：乡村风情体验式、节庆活动体验旅游和产业休闲旅游。乡村风情体验式主要以民俗风情体验为主，此开发模式是在乡村景观资源基础上，增加民俗风情对游客的吸引度，通过农业基础展示，展示各种风格的田园居民建筑，通过民间艺术的推广，让游客了解当前乡村发展状况和传统的乡村农事活动。建立文化、生活和生态相互结合的农业旅游基地，开展特色村庄和农场，建立体验式生活服务区，充分了解当前农村风情和特色农村文化。节庆活动体验式旅游，无疑是以节庆日为主，通过观看和体验田园式节庆日的活动，了解不同的风俗活动，春节、元宵节、端午节、中秋节等都是中国传统的节庆日，而田园式的休闲农业节庆日与众不同，传统的贴春联、吃元宵、赛龙舟、吃粽子、吃月饼，在当前的节庆日里很常见，但是田园式的农业休闲旅游模式，可以增加赛龙舟、踩高跷、玩花灯、挂香袋等多种活动，增加田园式节庆体验内容。产业休闲旅游模式，通过采摘果实、田园狩猎，体验休闲的娱乐旅游生活。

3. 以科教和生态为主的休闲农业旅游模式

此类旅游模式主要以增加科教知识和支持生态生活为主，主要分为科教休闲农业旅游模式和生态生活休闲旅游模式。当前农业知识的普及，不仅仅是在课堂上可以得到的，在休闲旅游中也可以教授青少年科普知识，针对农业科教发展迅速的城市，可以考虑开展农业科普休闲旅游区，引导教师和学生走出课堂，走向大自然，通过实践性的农业生产，农艺展示，使得学习和旅游实现统一，建立高科技农业园。建立农科教学和实习基地。生态生活休闲旅游模式是以实现"人与自然和谐统一发展"的要求，支持生态旅游，建立生态农业园，绿色生物园和观光农业园，扩大农业生态系统服务功能，实现农业和旅游业相互结合。谢莉曾指出观光休闲农业是以农业为基础，农业和旅游业相结合的一项新型交叉型产业。在开发观光休闲农业时要与农业结构调整相结合，突出地域特色，走可持续发展之路；开发多种形式的观光休闲农业旅游项目，以满足游客的需求。

（二）主要影响因素

1. 农业自然资源的禀赋及分布状况

休闲农业资源丰富，一方面具有农业生产特有的自然、季节等特征，另一方面又受不同区域的自然环境的影响比较大。因此，在选择休闲农业的发展模式时应该首先考虑因地制宜，充分利用现有的农业资源，发挥生产要素禀赋优势。另外，资源的集中程度也影响了休闲农业发展模式的选择，一般相对集中的分布有利于规模化开发，产生规模效应，而分散的资源分布状况给资源的整合和规模化生产带来了一定的难度。打破传统的经营模式，综合利用当地资源，合理规划，结合当地文史资源、特色资源进一步丰富休闲农业项目的内涵，是实现休闲农业发展经久不衰的必然途径。

2. 经营者的实力

目前主要的经营主体包括企业和个体农户。企业一般具有较强的资源整合能力，也比较熟悉市场经济规律，可以对当地的休闲农业项目建设进行规划设计，在一个特定的范围内统一组织和经营，对外进行宣传与推广，在一定程度上弥补农民主导型休闲农业开发模式存在的资金不足、旅游人才缺乏等不足，同时又可兼顾政府在地区休闲农业旅游资源开发中所具有的整合资源的能力。但是该模式也存在着难以保障当地农民合法权益、企业与地区政府利益分配不均等的现实矛盾，成为影响休闲农业可持续发展的一个重要因素。农户自主经营分为两种情况，一是个体农户独立开发经营，由个体农户依托自家的果园、田地、林牧场以及地区的特色产业而开发出的休闲旅游产品或项目，独立完成休闲农业旅游的接待和服务工作，"吃农家饭、品农家菜、住农家院、干农家活、娱农家乐、购农家品"为其共同的特色。个体农业经营规模小，服务水平低，存在重复建设严重、恶性竞争加剧等问题；二是农户联合经营，各地在发展休闲农业的过程中，开始积极探索成立专业合作社来全面统筹地区休闲农业产品开发与项目的建设，促进资源共享和优势互补，对游客的接待与服务进行统一组织与管理，在分工协作的基础上实行分户经营。

3. 政府行政规划

政府采取各种措施对休闲农业开发给予积极引导和支持，有意识地发展休闲农业，以带动地方经济发展的模式。政府从地区农业发展的视角出发，对休闲农业的开发范围进行统筹规划，对地区开发休闲农业旅游活动的特色资源进行重新整合，设计开发休闲农业的产品和项目，统一对外宣传推广地区休闲农业的品牌形象。由于政府在整合资源方面具有强大优势，所以有利于把握地区休闲农业的发展方向，从整体上促进地区休闲农业旅游资源利用效率的提高。当然，政府规划也可能存在着不顾地区农业资源禀赋、以政府行政命令强制推动休闲农业发展的问题。

4. 基础设施与商业配套

休闲农业资源大部分分布在乡村，基础设施，比如交通状况往往对其发展影响重大。良好的交通等基础设施及商业配套，能够满足消费者多层次的需求。

5. 休闲农业的发展阶段

休闲农业与其他产业的发展一样，都有一个逐渐成长壮大成熟的过程，在发展初期，一般都以农户自发自主经营为主，经济效益相对不高，难以形成规模经济。随着企业的介入，政府的规划设计，现代化的经营管理理念的引入，休闲农业的发展将逐步进入规范化、市场化的快速发展时期，其发展模式也将更加多样化。

四 对比分析

（一）优势

1. 毗邻韩国、日本的地理区位优势得天独厚

威海是中国距离韩国最近的城市，并且是 1984 年中国第一批沿海开放城市。2015 年 2 月 25 日，中韩双方完成中韩自贸协定全部文本的草签，明确将中国威海市和韩国仁川自由经济区作为地方经济合作示范区，发挥示范和引导作用。中韩自贸区的建成必将对威海市的休闲农业、旅游业带来巨大的发展机遇。

2. 生态环境良好

威海市属于北温带季风型大陆性气候，四季变化和季风进退都较明显。与同纬度的内陆地区相比，具有雨水丰富、年温适中、气候温和的特点。由于濒临黄海，受海洋的调节作用，表现出冬暖夏凉、昼夜温差小、无霜期长、大风多和湿度大等海洋性气候特点。威海市 1990 年被评为中国第一个国家卫生城市，1996 年被建设部命名为国家园林城市，2009 年 5 月 7 日被评选为国家森林城市，绿色宜居城市生态环境的建设为威海市发展休闲农业提供了强大的基础优势。

3. 地域文化丰富多彩

威海市有独特的民族风情、民俗文化和历史文化。例如，乳山的夏西火龙秧歌、乳山大鼓等民俗文化项目闻名遐迩；威海市海草房具有浓郁的地方建筑色彩，原生性强，具有不可替代性和垄断性。威海文化以建设"千里海

疆长廊"为主线，群众文化蓬勃发展，民俗文化、特色文化得传承和发展，涌现出"中国民间艺术之乡""全国剪纸艺术之乡""全国歌咏文化之乡"等，文登、荣成、乳山已步入全国、全省社会文化先进县行列。

4. 农业产业特色鲜明

得天独厚的气候资源，成就了威海农业的独特地位。农业产业体系涵盖林业、种植业、畜牧业、渔业、药业等多种行业，并呈现出许多亮点，特色农产品有苹果、无花果、大花生、海带、刺参、鲍鱼、绿茶等。

5. 市场需求潜力巨大

近几年来，威海市打造休闲之都的城市建设使得威海市的旅游业得到了长足发展，来自日本、韩国等国家和我国长三角地区、珠三角地区、环渤海湾地区以及港澳台地区的游客剧增，这将为威海休闲农业的发展提供更多、更广的客源。此外，威海市本土城镇居民超过 253 万，随着威海经济的持续发展和休闲时代的来临，本土需求将构成威海休闲农业的近程客源市场。广阔的市场前景为威海休闲农业的发展奠定了市场基础。

6. 立体交通四通八达

威海市具备海、陆、空齐全的立体交通网络。航空方面，现有威海大水泊国际机场，开通北京、上海、广州乃至首尔、釜山等多条航线。铁路方面，现有威海站、威海北站、文登东站、文登站、乳山站、荣成站 6 大客运站。2014 年 12 月 28 日，青荣城际铁路正式开通运营，标志着烟台、威海、青岛正式进入"1 小时生活圈"。公路方面，全市全面建成了以"九纵三横一环"为主骨架，与境内城铁、机场、港口等现代交通运输方式相衔接，内引外联、四通八达的现代化大路网。水路方面，有国家一类开放口岸 3 个（威海港、石岛港、龙眼港），基本形成了通达国内沿海、辐射周边国家和地区的综合运输体系。完善的立体交通网，基本上能满足旅游者"进得来，出得去"的需要。

（二）劣势

1. 省内市场需求有限，省外市场距离较远

威海市是山东东部最主要的城市，山东省长条形的地理位置使得由鲁西地区甚至省外地区的游客在进入威海之前会经过诸如济南、青岛、烟台等经济发展、城市建设相对较好的城市，这使得进入威海的游客会相对减少。而来自日韩的游客也会因威海的经济和城市建设无法跟烟台和青岛相比而相对减少行程。

2. 产业支撑体系相对薄弱

一是休闲农业必需的经营性建设用地尚未出台有关政策支持，休闲农业园区配套设施不齐全，投资规模小，固定资产投资少；二是国家、省、市还没有安排休闲农业专项资金，对休闲农业发展的支持力度不够；三是大型企业和社会投入休闲农业不够，没有形成大规模的休闲农业产业集群。

3. 整体经营管理水平不高

服务配套设施不够齐全、服务项目单一、经营项目较为雷同，休闲农业开发深度不够，以就餐、钓鱼和采摘为主，参与性不强，缺乏创意和特色。另外，在信息宣传、规划设计、包装设计、运营管理和营销推广等方面还有待提高。

五　适合威海市休闲农业的发展模式初探

下一步，我们要在科学制订规划、加强人员培训、打造特色品牌、规范建设标准、出台扶持政策、挖掘文化内涵、创新营销模式等方面下大气力开展工作，推进威海市休闲农业健康快速发展。根据威海市特点，重点推出四种都市休闲农业发展模式。

（一）与名胜景区紧密结合的农（渔）家乐模式

农家乐是以农户家庭独立经营为主，以"吃农家饭、品农家菜、住农家院、干农家活、娱农家乐、购农家品"为特色的休闲农业发展模式。按其所处的位置，可分为景区农家乐和乡村农家乐。二者相比，一是景区农家乐接待的客源更广泛，既有本地游客，也有外地游客；而普通乡村农家乐则以接待本地游客为主。二是能够与景区互补，共同促进发展。游客在景区旅游结束后，大多喜欢就近体验农家风情，带动周边农家乐发展。威海市发展比较好的有里口山农家乐、荣成河口胶东渔村等。

（二）与养生度假紧密结合的休闲农庄模式

威海市地处山东半岛最东端，属于大陆性季风气候，地形复杂，丘陵起伏。拥有985.9公里海岸线、9处温泉和丰富的森林资源，拥有中国温泉之都、中国长寿之乡、中国最美养生栖居地、中国最佳休闲小城、国际滨海养生之都等诸多头衔，非常适合人们前来休闲度假。休闲农庄是一种新兴的旅游经营模式，其将度假养生和休闲农业有机结合，依托旅游地优美的生态资源，同时开发丰富的度假项目和完善的养生设施，为游客提供一种休闲、度假、养生为一体的综合旅游方式。威海市的正华山庄和台依湖国际酒庄已初具规模。

（三）与"互联网＋"紧密结合的专业农场模式

威海市目前休闲农业园区达到 400 多个，采摘品种主要有草莓、樱桃、葡萄和无花果等。由于采摘期相对集中、难以储存、淡旺季明显等原因，时有果贱伤农现象发生。下一步将充分借助网络、手机等新媒体开展营销，扩大信息受众面和旅游知名度。组织休闲农业及乡村旅游经营单位入驻魅力城乡网、山东省农业商务网、威海农业信息网等。鼓励物联网设施在农业观光休闲园中的应用，加快电子商务发展，满足消费者网上购物、在线支付的需求。鼓励专业农场采取会员加盟、认领认养、"互联网＋"等新型营销模式，不断壮大消费群体。

（四）与文化传承紧密结合的示范园区（民俗村）模式

将休闲农业与当地的历史文化、民俗文化、农耕文明及先进技术有机结合，充分挖掘地方文化，赋予休闲农业更为鲜明的文化特征。充分利用威海的自然遗产地、民族村落、古村古镇等自然和历史文化遗存，在妥善保护自然生态、原居环境和文化生态的前提下，优化景观设计，重点打造以海草房、乳山母爱文化、文登学文化、荣成渔民节等有代表性的民俗文化精品景区。设计和开发具有民俗、地方特色的农产品、手工艺品、特色餐饮、旅游纪念品等创意产品，丰富休闲农业的文化内涵。

（作者单位：威海市农业局）

基于状态空间模型的行政中心迁移对
地区经济发展影响分析

吕彩云　　陈　宾

一　文献综述

改革开放以来，我国经济获得了突飞猛进的发展，全国城市化率已经接近50%。在城市化进程中，一些中小城市获得了迅猛发展，一些大城市各区域之间的发展也出现了差异。在这种情况下，城市和地区原有的格局分布表现出一些不合理性，从而开始兴起了行政中心迁移的热潮。

行政中心迁移在国际上早有先例，像巴西、韩国等国家甚至在和平发展时期执行了迁都。尤恩（Young）认为，城市化、工业化发展过程中，区域内的资源配置会出现大幅度变化，从平衡发展的角度看，行政中心迁移已经成为一种客观需求。阿拉普（Arup）指出，行政中心迁移必然会对区域经济发展带来极大影响，而现代化的科学技术手段也为频繁的行政中心迁移创造了条件。尤史哈鲁（Yoshiharu）对日本东京的情况展开了深入研究，并对东京几个区的行政中心迁移进行了比较和评估，总结出其对东京城市建设的积极意义和负面效应。赵（Zhao）认为，上海的浦东新区建设可以归并为城市化进程的典型案例，而新的行政中心成立，也辐射了浦东及其周边地区的经济发展。勒维斯（Lewis）通过对中国历朝的都城迁址进行研究后指出，城市地位和角色的转化，会给城市文化、城市历史和城市理念的更迭注入崭新的活力。朱（Zhu）认为，很多行政中心的迁移是受到工业化进程的影响，一方面工业化在一个地区的发展和集聚会提出就近设置行政中心的需求，另一方面工业化带来的环境恶化会导致行政中心和工业中心的分离。戴维蒂安（Davidian）则认为，相比于工业化发展，商业化更成熟的地区更有利于新的行政中心的形成。

朱耀廷对北京的历史地位变迁进行了深入研究，指出了北京能成为元朝以后中国都城的重要原因，并分析了这一行政中心变化对于中国北方发展的影响。韩宾娜对于日本的历代都城变迁展开了深入研究，并指出了其和中国都城变迁的连带关系，从深层次揭示了中国文化对日本文化的深刻影响。高世明的研究视角则转向了行政中心迁移的实施阶段，论述了如何通过科学选址增强新的行政中心的经济辐射作用，并以佛山市三水区的实际情况为例进行了全方位阐述。刁琳琳对于山东省济南市和青岛市的城市建设展开了研究，他从空间重构的角度对行政中心迁移进行了剖析，指出了其对经济发展带来的影响作用。董洁认为，行政中心一般也是一个地区或一个城市的"中心地"，其对于商务活动的吸引作用会促进商务区的形成和发展。费洁从土地资源所受影响的视角分析了行政中心迁移的作用，并以宁波市镇海区为例分析了行政中心变化带动的土地规划重组。郭正模以成都市青羊区为例，分析了行政中心迁移对于城市资源重整和经济增长的影响，他采用了相关分析方法评价了行政中心迁移对于成都 GDP 的影响程度。杜立群对于韩国行政中心的迁移展开了分析，从理论视角阐述了其对于中国的启示和意义。任箸的研究侧重于行政中心迁移对于城市空间的影响，并以合肥市为例进行了深入细致的阐述。

从以往的研究成果来看，有关行政中心迁移对于地区经济发展意义的研究更多地集中在理论层面，采用实证分析的方法也多以相关分析、回归分析等手段为主。为此，本文依托状态空间模型来分析行政中心迁移对地区经济发展的影响，以期从崭新的视角揭示其蕴含的规律。

二 模型构建

在可查阅的行政中心迁移对于地区经济影响的实证研究中，相关分析和回归分析比较常见。一个普适意义上的回归分析模型如公式（1）所示。

$$y_t = x'_t \beta + u_t \tag{1}$$

式中，y_t 表达的是要考察变量，x_t 表达的是 $m \times 1$ 阶次的解释变量，β 表达的是 $m \times 1$ 阶次回归系数，u_t 表达的是扰动量。

在如上所述的回归模型中，假定回归系数 β 在回归分析的周期内是固定的，并通过输入对应的 x_t 和 y_t 数据，执行最小二乘法来完成求解，即通常意义上所说的 OLS 回归分析。

行政中心迁移及其给地区经济造成的影响，往往是在不同阶段动态变化的，因此采取固定回归系数的回归分析模型往往无法形成准确的表达。所以，对于此问题的最佳分析方法，应该是采用可变参数的动态分析，状态空间分析方法就是动态分析领域的常用方法，状态空间模型中可变参数对于经济问题的刻画也非常适用，一个典型的状态空间模型如公式（2）所示。

$$y_t = x'_t \beta_t + z'_t \gamma + u_t \qquad (2)$$

将公式（1）所示的回归分析模型和公式（2）所示的状态空间模型进行比对，可以清楚地发现，回归分析模型的回归系数是固定的 β，而状态空间分析模型中的回归系数是 β_t，β_t 是随着时间动态变化的，对应于解释变量 x_t 和待观察变量 y_t 之间关系的动态变化。

对于状态空间模型的进一步求解，可以将 β_t 形成一个第归关系，如公式（3）所示。

$$\beta_t = \phi \beta_{t-1} + \varepsilon_t \qquad (3)$$

式中，β_t 称之为不可观测变量，其计算可通过 y_t、x_t 的数据序列进行估计。

一般来讲，公式（2）被称为量测方程，公式（3）被称为状态方程，故此次模型称之为状态空间模型。

公式（2）中的 u_t 和公式（3）中的 ε_t 分别表示扰动项，其数学规律满足如下的限定条件：

$$(u_t, \varepsilon_t)' \sim N\left(\begin{pmatrix} 0 \\ 0 \end{pmatrix}, \begin{pmatrix} \sigma^2 & 0 \\ 0 & Q \end{pmatrix} \right) \qquad (4)$$

从公式（4）可以看出，u_t 和 ε_t 这两个变量是相互独立的，并且都满足均值为 0、方差为 σ^2、协方差为 Q 的正态分布规律。

三　实证分析

（一）问题提出

改革开放以后，我国很多地区和城市面临着经济平衡发展的难题，行政中心迁移就成为有效的调节手段之一。比如深圳市就通过多次行政中心迁移达到了平衡各区经济发展的目的，也使得各区的房价相对一致。1994年的青岛市行政中心迁移，也是一个非常成功的案例。当时，青岛经济的发展迫切需要市政府扩容，而局促的老城区无法满足这一需要，市政府提出了向东部搬迁的建议。在方案提出之后，市政府面临着来自各方面的压力，最终顶住压力执行了行政中心迁移大计。青岛市政府迁址以后，给东部地区（市南区东部）带来了巨大经济发展契机，并建成了五四广场等青岛市标志性建筑。20年来的经验表明，青岛市行政中心的迁移是成功的，故此选取青岛市行政中心迁移及其对经济发展影响的相关数据作为本文实证分析的基本材料，以其解读其潜在的规律，为其他地区或城市的行政中心迁移提供借鉴。

（二）数据获取

一个城市的行政中心所在地，往往成为吸引商贸活动、各种服务业等产业聚集的重要因素，从而最终导致该区域人口的增加。故此，本文以1994年至今青岛市市南区（搬迁后行政中心所在地）的历年人口总量作为行政中心迁移的直接表征数据。此外，选取市南区历年GDP作为市南区经济的表征变量，选取第二产业、第三产业、工业的收入作为经济表征的其他分量（因为市南区没有农业，所以没有考察第一产业的相关数据）。据此，本文实证分析所需要的原始数据如表1所示。

表1　1994～2012年青岛市市南区的相关数据

单位：万人，亿元

年份	人口	GDP	第二产业	第三产业	工业
2012	57.23439	715.6068	78.25129	682.9148	47.44444
2011	56.52993	648.3288	72.46656	603.2735	43.59514
2010	55.70010	555.2866	63.44826	502.4408	38.28536
2009	55.01355	475.6793	55.66322	420.8647	33.92111
2008	54.45834	431.3529	51.40109	371.1760	31.73430
2007	53.85537	367.5157	44.49396	307.9016	27.55397
2006	53.20464	311.9516	38.34008	254.4655	23.66957
2005	52.53003	263.3711	32.01646	213.3661	19.64134
2004	51.89721	222.4757	26.44862	182.7354	16.10700
2003	50.23755	183.2051	21.24648	152.1812	12.98404
2002	49.46145	155.1840	17.44159	129.4923	10.71018
2001	48.60177	134.1179	14.79912	110.9252	9.094644

续表

年份	人口	GDP	第二产业	第三产业	工业
2000	48.03462	116.7425	12.76983	94.58129	7.869264
1999	47.32419	99.85906	10.77941	78.71301	6.616740
1998	46.50630	88.31662	9.42080	67.02763	5.770284
1997	45.60483	78.65382	8.69975	58.61217	5.347680
1996	44.84067	69.93280	7.41359	49.27800	4.521972
1995	43.30041	61.88210	6.77189	42.87759	4.118088
1994	42.53028	50.05938	5.61890	34.64549	3.414372

表 1 中的数据来自《中国统计年鉴》、青岛市信息统计局网站。考虑到各个变量量纲的差异和绝对数值的大小差异，对表 1 中的数据进一步执行自然对数计算，作为状态空间分析的原始数据，如表 2 所示。

表 2　表 1 中数据的自然对数情况

单位：万人，亿元

年份	人口	GDP	第二产业	第三产业	工业
2012	4.047155	6.573131	4.359925	6.526370	3.859559
2011	4.034770	6.474398	4.283125	6.402371	3.774946
2010	4.019982	6.319484	4.150225	6.219478	3.645068
2009	4.007580	6.164744	4.019320	6.042311	3.524038
2008	3.997436	6.066927	3.939659	5.916676	3.457398
2007	3.986302	5.906766	3.795353	5.729780	3.316147
2006	3.974146	5.742848	3.646496	5.539165	3.164190
2005	3.961385	5.573564	3.466250	5.363009	2.977637
2004	3.949265	5.404818	3.275204	5.208039	2.779254
2003	3.916763	5.210606	3.056191	5.025072	2.563721
2002	3.901194	5.044612	2.858858	4.863621	2.371195
2001	3.883660	4.898719	2.694568	4.708856	2.207686
2000	3.871922	4.759971	2.547085	4.549460	2.062965
1999	3.857022	4.603760	2.377638	4.365808	1.889603
1998	3.839588	4.480928	2.242920	4.205105	1.752721
1997	3.820014	4.365056	2.163294	4.070942	1.676663
1996	3.803116	4.247535	2.003315	3.897478	1.508948
1995	3.768162	4.125231	1.912780	3.758349	1.415389
1994	3.750216	3.913210	1.726136	3.545168	1.227994

（三）实证分析

根据表 2 的相关数据，执行基于状态空间模型的实证分析。首先，根据状态空间模型的构建理论，先来组建一个有关要分析变量的回归模型。用 R 代表青岛市市南区历年的人口变化，用 G 代表青岛市市南区的 GDP 变化，用 C 代表青岛市市南区的第二产业变化，用 S 代表青岛市市南区的第三产业变化，用 I 代表青岛市市南区的工业变化，根据表 2 中的数据，构建各个变量的 OLS 回归方程如下：

$$R = 0.217G + 0.088C + 0.402S + 0.035I - 0.096$$

基于此，进一步构建这 5 个变量的量测方程，其数学描述如下：

$$R = m_0 G + m_1 C + m_2 S + m_3 I - 0.096$$

则对应的三个状态方程的数学描述为：

$$\begin{cases} m_{0t} = 0.033 m_{0(t-1)} \\ m_{1t} = 0.033 m_{1(t-1)} \\ m_{2t} = 0.033 m_{2(t-1)} \\ m_{3t} = 0.033 m_{3(t-1)} \end{cases}$$

利用表 2 中的数据和上述的测量方程和状态方程，进一步检测 m_0、m_1、m_2、m_3 四个弹性的动态变化，可以得到图 1、图 2、图 3、图 4 弹性曲线。

如图 1 所示，表征的是基于状态空间模型的青岛市行政中心迁移对于市南区 GDP 的影响。从图 1 中可以看出，从 1994 年到 2012 年随着青岛市行政中心迁址到市南区，市南区人口的增加一直在促进着市南区 GDP 的增加，因为这个弹性系数曲线一直保持向上增长的态势，从弹性系数的曲线趋势看，这种影响幅度在逐渐变缓，但一直保持缓慢增长，从 1994 年的 0.12 增加到 2012 年的 0.34。

如图 2 所示，表征的是基于状态空间模型的青岛市行政中心迁移对于市南区第二产业的影响。从图 2 中可以看出，从 1994 年到 2012 年，随着青岛市行政中心迁址到市南区，市南区人口的增加一直在促进着市南区第二产业的增长，但这个影响程度没有 GDP 受到的影响大，因为弹性系数仅从 1994 年的 0.058 增加到 2012 年的 0.086。

如图 3 所示，表征的是基于状态空间模型的青岛市行政中心迁移对于市南区第三产业的影响。从图 3 中可以看出，从 1994 年到 2012 年随着青岛市行

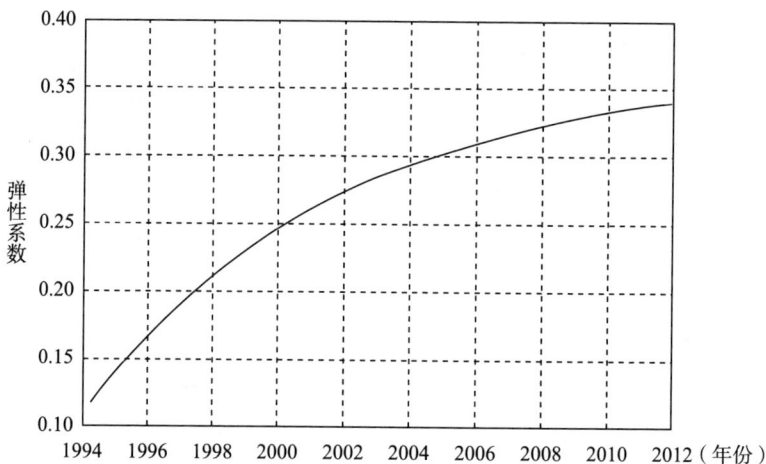

图1　青岛市行政中心迁移对市南区GDP的影响

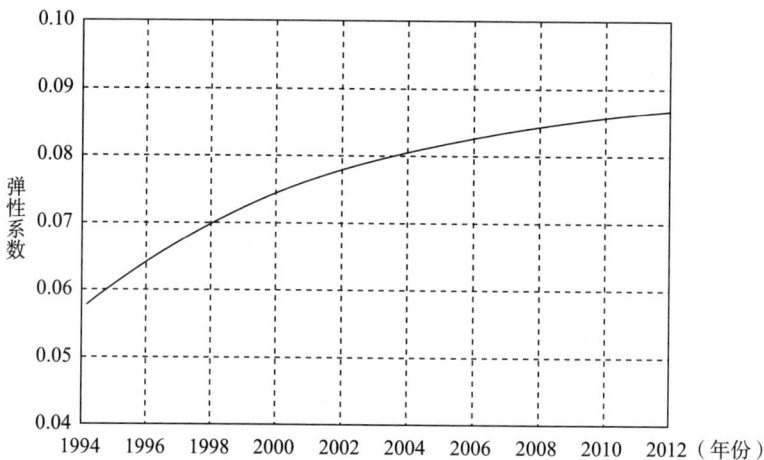

图2　青岛市行政中心迁移对市南区第二产业的影响

政中心迁址到市南区，市南区人口的增加一直在促进着市南区第三产业的增长，其对于第三产业的影响程度是正向的、最大的，弹性系数从1994年的0.10增加到2012年的0.38。

如图4所示，表征的是基于状态空间模型的青岛市行政中心迁移对于市南区工业的影响。从图4中可以看出，从1994年到2012年随着青岛市行政中心迁址到市南区，市南区人口的增加一直在促进着市南区工业的增加，即弹性曲线一直是正值，但这个影响程度在逐渐削弱，因为弹性系数从1994年的0.095下降到2012年的0.046。

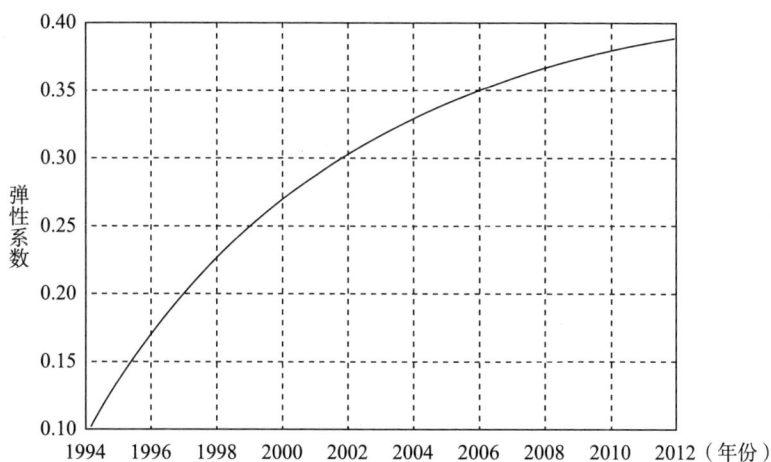

图 3　青岛市行政中心迁移对市南区第三产业的影响

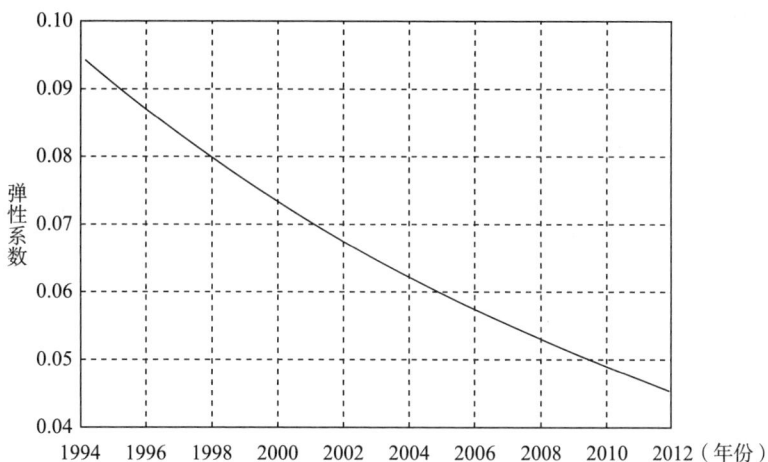

图 4　青岛市行政中心迁移对市南区工业的影响

　　综合上述分析结果可以看出，青岛市行政中心迁址市南区后，对于市南区 GDP、工业、第二产业、第三产业均带来持续向上的推动作用，尤其是对第三产业的影响最大。

四　对策建议

　　本文针对行政中心迁移给地区经济造成的影响问题展开了研究，在一般回归分析的基础上构建了状态空间分析模型。以青岛市行政中心迁址市南区的实际情况为例，探究了市南区 GDP、第二产业、第三产业、工业所受到的影响。实证分析结果显示，青岛市行政中心的迁址给市南区各项经济指标带来了显著的促进作用，尤其是对第三产业的影响最大。

据此，其他城市和地区的行政中心迁移可受到的启发如下。

（1）行政中心迁移对于迁入地的经济发展具有显著的向上推动作用。因此，当地区经济发展不平衡时，将行政中心从经济发达地区迁往欠发达地区，是推动欠发达地区经济发展和商业繁荣的有力手段。

（2）行政中心的设置往往要注意和工业区尤其是重工业区的分离，所以行政中心迁移时要注意迁入地的工业配置及其对环境的影响。另外，行政中心的迁入对于迁入地工业的发展往往意义不是特别显著。

（3）行政中心迁入后，会吸纳更多的人口进入该地区，会带动该地区的商业活动繁荣，从而拉动各种服务业的全面发展。所以，行政中心迁入是提高一个地区第三产业发展的最重要手段，可以据此制定行政中心的迁移策略。

[作者单位：哈尔滨工业大学（威海）　山东大学（威海）]

推动房产去库存的探索研究

——以乳山银滩为例

丛众华

去年中央经济工作会议把去房地产库存列为 2016 年五大任务之一，"去库存"成为全国各地房地产行业的关键词。由于房地产去库存复杂艰巨，涉及面广，如果解决不好，将严重制约地域经济的发展，作为海景房产开发先行区的乳山银滩也面临去库存化的诸多问题。为此，乳山市委党校围绕乳山银滩房地产市场运行情况开展调查研究，深入分析房地产去库存面临的困难和问题，对实现房地产行业的软着陆提出了一些意见和建议。

一 乳山银滩房地产现状和存在问题

乳山银滩海景房地产开发起于 2000 年，2003 年以来房地产开发逐渐趋快、驶入快车道、进入火热繁荣期，对乳山经济发展做出过重要贡献。随着国家"限购""限贷"等调控政策的实施，受经济大环境影响，银滩房地产市场逐步降温、持续低迷、房地产业失去往日辉煌，这也成为乳山房地产市场发展过程中的一大痛处。截至目前，银滩累计开发房地产项目 160 余个，2005 年以来每年开发面积都在 100 万～200 万平方米，目前累计完成开发面积达到 2000 多万平方米，建成区面积 20 平方公里，其中住宅和商业网点等在内的商品房总保有量为 1800 万平方米。

虽然政策面的持续宽松，促使市场信心得到一定程度恢复，但市场形势未发生根本转变，需求不旺、销售不畅、库存偏大等制约房地产市场回暖的主要因素依然存在，银滩房地产业仍面临较大困难与风险。一是市场分化较明显。虽然乳山银滩房地产市场在 2015 年总体表现出了企稳回暖态势，但更多的是"点"上的突破，从"面"上看，市场分化较为明显。目前，除银龙湾、海晶城、盛世滩和假日港湾等为数不多的楼盘，找准了差异化定位，楼盘有品质，配套较齐全，销售形势相对看好，产销相对平衡以外，银滩市大部分楼盘，供应量大、同质化严重，有价无市、销售缓慢，个别楼盘陷入停滞状态，导致库存量居高不下。二是购房消费动力弱。与全国各地海景房一样，银滩商品房市场消费需求主要集中在刚性需求、改善性需求、投资性需求三个方面。目前，"三大"需求均显动力不足：刚性需求基本得到了较好的释放，需求平稳；改善性需求在近几年的市场中得到了消化，加上贷款限制、可能开征的"房产税"等因素制约，难以在短期内形成新的购买力；投资性需求随着房价上涨空间逐步缩小，供求关系调整后，投资性购房得到抑制，难以在短期内再次旺盛。另外，新开发的大面积沿海居住区尽管出售率高，但由于投资、度假、养老等多种购房因素，造成业户多是"候鸟式"居住，冬季空置率较高，影响了部分购房者的消费意愿。三是销售方式不灵活。尽管房地产政策不断向好，但在销售方式上一直没有大的突破，银滩房地产项目自销能力一直是短板，大部分需要依赖代理机构销售，虽然收到了一定效果，但成绩并不理想，许多开发企业房子仍卖不动。四是消化库存压力大。目前银滩拥有1800万平方米的商品房、涉及200多个小区，按照人均居住面积30平方米计算，可容纳60万人居住，2015年银滩商品房累计有效库存面积117.9万平方米，共成交新建商品房18.7万平方米，签约16万平方米，按此标准计算，在不新增的情况下还需要三年左右的时间来消化这些库存。但在目前销售低迷的情况下，随着供应量的增长，库存总量将继续走高，二手房房价已经跌到成本价，不出特殊情况，去库存化周期将远大于3年，去库存压力巨大，行业风险也不断增大。

二　乳山银滩房地产去库存的做法

房地产库存不仅造成资源浪费，而且让房地产成了发展的"包袱"，影响了银滩人气的提升，消化库存刻不容缓。为此，威海市自2012年起就着手寻求破解之道，围绕盘活存量与做优增量在去库存方面做出了积极探索，精心做好去库存的"加减乘除"，以期促进房地产业健康多元发展。

（一）勤用加法，完善配套，提高性价比

针对银滩常住人口不断增加、设施配套不足的问题日益凸显的实际，乳

山不断完善配套基础设施和社区服务升级，在硬件建设上，先后在银滩投资50亿元，已建成"五横二十纵"的区内交通网络，完善水、电、路、暖、气、污水处理等基础设施和餐饮、购物、金融、物流等公共服务设施，实施了公交一体化，推动教育、卫生资源逐步向银滩延伸辐射，新建了二级乙等综合性医院、省级规范化九年一贯制学校，引进了10余家连锁商超。今年还继续投资3.88亿元，用于城市道路、绿化亮化、景观建设等基础设施及便民利民实事建设。在软环境建设上，依托银滩官方网站，开设"网上社区"，通过民生诉求、政策解惑、新闻发布等板块，打造以信息化、智能化社会管理与服务为一体的新型社区管理形态，更好地服务来自天南海北的业主，让银滩新居民不出门就能解决诉求。在此基础上，乳山还在银滩开通了民生服务热线、社区QQ群、微信群，推进管委会、社区委员会、物业公司、业主委员会"四位一体"共抓共管物业管理模式，多渠道受理和解决银滩居民咨询、求助和投诉。

（二）善用减法，消化库存，减少空置率

针对银滩已售的部分楼房因业户只是用来投资或短期度假造成整栋或大部分空置的实际情况，采取"盘活存量"的理念，引导开发企业将闲置房产资源向专业养生养老养中心转型，引进专业养生养老机构，通过整栋返租、统一改造，与专业酒店管理公司、健康公司和物业服务公司联合经营等方式，挖掘闲置房产二次利用价值，实现房地产去库存方式多元化，进一步聚集了银滩的"人气"，提高了空置房的入住率。目前成功引进了福星老年公寓、爱之源国际养生中心、北京太阳城等多家大型专业养生养老机构。利用原乳山国际康复中心闲置房产，引进专业养生养老机构，建设了老来乐老年公寓项目，盘活闲置房产面积2万平方米。加快推进中信生态环境科技发展公司、德国海纳康复医院等健康养生机构达成的合作协议，预计3年内专业养生养老机构将达到10家，总床位数可突破1万张。引导企业转变思路，变单建公寓为团购闲置房产，通过招商引资引进发展商贸服务业，加大存量房产地产的再利用，实现资源整合利用和产业培育并举。目前利用原福如东海百花长廊闲置房产，改造建设了福如东海皮草城，盘活房地产面积6.3万平方米；通过建设电子商务产业园基地，盘活德泰银海物流商贸城闲置房产3万平方米。创新实行"互联网＋租房"模式，将闲置房产资源以股份的形式交给专业房产租赁电商，租赁电商以网上租赁的方式，依靠稳定的客源保证收益并与业主分红。目前已与想住哪住哪网合作，在滨海新区益天小区试点，租赁

了 20 套住房作为样板房，统一改造后在网上租赁，预计项目一期将盘活 1000 套住房。探索保障房消化新途径，采取货币化安置的方式，完成了 74 户棚改项目货币补偿，有 3 个片区、264 户确定购买存量房。依托银滩区域大量中小户型房源优势，采取以房抵费、政府回购的方式，在银滩碧海苑小区购买了 220 套小户型住宅，作为乳山市的公共租赁住房试点。

（三）巧用乘法，乘势借力，发展大健康产业

依托乳山银滩得天独厚的山、海、滩、岛、湾等天然旅游资源，搭建服务宣传活动平台，提升大健康品牌影响力。先后承办了首届中国国际健康幸福大会、中国养老产业创新模式高峰论坛、山东省第三届长寿与健康理论研讨会等活动，进一步擦亮了"养老之都、养生天堂"品牌。以发展健康产业体系为抓手，研究制定了健康产业发展实施意见和产业发展规划，构筑起了以海湾新城、新兴产业园为核心区的"一区、两翼、T 型延展"空间格局结构，培育发展健康营养产品、健康生物制药、健康产品制造、健康文化旅游、健康保健管理等六大健康产业，形成了以康辉生物、帕斯砜新材料、温喜生物、海大生物等高新企业为主体的高端健康产品制造产业，以中鲁果汁、华隆食品、富地渔具等传统企业为主体的健康食品和健康管理产业，与养生养老产业、休闲旅游产业形成互促互进的健康产业体系，构建起"大健康、全链条"的产业发展格局，激发了潜在购买力，进一步带动消化了库存。借政策之力，变房产"包袱"为财富。在中韩自贸区地方经济合作示范区和国家服务贸易创新试点城市两大政策叠加效应的基础上，抢抓发展机遇，按照全域产业健康化的发展理念，规划建设了中韩合作健康产业示范园，以打造国内知名的健康养生养老福地为契机，引导银滩内养老机构通过与外合作、转型增设等方式，培育了东方国际养生园、老来乐老年公寓、颐和山水人家、老年养护中心等一批社会资本参与的高端养生养老机构，东方国际养生园荣获"全国智能化养老实验基地"称号，先后引进了韩国米酒和养颜面膜、山东（澳大利亚）麦克酒业苹果酒等项目。今年在韩国举办了以健康产业招商为主要内容的宣传推介会，达成了韩国 KCI 公司化妆品、V7 电商平台等一批意向项目，与韩国安世医院、海立方水上乐园、世界文化奥林匹克促进委员会达成合作协议，夯实了产业发展基础，助推房地产去库存。

（四）多用除法，做优增量，压减新生库存

着眼于房地产转型，叫停传统意义上的海景房开发，并没有一味打压房

地产开发企业，而是通过"做优增量"，坚持把培育养生养老产业作为工作重点，引导房地产开发企业告别原来"盖房卖房"的简单粗放式开发思路，实现转型发展。通过引导开发商调整建设规划或进行改造，建设社区会所、医疗中心、配餐中心、护理机构等专业机构，完善无障碍路径、多功能电梯、多点报警求救、防风雨连廊等设施，增强房产的特异性和功能性，提高新建房产市场关注度和销售率；对因资金链断裂、短缺等原因造成的部分房产烂尾，乳山积极扶持和引进资本接手房地产公司盘活烂尾资产，从根源上降低生成新库存的概率。同时，积极推动部分有能力、有条件企业与国内外养老机构合作，以产权式度假公寓和分权式度假酒店等形式，进行异地互动养老，最大限度地放大环境优势，增加客源。目前，已经盘活了银龙湾、海晶城等烂尾楼盘，东方国际养生园与北京太阳城合作，引进日本、中国台湾先进管理经验，做活养老和医疗两篇文章，建设了智能化的高科技物联网养老平台，发展了老年公寓、老年医学研究院、康复保健中心、美食街等项目，形成了专业机构、社区居家、医养结合、异地互动等多种养生养老发展模式。融入养生养老元素后，乳山银滩周边的新建居住区每年都增加常住人口1万多人。

三 进一步推进乳山银滩房地产去库存的对策建议

房地产去库存的根本取决于供求基本面的平衡，因此，解决银滩房地产库存问题，根本之策是依靠市场机制，发挥市场参与者的主观能动性，通过"降供给"和"增需求"，从根本上消化地产存量，实现房地产业的持续健康发展。

（一）围绕结构化需求抓有效供给

主动适应银滩中低端地产和大众化商品房供大于求、高端地产供不应求的现状，以增加满足需求侧的有效供给为导向，坚持以质量和效益为中心，用"提质量"来"减数量"，为银滩房地产业持续健康发展注入源源不断的内生动力。一是增强服务功能，提升外在美观度和内在吸引力。坚持"建房先造景"，以优雅环境、美丽景致赢得市场竞争，强化品牌、精品意识；学习借鉴南方大城市高档小区的设计理念，聘请国内外知名设计公司进行设计，创新建筑规划档次；加强公共服务、医疗卫生、社区商业、休闲绿地、托幼机构等功能配备，集中资源，打造高品质楼盘和标杆式小区。二是主动适应人民对健康的追求，实现与健康产业体系的融合。重点是以健康为核心，以需求为导向，立足转型升级调整存量，把健康产业做大做优做强，依托市场出清主动减量，有力破解房地产供给和需求的结构性矛盾，加快构建房地产业新体系。瞄准养生养老人群，通过整合、盘活社区资源，发展社区老年人日间照料中心、老年人配餐送餐中心、家政服务公司、康复护理、精神慰藉等多种形式的养老服务实体，为入驻银滩养生养老人群提供便捷体贴的全方位服务，提升房地产竞争力。

（二）丰富"健康"内涵加快房地产转型

近年来，乳山在健康养生产业发展上投入了巨大精力，产业发展的基础条件已经具备。下一步，关键要做好"地产＋健康"结合的文章，坚持健康养生地产发展方向，以"休闲、养生、度假、旅游"为依托，以发展健康产业集群为支撑，从服务和产品两个方面，深入挖掘资源优势，按照健康地产的思路抓好落实，丰富"健康"内涵。一是突破发展健康管理服务产业。要以服务为主导，在发展以医疗服务机构为主体的医疗产业同时，鼓励以存量地产为基础，积极引进以个性化健康检测评估、咨询服务、调理康复和保障促进等为主体的健康管理服务产业，健康保险、健康风险管理产业，健康中心类的运动保健服务产业等健康服务产业。用服务消化地产、以地产支撑服务，在打造健康服务产业的同时实现"地产＋健康"的有效融合。二是延长健康养生养老产业链。大力发展医药、保健食品、保健茶、药酒、养生产品及药妆等健康概念产品，注重特色化和高端化，深入挖掘健康产品需要的野生材料种类和利用本地特色资源种植健康产品需要的绿色原料，适时适度抬高行业准入门槛，多引进一批大家强企，实现产城良性互动，聚集大量的产业人口，最大限度地增加银滩常住人口，从根本上扩充银滩房地产市场容量。

（三）千方百计扩大有效需求

实现供需平衡是解决房地产库存问题的核心，在提供有效供给的同时，也必须强化需求侧改革，提升有效需求，改变供给与需求"一腿长、一腿短"的问题。一是增强配套服务吸引力。随着经济社会的发展，房地产市场不仅是卖房子，同时也是卖服务。要化解银滩房地产的库存压力，除了建设高品质房产，也要通过提供高品质服务来提高竞争力，既包括相关的软硬件服务配套，也包括从业人员服务水平的专业化。引导相关企业加强医疗和保健方面专业化的技能人才的培养和引进，健全人才激励机制，在引进高层次专业人才和紧缺人才的同时，强化"内部挖潜"，完善绩效考核和内部培训机制，大幅度提高就业人员专业服务水平，真正将健康养生地产做成健康养生中心，吸引外来需求，加快库存周转。二是有序释放政策性需求。全力推进棚改货币化安置，通过采取搭建购房平台、购置存量房源、定向交易等措施，提高棚户区改造货币化安置比例，有效解决房地产存量居高不下的问题。加大保障性住房建设力度，推进政府购买服务，全面推广以房抵费、政府回购小户型住宅作为公共租赁住房的新方式，打通商品房和保障房的通道，在减轻政府投资建设公租房财政压力的同时，有效盘活闲置住房，提高保障性住房的资源配置效率。房地产企业也要密切关注和研究政策动向，规避政策风险，抓住政策机遇，顺势而行。当前应重点抓住"营改增"税制改革机遇，充分利用契税补贴和交易费用减免优惠政策，根据市场需求，创新经营方式，吸引"刚需"入市，开发中低价位、中小户型的适销对路产品，使需求侧精准发力，努力打造"民生地产"。三是以创新方式搞活需求市场。加强政府引导，以行业组织为平台，通过一定方式，把设计理念相近、项目定位又有一定差异的楼盘组织起来，把分散的房源集中起来，构筑有形市场，并利用网络媒体、节会展会等增强对外推介的力度，形成新的集中优势。积极探索"电商销售"新模式，与知名互联网房产营销商搞好合作，采取拓管经营、分权度假、养生养老等模式，盘活分散、闲置的房产资源。另外，加大对已经形成存量的开发企业的自营扶持力度，通过推广成功经验，引导其与大型酒店管理机构、养生养老机构、房屋托管机构等合作，大力发展房屋租赁市场，把闲置的资产利用起来，形成更大规模，全面盘活市场。

（作者单位：中共乳山市委党校）

威海市普惠金融体系建设研究

唐彬彬　张相贤　李华军

2016 年 1 月 15 日，国务院颁发《推进普惠金融发展规划（2016—2020年)》，这是我国首次从国家层面确立普惠金融的实施战略。普惠金融的目标在于能及时有效地为农户、贫困人群及小微企业等弱势群体提供价格合理、便捷安全的金融服务。近年来，威海市也在大力发展普惠金融，构建普惠金融体系。尤其是中韩自贸区落户威海后，构建普惠金融体系对于提高小微企业的融资效率，降低融资成本，完善金融组织体系，提高金融服务覆盖面，促进社会公平正义具有重要的现实意义。

一　新常态下威海发展普惠金融的意义

（一）顺应经济组织形式的小型化发展趋势

在经历蒸汽时代、电器时代之后，全球正在经历第三次工业革命，在这次工业革命中，经济的组织形式向扁平化、分散化商业模式转变，其中具有创新型的小微企业将会在未来的经济和社会发展中发挥越来越重要的作用。如何保证小微企业的融资需求，促进小微企业的快速发展是政府面临的重要课题。威海市小微企业数量逐年增加，企业组织向小型化转变意味着银行等金融机构的供给模式也需要发生变化，未来小微信贷行业将会成为金融方式的主流形式。所以，威海市要尽快发展普惠金融来迎合实体经济组织形式的小型化发展趋势。

（二）利用金融的方式实现脱贫的需求

市场经济发展的结果是收入差距拉大，并且在金融排斥的作用下出现经济个体"穷的更穷，富的更富"的"马太效应"。过去政府更多使用财政转移支付的手段来缩小收入差距，往往忽视了金融的作用。在经济社会发展过程中只有每人享有金融服务的权利，才能让所有人有机会参与实体经济的发展，从而增加低收入人群的收入，缩小收入差距，最终实现社会的共同富裕。所以，威海市要以发展普惠金融为契机，让每一位居民能够以合理价格享受到金融服务，通过金融支持实现脱贫的效果。

（三）缓解经济金融发展过程中的不平衡

传统金融体系存在严重的二元金融结构问题。一是大中型与小微企业之间融资差别，表现为小微企业受到金融"歧视"，很难通过正规金融机构以合理的价格进行融资，而民间融资成本较高，无形中增加了小微企业的财务成本，加之原材料、人工成本逐年上涨，许多小微企业还完贷款利息之后可支配利润少之又少，形成了小微企业为金融机构打工的局面。二是城乡之间的金融割裂。在城乡经济二元结构的背景下，产生了金融资源流入城市，甚至是农业、农村的少量资金逆流到城市的情况，城乡金融发展出现不平衡现象。这种现象会降低资源的配置效率，没有真正实现资金的价值，并且容易产生道德风险和逆向选择的问题。而大力发展普惠金融，将更多的信贷资金发放到农村、发放到小微企业中去，能够有效缓解威海金融发展过程中的不平衡，促进农村经济和小微企业的发展。

二 普惠金融体系的含义

所谓普惠金融体系，就是能够有效、全方位地为社会所有阶层和群众提供服务的金融体系。它建立在对小额信贷和微型金融研究的基础上。普惠金融体系建设不但可以将小额信贷、微型金融的扶贫作用发挥出来，还将以往机构和服务的外延拓展开来，是微型金融服务发展提升的典型。从普惠金融体系的构成来看，可以从客户层面、微观层面、中观层面和宏观层面进行阐述。

（一）客户层面

构建普惠金融体系首先要回答的问题就是向谁提供普惠金融服务，即要明确普惠金融的目标客户群体。只有解决了这个问题才会有针对性地提供相应服务。一般来说，我们通常将金融市场的客户群体分为四类：第一类是可以合理价格通过正规金融机构获得服务的客户；第二类是可以从金融机构获得服务，但是往往价格较高，存在价格歧视的客户；第三类是无法从正规金融机构获得金融服务但是可以通过微型金融机构获得服务的客户；第四类是现阶段无法从金融机构获得金融服务的客户，只能通过民间借贷解决融资问题。其中，后三类客户都是普惠金融的服务对象。

金融系统要想真正体现包容性，就要满足每个客户的金融需求，包括穷人、农民、小微企业主等弱势群体。现在人们越来越意识到，所有的贫困人也都需要和使用金融产品。而这些弱势群体客户正是普惠金融所要面向的和需要的客户群体。

（二）微观层面

普惠金融体系的微观层面，主要指的是普惠金融服务的供给者。构建一个为农户和小微企业等弱势群体提供全面金融服务的金融机构体系是发展普惠金融的一大挑战。在传统金融领域里，这些弱势群体的自身缺陷，导致他们被金融机构排斥在外，最初为他们提供金融服务的机构主要是农业银行、邮政储蓄银行、资本投入较低的本地银行、农村信用社等。他们最初也只提供有限的金融产品和服务。近些年来，一些小额信贷公司和村镇银行不断发展壮大，其职能和业务范围也逐步扩大。但是，这些机构间相对独立和分散，并没有形成一个有机的整体，合力不足，导致了现今的普惠性金融机构还只能为普惠金融目标客户中的一小部分提供服务，大部分的弱势群体仍然被排除在外。

根据金融机构的性质，可以将普惠金融服务的供给者分为四大类：（1）银行类金融机构；（2）非银行类金融机构；（3）非政府组织；（4）合作性金融机构。

（三）中观层面

包容性的金融系统不应当仅仅包括客户群体和为他们提供金融服务的金融机构，他们的运作需要一个运作良好的基础设施或相关服务供应商网络，即金融系统中的"硬件"与"软件"，主要指国家金融系统为保持其完整性所引来的一系列辅助性服务，包括机构网络、员工素质、IT覆盖、评估体系市场、会计事务所、服务技术咨询机构、评级机构、培训机构、信用体系等。

（四）宏观层面

在普惠金融体系的建设中，中央银行、财政部及其他国家政府部门共同组成了普惠金融体系的宏观层面。一直以来，关于政府在普惠金融体系中的角色定位的问题始终充满着争议。一方面，政府在信息掌握的完全性和政策制定与实施方面拥有毋庸置疑的优势，运用政策工具可以有效地为普惠性金融机构消除障碍，保持其可持续性；但是另一方面，政府的参与也带来了不可避免的政治风险。

研究表明，政府在普惠金融建设过程中最重要的角色应当是提供一个适宜的发展环境，包括宏观经济环境、制度环境、行业环境、监督管理环境等。

三 威海市普惠金融发展现状

近年来，威海市政府对发展普惠金融高度重视，积极引导金融机构加大对农户、小微企业和弱势群体的金融支持力度，普惠金融理念深入人心，普惠金融发展取得了阶段性成果，主要体现在以下几个方面。

（一）多层次普惠金融组织体系不断完善

近来年，威海市政府采取资金奖励、减免配套费等方式加强政策扶持，以威海市金融服务中心为窗口不断优化服务，加大金融产业招商力度，吸引异地银行、证券公司、保险公司等各类金融机构来威海设立分支机构。同时，积极引导银行业金融机构向农村、金融服务空白的乡镇延伸机构和下沉服务网点，逐步形成了以农业银行、邮政储蓄银行和农商行三类涉农金融机构为主力，国有商业银行、城市商业银行、村镇银行、社区银行、小额贷款公司为补充的金融服务体系，金融供给主体逐步增多，网点覆盖面进一步扩大。另外，部分传统银行机构通过设立社区支行、小微支行，极大地满足了社区居民的金融需求。

（二）专门针对小微企业和"三农"的融资模式不断涌现

为改善小微企业融资环境，助力小微企业快速成长，为经济发展注入新的活力，威海市金融机构不断创新，差异化融资模式不断涌现。比如，政府引导商业银行成立科技支行扶持科技型企业进行融资，截至2016年5月末，科技支行试点银行累计为111家科技型企业发放贷款29.4亿元，余额9.33亿元，一定程度上缓解了全市科技企业的融资困境。另外全市小微企业贷款风险补偿基金业务发展迅速，截至今年5月末，累计发放贷款72笔，金额14729万元。新型农村合作金融改革试点在全市铺开，7家农民专业合作社获批准试点资格，累计开展互助业务 21 笔，金额 69.9 万元；荣成市积极引导金融机构依托征信管理活动创新金融产品，其中荣成市农商行对获得市级以上荣誉的企业和个人推出"个人荣誉贷"无抵押信用贷款产品，根据企业和个人优良的信用报告进行授信，并实行贷款优先、利率优惠、服务优质的优惠政策。中国银行荣成支行也开发出"诚信农户贷"产品。威海市商业银行针对个体工商户、小微企业规模小、缺乏有效担保的特点，开发出特色小微贷款，具有无抵押、放款快的特点，深受个体工商户和小微企业主的好评。在支农方面，威海市探索开发"两权"抵押（农村承包土地经营权抵押和农村住房财产权抵押）融资产品，进一步拓展抵押物担保范围。同时研究"农户＋农民合作社""农户＋农业产业化龙头企业"等农业产业链金融服务模式，提高农业金融服务集约化水平。

（三）多措并举，确保金融扶贫工作取得实效

为提高农村金融服务的覆盖率，增强农户和贫困人口对金融服务的可得性，提升广大农村客户对金融扶贫的满意度，威海市采取多种措施，确保金融扶贫工作取得实效。一是加强金融扶贫组织领导和团队建设，推动金融扶贫工作计划实施；二是持续改进金融扶贫服务方式，提高金融服务覆盖面；三是不断创新金融扶贫产品和服务，支持农村地区发展现代农业；四是加大对普惠金融的宣传力度，提高群众对于普惠金融的认识；五是努力降低扶贫客户融资成本，减轻农户财务负担。

（四）激活民间资本，打通小微企业融资新渠道

截至今年 3 月末，威海市批复设立民间融资机构 34 家，其中民间资本管理公司 27 家，民间融资登记服务公司 7 家。民间融资机构的出现为企业解决资金难题开辟了新的道路。据统计，2016 年第一季度，威海市民间资本管理机构累计投资 133 笔，投资金额达 11.96 亿元，其中涉农、涉小微企业投资共计 5.17 亿元，在一定程度上缓解了农户和小微企业融资难题。民间融资登记服务机构累计登记资金需求 1.17 亿元，累计登记资金出借 1.25 亿元，成功对接金额达 1.21 亿元。

（五）金融消费者权益得到有效保护

加强金融消费者权益保护，是普惠金融联盟提出的一项重要内容。近年来，人民银行积极开展金融消费权益保护工作，每年定期开展金融消费者权

益保护活动，向广大群众宣传金融知识，引导他们在接受金融服务的过程中保障个人权益不受侵害，金融消费者的维权意识逐渐增强。

（六）贫困人口及其他弱势群体得到扶持

近年来金融机构在支持其他弱势群体方面也成效明显。威海地区开展的针对下岗失业人员的创业贷款，由财政贴息，为广大的下岗职工再就业提供了资金支持，使多名下岗职工走上了再就业之路，赢得了创业良机。另外，自生源地助学贷款工作开展以来，威海市积极响应国家政策，按照"应贷尽贷，简化程序，方便群众，防范风险"的原则，广泛宣传贷款政策，并建立起助学贷款咨询热线，强化多项措施，严加办理监管，为广大贫困学生接受大学教育提供了坚实保障。截至 2015 年底，环翠区学生资助管理中心共为118 名家庭经济困难大学生累计发放助学贷款 138.79 万元，办理合同 233 份，回收本息 70 余万元，回收率 100%。

四 威海市普惠金融发展存在的困难和不足

威海市普惠金融的发展虽然取得了一定成效，但是与完善的普惠金融体系还存在一定差距和不足，也面临着一些困难，这主要体现在以下几个方面。

（一）宏观层面，政府指导作用未充分发挥

一是缺少对普惠金融发展的整体规划。威海市普惠金融还没有一个整体的战略规划，对于普惠金融没有一个明确的定位，导致目前的普惠金融发展仍然是单条线的，缺少有力的组织领导机构。二是财政及货币政策对普惠金融的激励力度不够。普惠金融服务对象往往是弱势群体，其发展需要财政政策、货币政策、税收政策的正向激励。目前，财政政策、税收政策对普惠金融费用补贴和税收优惠方面比较薄弱，同时，地方政府受到财力制约等因素的影响，没有真正实现有效的配套措施。

（二）普惠金融成本与收益难以完全匹配

一方面，普惠金融的特点是客户数量多，单个客户业务量小，往往需要创新业务品种和抵质押方式，需要金融机构付出更多的业务成本。相同的资金规模，从事普惠金融所带来的效益往往会低于传统的金融业务。另一方面，普惠金融客户往往信用意识较差，又缺少合格的抵质押物等担保方式，导致

这类客户的抗风险能力偏弱，信贷业务出现不良的可能性会增加，导致金融机构又要耗费一定的精力和财力来弥补坏账，增加了金融机构的财务成本。这在一定程度上会影响金融机构参与普惠金融、发展普惠金融客户的积极性。

（三）金融机构分布不均现象仍然存在

目前，威海市绝大部分金融机构的网点分布在市区，而在农村地区数量较少。只有少数的农村信用社和农行的网点，这对于发展普惠金融，构建普惠金融体系造成了很大影响。金融机构网点是提供金融服务的载体，农民和小微企业能否获得金融支持，在很大程度上取决于在他们身边是否有足够多的金融机构。虽然，近几年，部分商业银行转变发展战略，致力于打造零售银行，将客户下沉，重点发展零售业务，有了在农村设立网点的意识，但是市区里银行网点扎堆、农村网点匮乏的现象仍然没有得到有效解决。

（四）农村金融机构功能弱化的局面未得到改观

从目前情况来看，农业银行仍未能充分发挥"支农"作用、农信社一社难支"三农"、农村资金外流严重等问题仍未得到解决，一些新型普惠金融机构也未能真正发挥对"三农"的普惠作用。例如，威海市近几年成立的小贷公司、村镇银行，由于其整体实力不强的，并且其经营缺少特色，发展模式较为单一，业务仍以传统业务为主，与威海地区的农业经济和小微企业的发展不相适应。

（五）小微企业融资难融资贵现象依然普遍

小微企业数量众多，能提供众多就业岗位，对国民经济的发展和社会稳定起到非常重要的作用。但是，由于多方面的原因导致小微企业融资难融资贵的问题一直困扰着小微企业的成长与发展。一是小微企业融资问题受到信息不对称、风险不确定因素的制约。小微企业抵抗风险能力较弱，破产率较高，财务管理不透明，信用信息分散，因此，传统的金融机构更偏好大企业、大项目，容易产生对小企业资金供给的挤出效应。二是小型社区类金融机构发展缓慢，传统金融机构往往以追求利润最大化为经营目标，要从设点后的安全、管理、维护等方面的成本考量，以及对未来收益进行权衡。从目前来看，威海市专门致力于服务小微企业和当地居民的社区型和小微型金融机构的发展仍处于起步阶段。三是部分小额信贷机构缺乏充足的资金来源。目前商业性小额信贷公司只能利用自有资金发放贷款，不得以任何形式吸收存款，被允许的资金来源只能是股东缴纳的资金、捐赠资金以及来自不超过两个银行业金融机构的融入资金，这就导致小额信贷组织的资金来源缺乏稳定性，在一定程度上影响了相关业务的开展。

（六）客观环境上还存在制约普惠金融发展的因素

一是在开展抵质押贷款过程中，评估、登记和变现等环节的配套制度建设需要加强。评估方面，金融机构针对高科技企业开展知识产权质押，以及对于部分艺术品的抵质押金融产品，这些都需要专业的评估公司对于评估标的物给出专业的价值判断。目前在威海地区这种专业的评估机构种类偏少，评估公司基本以房地产、土地等传统评估业务为主，影响了金融机构对相关抵质押品价值的判断。二是在抵质押登记方面，登记机构分散、权限归属不透明、程序内容不一致及费用较高等普遍性问题仍然存在。在变现处置方面，由于威海地区市场容量和深度有限，市场发展尚不成熟，处置渠道仍不通畅。

（七）普惠金融意识不强，在一定程度上阻碍了普惠金融的发展

一方面普惠金融面向的客户群体主要是农民、低收入群体、小微企业主等。他们绝大部分人员的文化水平较低，对于一些新型的金融产品和服务在理解上和接受起来存在一定的困难，不利于普惠金融产品的迅速推广。并且他们一般信用意识淡薄，没有充分意识到个人信用状况对个人和企业发展的重要性，随意产生不良的信用记录，导致他们经常被金融机构排斥在目标客户之外，使他们更是很难获得金融机构的扶持和帮助。另一方面，传统金融机构的普惠金融意识也不强，他们一般只考虑到自己的经济利益，并未意识到发展普惠金融是一种社会责任，所以，并非自愿地涉足普惠金融领域。

（八）民间融资机构发展面临瓶颈

民间融资机构是一个新生行业，监管方法和发展模式无经验可循，处于探索发展阶段，在实际运行中存在的问题和困难不容忽视。根据相关规定，民间资本管理公司股权投资比例原则上不低于注册资本的20%，短期财务性投资不超过公司注册资本和融资总量的30%。但是受到经济环境、信用环境的影响，当前威海市民间资本管理公司股权投资、债券投资难以有效开展，短期财务性投资比重过高，成为制约其可持续发展的一大障碍。从目前情况来看，威海市27家民间资本管理公司仅有3家开展了股权投资，20家公司开展了长期债券投资，而短期财务性投资占比达到了86%。另外，复合型金融

人才的匮乏也一定程度制约了民间资本管理公司的发展。除此之外，威海市有大量的投资类公司、P2P网络借贷平台从事民间资本借贷业务的机构，据相关部门统计，这类公司在威海市有近1300家。这类公司是非法集资案件的多发领域，个别公司甚至存在金融诈骗，严重影响了民间融资市场的形象。

（九）普惠金融的生态环境需要进一步改善

一是法规制度不完善。目前威海市普惠金融方面的政策主要沿用国家、山东省相关政策，还没有自己相应的地方性法规。二是信用环境欠佳，影响了金融机构从事普惠金融服务的信心。威海市虽然在改善地区信用环境方面做了大量工作，也取得了明显的效果。但是，通过实地走访了解到在威海市的部分地区还存在着故意拖欠贷款、逃废银行债务、拒不承担担保连带责任的现象。同时信用文化缺失和信用体系不健全，社会信用服务的市场化程度较低，严重破坏了威海地区的信用环境，直接影响了金融机构进行普惠金融服务的自觉性。

五 威海市建设普惠金融体系的建议

（一）建设普惠金融体系的基本思路

要想大力发展普惠金融，促进普惠金融快速、健康可持续发展，我们必须坚持市场化的基本思路来建设威海市普惠金融体系。金融市场化是国民经济整体市场化的有机组成部分，以金融监管改革为突破口，金融市场化得以推进，它将成为威海市普惠金融发展应当坚持的基本思路和根本方向。市场化意味着主体要素构成上的完整性和相互间行动与利益实现等机制上的灵活性，体制与机制相辅相成，共同为金融机构主体行为提供激励与约束。有效的市场机制能为利益相关者提供明细的价格导向和利益函数，并能为各类偏好的逐利者提供可供选择的灵活弹性的目标实现方案。随着金融市场广度与深度的拓展，金融市场利益相关方之间的交易组合方式将更加丰富、风险缓释渠道也将更加弹性化，由此，普惠金融的实现方式也将多样化、普惠金融的覆盖面也将多层次化。金融市场化能够提高金融机构的定价自主权，定价能力是金融产品创新能力的核心，定价能力越强，产品创新能力则越强，金融产品类别也更丰富。这会进一步丰富适合普惠金融的产品类别，为金融消费者提供更多选择，促进普惠金融的发展。同时，金融市场化并不排斥政府的积极作用。强调金融市场化意味着政府参与金融市场交易的行为需要改善，尤其在我国市场化水平还不高、市场机制还不完备的情况下，政府的积极妥当介入可为金融市场交易各方提供激励和信心。

（二）建设普惠金融体系的具体措施

构建普惠金融体系是一项系统工程，需要多部门长期的共同努力才能够成功。威海市成为中韩自贸区落户城市以后，为中小企业的发展带来了新的机遇，同时威海市农业人口占到了相当大的比例，如何更好地为农民、小微企业提供更好的金融服务也是威海市发展普惠金融需要重点解决的问题。总体来说，威海市可以从以下几个方面来构建普惠金融体系。

（1）宏观层面，充分发挥政府职能，为构建普惠金融体系创建良好的环境。

第一，进一步发挥财政政策的作用。一方面完善地方财政资金扶持办法，确定适当的财政贴息比例，对金融机构的涉农贷款、小微企业贷款等给予适当的财政贴息。另一方面，对于参加农业保险的农民给予一定的财政补助，加大财政对农业保险的支持力度，增加财政对农业保险保费的补助资金，提高保障程度。此外，还要加大财政资金的转移力度，加强农村金融机构的基础设施建设和生态环境保护。

第二，对普惠性金融机构和业务在税收政策上给予一定的倾斜。目前新型农村金融机构还处于发展初期，缺乏统一的财税支持政策，相关部门应当充分考虑其业务以支农、惠农为主的特殊性，制定新型农村金融机构的财税优惠政策，为普惠性农村金融机构的发展创造有利条件。

第三，加强对普惠金融机构的监管力度。普惠金融作为金融体系的重要组成部分，离不开监管部门的监管。由于普惠金融机构其自身业务和地位的特殊性，监管部门要尝试差异化的金融监管措施，弱化对相关指标的考核，一方面要让业务的办理合规合法，另一方面又不影响普惠金融机构业务发展的积极性，创造一个有利于普惠金融发展的金融监管环境。

第四，规范金融机构服务行为，加强金融消费者权益保护。严格规范金融服务收费行为，加大信息披露和透明度建设，树立每个人都有权公平地享有金融资源的普惠金融理念，不能把普惠金融简单地理解为扶贫贷款，对商业银行嫌贫爱富的各种行为进行约束和规范。尤其要加快推进互联网金融的监管法规建设，规范线上金融服务。同时，加大金融消费者权益保护法规的宣传力度，提高消费者的风险防范和保护意识。

第五，积极探索"互联网＋普惠金融"的发展模式，为普惠金融发展注入新的活力。互联网具有覆盖范围广、便捷高效、交易成本低等特点，与普惠金融的有效推进有着众多的契合点。互联网技术与金融产业的深度融合，为威海市普惠金融的发展提供了新路径和新选择。利用互联网技术发展普惠金融要正确处理好以下关系：一是要处理好金融创新与防范风险的关系；二是处理好传统金融与互联网金融竞争与合作的关系；三是要处理好政府支持与法律监管的关系。只有处理好这三组关系，才能保障普惠金融体系在互联网环境下的稳步构建。

（2）中观层面，加强金融生态体系的建设和农村金融基础设施的建设。

第一，改善普惠金融的生态环境。构建和谐的普惠金融生态环境是促进普惠金融发展的保障，也是保证金融稳定和社会主义和谐社会的重要内容。改善普惠金融生态环境是一个渐进式的、长期的系统工程。一是建立健全法规制度，参考发达国家、国内发达地区的法规制度，根据威海地区的小微企业和弱势群体的特点，制定出适合威海地区的普惠金融相关的政策框架，将稀缺的资源配置到最需要资金的地方去，提高资金的使用效率，激活经济金融发展的内生动力。二是加快征信系统建设。征信系统要将村镇银行、小额贷款公司、农村资金互助社等机构的贷款信息纳入到征信系统，便于普惠金融机构查询贷款客户信息，在控制风险的同时对借款人行为形成约束。在广大农村地区，更要充分发挥农村商业银行的网点优势，在央行征信系统中建立各类乡镇企业和村民征信数据库，建立普惠金融体系的征信共享机制，提高普惠金融体系的资金运作效率。三是在农村地区加强诚信教育，加大社会宣传力度，帮助农民、农村企业、小微企业主增强信用意识，为普惠金融的健康发展创造良好的信用环境。另外，要加强对农村金融从业人员的道德教育，避免其违规操作的发生。

第二，建立普惠金融信用担保机制。建立政府扶持、多方参与、市场运作的普惠金融信用担保机制，有计划、有步骤地建立以政策性担保为主体、互助性担保为辅助，商业性担保积极参与，能有效控制、分散和化解风险的多元担保体系。同时，积极推进银行、社会、企业等共同出资建立担保基金，通过担保基金与金融机构合作，开展比例担保。建立信用担保机构风险分散机制，通过分担或转移信贷风险，增加普惠金融贷款的投放量和覆盖面。

第三，健全和完善农村金融基础设施建设。金融机构要在社区、村镇增设自助银行和自助机具等服务终端，扩大 ATM 机的覆盖范围，实现先进自动缴存功能。在金融服务乡镇全覆盖的基础上，将惠农金融服务进一步向行政村延伸。

（3）微观层面，要构建多种形式的普惠性金融组织体系，创新普惠金融产品。

第一，进一步健全普惠性金融组织体系。构建威海市普惠金融服务体系关键是要建立起普惠金融组织体系。建议市政府专门成立"普惠金融领导小组"，加强对全市普惠金融工作的各项领导和管理工作。一方面要鼓励现有的银行机构向乡村延伸服务网点和业务，另一方面要进一步降低本地金融市场准入门槛，逐步吸引民间资本进入威海市普惠金融领域。

一是优化现有的农村金融机构，鼓励正规金融机构参与普惠金融。主要是增加县级以下的普惠金融机构和网点，加大农村机构对低收入群体的支持力度。引导农业银行回归"三农"，强化农业发展银行的政策性金融支农作用以及督促农村商业银行和邮政储蓄银行提升服务功能，扩大普惠金融的执行主体。比如，近年来，越来越多商业银行选择发展社区银行和小微支行，这些做法都是对农村金融机构网点的有效补充，这也是完善普惠性农村金融体系的必由之路。

二是降低农村金融机构准入门槛，积极培育及进一步规范村镇银行、贷款公司和农村资金互助社等新型农村金融机构，作为对传统金融机构的有效补充。资本的逐利性导致传统的金融机构支持农村以及小微企业的积极性不够，要想从根本上解决这一难题，必须培育出一批专门针对农民以及小微企业的金融机构。政府要引导各类资本到金融机构到金融机构覆盖率低、金融服务不足、金融竞争不充分的地区投资设立机构，提高农村金融机构的覆盖率，从而与现有农村金融机构形成竞争机制，增强农村金融市场的活力。尤其是要重视民营银行的发展，十八届三中全会指出，"在加强监管前提下，允许具备条件的民间资本依法设立中小型银行等金融机构"，为民营资本进入银行业打开了通道，通过设立民营银行，可以增加服务中小企业和弱势群体的能力，形成威海金融服务的差异化，同时也可以遏制民间的"高利贷"行为。

三是完善普惠金融直接融资体系。借鉴国外风险资本交易所和二板市场的经验，结合国内科技产权市场运作的实践，允许一些规范的、效益好的非上市公司的股票进行柜台交易，建立规范的场外交易市场。

四是进一步促进和规范民间融资机构的发展。鼓励民间融资机构加大与高校合作，充分利用好行业协会这个平台，加大人才队伍建设，引导民间融资机构不断创新，在为小微企业和三农经济服务的产品上下功夫。探索"互联网＋民间融资"模式，鼓励其通过定向私募等方式，引导更多民间资本服务实体经济。

第二，创新和丰富金融服务产品。要建设普惠金融体系，就需要不断创新和丰富当前的金融服务产品，金融产品的创新可以增强服务的效果，这就要求我们不断创新信用模式和扩大贷款抵质押担保物范围，有效破解"贷款难、贷款贵"的困局，提高普惠金融服务的效率和质量。具体来说，可以从以下几方面入手。一是在渠道和服务上，要发展移动互联网金融。对手机银行、网络银行要大力推动，积极支持银行借助新技术，并在此基础上引用新的商业模式，只有这样才能更好地解决普惠金融服务出现的诸多问题。二是在金融服务上，涉农银行要做好本地化、特色化的金融创新，多层次、多维度、全方位提供金融服务。积极研究和创新农户和小微企业贷款的商业模式，充分利用威海市丰富的海洋资源、林权资源，稳步扩大林权、宅基地使用权、海域（滩涂）使用权等特色化抵押贷款规模。根据客户群在贷款金额、贷款期限、担保方式、贷款利率方面的不同进行个性化设计，发展多种小额信贷产品以适应当前经济发展的需要。三是利用互联网技术，持续推进信贷技术的创新。银行等金融机构应当借鉴学习电商平台，重视掌握客户交易记录、客户互动评价、行为习惯等，加强对各种形式的文档、文本、图像、音频、视频等非结构化数据的采集和处理。互联网企业应当继续运用云计算、大数据、物联网、定位服务等前沿信息技术，加强与金融机构的合作，进行信贷技术创新，促进普惠金融的发展。

（4）客户层面，全面提高信用意识和金融素质，为普惠金融的发展奠定基础。

全民的金融素质是发展普惠金融的基础，农村居民和小微企业主要通过不断的学习和参加相关培训提高自身的金融素质，只有这样才能够更加合理地提出自身的金融需求。另外，要提高自我的信用意识，成为诚信的客户，提高其金融服务的可获得性。一方面，政府要通过举办金融知识下乡的活动，向广大群众普及金融知识，教会他们维护自身的金融权益。另一方面，要加快金融教育志愿者师资队伍建设，进一步提高金融知识的普及范围。

（作者单位：威海市商业银行）

"执行难"的司法自救

——以统一无财产可供执行案件标准为视角

宫云举　于向华

一　问题的提出：无财产可供执行占比居高不下

据不完全统计，全国法院每年执行案件达到 240 余万件，2013 年上升到 283 万件。2008～2012 年执结的被执行人有财产的案件中，70% 以上案件的被执行人存在逃避、规避甚至暴力抗拒执行的行为，自动履行占比不足 30%。"审为执始，执乃终赢"。毋庸讳言，"执行难"业已成为法官司法为民的肘腋之患。作为一种常态化的顽疾，我们需要不停地与之抗衡，需要时常考虑如何辩证用药。

（一）为查找"有财产可供执行"所进行的有益探索

近年来，最高法院通过顶层推动，为全国法院执行工作创造了一系列有利条件。

自 2007 年 1 月 1 日起，最高法院开发的全国执行案件信息管理系统在全国法院正式运行，并于 2013 年初完成升级改造。各级法院新收执行案件陆续录入该数据库。这一改革将最大可能解决跨区域执行信息不对称问题，使异地财产的发现更为快捷方便。为建立跨行政区执行指挥体制，最高法院在广西、广东试点的基础上，增选了河北廊坊等 4 个中院，北京、重庆、上海等 16 个高院作为执行指挥中心建设试点单位。这一体制将最大可能增强不同法院的执行合力，减少地方政府对执行工作的干扰，降低无财产可供执行案件比重。

为建立网络化全覆盖的财产发现机制，最高法院又先后与工商、中、农、交、建五大商业银行签订了执行合作备忘录，颁布了关于网络查询、冻结被执行人存款的司法解释。上海高院、北京高院等地相继成立了"财产调查组"，广东法院建成了涵盖车辆、存款、手机通话位置、社保等十余类信息的查询系统，北京、上海、广西、江苏等院与多家商行合作实现了网络集中查询，山东法院建立了司法查控平台，浙江省等法院采取"批量查询"，杭州市西湖区人民法院设立执行悬赏举报网……这些措施将使可见资产隐藏更加困难。为建立被执行人信息披露制度，各级法院普遍建立了通过电子广告、网络媒体、报刊等多种形式，公布失信被执行人名单制度，对失信被执行人加大了信用惩戒力度。特别是老赖黑名单的曝光，使被执行人个人的行踪及其"地下财产""隐性财产"被暴露成为可能。

更令人欣喜的是，法院执行又有了新的风向标。按照最高人民法院党组和周强院长的统一部署，人民法院将围绕习近平总书记所提出的"让人民群众在每个司法案件中都感受到公平正义"的目标，坚持"一性两化"基本路径，着力化解"执行难"。

（二）无财产可供执行始终为"执行难"之瓶颈

自1999年"执行年"活动开展以来，包括当前正在进行的、被上海市虹口区人民法院誉为"向日葵"工程的涉民生案件专项集中执行活动在内，最高人民法院在全国开展了七次大规模集中清理执行积案活动，一定程度上有效缓解了执行压力，降低了无财产可供执行案件的比重，但终结本次执行后恢复执行率较低以及终结本次执行结案比重过高等问题仍未得到根本解决，无法执行的原因90%都是无财产可供执行。

根据2010~2013年最高人民法院工作报告可知，2010年全国法院因无财产可供执行或其他原因裁定中止或终结执行的案件，在未执结案件中占比为65.11%；2011年仅公开了裁定中止的无财产可供执行案件，占比为14.10%；2012年和2013年未公开这一比例，但积压未执结案件数量从2012年的16.30万件上升到2013年的27.10万件，未执结案件一年间上升了66.26%（见表1）。

表1　2010~2013年全国法院积案和无财产可供执行的案件情况

单位：万件，%

年度	新收	执结	积压	无财产可供执行或财产不清无法执行，裁定中止	超过执行期限，被执行人下落不明或无财产可供执行，裁定终结
2010	241.8	250.8	——	18.72	46.39%
2011	235.9	239.3	——	14.10	——

续表

年度	新收	执结	积压	无财产可供执行或财产不清无法执行，裁定中止	超过执行期限，被执行人下落不明或无财产可供执行，裁定终结
2012	255.7	239.4	16.30	——	——
2013	298.9	271.8	27.10	——	——

尽管无从掌握 2012～2013 年以"无财产可供执行"理由中止和终结执行的案件占比，但参照 2010 年，此比例应只高不低。从沉淀的数据中不难看出，"无财产可供执行"已成为法院执行中止或终结本次执行程序的主要理由。或者说，法律在保障债权人权利时开出了大量"法律白条""空头支票"，案件的终了不过是代表程序意义的结束和执结率的泡沫式攀升。行文至此，法治进程中的艰辛、突破和任重道远不言而喻。我们不禁要问：如何为司法改革辨析出更相对明朗的方向？怎样的路径和角度才更加合理和令人信服？

二 实效探析：无财产可供执行造成立法价值减损

"民事执行的内在价值主要体现为迅速、廉价和适当"。国内现有民事诉讼目的相关理论，几乎都是对国外目的论的引进或追随，与我国现实社会治理结构并不完全契合。确无财产可供执行案件所引发的一系列问题，一定程度减损了执行立法的制度价值，甚至造成了与立法原意的直接背离，主要体现在以下三方面。

（一）申请人：执行公正感与社会敌意的冲击

申请人的惯性思维是法院执行为我所用，立场即真相。在执行拖欠农民工工资、刑事附带民事赔偿、交通事故损害赔偿等案中尤为突出。本来，怒气冲冲的申请人在为富不仁的被执行人面前并不无多少胜算（仅 2013 年，全国法院共判处拒执罪 646 件，拘留 22458 人）。如果身心俱疲的执行员在执行未果的情况下，像从急救室里走出的医生般饱含同情地告诉债权人，我们已经尽力了。这样的话语将是苍白无力的，它根本就无法消解申请人因债权无法实现而产生的心理不满，申请人会因失望而选择拒绝宽容。

客观上，一个理性的人在评判救济途径的有效性时会通过经济角度衡量。当成本与效益无法达到预期，其在选择救济途径时，势必看低诉讼及民事执行，带动私力救济发展，甚至滥用非法方式，如自救性犯罪的出现。尤其是执行终结后，被执行人又被发现其实很有钱，且穷奢极欲，民怨沸腾不可避免。再如果有了多元而迅速的媒体参与，后果毋庸赘述。本来，法院面临的舆情引爆点低，法院工作受关注程度高，在传播心理上，负面信息更容易受人关注。研究表明，突发事件发生后，一般网上 2 小时内就会有所反映，4 小时就可能被大量转发，24 小时就可能形成舆论高潮。

（二）被执行人：强制履行义务与逍遥法外的异象

颠倒的逻辑运算造成违法成本低廉，被执行人甚至可能因此大发横财。一个细致的分析便可一目了然：通常情况下，作为债务人的被执行人，除了交付本金，利息还要按正常贷款利率来算。如果最终到了执行程序，还要支付双倍滞纳金。而被法院认定为"确无财产可供执行"案件中，被执行人最终所实际支付的利息却可能为负值，即利率为负。如，被执行人欠了 100 万元，最后只还了 30 万元，实际利率为：$(30 - 100) \div 100 = -70\%$。一旦如此，被执行人便可通过与人打官司来赚钱：①申请人不找黑社会；②申请人自己不会拿菜刀来砍；③现在法院上下都讲文明执法，也断不会运用呵斥、体罚等诸多逼债手段。正所谓"有理人吃亏让利，违约侵权人扬眉吐气"。如此，只要 IQ（智商）是在正常数值范围之内，人人便会效而仿之，导致的社会后果之一便是诉讼数量的增加。后台执行不力，前台的法官必被累及。最后是"谁欠谁钱，谁等着谁来告谁"。结果，又会产生大量新的执行案件。

（三）市场秩序：诚实公信与道德风险失控的悖谬

"漏网之鱼将逃之夭夭，网中之鱼才想拼命咬破渔网"。市场当然会捕捉到敏感信号，以诚信为基调的市场秩序也不可避免会被殃及。商务部数据显示，我国企业每年因信用缺失损失 6000 亿元。市场经济是一种加入了合作、对话与互惠因素的信用经济，也是主体自律的经济。通常情况下，借钱有底线约束，要考虑量力而行。家有 10 块钱，就只能考虑借 8 块钱或 10 块钱。如果最终确实无力还款，他至少可能会"进行良心的自我惩罚……甚至可能怀疑自己的品质和人格"。现在企业经营主体借钱（此处的"借钱"为广义，不仅是向银行借，也不仅仅是企业之间拆借资金，还包括往来购销、建筑施工等），账户余额有 5 块钱，可以考虑出去借 100 万元。因为，"还不还无所谓，借到钱才是王道"。老百姓慢慢也会捕捉到这个信号。淳朴的民风浸淫其中，多少年来老祖宗留下来的"欠债还钱"规矩也必然要被扔进故纸堆。因为，"欠钱的才是大爷"。君不见，现在是少东家黄世仁为讨债赔尽小心，大年三十被"家里没米没柴、好几天都揭不开锅"的杨白劳逼得在家唱："漫天风雪……。"多米诺效应人所共知，市场失序，权利也必将被异化。

三 微观解读："确无财产可供执行"术语表述失范

查漏方可补缺。无财产可供执行案件的出现，除了法院调查能力有限、执行成本有限等事关制度的宏观因素外，还与缺乏"无财产可供执行"的标准有关。确切地说，是"确无财产可供执行"术语太模糊、太朦胧，以至于引火烧身，遭人无端责难。在文学中，朦胧是一种美，但在法律中，朦胧却是一种恶，规则的朦胧将带来纠纷的泛滥、社会的失序。

（一）"确无财产"未将法律真实与客观真实有效厘清

谈到"确无财产可供执行"标准，不能不牵涉到被执行人的主观偿债心理。作为执行过程中的一个关键性问题，各国司法制度都在不停地进行总结、考量。如，为"在实现债权人利益和保护确无偿还能力的债务人双重价值目标之间寻求平衡"，2000 年 7 月，英国司法大臣办公厅将债务人区分为"不能偿还"（can't pay）和"不愿偿还"（won't pay）两种情形。而随后推出的《执行评审咨询报告之二：民事法院新执行体制的主要原则》则表明，法律其实很难为债务人制定统一的区分标准，法律所能做的是尽可能使执行程序可以容纳多样化的决定并为每一种执行措施提供适当的法律保护。

几经研讨、论证，2009 年 3 月 19 日，中央政法委和最高人民法院联合下发了《关于规范集中清理执行积案结案标准的通知》（法发〔2009〕15 号），该通知首次明确了可以"无财产可供执行"裁定终结本次执行程序。通知同时要求执行法院穷尽对被执行人财产状况的相关调查措施、采取法律赋予的调查手段后，才可将有关案件认定为"无财产可供执行"。但是，顶层设计用心再良苦，相对于现实生活的丰富性，终难免简陋之讥。五年多大量的执行实例、涉执信访案例证明，法律真实很丰满，客观真实更骨感。众所周知，法律真实是经过一定程序后最终能够认定的事实。而无论人们是否能够认识并证明，客观真实都独立、客观存在。被执行人的财产或隐或显，罗列的款项再多再宽泛也不可能穷尽所有的发现情形，又如何能认定被执行人"确无财产可供执行"？除非执行法官长了一双孙行者的火眼金睛。作为大量执结案件的核心理论支撑，"确无财产可供执行"标准作茧自缚之处在于未将法律真实与客观真实有效厘清，或者说，该标准实为一种法律真实。

让我们将视野再转向哲学。在现代汉语的基本含义上，"无"即没有，表示一种结果；而在哲学意义上，"无"与"有"相对，两者存在相互转化的辩证关系。在历史唯物主义哲学看来，时间是有价值的。执行法官进行财产调查的此时，被执行人一贫如洗；法官决定以"确无财产可供执行"结案的彼时，被执行人可能已腰缠万贯。在证券交易所、彩票投注站林立的当下，用高科技包装的已有商业模式瞬息万变，一切皆有可能。即此时的"无"，可能会变成彼时的"有"。反之亦然；除非主体本身消亡。因此，在财产主体本身没有消灭的前提下，哲学上的财产之"无"是不存在的。作为被 F. W. J. 谢林称为"绝对"的超理性力量，它至少违背了认识局限性原理。故，"确无财产"标准亟待规制。

（二）"确无财产"的确认机制未及时配套跟进

司法实践中，确认之诉或者非确认之诉之中的确认行为都是很普遍的。确认，可以说是一切法律事实和法律行为的在先认识，确认之后才能产生某种法律权利或者法律关系。我国民诉法历次修订，包括 2013 年 1 月 1 日施行的最近一次修订，都没有规定无财产可供执行案件的处理程序，除了被执行人为生活困难、无收入来源又丧失劳动能力的公民而裁定终结执行外，民诉法仅规定了人民法院认为应当中止或终结执行的其他情形。

中国首例冷冻胚胎继承权案中，江苏宜兴法院认为，"施行体外受精－胚胎移植手术过程中产生的受精胚胎具有发展为生命的潜能，是含有未来生命特征的特殊之物，不能像一般之物一样任意转让或继承，故其不能成为继承的标的。"这里就包括两个确认，一是确认了受精胚胎不是一般之物，二是确认了该物不能继承，确认之后产生的法律后果是继承权人无继承权，这个裁判结果在本质上也是一种权利确认。这一过程，存在着立案这一准入确认机制，以及庭前准备、开庭、调查、辩论、最后陈述、宣判等一系列确认机制，并且全部是公开进行的。

触类旁通，"确无财产"内涵的揭示，同样说明任何一个认识主体，如果不经一个公开程序来确认财产主体这一时间段的财产之"无"，必然是粗暴的、武断的；如果这一确认主体是公共权力机关，那么基于公法公权的公平正义性，这种行为都是极不成熟或极不负责任的。

（三）"确无财产"的法律后果未进行科学预设

确认某种法律事实就应当产生某种法律后果，否则极易被误认为是"开启了司法任意性和主观性的窗口。"确认无财产可供执行所产生的法律后果是不明显的。本来,一个无财产可供执行的法律文书,应当与其他法律文书一样产生某种权利,即被执行人的无可供执行的财产权。但是,这种无财产权可以对抗什么,法律和司法解释均未明确。

习惯使然,在法律适用和社会实践中,权利和义务作为一种可能性,特别是与权利对等伴生的义务,常常被有意无意地忽视。在借款合同纠纷审判中,经法院判决而产生了债权和债务,债权人拥有了通过法院索要欠款的可能性,债务人获取了通过法院偿还欠款的强制性,在该裁判文书执行中,如果执行机构在法定期间确认了无财产可供执行,那么被执行人取得了无财产的保护性权利,申请人取得了无财产的忍让性义务。这种无财产义务,除非符合法定条件,申请人不得向对方主张还款,即不得引起法院一个新的执行程序。

正是由于上述三个根本问题没有最终解决,因"确无财产可供执行"而裁定中止或终结执行的案件,使调解、判决确定的新"契约崩溃瓦解从而使双方再次回到冲突的状态之中"。出于对抗的本能,法官易受到恣意专断的质疑,客观上也变相禁锢了法官的能动性和探索精神,甚至可能导致法官对自己制度、资源、文化的不自信。

四 进路求解:统一"未发现有财产"标准的可行性设计

"用法律扶起跌倒的道德,是值得怀疑的"。新自然法学派的领衔人物德沃金的学说论证了法律原则宣示与发现的路径,既表达了法官对法治精神的忠诚,也不否认法官对法律的能动作用。公平地讲,对于客观上无财产可供执行者,不应苛责于法院,法院的不聪明之处在于过多地揽权,在于没有向社会证明这种客观性。否则,针对此情况的不满或误读曲解就不复存在。

出台统一的无财产可供执行案件的认定标准,是中央决定深化执行机制改革以切实保障人权的一项重要任务,需要我们对其中的责任与风险予以果断厘清。权衡之下,笔者认为,在现有的法制语境下探讨"执行难"的司法自救,我们不宜过于强调"确无财产",而必须合理限定执结案由,并加以必要规范。

(一) 让统一术语通过明文规定和程序保障得到普遍认可

建议在结案案由上,统一将"确无财产"改为"未发现有财产"的业务指导术语。

首先，要树立问题导向意识。"心中有景，才能春暖花开"。树立问题意识、坚持问题导向，是新的时代条件下开创事业发展新局面的必然要求。法院系统一系列司法体制改革，对需要解决的问题"解剖麻雀""望闻问切"，及时总结、发现规律性认识，体现了当代法官求真务实的科学态度、对法治精神和朴素正义的坚定信仰和责任担当。虽然，当今社会已进入信息时代，大数据（big data）、云计算（cloud computing）、物联网（The Internet of things）等正重塑着社会生产、生活的结构面貌。技术的发展给了我们太多的便利和感动，但绝不会涤清对被执行人的财产发现死角。问题必将客观存在，需要的是我们敢于正视问题、发现问题的勇气与决心。

其次，要兼备适度的司法自信。虽然，大家都在谈，欲获公信，必先自信。笔者认为，法官自信当适可而止。苏格拉底有句名言：认识你自己（know yourself）。充满权力的专断与傲慢，不仅不令人信服，甚至可能会被误认为是软作为、不作为，是在助纣为虐而损及公信力。诚信和良知要求法官行使执行权要符合理性原则，要尊重客观事实，而不是满怀"法律真实"的图腾、胸脯拍得震山响告诉申请人，被执行人"确实没有"。

最后，要推动法律规则的演化。"人生而自由，但无往而不在各种规则的约束之中"。作为司法中的"三驾马车"之一，法律规则是司法的立足点。法律有漏洞而需要填补时，须受规则约束。1998 年司法解释中的"确无财产可供执行"，其主旨是指法院通过各种法定程序和标准，最终认定被执行人确实没有财产能够用以执行。业内人都懂得这是法官认为的法律真实，但不一定是客观真实。因其不规范的表述，极易招致质疑而被误认为是法官不负责任地信马由缰。为避免歧义，我们应从文本解释和哲学解释的结合角度出发，用"未发现有财产可供执行"术语取代"确无财产可供执行"术语。当然，这不是简单的"换个说法"（对此，修辞学上称之为"委婉"，如花超了钱叫"透支"，收入下降叫"负增长"），司法自救的前提要求我们对历史问题和现实问题都要实事求是。

（二）让具体标准通过申请人认同和辅助研究最终确定

建议财产发现范围要科学框定，相关标准要重心有别。

首先，要框定"未发现有"的财产发现边界。建议将发现财产范围明确界定为：金融资产、股权、知识产权和动产四个领域的被执行人所有权以及上述四领域他人所有权项下的被执行人使用权，即法院以实际使用为中心在这四个方面都采取了调查措施，仍然没有发现财产所有权或使用权，方能认定为"未发现有财产可供执行"。

其次，要设定"未发现有"的基本标准。即法定执行措施是否已经穷尽。要重点倾听执行申请人的陈述，以申请人无异议为实体标准。这一过程，实质是向社会证明，法院已经穷尽法定的执行措施，但仍然没有发现财产，使中止或终结执行合法理更兼具情理。其中，对于因故意或重大过失造成执行财产不能发现的，法院应承担国家赔偿责任并依法追究相关人员的法律责任。

最后，可研究"未发现有"的辅助执行标准。对被认定为"未发现有可供执行"案件，可研究社会服务购买。尽管执行权是国家权力，但是并不妨碍其通过向法律服务、财会服务企业等购买财产发现。可参照国有商业银行将国家债权打包出售，调动社会力量依法鼓励继续发现。亦可采取"放水养鱼""借鸡生蛋"等执行方式，但应以申请人同意为必要。

（三）让程序通过解决问题和规则之治实现有效配置

建议确认"未发现有财产可供执行"，申请人如有异议，执行听证时可邀请一定范围的社会人士参加。

首先，程序设计要符合解决问题的现实语境。程序是法内部的生命表现。司法的本分之一，要求法官在现有法律框架内，规范并统一无财产可供执行案件的程序标准。"法官……必须借助于某种技术（包括类比推理、'空隙立法'、剪裁事实、法律发现、重新界定概念术语乃至'造法'）来弥合规则与事实之间已经暴露出来的裂痕……在正义与执限面前，任何法官都会有快速结案的冲动"。是"案结事了"，还是"结案了事"？在和谐的大语境下，及时、有效破解"执行难"正逐渐成为社会刚需。司法理念上必须明确以财产之"有"或"无"为中心来细化司法解释、理顺逻辑进路、重构制度标准。

其次，程序适用要遵循规则之治的逻辑。作为可抽象为普遍适用的程序规则，为防止继续被"曲解以就舛"，对申请人有异议的、暂时没有发现有财产可供执行的案件，其认定程序要点为：依职权或依申请均可启动程序，主要依职权→执行听证→认定某被执行人"未发现有财产可供执行"→裁定执行终结→向社会公开，以期财产的再发现。未经以上程序，不得认定为"未发现有财产可供执行"。为促进司法公正、深化司法公开，执行听证还应视案件具体情况，邀请与案件无利害关系的政协委员、人大代表、人民调解员、执法监督员等社会人士参加。

最后，程序运行要维持"发现真实"和实现正义的平衡。若出于执法变通而使二者失衡，司法必将打破"徙木立信"的权威而有损社会关系的"方圆"。故，对于暂未发现有财产可供执行的情形，对于法人，只有破产、解散等《公司法》规定的法人消灭情形出现，方得认定为"未发现有财产"而终结执行；未消灭的，中止执行。对于自然人，只要依法尚未丧失劳动能力的，一律不得终结执行，只能中止执行；只有达到法定退休年龄或经特别程序被认定为无民事行为能力或限制民事行为能力，方可以"未发现有财产"为由终结本次执行程序。

如图 1 所示：

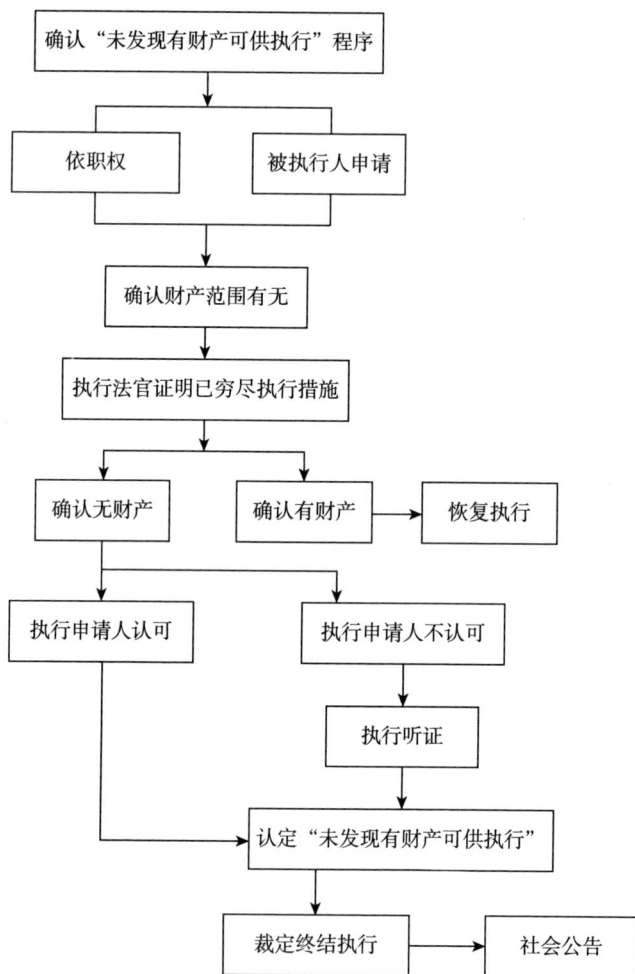

图 1　确认"未发现有财产可供执行"程序

结　语

"执行难"是一种客观的必然现象,是转型时期不可避免的,它并不是某一部门或某一方面的问题。

司法自救来自面壁后的反思,而不是坐而论道、静待外援,更不是对他山之石一味地歆羡和追慕。囿于学养和行文篇幅,本文只对"执行难"的司法自救进行了抛砖引玉式的探讨。环顾四周,不乏"借力发力"的好例子。在出租车市场,可以用"招安"黑车司机的方式来"漂白"黑车。在处置涉诉信访中,可以安排具有影响力、号召力的老访户参与对其他上访者的劝返工作。以上是否也会给我们的执行法官带来一些不一样的启示呢?

(作者单位:中共威海市文登区委宣传部)

"双创"背景下驻威高校科教兴市的
驱动机制

刘　然

一　驻威高校现状分析

目前，地处威海市的高校有 9 所：3 所 985 高校，即哈尔滨工业大学（威海）、山东大学（威海）和北京交通大学威海校区；2 所具有培养本科生能力的普通高校，即哈尔滨理工大学（荣成校区）和山东交通学院海运学院；4 所专科院校，即威海职业学院、山东外事翻译职业学院、山东药品食品职业学院和威海海洋职业学院。哈尔滨工业大学（威海）和山东大学（威海）具有培养硕士研究生和博士研究生的能力。

目前，驻威高校共有 51 个本科专业，65 个研究生学科点，涵盖工学、理学、经济学、管理学、文学、艺术学和法学等七大学科门类，共包括 96 个专科专业。驻威高校每年本科及以上毕业生 9000 余人，专科毕业生 18000 余人，专科以上毕业生每年总计 27000 人左右。

这些驻威高校是威海市的宝贵资源，是威海市科教兴市的生力军。

二　驻威高校科教兴市的路径

（一）科技合作与科技成果转化

1. 科技合作形式与成果转化效益

目前，驻威高校尤其是哈尔滨工业大学（威海）和山东大学（威海）2 所 985 高校，与威海市本地企业的科技合作越来越多。合作的方式多种多样，有传统的以项目申报为纽带的合作，有以解决企业提出需求为目标的合作，合作的地点有的是在企业设立"研发基地"，有的是在校内部设立"联合实验室"等。通过直接向企业转让专利、联合建立实验室、组建产学研技术研发平台和产业技术创新联盟，实现高校和企业的交互式发展，促使学校和产业界发挥各自的优势，把学校科技资源优势转化为现实生产力，把企业的设想和需求变成现实科技。

比如以工科见长的哈尔滨工业大学（威海），"十二五"期间，与威海市企业开展合作 337 项，总经费达 1.27 亿元。合作的领域包括新材料、汽车、机电一体化设备、医疗装备、土木工程、电子信息、道路交通、节能减排、新能源等。

哈尔滨工业大学（威海）机器人研究所与威高集团成立"威高集团－哈工大联合医疗装备研发中心"，在该中心科研人员的努力下，首台国内自主的高通量全自动化学发光免疫检测仪、智能血液温度芯片监控系统、红细胞洗涤机、血红蛋白浓度测定仪、便携式血红蛋白分析仪、半自动化学发光免疫分析仪、全自动生化分析仪等仪器相继问世，并开发了高精度开环胰岛素泵、基于组织液的 MEMS 葡糖糖浓度在体传感器等产品，解决了"微升级生物流体的精确分配""基于组织液的在体血糖浓度传感""基于微弱光信号的病毒精确测定"等相关基础理论问题。为企业研发的全自动化学发光免疫检测仪、红细胞洗涤机、全自动血液成分分离机等成果已经达到批量生产程度，仅全自动化学发光免疫检测仪一项，2014 年计划生产 1000 台，预计实现销售额 3.3 亿元。为企业开发的各类仪器投产后的新增产值已超过 2 亿元/年。

再比如，哈尔滨工业大学（威海）信息工程研究所与威高集团合作，成立"哈工大－威高电子产品联合实验室"，将研发的高科技国防领域成果转化为军品电子装备产品，目前已实现新增产值 3000 万元/年，利润近 2000 万元/年。哈尔滨工业大学（威海）与威海威高电子工程有限公司进行了产学研合作，产品获得批产并已批量装备部队，目前完成产值 7000 多万元，开创了民企与高校合作进入军工的新模式，相关成果于 2009 年和 2011 年获国防科技进步二等奖。威高集团以此为契机，产品进入到军品研发和生产的多个领域。哈尔滨工业大学（威海）与威海广泰空港设备股份有限公司合作开发的系列船用客梯车，获山东省科技进步三等奖，已批量生产。

2. 存在的问题

尽管驻威高校与威海市的地方企业合作形式越来越广泛，也取得了可喜的科技成果转化效果，但是研究发现，目前校企合作还存在明显的问题。

（1）学校偏重学术研究，研究大量的科技成果由于缺乏市场需求难以推广。

（2）企业注重市场和成本，不愿意承担科技成果产业化的初期投入风险。

（3）科研成果的中介机构少，科技成果的市场销售环节得不到应有的重视。

（4）学校的科研成果缺乏中试场地和资金。

3. 强化校企科技合作的建议

基于上述校企合作现状分析，通过研究提出如下强化校企科技合作的建议。

（1）建设产学研合作创新的中介服务体系，畅通科技成果转化的销售渠道。

（2）政府对产学研给予更大的政策扶持与资金资助，出台鼓励引进项目、人才的激励政策；解决研发基金的缺乏，还可减少企业技术创新的风险。

（3）企业加强技术人员培养，注重科研成果在转化过程中的技术实现。

（4）学校要针对国家、行业的重大需求开展技术研究，以企业为主体，市场为导向，企业与高校的合作才能有的放矢，发挥各自优势，提高企业创新能力，促进新产品、新技术的研发，推动工业经济转型升级，实现共赢。

（二）人才输送

1. 驻威高校向威海市人才输送现状

以哈尔滨工业大学（威海）和山东大学（威海）为代表的驻威高校，是威海市人才高度密集的地方，充分发挥人才优势服务威海地方是威海市和高校的共同愿望，双方也在不懈努力，然而多年来的实践表明，实际作用与期望值差距较大。表1是哈尔滨工业大学（威海）2011～2015 年毕业生留威工作的统计数据。

表1 2011～2015 年哈尔滨工业大学（威海）毕业生留威统计

单位：人，%

年份	毕业生总人数	留威就业人数	比例
2011	2487	14	0.56
2012	2595	17	0.65
2013	2667	25	0.94
2014	2734	63	2.3
2015	2726	35	1.28

高新区的5 所高校（包括2 所985 高校），2014 年毕业生总人数 11402人，留威人数为 3625 人，占总数的 31.8%，其中，留威就业情况最好的为威

海职业学院，留威人数为 3359 人，占该校毕业生总数的 58.4%，留威情况最不乐观的为本科及以上学历，留威率仅为 4.5%。

通过调查统计，山东大学（威海）2014 届本科毕业生选择工作单位因素排名前 6 的为"发展前景好、福利待遇好、利于施展个人的才干、符合自己的兴趣爱好、工作单位声誉好、经济收入高"；哈尔滨工业大学（威海）2014届毕业生择业因素排名前 6 的为"工作能使我施展个人的能力和特长、能磨炼我的个人能力、能使我发挥自己的创造性、能使我实现个人的抱负和目标、能带给人激情、能使我感到受重视"。由此看出，毕业生对个人作用发挥、未来成长平台、企业软环境的重视，要高过经济收入、工作地点等因素。

根据山东大学（威海）毕业生留威意愿调查，有 11.39% 的毕业生选择想留威就业创业，而 2014 届山东大学（威海）毕业生留威就业率为 5.01%，说明未能充分将有留威意愿的毕业生留在威海。

威海市政府对引进人才长期高度重视，多年前就出台了"威海市高层次人才引进政策"等措施，提出了"不为所有，但为所用"的人才思路，2015年威海市又出台了《关于实施威海英才计划的意见》，规划通过实施高端人才引进计划、重点人才培养和引进计划、支撑人才聚集计划等一系列招才引智政策，设立 3000 万元人才工作专项资金，着力在 3 年时间里构建全方位多层次高水平的创新人才体系，将威海全域建设成为人才智力高度密集、体制机制特别优越、创新创业高度活跃、新兴产业高速发展的人才发展战略高地。

但是威海市引才效果一直不明显，不仅如此，引来的高层次人才也不稳定，据调查，威海市于 21 世纪初花费很大代价引进的一批博士，已经有 80%离开了威海。

2. 问题分析

研究表明，威海市引才困难的原因有两个。

（1）人才载体容量小，可供人才发展的空间不大。比如威海市的工业企业多属中小企业，高科技骨干企业不多，产品技术含量低，学术氛围不够浓，缺乏对人才的吸引力。

（2）威海市的薪酬水平不高，难以与省内外的大城市相比。

（三）智库作用

智库具有六个方面的重要功能。（1）服务党政决策。根据党和政府的决策需求，开展前瞻性、战略性、应用性、储备性政策研究，提出高水平、建设性、切实管用的政策建议，积极建言献策，为决策提供依据。（2）推进理论创新。围绕改革发展、治国理政所面临的难点、重点问题，提出有价值、有影响的新理念、新判断、新概括、新观点、新思想。（3）引导社会舆论。解读党和国家的大政方针、决策部署和公共政策，研判社会舆情，正确引导社会舆论，凝聚社会共识。（4）提供社会服务。接受社会有关方面委托的咨询任务，承担各类咨询项目，开展第三方评估，提供智力服务。（5）参与公共外交。开展多种形式的对外交流活动，加强与国外智库和有关研究机构的合作交流，在国际舞台上发出中国声音，讲好中国故事，提出中国方案，推动中华文化走向世界。（6）集贤育人。智库是知识密集、人才密集的机构，汇聚了大量的高端人才，也可以说智库是人才库。

当代中国大学承载着人才培养、科学研究、社会服务和文化传承创新的重大职责与使命。大学尤其是高水平大学，可以通过发挥其学科门类齐全、基础研究实力雄厚、人才培养和对外交流广泛的优势，推动理论创新和跨学科研究，为决策咨询提供学理支撑和方法支撑。

威海市的高层次人才主要集中在 2 所 985 高校——哈尔滨工业大学（威海）和山东大学（威海）——中。然而，目前存在两个方面的问题，一则大学没有积极发挥好政府和企业的智库作用，二则大学智库的研究成果上报决策机关的渠道不够畅通。

（四）文化引领

长期以来，大学以专业教育为模板，片面地强化作为专业技术的教育思想及教育行为，而忽视其文化性。然而文化引领是大学的本分，大学文化是对真善美的接受。

大学是培养和造就创造性人才的摇篮，是探求客观真理、认识未知世界、为人类解决其面临的重大课题而提供科学依据的前沿，是知识创新、推动科技成果转化为现实生产力的重要力量，同时也是传播先进文化的重要阵地，是先进文化的示范区和辐射源，是民族文化与世界文明成果交流、借鉴的桥梁。

通过大学继承、借鉴、传播和创新民族以及域外的优秀文化，对提高整体素质、文化修养以及弘扬民族文化起着重要作用。

（五）城市名片

大学的意义不仅是为社会输送人才，大学还是城市对外宣传的名片，在很大程度上，我们因为认识大学而了解城市。大学通过培养的人才为社会服务，促进经济发展，同时，还将教师的科研成果转化为生产力，创造城市财富。大学是城市精神财富的创造者，有利于和谐社会与学习型社会的建设。

一流大学是城市最好的名片。一所大学，可以繁荣一座城市。没有一所重要大学的城市是一个不完整的城市。一个城市，拥有了一所优秀大学，也就拥有了一座标志性建筑，这所优秀的大学，不仅是它所在城市的一颗明珠，而且始终是这座城市骄傲的名片。

大学是城市经济发展的动力。大学与所在城市的各类企业具有一定的合作伙伴关系，城市为大学生提供实习、参观机会，在这样的学习过程中，一些企业必然会对大学生产生吸引力，使他们想留在企业发挥潜能、创造效益。大学毕业生为城市建设增添了活力，增强了城市科技竞争含量。企业还可以利用大学教师与科研人员的科研成果，将科研成果转化为企业利润与社会财富。

大学是城市的灵魂。大学的存在促进了城市人口素质的提高。大学教师、大学生在自身素质提高的同时，也会用自己的人格魅力、思想魅力去影响生活的社区，进而影响整个城市。大学作为思想文化传播载体，拥有一流的大师、先进的思想、深邃的学问，不仅传播知识，教育人才，更给一代代青年学子注入了强烈的历史与民族使命感，带动了同一时期社会青年的爱国热情，大学是一个城市的精神家园。

三 "双创"背景下科教兴市的机遇

推进"大众创业，万众创新"是党中央国务院在经济新常态下做出的重要战略决策，是我国迈向全面建设小康社会的必经阶段，也是我国经济实现中高速发展和迈向中高端水平的重要动力。

《威海市国民经济和社会发展第十三个五年规划纲要》把创新驱动作为"主战略"和"总抓手"，明确提出以创新型城市建设为引领，把创新摆在发展全局的核心位置，以创新贯穿经济社会发展各领域和全过程，积极培育发展新动力，构建发展新体制。

在这种"大众创业，万众创新"背景下，高校和属地的政府、企业均把创新摆在发展的核心位置，这就给科教兴市提供了难得的机遇。

创新驱动实质上是人才驱动，人才是创业和创新的关键因素。多年来，威海市坚持人才优先发展战略，人才队伍不断壮大。然而，结构失衡、创新能力不足、人才培养与社会需求未能有效衔接等问题，仍然是威海市"十三五"时期亟待解决的问题。高校、属地的政府和企业如何抓住机遇，科教兴市，也面临着不小的挑战。有效地驱动机制将是机遇战胜挑战的法宝。

四 驻威高校科教兴市的驱动机制

（一）科技与人才协同驱动机制

1. 人才主体，需求驱动

目前的人才供需机制的基本特征是以用人单位为主体，即用人单位选拔人才，起码在形式上如此，人才处于弱势地位。这样的形式只有在用人单位具有足够的吸引力的前提下才能有效，可事实是威海市目前尚不具备这样的先天条件，所以只好退而取其次，"不求所有，但求所用"。

问题是"不求所有，但求所用"这一用才策略的实践效果也并不理想，一个重要的事实是人才密集的驻威高校，尤其是威海市高水平的 2 所高校——哈尔滨工业大学（威海）和山东大学（威海）对威海市的智力支持远远不够。

一个可能的有效机制是角色转换，以人才作为主体，以人才的需求为驱动力，威海的用人单位从考官的位置上走下来，从满足人才的需求上找收益。以哈尔滨工业大学（威海）为例，其本科生对威海企业是有需求的，主要的需求包括：实习、"科技创新实践""基于项目学习""卓越工程师计划""工程领军人才培养"等；研究生对威海的企业也是有需求的，主要的需求是其学位论文课题题目的选择。目前这些学生人才的智力和创造力是被忽视了的，实践证明年轻人身上的潜力是巨大的，顺应他们的需求是一定有收益的。如果哈尔滨工业大学（威海）每年有1/3的硕士生选择做威海企业的题目，便有百余个项目的开展。事实上，研究生本来就是大学科研工作的生力军。

这里的主要障碍是企业和这些学生人才之间的彼此信任度低，企业对短期收益过分追求，需要创新企业和学生人才之间的沟通机制，使人才主体化、核心化。

2. 政策导向，后台服务

目前威海的企业，大多数是中小微企业，技术力量薄弱，观念比较落后，更多地追求拿来技术便立竿见影见效益，对参与高校人才培养积极性较差，像哈尔滨工业大学（威海）这样的高校对这些中小微企业也不重视，本科生、研究生对威海的企业也缺乏了解，因此人才的供需双方之间存在断层，一边本地企业需要技术人才，一边高校的创新实践缺少企业支撑，亟须政策的导向和服务来实现有效衔接。

除像威高这样个别的较大企业之外，威海的中小微企业普遍缺少研发经费，其技术人员许多都是凭借经验工作的技术工人，高校教师与这些企业以科研课题的模式合作是很难成行的，利用学生人才，由于是低成本并且双赢，因此是容易成行的。根据经验分析，威海市小微企业来哈尔滨工业大学（威海）寻求帮助的问题，大多数都是难度不大的设计或计算，高年级本科生和硕士研究生是完全可以承担的。问题是高校与这些企业缺少有效衔接，需要研究政策的有效导向和后台服务。

3. 主题组织，便携平台

目前政府在人才和用人单位之间所起的作用通常是建立人才交流中心，在政府相关网站上发布招聘信息，举办产学研洽谈会等类似的举措，威海市政府也是如此。这些举措的重要特征是政府主动，用人单位目的性太强，供需双方的交流非日常化。

"不求所有，但求所用"，需要两个关键因素，一是双方均感兴趣，二是双方有更多的接触机会。需要跳出传统的思维，创新机制。

首先需要建立一种机制，降低用人单位要人才、要技术这种直接的强烈的目的性。以双方感兴趣的主题、热点来驱动交流，比如 3D 打印、大学生方程式赛车、机器人、雾霾、海水淡化等，在交流中自然形成各种机会。

一个有效方法是借助移动通信工具建立交流平台，比如 QQ、微信等交流手段的开发利用。高校的学生人才在这方面具有显著的优势，高校内部目前也具备一些这样的平台，建立一种机制，以人才为主体，将教师、企业技术人员和管理人员、政府相关的公务员吸收进来，围绕某些特定的主题，构建不同的主题虚拟空间，随时随地交流、分享、共享。

本课题将哈尔滨工业大学（威海）"汽车学习共享空间"作为示例探索研究交流平台的构建。该平台以"汽车"为主题，自 2015 年 6 月建立至今已运行一年多的时间，目前其成员有 600 多人，主要由本科生组成，还包括 6 名教师、3 名辅导员、3 名图书馆员和少量工作于威海的哈尔滨工业大学校友。"汽车学习共享空间"包括两个虚拟信息交流平台：一个 QQ 群和一个微信订阅号。QQ 群主要提供随时随地、协作式学习交流的虚拟空间，也用来为成员提供、发布各种汽车主题学习资源、前沿资讯、就业信息、相关企业动态等。微信订阅号用来宣传汽车文化，推送汽车专业知识、汽车主题沙龙和讲座等活动讯息，以及威海地方风土人情、地方经济发展、技术需求等咨询信息。威海的一家企业出资 1.5 万元参与了共建，希望通过这个平台加强与高校大学生和教师的日常互动，寻找合作对象和合作机会。由于课题研究时间较短，正在探索中，目前这个平台对创新校、地科技与人才沟通机制的贡献尚不能提供充分的数据和结论。

（二）以高校软实力驱动兴市机制

大学的作用不仅仅体现在提供人才和科技成果的硬实力，而且也体现在提供智库、文化引领和城市名片等的软实力。

目前，无论是政府、企业，还是高校自身，对于高校之于威海属地的贡献的认识和追求主要局限在提供人才和科技成果的硬实力方面，而轻视、甚至忽视高校提供智库、文化引领和城市名片等软实力对于社会的贡献度。

建议高度重视驻威 9 所高校，尤其是 2 所 985 高校的软实力。首先深入挖掘高校的智库功能。从政策、资金和人力投入等方面寻求突破，着力解决大学没有发挥智库的积极性和大学智库的研究成果上报决策机关渠道不够畅通的问题。政府有关机构应当搭建供需双方的"直通车"，引导本地企业，认清自身难以提供较高薪酬、高水平发展空间的劣势，面向未来，树立国际化视野，少些急功近利，利用好驻威高校的软实力，投入到驻威高校的人才培养中，在过程与给予中发掘"不求所有，但求所用"的机会，而非直截了当地要技术、要人才。驻威 2 所 985 高校的有关机构，也要提高贡献属地的责任意识，与政府机关密切合作，搭建以移动通信技术、网络技术等便利工具为依托的交流平台，为校地双方提供日常化、随时随地的沟通渠道。

大学不仅是城市经济发展的动力，而且也是城市的灵魂，一流大学更是城市最好的名片。建议加强舆论引导，深刻认识到驻威高校，尤其是 2 所 985 高校的高层次人才就是威海属地的人才，他们给威海属地的贡献不局限于科技成果的转化，他们也是威海属地的靓丽名片，2 所 985 高校的毕业生尽管目前留在属地发展得很少，但是他们同样也是威海属地的靓丽名片，他们不仅会对威海属地带来新的活力和新的气息，传承威海的地方文化，并引领、创新威海的地方文化，而且也是威海这座城市对外的一个高层次窗口、一块免费的广告牌，同时在校大学生的智力资源也是威海属地的巨大财富。

［作者单位：哈尔滨工业大学（威海）　课题组成员：杨建国　刘玉平］

成人函授教育网络平台资源建设的思考与应用

——以威海职业学院成教改革为例

郭志强

基于现代信息技术与互联网的课程形式，是传统函授教育向现代远程教育转型的必然趋势。网络教学就是在先进的教育思想、教学与学习理念指导下的基于 WEB 来表现课程内容及实施课程教学的活动，其学习过程具有交互性、共享性、开放性和自主性等基本特征，突破了在时间和空间上的限制，是教师、学生、多媒体教材和网络学习环境等要素持续相互作用的过程与内容的总称。开展网络教学以及数字化网络教学资源开发和平台建设已经成为成人函授教育改革的必由之路。

一 成人函授教育网络资源建设的现状

1999 年以来，随着教育部《面向 21 世纪教育振兴行动计划》和《国家中长期教育改革和发展规划纲要》的实施，国家及各高校都在积极进行网络教育平台及资源建设。当前现代远程教育审批权开始下放，取得新的网络教育办学资格，成为各个函授教育高校新的呼声与需求，也掀起新一轮网络教学平台及资源建设、深化教学模式改革以提升软实力的竞赛。在成人函授教育改革发展的过程中，网络课程的建设主要是网络教学平台的构建和网络教学资源的丰富、优化和整合建设。网络教学平台的构建是基础，而网络教学资源的建设是关键。目前函授教育高校网络教学平台及资源建设状况如下。

1. 网络教学平台及网络资源重复建设现象严重，没有实现共建共享

目前大部分高校的网络教学平台一般是从软件开发商处购买的成品，教

育资源的内容和功能与实际应用有一定差距，针对性也不强；大部分高校出于网络安全、维护和内容方面的考虑，并没有允许校外的访问者进入使用本校网络资源，所以教师和学生只能在校内使用；部分教师不愿把自己的资源拿出来共享，导致一些学校教师间有用资源的交流减少，进而出现相同课程的重复开发与建设；忽视教育资源的管理工作，主要是涉及自主开发的资源上传、分类、归档、更新以及与现有资源库平台的无缝嵌入等问题，同时也包括资源库的后续更新保障以及其他学校的资源共享等。

2. 函授教育网络课程资源建设水平不高，教学内容表现形式单一

对于高校教师来说，课件制作的技术问题应该不是很难，难的是如何使自己的课件声文并茂，从而帮助学员加深记忆和理解。目前大部分成教网络课程上的媒体教学材料都是将网页拆成两部分，一部分是主讲教师坐在摄像机前念讲稿的录像，另一部分是以 PowerPoint 形式展现的讲稿内容。大部分网页都以静态方式展现，其组织方式也是线性的，更新速度慢。学员长时间面对教师固定的姿势、程式化的讲课方式，很容易失去听、看乃至学习的兴趣。由于缺乏教学活动和教学情境的创作设计，网络学习资源形式呆板，缺乏针对性和趣味性。

3. 网络教学资源的优化和整合建设相对滞后，网络教育资源的利用率偏低

目前网络上的教育资源种类繁杂，还有大量的网络课堂教学材料或各种课后自学资源，但这些琳琅满目的教育资源，足以令学习者头晕目眩而无从选择，影响着学员对所需要知识、技能的检索与处理、理解和接受。大多数教师认为网上教育资源量很多，但能用得不多，特别是现在的网上教学资源库偏重素材库、网络课程缺乏吸引力、课程交互程度低等问题长期没有得到解决。

二 成人函授教育网络资源建设的问题思考

大量的实践表明，网络教学平台为远程教育集合了更多的智力资源，对函授教育信息化建设和向网络化改造有很大助益。但目前存在的问题使得教学平台及资源的开发和存在的价值大打折扣，非常值得我们反思。

1. 网络教育理念问题

网络环境下师生处于相对分离状态，这就从根本上决定了成人自主学习的必然性，开放式的网络环境为学习者的自我建构提供了可能，学习者在学习过程中可以利用一切显现的或潜隐的资源，在已有经验的基础上进行充分

地交流与协作，达到知识的有意义的建构。网络学习环境已经形成，网络平台上适合学生自主学习的教学资源已达到一定的数量和规模，教学活动类型也呈现了多选性和丰富性。但网络教育机构及师生网络教育的理念尚不成熟，网络教育不仅要给学习者提供所需要的丰富的网络教育资源，还要使学习者能够方便、快捷地进行学习。

2. 网络资源开发人员"缺钙"问题

由于网络技术发展异常迅猛，教师与课程开发脱节的问题比较突出。高校过于强调硬件的投资和建设，并以此代表远程教育的进展和实力，却忽视了网络平台利用率，造成了平台资源建设在观念、资金、资源、技术、机制及上网学习等方面出现亟待解决的问题。由于教师和网页制作人员没有对课件或链接进行分类处理，在课程设计、制作的时候往往从自身的角度出发，缺乏相应的使用指导，导致网络课程不被学生认同。

3. 互动与个性化服务问题

网络教育缺乏面对面教授的特点，使得网络教育在互动性与个性化服务方面存在严重的不足。这个不足实际上也是来自低水平、低质量的课件资源，虽然平台在构建中设置了相应的模块，追踪或分析学习者的个体信息，以便为学生提供个性化服务，但由于个性化服务的复杂性，在实际的网络平台教学中，并没能将诸个功能模块与学生的个性化学习结合起来，无法调动学习者的学习积极性和创造性。

在此背景下，威海职业学院成教部实施名牌带动战略，树立"网聚名校名师，提供优质资源，服务创造价值"的理念，运用现代远程教育高校的新资源、新技术、新模式，改进传统成人函授教育的教学手段和方法，实现资源共享，优势互补，缓解工学矛盾，提高教学质量。以"因特网 + 成人教育"的全面深度融合为思路，以"打平台、建资源、重导学、抓过程、强服务"为方针，积极组织力量开展了网络教学平台的开发和网上教学资源整合建设应用等工作。

三 成人函授教育网络平台及资源建设的应用

网络教学平台构建和资源建设是一项长期而复杂的系统工程，既要统筹协调、整体规划、考虑综合效益，又要合理分工、因地制宜、发挥学校各方面的优势，以保障教学资源建设工作健康、有序、协调发展。网络教学资源来源主要包括：高校网络教育学院和国家开放大学开发的、提供给成人教育使用的网络教学资源；威海职业学院开发的自主版权教学资源；外部购入的非开放性教学资源；基于非商业用途，借助网络信息技术自由地参考、使用和修改的教学资源等。

1. 更新教育观念，树立现代成人教育观

第一，是树立终身教育观，应把终身教育思想作为现代教育的理论基础，以不断满足各类人才的再教育、再学习、再提高的需要。现代教育应把每个人培养成为终生学习者，建设"人人皆学、时时能学、处处可学"的学习型社会，有效地实现个体和社会和谐发展。第二，树立"网络推动教育变革，网络服务学习型社会"的网络教育理念和服务意识，积极引入慕课、微课、翻转课堂等新资源新技术，实现信息技术与函授教育的全面深度融合，带来教育教学过程的重组、教学方式方法的变革。第三，树立"以学生为中心、自主学习"的理念，允许学生在学习时间、空间、内容等方面存在差异，学生可以实现自主学习，正好迎合了成人高等教育学生空间分散，时间不一，工学矛盾，基础差异大，要求多样化等特点。

2. 开发适合成人学员网上学习需求的教学平台

在调查研究论证的基础上，结合学员和教学工作需要开发了适合成人学员网上学习的教学网站和平台（www.whddjy.com）。随着网络教育形势发展及网络开发技术的进步，进行了四次改版，保证教学平台资源的安全、稳定性及学员信息的保密性。确定网站性质为：知识科技型，教育实用型；服务主体为：函授教育学员及在职专业技术人员；主体内容为：学历教育专业课程教学资源、继续教育教学资源、教务考务信息和学习支持服务。根据学员学习的需求，在安装"电大在线"的基础上，逐步开发并完善了函授教育网上招生报名系统、专业课程教学平台系统、视频点播系统、考试成绩查询系统、工作动态发布系统和学习支持服务六大系统。为成人学习者提供良好的导航策略和认知策略，提供的如搜索工具、文本分析工具、概念图等认知工具，便于学习者恰当地选择和及时找到所需材料，从而有效地利用网络课程资源进行自主学习，对教师的依赖性减少，学生学习主动性得到加强。

3. 整合教育资源，建设现代远程网络教学环境

整合"三大（函授、电大、网络）"网络资源，建设现代远程网络教学环境，第一，网络教学支持系统主要包括课程介绍、课程学习、课程实践、前沿讲座、课程资源、学习评价等功能模块，可以提供课程相关的文本、视频、课件等相关资料，为学生更好地理解和掌握课程内容奠定了基础；第二，网络学习支持系统主要包括交互课堂、作业管理、在线测试、课程通知、课

程 BBS、下载园地等模块，学生可以就学习过程中遇到的问题及时与教师和同学进行交互答疑，也可以在 BBS 中就课程学习、相关资料进行讨论，课程评价及在线测试为学生自我检测及教师考核提供了依据，也保证了学生学习的质量；第三，为各类学习对象提供高效的存储管理、为各种使用者提供方便快捷的存取功能、为教学管理者提供资源访问效果评价分析，从而提高教学资源对象的利用率，促进教学资源更好地为实际教学服务。

4. 吸纳知名高校数字化优质教学资源，服务成人函授教育

首先，充分利用多媒体技术和计算机网络技术，实行远程教学和网上课堂，实现名牌高校教师的授课资质、能力和水平共享，有效解决教师授课质量不高和过去集中面授到课率低的状况，为学员的学习提供优质教学资源，最大限度地满足不同层次受教育者的不同教育需求；其次，超链接网站，实现网络教育资源共享。连接沟通整合南京大学、东北财经大学、西安交通大学、国家开放大学等高校丰富的网络教育资源，主要是课程教学与考试资源，如南大网院名师大课堂，为学生提供丰富的远程学习资源，实现函授教育远程化、网络化、现代化。最后，提出运用现代交互技术进行教学活动的要求，辅导教师开发了网络课件，在网上发布教学指导表、布置作业、模拟题、批改作业等，学员在网上浏览或下载学习指导材料，完成提交作业、模拟题自测练习等。在教师和学生之间普遍建设 QQ 群和电子邮箱，逐步提高函授学习远程互动。

5. 构建网络环境下成人函授教育现代远程教学模式，提高办学效益

在网络平台的支持下，构建在资源丰富的网络环境下"网上选课 + 导学培训 + 网络资源支持下的自主化学习 + 课业指导（网络课堂或预约面授或指导答疑）+ 作业 + 考前模拟 + 灵活多样的考试"的现代成人函授教育远程教学模式。这种教学模式能够有效地解决教与学在时间、空间、地域的限制，提供更大的学习自由度，学习更加方便、快捷，它可以让学生根据自己的时间来自主安排学习时间，更适合现代成人学习的特点，缓解工学矛盾这个长期困扰成人教育的问题，提高教学质量和办学效益。

6. 培养师生网络素养，使网络化学习成为新常态

要认真做好每学期教师和学员的网络平台导学培训工作。教师培训由四个部分组成：基本理念、教学模式改革、教学资源、任务要求。其中，现代教育技术理念和现代教师教育理念是整个培训模式的核心部分，它对其他三个部分起指导作用，在核心理念的指导下，制定相应的培训内容、培训方法、培训手段，然后以他们为主体进行教学或者管理方面的实验与探索。学员培

训由两部分组成：基本理念、技术操作。理念上要转变，"学习"在这里已不再是传统地坐在教室里听课，而是利用信息化的多种媒体进行跨时空地"自主""自助""自由"学习；技术培训主要是对学员计算机应用方面的培训，安装必需的插件，学校提供专门的技术人员为学员服务，保证学员正常的学习。

网络教学涉及新技术、新媒体形式和教学内容及方法的改革，不仅需要教学、管理和技术人员通力合作，而且必须建立全新的教学与管理模式和运行机制，解决资源调配、资源协作、资源储备等问题，保证网络资源共享，优化网络平台运作。

在以网络化为基础的教育信息化建设的今天，网络教学资源的建设正成为一个重要的核心问题，它影响到成人教育信息化的各个层面，我们必须正视建设中存在的问题，并从教学的高度思考这些问题，建设一个高质量的网络教育资源体系，并力争使效率最大化，为网络学习者的自主学习、协作学习创造良好的网络环境，使得更多的人得到更多的高质量教育。

（作者单位：威海职业学院）

如何借鉴德国垃圾分类成功经验推进
威海市垃圾分类工作

柯　晓　曲　奕

引　言

生活垃圾，是指日常生活中或者为日常生活提供服务的活动中产生的固体废物以及法律、法规规定视为生活垃圾的固体废物。其主要包括厨余物、废纸张、废塑料、废织物、玻璃、草木、灰土、砖瓦等。

每个人每天都会扔出许多垃圾，在一些垃圾管理较好的地区，大部分垃圾会得到卫生填埋、焚烧、堆肥等无害化处理，而更多地方的垃圾则常常被简易堆放或填埋，导致臭气蔓延，并且污染土壤和地下水体。

垃圾无害化处理的费用是非常高的，根据处理方式的不同，处理 1 吨垃圾的费用为一百至几百元不等。人们大量地消耗资源，大规模生产，大量地消费，又大量地生产着垃圾。后果将不可设想。

垃圾，是放错了地方的资源。垃圾分类指按一定规定或标准将垃圾分类储存、分类投放、分类搬运和分类处理，从而将垃圾转变成公共资源的一系列活动的总称。

城市生活垃圾分类收集工作是实施垃圾源头减量化、资源化、无害化的重要举措之一，是建设节约型社会和资源循环型社会的重要保障，是合理解决城市生活垃圾的有效途径，也是实现可持续发展的重要内容。

威海地级市成立 20 年以来，先后荣获全国第一个"国家级卫生城市""国家园林城市""国家环境保护模范城市"等桂冠，2003 年被联合国人居署授予"联合国人居奖"，在国内外成功打响了"最适合人类居住"的城市品牌，经济社会发展取得了令人瞩目的成就。垃圾分类，不仅有助于提升垃圾的经济价值，减少污染，而且让我们"卫生城"的称号有了更深刻的内涵，可以成为威海市的一个重要文化标签。

一　垃圾分类的意义

进行垃圾分类，有三个最主要的意义。

第一，减少占地。生活垃圾中有很多是难以降解的，比如塑料制品，会使土地受到严重的腐蚀。国家全面放开二胎后，人口的迅速增长必然带来土地资源的紧缺，节约土地资源必然成为当前工作的一个重点。

第二，减少污染，保证食品安全。垃圾的污染是多层级的，比如废弃的电池中含有金属汞、镉等有毒的物质，会对人体产生严重危害；土壤中的废塑料不仅会导致农作物减产，而且其释放出的有毒物质会聚集在植物体内，在被人类食用的过程中，就会转移到人体内；抛弃的废塑料被动物误食，一方面会导致家畜死亡，另一方面，食用这些体内富集有毒物质的动物也会间接地影响人类健康。因此回收利用垃圾也是对人类健康负责。

第三，变废为宝。中国每年使用塑料快餐盒达 40 亿个，方便面碗 5 亿～7 亿个，一次性筷子数十亿双，这些占生活垃圾的 8%～15%。1 吨废塑料可回炼 600 公斤的柴油。回收 1500 吨废纸，可免于砍伐用于生产 1200 吨纸的林木。1 吨易拉罐熔化后能结成 1 吨很好的铝块，可少采 20 吨铝矿。而且，垃圾中的其他物质也能转化为资源，如食品、草木和织物可以堆肥，生产有机肥料；垃圾焚烧可以发电、供热或制冷；砖瓦、灰土可以加工成建材等。各种固体废弃物混合在一起是垃圾，分选开就是资源。如果能充分挖掘回收生活垃圾中蕴含的资源潜力，仅北京每年就可获得 11 亿元的经济效益。可见，对消费环节产生的垃圾及时进行分类、回收再利用是解决垃圾问题的最好途径。

二　威海垃圾分类的现状

据了解，以往威海的生活垃圾主要运输到生活垃圾处理厂填埋。随着城市发展加快，生活垃圾逐日增多，而垃圾填埋方式需占用大量土地，不能实现垃圾的减量化、资源化。

目前，位于张村镇前双岛村附近的威海市生活垃圾焚烧厂主要采用的是先发酵再焚烧的方式来处理垃圾。垃圾车将市区各地收集回来的生活垃圾通过垃圾卸料平台，卸至垃圾池内，在密闭的垃圾贮坑内发酵 5 天左右，再进行焚烧，资源利用主要体现在将焚烧过程中的热能转化成电能。垃圾焚烧占地少很多，可以把垃圾快速消除。混合收集的垃圾里含有可以被利用的塑料、纸等，但是由于混合收集被污染，只能烧毁，没有实现垃圾资源化，同时焚烧产生有毒气体、粉尘，污染空气。

2003年9月，为进一步加快城市化进程，威海市人民政府下发了《关于推行垃圾分类收集处理的意见》，对威海市推行垃圾分类收集处理确立了基本原则和目标：坚持统一规划、稳步推进、注重实效和市场化运作的原则，逐步建立起科学完善的垃圾分类收集处理系统，全面规范单位和居民垃圾分类投放行为，大力推进垃圾收运处理产业化，不断提高垃圾回收利用率。

2004年5月，在长征小学开展垃圾分类试点，在试点成功的基础上，联合区教育局，在全市中小学推行垃圾分类收集。截至目前，威海市环卫处已经为全市20所中小学和5所幼儿园配备了20多个垃圾分类宣传栏、近1000个垃圾分类架、1600个垃圾分类袋和150多个垃圾分类桶，3万多名中小学生参与到垃圾分类体系中，年均分拣废纸3000多公斤，废旧塑料2800公斤，废旧电池1000公斤。

2016年，市级财政安排500万元专项经费，用于购买各种垃圾分类物资，以及试点小区、学校分类设施的设置、改造工作。2016年，对市区（环翠区、文登区、高区、经区、临港区）所有餐厨废弃物产生单位的餐厨废弃物实行分类收集、分类运输、集中处置。

威海市在学校开展垃圾分类收集工作已经近5个年头，分类收集工作取得了一定成效，但在全市范围内逐步推广，面临着很多困难和问题。重视程度与资金支持不够，如果没有国家政策的扶持，特别是经费的扶持，垃圾分类收集工作最终必然会流于形式；垃圾分类运输和分类处理不能同步配套，分类垃圾桶的垃圾仍是普遍采用混合收运，这样使垃圾分类的意义不明显，同时也影响了公众的分类收集的积极性；居民参与垃圾分类意识淡薄，从整个城市的垃圾分类收集效果看，虽然垃圾桶配置成本增加了几倍，但分类效果不理想。在道路、公园等公共场所垃圾产生量小的地段均设置分类小果皮箱，分类收集的效率较低；而产生垃圾的主要场所——居民家庭（尤其是家庭厨房）——却未开展垃圾分类。

三　威海进行垃圾分类的优势

目前，世界各先进城市根据自身的具体情况，采取不同方式，对城市生活垃圾进行分类收集和资源再用。

在我国，垃圾分类收集、综合处理尚处于起步阶段。建设部在 2002 年就发出《关于公布生活垃圾分类收集试点城市的通知》，指定北京、上海、广州、深圳、杭州、南京、厦门、桂林 8 个城市为生活垃圾分类收集试点城市，但目前看来，分类收集的效果还不是很好，垃圾的混合收集仍是大城市普遍采用的垃圾收运方式，垃圾分类收集只占 16%。在全国的 8 大试点城市中，分类各有特点。如北京市把可回收利用的分为 4 类：废纸、塑料、废电池、金属；上海市将非焚烧区的垃圾分为有害垃圾、干垃圾、湿垃圾，焚烧区垃圾分为有害垃圾、废玻璃、其他垃圾；厦门市将垃圾分为可回收垃圾、不可回收垃圾、有害垃圾；深圳市将公共场所与窗口地带垃圾分为可回收垃圾（废纸、塑料橡胶、玻璃、金属）、不可回收垃圾，住宅区分为厨余垃圾、其他垃圾、废电池和大件垃圾；广州市和南京市将垃圾分为可回收垃圾、不可回收垃圾，再由环卫站或回收网点二次分拣。尽管各城市垃圾分类收集工作各具特色，但从大的方面看，基本上是两种类型，一类是以北京市、广州市、厦门市、南京市等为代表，将垃圾分为可回收垃圾、不可回收垃圾、有害垃圾；一类是以上海市为代表，将垃圾分为有害垃圾、干垃圾、湿垃圾。

与北京、上海等大城市相比，威海实行垃圾分类更加具有优势。威海市城市人口 60 多万，外来人口较少，生活节奏较慢，在适当的鼓励政策下，居民更有时间、精力参与垃圾分类。

四 德国垃圾分类的做法

笔者于 2016 年 7 月在德国不来梅参加德语教学法培训期间，专门深入学习不来梅市的垃圾分类，希望可以推动威海市垃圾分类工作。

德国的垃圾分类已经有 100 多年的历史。"现代"形态的垃圾分类回收在 20 世纪 80 年代中期开始大力推行。玻璃和废纸在 1958 年就开始源头分类，1991 年包装（有绿点标志）开始源头分类回收。1991～1995 年每年减少了 103 多万吨的包装垃圾。德国的"现代"垃圾分类系统已经实行了 20 余年，垃圾分类早已成为家家户户的生活习惯。在德国扔垃圾是要付垃圾费的，居民根据家庭成员的人数，投放垃圾的量缴纳垃圾费。比如一个三口之家（不来梅市），每周扔掉 45 升的其他垃圾（不能被回收利用的垃圾，比如厕所纸、婴儿尿布、灰尘、烟头、打碎的餐具、弄脏的包装纸等），需要每年支付 14740 欧元的垃圾费。每三年会收到一份垃圾手册，上面详细地说明了垃圾分类的内容，附近的垃圾回收站地址、垃圾投放的时间、垃圾费用等。德国的饮料瓶子是付押金的，喝完饮料后，将瓶子收集起来，送到附近超市的自动回收机器里，获得押金小票，可在购物时当现金用或者兑换现金。

目前，德国将生活垃圾分为 6 大类：有机垃圾（Bioabfälle）、轻型包装（Leichtverpackung）、旧纸（Altpapier）、旧玻璃（Altglass）、问题物质（Problemstoffe）和不属于前述 5 种的剩余垃圾（Restmüll）。

除生活垃圾以外，其他的垃圾也被分类收集，包括大型垃圾（家具、大型家电、金属物件）、家电、花园植物垃圾、旧衣和鞋子、金属、建筑垃圾。

居民家里厨房的垃圾桶通常分成不同形式的四部分，至少三部分，分别是有机垃圾、剩余垃圾、包装及第四种旧纸。每周固定的时间将其中指定的两种放在袋子里投到房屋门口，会有垃圾车将其收走。其中装包装类垃圾的袋子是统一规格的黄色塑料袋子，居民凭票在垃圾回收站领取。玻璃集中起来投放在房屋附近的专门收集玻璃的垃圾桶。问题物质送到附近的垃圾回收站。

公共场合、学校、车站、商场、机场等都配备了分类垃圾桶。

五　如何借鉴德国垃圾分类经验，推动威海市垃圾分类工作

垃圾分类收集工作在我国实施尚处于起步阶段，推广与普及不是一蹴而就的事情，需要有一个循序渐进的过程，任重而道远。

一是健全法律法规、政策引导、政府调控。政府在整个城市生活垃圾管理和分类收集进程中扮演着重要角色。对在这项工作中表现突出的企事业单位、社会团体、居民群众要给予表彰和奖励；要继续巩固完善中小学生垃圾分类收集工作，在党政机关和企事业单位推行垃圾分类投放，在此基础上，居民小区实行生活垃圾分类投放。

二是成立垃圾分类收集的管理机构。威海市应针对垃圾分类收集成立专门的管理机构，主要负责：制定和实施垃圾分类收集方案；开展垃圾分类收集的宣传和教育；印刷宣传册，提供分类收运电话；对垃圾分类收集进行监督和管理；协调垃圾分类收集的相关工作等。

三是做好上中下游的配套工作。对于上游，应加强分类收集方案制定，加强宣传教育；对于中游，应设置合适的分类收集设施，尤其是要配套专业的分类收运车辆；对于下游，应建设分类回收物质的临时储存场所，并确定

分类后的各种物质的消纳途径或处理场所。

四是加强宣传。印制各种宣传手册，积极组织新闻单位、中小学校开展宣传活动；各街道办事处和居民委员会组织志愿者在社区进行垃圾减量和垃圾分类培训；组织居民代表参观垃圾填埋场，亲身感受垃圾给环境造成的危害；组织媒体对垃圾分类收集做得好的单位、社区进行跟踪报道，营造公众参与氛围，重点让广大市民知晓为什么分类、分几类、怎样分类，并分阶段、按步骤、有重点地开展宣传活动，做到家喻户晓、人人皆知。

德国人从幼儿园阶段就开始对垃圾、环保进行教育，我们可以学习这种做法，从小抓起，培养垃圾分类、保护环境的意识。结合威海"人居城"的称号，我们提出了一个广告标语：我生活在最适合人类居住的地方，我坚持垃圾分类。

具体建议如下。

根据威海市城市生活垃圾收运、处理设施的现状以及今后的实际需求，借鉴德国和国内其他大城市垃圾分类的经验，可以将生活垃圾分成4大类，包括废纸（主要是小体积废纸片、包装纸）、塑料（一次性包装、瓶罐、购物袋、饮料盒）、餐厨废弃物和其他垃圾（厕所纸、婴儿尿布、灰尘、烟头、打碎的餐具、弄脏的包装纸），另外少量金属和玻璃也可以单独回收。

政府可以发挥市内各成熟小区物业公司的管理功能，以社区为单位，推进垃圾分类工作。提供装不同类别垃圾的不同颜色的环保袋，装塑料（建议用黄色的）和废纸片（可用蓝色的），提供小型网兜，盛装玻璃和金属，废电池也可以统一交到物业收集点。居民凭票到物业办公室取用各类环保袋，各家垃圾分类装好后，每周指定时间送到物业指定地点统一汇总运到不同的市级回收站点，同时结合时下流行的社区服务软件、市民网，设立居民垃圾分类贡献排名，年底根据记录评选先进人物，发放物质和精神奖励，在全市范围内广为推荐学习。在小区范围内，年底为物业公司提供奖品，表彰对垃圾分类的宣传和实践做出卓越贡献的业主。在全市形成良好的氛围，提高民众参与垃圾分类的积极性。

居民普遍有卖废品的习惯，然而收购站只收购一些大宗的纸类、某些品牌的瓶子。结合威海的实际情况，垃圾分类回收就是要解救废品收购站不要的，但是积少成多，同样有利用价值的垃圾。

威海的小区普遍设有一种垃圾桶，可以改成两种，分别盛放其他垃圾和餐厨废弃物。这两种垃圾被运走后可以分别焚烧掩埋和发酵堆肥。

农村地区也采用相似的方法，由村委组织回收村民上交的分类好的垃圾，集中清运、处理。

学校，企事业单位，重点回收废纸，食堂饭店重点回收餐厨废弃物。

结　语

垃圾分类收集是一项社会系统工程。它不仅是环卫部门应该探索和研究的课题，更需要全社会的支持与协助，需要通过多年甚至几代人的不懈努力才能获得成功。为此，要从现在做起，从娃娃抓起，不断倡导和宣传垃圾分类收集的理念，逐步推进垃圾分类收集和资源回收利用工作，真正实现威海市生活垃圾的减量化、资源化和无害化处理，使美丽的威海天更蓝、水更清，焕发出蓬勃的生机与活力。垃圾分类，不仅有助于提升垃圾的经济价值，减少污染，更让我们"卫生城"的称号有了更深刻的内涵，更可以成为威海市的一个重要文化标签。

威海市民会以这样的口号"我生活在最适合人类居住的地方，我坚持垃圾分类"而感到荣幸和骄傲。

[作者单位：山东大学（威海）]

《威海经区民间文化图文集萃》内容提要

侯成阳　乔洪明

　　威海经济技术开发区自 2014 年始，开启东部滨海新城规划区域文化遗产普查工作，目标是通过调查挖掘、图文记录和造册建档等一系列深入细致的工作，详尽准确地掌握区域内各镇村的人文景观、自然风貌以及文化标志性物件的情况，为有效保护和管理民间文化遗产提供可靠的基础资料，为当代和后世留存一笔宝贵的文史财富。

　　经过一年多的艰辛努力，在所辖区域 3 个镇 108 个村居中，共查看文化遗产物品 3 万余件，筛选出具有一定保护利用价值物品 8000 多件，登记、整理文字资料 40 万余字，拍摄照片 2 万余幅，可用于档案照片 1 万余幅。这些物品中，生产、生活类占主要成分，以生产工具为代表的生产类物品约占30%，以居家生活为代表的生活类物品约占 25%，另外以民间手工艺术为代表的民间艺术类约占 15%、民间祭典类约占 8%、民间建造类约占 5%、已列入市级以上文物保护单位为代表的社会文化遗产类约占 6%，其他物品占10% 左右。

　　看到这些老旧的物件，心灵震撼。一件土陶，一截树杈，皆可成为日用家当。经年的时光、烟火，把它们打磨得亲切，浸染成家珍，破碎了也不舍得丢弃。锈蚀的铁镉，油渍的麻绳，补缀得是脆弱的日子，留下的是生活的盼头。在 20 世纪 70 年代以前，农村家庭照明早先使用的是蜡烛和豆油灯。蜡烛为富裕家庭所用，因之出现各式各样、价值不一的烛台；普通家庭用豆油灯，一般用铁皮制作碟型灯盏，也有用瓷碟或浅碗做灯盏，内盛豆油，用筷子粗的棉绳或绵纸卷做灯芯。灯芯浸泡在豆油里，灯芯头搭在灯盏沿上点燃照明。后来，国家出售煤油，煤油灯（村民也称火油灯）成为主要照明工具。各式各样的家用煤油灯多为村民自制，灯芯一般为绵纸卷成。豆大的灯火光线昏暗，却要放在灯窝里照着灶间和炕间。雪夜里，炕上一张饭桌，桌上一盏煤油灯，一边是孩子写作业，一边是男主人就着灯火抽烟袋、女主人做针线。这是一幅温馨的农人夜生活画面，温馨中饱含着对艰辛生活的淡然承受，也饱含着对未来生活的希望。希望在一个个天明里，希望在孩子的书本作业中。这希望，诱惑和引领了几代人的努力。罩子灯是工业产品，灯光更明亮，因为费煤油，家境好的人家才用它代替自制煤油灯。马灯原理与罩子灯同，因为不怕风，用在马车上行夜路，也用在饲养室、牲口棚和场院看夜。汽灯内设管路系统，纱罩以人造丝浸硝酸钍溶液制成。使用时先用酒精将管子系统加热，然后通过打气加压将煤油汽化压入管内，冲向纱罩。经燃烧后的纱罩生成具有发射光线特性的二氧化钍，在高热火焰燃烧下发出白炽光亮，一般光度为 200～600 支烛光。所以，汽灯多在夜晚人群集会使用。风箱（村民也称风匣），是村民煮饭必不可少的工具，家家户户皆有。木质风箱匣内的拉杆前部，沾有密集的鸡翎毛，前后拉动生风，通过导管吹进灶膛，助燃柴草。木质风箱有大有小，村民生活用风箱较为普遍，铁匠铺的燃煤炉火要求旺，风箱有半米高，拉动比较费力；酒作坊用的风箱有一米多高，拉动时人要站着双手拉，甚至要两人拉。

吹风助燃工具除了木质风箱，还有风囊和手摇风机。风囊一般为牛皮制作，一种嵌有两根木柄，用两手开合生风；一种置于地上用脚踩挤压生风。手摇风机为铁制，外观状如蜗牛，内有数页涡片，摇柄带动涡轮生风。1990年后，吹风助燃工具被各种电动吹风机所取代。

柳编木斗匀称的编织，精美的造型，骨感的质地，显示出编匠精湛的手艺，映现出岁月流淌过的痕迹。同编筐编篓编席一样，柳编在威海地区有悠久历史。柳编制品是农村家庭不可或缺的盛器，为家庭主妇所喜爱。大小不一、形状各异的柳编筐篓，小的用于盛针线、杂物，较大的用于盛粮食、面粉、箩面。柳编升和木制斗，既是盛器亦是量器，农人早有一亩地打了几升麦子几斗豆子的说法，量数因作物不同而异。

秤的种类主要有十六两秤和十两秤。十六两秤的由来有两种说法：一种说，秦始皇统一六国后统一度量衡，负责此事的丞相李斯在确定多少两为一斤的问题上犯了难，于是请示秦始皇。秦始皇大笔一挥，写下"天下公平"四字作为制衡原则，并没有具体标准。聪明的李斯为避免办错事受责罚，将四字十六笔画作为依据，制定了十六两为一斤的称，成语"半斤八两"就是这么来的。另一种说法，十六两秤也叫金星秤，因为秤杆上每斤的刻度为十六颗金星，分别是北斗七星、南斗六星和福禄寿三星。告诫做买卖的人要诚实，不欺不瞒，否则，短一两无福，少二两少禄，缺三两折寿。十六两秤一直沿用了两千多年，直到 1959 年 6 月，我国确定米制为基本计量单位，同时保留市制，改十两为一市斤。但在民间，十六两秤一直沿用至今。秤的品种很多，最小的戥子秤以两、厘、毫为计量单位，首饰匠用它称金银，货郎用它称染料。杆秤大小不一，以斤为计量单位，小的称几斤至几十斤，大的抬秤称数百斤，磅秤搁上木板托可以称整车货物。药房、商场使用的各类天平、台秤，农村亦有使用。现在通用的电子秤，是计量工具的一大进步。

算盘是早年最常用的计算工具，一般为手工业制品。其中有两款村民自制的石子算盘和杏仁算盘，可谓奇观。如今，人们普遍使用智能化的电子计算器，大大方便了计算，提高了精准度。但是，算盘作为中国独有的古老计算工具，它蕴含了祖先的聪明智慧，至今也深受人们的喜爱，因而是不会退出历史舞台的。

纸缸筐箩是乡村妇女常用的盛器。制作过程是：将废纸在水中浸泡稀软，捞出来在敲衣石上用棒槌敲打成纸浆，同时挤出脏污杂质，掺和面粉糊糊调和成稠泥状。或以模具拍贴成型，或先制作纸板，按所要形状剪裁缝合成型，然后内外糊上不同花纸。大型的纸缸筐箩一般盛粮食、面粉，小型的一般盛针线、杂物，既有实用性，又有观赏性。对农村妇女而言，制作纸缸筐箩，是同针线活一样重要的女工技艺，是母亲传授女儿女红技艺的重要内容，所以至今没有失传。

烟具是早年农村汉子不可或缺的，正统的农村汉子，几乎每人都有一支烟袋。抽一袋旱烟的作用忒大啦！累可解乏，困可提神，饥可垫腹，冷可取暖……早先，点烟袋用火镰（半月状铁片）、火石（石英石）、炭粉（高粱秆内秧烧制），也用火绳（用细蒿草或苞米须搓成指头粗的绳），耐燃，不灭。后来有了火柴和打火机，节俭的老人依然用火镰、火绳。拥有一支铜锅玉嘴烟袋，是农村汉子的追求和荣耀。绣花烟荷包及佩带的银挖勺、银针、玉坠，常常作为女人送给男人的定情之物，可见烟具对男人的重要性。水烟袋一般为有身份人的烟具，水可以过滤烟油子，有利于健康。农村汉子不讲究这些，他们更喜欢烟袋锅烧出来的浓烈烟油子味儿，抽着过瘾、舒坦。

中国人饮酒历史悠久，因而衍生出形形色色、精美别致的酒具，是男人的喜爱和收藏，其中不乏传代珍品。早先人们不喝凉酒，酒壶是用热水温酒的用具。酒盅的大小一般为三钱、五钱，过两的极少。小盅喝热酒，是对酒的体味，是一种雅致。农村汉子饮酒同抽旱烟一样重要。生产队时期，傍晚收工的汉子们来到村里的小卖部，店主用酒提打出一两地瓜烧倒进小碗里，汉子一饮而尽，一角钱的酒资或付现或记账，心满意足地回家。如今，人们铺开满桌佳肴，用几两的大玻璃杯斟酒。这不是喝酒，是拼酒，是比赛，是铺张浪费，是喧嚣浮躁，已经失去了喝酒的情趣。

早年家具的种类很多，多为木制，以楸木、椿木为最好，高档的楠木、樟木、梨木等家具北方农村极为少见。家具以柜、橱、箱、桌、椅为主。一个家庭的家具，大都是从结婚时开始置办的。20世纪80年代以前，一般家庭的男方，要置办大衣柜（或板柜）、橱柜、饭柜三大件，女方配以板箱、椅子、梳妆台、饭桌等，其他家具随生活需要逐步添置。这些家具大都是木匠手工打造。随着生活的发展，家具也不断变化，工业制成品的组合柜、沙发茶几、成套家具逐步进入农村家庭。八仙桌和杌子，一般为富裕家庭请客时用。条几为家庙祭祀用具，上摆供品和香炉。

20世纪70年代末，自行车、钟表、缝纫机开始进入农村家庭，成为青年人结婚的新三大件。自行车牌子多为大国防、大金鹿，质地厚重，可载重物，后来有了上海飞鸽牌平把、转铃、带链盒的自行车，轻便、光鲜、运动流畅。钟表种类很多，以烟台产的北极星牌木壳座挂钟、闹钟、电子手表为普遍。缝纫机以蜜蜂牌、飞轮牌、前进牌为最多。80年代末期以后，12寸或14寸黑白电视机、电冰箱、收音机、双卡录放机开始进入农村家庭，成为更高层次的三大件。如今，家用电器名目繁多，农村亦成为重要消费市场。

有线广播是20世纪60年代农村除报纸以外的唯一传媒工具，县社两级当时都设有有线广播站。农民从喇叭匣里听取国家大事、各类新闻、文化娱乐节目，当时主要播送几部京剧样板戏和单田芳演说的杨家将，所以，农民又称广播匣子为"电戏匣子"。挂在木杆上的大喇叭以及配套的扩音器，也是那个时代的产物。冬季整大寨田，大喇叭安装在工地指挥部工棚，用以宣传，表扬好人好事。平时村里有事情要通知，或者要找人，都在大喇叭里喊一喊，全村都听得到，很方便实用。因此，一些村庄至今仍在使用。

…………

我们的祖辈，就是这样从遥远一路走来，走得困苦而艰辛。在现代文明中，这些简陋的物件依然闪烁着独特的光芒。这光芒，照亮我们的生活，也照亮我们的灵魂。它告诉我们，不要忘记昨天，倍加珍惜今天，努力开创明天。

为直观展示和形象映现这些散落在历史长河和民间角落的"珍珠"，让更多人了解这些物品的价值和作用，增强对民间文化遗产的珍重之情和保护意识，威海经济技术开发区工委管委以高度的历史责任感和使命感，决定编辑出版《威海经区民间文化图文集萃》图书。该书精选近万件普查登记物品中具有代表性的物品资料，并广泛征求地方老干部、学者、业内人士及资深编辑等相关人员意见和建议，几经增删修改润饰而成。该书突出图片效果，辅以精炼文字，图文并茂，图文相应，是一本极具观赏性、可读性，兼具人文意义和史料工具价值的民间文化图书。其内容分为五大板块。

篇一，自然人文景观类。主要是山川、河流、海湾、古树、古井、古碑、庙宇及各种遗迹、老建筑。其中山川、河流包括崮山水库、所前泊水库、五渚河、老虎山、仙生顶、官帽石、青红龙、威海传统名胜三摞麦、威海古八景之百尺崖等内容。古树包括百年黄岚楂、六百年老槐树、报信村龙爪槐、火龙楂树、崮山河东老柳树、玉清观银杏树等内容。古井包括九家疃百年老井、北字城古井、崮山镇甜水井等内容。古碑包括村规民约碑、黄寮寺碑、禁止采樵碑、玉皇庙碑、清古碑等内容。遗迹包括赵北嘴灯塔、南帮信号台、烟墩、清军船坞旧址、南帮炮台遗址、清代石拱桥、蟠阳庵金代石刻、桥头碑口庙、桥头金矿遗址、侵华日军岗楼遗址、古官道遗迹等内容。老建筑包括孟家庄大礼堂、松郭家大礼堂、桥头的进文学堂、崮山老学校、报信村供销社老房、南台村太和堂、崮山镇地瓜窖子、桥头镇地瓜窖子、桥头镇洛西地瓜窖子、桥头镇西洛后水渠渡槽、桥头镇四清桥、桥头镇柴里村桥、桥头镇宋家店泄洪渠道、龙王庙、卫家滩土地庙、门楼、老墙、马吊子、老门窗、墙饰、老屋、照壁、烟囱、锅灶、炕石板、燕子巢　喜鹊窝等内容。

篇二，生产劳动工具类。主要是农业、渔业、制盐等生产工具，各类工匠劳动工具以及村民日常生活劳动工具，其中不乏已经难得一见的工匠特殊工具。其中农具包括犁、连枷、石砘、铡刀、镢、叉子、常用农具等内容。渔具包括渔船、渔民自造小渔船、渔网、鱼篓、梭子、渔用杂件、海上养殖生产等内容。交通运输工具包括小推车、大车、驴马鞍子、驮篓等内容。工匠工具包括小炉匠、修鞋匠以及其他工匠工具。

篇三，老活计、老手艺。铁匠、木匠、扎纸匠、石匠、泥瓦匠、编匠、理发匠、理发工具、轧碾子、碓臼、推磨、手擀面等内容。

篇四，日常生活用品类。主要是灶具、照明用具、助燃用具、纸质柳编盛具、计量计算用具、烟具、酒具、陶瓷用具、木制家具、钟表、自行车、缝纫机，以及最初进入农村生活的家电类物品。其中的烟具、酒具、陶瓷、家具和钟表，有许多年代久远的珍品。具体包括碗盘子、壶、坛、罐、缸、盆、饭撑子、笊篱、锅梁、瓢、筷抽子、锅盖、风箱、暖水瓶、茶壶、水杯、灯、锁具、家具、香皂盒、胭脂盒、烟灰缸、花瓶、钟表、镜子、帽筒、工艺品、衣帽鞋包、烟袋、火柴、火镰、喇叭、收音机、通信工具、量具、文化及相关用品、斗、升、纸缸子、簸箕、筐箩、篓子及其他内容。

篇五，民间收藏类。内容丰富，历史和文化价值很高的物件很多，有元、明、清初的地契、官方文书，数代相传的族谱、神龛，刘墉墨宝、清代官方授予的匾额、英租威海卫时期官方文书及物件、民国时期的官方文书票据，抗日战争、解放战争时期我方人员立功证书奖章，以及各种年代久远的钱币、票证、古玩，等等。具体包括证书奖章、婚庆礼仪、钱币、老谱、书画、账本、书信、牌匾、印章、奇石、根雕、玉器、木雕、盛器、像章、塑像、放映、器乐、祭祀、军用品、老照片、佩饰、棋牌、青铜银器塑像、佛像、剪纸、木箱、木盒、条箱、保健箱、日用品、文房、眼镜、疾病、占卜、杂类等内容。

《经区民间文化图文集萃》经过一年多的努力，于2015年5月由山东大学出版社正式出版发行，受到业内人士及广大读者普遍好评，对两个文明建设起了积极的推动作用。

（作者单位：中共威海经济技术开发区工委宣传部）

基于协同创新理念的校企合作模式研究

刘雪婷

在清华百年校庆上，时任中共中央总书记的胡锦涛同志提出："高校要积极推动协同创新，通过体制机制创新和政策项目引导，鼓励高校同科研机构、企业开展深度合作，建立协同创新的战略联盟，促进资源共享，努力为建设创新型国家做出积极贡献。"这一理念无疑为我国高校走内涵式建设道路、提升核心竞争力指明了方向。随后，教育部、财政部联合启动了"关于实施高等学校创新能力提升计划"，也就是"2011 计划"。计划指出：鼓励高校同科研机构、行业企业开展深度合作，提升人才、学科、科研"三位一体"的创新能力，大力推进协同创新，不断深化体制改革，建立健全协同创新机制。该计划首次将协同创新上升到国家战略层面，并明确提出以高校为主导，按照"国家急需，世界一流"的要求，积极联合国内外创新力量，构建具有解决重大问题能力的协同创新中心。因此，构建基于协同理念的校企合作模式对于促进校企双方的深度合作，担负起建设创新型国家的重任有着重要的现实意义。

一 协同创新理念下校企合作的内涵

（一）校企合作

校企合作是指学校与企业之间以培养人才为根本目的建立的一种合作模式，建立在高校和企业平等、自愿、互惠的基础之上。校企双方共同参与人才培养，资源共享，注重实践和理论相结合，校企双方相互促进，共同发展，以实现"双赢"这个目标。校企合作办学，不但能充分发挥高校人才培养、科学研究和社会服务的功能，更能提高学校人才培养的质量，理论联系实际，使高等教育与市场接轨，对解决社会人才供需矛盾，促进我国高等教育的改革，推动我国社会经济的发展有着重要的意义。

（二）协同创新

协同的概念是德国学者哈肯于 1971 年提出的。协同是指复杂体系中的各个子系统通过相互协调、联合作用与集体行为，达到"1＋1＞2"的效果。美国经济学家熊彼特于 1912 年首次使用了"创新"一词，他认为创新是对生产要素的重新组合，以实现生产方式和生产体系的"新发展"，其目的是为了获取更多利润。"协同创新"是把协同的思想引入创新过程，在创新过程中各创新要素发挥各自作用，在提升自身效率的基础上，通过机制性互动产生效率的质的变化，带来价值增加和价值创造。

（三）协同创新理念下校企合作的内涵

协同创新理念下校企合作的内涵是高校和企业利用各自不同的教育方法和教育理念，相互融合，促进资源的整合和流动，培养符合国家和社会需要的创新型人才，提高高校人才培养的质量，实现创新价值的最大化。协同创新，协同是手段，创新是目的。对高校而言，校企合作一方面能把理论教学和实践教学合理有效地衔接，解决高校人才培养与企业需求相脱节的现状，完成人才培养和社会需求的无缝衔接。对企业而言，校企合作能激发企业和学校联合培养人才的意识，为企业培养更多适合本专业特殊需求的专业人才，也能快速吸收高校的科研成果，促进企业更快更好地发展，提升企业的竞争力和经济效益。

二　校企合作现状及面临的问题

我国已经在自主创新道路上取得了重大成就，研发投入、科学论文和专利的总量都已跃居世界前列，但科技与经济"两张皮"现象仍然突出：一方面是企业的核心技术能力还不强，未形成创新驱动的发展模式，在许多技术革命频发的基础性行业中，我国产业的核心技术仍然严重依赖国外；另一方面是大学和科研机构的科技成果转化率长期偏低，未能有效支撑经济发展。据统计，目前我国每年成果转化率仅为 25％ 左右，真正能实现产业化的不足5％，科技进步对经济增长的贡献率不足 40％（发达国家这一比例高达

60%），校企合作迫在眉睫。近些年，随着我国高等教育的快速发展，校企合作也取得了一定的成绩，不少高校相继开展了形式多样的校企合作方式，比如说：卓越医师、卓越教师、订单式人才培养模式等。但是大多数高校和企业之间因为政策、利益等多方面的原因，校企合作还仅仅停留在表面上，学校培养的人才和企业的需求之间还是存在着很大的差距。校企合作的主要问题体现在以下几个方面。

（一）政府层面政策与管理机制不健全

《国家中长期教育改革和发展规划纲要（2010—2020年）》中首次指出"建立健全的政府主导、行业指导、企业参与的办学机制，制定促进校企合作的办学法规，推进校企合作制度化"。虽然提到了校企合作中政府层面的主导地位，指出了校企合作的执行方向，但是没有形成具体的政策和法规，没有具体的实施措施，对校企合作的推动还不够大。

（二）高校对校企合作的认识不足

目前部分高校对校企合作的重要性认识不足，不能深刻地理解校企合作的重要意义，导致对校企合作的工作不够重视，没有全面、系统、长效的规划。校企合作的工作多流于形式，无法有效开展。另外目前高校的专业设置、人才培养、教学方法等都是由学校制定的，与企业的实际需求有着较大差距，为校企合作的顺利进行造成了障碍。高校教师的科研成果大多还停留在理论研究上，与企业需求相脱节，不能吸引企业积极参与。

（三）企业参与的动力不足

企业能否积极地参与校企合作，很大程度上和它的经济利益有关。企业参与校企合作，参与高校的人才制定、教育教学活动，给学生提供实践机会，必然要增加企业的成本。在没有激励政策和相关法规的约束下，企业并不愿意把过多的人力、物力、财力放在校企合作上，他们更愿意把精力放在生产和经营上，以提高企业的经济效益。在人才培养方面，企业关注的更多是本企业人力资源的需求而不是人力资源的培养过程，很多企业认为培养人才是高校的事情，和企业关系并不大。

（四）校企双方合作不紧密，没有形成有效的合作模式

目前的校企合作模式，大多是学校为了办学需求向企业寻求合作，多数

企业给予学校的资助还是停留在实习基地提供、员工培训、项目支持等方面，没有建立起一个可持续发展的有效的校企合作模式。大多数企业以谋求利益最大化为目标，不愿意将时间和财力放在和高校共同培养人才上面，这为校企合作的推进带来了很大的困难。

（五）校企合作信任关系问题

对高校而言，由于运行体制的影响，长期以来我国高校在学科专业设置、人才培养和科学研究等方面处于相对封闭状态，缺少与社会的有效衔接。在技术创新方面，部分科研成果往往不符合企业实际需要，不少教师由于经验不足而缺乏解决企业实际技术问题的能力，影响了企业对校企合作的信心，容易产生不信任。对企业而言，相当一部分企业的技术研发能力较弱，在科研人才引进培养以及科研设施建设等方面比较滞后，如果企业不具备一定的技术创新能力，合作中就很难赢得高校的信任。

三　基于协同创新理念的校企合作模式架构

（一）校企合作的协同创新理论支撑框架

协同理念需要体现在校企合作的各个环节，但是由于校企双方利益需求不相同，在合作的过程中难免会在细节方面出现冲突。如果校企双方合作中出现矛盾或者沟通不畅，政府部门就需要发挥调节、协助和引导的作用，以政策和法律对校企双方的合作进行规范和推动，以保障双方合作关系的稳固与长久。协同创新理论对校企合作的支撑，可从资源整合和成员互动两方面考虑（见图1）。

在校企合作过程中，校企双方可在知识、资源、行动和绩效方面，实现从沟通到协同的不同层级协作，最终实现互惠信息共享、资源优化配置、行动最优同步和系统的协同匹配，达到校企协同创新的最终目的。

（二）协同创新理念下校企合作模式架构

随着企业为高校提供理论实践平台的逐渐完善和学校为企业输送人才素质的提高，校企双方在知识教学、科学研究和产值转化方面的相互融合程度不断加深，以生产、教学和科研融为一体的校企合作形式已经得到市场的认可。基于协同理念校企合作模式的基础是建立在资源共享与优势互补上，以

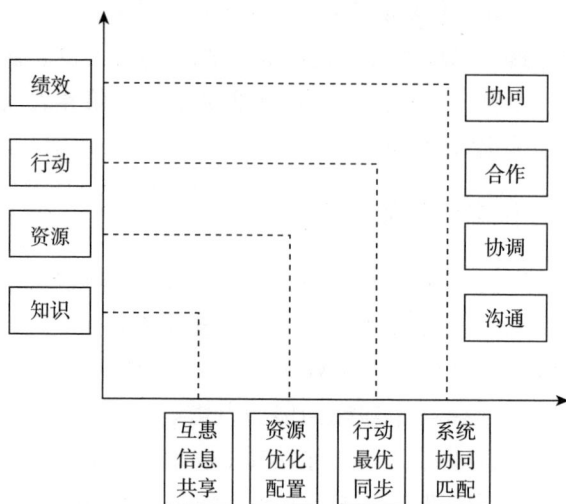

图1　校企合作的协同创新理论支撑框架

风险共担和成果共用作为共同遵守的原则，最终实现合作的共赢。随着高校在科研资源上的持续投入，教学、科研、产业之间的融合度不断提升，以产学研为主体的校企合作已经受到社会的普遍认可，协同创新理念下的校企合作模式是各方以资源共享和优势互补为基础的，以合作共赢、风险共担、成果共用为基本原则。高校作为知识和人才供给方，企业作为技术和经验供给方，双方结成协同创新共同体，实现技术创新和人才培养（见图2）。

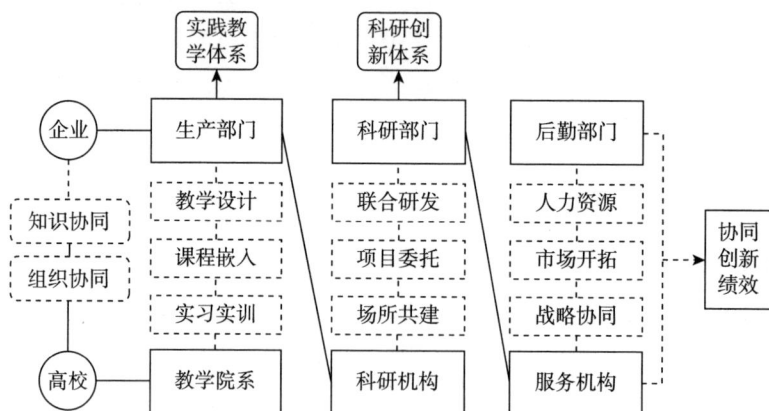

图2　协同创新理念下的校企合作模式

高校与企业之间各部门的协同联动是校企合作成败的关键。其中，企业的生产部门、科研部门、后勤部门分别对接高校的教学院系、科研机构和服务机构，构成校企合作模式的行为主体。在直接的部门对接之时，各部门之间具有交叉协同功能，如企业生产部门与高校科研机构之间形成的成果转化协同关系，企业科研部门与高校服务机构之间形成的成果运用协同关系。校企合作中，企业生产部门与高校教学院系之间通过协同创新，可构建实践教学体系，企业科研部门与高校科研机构之间可构建科研创新体系。

四　基于协同创新理念校企合作模式运行机制的构建措施

（一）发挥政府的组织协调作用，推动高校和企业的深度合作

当今的时代是一个"大科学时代"，科学技术的研究越来越需要众多研究者的合作，一个项目所需的人员、资金、设备越来越多，相应地就更需要高度的组织协调能力和大规模资金支持，那种靠一个人或者几个人的小组就能得到重要成果的可能性越来越小。美国就曾在政府的组织计划下进行科研生产，最终创新成果层出不穷，至今仍在多数领域处于领先地位。我国是有中国特色的社会主义国家，在现有体制下，一方面，可以发挥市场的资源优化配置优势，另一方面，则可以发挥政府在一些行业中的计划、组织作用，在协同创新的校企合作中，相关政府部门充分发挥应有的组织、协调、计划的功能，为高校与企业间的深度合作提供强大的助力。

（二）构建合理的问责机制，强化校企之间的合作关系

学校和企业需要重视彼此之间的合作，选择专人共同组成领导小组，通过完善各项规章制度、合理布置项目规划和科学设计项目岗位等措施，将合作项目各个环节的负责人进一步细化，建立起责任到人的有效问责机制，在制度形式的宏观层面对校企合作进行推动。

（三）培养共同价值观念和利益观念，推动资源的组织与整合

虽然校企双方的合作是建立在平等互惠的基础上，但是在培养共同的价值观念和利益观念的时候，需要做到以学校为主，这是因为学校并不以盈利作为首要目的，其所担负的社会责任使其可以坚持正确的价值观念与利益观念，也有利于校企双方顺利实现创造更多社会价值和合作成果的转化的目标，使校企双方取得更多的经济效益与社会效益，以学校为主导的价值观念与利

益观念的培养也在客观上促进了校企双方健全规章制度、明确发展前景和部署发展的计划。在校企双方的合作过程中，政府、学校和企业需要加强彼此之间的沟通和互动，推动校企合作科研项目的成果转化，深化学校和企业之间的合作内容。

（四）拓展知识服务的内容，加快人才的培养与科学技术的转移

在校企合作的过程中，学校可以为企业提供专业的知识服务，这是学校技术转移、科学研究与人才培养的根本基础。校企双方需要在知识服务基础上，推动学校的人才培养与学科的发展，提升校企双方的科研能力和价值转化能力。同时，学校应当充分发挥自己在科研方面和知识服务方面的优势，拓展与企业合作的内容和合作的途径，建立校企合作主导的多方协作平台，构建生产、教学、科研为一体的协同合作体系。

（五）建立产权明晰的合作组织，有效推动校企协同创新过程中的技术转移

开展协同创新的校企合作，不应当再是高校和企业双方两个主体的松散合作，为了降低交易费用，需要建立相对紧密的校企合作组织，实现管理的扁平化。在组织的建立中，产权明晰是一个重要原则。由于知识产权的专有特性，双方在成果转化中必然会涉及风险规避与利益分配问题，因此在合作之初，双方就应建立明确的契约关系。

协同创新，重在"创新"，贵在"协同"，关键在于"校企合作"的联动长效发展机制建设和探究，高校、企业在协同基础上的共同发展，有利于服务地方经济社会发展，在创新机制探索之下有益于本身的突破与进步。我们必须清晰地认识到"推进高校协同创新，亟须教育部及政府相关部门在项目、平台、经费、组织、评价等方面予以建立、健全和完善"，更需要地方高校的管理者从教育教学、社会实践、人才培养等多方角度深刻认识"教育的根本任务"。

（作者单位：哈尔滨理工大学荣成学院）

《合作教学——新课改下中学数学教学的有效途径》内容提要

孙晓俊

《合作教学——新课改下中学数学教学的有效途径》一书是国内第一部以数学学科教学为背景的合作教学论著。本书以数学教师专业发展为切入点，紧扣中学数学教育教学和教改实际，在介绍合作教学的理论与方法的基础上，阐述数学教师合作教学的意义与途径，通过案例呈现数学合作教学原则、方法与过程。本书从数学合作教学实践的角度，较为系统地阐述了"合作教学是什么""为什么要进行合作教学""怎样进行合作教学"三个核心问题。在数学教师专业发展的大背景下，将方法探究与教学实践进行紧密结合，是本书的显著特色。

一 基本观点

（1）合作教学是数学教师专业发展的重要途径。我国数学新课程标准的实施，使得数学教育的现代发展步入了一个崭新的历史阶段。新数学课程改革从理念、内容到实施，都有较大的变化。新课改不仅对基础教育课程改革提出详细的目标要求，而且对教师间的合作与互动也提出了更高的要求，只有在教学活动中通过教师之间各种形式、各种途径的合作，才能达到新课程预期目标。要促进基础教育的发展、实现新课改目标，教师素质是关键。数学教师是进行教学活动的实施者，也是数学教育改革的决定力量。每一次重大的数学教学改革，都对数学教师提出一些新的要求，没有具有相应综合素养的数学教师的大力参与，没有教师素质的相应提高，改革就不能取得成功。提高学生基本素养是现代教育的基本思路，只有具备较高素养的教学团队，认清改革的关键所在，才可以促进学生素质提高。合作教学作为促进教师专业发展、提高素质的有效途径，在基础教育改革中具有重要地位。教师之间进行合作教学，有利于充分利用教学资源，提高教学质量；有利于提高教师的专业能力，培养团队精神；有利于加速青年教师的成长，形成合作型教师文化。

（2）合作教学是一种富有创意和实效的教学理论与策略体系。虽然合作教学从它兴起到现在，仅有三十多年的时间，但它却以改善课堂内的社会心理气氛，大面积提高学生的学业成绩，促进学生良好的非认知品质的发展等显著实效而令世人瞩目，成为教学实践中的主流教学理论与策略之一。联合国教科文组织的《教育——财富蕴藏其中》一文中指出了未来教育的四大支柱，其中之一便是学会共同生活，以便与他人一起参加活动并在这些活动中进行合作。合作是社会互动的一种方式，是人类社会中不可或缺的重要组成部分，是个体在人类社会赖以生存和发展的重要条件之一。随着社会的不断进步与发展，人与人之间的联系变得越来越密切，合作已经渗透到人类社会生活的各个领域、各个层面。在学习型社会中，每个人必须学会与他人合作，一起共同生活及工作。现代科学技术的发展是人们合作探索的结果，乐于合作、善于合作也是人文精神的重要组成部分。教师作为一个社会人，是在与他人的交往中开展教育活动，进行自我发展的，因此，教师这一职业更要求具备合作精神。教师是社会化的职业，社会对教师的要求以及教师自身所期望达到的目标，都决定着教师必须与其他同事进行专业合作，通过彼此之间沟通思想、交流感情、传递信息、协调和改善彼此间的关系，从而适应工作、适应社会。

（3）合作教学是新课程实施的有效手段。基础教育新课程的实施过程是一个改革的过程，教师在新课程的推进过程中起着关键性的作用。新的课程内容要靠教师去传授，新的课程标准要靠教师去实现，新的教学方法和规律要靠教师去探索，这些都需要教师具有合作意识。在新课程教学中，没有合作是难以实施的，也无法体现新课程理念。教师在合作中完成从传统教育教学的孤军奋战到新课程理念所要求的集体作战的角色转变，靠的是集体的智慧和力量。教师之间的差异是客观存在的，受经验、阅历和知识面等的限制，每个教师的知识结构、思维方式和教学风格都是不尽相同的，都有自己的长处和短处。以往教学只考虑学生的个体差异，对教师的个体差异视而不见，只重视师生合作，生生合作，忽视师师合作，只强调合作学习，忽视合作教学。新课程增加了教育者之间的互动，将引发教师集体行为的变化，并在一定程度上改变教学的组织形式和专业分工。课程要发展、教师要合作已成为新课程改革的重要方向。新课程在要求培养学生综合能力的同时，也向广大教师提出了新的挑战。教师之间的专业合作不仅可以摆脱彼此孤独的感觉，而且可以满足新课程所提出的重大要求：课程综合化。只有不同学科的教师相互合作，才有可能完成课程的综合和学习方式的综合。同科教师间相互开放、相互借鉴、共同研究、共享成果，不同学科教师间相互渗透、相互融合、相互补位，从而形成一个教育整体，用群体优势去完成课程改革任务。同时还要借助网络、通讯、书信等方式，实现不同地区教师间的交流与合作，大家互通信息，共同探索，充分发挥群体效应。这是实施新课程改革的重要条件之一。新课程的实施过程就是改革的过程，学校及教师必然会面临许多重大问题，而这些问题的解决，一方面，需要用科学的理论、科学的态度、科学的方法组织教师参与研究，共同公关；另一方面，有一些问题，教师个体或小集体无法解决，或在短时间内解决不了，也需要集中学校的优势兵力，打整体战，进行系统的、有步骤的研究。这两方面的问题在解决过程中都需要教师间的合作。

（4）基础教学中的合作教学需要理论更需要实践。在新课程广泛实施的今天，虽然"合作教学"经常被提及，但是实质性的合作教学还很少，一线中学教师对于合作教学知之不多。从当前国内有关合作教学的研究看，存在两种倾向：一种是停留在"为什么"要进行合作教学的理论层面上，对合作教学的意义和重要性论述较多，而对合作教学"是什么""怎样教"研究较少，缺乏对合作教学实践的现实指导；另一种是经验性、体会式的叙述，缺乏对合作教学的理性思考。在实践层面，合作教学还存在诸多问题。一是合作动力不足。相当多的教师对合作的认识非常有限，对于什么是合作、合作的形式有哪些、合作有什么意义、合作要达成的目标是什么等问题的认识比较模糊，因而，对互助与合作活动的态度不够积极。二是合作形式化。目前，多数学校现有的合作主要靠行政推动，强调统一规格，并不是以教师专业发展为宗旨。教师在专业合作中只是模仿合作者提供的教学技巧，而缺少自己的主动创造。而且由于观念没有更新，即使专业合作中提供了良好的教学策略或技巧，教师也不会在实际的教育活动中自觉地运用，更不可能结合自己的教学实际创造出有效的教学方法。不少学校也有诸如师徒结对、集体备课、教师间听评课等合作形式，但由于竞争的存在，这种合作大多走过场，缺少实际效果。三是合作氛围缺失。在学校内部，由于各种组织与机构都是纵向分工，少有横向的联系，不同的学科与部门之间的交流十分有限，缺乏一种合作的集体氛围。"文人相轻"是中国旧知识分子的遗风，"同行是冤家"现象在校园里依然存在。因此，教师专业合作只有在教师群体中，建立共同专业成长目标、和谐的人际关系和校园文化，才会有好的专业合作效果。教师专业合作既要防止有的教师一味地享受合作成果，过分依赖"资源共享"，不主动钻研新教材，不经过独立思考就照搬别人的东西；又要防止有的教师单方面享受别人的智慧成果，而自己"留一手"，不提供给组内教师好的经验。只有防止和克服这些偏差倾向，才能使教师间的合作有意义，才能形成自己的教学理念、教学风格，在相互合作的基础上各有所得，共同进步。

二 本书的意义

本书的意义在于将"合作教学"的思想、理论与方法，应用于中学数学学科教学，认为其应作为中学数学教师专业成长、专业发展的重要途径。在广泛借鉴国内外有关教学、合作教学以及教师专业化发展理论和实践成果的基础上，从新课程对数学教学的要求切入，分析目前中学新课程数学教学存在的问题、问题形成的原因以及开展合作教学的必要性，将合作教学置于教师专业发展的大框架下，基于合作教学的基本理论与原则，探讨中学数学合作教学的模式和策略。紧密结合中学数学教学的实际，从理论与实践的结合上，展示数学合作教学的教学组织与教学过程是本书论述的重点。

本书的学术价值在于成为中学数学合作教学从原则、方法到实践的指导书，创新新课程下的数学教学思路与方法，推动中学数学合作教学的开展，同时促进数学教师的专业成长。本书是国内第一部数学学科合作教学的论著。

三 本书的内容

本书序言部分分析了新课程实施后，中学数学教学中依然存在着的诸多不适应，概述了合作教学对于实施新课程的必要性以及中学数学合作教学目前存在的问题。第一章介绍了数学学科特点、现代数学教育观、新课程数学教学理念与目标、新课程数学教学原则与要求以及新课程数学教学过程等内容。第二章论述新课程下的数学教师专业化。内容包括专业与专业化、数学教师专业发展、数学教师专业化现状、数学教师专业化的必要性、数学教师的专业化发展构成以及数学教师专业发展途径。第三章为数学合作教学概述，包括合作教学的概念、合作教学的特征、合作教学的意义、影响合作教学的因素以及合作教学的可能性。第四章介绍了合作教学的基本理论与原则。第五章论述了合作教学的模式问题。包括合作教学模式的特点、合作教学模式分类的意义、合作教学模式分类标准、若干典型合作教学模式以及选择合作教学模式的原则。第六章从合作意识的引导、合作方式的促进、合作机制的保障和合作文化的影响四个方面，论述了合作教学的若干策略。第七、八章通过六个实践教学案例，详细展示了中学数学合作教学过程。这部分内容也是本书的重点。第九章论述了合作教学下的数学教师专业发展问题。包括合作教学对教师个体的专业成长以及合作教学对教师群体的专业化发展的促进。

（作者单位：威海市第二中学）

《中国古代商业文化史》内容提要

张明来　　张含梦

　　《中国古代商业文化史》主要论述了中国古代城市市政制度、商人传奇、货币文化、交通与贸易、经商哲学、商业经营管理技术、各地商业风俗等。本书在对大量一手材料研析的基础之上，创立了"中国商业文化史"这一新的历史学科体系，填补了中国历史学界研究的一项空白。本书从夏商周谈起至清前期（鸦片战争）结束，对中国商业管理制度的变迁、中国商人的出现、中国货币的产生、中国古代对外贸易、中国古代各地的商业文化习俗等问题，运用科学的唯物主义史观，全方位地进行了论述，展示了中国古代商业文化的发展流变过程，脉络清晰，见解独到，特别是本书提出的地域商业文化所表现的中国文化特色具有原创性。

　　"文化"一词来源于《易经》："观乎，天下以人文化成。"这是文化的最早记录，意思是说文化统治着天下。在中国的历史长河中，文化一直在不同的领域诠释着新的内涵。"文化"的核心问题是价值观问题，是对何谓"好生活"的理解。一个时代的公共文化，则是一个时代的公众对"好生活"的共同认识。

　　文化是生活方式，是思考方式的累积与不断创造。中国特色的商业文化在我国历史中具有独特性，它的发生、发展、高潮进程引人入胜，它以不同时期的商人为中心，几次经历外域文化的注入，因此，显得更加鲜活，更加有生命力，更加有滋润大众兴生的养分，更能显示中华文化的底蕴。随着人类进入文明时代，为统治阶级利益服务的市民文化也在中国的大地上与时俱进，带着明显的中国人文特色，在中国历史上屡兴屡废，少受自然淘汰，倍受战火洗礼，然而，"野火烧不尽，春风吹又生"，"江商海贾"以其顽强的生命力在遭到摧残之后，洗去脸上的污垢，擦掉身上的血迹，重新焕发出青春的活力，它持续传承着，在封建社会的夹缝中兴生。

城市，是商人辐辏的舞台。一部中国城市变迁史，也是一部中国商业文化的兴衰史，更是"国人"集体狂欢的交响乐。它无时无刻不记录着周秦汉唐跌宕的历史风采，也留下了宋元明清灿烂的商业文明信息。每当我们想揭开中国商业文化的面纱，把玩市井、市场、市楼、市民万千景象，商业、商品、商店、商人的世间百态，就会生出无限的感叹和惋惜，感叹商业文化的丰富多彩，佩服汉代司马迁与班固给"货值者"立传，惋惜其余"正史"有意或无意的缺失商人的地位，使我们几乎失去了商业文化的记忆，好在稗史、笔记、诗词、小说家言、家谱、商人自己，还有考古、文物遗存留下了不少商业文化的信息。

商人，自古被冠以"奸商""贾竖""趋利之徒"，名声不佳，社会地位低下，可是历代"素封"之人，人生也很精彩。春秋第一霸主的相国管仲，"官山海"，役轻重，用"阴谋"，使姜小白称霸诸侯；有"陶朱公"范蠡，他三徙三富，为富有仁德；有端木赐，出自儒门，但不是个"书呆子"，他"结驷连骑，束帛之币以聘享诸侯，所至，国君无不分庭与之抗礼"。还有秉承"人弃我取，人取我与"的贩运商人白圭，秦始皇为其筑"望清台"的巴寡妇清，提出"奇货可居"的吕不韦，西汉的卜式、桑弘羊，唐代的裴明礼，明清的沈万三、阮弼、伍秉鉴等，皆是"财神"留其名，他们可以与王侯将相、才子佳人相提并论，不损春秋本色。

中国老百姓高度概括了自己一辈子的历史：生、老、病、死，一天的生活：吃、喝、拉、撒、睡，而联系这九字诀的是一个"钱"字。"钱、钱、钱，命相连"，中国特色的"钱"文化及其《钱神论》《钱本草》《骂钱奴》《金钱图》，在"金令司天，钱神卓地"的金黄银白的世界里，"圆形方孔"的意象体现了中国人的世界观、价值观、人生观，"孔圣人"与"孔方兄"在义与利问题上打了两千余年的嘴仗，至今还纠结着国人，斩不断理还乱。交通与贸易，自张骞凿通东西"丝绸之路"，到历久弥新的"朝贡"贸易，国人不断地被胡化或洋化着，在漫漫的取经路上，我们是否还要另辟蹊径？

古代商人在经营技术方面，有"权衡古今，度量天下"的气度，他们发明的杆秤、尺、斗及会计术、珠算术、营销术影响深远；那些含有吉祥文化的商标、广告、包装、装潢技术更是精彩绝伦，让人拍案惊奇；睿智的经商哲学及其商德、商言、商书经典堪比"圣经"；在"江湖"社会里，大约奉行"相濡以沫，不如相忘于江湖"的思想，他们以"见义勇为"的墨子、"一毛不拔"的杨朱为导师，大有气死孔孟，难死朝廷的本事；历代的商人不停地在吃、穿、住、行中僭越儒家的礼制，彰显自己的喜、怒、哀、乐，展现秦汉性格、隋唐风俗、明清世故。借用一句歌词，怎么你会变这样？像我这样为"商"痴狂，到底你会怎么想！

我们对商人的那些事断断续续从源头写起，力争使读者了解我国商业文化历史真相，弄清"重农抑商"及"贱商"思想始末，还"诚商""廉贾"一个清白。书中引录了较多的原文，可能为你阅读带来不便。我们只能依据一些断垣残壁，俯拾几块秦砖汉瓦，仰视几幅宋画，以及明清风俗，做匆匆一瞥。

（推荐单位：中共威海市环翠区委宣传部）

《梁氏庄园》内容提要

王德松

　　《梁氏庄园》一书在文登区政协的精心组织下，在区委、区政府及相关部门单位的大力支持下，经过全体编纂人员共同努力，历近三年的时间调查撰写，终于在 2015 年 12 月由山东人民出版社正式出版发行了。

　　梁氏庄园是文登地域文化中的亮点之一，在文登的历史多元文化进程中属于特殊板块，它既与社会相连，又自成体系。它把封建社会的政治、经济、文化、礼俗风情等多种元素全面融入庄园的一切活动里，通过庄园这面镜子，可以达到窥一斑而见全豹的效果。本书选材于文登境内现存的这座规模壮观的梁氏庄园建造前后事件，以庄园的奠基人清代巡抚梁萼涵跌宕起伏的人生轨迹为脉绳，用史料叙说梁氏家族的人和事，展现梁氏家族迁徙发展、耕读传家、科举扬名、官场建功、庄园建设、兴家之道、家族文化、慈善活动、梁氏名人、轶事传说以及庄园现状等方方面面的内容，力争全面系统地展现梁萼涵及其家族的发展轨迹，反映清末民初文登经济社会的发展，崇文尚学的传统和昌盛的建筑文化，反映地方传统建筑对外来文化的吸收与融合。编写本书的目的是让更多的人，熟悉梁氏庄园，关心梁氏庄园，积极参与梁氏庄园的保护与开发，并通过共同努力，让梁氏庄园重新焕发曾经的魅力，为繁荣文登的经济社会服务。

　　这是一部纪实性史料书籍。本书以国家档案史料与社会调查资料为依据，按年代顺序来叙述梁氏庄园家族里的人和事。从体例与内容上主要分为十三章五十七节。第一章用四个分节交代梁氏庄园家族从江南不断迁徙到最后定居文登的经过，并从梁氏众多的谱牒里寻找实证线索，厘清梁氏这个族系文脉，为本书的主人公梁萼涵的出现做必要的铺垫。第二章采用循序渐进的形式讲述了梁萼涵出生在一个殷实的书香门第家庭里，他的科举之路的顺畅除了有家庭文化的熏陶和家族榜样力量助推外，更重要的是梁萼涵本人天资聪慧过人，从小胸怀大志，刻苦攻读，追求仕进的结果。梁萼涵15岁便以优异成绩考入国子监。在高等学府优雅的环境中，他如鱼得水，金榜得中、天子赐名，奉事翰林，不断奋力拼搏上进，为步入仕途做着不懈努力。他得到天子的垂爱，并受到优厚的待遇。同时文章也让人们进一步了解到梁萼涵才俊卓然的细节，认识到他的辛勤付出是他走上仕途高层领导岗位的历史必然。

第三章重点写梁萼涵步入仕途后如何执政为民的情况。本章选用清史档案中记载的梁萼涵在为官的各个时期中为民处事的案例，陈述了梁心怀社稷，体恤民情，对人间不平之事敢于直言善谏，针砭时弊，并大刀阔斧兴利除弊，励精图治。梁萼涵刚正不阿，勤政为民，得到清朝道光皇帝的首肯，他由一个七品京官步步高升到福建监察御史、京畿道监察御史、光禄寺少卿、浙江按察使、甘肃布政使、云南布政使、山西巡抚和云南巡抚等要职，成为一代封疆大吏。这是梁萼涵人生的鼎盛时期，这些事例从梁萼涵任职期间上奏皇上的1500多道奏折中可以得到充分验证。

然而，当他事业十分辉煌之时，梁萼涵却急流勇退，奏请皇上恩准他解官归田。本书在第四章对从走访调查和清史档案记载资料进行了整理对他因疾病严重及民间传说御前失宠而弃官回乡的原因做了交代。《风雅荣成》一书载有梁萼涵的一首《归田》诗，该诗是其卸任巡抚一职，归隐后所作。《归田》诗写道："归田却未掩柴门，物我熙攘任往还。欶后应知藏谷善，病余才觉歇官闲。鱼潜分合趋南海，马老心犹念北山。好是僻乡风景别，寄情红树绿波间。"荣成名人董绍德《和梁萼涵大人归田原韵》诗的内容是："辞君非是巧机关，一片忠心自往还。力弱归田看谷美，身强就列肯官闲。铭勋不在三江地，立志常怀万寿山。功布千年犹可见，坐而论道公孤间。"从梁萼涵和董绍德的诗句中我们似乎能看到他们诗友间的来往，又能了解到，梁萼涵解任云南巡抚很大一个原因是疾病。他此时还不到50岁，应该是人生最好的一个阶段。当时中国正值鸦片战争时期，朝廷急需能吏善将。应该说，梁萼涵为官数十年，才能与经验都出类拔萃，在竞争十分激烈的官场中，能做到巡抚这个级别，足以说明了梁萼涵的能力得到了道光皇帝赏识和嘉许。如果不出意外，梁萼涵出任总督指日可待。年富力强的梁萼涵此时却为腿疾折磨，不得不离开官场。民间传说梁萼涵的腿疾是源于不服云南的水土，腿上长满疮痈且流黄水。梁氏后人传说梁萼涵得的病叫"铁骨瘤"。由此看，梁萼涵的病情确实十分严重。这直接对他的理想和抱负以及心理造成了很大的打击，使他不得不弃官回乡。第四章节对梁萼涵本人在任职期间和回乡后的文化生活也涉及一点。如他在任山西巡抚的闲暇时间里，著书立说，著有《伯孟书斋稿》。雅兴所至，喜欢和文人雅士游览名胜、对答诗文。兰州名胜"乐寿堂"至今还有他和著名学者梁章钜所题写的对联。梁章钜联："万色云霞花四点，一潭水月镜双清。"梁萼涵联："水自石边流出冷，风从花里过来香。"梁萼涵还喜欢书法，其本人的书法小楷和行草十分娟秀美观，他还十分欣赏文登县刘樾翁的书法作品。《文登县志·人物》卷记载道："刘樾翁，字培若。濡恩子。崇祯间，以岁贡任怀远知县。工草书，得晋人遗法。所临十七帖，荣成梁萼涵官山西巡抚，刻于并悬挂节署。"

第五章和第六章用八节分别讲述梁萼涵回乡后从老家孟家庄搬到文登万家庄的因由。梁萼涵在寓居期间遭到民人杨锦控告，说其"在山西任巡抚期间，有徇情受贿免充盐商情事"。此事一出，朝野震惊，一向清廉自律的梁萼涵，顿时遭到非议，此案受到道光帝的高度重视，谕旨刑部等相关部门要迅疾严查，从朝内刑部、吏部到省、州、县各级官府联动部署，把梁萼涵押解京城缜审，梁宅也被吏部严密查封。《清道光实录》档案史料真实详细地再现原始情景，案件最终水落石出，结论是他人所为。梁萼涵也定谳湔雪，再受优渥。

第七、八、九章用了十五个分节重墨展述梁萼涵遭受攻讦风波之后，认为买下的老宅住进不久便发生重大事故，此宅虽好但不吉祥，于是决定重建庄园的详细经过，从而点出本书的主题。清咸丰二年，梁萼涵开始大兴土木并按照自己设定的图纸进行施工建设。梁萼涵为官三十年余年，走过多地，见过各式各样的建筑，但他十分欣赏的还是胶东、晋中、滇西的建筑风格。因此，他在建设庄园时汲取了山西晋中、云南滇西和山东胶东三地的建筑艺术精华。建设起结构严谨、工艺精湛、占地百余亩、房屋千余间、恢宏大气的豪宅，尤其是梁宅里的祠堂、照壁、文昌阁、魁星楼，堪称精品，被许多专家学者誉为"中国传统建筑之瑰宝"。随着梁氏子孙的繁衍，众多的人口使梁氏家族在不断扩建庄园的同时，开启商贸经营、广置田地的兴家之道。第九章，运用梁家几处现存的规模较大的商贸房屋遗址，重点讲述他兴家有道给人的启示，有些经验至今仍有借鉴意义。由于梁氏家族置身在中国千年的封建社会里，因此，不少生活习俗延续着封建王朝贵族等级森严、家风肃正的特权和礼仪。在居住、生活上十分讲究按资排辈，婚嫁丧事十分隆重，他在地方习俗的基础上加上官宦豪门的特色，令人十分震惊。第九章通过梁家婚丧典例细致展示了文登地域淳厚的特色民俗风情，揭示了文登千年古县历史底蕴厚重的传统文化风采。

梁氏庄园里的主人也做过很多慈善事，书中选取了几个典型事例加以陈述。如道光十五年胶东半岛遭受特大自然灾害，人民流离失所，四处讨饭，在京城为官的梁蓂涵接到家书，立即奏请皇上开放东北沿海口岸向山东运粮救灾，道光皇帝恩准，家乡人民才免遭劫难；在庄园开办"义学"博爱小学，传教桑梓，让农家子弟接受文化教育；"发孤老粮"，年关分饽饽给贫苦人；"修路赈灾"等，这些慈善之举在民间至今广为流传。本书以一个章节记录下来，以告诫我们仁孝大爱是中华传统美德，我们要永远传承发扬下去。

本书同时对梁氏家族涌现出的众多名人贤达进行整理，简述了百余名梁氏名人，这些名人不仅成为梁氏家族世代推崇的偶像，也成为人们学习的楷模。在众多名人中，梁蓂涵当属佼佼者，他的事迹不仅被族人记入谱书里，而且被大清王朝专辑列传入藏典籍，他的名字镌刻在北京国子监进士碑林上，至今被游人仰慕。除了上述梁氏名人外，本书还对运用石碑、石牌坊等形式来颂扬梁氏家族中表现仁慈懿德、忠孝两全、出类拔萃的女名人进行了调查记录。如梁家的女人受到国朝旌表贞节的达 50 多位。我们从地方史书和老人们记忆尤深的孟家庄三座石牌坊和桥头大街石牌坊探访到，昔日这些威风显赫的旌表贞节的皇冠牌坊上，写下的却是梁氏女名人们一部部悲惨的人生历史。

文章对民间流传众多的梁氏逸事也进行了挖掘整理，第十二章选取了六个小事例，记述梁氏家族轶闻趣事，作为民间非物质文化遗产留存，以启示读者。

第十三章重点讲述了梁氏庄园这座始建于咸丰二年，历时 73 年，经梁氏家族 3 代人不断的扩建而成，占地一百余亩的威海地区最大的古建筑群落现在的状况。本书用三节分述梁氏庄园门庭败落的多种原因、变迁经过和保护办法。梁氏庄园遭到严重破坏，现存建筑不足五分之一，其中祠堂、照壁墙、文昌阁、魁星楼等典型建筑以及大多数文物悉数被毁，留存至今的建筑屈指可数。因此，昔日豪华辉煌的梁氏庄园变得肢体破碎失去昔日面貌。面对庄园房屋坍塌流失越来越严重的情况，抢救保护这处独特的历史文化遗产成为社会面临的问题。梁氏庄园，对深入研究了解清末和民国时期政治、经济、文化发展情况，民间建筑艺术以及胶东地区的民俗风情等具有重要的参考价值。编写《梁氏庄园》一书，就是希望通过对濒危资料的抢救性收集整理和深度挖掘，为研究、保护和开发梁氏庄园提供更多重要的史料依据参考。

本书集史料性、学术性、工具性、实用性于一体，共计 20 万余字。刊载实物图片 258 副，以真实的史料匡正了有关书籍错误记载和民间讹传，填补了不少梁氏庄园研究方面的空白。

一部书的成功与价值，关键在于它能否发挥传播功能，产生良好的社会效应。《梁氏庄园》一书能发挥其存史、资政、团结、育人的重要功能。让这部书为更多的人所阅读、所知晓，从而进一步扩大文登知名度和影响力，使梁氏庄园成为展示文登区历史文化的重要窗口和城市名片，在有效保护历史文化资源的同时取得良好的经济效益是撰写本书的目的。

另外，本书还选登了有关专家学者研讨梁氏庄园方面的论述文章，从多角度、多层面对庄园保护及其庄园主人进行评论解析，从而引起社会广泛关注。

为了方便读者阅览，本书还加入了涉及清代官制名称及有关词语注释和《梁莪涵列传》事迹记载原文及有关原貌史料，为全面了解梁氏庄园做一些有益的补充。

（作者单位：威海市文登区政协）

《如何培养孩子的情商》内容提要

单 红

一 基本观点

1. 孩子情商的培养不能靠单纯的口头说教

以往对孩子情商的培养基本上是以口头的空洞说教为主，这不仅不利于孩子情感、态度和价值观的形成，而且孩子会形成逆反心理，反而不利于其情商的培养。

2. 孩子情商培养的阵地不仅仅局限于学校

家庭和学校是孩子生活的两个重要场所，忽视了家庭教育对孩子情商培养的促进作用，就会使学校教育大打折扣，只有将情商培养从校内延续到校外，从课堂延续到家庭，才能保证情商培养的效果。

3. 孩子情商的培养应形成合力共育

父母和老师是与孩子接触最密切的人，如果能够做到家庭和学校联合、父母与老师携手，就能把孩子的主动性、积极性、创造性都充分地发挥出来，实现其对生活、行为、人际关系做出自主的决定，这样对孩子情商的培养是大有裨益的。

4. 通过对孩子情商的培养能够形成"三方成长共同体"

教师和家长在培养孩子情商的过程中，通过"言传"会提高自己的理论修养，通过"身教"会改善自己的行为习惯，这样就会和孩子一起成长，共同提升。

二 主要创新

本成果遵循互动性原则和实践性原则，运用了多元沟通的策略和强化体验式和主题式案例教育的策略开展教育活动。从家庭和学校联合、父母与老师携手两个角度阐述了培养孩子情商的一些途径和方法。主要有三个突出的特点。

1. 视角独到，针对性强

本书选取了当前学生中亟须解决并且对孩子情商形成影响较大的问题，从如何遵守规则、如何感恩、如何培养坚强意志、如何直面挫折、如何与人合作、如何面对竞争六个维度，指导教师和家长怎样对孩子进行情商培养，定位准确，选题合理，符合当前的需要。

2. 体例新颖，借鉴性强

本书采取了"六篇四章五环节"的结构形式，即全书分为六大篇，分别是守规篇、感恩篇、意志篇、挫折篇、合作篇、竞争篇；每篇分为四个章节，章节主题取自学生中普遍存在的一些问题；每章节又分为情景再现、原因剖析、教师课堂、父母课堂、实践课堂五个环节。其结构清新独特，具有较强的借鉴价值。

3. 形式独特，操作性强

本书注重理论与实际的结合，有现实性强的事例，有深入浅出的理论分析，有科学的教育方法指导，有主题培育的课堂，有拓展的生活实践，既是一本理论方面的书籍，又有实践层面的指导。书中的"情景再现"主要是讲述了现实生活的故事。"原因剖析"则从理论层面对故事中人物或现象进行分析，确定了需要对孩子进行情商培养的内容。"教师课堂"主要是就某个方面谈教师应如何培养孩子的情商。"父母课堂"主要是谈家长应如何培养孩子的情商。"实践课堂"包括两部分，一是"主题活动"，学生、教师、家长一起参与，培养学生的某种习惯或能力；二是"活动延伸"，将教育活动由课堂延伸到课外生活中，通过实践体验进行内化，巩固教育效果。本书将生活资源与学校教育整合，可以从理论和实践两个层面对教师和家长进行指导，有利于提高教师和家长的能力。

4. 层进式设计，利于巩固

本书采取一种层进式设计，针对学生要养成的某种情感、态度或价值观，先对教师和家长进行理论和方法的指导，再通过教师、家长和学生共同参与的主题实践活动，将理论与实际相联系，让学生通过体验获得某种情感、态度或价值观，最后通过课外的活动延伸进行巩固，达到内化于心、外化于形的效果。

三　内容摘要

目前的教育，许多老师和父母最关心的是，孩子聪明不聪明，学习怎么样。好像教育就是发展孩子的智力，就是要高分数。其实，这样的教育却把孩子引入了一个误区，那就是我们忽略了让孩子走向成功的另外一个更加重要的因素——情商。

情商决定命运。人生事业成功与否主要取决于情商，而不是智商。情商（EQ）对人生有80％的作用，智商（IQ）对人生仅有20％的影响力。情商与后天的培养息息相关。如何使孩子成为高智商的人，家庭教育与学校教育都应发挥其重要的作用。

该书共分六篇，分别为"守规篇""感恩篇""意志篇""挫折篇""合作篇""竞争篇"。每篇前面首先是总论，主要阐述守规的意义和必要性，然后又分为四个章节进行介绍。各章节又分别从四个方面阐述：情景再现（案例）→原因剖析→教师课堂→父母课堂→实践课堂。

（推荐单位：中共乳山市委宣传部）

虚拟社会中公民的公共责任析论

孙卓华

一 虚拟社会中的公民

互联网及其技术的发展和普及，社会经济的发展和人民生活水平的提高，使人们能够容易进入基于互联网而生成的虚拟社会。虚拟社会是计算机网络技术更新、升级的结果，它把科学技术和人类社会的发展联结起来。虚拟社会产生在现实社会基础上，因为虚拟社会中的信息资源来自现实社会的各种现象、问题、需求等，虚拟社会的发展和变化是现实社会的思想和技术推动作用的结果；虚拟社会中的主体是现实中的人，他们通过互联网按照一定的规则进行活动，并因此而形成了不同关系的场域群体，主导着虚拟社会的不同领域。虚拟社会是虚拟与现实的结合。

在当代中国，民众的传统生活和思维方式等因虚拟社会的生成而发生飞跃。中国特有的国情及现实的发展变化，使互联网成为民众进行利益表达和诉求的主要平台。改革开放的深化和社会的转型，使人们的利益意识开始觉醒并积极追求，主张权益是中国民众生活的重要内容，但是现实社会中表达权益和诉求的渠道相对匮乏，而且真正实现权益的成本非常高，甚至投入巨大的成本而无收益。在基于互联网的虚拟社会中进行利益诉求，成本很低且易于实现权益，因为在虚拟社会中，符号化的、数字化的"现实人"根据自己的基础或条件选择一个平台进行权益的表达或诉求。再者，虚拟社会所具有的公共性、公开性、自由性的特征，使普通民众能够展现在现实中未曾表现的勇气和激情，他们会根据自己的偏好塑造自己的价值，对虚拟社会中的社会事件积极关注、参与、发布评价信息。此外，社会的发展使民众的素质相对过去有所提升，他们会在虚拟社会中的不同场域中分享某些事件的观点并参与评论，并因相同的观点在网上汇集成强大的舆论场，从而引发现实社会中不同力量对事件的关注，成为积极的网络民众，由现实中的"草根"成为网上"网络红人"，继而影响到现实社会的政治或生活秩序。显然，虚拟社会中的这些民众从行为、作用上已然是公民的角色。

由此得之，网络公民是虚拟的概念，但不是先验的虚拟概念，是在现实中客观存在的民众个体在虚拟社会对具体公共事务参与而生成的概念。虚拟社会的公民并不是指所有网络民众，而是指现实社会中的民众通过互联网以数字化、符号化的形式对公共事件关注或者是进行利益表达的那些网民。虚拟社会中的原子化公民个体在面对现实共同利益的公共事务时会在网上集结，这些不同公民个体通过不同的网络社区、论坛、微博、QQ 群、微信群等虚拟空间，形成了及时而强有力的、短暂而不稳定的网络群体，他们的参与会随着敏感、热点事件的消失而消逝，或者及时转移到新近发生的公共事件上。他们是现代社会公共生活领域的重要群体，在当代中国已是推动现实社会中民主政治发展和社会救助的重要力量，譬如，从 2003 年的孙志刚事件到对当下网络反腐的巨大贡献，以及通过在互联网的呼吁而形成巨大感染力的网络寻亲、捐助等社会救助活动。但是，因为利益的驱使和认知的局限，虚拟社会中公民的"失范"行为也比较多，不可避免地会影响到现实社会的秩序。

二　虚拟社会中公民公共责任的特性

公民的公共责任是国家、社会以及其他公共主体对公民的规范性要求，也是对公民应该具有的道德要求，如果公民因国家、社会及其他公共主体道德规范的要求而履行责任，那么，这是一种外在的、他律的消极公共责任；如果公民基于内心认同、使命感和责任感而承担责任，这说明这些责任是内在自律意义上的积极责任。虚拟社会中公民的公共责任以内在自律意义的道德责任为主，因为虚拟社会中的制度规范滞后，管理规范基本是对现实中某些部门法、公共管理制度规范的参照。因此，虚拟社会中公民的公共责任是指公民在社会公共领域中应当承担的与自己身份（角色）相符的道德上的责任，以及对这种应当责任积极履行或消极对抗所产生的行为后果应承担的责任，主要包括：基于公共社会生活中的事件所应该承担的责任，与自己虚拟身份相符而主动承担的责任，在虚拟社会生活中对自己言论带来的后果承担的责任。虚拟社会中公民的公共责任具有以下特性。

公共性。公共性是由公民活动的公共领域决定的。网络公民所在的虚拟社会决定性基础是共同的兴趣、偏好等，而不是必须来自相同的地域、身份等要素。而且，网络的虚拟性、开放性使得他们在现实社会中不可能发生的交往关系成为可能，因而，虚拟社会中异质人群因利益、偏好而聚集，使网络社区的构建得以成真，形成虚拟的公共空间。网络公民在网络社区对热点的公共事件，譬如国家政治问题、社会民生问题等进行讨论、交流，形成共同的意志和达成共识。如果不同虚拟社区中的群体具有明确的集体意识和共同的目标，这些社群的自主参与就会更有效，会不自主地体现出来公共责任。因为"在公共领域中展现的任何东西都可为人所见、所闻，具有最广泛的公共性"。不论在现实社会中还是虚拟社会中，公共领域是确立公共责任的基础，公民必须在公共空间做好分内的事。但是值得注意的是，网络社群关注的公共事件涉及领域比较广泛，在一定程度上是在做网络公民"分内"的事情，但体现的却是伪公共责任，如，"五毛党"群体所声称承担的公共责任。因此，政治主体需要对网络公民公共责任的真伪予以辨别，以指导其他网络公民理性参与。

低成本性。在互联网络空间所构成的虚拟社会中，众多网络公民摆脱时间、空间的束缚自由表达和交往，并会因为共同偏好、情感因素而形成认同进行积极地参与，在这个表达和参与过程中不必付出巨大的政治或者经济成本，就能够实现公共利益且表现出一种公共责任。由于虚拟社会的自由性和隐匿性，网络公民可以建立多种身份，以符号化的身份参与所谓的公共事件，降低了网络公民心理负担和精神压力，在某种情感的激发下，会表现出更为积极的责任感、使命感，关注某个事件并产生共鸣，进而转化为现实中的担当行为。这种担当不需要付出昂贵的政治或经济成本。2008年"汶川地震"后，众多具有爱心的公众在互联网空间集结起来，形成巨大的舆论压力，迫使政府做出积极回应，特别是他们从网络参与到成为"汶川地震"中的实地救助志愿者，他们在参与现场救援的不同过程中，表达了对灾民的同情、对社会的责任、对国家的忠心。这些网络公民是一个异质群体：身份、职业、领域、性别等不同，他们不是基于政治压力和经济诱惑而是有着对他人生命价值的认同意识，他们通过网络虚拟平台而来，主动肩负起了对国家和社会的责任。

目的性。虚拟社会中的公民生存于现实社会中，现实社会中的各种活动或制度规范都会直接或间接影响到他们，网络公民为了某种共同的目的会积极承担公共责任。如，因为需要健康的生存环境，他们会对经济发展过程中的环境保护和居民健康等持续关注。2014年的兰州自来水苯污染事件和广东茂名 PX 群体性事件受到网络公民的关注。还有一种目的性，不是为了真正的公共利益而是为了追求私利而表达出来的"公共责任"，一些网络公民受利益诱惑而混淆是非，替他人进行利益表达，尤为突出的就是"网络水军""五毛党"等群体所表达的诉求。这些人所进行的担当有时是积极正能量的传递，如揭发腐败事实，实现公平正义等，但是"网络水军"更多时候是制造了网络暴力、恐慌，有时甚至影响到现实社会的稳定，如，对 2015 年"5·2"枪击事件的歪曲与传播，对现实社会造成了极大的影响，就是"伪公共责任"。他们实际具有"乌合之众"中群体的心理、意见和信念，即奉"法不责众"的原则而不顾忌自己的言行，从而获得自己的利益。再者，网络公民表达的公共责任具有满足精神需求的目的，他们在虚拟社会中常常关注各种公众名人的事件，根据自己在现实中对社会名人的喜恶，在网络上予以赞同、评价和维护，即粉丝效应，比如，为了维护被崇拜群体的形象，他们会对社会文化界名人的不道德行为进行谴责，引起政府重视并促使政府做出相应的管理以约束这些名人，防止被崇拜的名人群体产生更多的对社会不利的负效应。

异化性。虚拟社会中公民责任的异化性是指现实社会中公民的责任与虚拟社会中的责任不相关，现实社会中的公民具有的公共责任是充分条件，而不是必要条件。换言之，现实中公共责任感不强的公民个体，在虚拟社会中经过互联网的舆论感染，可能会被激发出积极的责任感和使命感。人们为了共同的责任而合作，虚拟网络将分散的力量聚合。"汶川地震"的志愿者多是"80 后"，现实中他们被认为是没有担当的人群，然而，在网络救助舆论的感召下，他们被救灾的话语感动，对国家民族产生了甘于奉献的认同感。据四川省团委数据统计，从地震发生到 2008 年底，到各级团委报名的志愿者有 118 万多人，由团委直接派去的有 18 万人，自行前往的人众多，根本无法统计。"这是中国公民社会元年，是公民责任、道德意识的一次觉醒"。众多"80 后"志愿者自发、自主、自愿和无偿参与救助源于虚拟平台，真正实现社会担当。

三　虚拟社会中公民的公共责任分析

虚拟社会中公民公共责任的特性离不开现实社会。人是社会关系的总和，必然会对社会关系有所反应，并通过不同的形式表现出来，"任何人都生活在特定的社会文化环境中，都有其特定的社会身份（角色），因而其行为总是他或她以某种或某些特定的社会身份，在特定的社会文化和情境中做出来的"。

从社群主义理论中我们知道，社群中的好公民首先是一个责任公民，既具有参与公共生活、公共事务的意识、态度，同时也具有这方面的行为能力，能够切实改善公共生活中社群的生活质量。而在个人和群体的关系中，社群主义强调环境和个人所属群体对其身份感的形成所具有的规范性和优越性，并认为人的规定性应该从其生活的环境，即社群中获得定义和说明，人的行为活动依附于生存环境。正是由于这个社群的存在，公民的行为和认同获得了行动的条件和意义。人们把由互联网形成的虚拟社会作为表达社会关系的重要空间，因为虚拟社会是现实社会的延伸，网络公民公共责任的特性是被现实社会的公共事件激发出来的。故而，在考察虚拟社会中的公民责任表现时，必须在现实社会环境和既定的社会关系中探究。

中国经过几十年的改革开放，政治管理、经济体制、社会文化等发生了变化，改变了人们生存发展的社会环境以及人们之间的社会关系。现实社会中公民个体所属的社群难以确定，公民个体的共同归属感已变得极其模糊，而在虚拟社会中不同的公民个体通过网络媒介发现与自己兴趣、利益甚至境况相似、相同的群体，他们对现实社会中的公共事件进行信息传递和意见表达，满足他们对真实信息的渴求与自主参与的愿望，这促使孤立的公民个体与具有共同兴趣、意志、利益的群体在虚拟社会积极做出反应，体现出归属感和社会价值。即使那些为了获取私人利益或满足心理、精神的需求的"伪公民公共责任"，也与这一因素相关。

网络公民是现代社会公共生活领域的重要群体。在中国，网络公民关注的公共事件，大多是中国现实中的政治、社会问题，他们具有普遍同情弱者、审判强者的倾向——对富人、官员、明星等非富即贵的鄙视和讨伐，对农民工、小摊贩和穷人等底层人士的同情和怜悯。这些公共事件涉及中国转型时期的各个领域，共同指向政策的执行者——官员，或者是既得利益者——富人，凸显中国现实社会结构的不平等、不合理现状。网络公民愿意随时关注这些具有广泛影响力的与现实生活相关的政治与社会议题，通过转发或评论参与到其中，形成舆论热点，不断扩大事件影响范围，推动新闻议题的产生，并最终影响到政府的决策与社会议题的发展进程。河南"袁妈妈收养孤儿事件"促成中国政府出台了民间收养孤儿的相关政策，使现实社会中对孤儿的救助增加了更多的资源。2014 年公众人物的失德事件，如柯震东、房祖名吸毒事件以及其他文艺界名人吸毒嫖娼案，促使政府对现实中的文化领域进行整治，制定公众人物的基本惩处规范。

虚拟社会的公民在积极担当的同时，也存在公共责任的缺失。随着网络信息技术的发展与普及，网络空间已然成为现实世界制度性政治参与的替代品。"当民众对政治现实不满时，借助网络直接挑战乃至颠覆现实政治的行动已经成了某种心理习惯"。虚拟社会中的话语和行为离不开现实环境。我国改革开放的发展和市场经济的确立，利益的觉醒、道德的丧失和法制的滞后以及信仰和归属感的缺失，加之虚拟社会的匿名性和虚拟性、自由性，势必存在虚拟社会中公民的失范行为。

四　虚拟社会中公民公共责任的实现机制

网络公民不是先验的虚拟概念，而是在现实中客观存在的公民个体在虚拟社会对具体公共事务参与而生成的概念。网络公民的生存发展以及责任担当依附于既定的社会关系和经历的历史过程。网络公民在虚拟社会中的言行倾向、态度体现、情绪表达等以及在现实社会呈现的担当行为，都是对现实问题的映射。因而，对于网络公民的责任关注必须与所处环境结合起来。而现实社会中正义性的制度、合理的公民角色教育、网络媒介的素养、积极有效的规范管理，是网络公民公共责任的形成和实现的保障。

1. 正义的制度

虚拟社会中的公民在其所处宏观和微观环境下的制度规范体系中从事着不同的活动，当这些制度相对合理或者是正义的时候，公民不论在现实还是虚拟社会中，会有一些积极的责任担当。正如约翰·罗尔斯所言："如果一个制度是正义的或者是公平的，亦即满足了两个正义的原则，那么每当一个人自愿地接受了该制度所给予的好处或者是利用了它所提供的机会来促进自己的利益时，他就要承担职责来做这个制度的规范所规定的一份工作。"罗尔斯告知人们，正义制度为公民对自己责任的认同提供了现实基础。公民的责任基础是正义的制度加以预设和安排的，如果现实中制度是正义的，公民就能够理性地认知权利、责任而自愿承担责任，去做分内之事。我国正处于社会转型期，在许多领域需要不断完善和创新制度并使制度趋向正义，那么，无论对于现实社会还是虚拟社会中的公民而言，这都将是促成公民责任担当的保证。

2. 公民角色教育

公民能够担当责任与其在社会生活中的身份角色有关。每一个公民都奠基在社群深厚的历史传统中，如果公民丧失了与社群的历史联系，那么会造成公民的身份认同危机，没有归属感。因此，必须让公民了解个体与公共生活或社群之间的历史关联，从而养成对集体的责任意识。而对公民进行身份角色教育则是一个重要而有意义的过程。虚拟社会中的社群是"非物质存在，所以不会遵循现实社群的交往规则，但是这不等于说它是虚无的、不真实的，它只是在不同的现实层面上运行"。这与现实中的公民责任担当应该是一致的。网络公民只有在实现公共利益时才能是其角色身份的验证。在我国的各种教育体系中，重视并安排公民角色教育，使受教育者认识自己的公民角色与社会的关系，也通过角色来认识他人和自我，一方面意识到自我作为社群中的普通一员所应具备的基本责任，另一方面在理解这些基本责任及其要求的基础上，能够从自身所从处的社会环境与社会关系中，寻找到个体与社会公共事务相媾和的现实途径，最终实现责任担当。

3. 提升网络媒介素养

公民角色意识的形成只是为其参与公共生活提供了可能，而要转变为现实，离不开公民个体的积极行动。公民个体积极参与公共事务承担公共责任，公民只有在实现公共利益的过程中才能发现自己、肯定自己。公民关注的公共利益是在社会中形成的，是通过教育和引导获得的。网络媒介在虚拟社会中是一个决定性的平台，是网络公民互动的基础，依靠它传递信息和构建生活实体。网络公民不可能或者极少地将现实中原初的事实进行比照或核实，因为依赖和相信媒介已经成为定式。他们认为这样可以减少认知成本，提升认识世界的效率。

网络媒介是关键，它是虚拟社会中公民进行网络活动的源头。因此，政府和相关组织开展与加强媒介素养的提升是极其必要的。通过网络媒介素养教育，使媒介提供积极的信息，引导网民恪守文明规则减少情绪化表达，形成和而不同的言论规范，以增强自己的责任意识。同时，要引起家庭、社会、学校对媒介素养的重视，促进媒介素养的提升，使其形成正确的媒介批判意识与对信息的判断力，发挥政治社会化的作用，从而有助于从而网络公民的公共责任的形成与实现。

4. 提供管理制度、法律规范

虽然虚拟社会中公民的公共责任是以内在的自律责任为主，但是其内在责任的形成离不开外在制度规范的引导和规范。为此，政府相关部门要认真分析当前网络公共领域出现的种种失范现象的成因，针对虚拟社会的特性，继续修订与完善相应的互联网管理制度，严肃、严格执行已经出台的制度规定，如《关于审理侵害信息网络传播权民事纠纷案件适用法律若干问题的规定》《关于办理利用信息网络实施诽谤等刑事案件适用法律若干问题的解释》

《关于审理利用信息网络侵害人身权益民事纠纷案件适用法律若干问题的规定》，以保护合理的网络行为。

同时，构建良好的网络生态环境，引导网络公民自觉依法上网，发挥网络公民群体对网络生态的自我修复、净化机能。在中央网络信息办公室的领导下，联合相关运营商，在网上设置"网络社会工作局"，开展与网友包括"大V"的联络，推动成立网上社会组织，加强对网络公共领域舆论平台的监管，严惩破坏网络公共舆论秩序以及损害他人合法权益的参与主体，并形成政府主导、全体社会成员共同参与的预警、控制和防范体系，让理性表达成为网络公共领域的主流，以使网络公民更好地实现公共责任。

总之，虚拟社会是对现实社会的延伸，网络公民的公共责任离不开现实社会，在网络治理中必须关照到现实社会的变化和公民的需求，治理方能有效，达成虚与实社会治理的统一。

[作者单位：山东大学（威海）]

交叉上市、股权性质与企业现金股利政策

——基于倾向得分匹配法（PSM）的分析

程子健　张俊瑞

一　引言

现金股利是上市公司回报投资者、缓解内部委托代理问题的重要手段，也是企业向市场传递内部盈利信息的重要信号。然而长期以来，由于投资者保护意识薄弱，我国企业在股利政策的制定方面一直存在着种种问题：一方面，"重融资，轻回报"的顽疾使得我国大量上市公司选择少分红甚至不分红的股利政策；另一方面，在股权分置改革前，亦有相当数量企业的非流通股股东，通过"异常高派现"的方式掏空上市公司，侵害中小股东利益。针对上市公司过低或畸高的股利分配政策，中国证监会陆续出台多项规定，鼓励上市公司发放一定比例且相对稳定的现金股利；与此同时，随着股权分置改革的实施与完成，非流通股股东以高现金股利进行利益侵占的动机亦得到有效遏制。我国上市公司的股利政策正逐渐从以往的乱象丛生走向正常健康的轨道。

然而，时至今日，我国上市公司在股利政策的合理性方面与发达国家资本市场的上市公司之间仍存在着明显差距。由于严格的法律制度与完善的监管要求，来自发达资本市场的企业更重视对投资者利益的保护，也通常会根据企业自身财务状况制定更加合理的股利政策，分红规模比较适中且更具稳定性。那么，当我国上市公司奔赴境外市场交叉上市时，其股利政策是否会因资本市场环境的变化而受到影响？交叉上市与企业现金股利政策之间的关系，又是否会受到国有股权性质的调节？这是本文所关注的研究问题。

已有研究中，Abdallah and Goergen 从公司治理角度分析了交叉上市对企

业股利政策的影响，并发现在交叉上市之后，企业的现金股利发放水平得到了显著提升。然而其研究存在如下两点不足：（1）只对比了在交叉上市前后企业股利政策的变化，研究时段的选择使其无法检验交叉上市对股利政策的长期影响；（2）疏于分析各类国内因素对交叉上市与现金股利间关系所可能产生的影响，导致其研究结论具有一定的局限性。

针对上述问题与不足，本文首先从捆绑效应的视角，结合我国交叉上市公司独特的企业特征，分析了交叉上市与企业现金股利之间的关系，并进一步讨论了股权性质对两者间关系的调节作用；其次，针对我国 2007~2011 年 A 股主板与中小板上市公司的财务数据，运用倾向得分匹配法（Propensity Score Matching，PSM）实证检验了交叉上市、股权性质与企业现金股利政策三者之间的关系，得出了与以往不同的研究结论：（1）与非交叉上市公司相比，我国不同类型的交叉上市公司均倾向于发放更少的现金股利；（2）交叉上市对企业现金股利政策的负向影响水平在国有企业中得到了一定程度的弱化。

二 文献回顾与假设提出

（一）交叉上市对股利政策的影响分析

交叉上市是指企业在多个证券市场同时上市的情况。我国交叉上市公司按照上市地点的不同可以大致分为三种类型：（1）A+B 股交叉上市公司，即同时在 A 股与 B 股市场发行股票的企业；（2）A+H 股交叉上市公司，即同时在 A 股市场与香港证券交易所发行股票的企业；（3）A+H+N 股交叉上市公司，即实现在中国内地、中国香港、美国三地上市的公司。交叉上市能够为企业发展带来一系列好处，如：打破市场分割，提升企业价值等。而其中最受关注的一点就是交叉上市的捆绑效应对企业公司治理水平的提升作用。

交叉上市的捆绑效应理论最早由 Coffee 提出，他认为由于交叉上市公司面临境外发达资本市场严格的法律法规监管、苛刻的信息披露要求与详尽的投资者保护方面的规定，公司治理水平将得到显著提升。国内外大量文献关注在不同资本市场交叉上市的问题，并为捆绑效应的存在提供了证据支持。

随着交叉上市所带来的公司治理水平的提升，企业的股利政策也将受到相应的影响。La Porta et al. 提出了一组互相对立的假设来解释公司治理与股利政策之间的关系。其中结果效应假设认为，高股利发放率是公司治理水平提升的结果，即公司治理水平与股利发放水平正相关；而与之相反，替代效应假设则认为，作为企业缓解委托代理问题的两种不同手段，公司治理机制与股利政策是可以互相替代的，即公司治理水平与股利发放水平负相关。已有文献中，两种假设均得到了一定程度的支持，因此单纯从捆绑效应的角度，尚难以判断交叉上市对股利政策的影响方向。

近年来越来越多的研究表明：结果效应或者替代效应何者起主导作用，取决于企业的发展机会与融资状况。如 Chae et al. 的研究表明，当企业内部可供投资的资金充足，同时不受融资约束困扰时，结果效应将发挥主导作用；反之，当企业发展机会优良，但又受困于融资约束时，替代效应将发挥主导作用。因此，为了进一步明确交叉上市对现金股利政策的影响方向，我们需要对交叉上市公司的发展机会与融资能力进行进一步分析。

首先，我国交叉上市公司通常拥有良好的发展前景。这一方面是因为交叉上市能提升企业在境外市场的知名度；另一方面则是由于境外资本市场的有效性更强，企业管理者能够从中获得更加准确的信息，从而有利于其对发展机会的把握。我国交叉上市公司（如中海油）在海内外市场连续并购，也从一个侧面佐证了交叉上市为企业带来了更多元的投资机会。

其次，我们不能忽视我国企业在境外资本市场所面临的融资困境。虽然大量研究表明，国外企业赴美交叉上市能够有效降低融资成本，但与上述研究证据相反，中国企业无论是在 B 股市场还是香港市场的融资能力均不甚理想，这表现为 B 股、H 股对于同一企业 A 股存在的长期折价现象。而大量中国企业在美国资本市场频遭做空退市的事实，更进一步表明中国交叉上市公司仍旧面临着一定程度的境外融资困境。

综合以上分析，我们认为：交叉上市的捆绑效应提升了公司治理水平，而在交叉上市公司良好的发展机会与严峻的境外融资困境下，替代效应将发挥主导作用，交叉上市公司将选择更低的股利支付水平以降低企业对外部资本市场的依赖程度，为其良好的发展机会募集资金；此外，由于捆绑效应降低了交叉上市公司内部资金被管理层侵占的可能性，投资者也更有可能接受企业所采取的低现金股利政策。图 1 对交叉上市影响企业现金股利政策的理论路径进行了梳理。

根据上述分析我们认为，我国交叉上市公司将更有可能选择支付更少的现金股利。这首先表现为 A + B 股与 A + H 股交叉上市公司的股利发放水平将比非交叉上市公司更低。其次，A + H + N 股交叉上市相当于在 A + H 股交叉上市的基础上赴美再次交叉上市，由于美国市场对公司治理水平的提升作用

```
┌─────────────────────────────────┐
│              交叉上市              │
└─────────────────────────────────┘
              │ 捆绑效应
              ▼
┌─────────────────────────────────┐
│            提高公司治理水平          │
└─────────────────────────────────┘

      交叉上市公司高发展性与海外融资困难的
      企业特征决定了替代效应将发挥主导作用
              │
              ▼
┌─────────────────────────────────┐
│            低现金股利政策            │
└─────────────────────────────────┘
```

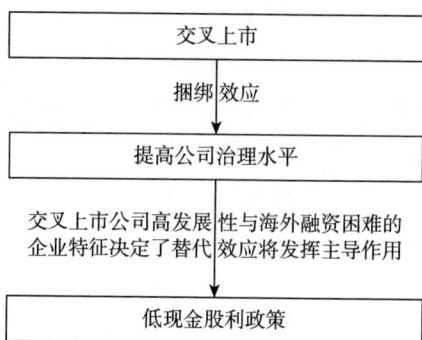

图1　交叉上市影响企业现金股利政策的理论路径

更大，企业在广阔的北美市场进行投资的机会更多、扩张的动机更强，因此与其他 A + H 股交叉上市公司相比，A + H + N 股交叉上市公司留存资金的动机更强，替代效应体现得更加显著，企业现金股利的发放也将更少。据此我们提出本文的假设 H1 及其三个子假设 H1a ~ H1c。

H1：与非交叉上市公司相比，交叉上市公司发放的现金股利更少，具体表现为以下方面。

H1a：与非交叉上市公司相比，A + H 股交叉上市公司发放的现金股利更少。

H1b：与非交叉上市公司相比，A + B 股交叉上市公司发放的现金股利更少。

H1c：与其他 A + H 股交叉上市公司相比，A + H + N 股交叉上市公司发放的现金股利更少。

（二）股权性质的调节作用分析

Luez 指出，有关交叉上市的研究往往强调境外市场对交叉上市公司财务决策所产生的影响，而忽略了企业所在国的各项因素所可能发挥的作用。而在诸多国内因素中，企业股权性质的作用尤为突出。因此在分析交叉上市对现金股利政策的影响时，本文也将考虑股权性质的调节作用。根据以往的研究，我们认为上述调节作用可通过如下两种截然相反的路径实现。

1. 业绩假设

我国政府与国有企业之间具有天然的"血缘"关系，政府会对国有企业提供各项扶持政策，如：国有企业更容易获得更大规模、更长期限的银行贷款等。上述扶持政策不仅能够帮助交叉上市公司走出境外融资困境，更能显著提升企业业绩，而当融资约束得到进一步缓解、业绩得到提升时，交叉上市对现金股利发放水平的负向影响将有可能会被弱化。基于这一观点，我们提出假设 H2a。

> H2a：根据业绩假设，国有股权性质能够弱化交叉上市与企业现金股利发放水平之间的负向关系。

2. 私利假设

由于捆绑效用的存在，交叉上市能够带来公司治理水平的提升；然而国有企业的所有者缺位现象，加剧了其委托代理问题，并有可能减弱交叉上市的捆绑效应对公司治理水平的提升作用。此外，Hung et al. 发现，我国不少企业远赴境外上市是出于政治方面的考虑，国企领导可以通过实现企业境外上市的手段提高自己的知名度，并带来政治升迁的机会。据此我们可以推断，这种政治寻租动机将会进一步促使交叉上市公司的管理层在境外市场进行大规模投资，上马大型项目以争取进一步的政治升迁。而投资所带来的资金占用将使得现金股利支付水平进一步降低。据此我们提出与假设 H2a 对应的竞争性假设 H2b。

> H2b：根据私利假设，国有股权性质能够强化交叉上市与企业现金股利发放水平之间的负向关系。

三 研究设计

（一）样本选择与数据来源

证监会在 1999 年 7 月 14 日颁布的《关于企业申请境外上市有关问题的通知》（下称《通知》）中为申请境外上市的企业设立了三大门槛：（1）净资产不少于 4 亿元人民币；（2）过去一年税后利润不少于 6000 万元人民币；（3）筹资额不少于 5000 万美元。这就是所谓的"456 标准"。"456 标准"决定了我国交叉上市公司的资产规模通常较大、上市之前的盈利能力与预期的融资能力通常较强，而这在一定程度上造成了境外上市公司的样本选择问题。鉴于此，我们运用 Rosenbaum 和 Rubin 所提出的倾向得分匹配法（Propensity Score Matching，简称 PSM）对内生性问题进行控制。

首先，确立初始样本。在股权分置改革之前，大量企业的非流通股股东通过发放高额现金股利的方式进行资金转移，侵害流通股股东利益；而股权分置改革后，股利政策失去了其转移资金的功能，企业异常高派现行为也逐渐消失，加之证监会对企业股利政策的重视与引导，企业股利政策的制订更加重视与企业其他各项财务决策的配合，呈现更加理性的特点。考虑到股权分置改革前后我国企业在股利发放动机上的系统性差异，同时考虑到新会计准则的颁布与实施的情况，我们从 CSMAR 数据库中选用 2007～2011 年的数据，即新会计准则颁布后与股权分置改革大体完成后的主板与中小板上市公司数据，之后剔除金融保险类公司以及有数据缺失的样本，最终确定的研究初始样本量为 8406 公司年。

其次，进入 PSM 第一阶段回归。在 PSM 方法的第一阶段回归中，本文结合《通知》的相关政策要求，采用如下 Logit 回归模型（模型 1）计算倾向性得分进行配对。

$$Logit(CL) = \alpha_0 + \alpha_1 Equity + \alpha_2 Netincome + \alpha_3 PE + \alpha_4 TOP1$$
$$+ \alpha_5 FCFTA + \alpha_6 LEV + \sum \alpha_{7+j} Industry_j + \varepsilon_{i,t} \qquad （模型 1）$$

模型中，*Equity* 代表企业的净资产规模，*Netincome* 代表企业的净利润总额，*PE* 衡量企业的市盈率，它不仅能够反映企业的发展潜力，也能够在一定程度上反映企业的融资能力。根据"456 标准"，企业的净资产规模、净利润水平、融资能力将直接关系到企业是否有资格境外上市，因此，我们认为上述三个指标将对企业的交叉上市决策产生重大影响。除此之外，我们还控制了第一大股东持股比例（*TOP1*）和股权自由现金流与总资产之比（*FCFTA*）这两个公司治理因素。通常而言，企业的股权集中度越高，大股东对公司的掌控力越强，越不乐于通过境外上市的方式稀释其对公司的控制权。而自由现金流量水平越高，公司对外部融资的需求越低，就越不倾向通过境外上市进行股权融资。最后，我们控制了财务杠杆（*LEV*）与行业因素（*Industry*）。经由 PSM 第一阶段，我们将交叉上市公司与非交叉上市公司进行了一一配对，样本量均为 599 公司年。对交叉上市样本具体细分，可以发现，A＋B 股交叉上市样本为 372 公司年，A＋H 股交叉上市样本为 231 公司年。而 A＋H 股交叉上市样本中，又有 53 个样本为 A＋H＋N 股双重交叉上市公司。研究样本的构成情况如表 1 所示。

表 1 研究样本构成

单位：公司年

年度	A + H 股交叉上市公司		A + B 股交叉上市公司	全部交叉上市公司	非交叉上市公司
	仅在香港上市	A + H + N			
2007	29	11	77	117	106
2008	32	7	71	109	80
2009	33	11	68	111	106
2010	42	12	77	130	138
2011	42	12	79	132	169
总计	178	53	372	599	599

（二）模型设计

本文建立了 5 组回归模型来对主要研究假设进行检验。模型 2～模型 6 如下所示。

$$DY(DS) = \theta_0 + \theta_1 CL + \theta_2 SOE + \theta_3 SG + \theta_4 FCFPS + \theta_5 TOP1$$
$$+ \theta_6 ROA + \theta_7 Sdiv + \theta_8 LEV + \theta_9 SIZE + \xi \qquad （模型 2）$$

$$DY(DS) = \theta_0 + \theta_1 HK + \theta_2 BS + \theta_3 SOE + \theta_4 SG + \theta_5 FCFPS + \theta_6 TOP1$$
$$+ \theta_7 ROA + \theta_8 Sdiv + \theta_9 LEV + \theta_{10} SIZE + \xi \qquad （模型 3）$$

$$DY(DS) = \theta_0 + \theta_1 Hpercent + \theta_2 Bpercent + \theta_3 SOE + \theta_4 SG + \theta_5 FCFPS + \theta_6 TOP1$$
$$+ \theta_7 ROA + \theta_8 Sdiv + \theta_9 LEV + \theta_{10} SIZE + \xi \qquad （模型 4）$$

$$DY(DS) = \theta_0 + \theta_1 US + \theta_2 SOE + \theta_3 SG + \theta_4 FCFPS + \theta_5 TOP1 + \theta_6 ROA$$
$$+ \theta_7 Sdiv + \theta_8 LEV + \theta_9 SIZE + \xi \qquad （模型 5）$$

$$DY(DS) = \theta_0 + \theta_1 CL + \theta_2 SOE + \theta_3 CL * SOE + \theta_4 SG + \theta_5 FCFPS + \theta_6 TOP1$$
$$+ \theta_7 ROA + \theta_8 Sdiv + \theta_9 LEV + \theta_{10} SIZE + \xi \qquad （模型 6）$$

在 5 组模型中，我们选用两个不同的指标来衡量企业的现金股利政策。其中 DY 为哑变量，反映企业是否发放现金股利；DS 为在 0 点的限值连续变量，反映企业的现金股利发放水平，其计算方式为企业向全体股东发放的现金股利总额与当年股东权益之比。当因变量为哑变量 DY 时，本文选择 Logit 模型进行回归；而当因变量为限值变量 DS 时，则选择 Tobit 模型进行分析。

主要解释变量为代表交叉上市不同类型的哑变量 CL、BS、HK 以及 US，具体含义为：若企业为交叉上市公司，则 $CL=1$，否则为 0；若企业为 A＋H 股交叉上市公司，则 $HK=1$，否则为 0；若企业为 A＋B 股交叉上市公司，则 $BS=1$，否则为 0；若企业为 A＋H＋N 股交叉上市公司，则 $US=1$，否则为 0。此外还包含反映 B 股和 H 股股东持股比例的连续变量 Hpercent 和 Bpercent。调节变量为企业的股权性质 SOE，如果企业为国有企业，则 $SOE=1$，否则为 0。主要控制变量包括以下内容。（1）销售收入增长率（SG）。（2）每股股权自由现金流量（FCFPS）。（3）第一大股东持股比例（TOP1）。以往研究表明，企业发展机会越好，股利发放就会越少；而自由现金流量水平与股权集中度高的企业，现金股利发放水平也通常较高。（4）总资产收益率（ROA）。（5）送股比与转增比（Sdiv）。之所以需要控制企业的送股与转增情况，是考虑作为回报投资者的不同手段，送股和转增与企业的现金股利之间具有一定的替代性。（6）财务杠杆（LEV）与规模（SIZE）。通常认为，盈利能力越好，规模越大，财务杠杆越低的企业，发放的现金股利也越多。为避免异常值对回归结果的影响，相关变量进行了 1% 的 winsorize 处理。

四　实证检验结果与分析

（一）描述性统计分析

表 2 的 Panel A 汇报了主要变量的描述性统计结果。结果显示，DY、DS 的均值分别为 0.6494 与 0.0228，这表明在过去五年间，样本中有超过一半的公司派发了现金股利，且现金股利发放亦能维持在一定水平。利用配对样本，我们对变量 DS 进行了配对样本均值差异 T 检验与中位数差异 Wilcoxon 秩和检验。表 2 中的 Panel B 结果表明：交叉上市公司的现金股利政策显著低于非交叉上市公司，这与预期结果一致。

表 2　描述性统计分析

Panel A：全样本描述性统计					
变量	样本量	均值	标准差	中位数	最小值	最大值
DY	1198	0.6494	0.4774	1.0000	0.0000	1.0000
DS	1198	0.0228	0.0279	0.0143	0.0000	0.1272
SOE	1198	0.7279	0.4452	1.0000	0.0000	1.0000
SG	1198	0.2521	0.6543	0.1621	−0.7174	5.3177
PE	1198	120.6894	218.0733	37.1648	7.8346	1035.5770

续表

Panel A：全样本描述性统计						
变量	样本量	均值	标准差	中位数	最小值	最大值
FCFPS	1198	− 1.5615	2.8490	− 0.6589	− 17.4867	2.2716
FCFTA	1198	− 0.1603	0.2590	− 0.1052	− 1.3822	0.2483
TOP1	1198	39.0966	16.6904	38.7600	0.8200	86.4200
ROA	1198	0.0509	0.0478	0.0388	− 0.0332	0.2398
Sdiv	1198	0.0775	0.2315	0.0000	0.0000	1.8000
LEV	1198	0.5530	0.2562	0.5414	0.0514	1.7908
SIZE	1198	9.8485	0.8100	9.7918	6.6958	12.2827

Panel B：配对样本均值与中位数差异检验				
	均值之差	T 检验值	中位数之差	Z 检验值
DS	− 0.0023	− 0.8986	− 0.0056	− 3.8220 ***

注：*** 表示在 1% 的水平显著。

（二）回归分析

表 3 列示了不同交叉上市类型与现金股利政策的回归结果。我们发现 Logit 和 Tobit 模型的结果趋于一致。首先，两组模型中 *CL* 的系数分别为 − 0.6825 和 − 0.0065，且两者均在 1% 水平下显著，表明交叉上市公司更倾向于少发乃至不发股利；其次，区分交叉上市的两种不同类型，可以发现变量 *HK* 和 *BS* 在两组回归模型中的系数均显著为负，表明无论是 A + H 股还是 A + B 股交叉上市，均能显著地降低企业发放股利的可能性及其现金股利支付水平；最后，关注境外股东的持股比例，我们发现 *Hpercent* 在两组模型中的系数分别为 − 1.7718（5% 的水平下显著）与 − 0.0259（1% 的水平下显著），*Bpercent* 的系数分别为 − 1.4944（1% 的水平下显著）与 − 0.0100，表明对交叉上市公司而言，当 H 股与 B 股股东持股比例越高时，企业现金股利发放水平就会越低。上述结果支持了本文的假设 H1a 与 H1b，表明 A + B 股与 A + H 股交叉上市公司的现金股利支付水平均显著低于非交叉上市公司，且境外股东的持股比例越高，交叉上市公司的现金股利支付水平就越低。

表 3　A + B 与 A + H 股交叉上市对现金股利政策的影响分析

	Logit 模型（因变量：*DY*）			Tobit 模型（因变量：*DS*）
CL	− 0.6825 *** （ − 3.9815）			− 0.0065 *** （ − 3.5602）

续表

	Logit 模型（因变量：DY）			Tobit 模型（因变量：DS）		
HK		−0. 6957 *** （ −2. 6288）				−0. 0088 *** （ −3. 5466）
BS		−0. 6264 *** （ −3. 4749）				−0. 0045 ** （ −2. 1654）
Hpercent			−1. 7718 ** （ −2. 0456）			−0. 0259 *** （ −3. 0784）
Bpercent			−1. 4944 *** （ −2. 6970）			−0. 0100 （ −1. 5000）
SOE	0. 0268 （0. 1343）	0. 0204 （0. 1021）	−0. 0072 （ −0. 0360）	0. 0031 （1. 3189）	0. 0029 （1. 2222）	0. 0026 （1. 1303）
SG	−0. 2996 ** （ −2. 3250）	−0. 3000 ** （ −2. 3319）	−0. 3041 ** （ −2. 3759）	−0. 0025 （ −1. 6050）	−0. 0025 （ −1. 6299）	−0. 0026 （ −1. 6344）
FCFPS	−0. 0656 ** （ −2. 0296）	−0. 0647 ** （ −1. 9878）	−0. 0632 * （ −1. 9507）	−0. 0007 ** （ −2. 1280）	−0. 0006 ** （ −1. 9768）	−0. 0006 ** （ −1. 9732）
TOP1	0. 0139 ** （2. 4547）	0. 0137 ** （2. 4132）	0. 0123 ** （2. 1580）	0. 0001 （0. 8733）	0. 0001 （0. 8943）	0. 0000 （0. 8392）
ROA	23. 2077 *** （9. 6242）	23. 1341 *** （9. 6092）	22. 8153 *** （9. 5717）	0. 4238 *** （21. 6870）	0. 4235 *** （21. 6751）	0. 4240 *** （21. 6299）
Sdiv	1. 2515 *** （2. 7444）	1. 2588 *** （2. 7592）	1. 3115 *** （2. 8844）	0. 0040 （1. 0566）	0. 0041 （1. 1068）	0. 0044 （1. 1723）
LEV	−3. 7559 *** （ −7. 9182）	−3. 7529 *** （ −7. 9106）	−3. 6992 *** （ −7. 8383）	−0. 0454 *** （ −10. 4272）	−0. 0456 *** （ −10. 4273）	−0. 0456 *** （ −10. 4462）
SIZE	2. 0914 *** （13. 5397）	2. 1065 *** （12. 8640）	2. 0574 *** （12. 9255）	0. 0185 *** （13. 2888）	0. 0194 *** （12. 8538）	0. 0190 *** （12. 9133）
Constant	−18. 9817 *** （ −13. 7161）	−19. 1283 *** （ −12. 9335）	−18. 6947 *** （ −12. 9887）	−0. 1677 *** （ −13. 2531）	−0. 1762 *** （ −12. 7422）	−0. 1726 *** （ −12. 8023）
N	1198	1198	1198	1198	1198	1198
Log L	−483. 0135	−483. 6353	−486. 5167	1443. 8621	1444. 5709	1442. 5407
pseudo R^2	0. 3776	0. 3768	0. 3731	−0. 3476	−0. 3482	−0. 3464

注：括号内为 Logit 回归的 z 值与 Tobit 回归的 t 值。***，**，* 分别表示在1%，5%，10% 水平下显著。

表4针对 A + H 股交叉上市公司，分析了赴美发行 ADRs 是否会影响企业的现金股利政策。结果显示，在 Logit 模型以及 Tobit 模型中，变量 US 的系数均显著为负，表明与仅在香港交叉上市的公司相比，A + H + N 股双重交叉上市公司所支付的现金股利更少，这与本文的预期一致，并支持了假设 H1c。

同时表明，尽管香港市场在法律监管、信息披露以及市场流动性方面与美国市场相仿，赴美上市仍能对 A + H 股交叉上市公司的股利政策产生显著影响，这体现了美国市场的独特性。

表4　A + H + N 股交叉上市对现金股利政策影响的分析

	Logit 模型（因变量：DY）		Tobit 模型（因变量：DS）	
	回归系数	z 值	回归系数	t 值
US	− 0.9556 *	（− 1.8761）	− 0.0059 ***	（− 2.8114）
SOE	1.7917 ***	（4.1776）	0.0083	（1.1133）
SG	0.4823	（1.0137）	0.0042	（1.1305）
$FCFPS$	0.2646 **	（2.3723）	− 0.0002	（− 0.2551）
$TOP1$	− 0.0743 ***	（− 6.0801）	− 0.0002	（− 0.9760）
ROA	59.0232 ***	（3.5189）	0.3800 ***	（10.1743）
$Sdiv$	5.7854 ***	（3.0855）	− 0.0011	（− 0.2231）
LEV	− 6.3339 ***	（− 2.8348）	− 0.0438 **	（− 2.3715）
$SIZE$	1.8049 ***	（2.8321）	0.0100 *	（1.6938）
$Constant$	− 11.8962 ***	（− 2.7196）	− 0.0604	（− 1.5939）
N	231		231	
$Log\ L$	− 58.7766		436.3825	
$pseudo\ R^2$	0.4558		− 0.2266	

注：括号内为 Logit 回归的 z 值与 Tobit 回归的 t 值。***，**，* 分别表示在1%，5%，10% 水平下显著。

表5分析了企业股权性质是否会显著调节交叉上市与现金股利政策之间的关系。回归结果显示，在 Logit 与 Tobit 模型中，CL 的系数仍然显著为负，这与之前的回归结果一致，表明交叉上市公司的现金股利分配较少；而在两组模型中，CL、SOE 的系数分别为 1.1026 与 0.0183，且两者均在 1% 的水平下显著。这表明，国有产权性质能够显著调节交叉上市与现金股利政策之间的关系，交叉上市与企业股利政策之间的负向关系在国有企业中得到了显著的弱化。

上述回归结果支持了本文的 H2a（业绩假设）而拒绝了 H2b（私利假设），表明由于国有交叉上市公司更易获得政府的各项扶持政策，企业在境外市场的融资约束得到了一定程度的缓解，从而保证了其经营业绩，并提升了其现金股利发放水平。而私利假设所预期的国有产权性质对交叉上市与股利政策间负向关系的强化作用，则并未得到实证结果的支持。

表 5　股权性质的调节作用分析

	Logit 模型（因变量：DY）		Tobit 模型（因变量：DS）	
	t 值	回归系数	z 值	回归系数
CL	− 1.5019 ***	（ − 4.4501）	− 0.0211 ***	（ − 5.1946）
SOE	− 0.3761	（ − 1.5366）	− 0.0030	（ − 1.0994）
CL * SOE	1.1026 ***	（2.8645）	0.0183 ***	（4.0613）
SG	− 0.3093 **	（ − 2.3778）	− 0.0025	（ − 1.5984）
FCFPS	− 0.0670 **	（ − 2.0650）	− 0.0007 **	（ − 2.2136）
TOP1	0.0130 **	（2.2835）	0.0000	（0.8518）
ROA	23.5420 ***	（9.6320）	0.4246 ***	（21.7999）
Sdiv	1.2484 ***	（2.7019）	0.0031	（0.8189）
LEV	− 3.6653 ***	（ − 7.7490）	− 0.0437 ***	（ − 10.0724）
SIZE	2.0838 ***	（13.4230）	0.0184 ***	（13.2182）
Constant	− 18.6940 ***	（ − 13.4135）	− 0.1627 ***	（ − 12.8828）
N	1198		1198	
Log L	− 478.8521		1452.2524	
pseudo R^2	0.3830		− 0.3554	

注：括号内为 Logit 回归的 z 值与 Tobit 回归的 t 值。***，**，* 分别表示在 1%，5%，10% 水平下显著。

（二）进一步分析与稳健性检验

1. 考虑制度与政策环境改变的影响

祝继高和王春飞的研究表明，自 2007 年下半年开始的全球金融海啸对我国上市公司的现金股利发放产生了负向影响。除经济形势的改变外，各项监管政策的改变也会影响企业股利政策的制订。2008 年 10 月 9 日，中国证监会对《上市公司证券发行管理办法》进行修订，将公司再融资的现金股利门槛进一步提升，规定只有"最近三年以现金方式累计分配的利润不少于最近三年实现的年均可分配利润的百分之三十"的企业，才有资格进行再融资，这使得具有再融资动机的企业在政策出台后不得不提升其现金股利发放水平。

考虑到在金融危机前后与政策修订前后，我国上市公司股利政策的制定有可能存在系统性差异，本文进一步区分研究时段，对比金融危机与政策修订前后，交叉上市、股权性质与企业现金股利政策三者间的关系是否存在显著变化，结果体现在表 6 Panel A 与 Panel B 中。此外，由于本文使用的是 2007 年股权分置改革之后的数据，为进一步保证数据结论的可靠性，本文增加了 2005 ~ 2006 年两年的数据，并同样利用 PSM 模型进行股权分置改革前后的对比分析，结果汇总在表 6 的 Panel C 中。数据结果显示，经济形势与政策环境的变化并未影响本文的研究结论，交叉上市始终负向影响企业的现金股利政策，且上述负向影响在国有企业中会得到一定程度上的弱化。

表 6 经济与政策环境前后交叉上市、股权性质与现金股利政策关系对比

	Panel A：金融危机前后对比（2007 ~ 2009 年为金融危机时期）			
	Logit 模型（因变量：DY）		Tobit 模型（因变量：DS）	
	金融危机时期	金融危机后	金融危机时期	金融危机后
CL	-1.2800^{***} (-2.7922)	-1.8085^{***} (-3.5548)	-0.0163^{***} (-2.7047)	-0.0255^{***} (-4.6973)
$CL * SOE$	1.1392^{**} (2.1728)	1.1035^{*} (1.9091)	0.0140^{**} (2.0860)	0.0219^{***} (3.6455)
控制变量	控制	控制	控制	控制
N	629	569	629	569
$Log\ L$	-266.7842	-207.2683	675.0227	784.8090
$pseudo\ R^2$	0.3656	0.4097	-0.4030	-0.3206
	Panel B：《上市公司证券发行管理办法》修订前后对比（2008 ~ 2011 年为政策修订后时期）			
	Logit 模型（因变量：DY）		Tobit 模型（因变量：DS）	
	政策修订前	政策修订后	政策修订前	政策修订后
CL	-3.1962^{***} (-3.1822)	-1.4457^{***} (-3.8754)	-0.0342^{**} (-2.5249)	-0.0205^{***} (-4.9134)
$CL * SOE$	2.9581^{***} (2.7218)	1.0048^{**} (2.3478)	0.0341^{**} (2.3339)	0.0172^{***} (3.7023)
控制变量	控制	控制	控制	控制
N	223	975	223	975
$Log\ L$	-85.9914	-379.0588	193.4018	1276.8433
$pseudo\ R^2$	0.4401	0.3850	-0.6077	-0.3306
	Panel C：股权分置改革前后回归结果对比（2007 年后为股权分置改革完成期）			
	Logit 模型（因变量：DY）		Tobit 模型（因变量：DS）	
	分置改革前	分置改革后	分置改革前	分置改革后
CL	-1.6840^{***} (-2.7980)	-1.5019^{***} (-4.4501)	-0.0221^{**} (-2.4823)	-0.0211^{***} (-5.1946)

续表

Panel C：股权分置改革前后回归结果对比（2007 年后为股权分置改革完成期）				
	Logit 模型（因变量：DY）		Tobit 模型（因变量：DS）	
	分置改革前	分置改革后	分置改革前	分置改革后
$CL * SOE$	1.4266 **	1.1026 ***	0.0234 **	0.0183 ***
	(2.0616)	(2.8645)	(2.3858)	(4.0613)
控制变量	控制	控制	控制	控制
N	388	1198	388	1198
$Log\ L$	− 151.0575	− 478.8521	368.6769	1452.2524
pseudo R^2	0.4284	0.3830	− 0.7086	− 0.3554

注：括号内为 Logit 回归的 z 值与 Tobit 回归的 t 值。***，**，* 分别表示在1%，5%，10% 水平下显著。

2. 改变配对标准、回归方法与变量度量方式下的分析

为了进一步保证回归结果的稳健性，避免不同的配对标准、回归方法与变量度量方式的不同对研究结果可能产生的影响，本文进行了如下调整。（1）改变配对标准：依照"同年度、同行业、总资产规模最为接近"的配对标准，选择与交叉上市公司对应的非交叉上市公司；（2）改变回归方法：用 Probit 模型代替 Logit 模型，用 OLS 模型代替 Tobit 模型；（3）替换部分变量：例如用现金股利与企业总市值之比代替现金股利与股东权益之比等。回归结果依旧支持已有的研究假设，限于篇幅的原因，本部分结果未汇报。

五 研究结论与启示

本文从捆绑效应的视角，结合我国交叉上市公司发展前景优良但境外融资困难的特殊背景，讨论了交叉上市与现金股利政策的关系，并运用倾向得分匹配法（PSM）进行了实证检验，结果表明：（1）与非交叉上市公司相比，A＋H 股与 A＋B 股交叉上市公司的现金股利支付水平更低，且 H 股与 B 股股东持股比例越高，企业发放的现金股利也就越少；（2）相对于其他 A＋H 股交叉上市公司，实现 A＋H＋N 股双重交叉上市的公司现金股利支付水平更低；（3）国有股权性质能够对交叉上市与现金股利政策间关系发挥调节作用，弱化交叉上市与现金股利政策间的负向关系。

本文的理论贡献在于：（1）利用倾向得分匹配法（PSM）控制了我国企业境外上市的预选制度所带来的内生性问题，分析交叉上市对现金股利政策

的影响，并得出了与以往不同的研究结论；（2）本文发现国有产权性质能够弱化交叉上市与企业现金股利发放之间的负相关关系，表明交叉上市公司的财务行为仍会受到各项本土因素的调节作用，从而丰富了现有文献。

本文的政策启示在于：交叉上市公司倾向于少发甚至不发现金股利，而国有股权性质则能对交叉上市与现金股利发放之间负向关系起到弱化作用，表明即便对跨出国门的交叉上市公司而言，其业绩增长与股权融资仍较为依赖境内资本市场。而对于非国有交叉上市公司，以及大量未在国内上市就已经赴美上市的中资概念股而言，如何在没有国有股权背景的支持下，提升企业在境外市场的发展空间与融资能力，则是值得企业管理者与证券监管部门进一步思考的重要问题。

[作者单位：山东大学（威海）　西安交通大学]

劳动密集型企业员工薪酬满意结构
维度及影响效应

王素娟

一 引言

劳动密集型企业是指生产活动过程需要大量的劳动力，产品成本中活劳动量消耗占比重较大的企业，是相对于资本和技术密集型工业企业而言的。作为世界人口大国，中国是世界上劳动力资源最丰富的国家之一，在国际分工中，发展劳动密集型产业是中国的一大优势，因此目前我国产业仍然以劳动密集型产业为主导。劳动密集型企业依靠其技术要求低、解决大量就业问题、资金周转快、投资少的特点，在我国国民经济中占有举足轻重的地位，在未来相当长的时间里，劳动密集型企业仍然是国民经济增长的重要源泉，劳动密集型产品仍然是我国参与国际竞争的主体产品。而我国人口密集的特点也为劳动密集型企业的发展提供了非常有利的条件。但近几年来，我国劳动力市场供求状况发生了极大的变化，劳动密集型企业员工供不应求，特别是基层员工流失严重，企业出现了劳动力短缺的状况，致使很多劳动密集型企业为此而减产、停产或倒闭。目前，我国劳动密集型企业面临着巨大的挑战，劳动密集型产业对经济增长的贡献和潜能尚未完全释放出来，因此，如何提高员工对企业的满意度，强化员工与企业的心理契约，降低员工的离职率，是我国劳动密集型企业亟待解决的问题。为此，企业必须从满足员工的需求出发，全面分析影响员工满意度的直接和间接因素，以提升员工的满意度和忠诚度。而在影响员工满意度的众多因素中，薪酬满意度无疑是最直接的影响因素。

薪酬管理是企业组织管理的重要组成部分，而薪酬满意度是企业薪酬管理的重要风向标，是影响员工行为的重要变量。因而对薪酬满意度的研究一直以来是薪酬研究领域的热点问题，但目前对员工薪酬满意度的研究视点和内容存在着很大局限性，特别是针对影响员工薪酬满意度的结构因素有哪些，其动力机制如何等问题的研究仍缺乏统一明确的结论。另外，针对不同行业与企业的员工薪酬满意度的研究非常薄弱。因此，本研究基于对劳动密集型企业员工薪酬满意度的调查状况，探讨影响薪酬满意度的结构维度，并进一步分析其对员工薪酬满意度的影响效应。

二　相关文献回顾

从 20 世纪 30 年代开始，国外学者就开始了对员工满意度的研究。员工满意度主要是指员工对工作本身及工作环境因素所产生的一种态度，是源于对工作的积极态度及心态的情感性反应。而对员工满意度的研究又主要集中在其构成维度与影响因素上，总体而言，员工满意度的影响因素主要包括工作兴趣、经济报酬、工作强度、工作环境、个人能力、员工本身特性、工作协作等因素，其中薪酬是影响员工满意度的重要因素，因而薪酬满意度在很大程度上影响着工作满意度。

薪酬满意度是员工对自己的薪酬进行主观评价后产生的一种心理感受。薪酬满意度的概念最早是由美国学者亚当斯于 1965 年提出的，他提倡公平理论，认为薪酬满意度是人们对于薪酬满意与否的认知，是通过比较得出的。之后众多学者对此进行了不同程度的研究，但早期的研究仅局限于薪酬满意度的单维度研究，多侧重于对薪酬水平的满意度研究，认为薪酬水平的差异是影响薪酬满意度的最主要因素。后期的学者逐渐由单一薪酬水平的研究转变为对薪酬系统性的研究，认为应该从数量和体系两方面来理解薪酬满意度。因而对薪酬满意度结构的研究经历了从单一维度到多维度的转变。从多维度的视角看，研究显示，薪酬满意度除了受薪酬水平的影响外，还受到员工对薪酬管理认知程度等方面的影响。其主要的影响因素包括薪酬制度科学性、薪酬内部公平性、外部竞争性和福利满意度。而公平性是员工薪酬满意度的核心问题，公平性极大影响着员工的工作积极性。相关研究表明，分配公平显著影响着薪酬满意度，并且分配公平能通过薪酬满意度影响组织承诺。薪酬分配结果的公平性与薪酬满意度结果和过程维度都显著相关，而程序公平对薪酬满意度的影响程度则更强。员工对薪酬的满意感是衡量企业薪酬管理制度效果的一个重要指标。另外，影响薪酬满意度的其他因素还包括个人特征、职业阶层等。而 Heneman 和 Schwab 把薪酬满意度分解为薪酬水平、薪酬增加、福利、薪酬结构和薪酬管理 5 个维度，后来发展为 4 个维度，即薪酬水平满意度、福利水平满意度、薪酬晋升满意度、薪酬结构和管理水平满意度。其提出的 PSQ 量表（Pay Satisfaction Questionnaire）也得到很多学者的认可。William 则从薪酬水平满意度、加薪满意度、效益满意度、薪酬结构和管理满意度四个维度进行研究。Garcia 等也开发了薪酬满意度的五维模型。国内学者于海波、郑晓明认为薪酬满意度可以从工资奖金、薪酬制度、薪酬管理、薪酬水平以及福利共 5 个维度来进行评价。谢宣正等则发现薪酬满意度由薪资水平、福利、非经济报酬、加薪、薪资政策与管理满意度 5 个维度构成。

关于薪酬满意结构维度对员工的影响效应，主要研究结果表明，薪酬满意度会对员工绩效、行为等产生较为广泛的影响。陈晓静、贾琛珉的研究显示薪酬结构与薪酬管理对工作绩效存在着一定的影响，薪酬结构管理满意度越低，绩效越低。另外，薪酬满意度对员工公平感有着显著的差别化影响，对员工的工作态度和工作行为、工作绩效、行为绩效也会产生极大的影响，而且员工的薪酬公平感和满意感还会影响他们对企业的归属感。Vandenberghe 的研究结果还证实了薪酬满意度会影响员工对组织的规范承诺。

总之，国内外学者对员工薪酬满意度进行了不同程度的研究，但迄今为止仍存在很多问题，主要表现为以下几个方面。

首先，前期的研究视角较单一，多集中于薪酬水平对员工薪酬满意度的影响，而对薪酬的其他维度的影响作用则研究较少。

其次，研究结论差异性很大。后期的研究虽然突破了早期认为的薪酬满意度是由单一指标构成的认知，达成了薪酬满意度应该是多维结构的共识，但究竟包括哪些维度，至今并无一致性的研究结论，因而形成了双因素维度、3 因素维度、4 因素维度等多种研究结论。目前，赫尼曼的薪酬满意度 4 维度模型受到了各国学者的广泛关注，我国学者于海波、郑晓明等人则通过实证研究证明了薪酬满意 4 维度量表测出的模型优于单因素模型。但由于各国的经济文化环境因素及行业、职业等其他因素的差异性影响，关于薪酬满意结构维度的研究仍缺乏权威性的结论。

再次，对薪酬结构维度与员工满意度的影响效应仍缺乏深入的理论研究和实证检验，而且研究结论存在较大分歧。

最后，研究对象中缺乏行业与职业的针对性，所研究的知识型员工多，基层员工少，高技术企业多，劳动密集型企业少。

鉴于此，本研究以中国的经济文化为背景，基于山东省部分劳动密集型企业，探讨员工薪酬满意度的构成维度及其对员工薪酬满意度的影响，为提升劳动密集型企业薪酬管理的有效性以及改善员工行为、提高员工绩效、降低员工流失率提供有益的借鉴。

三　研究方法

（一）样本与量表

本次调查问卷取自山东省的 12 家大中型企业，企业分布于青岛、烟台、济南、淄博、聊城、威海、兖州、临沂、泰安等城市，这些企业都属于劳动密集型企业。问卷以电子版、纸质版两种形式发放，共计发放 700 份，其中有效问卷 608 份，有效率为 86.85%。在实际调查中，考虑到劳动密集型企业的员工特点，因此，问卷发放多倾向于基层员工和一线管理者。具体样本结构见表 1。

表 1　样本描述性统计

单位：人，%

变量	说明	人数	比例
性别	男	286	47
	女	322	53
年龄	25 岁以下	109	17.9
	26～30 岁	175	28.8
	31～40 岁	226	37.2
	41 岁以上	98	16.1
教育程度	专科以下	482	79.2
	本科以上	126	20.8
工作年限	3 年以下	258	42.4
	4～6 年	209	34.4
	7 年以上	141	23.2
职位层级	基层员工	425	70.2
	一线管理者	134	21.8
	中层管理者	49	8

从表 1 可以看出，调查对象中女性比男性多 6%，年龄在 31～40 岁的员工占比最大，其次是 26～30 岁员工。学历在专科以下的员工占 79.2%，本科

以上的占20.8%。分布层次上，基层员工占70.2%，一线管理者占21.8%，中层管理者占8%。

本研究借鉴 Heneman 等的薪酬满意度量表，并在此基础上，设计了影响员工薪酬满意度的26个项目，量表采用 Likert 五点计分法，形成从极不满意（1分）到极满意（5分）的连续变量关系。

（二）问卷设计与分析

1. 问卷信度

本问卷采用 Cronbach's Alpha 相关系数进行内部信度分析，并通过 SPSS17.0 软件对量表项目进行数据处理，分析结果表明，本量表题项的内部一致性信度 α 系数为0.827，表明量表具有较高信度值，因此，本量表具有较高的内部一致性。

2. 效度分析

本研究的量表设计主要依据以往学者的研究成果，并经过多次调研访谈，具有较好的内容效度。在结构效度方面，通过 KMO 样本测度系数和 Bartlett's 5Test 球体检验来判断量表是否适合进行因子分析。分析结果表明，本量表的 KMO 值为0.880，适合做因子分析，Bartlett's 5Test 球体球形检验统计量的 Sig=0.000<0.01，拒绝虚无假设，总体的相关矩阵间有共同因素存在，适合进行因子分析，因而此量表具有较高结构效度。

四　薪酬满意结构维度及其差异性

（一）薪酬满意度结构因子分析

本研究对26个项目指标进行了探索性因子分析，采用主成分分析和方差最大化旋转法抽取因子，最终得到由20个项目组成的特征值大于1的成分因子共有5个，经过几次转轴后获得因子负荷表，如表2所示。

表2　因子负荷表

Variables	Component				
	1	2	3	4	5
对薪酬水平总体评价	0.605				
与当地劳动力市场薪酬水平比	0.509				

续表

Variables	Component				
	1	2	3	4	5
满足当地平均消费水平程度	0.674				
与同行业相同岗位薪酬相比	0.639				
与同级别其他岗位薪酬相比	0.569				
薪酬等级差距		0.572			
薪酬构成形式		0.576			
薪资等级数量		0.642			
宽带薪酬的实施效果		0.606			
薪酬的各组成部分的比例		0.545			
福利的形式			0.547		
经济性福利的数量			0.560		
法定节假日的执行情况			0.595		
服务性福利			0.654		
绩效奖励的形式				0.511	
绩效奖励发放的及时性与频度				0.524	
绩效奖励数额				0.592	
不同职位薪酬的公平性					0.597
薪酬制度的公平性					0.748
努力与回报相比是否公平					0.797
因子特征值	5.043	1.616	1.189	1.139	2.025
方差解释量（累积 = 87.062%）	25.215	18.081	15.945	10.693	17.126

对薪酬满意度题项探测性因子分析的结果表明，5个主成分对应的特征值都大于1，根据每个因子所包含项目的含义，将因子1命名为薪酬外部竞争性，因子2命名为薪酬结构合理性，因子3命名为福利制度有效性，因子4命名为绩效奖励效率，因子5命名为薪酬制度公平性。其中，薪酬外部竞争性维度包括4个项目，薪酬结构合理性维度包括5个项目，福利制度有效性包括4个项目，绩效奖励效率维度包括3个项目，薪酬制度公平性维度包括3个项目。结果表明5个因子共解释了87.062%的方差，因此保留5个因子较为适宜。在共同度方面，所有题项的公因子方差都在0.500以上，说明公因子解释了观测变量的大部分变异。

各题项在其所在的因子上都有较高的负载，第五主成分因子载荷最大，其次分别为第三主成分、第一主成分、第二主成分和第四主成分，因此可以确定薪酬满意度是由多个维度构成的，主要包括 5 个维度，即薪酬外部竞争性、薪酬结构合理性、福利制度有效性、绩效奖励效率和薪酬制度公平性。

（二）员工薪酬满意度的差异分析

薪酬外部竞争性、薪酬结构合理性、福利制度有效性、绩效奖励效率和薪酬制度公平性 5 个维度共同构成了劳动密集型企业员工薪酬满意度的评价维度，为了进一步分析各维度变量对员工薪酬满意度水平的差异性影响，采用 T 检验和因素方差分析探讨各维度在性别、年龄、工作年限、学历和职位等人口统计特征方面是否存在显著性差异。

表 3　方差分析统计量表（N = 608）

变量	Mean	Std. Deviation	F	Sig.
薪酬外部竞争性	2.7984	0.8176	2.052	0.001
薪酬结构合理性	2.4983	0.8349	0.972	0.350
福利制度有效性	3.3201	0.8589	1.633	0.022
绩效奖励效率	3.0321	0.7621	0.552	0.203
薪酬制度公平性	2.9201	0.8184	2.768	0.000
总体薪酬满意度水平	2.9583	0.8261	2.998	0.025

表 3 的分析结果显示，员工总体薪酬满意度水平的平均值接近 3，即员工总体薪酬满意度一般。员工薪酬满意度 5 个维度的平均值在 2.7 ~ 3.5，说明员工对薪酬的满意度总体不高，其中，对福利制度和绩效奖励制度基本满意，对薪酬的外部竞争性、薪酬结构合理性和薪酬制度公平性较不满意。多因素方差分析的结果表明，F 检验后的概率值，除了薪酬结构合理性和绩效奖励效率外，其他因素的概率值均小于 0.05 的显著性水平，由此可见，劳动密集型企业员工人口统计特征不同，在薪酬外部竞争性、福利制度有效性、薪酬制度公平性方面的感受就存在着显著性差异，并且总体薪酬满意度水平的差异性也非常显著，而在薪酬结构合理性和绩效奖励效率方面没有显著性差异。

五　薪酬满意结构维度对员工薪酬满意度的影响

为了进一步验证劳动密集型企业员工的薪酬满意结构维度与总体薪酬满

意度水平之间的关系，采用多元回归分析法进行研究，分析薪酬外部竞争性（OP）、薪酬结构合理性（PS）、福利制度有效性（FL）、绩效奖励效率（JX）、薪酬公平性（PJ）对总体薪酬满意度水平（PF）的影响。

（一）研究假设与模型

1. 研究假设

（1）薪酬外部竞争性

薪酬的外部竞争性是基于不同组织中类似职位之间薪酬水平的比较，强调的是本企业薪酬支付水平对外部同行业的薪酬之间的竞争力。有竞争力的薪酬必然会吸引企业所需的劳动力，而且较高的薪酬水平提高了员工离职的机会成本，有助于改进员工的个人绩效，从而减少员工流失。但高薪酬意味着高付出，薪酬水平高，对员工的能力和工作要求就高，员工的工作压力就增大，对员工的总体薪酬满意度的提升并不绝对有益，即员工实际工资水平对工资满意度的作用并不稳定，甚至还出现了负相关。因此，员工薪酬水平的外部竞争力对员工薪酬满意度的影响存在不确定性。在此，提出假设：

H1：薪酬的外部竞争性与员工薪酬满意度正相关。

（2）薪酬结构的合理性

薪酬结构是薪酬管理制度设计的重要内容，是薪酬内部公平性的体现，在很大程度上将影响着员工的薪酬满意度。有些企业受为自身发展效益所限，难以提供具有竞争力的薪酬。因此，在保证市场平均薪酬水平的情况下可以通过合理设计薪酬的构成、组成比例以及薪酬差距等达到吸引并留住员工的效果。薪酬结构对员工激励的作用已经得到越来越多人的认可，薪酬结构成为影响员工薪酬满意度的重要因素，假设：

H2：薪酬结构合理性与员工薪酬满意度正相关。

（3）福利制度有效性

目前，我国很多企业在薪酬制度的设计上陷入了重货币工资，轻福利保障的误区。实际上，从整体薪酬的角度看，福利是薪酬的重要组成部分。由于福利分配对员工具有普适性和需求导向性的特点，因此，合理有效的福利制度有利于提升员工的薪酬满意度，对员工激励和企业成长都发挥着重要作用。完善的福利制度会激励员工更加努力地工作，同时也有助于吸引高素质的员工。高福利还会激励员工做更多的"仅与本企业相关的投资"，对劳动力的保护与提供给员工的福利将会与企业的物质资本回报率同等重要，共同决定一个企业抓住发展的机遇。因此假设：

H3：福利制度有效性与员工满意度呈正相关关系。

（4）绩效奖励效率

对员工奖励的最直接的形式是基于绩效的薪酬奖励，绩效奖励是员工薪酬的重要构成部分，它能够满足员工在认可、责任、成就等方面的需求，是吸引和激励员工的重要手段。符合组织目标的绩效奖励可以说是最佳的薪酬选择形式，因为报酬会强化员工的绩效，而得不到报酬的行为或绩效是无法持续的。绩效奖励也是薪酬分配公平性的体现，因此，在员工的绩效与报酬之间应建立起一种直接有效的链接，基于完善的绩效评价体系的、高效率的绩效奖励制度在很大程度上有利于激励员工提升个人绩效，强化员工的薪酬满意度，因此假设：

H4：绩效奖励效率与员工薪酬满意度正相关。

（5）薪酬制度公平性

薪酬公平性是员工把自己的劳动投入和所得薪酬比率与其他参考人的劳动投入和薪酬比率进行比较后所形成的心理感受，因此薪酬公平性是影响员工心理感受的重要因素，员工不仅关心自己的绝对收入，更关心自己的相对收入以及与他人的比较收入，不公平的薪酬感受会导致员工对薪酬管理制度的不满，甚至导致对企业工作的不满，因此假设：

H5：薪酬制度的公平性与员工薪酬满意度正相关。

2. 模型设计

为了有效检验薪酬管理结构维度与员工薪酬满意度之间的关系，故构建多元回归模型：

$$PF = \gamma + \beta_1 OP + \beta_2 PS + \beta_3 FL + \beta_4 JX + \beta_5 PJ + Z$$

其中，γ 为常数项，β 为回归系数，Z 为随机项。

（二）变量描述性统计与相关分析

对员工薪酬满意度结构维度与总体薪酬满意度水平进行相关分析，其结果见表4。

表4　薪酬满意度结构维度与薪酬满意度水平相关性

变量	PF	OP	PS	FL	JX	PJ
PF	1					
OP	0.754 **	1				
PS	0.493	0.819	1			
FL	0.779 **	0.272 **	0.173 **	1		
JX	0.665 **	0.159 **	0.350	0.272 **	1	
PJ	0.730 **	0.245 **	0.188 **	0.268 **	0.264 **	1

注：* 表示 $p < 0.05$；** 表示 $p < 0.01$。

相关性分析结果表明，薪酬外部竞争性、薪酬结构合理性、福利制度有效性、绩效奖励效率、薪酬公平性与员工薪酬满意度之间呈正相关关系，并且除了薪酬结构合理性变量外，其他变量都通过了显著性检验，说明薪酬外部竞争性、福利制度、绩效奖励、薪酬公平性与员工薪酬满意度具有显著正相关关系，而薪酬结构对员工薪酬满意度有一定影响，但作用并不显著。

（三）回归分析

本研究采用多元回归方式检验薪酬满意结构维度对薪酬满意度水平的影响。将员工满意度水平作为因变量，将薪酬满意度的5个维度作为自变量进行回归分析。

在回归分析中，5个变量全部进入方程后，调整的多重判定系数（调整R方）为0.608，表明自变量薪酬管理结构维度对因变量具有较强解释度。由方差分析结果可得到模型的显著性检验F统计量为8.368，相对应的概率值P为0.000，显示模型整体显著，模型的预测能力较好，方程的拟合优度较高。

针对各变量进行的回归分析结果见表5。

表 5　变量回归分析

变量	B	T	Sig
Constant	0.086	5.781	0.000
OP	3.759	1.776	0.008
PS	2.269	0.436	0.670
FL	3.069	1.431	0.000
JX	2.001	1.165	0.152
PJ	4.001	1.528	0.000
R^2		0.602	
$\triangle R^2$		0.601	
F		8.368	

表 5 的回归分析结果显示如下。

（1）薪酬的外部竞争性回归系数为 3.759，概率值在 0.01 水平上显著，说明薪酬外部竞争性与总体薪酬满意度呈显著正相关关系，假设 H1 得到验证。（2）薪酬结构合理性的回归系数为 2.269，但没有通过显著性检验，即薪酬结构合理性对总体薪酬满意度水平具有一定正向作用，但并不显著，假设 H2 不成立。（3）福利制度有效性的回归系数 3.069，概率值 0.000，通过了显著性检验，表明福利制度有效性与薪酬满意度水平二者呈显著正相关关系，假设 H3 得到验证。（4）绩效奖励效率回归系数 2.001，概率值大于 0.01，没有通过显著性检验，故假设 H3 不成立。（5）薪酬制度公平性回归系数 4.001，而且概率值小于 0.01，通过了显著性检验，说明薪酬制度公平性对员工总体满意度有显著正向影响作用，假设 H5 成立。

六　结论与政策建议

（一）结论

通过对劳动密集型企业员工薪酬满意度情况的分析与实证研究，得出以下结论。

1. 薪酬满意度是由多个维度构成的

根据劳动密集型企业员工薪酬的特点，在 Heneman 和 Schwab 的修正差距模型的基础上，提炼了薪酬满意度结构的 5 个维度，并通过因子和相关分析，结果显示薪酬外部竞争性、薪酬结构合理性、福利制度有效性、绩效奖励效率和薪酬制度公平性共同构成了员工薪酬满意度结构维度。

2. 不同维度的员工薪酬满意度呈现显著差异性

薪酬满意度与员工的人口统计特征是紧密联系的，因此，基于员工不同的性别、年龄、工作年限、教育背景及职位层级等对薪酬满意度产生的不同程度的影响，分析了薪酬满意度结构维度的差异性情况。结果显示，由于劳动力人口特征的不同，因而对薪酬外部竞争性、福利制度有效性、薪酬制度公平性维度的感受存在着显著性差异，并且对总体薪酬满意度水平也存在显著差异，而在薪酬结构合理性和绩效奖励效率维度并没有呈现出显著性差异。

3. 员工总体薪酬满意度水平较低

其中，福利制度和绩效奖励制度满意度平均值最高，达到基本满意程度，但对薪酬的外部竞争性、薪酬结构合理性和薪酬制度公平性较不满意。表明员工对本企业薪酬水平与外部劳动力市场比较的期望值远没有得到满足。而且薪酬结构设计的不科学性，管理制度的不公平性也造成了员工对薪酬的不满。

4. 不同的薪酬满意度维度对总体薪酬满意度水平具有不同程度的影响

研究表明，薪酬外部竞争性越强，员工薪酬满意度越高。福利制度对员工薪酬满意度具有显著正向影响，福利制度的有效性越高，员工薪酬满意度水平越高。薪酬制度的公平性对员工薪酬满意度的影响程度最大，薪酬制度越公平，员工的薪酬满意感越强。而薪酬结构和绩效奖励制度对员工的薪酬满意度并无明显影响。说明对于劳动密集型企业的员工，特别是基层员工占主体的企业中，员工对外最注重的是薪酬在劳动力市场中的绝对水平，对内最注重的是薪酬管理的公平性感觉。而且，对于薪酬绝对水平较低的基层员工，完善有效的福利制度显然是员工所极为期望得到的。

（二）政策建议

鉴于以上实证研究的结论，针对目前我国劳动密集型企业员工的特点，为更好提升员工的薪酬满意度，减少员工流失，推动员工与企业的绩效目标的实现，企业应关注以下问题。

1. 增强基层员工薪酬水平的竞争力

劳动密集型企业基层员工在职位和发展空间上没有多大的弹性，他们最注重的是个人的生存和生活等基本需求，因此他们最期望获得较高的货币性薪酬的绝对量，而薪酬水平无疑是最佳的激励手段，因此，为劳动密集型企业员工提供有竞争力的薪酬水平将会极大提升其工作积极性及对企业的忠诚感。

2. 强化薪酬管理制度的公平性

物质的满足是员工的基本需求，同时也要考虑到员工的心理及社会需求，公平的薪酬管理应该兼顾员工物质和心理的双重期望的满足。薪酬管理的公平性是决定员工薪酬满意度和工作积极性的重要因素。薪酬公平感是薪酬满意度的前因变量，结果公平和过程公平都对员工薪酬满意度产生显著的积极效应。薪酬的公平感越高，表明员工被认可的程度也就越高，员工的价值越能够得到体现，因而员工的满意度也会提高。而提高薪酬公平性的基础是要进行有效的岗位、技能与绩效评价，以岗位的劳动责任、技能等级、劳动强度、工作条件等要素评价岗位的相对价值，并依据个人技能和绩效评定个人的劳动贡献，以个人价值和岗位价值共同作为薪酬确定的依据，以提升个人薪酬和岗位薪酬的公平性。

3. 构建差异化与激励性并重的福利制度

目前，我国尚未建立完善的社会福利制度和福利体系，员工对福利待遇的期望基本上寄托于企业。福利是薪酬的重要部分，是基本薪酬的必要补充。我国企业福利制度存在的一个最根本的问题不是福利额度的高低，而是福利几乎成为基本薪酬的一部分，是员工认为理所应得的一部分，与员工个人和企业绩效缺乏直接的关联性，缺乏有效的激励性。因此，虽然企业的福利成本越来越高，但员工对福利的满意度却越来越低，而企业的绩效也并没有因为福利成本的增加而提高，其根本的原因就在于福利制度只注重了保障性而忽视了其应有的激励性。而劳动密集型企业基层员工的薪酬水平总体较低，完善的企业福利可以补偿员工的某些生活需求，满足员工的平等感和归属感，但不同员工对福利的偏好却有很大的差异性。因此在设计福利制度时要充分考虑员工的差异化的需求，强化福利的弹性与激励性特点。

4. 设计满足员工个性化需求的薪酬体系

研究显示，员工个体差异对薪酬满意度具有显著影响，因而在构建薪酬体系和进行薪酬管理时，要充分考虑员工不同年龄、不同教育程度、不同职位和不同工龄等的差异性特点，尽量满足员工个体的薪酬需求。劳动密集型企业基层员工的特点是学历低、职位低，因此这部分员工的薪酬体系的设计应该主要实行技能型薪酬体系。因为岗位技能最能体现基层劳动者的差异，因而技能型薪酬体系是基层员工薪酬设计的基准模式。在薪酬模式上注重实行高弹性的薪酬，因为这种薪酬模式强调薪酬与绩效的关联性，为职位较低的员工增加了薪酬提升的空间，加大了激励力度。另外，应该注重实行宽带薪酬，宽带薪酬主要是以能力与绩效为基础的薪酬体系，而基层员工职位空间有限，较宽的薪酬幅度，可以使员工在较低的职位层级上依据技能和绩效获得较高的薪酬，因而对基层员工具有强大的激励作用。

总体而言，目前国内外学者对劳动密集型企业员工的薪酬满意度的研究极为薄弱，而本研究的样本主要取自山东省部分相关企业，因此难免存在着样本在地域和数量上的局限性，仍需要在今后的研究中做进一步改进与完善。

[作者单位：山东大学（威海）]

金砖国家贸易竞争与互补性研究

——基于指数模型的比较分析

崔宇明

一　引言

由中国、印度、俄罗斯、巴西和南非组成的"金砖国家"（BRICS），2014年7月15日在巴西福塔莱萨举行主题为"包容性增长的可持续解决方案"的金砖国家领导人第六次会晤。通过之前的五次会晤，金砖国家间的合作机制得以完善建立，合作议题稳步拓展，在全球和平、经济稳定、社会包容、平等、可持续发展及与所有国家互利合作等方面做出了重要贡献，以金砖国家为代表的新兴经济体逐渐成为引领世界经济发展和推动全球治理变革的重要力量。本次会晤被称为"第二轮的首场会晤"，表明了金砖国家间的合作在内容上迈出更为实质性的步伐。具体表现在这次会晤达成两项里程碑意义的协议：一是五国首脑签署协议成立金砖国家开发银行（NDB）；二是另外筹备1000亿美元的危机应对基金，作为非常时期的备用资金。这将极为有力地推动金砖国家间开展全方位经济合作，建立更紧密经济伙伴关系，在贸易和投资领域探索建立一体化大市场，在货币金融方面构建多层次大流通，在基础设施建设领域形成陆海空大联通，在人文领域推动各国人民大交流。金砖国家合作机制是对现行全球治理机制进行渐进式变革的重要力量，有助于实现更具代表性和更公平的全球治理，促进更具包容性的全球增长，建设和平、稳定、繁荣的世界。尽管金砖国家经济增长近来有所放缓，但这既同外部因素有关，也是各国调整经济结构的客观结果。只要通过必要的经济改革，增强内生动力，坚持包容性增长理念，用社会政策托底宏观经济政策，就完全可以推动经济从量的增长转向质的提升。因此，加强金砖国家间经济协调与合作，有利于拓展更大的经济发展空间。

近年来学术界对金砖国家经济及合作问题给予高度关注。代表性的文献有，张玉珂、徐永利通过比较金砖四国三次产业结构比重及贡献率，分析金砖国家的工业化进程；庄惠明、陈洁通过建立包含发达国家和金砖四国在内的 31 国服务业投入产出模型，对比分析我国与发达国家和发展中国家的服务业发展水平；Gaaitzen J. de Vries 通过建立涵盖 35 部门的产业增加值及就业数据库分析金砖五国的产业转型及生产力的增长问题；李杨采用多种指标计算比较金砖国家服务贸易的竞争力；韩琳琳、覃正运用 Kandogan 方法以及边际产业内贸易指数法分析中国与金砖国家之间的产业内贸易状况；武敬云运用贸易结合度指数、现实性比较优势指数及斯皮尔曼等级相关系数等多种指标研究金砖国家间贸易结合度与贸易竞争、互补状况。

现有诸多文献对金砖国家经济关系进行了多角度分析，但鲜有将金砖国家产业结构差异与贸易合作进行关联的研究。我们知道，不同国家或地区产品的比较优势，决定了商品的出口结构；而对外贸易的发展以及出口结构的优化有利于合理配置本国资源，推动产业竞争力的提升以及产业结构高度化发展。为此本文试图在全面比较金砖五国产业发展水平基础上，深入研究金砖国家对外贸易竞争力及金砖国家间贸易竞争与互补关系问题。

新世纪以来，以金砖五国为代表的新兴经济体显示出良好的发展势头，经济增长十分迅速，其中中国年均经济增长率超过 10%，印度超过 7%，俄罗斯超过 6%，远远高于发达国家 2.6% 的平均经济增长率和 4.1% 左右的全球经济平均增长率。根据世界银行 WDI 数据库数据，通过比较 2000～2012 年金砖五国三次产业增加值结构性演变的规模和趋势可以判断出，金砖五国整体上均处于由第一、二产业向第三产业过渡的工业化发展阶段，但是发展程度存在差异。相对于各国所处的工业化发展阶段来说，俄罗斯与印度的产业结构相对失衡，俄罗斯经济发展程度高于同期的巴西和南非，但是服务业的比重却低于这两个国家。而印度 2011 年人均 GDP 仅 1489 美元，处于初级产品生产阶段，其农业比重偏低，而服务业比重畸高。

二 金砖五国对外贸易竞争力比较分析

衡量一国产品或产业在国际市场的竞争力，显示性比较优势指数（RCA指数）是公认的核心指标，它反映了一国出口商品中某类商品出口所占的比例相对于世界贸易中该类商品所占比例的大小。由于其剔除了国家总量波动和世界总量波动的影响，故可以更好地反映出某国在国际贸易中的比较优势。计算公式为：

$$RCA_{ak}^x = \frac{X_{ak}/X_a}{W_k/W}$$

其中 X_{ak} 表示 a 国第 k 种产品的出口额，X_a 表示 a 国的出口总额；W_k 代表全球第 k 种产品的出口额，W 表示世界出口贸易的总额。该指数的衡量标准是以 1 为临界值，指数越大说明一国在国际贸易中比较优势越强。

相关数据分别来源于联合国商品贸易统计数据库和服务贸易统计数据库，贸易的商品分类采用 SITC Rev.3 编码的 10 大类划分，而服务贸易的服务按照 OECD 标准分为 11 类，选取的比较区间为商品贸易为 2000~2012 年、服务贸易为 2001~2012 年，数据计算结果见图 1~图 9。

1. 商品贸易竞争力

金砖五国在商品贸易上的比较优势差异较大，具有一定的贸易互补性与合作空间。中国第 8 类出口贸易竞争力在金砖五国中具有显著比较优势；第 7 类和第 6 类相比中国其他商品贸易来说也具有较强的竞争力，但与其他金砖国家相比，比较优势不明显。印度各类商品贸易竞争优势差距幅度不大，竞争力最高的第 6 类显示性比较优势在不断衰弱。俄罗斯第 3 类出口贸易在整个金砖国家中具有十分明显的竞争优势。巴西和南非第 2 类商品贸易有较高的国际竞争力，并有不断递增趋势。金砖五国在商品贸易比较优势上差距较大，结合各国的比较劣势来看，在季节性食品出口贸易、劳动密集型制造以及能源进出口等方面都有较大合作空间。

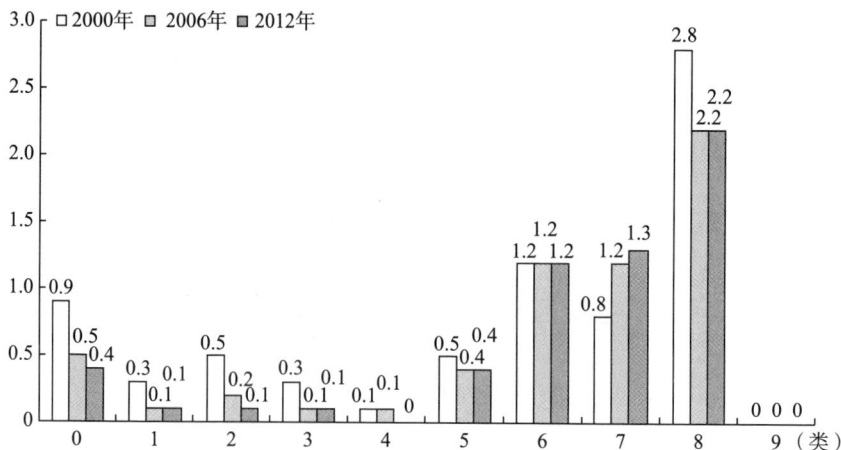

图 1　中国商品贸易显示性比较优势指数

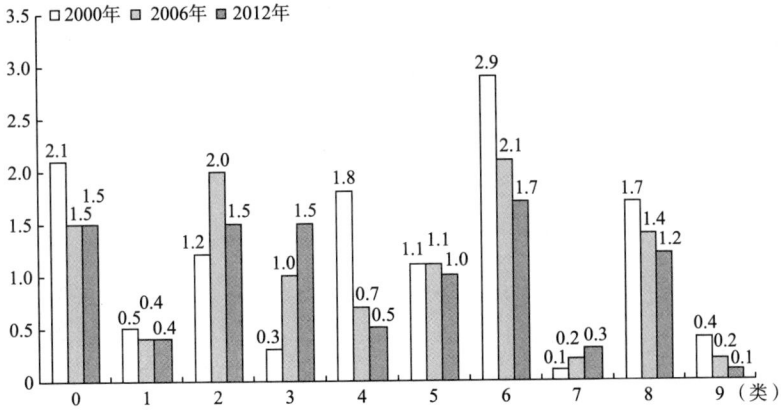

图 2　印度商品贸易显示性比较优势指数

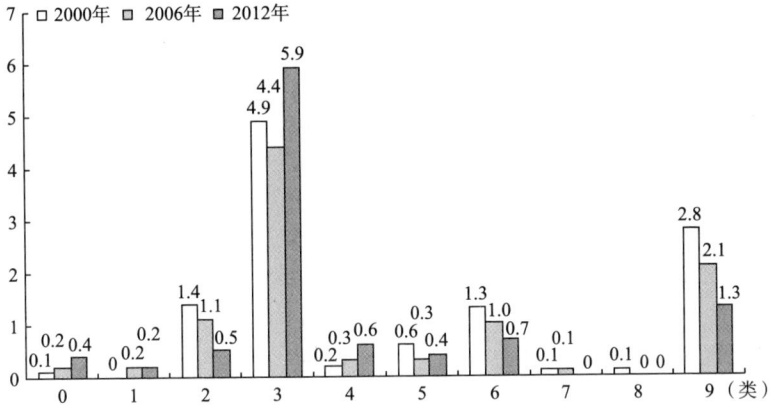

图 3　俄罗斯商品贸易显示性比较优势指数

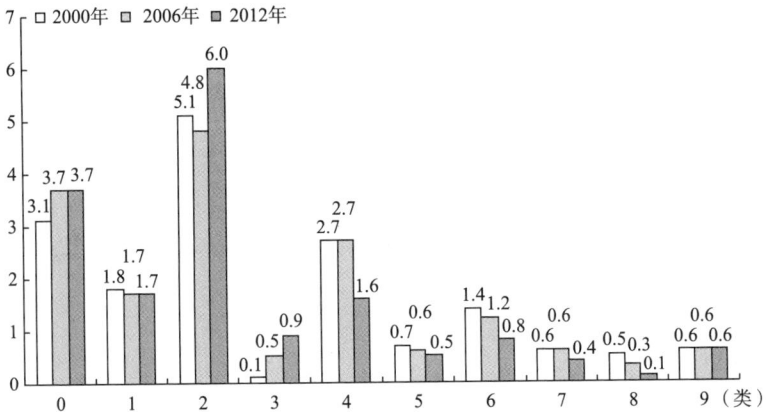

图 4　巴西商品贸易显示性比较优势指数

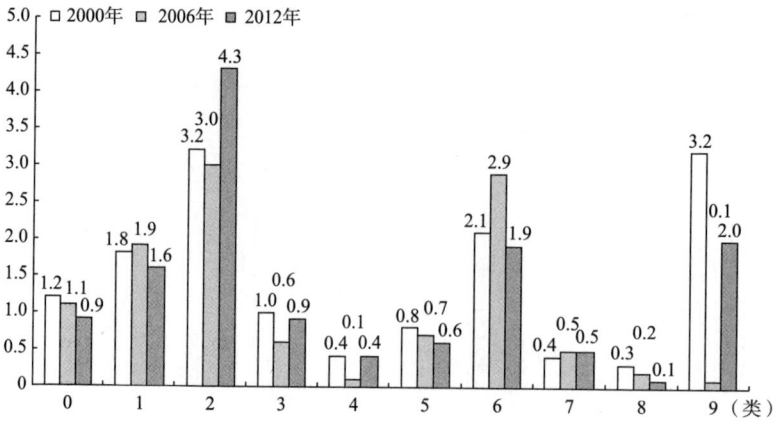

图 5　南非商品贸易显示性比较优势指数

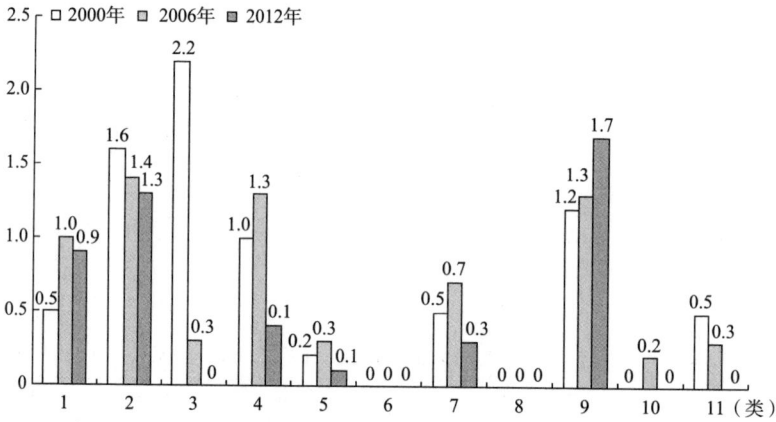

图 6　中国服务贸易显示性比较优势指数

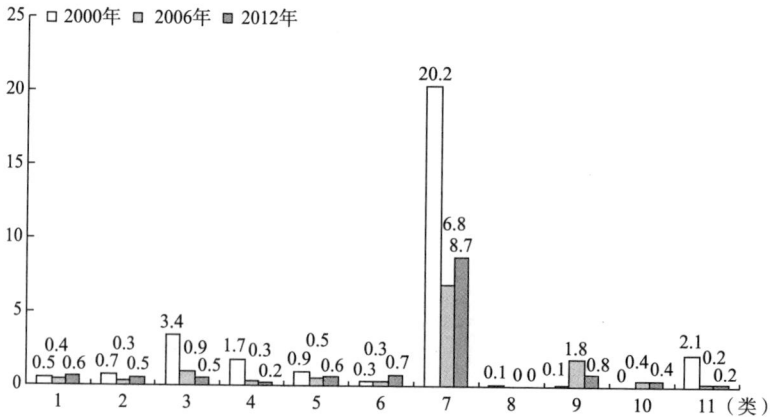

图 7　印度服务贸易显示性比较优势指数

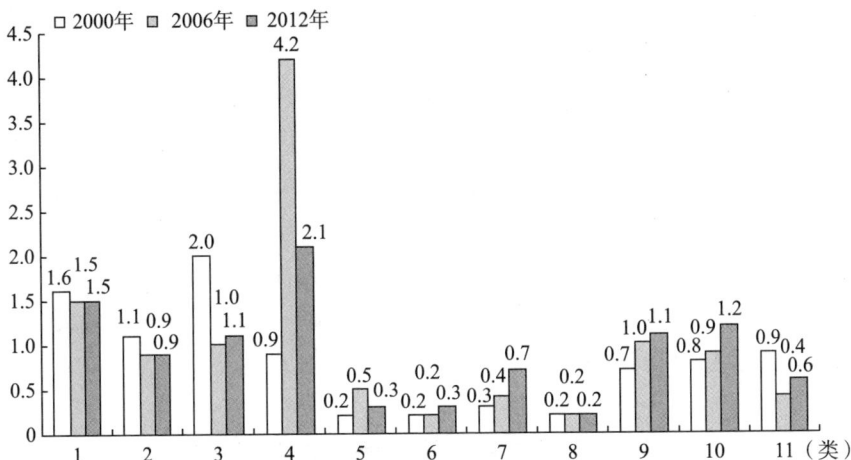

图8　俄罗斯服务贸易显示性比较优势指数

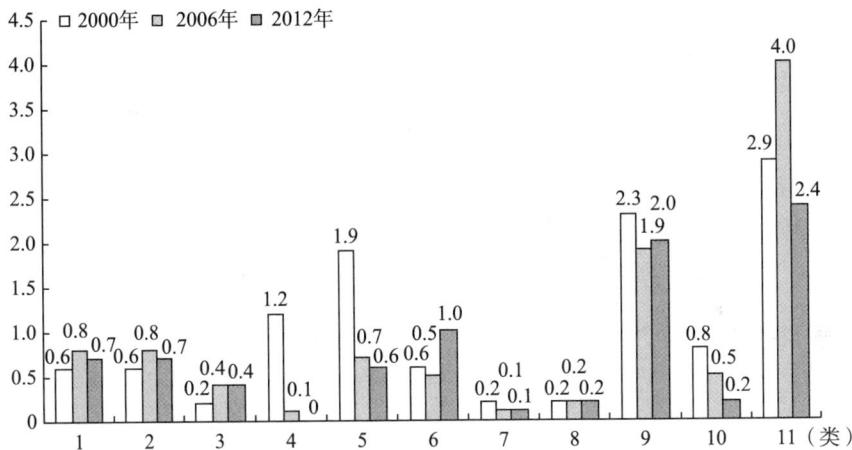

图9　巴西服务贸易显示性比较优势指数

注：由于南非服务贸易数据缺失，故这里仅以金砖四国作为对象进行研究；其中印度由于2011年数据缺失，实际采用的是2010年数据；2000年部分影响重大的数据根据2001、2002年数据进行了调整，其中印度第7类根据2001年进行调整；俄罗斯第9类根据2001年进行调整；第10、11类根据2002年数据进行调整。

一些国家部分商品贸易的比较优势总体呈现下降趋势。大部分金砖国家的商品贸易比较优势随年份变动呈现倒"U"形波动下降趋势，其中在第6类及第8类上的下降趋势最为统一。除俄罗斯外，其他金砖国家在第0类和第1类上也呈现下降趋势，不过这些均属于初级农产品加工贸易或劳动密集型制造业贸易，其下降从另一层面上也反映出商品贸易由低端商品贸易向技术密集的高端商品贸易的发展趋势。

2. 服务贸易竞争力分析

金砖国家服务贸易竞争力明显低于商品贸易竞争力。中国大部分服务贸易竞争力水平平均在 1 以下，即便是最高的第 9 类的显示性比较优势指数也仅为 1.7，仅属于较强的竞争力水平，比较优势不够明显，远远低于商品贸易的竞争力；印度第 7 类服务贸易具有极强的竞争力，比较优势在整个金砖国家中一枝独秀；巴西第 9 类和第 11 类有一定比较优势；俄罗斯第 4 类及第 1 类服务贸易具有很强的竞争力，但优势下滑明显。可见，金砖国家服务贸易发展以印度、巴西具有一定比较优势，其他各国比较优势不明显。

三 金砖五国之间贸易竞争性与互补性研究

1. 金砖五国间贸易结合度变动趋势

本文采用贸易结合度指数（又称贸易强度指数），用以衡量国家之间贸易联系的紧密程度。公式表示为：

$$TCD_{ab} = (X_{ab}/X_a)/(M_b/M_w)$$

其中，TCD_{ab} 代表 a 国对 b 国的贸易结合度，X_{ab} 与 X_a 分别代表 a 国对 b 国的出口额与 a 国的出口总额，M_b 与 M_w 分别代表 b 国的进口额与世界的进口总额。如果贸易结合度指数大于 1，表明两国之间贸易联系紧密；小于 1，表明两国之间贸易联系松散；等于 1，表明两国之间的贸易联系处于平均水平。

贸易结合度包括出口的贸易结合度与进口的贸易结合度。本文进行了分别的测算，从表 1 可以看出，金砖国家之间贸易结合度最为紧密的国家包括印度－南非、巴西－俄罗斯、巴西－南非以及中国－俄罗斯，俄罗斯与南非之间的进出口贸易结合度极低。总体看，目前金砖国家间贸易联系的紧密程度不高，合作空间巨大。

表 1　2000~2012 年金砖国家贸易结合度指数

贸易结合度	2000年	2001年	2002年	2003年	2004年	2005年	2006年	2007年	2008年	2009年	2010年	2011年	2012年	平均值
中－印	0.79	0.89	0.95	0.80	0.93	0.87	1.03	1.21	1.12	1.20	1.12	1.03	0.87	0.99
中－俄	1.73	1.53	1.53	1.83	1.89	1.86	1.45	1.65	1.41	1.09	1.24	1.21	1.25	1.51
中－巴	0.55	0.55	0.59	0.73	0.87	0.87	0.97	1.04	1.17	1.10	1.23	1.41	1.30	0.95

续表

贸易结合度	2000年	2001年	2002年	2003年	2004年	2005年	2006年	2007年	2008年	2009年	2010年	2011年	2012年	平均值
中－南	0.99	0.99	1.01	1.03	0.98	0.97	1.07	1.07	1.03	1.19	1.29	1.27	1.34	1.10
印－中	0.50	0.55	0.67	0.80	0.89	1.16	0.99	0.93	0.74	0.78	0.85	0.57	0.50	0.76
印－俄	3.89	2.91	2.07	1.57	1.01	0.76	0.61	0.43	0.34	0.44	0.41	0.37	0.42	1.17
印－巴	0.51	0.57	0.94	0.99	0.99	1.33	1.57	1.40	1.48	1.01	1.30	1.50	1.66	1.17
印－南	1.77	1.90	2.35	1.77	2.28	2.73	3.10	2.49	2.18	2.30	3.10	2.58	3.02	2.43
俄－中	1.48	1.45	1.42	1.14	0.92	0.87	0.81	0.63	0.65	0.69	0.54	0.69	0.64	0.92
俄－印	1.33	1.40	1.74	2.15	1.28	0.71	0.66	0.53	0.57	0.95	0.59	0.35	0.36	0.97
俄－巴	0.28	0.21	0.28	0.29	0.28	0.34	0.31	0.36	0.39	0.34	0.34	0.34	0.34	0.31
俄－南	0.08	0.01	0.09	0.01	0.01	0.02	0.01	0.01	0.01	0.13	0.02	0.04	0.09	0.04
巴－中	0.57	0.84	0.92	1.14	0.93	0.93	0.94	0.98	1.19	1.64	1.65	1.79	1.70	1.17
巴－印	0.50	0.61	1.25	0.79	0.63	0.71	0.47	0.36	0.28	1.08	0.75	0.48	0.86	0.68
巴－俄	1.48	2.85	2.93	2.72	2.11	2.65	2.21	1.64	1.43	1.40	1.35	0.97	0.75	1.88
巴－南	1.34	1.83	1.99	2.23	2.11	2.52	1.91	1.92	1.52	1.59	1.22	1.18	1.31	1.72
南－中	0.32	0.41	0.33	0.45	0.38	0.43	0.56	0.88	0.73	1.13	1.08	1.32	1.16	0.71
南－印	1.57	1.58	1.37	1.09	1.15	1.68	0.92	1.18	1.36	1.60	1.58	1.35	1.57	1.38
南－俄	0.20	0.15	0.20	0.27	0.26	0.15	0.16	0.15	0.17	0.21	0.23	0.19	0.27	0.20
南－巴	0.75	1.00	0.78	0.73	0.74	0.84	0.88	0.83	0.69	0.53	0.69	0.71	0.72	0.76

注：根据国际贸易中心 ITC 数据库提供数据计算得到。

2. 金砖五国间贸易竞争性与互补性

本文引入斯皮尔曼等级相关系数，通过将各国各类商品的显示性比较优势指数进行排名，进而计算该排名的相关关系。其公式如下：

$$r = 1 - 6\sum_{i=1}^{n} d_i^2 / n(n^2 - 1)$$

其中，r 代表斯皮尔曼等级相关系数，n 代表商品种类；$d_i^2 = (RCAX_a - RCAX_b)^2$，这里 $RCAX_a$ 与 $RCAX_b$ 分别代表 a 国与 b 国的显示性比较优势指数排名。斯皮尔曼等级相关系数的变化范围是（-1，+1），其中正数越大，代表两国之间贸易竞争程度越高；负数的绝对值越大，代表两国之间贸易互补程度越强。

从表 2 及表 3 分别列示的根据商品贸易与服务贸易的显示性比较优势指数计算得到的斯皮尔曼等级相关系数可以看出：一是金砖国家之间的贸易竞

争性大于互补性；二是商品贸易的互补性大于服务贸易的互补性；三是在商品贸易中，金砖五国间贸易关系有显著差别：中国与俄罗斯、巴西一直具有较强贸易互补性，且趋势不断增强；而巴西与南非、中国与印度之间持续存在着较强的贸易竞争关系，巴西和南非的贸易竞争性逐年增加，而中国与印度的贸易竞争性则呈现倒"U"形下降；四是在服务贸易中，俄罗斯与巴西之间的贸易互补性最强，而中国与俄罗斯、印度之间存在着较强的服务贸易竞争关系。

表2　2000~2012年金砖五国之间商品贸易的斯皮尔曼等级相关系数

	2000 年				2006 年				2012 年			
	中国	印度	俄罗斯	巴西	中国	印度	俄罗斯	巴西	中国	印度	俄罗斯	巴西
印度	0.467				0.564				0.261			
俄罗斯	- 0.394	- 0.055			- 0.636	0.055			- 0.697	0.309		
巴西	0.079	0.539	- 0.200		- 0.127	0.370	0.067		- 0.503	0.297	0.345	
南非	- 0.248	0.115	0.503	0.418	0.321	0.648	0.091	0.527	- 0.382	0.127	0.491	0.564

注：根据联合国商品贸易数据库提供的数据计算得到。

表3　2000~2011年金砖五国之间服务贸易的斯皮尔曼等级相关系数

	2000 年			2006 年			2011 年		
	中国	印度	俄罗斯	中国	印度	俄罗斯	中国	印度	俄罗斯
印度	0.518			0.245			0.491		
俄罗斯	0.636	0.100		0.636	0.336		0.445	- 0.064	
巴西	- 0.164	- 0.200	- 0.391	0.300	0.009	0.018	0.173	0.264	- 0.245

注：根据联合国商品贸易数据库提供的数据计算而得；印度实际采用的是 2010 年的数据，南非的数据缺失。

四　政策建议

金砖国家作为新兴的发展中经济体，由于历史、禀赋和政策的差异，不同国家产业内各行业的发展程度也有所不同，形成了各具特色的产业竞争力。表现在两个方面：从对内的角度来看，尽管金砖五国目前工业发展程度以及与贸易的结合程度都远高于服务业，但各产业对出口的刺激作用以及出口对各产业的拉动作用在不同国家中仍存在差异；从对外的角度来看，不同的产业部门所形成的商品和服务贸易的竞争力也存在较大的差异。总体看，商品贸易的竞争力要高于服务贸易竞争力。这些在一定程度上形成了金砖五国各自的比较优势，为相互之间的贸易合作提供一定空间。在经济全球化日益深化的前提下，充分利用各自的比较优势，加深金砖国家之间的贸易合作，是保持金砖国家经济增长速度，不断壮大世界影响力和提升国际话语权的共同选择。

研究也表明，目前金砖国家之间的贸易联系并不紧密，各国贸易之间的竞争性仍然大于互补性。鉴于此，本文的政策建议如下。

（1）加强产业内贸易发展。金砖国家产业结构的高度相似性，决定了相关产业竞争优势存在相似性，贸易竞争性导致金砖国家之间贸易摩擦频繁，不利于建立稳定的可持续的合作关系。所以，要深化金砖国家之间的产业内贸易合作，结合自身行业相关的比较优势，增加异质性产品输出，以此来降低贸易合作的冲突，强化贸易联系的紧密度。

（2）促进金砖五国服务贸易合作。除印度外，其他金砖国家服务业发展均缓慢滞后，服务贸易缺乏竞争力，金砖国家应该重视双边的服务贸易合作，寻求利益的共同点，实现各国服务贸易和服务业发展的共同提升。

（3）深化金砖国家合作机制。金砖国家均处于经济的飞速发展阶段，在国际市场上具有相同的利益诉求。同时，出口商品结构在国际市场上具有相应的比较优势，这些构成了金砖国家合作的基础。尤其是2011年4月三亚峰会宣言表明了金砖国家对于开展全方位合作的意愿，金融危机对欧美发达国家的重创也为拓展金砖国家间的合作提供了时代条件。故未来应积极开展双边经济、贸易、文化等全方位合作，实现优势互补，促进共同发展，不断深化金砖国家的合作机制。

（4）发挥比较优势，实现贸易竞合一体化发展。目前金砖国家贸易之间的竞争性仍然大于互补性，在确保贸易良性竞争的同时，国家间必须做出更加协调一致的努力，不断推进贸易互补与合作，实现以合作为基础的贸易竞合一体化发展。

[作者单位：山东大学（威海）]

发展中国家对华反倾销动因：
基于宏微观的视角

梁俊伟　代中强

一　引言

反倾销措施作为 WTO 框架下维护公平贸易的反制措施一直被列为"三大例外"的允许范畴，其初衷是针对贸易伙伴倾销行为的一种约束。然而，现实中，反倾销已经完全成为实行贸易保护主义的一个工具。随着发展中国家逐渐成为全球反倾销的主体，且频繁针对中国发起反倾销，中国成为这一保护措施最主要的受害者。

据 WTO 统计，1995~2013 年，中国共遭受了 989 起反倾销诉讼，占同期全世界反倾销诉讼总量的 21.9%。对中国发起反倾销的 32 个国家中，24 个发展中国家和转型国家共发起 664 起，占 67.1%，8 个发达国家共发起 325 起，占 32.9%。其中，位居对华发起反倾销前 10 的国家（地区）分别为印度、美国、欧盟、阿根廷、巴西、土耳其、澳大利亚、南非、墨西哥、哥伦比亚。按照联合国的分类标准，除了美国、欧盟和澳大利亚，其余 7 个均为发展中国家，其中，发展中国家共发起 507 起，占 65.1%，发达国家共发起 272 起，占 34.9%。无论从总量还是比重看，发展中国家已经占据对华反倾销的主体地位。通过分析对华反倾销前 24 的国家（地区）（见表 1），我们可以清晰地看到其中的特征。

表 1　对华反倾销诉讼前 24 的国家（地区）（1995~2013 年）

单位：起，%

	全球反倾销诉讼	对华反倾销诉讼	对华诉讼比重	全球肯定裁决比重	对华肯定裁决比重	全球反倾销强度	对华反倾销强度
印度	702	161	22.93	73.93	80.12	1320	2955

续表

	全球反倾销诉讼	对华反倾销诉讼	对华诉讼比重	全球肯定裁决比重	对华肯定裁决比重	全球反倾销强度	对华反倾销强度
美国	508	117	23.03	62.80	82.05	112	174
欧盟	454	114	25.11	65.42	73.68	39	177
阿根廷	312	90	28.85	69.87	73.33	2885	8266
巴西	334	78	23.35	49.40	60.26	1027	2435
土耳其	168	64	38.10	91.67	93.75	490	2627
澳大利亚	267	41	15.36	40.45	46.34	696	768
墨西哥	115	40	34.78	79.13	50	175	648
南非	227	38	16.74	57.71	52.63	1211	2016
哥伦比亚	67	36	53.73	44.78	50	862	4370
加拿大	183	34	18.58	61.75	73.53	203	499
韩国	121	25	20.66	63.64	84	151	218
秘鲁	72	22	30.56	69.44	72.73	1394	3249
印度尼西亚	110	19	17.27	46.36	52.63	450	625
泰国	61	17	27.87	70.49	70.59	173	448
埃及	73	16	21.92	73.97	75	843	2206
巴基斯坦	82	11	13.41	60.98	72.73	1175	1429
中国台湾	36	10	27.78	41.67	50	71	180
乌克兰	43	9	20.93	86.05	88.89	369	1294
新西兰	57	9	15.79	42.11	44.44	829	1111
以色列	48	7	14.58	47.92	71.43	343	1064
俄罗斯	31	6	19.35	90.32	100	69	124
马来西亚	62	5	8.06	58.06	80	181	138
菲律宾	19	2	10.53	57.89	100	138	216

注：美国、欧盟、澳大利亚、加拿大、新西兰及以色列为发达国家，其余为发展中国家。

数据来源：www.wto.org 及作者计算。

首先，各国对华反倾销总量与其对外总量的比重居高，均介于 8% ~ 54%，其中发展中国家平均比重为 24.3%，远高于发达国家平均比重的 18.7%，前者具有更强的地理偏向性。其次，从最终结果看，对华反倾销肯定裁决比重显著高于其全球肯定裁决比重。其中，发达国家平均高出 11.7%，发展中国家平均高出 6.7%。再次，沿着 Prusa 的方法计算的各国全球反倾销强度及对华反倾销强度显示，发展中国家逐渐成为对华反倾销的主体的同时，也成为全球反倾销的主力。结果显示，排在前5的均为发展中国家，分别为阿根廷（8266）、哥伦比亚（4370）、秘鲁（3249）、印度（2955）和土耳其（2627）。相对欧盟1995年的标准水平，发展中国家平均对华反倾销强度高达1858，约为发达国家平均水平的3倍。

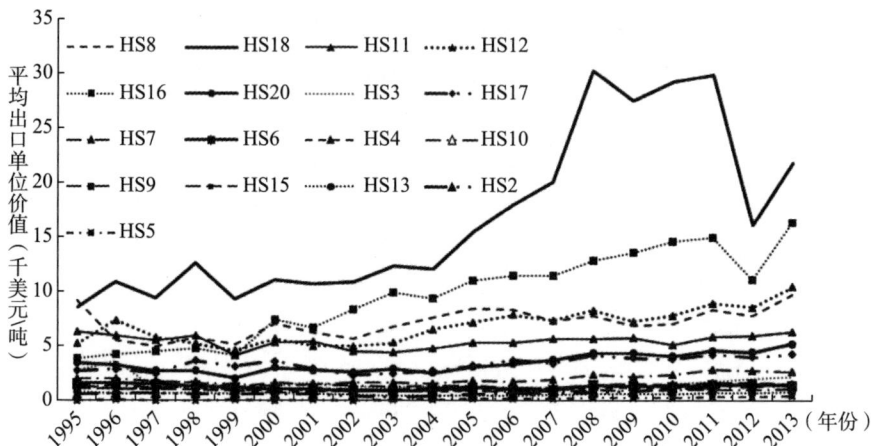

图1　中国出口商品平均单位价值变动趋势

发展中国家频繁对中国出口商品发起反倾销诉讼严重危及中国的出口及贸易福利，对以金砖国家为代表的发展中国家开展多边广泛经济合作构成了潜在的障碍，这迫切需要我们深入分析动因，提出对策。我们利用CEPII BACI数据库测算的中国HS编码20大类出口商品的平均单位价值（Average Unit Value，AUV）显示，在考察期内，除HS14、HS1和HS193大类略有下降外，其余17大类均呈现一定幅度的上升（详见图1）。沿着贸易理论的逻辑，当一国出口商品的单位价值上升，其遭遇反倾销的数量会有所下降。AUV的变化趋势显然与中国持续遭遇来自发展中国家密集的反倾销事实相悖。

发展中国家频繁发起对华反倾销背后的动因究竟如何？中国出口价格与遭遇反倾销的数量究竟有什么关系？是否还有其他经济因素，如贸易伙伴的触发策略等对此更具解释力？发展中国家对华反倾销诉讼和实施反倾销措施是否源自同样的动因？金砖国家与非金砖国家对华反倾销动因有何差异？本文意在回答上述系列问题，剖析发展中国家对中国频繁发起反倾销的深层次原因。

余下结构安排为：第二部分对已有文献进行回顾，第三部分构建理论分析框架，第四部分设定经验分析模型、分析变量的统计特征并说明数据来源，第五部分为基准检验、稳健性检验及结果分析，最后为简要评述。

二　文献综述

（一）对反倾销共同动因的研究

《WTO 反倾销协定》（Anti-Dumping Agreement，ADA）规定，当外国公司在特定出口市场以低于其国内市场价格销售产品并对进口市场造成实质性损害或对进口国厂商造成实质损害威胁或对某产业的形成造成实质性阻碍的情况时，进口国允许征收反倾销税以冲销出口商的价格优势。学者对反倾销动因的分析往往首先从经济层面入手，例如宏观经济状况、汇率、市场份额、就业率变化等。Feinberg 利用 1981～1998 年美国厂商对 15 个国家发起反倾销诉讼的季度数据，发现宏观经济状况是美国发起反倾销诉讼的重要影响因素，经济衰退时期外国产品更容易遭到美国厂商的诉讼。Feinberg 认为美元相对于出口国货币贬值会显著增加美国对其反倾销诉讼的可能性。Blonigen 验证了进口渗透度与进口国反倾销数量存在正相关关系。于津平和郭晓菁分析，加拿大对华反倾销受失业率的影响最为显著。

同时，反倾销的起诉和裁定过程具有诸多随机性和任意性，又可以披着合法、合理、维护公平竞争的外衣作为贸易报复或谋取政治利益的策略工具。对于反倾销的触发策略（trigger strategy）动机，主要有"报复性动机"和"俱乐部效应"两大类。Prusa 和 Skeath 利用 WTO 成员国 1980～1998 年的反倾销数据进行研究，发现就国家层面而言，如果一国主要的出口伙伴频繁对其发起反倾销诉讼，则其发起报复性反倾销调查的可能性就会提高，反倾销调查具有明显的"以牙还牙"（tit-for-tat）的报复性，这是第一种触发策略。同时，他们还发现反倾销传统使用者更喜欢向其他反倾销的传统使用者发起反倾销调查，作者称其为"俱乐部效应"，这是另一种触发策略。Feinberg 和 Reynolds 通过对 1995～2003 年 WTO 框架下的反倾销数据进行研究，进一步证实了反倾销的报复性动机。Bao 和 Qiu 利用负二项回归研究了中美反倾销的特征，比较发现两国的反倾销均不具有报复性。

近年来，对印度和中国两大发展中国家反倾销形成机制的研究也有了新进展。Choia 和 Kima 认为印度在经济不景气时对亚洲出口导向型国家更容易发起反倾销诉讼，而中国对经历贸易逆差和高失业率的亚洲出口导向型国家发起更多的反倾销诉讼。Meng 等的研究发现，中国反倾销对国际形势更加敏感，印度则没有明显的系统特征。

（二）发起国对华反倾销动因的研究

这一层面多数集中于美国对华反倾销动因的研究。谢建国的研究表明，美国国内工业产出的波动与对华贸易逆差等宏观经济因素是美国对华反倾销的主要原因，中美政治关系与美国对华反倾销之间存在显著的联系，中美政治关系的恶化将强化中美在贸易领域的冲突。沈国兵运用负二项计数模型研究了美国对华反倾销的决定因素，发现美国从中国进口渗透增加是对中国反倾销的最主要决定因素，美国反倾销法的变化增加了对中国的反倾销数量。李坤望与王孝松验证，政治因素而非经济因素对中美之间贸易摩擦起决定作用。

此外，诸多研究表明，各国对中国的反倾销调查及裁定具有一定的偏向性。相关研究表明，美国反倾销诉讼约一半是针对中国，肯定性裁决比例也超过50%。李坤望与王孝松认为，美国对中国反倾销税率的裁定明显具有政治歧视性，案件申诉者的政治势力对税率的裁定结果的影响最为重要，是美国对华反倾销呈现出歧视性的首要原因。鲍晓华利用负二项回归对前18个对华反倾销国家进行分类研究发现，发达国家和发展中国家针对中国出口的反倾销几乎不考虑各类经济因素，也并非对中国之前反倾销行为的直接报复，而是均具有相当的主观任意性和歧视性。印度、南非等新兴反倾销使用者在中国入世之后，阶段性加强了对中国的反倾销。

整体而言，现有研究主要关注以美国为首的发达国家对华反倾销问题，或针对发达国家和发展中国家反倾销差异的比较，仅有少量文献研究发展中国家对华反倾销动因，更鲜有文献将微观出口价格和国际经济关系纳入分析框架，从宏微观的视角系统考察发展中国家对华反倾销动因。本文是对现有文献的丰富和补充。

（三）对反倾销进行经验研究的方法

对反倾销的经验研究方法很大程度上取决于反倾销数据的选择，如果选择反倾销税率作为被解释变量，就可以借助时间序列（国家层面）或者面板数据（行业或产品层面）进行回归分析。李坤望与王孝松以标准化处理后的ITA裁定的倾销幅度作为被解释变量，一系列反映政治经济特征及中国因素的变量为解释变量，同时结合两个内生变量——政治压力和进口渗透率倒数，构造联立方程系统，借助完全信息极大似然（FML）进行回归。如果选取的发起反倾销诉讼或肯定裁定的概率，由于其有限选择性，不适合采用普通线性模型的回归方法，通常采用 Logit 模型或 Probit 模型进行回归。如果选取的是反倾销诉讼或肯定裁定的数量，由于其非负离散性，通常采用 Poisson 回归或者负二项回归。我们将类似文献中的经验方法整理如下，详见表 2。

表 2　反倾销研究文献方法归纳

作者	被解释变量	解释变量	回归方法
Staiger 和 Wolak（1994）	申诉率，实际出口，实际产出	微观宏观经济指标	Poisson/OLS
Prusa（1996）	立案当年至后续五年的指控国进口/非指控国进口/总进口	滞后贸易流，指控国数量，关税及哑变量	OLS
Prusa（2001）	进口额，进口量，进口单价	滞后量，关税，反倾销肯定裁决数，否定裁决数	OLS
Prusa 和 Skeath（2004）	是否发起反倾销二元变量	报复因素，反倾销传统，进口变化率，总进口	Probit
谢建国（2006）	美对华反倾销诉讼数	中美政治状况系数，贸易状况，美国工业产出，WTO 成立与中国入世	Poisson，负二项回归
李坤望与王孝松（2008）	标准化后的美对华反倾销税率	政治压力，经济因素和中国因素；影响申诉这能组成压力集团的向量；对一行业的进口渗透率产生影响的向量	完全信息极大似然法（FML）
王孝松（2008）	ITC 裁定是否损害二元变量	政治压力，经济因素和中国因素	Probit
王孝松与谢申祥（2009）	贸易伙伴是否对华发起反倾销二元变量，反倾销数，肯定裁决数，确认损害数	进口额，汇率，关税减让，反倾销传统等	Logit，Probit
鲍晓华（2011）	反倾销诉讼数	宏观经济因素，报复性因素和制度因素	负二项回归，准最大似然估计（QML）
王孝松与谢申祥（2013）	是否征税，反倾销税率及进口需求弹性	进口渗透率、市场份额、行业协会数量等微观变量，虚拟变量	OLS，Probit，广义矩（GMM）
Xiong 和 Beghin（2014）	是否发生双边贸易二元变量/双边贸易量	关税，TBT，NTMs 及引力模型中的贸易成本变量	OLS，Probit 泊松伪极大似然回归（PPML）

数据来源：作者根据相关文献整理。

本文的主要贡献可以归纳如下。第一，以发展中国家为样本，采用包括国家维度、产品维度和时间维度的三维数据，并对金砖国家和非金砖国家进行了比较，系统研究其对华反倾销动因的差异性。第二，利用 CEPII BACI 最新数据计算平均出口单位价值（AUV），从微观经济角度考察发展中国家对华反倾销的基础动因。第三，分别采用了反倾销诉讼和反倾销措施的属性、数量和强度作为被解释变量，综合分析其动因，尤其是采用反倾销诉讼和措施的强度来考察其反倾销真实水平，可以更准确地探究其动因。第四，我们加入了体现中国所处国际经济环境的货物贸易相关性指数（Merchandise Trade Correlation Index，MTCI），考察国际经济竞争关系的影响。

三　理论框架及研究假设

根据已有文献及相关理论，反倾销作为一种管理贸易的措施已经远超其"维持公平贸易"的"冲销"内涵，其诉讼和实施过程更是错综复杂。本文结合前人研究成果及研究对象的特征，将导致发展中国家对华反倾销的因素分为三大类，分别是宏微观经济因素、触发策略因素和国际经济因素。

（一）宏微观经济因素

从贸易理论的角度，反倾销是针对出口方的低价销售行为而采取的"自卫性"的反制措施。因此，微观层面的出口价格过低应是"正常"反倾销措施最原始的动因。沈国兵指出，美国国际贸易管理局（International Trade Administration，ITA）对于公平定价的裁定和美国国际贸易委员会（International Trade Committee，ITC）对于实质性损害的裁定是美国通常的反倾销程序。Salehizadeh 和 Raafat 认为，美国在反倾销过程中基于同期汇率，利用完全货币传递机制判定的进口价格偏低，导致裁定结果不公平。通常意义上，进口国竞争厂商对于出口价格的反应要比其他经济变量更加迅速和直接，出口价格的判定对于是否反倾销的影响最为关键。因此，我们将此微观经济因素作为首要检验对象。出口价格与遭遇反倾销指控和肯定性裁定正相关。我们利用 CEPII BACI 数据 HS 编码 20 类产品的平均出口单位价值（AUV）反映出口价格，并提出待检命题 1。

命题 1：中国出口商品价格低于发起国认定的公平价格是导致对华反倾销的重要因素。

宏观经济因素通常是引发一国发起反倾销诉讼和肯定裁定的内部经济因素，是诸多国家反倾销的首要动因。宏观经济运行状况往往对反倾销产生负面影响。在国家宏观经济下行背景下，决策者会倾向更多地利用反倾销保证内部企业的市场份额，同时对于反倾销诉讼的调查也更容易得出肯定性裁定的结果。Aggarwal 指出，行业层面不景气时（例如，产出增速下降），相关利益集团或行业组织会通过代理人游说决策部门通过相关的反倾销立案申诉，并达成肯定性裁决。我们经过计算发现，在样本期内，针对中国的反倾销诉讼案件中超过 70% 集中在 HS06（30.14%）、HS16（17.2%）、HS15（13.65%）和 HS11（9.93%）等四类产品，这四类产品全部都属于工业行业。我们分别用实际 GDP 增长率（*RGDPR*）和工业产出指数年度变化率（*IPR*）反映发起国经济运行和行业景气，并提出待检命题 2。

命题 2：发起国经济运行和行业景气指标下行将会引发其对华发起更多反倾销行为。

进口量激增通常是引发一国施行贸易保护措施的直接原因。发起国从中国的进口量（*Imch*）增加，会导致其国内相同行业或企业的市场份额下降，同时因为本国出口增速缓慢而导致国际收支恶化，该国有可能将责任归罪于进口激增，反倾销概率增加。然而，如果相对国内总支出比重较小，进口的实际影响效果也可能不明显。学者普遍采用进口渗透率而非进口量作为衡量进口因素的指标。沈国兵验证了美国从中国进口渗透率（*TPR*）提高会促使美国对华反倾销调查数量增加。Bao 和 Qiu 也证实了中国进口渗透率提高，显著增加了中国对外反倾销的概率。我们采用总进口额与国内总支出（包括消费、投资和政府支出的总和）之比表示进口渗透率，与进口量一起作为检验进口影响的变量。

汇率（*ExRate*）作为一国货币国际支付能力的体现，与经济运行和贸易结构息息相关。一国货币升值导致进口增加，出口竞争力下降，内部企业市场份额缩小，本国反倾销诉讼及肯定裁定的概率上升；同时，本币升值后，调查过程中以外币衡量的产品价格会下降，进而降低肯定裁定的概率，因此，汇率的预期符号不确定。我们综合上述分析提出待检命题 3。

命题 3：发起国从中国进口增加将提高其对华反倾销概率，汇率变化对反倾销的影响效果不确定。

（二）触发策略因素

反倾销诉讼和判决过程极其复杂，这就意味着除了宏观经济因素，很多其他因素也会产生作用。首先，Prusa 指出，传统的反倾销俱乐部成员（美国、澳大利亚、欧盟和加拿大）其诉讼过程具有明显的"俱乐部效应"（club effect），即发起国更加偏好对俱乐部成员发起更多的反倾销。Prusa 和 Skeath 认为"俱乐部效应"的存在很大程度上是因为"非俱乐部"成员相关法律体系很不成熟，对其发起反倾销调查的成本过高。发展中国家目前已经成为全球反倾销的主力，我们假设其在对象国的选择上具有类似"俱乐部效应"的倾向。

其次，发起反倾销往往受报复因素（*TFT*）的影响，很多文献将其作为触发策略的虚拟变量之一来考察。Feinberg 和 Reynolds 的研究验证了报复性策略在全球反倾销中的重要作用，同时，如果贸易伙伴本身是反倾销的积极使用者，由于担心下一期本国产品遭遇反倾销报复，某些国家有可能会降低对贸易伙伴主动的反倾销调查概率。

再次，Bown 和 Crowley 在研究美国对日本发起反倾销过程中首次提出贸易"偏转效应"（deflection effect），即日本向美国的出口因反倾销减少时，日本对欧盟的出口会增加，进而欧盟对日本的反倾销有可能会增加。这一研究与 Staiger 和 Wolak 及 Blonigen 和 Bown 提及的贸易"调查效应"（harassment effect）密切相关，他们认为对反倾销威胁的调查和反倾销税的裁定都能对被指控国起到"贸易限制"（trade destruction）的效果，其他贸易伙伴会提前预警，更加谨慎地对待来自被指控国的商品，进口有可能减少，对被指控国反倾销的概率降低。因此，如果两种效应同时存在，贸易偏转效应的影响则不确定。

命题4：发起国的触发策略可能推动其对华反倾销，中国的反倾销行为可能限制发起国的行动。

（三）国际经济因素

除此之外，双方所处的外部环境也会影响反倾销。双边关系稳定，往往会降低贸易摩擦的概率。谢建国研究了中美贸易摩擦的政治化趋势，认为中美政治关系的恶化将强化中美在贸易领域的冲突。我们拟引入货物贸易相关指数（*MTCI*）和自由贸易协定（*FTA*）作为双方国际关系的替代变量。*MTCI*是两国在国际同类产品市场上竞争关系的体现，这种外部竞争关系会一定程度转移或影响国内市场。*FTA* 的签订意味着双边贸易关系良好，且贸易开放度和透明度较高。

中国入世后所处的国际经济环境发生了显著变化，尤其是市场经济地位得到越来越多国家的认可，很多国家对中国出口的需求量激增，这一事件会对中国遭遇反倾销产生影响。事实上，中国在全球范围遭遇的反倾销数量在入世前后也有显著差异。入世前，全球对华反倾销诉讼年均案件数为37.7件，而2002~2013年，年均为60.4件，远远超过中国入世之前的水平。我们倾向于认为中国入世后，中国出口在全球范围内扩张，发展中国家在国际市场上同中国形成明显的竞争关系，包括其国内市场也受到明显冲击，双重作用导致其向中国发起了更多的反倾销诉讼。

命题 5：发起国与中国国际经济关系的改善会在一定程度上降低其对华反倾销的概率，中国入世是发展中国家对华发起更多反倾销的重要外部因素。

四　模型、变量及数据说明

（一）模型

根据上述理论框架及已有文献，我们将被解释变量确定为三大类共六组。第一大类为一国是否对华发起反倾销，包括第 t 年国家 i 是否对中国产品 j 发起反倾销诉讼 AD_{ijt}、是否对中国实施反倾销措施 Me_{ijt}。该组体现发展中贸易伙伴对华反倾销的属性特征，即有没有。第二大类为一国对华反倾销的数量，包括第 t 年国家 i 对中国产品 j 发起反倾销诉讼数量 $ADch_{ijt}$，第 t 年国家 i 对中国产品 j 实施反倾销措施数量 $Mech_{ijt}$。这两组变量属于数值变量，体现发展中贸易伙伴对华反倾销的绝对数量，即有多少。第三大类为一国对华反倾销的强度，包括第 t 年国家 i 对中国 j 产品发起反倾销诉讼强度 $ADint_{ijt}$，第 t 年国家 i 对中国产品 j 实施反倾销措施强度 $Meint_{ijt}$。这两组变量属于强度变量，体现发展中国家对华反倾销相对其进口规模的真实水平。三大类指标在统计上显示出逐级推进的关系，不同变量对三大指标的影响效应存在差异。

第一大类的 AD_{ijt} 和 Me_{ijt} 为二值变量，即是为 1，否为 0。对二值变量的回归选择模型如下。

$$y_{ijt} = F(x'\beta) + \varepsilon_{ijt} \tag{1}$$

这样，$y_{ijt} = \begin{cases} 1, & \text{如果 } y_{ijt} > 0 \\ 0, & \text{如果 } y_{ijt} = 0 \end{cases}$ 包括 AD_{ijt} 和 Me_{ijt} 两个变量。F 为累计分布函数，x 表示所有影响反倾销的解释变量，β 表示解释变量增加一个单位引起几率比（odds ratio）的变化率，ε_{ijt} 为随机扰动项。

$ADch_{ijt}$、$Mech_{ijt}$ 是典型的非负离散整数变量，满足计数模型的特征。$ADint_{ijt}$、$Meint_{ijt}$ 的数值被限制于 $[0, 1140.261]$ 之间，且诸多零值点的存在使得部分被解释变量被归并至零点，这符合归并数据（censored data）的特征。前两者是反倾销诉讼和实施措施的绝对数量，后两者是反倾销诉讼和实施措施的相对数量，体现了其相对参照系的真实水平。对于计数模型这样的非线性模型，通常是通过取对数将其线性化，但由于样本中存在较多零值，这一变化过程失效。将其期望值转化为指数函数则可以有效解决这一问题，经过指数变化的方程可以表示为：

$$E(y \mid x_1, x_2, \cdots, x_\varphi) = exp(\beta_0 + \beta_1 x_1 + \cdots + \beta_\varphi x_\varphi) \tag{2}$$

对（2）式两边取对数就得到我们的回归方程：

$$\log[E(y_{ijt} \mid x_1, x_2, \cdots, x_\varphi)] = \beta_0 + \beta_1 x_1 + \cdots + \beta_\varphi x_\varphi + \varepsilon_{ijt} \tag{3}$$

其中，y_{ijt} 分别取 $ADch_{ijt}$、$Mech_{ijt}$。回归估计量 $\hat{\beta}$ 表示 x 变化一个微小的单位，事件 y_{ijt} 的平均发生次数将会变化百分之几，或者取 $exp(\hat{\beta})$ 即发生率比（incidence rate ratio），表示当 x 增加一个单位，事件的平均发生次数是原来的多少倍或比原来增加（$exp(\hat{\beta}$ 陆$) - 1 > 0$）或减少（$exp(\hat{\beta}$ 陆$) - 1 < 0$）百分之几。ε_{ijt} 为随机扰动项。

而对于归并数据，普通最小二乘法（OLS）导致估计失效，通常采用 To-bit 模型进行估计。而由于固定效应的 Tobit 模型无法获取个体异质性，因此不能像固定效应那样进行条件最大似然估计，只能选择随机效应模型。

（二）变量设定及数据来源

我们整个考察期设定为 1995～2013 年，样本包括对华反倾销前 17 个国家 20 类产品，样本量为 6460。通常而言，贸易体发起反倾销的数量与其进口额之间有一定的正相关性，而原始数据可能受进口量的影响而无法真实体现其反倾销水平。控制进口量之后分析其反倾销的数量变化，不仅可以体现反倾销的长期真实水平，而且便于进行动态国别比较。特别说明的一点，我们沿着 Prusa 的思路计算一国对华反倾销诉讼和反倾销措施的强度，即当年对华反倾销诉讼量和肯定裁决数量与其当年从中国进口金额之比，然后分别以 2000 年土耳其第 11 类产品（对中国的反倾销诉讼案件及肯定裁决数最多，分别为 77 次和 76 次）为参照取诉讼和裁决的比值，再乘以 100，进行标准化处理。具体公式如下：

$$ADint_{ijt} = 100 * \frac{ADch_{ijt}}{V_{ijt}} \bigg/ \frac{ADch_{tur,11,2000}}{V_{tur,11,2000}}$$

$$Meint_{ijt} = 100 * \frac{Mech_{ijt}}{V_{ijt}} \bigg/ \frac{Mech_{tur,11,2000}}{V_{tur,11,2000}} \tag{4}$$

其中，V_{ijt} 为国家 i 在年份 t 从中国进口产品 j 的贸易额，$V_{tur,11,2000}$ 为 2000 年土耳其在第 11 类产品从中国的进口额，$ADch_{tur,11,2000}$ 和 $Mech_{tur,11,2000}$ 分别表示 2000 年土耳其在第 11 类产品对中国发起反倾销诉讼及反倾销肯定裁决的数量。

平均出口单位价值根据 CEPII BACI 数据库 1995 ~ 2013 年的贸易数据进行计算。考虑到与其他变量的匹配，我们将 6 位数的产品重新整合为 20 个产品大类，分别对贸易额和贸易量进行加总，然后求出每一个产品大类的平均出口单位价值，作为出口价格的替代。

宏观经济我们取发起国实际 GDP 的年度变化率（RGDPR），用以体现宏观经济运行的影响。由于反倾销具有显著的行业及产品特征，我们选取工业产出指数年度变化率（IPR）体现行业景气指数。上述数据来自 BvD-EIU 数据库。用发起国特定年度从中国特定行业进口数量的对数（lnimchn）和进口渗透率作为进口冲击的考察变量，同时我们纳入了发起国货币兑人民币间接标价汇率作为考察指标。具体产品的双边贸易量数据来自 UN Comtrade 数据库，汇率数据来自 UNCTAD 数据库。

触发策略因素包括俱乐部效应、报复效应和贸易偏转效应。Prusa 是通过全球反倾销强度来定义俱乐部成员。我们首先计算考察对象的全球反倾销强度，然后取前 9 位（约 50%）的国家设定为反倾销俱乐部成员（阿根廷、秘鲁、印度、南非、巴基斯坦、巴西、哥伦比亚、埃及、土耳其）。中国的全球反倾销强度仅为 98，仅高于俄罗斯，因此，中国不属于反倾销俱乐部成员。贸易报复效应为发起国上一年度是否遭遇中国反倾销，是取 1，否取 0。贸易偏转效应在一定程度上体现了外部行为对于当事双方触发策略的影响，我们将其界定为上一年度发起国以外所有国家对华反倾销数量。为了更准确考察报复效应和贸易偏转效应，我们同时考虑反倾销诉讼和反倾销措施两个指标（详见表 3）。上述数据均来自 Bown GAD 数据库。

国际经济因素涵盖了国际关系和外生制度两大变量，我们分别用 FTA、MTCI 表示国际关系水平，用中国入世考察外生制度冲击对发展中国家对华反倾销的影响。根据 UNCTAD 数据库的指标解释，MTCI 是两国 i、k 之间标准化贸易差额的指数，表示为：

$$MTCI_{ik} = \frac{\sum_{j=1}^{n} (TSI_{ij} - \overline{TSI_{ij}})(TSI_{kj} - \overline{TSI_{kj}})}{\sqrt{\sum_{j=1}^{n} (TSI_{ij} - \overline{TSI_{ij}})^2 (TSI_{kj} - \overline{TSI_{kj}})^2}} \tag{5}$$

其中，$TSI_{ij} = \dfrac{X_i^j - M_i^j}{X_i^j + M_i^j}$，$TSI_{kj} = \dfrac{X_k^j - M_k^j}{X_k^j + M_k^j}$ 分别为国家 i 和 k 的专业化指数，X_i^j 和 X_k^j 分别为国家 i 和 k 在产品 j 上的出口，M_i^j 和 M_k^j 分别为国家 i 和 k 在产品 j 上的进口。MTCI 的取值介于 [−1, 1]，MTCI > 0 意味着两国同时专业化生

产或消费同一类产品，二者在国际市场是竞争者，*MTCI* < 0 意味着二者没有专业化生产或消费同一类产品，是正常的贸易伙伴。*MTCI* 数据根据公式（5）计算而得。

已有文献中，进口渗透率（*TPR*）通常有两种不同的计算方法。首先，按照沈国兵及 Bao 和 Qiu 的方法，用一国自中国进口额与其 GDP 之比计算；其次，用一国自中国进口额与其总需求相比。我们采用后者，借助当年价格计算的名义 GDP 与其全球进口额之和减出口额计算出一国总需求，然后计算 *TPR*。各国名义 GDP 数据及进出口数据来自 BVD-EIU 数据库。

FTA 数据来自 WTO 区域贸易协定信息系统（Regional Trade Agreements Information System，RTA-IS），这一信息系统是目前最全面的 RTA 信息库。根据数据库，中国一共同 12 个国家和地区签订了 FTA 或 PSA，其中涉及发展中国家的只有 4 个。在考察期内，只有巴基斯坦和秘鲁与中国签署了 FTA 协定，2002 年中国加入亚太贸易协定（Asian-Pacific Trade Agreement，APTA），这一组织虽属针对发展中国家的局部自由贸易协定（Partial Scope Agreement，PSA），但我们同样将其列入 FTA 的范畴，印度和韩国作为 APTA 的缔约方，与中国在货物贸易领域执行双边互惠政策。对巴基斯坦，2009 年以后取 1，2009 年以前取 0；对秘鲁而言，2010 年以后取 1，2010 年以前取 0；对印度和韩国而言，2002 年以后取 1，2002 年以前取 0；对于中国入世，2002 年以后取 1，2002 年以前取 0。

考虑到贸易政策保护往往存在滞后性，即在进行反倾销调查时，其他影响因素都已经发挥作用并形成结果。因此，我们在回归中对所有具有时间特征的变量进行滞后一期的处理。

表 3　变量统计描述及预期符号

被解释变量		变量说明	均值	标准差
属性变量	AD_{ijt}	国家 i 在年份 t 是否对中国产品 j 发起反倾销诉讼，是 −1，否−0	0.0587	0.2350
	Me_{ijt}	国家 i 在年份 t 是否对中国产品 j 实施反倾销措施，是 −1，否−0	0.0556	0.2291
数量变量	$ADch_{ijt}$	国家 i 在年份 t 对中国产品 j 发起反倾销诉讼数量（件）	0.2426	2.1087
	$Mech_{ijt}$	国家 i 在年份 t 对中国产品 j 实施反倾销措施数量（件）	0.2036	1.8419
程度变量	$ADint_{ijt}$	国家 i 在年份 t 对中国产品 j 发起反倾销诉讼强度（%）	0.7325	15.7007
	$Meint_{ijt}$	国家 i 在年份 t 对中国产品 j 实施反倾销措施强度（%）	0.0068	0.0946

续表

解释变量		变量说明	均值	标准差	预期符号
宏微观经济因素	AUV_{ijt}	年份 t 中国产品 j 出口至国家 i 的平均出口单位价值（千美元/吨）	30.7106	529.828	−
	IPR_{it}	国家 i 在年份 t 工业产出指数的年度变化率（%）	3.5668	6.3721	−
	$IPR_{i(t-1)}$	国家 i 在年份 $(t-1)$ 工业产出指数的年度变化率（%）	3.6519	6.4629	−
	$RGDPR_{it}$	按2005年价格及汇率计算的国家 i 在年份 t 的实际GDP增长率	3.9735	3.9345	−
	$RGDPR_{i(t-1)}$	按2005年价格及汇率计算的国家 i 在年份 $(t-1)$ 的实际GDP增长率	4.0090	4.0217	−
	EXR_{it}	国家 i 在年份 t 本币兑人民币间接标价	2.4890	11.7629	?
	$lnimchn_{ijt}$	国家 i 在年份 t 从中国产品 j 进口额对数	7.8648	3.3344	+
	$lnimchn_{ij(t-1)}$	国家 i 在年份 $(t-1)$ 从中国产品 j 进口额对数	7.7474	3.3370	+
	TPR_{it}	国家 i 在年份 t 从中国进口额与其总支出额之比（%）	2.0394	2.0671	+
	$TPR_{i(t-1)}$	国家 i 在年份 $(t-1)$ 从中国进口额与其总支出额之比（%）	1.9412	1.9979	+
触发策略因素	$ADClub_i$	国家是否为阿根廷、秘鲁、印度、南非、巴基斯坦、巴西、哥伦比亚、埃及、土耳其，是−1，否−0	0.5294	0.4992	?
	$TFT_{i(t-1)}$（1）	国家 i 在年份 $(t-1)$ 是否遭遇中国反倾销诉讼，是−1，否−0	0.1667	0.3727	?
	$TFT_{i(t-1)}$（2）	国家 i 在年份 $(t-1)$ 是否遭遇中国反倾销措施，是−1，否−0	0.2778	0.4479	?
	$Def_{i(t-1)}$（1）	在年份 $(t-1)$ 除国家 i 外，所有国家对中国发起的反倾销诉讼数量	48.8987	15.1728	?
	$Def_{i(t-1)}$（2）	在年份 $(t-1)$ 除国家 i 外，所有国家对中国实施的反倾销措施数量	35.9123	11.0796	?
国际环境因素	WTO	在年份 t 中国是否加入WTO，是−1，否−0	0.6316	0.4824	+
	FTA	国家 i 在年份 t 是否与中国签署类FTA协定，是−1，否−0	0.1022	0.3029	?
	$MTCI_{ijt}$	国家 i 在年份 t 产品 j 上与中国货物贸易相关性指数	0.5745	1.2070	+

资料来源：详见文中所述。

五　经验实证结果及分析

（一）基准检验

（1）式的两组变量是典型的二值变量，其估计过程通常采用 Probit 或 Logit 模型。然而，由于 Probit 模型本身无法解决伴生参数问题（incidental parameters problems），且其系数无法通过概率比进行解释，与 Logit 回归系数无法直接比较，我们优先选择 Logit 回归。据 Hausman 检验结果，两模型均选择固定效应进行回归。模型整体拟合度很高，对数似然比 LR 检验显示模型不存在异方差。由于反倾销案件本身具有很强的产品特征和时间特征，F 检验结果拒绝原假设，选择双向固定效应。对宏微观经济因素变量的方差膨胀因子（VIF），以确定解释变量间的多重共线性问题是否严重。检验结果显示，各解释变量的方差膨胀因子均值为 1.45，最大值为 2.33，远远小于 10，说明不存在多重共线性。考虑到宏观经济变量对反倾销具有时滞性，我们将具有时间特征的变量滞后 1 期，同时，将在回归中加入金砖国家哑变量（是 =1，否 =0）与 TFT、Def 和 $MTCI$ 的交互项，来考察金砖国家与非金砖国家的差异。

根据表 4，首先作为首要考察的微观经济因素，出口单位价格对反倾销诉讼和措施的影响均为负显著，符合贸易理论的逻辑推定。根据 Logit 回归结果，出口单位价格每降低 1 个单位，其对华反倾销诉讼的概率比增加 3.8% 至 5.1%，实施反倾销措施的几率比增加 6.9% 至 8.9%。这体现发展中国家在对华实施反倾销措施的过程中，相比反倾销诉讼更加关注中国出口产品的价格，这也说明发展中国家对华反倾销最原始的出发点依然是产品的价格因素。

表 4　Logit 回归结果及检验

解释变量	被解释变量					
	AD_{ijt}			Me_{ijt}		
	（1）	（2）	（3）	（4）	（5）	（6）
AUV_{ijt}	−0.040 ** (0.017)	−0.051 *** (0.019)	−0.038 *** (0.016)	−0.072 *** (0.022)	−0.089 *** (0.025)	−0.069 *** (0.022)
IPR_{it}	−0.049 *** (0.016)		−0.061 *** (0.019)	−0.041 ** (0.018)		−0.053 *** (0.020)
$IPR_{i(t-1)}$		−0.016 * (0.017)	−0.017 * (0.020)		−0.015 * (0.017)	−0.039 * (0.019)

续表

解释变量	被解释变量					
	AD_{ijt}			Me_{ijt}		
	（1）	（2）	（3）	（4）	（5）	（6）
$RGDPR_{it}$	-0.008 (0.025)		-0.014 (0.029)	-0.013 (0.026)		-0.042 (0.030)
$RGDPR_{i(t-1)}$		-0.001 (0.025)	-0.014 (0.030)		-0.006 (0.026)	-0.014 (0.029)
EXR_{it}	-0.058 (0.035)	-0.114 (0.035)	-0.025 (0.024)	-0.119 (0.044)	-0.189 (0.044)	-0.075 (0.043)
$lnimch_{ijt}$	0.08^{**} (0.032)		0.092^{**} (0.076)	0.102^{***} (0.035)		0.013^{*} (0.090)
$lnimch_{ij(t-1)}$		0.019^{**} (0.030)	0.014^{*} (0.075)		0.116^{**} (0.033)	0.165^{*} (0.089)
TPR_{it}	0.107^{*} (0.066)		0.472^{**} (0.299)	0.124^{*} (0.069)		0.170^{**} (0.310)
$TPR_{i(t-1)}$		0.119^{*} (0.072)	0.330^{**} (0.296)		0.183^{**} (0.077)	0.160^{*} (0.314)
$ADClub$	0.128^{***} (0.273)	0.824^{**} (0.344)	0.721^{**} (0.286)	0.477^{*} (0.278)	0.355^{*} (0.336)	0.203^{*} (0.289)
$TFT_{i(t-1)}$ （1）	0.391^{**} (0.4285)	0.332^{***} (0.159)	0.739^{**} (0.192)	0.291^{*} (0.165)	0.393^{*} (0.163)	0.416^{**} (0.205)
$TFT \times BRICS$ （1）			0.108^{*} (0.523)			0.196^{*} (0.571)
$TFT_{i(t-1)}$ （2）	0.166^{***} (0.393)	0.171^{***} (0.128)	0.165^{*} (0.135)	0.129^{***} (0.138)	0.181^{*} (0.139)	0.128^{***} (0.376)
$TFT \times BRICS$ （2）			0.241 (0.496)			0.310 (0.580)
$Def_{i(t-1)}$ （1）	-0.040^{***} (0.006)	-0.048^{***} (0.006)	-0.043^{***} (0.007)	-0.052^{***} (0.006)	-0.056^{***} (0.007)	-0.052^{***} (0.008)
$Def \times BRICS$ （1）			-0.018^{**} (0.012)			-0.005^{*} (0.011)
$Def_{i(t-1)}$ （2）	-0.069^{***} (0.013)		-0.069^{***} (0.010)	-0.070^{***} (0.009)		-0.078^{***} (0.010)
$Def \times BRICS$ （2）			-0.018^{*} (0.015)			-0.007^{*} (0.015)
WTO	1.264^{***} (0.228)	1.454^{**} (0.223)	1.373^{***} (0.232)	1.614^{***} (0.243)	1.781^{***} (0.234)	1.702^{***} (0.250)

续表

解释变量	被解释变量					
	AD_{ijt}			Me_{ijt}		
	（1）	（2）	（3）	（4）	（5）	（6）
FTA	0.697 (0.251)	0.756 (0.259)	0.693 (0.255)	0.138 (0.251)	0.285 (0.263)	0.246 (0.253)
$MTCI_{ijt}$	0.305 *** (0.085)	0.313 *** (0.091)	0.683 *** (0.113)	0.388 *** (0.092)	0.453 *** (0.101)	0.626 *** (0.118)
$MTCI \times BRICS$			0.022 *** (0.173)			0.332 *** (0.1165)
回归估计	Logit FE	Logit FE	Logit FE	Logit FE	Logit FE	Logit FE
Hausman Test	92.14 (0.000)	95.28 (0.000)	91.37 (0.000)	108.38 (0.000)	103.64 (0.000)	104.02 (0.000)
时间固定效应	有	有	有	有	有	有
产品固定效应	有	有	有	有	有	有
Wald 检验（P 值）	0	0	0	0	0	0
LR 检验（P 值）	0	0	0	0	0	0
准对数似然比	−1185	−1238	−1145	−1098	−1139	−1078
观测值	6120	6120	6120	6120	6120	6120

说明：***、**、*分别表示在1%、5%和10%的水平上统计显著，括号内为聚类稳健标准误。下表5同。

宏观经济因素中的 $RGDPR_{it}$、$RGDPR_{i(t-1)}$ 及 EXR_{it} 对考察对象的反倾销行为符合预期，但普遍统计不显著。而作为行业景气指标的工业产出增长率（IPR）及其滞后项至少在10%的水平上统计显著。当滞后1期的 IPR 对考察对象发起反倾销诉讼和措施影响均为负，影响幅度大约为 IPR 每减少1个单位，其对华反倾销诉讼的概率比增加1.5% ~ 6%，反倾销措施的概率增加1.5% ~ 5.3%，说明发展中国家对华反倾销具有明显的行业特征。进口、进口渗透率及其滞后1期影响为正，符合预期，且统计显著。值得注意的是，滞后1期进口对反倾销诉讼的影响效果要小于对反倾销措施的影响，这是因为对损害幅度测算是基于反倾销申请前一年的数据，尤其是贸易数据。我们从属性变量层面证实了命题1、命题2和命题3，除 GDP 和汇率之外的宏微观经济因素都对反倾销决策有明显影响。

其次，触发策略因素对反倾销诉讼和措施有普遍显著的影响。与传统意义上的反倾销"俱乐部效应"相反，反倾销俱乐部成员对华反倾销诉讼的发起概率要比非成员高 13% ~ 82%，反倾销措施高 20% ~ 48%（反倾销俱乐部成员对华反倾销诉讼和反倾销措施的发起概率都要比非成员高。）。这说明发展中国家中反倾销的重度使用者对中国的反倾销行为呈现与发达国家不同的特征，发达国家"俱乐部"成员因为更偏重法律体系对于反倾销调查成本的影响而倾向在"俱乐部"内部发起反倾销，但发展中国家似乎偏好反倾销体系中的"小国"，存在明显的"恃强凌弱"的趋势。

我们选取的两个报复性因素指标回归结果均为正，说明发展中国家对华存在明显的"以牙还牙"式的报复策略。两个指标有所差异，发起国对中国上一年度对其的反倾销诉讼（TFT1）反应更加强烈，而对反倾销措施（TFT2）反应较为平和。从博弈角度讲，对于尚处于调查过程的诉讼案件做出足够强烈的"报复性反应"，可能在一定程度上影响最终的裁定结果，但对于既定的已做判决的案件而言，就没有必要过于强烈。值得注意的是，贸易偏转效应的回归系数为负，即非发起国对华反倾销数量的增加会在一定程度上降低发起国对华反倾销的概率。Blonigen 和 Bown 曾经指出反倾销的贸易调查效应和贸易偏转效应同时存在。如果此时，贸易调查效应超过贸易偏转效应，那么对于非发起国而言，他们会有所预防，提前减少来自被指控国的进口，进而降低与中国发生贸易摩擦的概率，这是一种正的外部性。Bao 和 Qiu 对中国的检验结果同样显示为负相关。总体而言，命题 4 得到了充分的验证。

最后，国际经济因素中 WTO 影响明显，验证了数据统计的判断，中国加入 WTO 提高了发展中国家对华反倾销的概率。我们分析认为，首先，发展中国家从中国进口增加导致中国产品的进口渗透率提高，同时，中国开始逐渐尝试利用管理贸易的策略保护本国相关产业的做法也在一定程度上导致其遭遇更多的贸易报复。2002 年中国对外发起了 30 次反倾销调查，其中 17 次是针对发展中国家。其次，中国入世后在国际市场上与发展中国家的贸易竞争也是导致发展中国家加大对华反倾销力度的重要原因。MTCI 的检验结果也有力地证实了这一点。再次，沈国兵将中国入世看成是中国"非市场经济地位潜在变化"的转折点。这一标志性事件有可能导致发展中国家将原本不适用非市场经济地位国家的条款及时地实施在中国出口产品上，导致对华反倾销增加。

根据细分产品重新计算的 MTCI 总体上在 1% 的统计水平上显著，说明各国在国际市场上的竞争关系会直接影响到双方在国内市场的决策判断，对反倾销诉讼和措施的影响差异不明显，为 30% ~ 70%。MTCI 作为国际关系的代理变量具有统计上的合理性。Prusa 和 The 证实，互惠贸易协定（Preferential

Trade Agreement，PTA）会降低缔约方之间反倾销诉讼数量33% ~ 55%，我们的结果显示 *FTA* 统计不显著，这或许与我们考察对象里 *FTA* 的数量较少、签约年份较晚有关，Prusa 和 Teh 指出，PTA 对反倾销条款的规定也不尽相同，这也有待下一步的研究做深入的考察。总体而言，命题4得到了经验支持。

特别说明，我们将报复效应、*MTCI* 和贸易偏转效应同金砖国家虚拟变量进行交互，考察了其与非金砖国家的区别。结果显示，对于金砖国家而言，如果上年度中国对其发起反倾销诉讼（*TFT1*），其对中国发起反倾销诉讼的概率提高84%，而非金砖国家则提高74%。但对反倾销措施而言，金砖国家概率提高61%，而非金砖国家则提高42%。中国上年度对其是否实施反倾销措施（*TFT2*），交互项统计不显著。*MTCI* 项的交互同样验证了这一结论。结果显示，金砖国家和中国在国际商品市场激烈的竞争关系在双边贸易领域有更加明显的反应，中国与其他金砖国家 *MTCI* 提高1个单位，其对中国实施反倾销措施的概率提高约96%，而反倾销诉讼概率提高约71%，对反倾销措施的反应要明显高于反倾销诉讼。而对非金砖国家而言，反倾销诉讼和反倾销措施的概率分别提高68%和63%。这一结果暗示，金砖国家同中国在国际市场的竞争更容易传导至双边贸易领域，进而导致其对华采取报复措施。而对于贸易偏转，结果显示为负相关，即其他国家对华反倾销诉讼及措施的增加没有因为贸易偏转而导致发展中国家对华反倾销诉讼或措施增加，相反有明显减少。交互项结果显示，对于反倾销诉讼和反倾销措施，金砖国家的降低幅度都要高于非金砖国家，尤其反倾销诉讼的概率降低幅度更大。这说明金砖国家较早参与到反倾销俱乐部，对其他国家对华反倾销案件及其影响有较强的预警机制，调整更加灵活。

表5　基准回归结果及检验

解释变量	被解释变量							
	$ADch_{ijt}$		$Mech_{ijt}$		$ADint_{ijt}$		$Meint_{ijt}$	
	NB2	NB2	NB2	NB2	Tobit	Tobit	Tobit	Tobit
AUV_{ijt}	-0.033^{*} (0.017)	-0.025^{*} (0.017)	-0.058^{***} (0.019)	-0.061^{***} (0.019)	-0.113^{***} (0.035)	-0.128^{***} (0.037)	-0.062^{**} (0.049)	-0.043^{**} (0.019)
IPR_{it}	-0.046^{**} (0.018)	-0.061^{***} (0.019)		-0.048^{**} (0.019)	-0.037^{*} (0.029)	-0.047^{*} (0.032)		-0.032^{*} (0.020)
$IPR_{i(t-1)}$		-0.019^{*} (0.018)	-0.048^{**} (0.017)	-0.042^{**} (0.018)		-0.059^{*} (0.030)	-0.029^{*} (0.078)	-0.035^{*} (0.019)

续表

解释变量	被解释变量							
	$ADch_{ijt}$		$Mech_{ijt}$		$ADint_{ijt}$		$Meint_{ijt}$	
	NB2	NB2	NB2	NB2	Tobit	Tobit	Tobit	Tobit
$RGDPR_{it}$	−0.036* (0.026)	−0.038 (0.027)		−0.060* (0.028)	−0.015 (0.038)	−0.016 (0.043)		−0.035* (0.030)
$RGDPR_{i(t-1)}$		−0.008* (0.027)	−0.045* (0.024)	−0.014 (0.027)		−0.024 (0.042)	−0.075 (0.023)	−0.018 (0.028)
EXR_{it}	−0.045 (0.024)	−0.008 (0.014)	−0.079 (0.032)	−0.039 (0.032)	−0.025 (0.024)	−0.009 (0.018)	−0.062 (0.028)	−0.028 (0.031)
$lnimch_{ijt}$	0.244*** (0.048)	0.018* (0.078)		0.022* (0.101)	0.233*** (0.053)	0.210** (0.102)		0.083*** (0.102)
$lnimch_{ij(t-1)}$		0.015** (0.076)	0.033*** (0.031)	0.068*** (0.098)		0.072** (0.095)	0.047*** (0.043)	0.065** (0.099)
TPR_{it}	0.059** (0.184)	0.594*** (0.261)		0.013*** (0.276)	0.651*** (0.173)	0.784** (0.551)		0.556** (0.351)
$TPR_{i(t-1)}$		0.696*** (0.254)	0.056*** (0.141)	0.106** (0.278)		0.361** (0.552)	0.192* (0.074)	0.391*** (0.355)
$ADClub$	0.091*** (0.255)	0.610*** (0.228)	0.056*** (0.256)	0.392*** (0.284)	1.774*** (0.386)	1.224*** (0.428)	0.958** (0.416)	1.269*** (0.256)
$TFT_{i(t-1)}$ (1)	0.150* (0.139)	0.444*** (0.165)	0.276* (0.139)	0.495* (0.179)	0.286* (0.212)	0.465* (0.253)	0.356** (0.174)	0.473* (0.204)
$TFT \times BRICS$ (1)		−0.244*** (0.392)		−0.275** (0.463)		−0.018** (0.837)		−0.013** (0.525)
$TFT_{i(t-1)}$ (2)	0.319*** (0.139)	0.609*** (0.113)	0.219* (0.113)	0.323*** (0.124)	0.389** (0.165)	0.477** (0.179)	0.271*** (0.134)	0.517* (0.151)
$TFT \times BRICS$ (2)		0.086 (0.375)		0.072 (0.475)		0.481 (0.826)		0.060 (0.542)
$Def_{i(t-1)}$ (1)	−0.006*** (0.006)	−0.021*** (0.006)	−0.028*** (0.006)	−0.027*** (0.007)	−0.020*** (0.008)	−0.012*** (0.009)	−0.043*** (0.015)	−0.044*** (0.007)
$Def \times BRICS$ (1)		−0.011* (0.004)		−0.006* (0.009)		−0.053*** (0.015)		−0.003** (0.011)
$Deflection_{i(t-1)}$ (2)	−0.008*** (0.007)	−0.039*** (0.008)	−0.031*** (0.007)	−0.041*** (0.008)	−0.038*** (0.010)	−0.044*** (0.012)	−0.066*** (0.008)	−0.071*** (0.010)
$Def \times BRICS$ (2)		−0.028* (0.012)		−0.008* (0.012)		−0.017* (0.019)		−0.013* (0.015)
WTO	0.606*** (0.212)	0.757*** (0.193)	1.051*** (0.202)	1.126*** (0.213)	0.563*** (0.265)	0.650** (0.269)	1.368*** (0.314)	1.594*** (0.235)

续表

解释变量	被解释变量							
	$ADch_{ijt}$		$Mech_{ijt}$		$ADint_{ijt}$		$Meint_{ijt}$	
	NB2	NB2	NB2	NB2	Tobit	Tobit	Tobit	Tobit
FTA	0.178	0.076	0.422 *	0.168	0.144 *	0.425	0.562 *	0.285
	(0.193)	(0.208)	(0.201)	(0.216)	(0.305)	(0.336)	(0.416)	(0.243)
$MTCI_{ijt}$	0.067 ***	0.306 **	0.097 *	0.209 **	0.100 **	0.194 ***	0.415 *	0.266 ***
	(0.064)	(0.082)	(0.065)	(0.088)	(0.089)	(0.119)	(0.069)	(0.089)
$MTCI \times BRICS$		0.570 ***		0.186 ***		0.877 ***		0.798 ***
		(0.120)		(0.133)		(0.199)		(0.146)
时间固定效应	有	有	有	有	无	无	无	无
产品固定效应	有	有	有	有	无	无	无	无
相关结构	独立	独立	独立	独立	–	–	–	–
QIC/LL	7780.237	6589.326	4253.337	4377.061	-1940.066	-2679.050	-1830.127	-1798.067
Prob > chi2	0	0	0	0	0	0	0	0
观测值	6120	6120	6120	6120	6120	6120	6120	6120

说明：NB2 模型对应 QIC，Tobit 模型对应 Log-Likelihood（LL）。

对反倾销诉讼和措施的数量和强度的回归采用非线性面板模型。由于面板数据是对固定个体进行重复观测，其观测值之间往往是非独立的，因此要对被解释变量的相关结构进行逻辑筛选。传统的 AIC 准则源于极大似然估计理论，广义估计方程（Generalized Estimating Equation，GEE）是基于准似然估计理论，相关结构根据 Pan 改进后的 QIC 法则进行筛选。选择 QIC 值最小的相关结构进行回归控制。对于计数模型的回归通常采用 Poisson 和 Negative Binomial 两种估计方式。由于 Poisson 分布严格要求被解释变量方差与均值相等。根据离散程度判断，$ADch_{ijt}$ 和 $Mech_{ijt}$ 的方差均值之比分别为 18.33 和 16.67，均显著大于 1，故基准回归中选择更有效的负二项回归。$ADint$ 和 $Meint$ 采用 Tobit 回归，统计结果报告于表 5，$ADint_{ijt}$ 和 $Meint_{ijt}$ 报告的是随机效应模型下得出的偏效应估计量，QIC/LL 一行显示为对数似然函数的值。

数量变量和程度变量层面的检验结果，整体与属性变量一致。考虑到反倾销措施对相关变量的反应周期更长，我们对反倾销措施的回归优先选取相关滞后项。

AUV 整体呈现负显著，完全符合理论预期。平均出口价格下降 1 个单位，反倾销诉讼数量增加幅度介于 2.5% ~ 3.3%，反倾销措施数量增加约为 6%，反倾销诉讼强度和反倾销措施强度分别增加约 12% 和 5%。IPR 当期和滞后 1

期对反倾销诉讼和措施数量及强度的影响均为负，且统计显著，滞后 1 期的影响略低于当期，说明当期的行业不景气更能刺激相关企业及行业协会通过其代理人发起诉讼并实施反倾销措施。当期幅度为 IPR 下降 1 个单位，反倾销诉讼的平均次数将会增加 4.6% ~ 6.1%，反倾销措施的平均数量将会增加 5%，反倾销诉讼强度的平均值将会增加 3.7% ~ 4.7%，反倾销措施强度的平均数量将会增加 3.2%。汇率统计仍然不显著。实际 GDP 增长率及其滞后项并不普遍显著。进口及其滞后项影响为正，且统计显著，这再一次验证了 Aggarwal 的观点。触发策略因素同样普遍显著，非俱乐部效应在强度层面的体现更加明显，对中国反倾销措施的报复强度要低于对反倾销诉讼的报复，金砖国家仍然比非金砖国家的报复性要低。贸易偏转同样是负效应，且金砖国家减少幅度要高于非金砖国家。WTO 作为结构断点的特征仍然很明显，FTA 统计不普遍显著，MTCI 导致金砖国家在反倾销诉讼和措施强度上有更加强烈的反应。

（二）稳健性检验

基准检验中我们针对被解释变量分别从反倾销诉讼和反倾销措施共六个层面进行检验，在解释变量中针对 TFT 和 Def 分别选取反倾销诉讼和反倾销措施两个指标，一定程度上验证了模型的稳定性。针对具有时间特征的解释变量，我们在基准检验中仅取其滞后一期进入回归，考虑到很多案例反倾销调查周期超过 1 年，我们单独对其滞后一期、二期、三期进行回归。结果显示，第二期的 IPR 对反倾销诉讼及措施的影响统计显著，但明显小于第一期，第三期统计不显著。其余变量滞后二期、三期的影响同样显著。模型整体显示出较好的稳定性。

上述检验过程中 WTO 均作为哑变量进入回归过程，统计显著。当我们将所有解释变量与 WTO 进行交互，并对系数估计值进行邹氏断点检验时，概率为零，即在 1% 的水平上拒绝"各系数值同时为零"的原假设，说明时间序列上存在明显的结构断点，存在显著的"入世效应"。这一结果与王孝松和谢申祥的结果一致，Bao 和 Qiu 在研究中国反倾销动因时没有发现 WTO 作为结构断点的证据。这种结构断点从理论上影响到我们模型在时间维度上的稳定性，但却反映出这一时点对"中国制造"及后续的贸易政策体系的影响巨大。王孝松和谢申祥将研究样本分为"入世前"和"入世后"进行稳定性检验。由于我们样本中的关键变量之一"报复性因素"在入世前样本全部为 0，导致入世前样本有显著的共线性，因此放弃这一稳定性检验的思路。

借鉴 Prusa 和 Teh 的方法，考虑到印度对华反倾销的过度影响，有可能对结果产生显著的偏向性。因此，我们将印度从样本中去除，再用核心变量进行回归，结果与基准检验基本一致。限于篇幅，我们仅显示去除印度后的核心变量检验结果，详见表 6。

表 6　稳定性检验（不含印度）

解释变量	被解释变量					
	AD_{ijt}	Me_{ijt}	$ADch_{ijt}$	$Mech_{ijt}$	$ADint_{ijt}$	$Meint_{ijt}$
AUV_{ijt}	-0.035**	-0.068***	-0.058**	-0.057**	-0.080**	-0.047**
	(0.017)	(0.024)	(0.020)	(0.024)	(0.038)	(0.024)
IPR_{it}	-0.050***	-0.024**	-0.064**	-0.037*	-0.040*	-0.003*
	(0.017)	(0.019)	(0.018)	(0.020)	(0.032)	(0.020)
$RGDPR_{it}$	-0.009	-0.025	-0.036	-0.014	-0.004	-0.028
	(0.026)	(0.029)	(0.025)	(0.028)	(0.043)	(0.028)
EXR_{it}	-0.025	-0.080*	-0.007	-0.019	-0.008	-0.012
	(0.024)	(0.044)	(0.013)	(0.021)	(0.016)	(0.022)
$lnimch_{ijt}$	0.072**	0.084***	0.016***	0.004***	0.173***	0.101**
	(0.032)	(0.037)	(0.029)	(0.035)	(0.056)	(0.039)
TPR_{it}	0.118*	0.086*	0.065*	0.185*	0.719***	0.154**
	(0.066)	(0.070)	(0.085)	(0.097)	(0.197)	(0.077)
$ADClub$	0.284**	0.247**	0.525**	0.457*	0.780***	0.551**
	(0.264)	(0.307)	(0.225)	(0.273)	(0.399)	(0.241)
$TFT_{i(t-1)}$（1）	0.541**	0.231**	0.339**	0.026**	0.269*	0.229***
	(0.171)	(0.182)	(0.149)	(0.159)	(0.229)	(0.182)
$TFT_{i(t-1)}$（2）	0.744***	0.634***	0.402***	0.247**	0.411**	0.444***
	(0.137)	(0.149)	(0.114)	(0.123)	(0.180)	(0.158)
$Deflection_{i(t-1)}$（1）	-0.038***	-0.051***	-0.016***	-0.026***	-0.011*	-0.043***
	(0.006)	(0.007)	(0.006)	(0.006)	(0.009)	(0.007)
$Deflection_{i(t-1)}$（2）	-0.077***	-0.069***	-0.037***	-0.027***	-0.046***	-0.067***
	(0.009)	(0.010)	(0.008)	(0.008)	(0.011)	(0.009)
WTO	1.459***	1.698***	0.852***	1.119***	0.740***	1.733***
	(0.232)	(0.263)	(0.203)	(0.228)	(0.286)	(0.242)
FTA	0.652	0.612	0.214	0.710	1.051**	0.150
	(0.323)	(0.348)	(0.309)	(0.337)	(0.503)	(0.402)
$MTCI_{ijt}$	0.387***	0.525*	0.206*	0.220***	0.221**	0.226*
	(0.091)	(0.106)	(0.074)	(0.078)	(0.109)	(0.078)
时间固定效应	有	有	有	有	无	无

解释变量	被解释变量					
	AD_{ijt}	Me_{ijt}	$ADch_{ijt}$	$Mech_{ijt}$	$ADint_{ijt}$	$Meint_{ijt}$
产品固定效应	有	有	有	有	无	无
估计方法	Logit FE	Logit FE	NB2	NB2	Tobit	Tobit
观测值	6080	6080	6080	6080	6080	6080

鉴于有些文献在计数模型的被解释变量存在过度离散的情形，利用 Poisson 回归检验的结果与 Negative Binomial 没有显著差异，而有些则显示后者拟合更优。我们也对模型进行了 Poisson 回归检验，结果没有显著差异。

六 简要评述

中国作为世界上最大的发展中国家，与其他发展中国家存在显著的竞争合作关系，贸易过程中的摩擦同样深刻体现了这一复杂关系。本文以发展中国家对华反倾销作为切入点，深入研究其背后的动因机制，主要研究结论如下。

第一，微观层面的平均出口单位价值（AUV）与中国遭遇反倾销诉讼及措施呈显著负相关，表明中国对发展中国家出口价格降低显著增加了其对中国采取的"自卫性"反制措施的概率和数量。宏观经济因素中的实际 GDP 增长率及汇率对考察对象的反倾销行为没有显著影响。而作为行业景气指标的工业产出增长率（IPR）其当期及滞后一期对考察对象是否发起反倾销诉讼和措施影响均为负，且普遍统计显著，说明反倾销具有明显的行业特征。进口、进口渗透率及其滞后一期影响为正，符合预期，且统计显著。滞后一期进口对反倾销措施的影响效果要大于对反倾销诉讼的影响，这反映了反倾销判决过程中的时滞性。

第二，触发策略因素对反倾销诉讼和措施均有普遍显著的影响。作为反倾销俱乐部成员对中国这一"非成员国"存在"恃强凌弱"的"非俱乐部效应"。发起国对中国的反倾销行为存在明显的"以牙还牙"的报复性。其对中国上一年度对其的反倾销诉讼反应更加强烈，而对反倾销措施的反应较为平和。值得注意的是，贸易偏转效应的回归系数为负，说明发展中国家在对华反倾销过程中存在一定的预防性措施。

第三，中国加入 WTO 推动了发展中国家对华反倾销的概率。各发展中国家在国际市场上与中国的竞争关系会直接影响到其对华反倾销的决策过程。*FTA* 对其反倾销决策没有显著影响。

第四，金砖国家对于上年度中国对其发起的反倾销诉讼（*TFT1*）的报复性要低于非金砖国家。但对反倾销措施（*TFT2*）的报复性则显著高于非金砖国家。金砖国家对与中国在国际市场竞争关系的反应也相对更加敏感，对贸易偏转的预警机制要比非金砖国家更加完善。

综上所述，发展中国家对华反倾销背后的动因机制构成极其复杂，既包括微观的价格因素，宏观经济运行和行业相关指标，又包括复杂的触发策略。相对而言，触发策略的偏效应更加显著，解释力更强。同时，国际经济环境的变化也对其反倾销决策有显著影响。对华反倾销概率、反倾销数量和反倾销强度呈现类似的动因。金砖国家与中国的产业结构和贸易结构存在一定的相似性，其对华反倾销呈现更加明显的报复性和预防性。

中国在未来全球贸易格局中将会继续面临来自不同国家的贸易保护和摩擦，同时与以金砖国家为代表的发展中国家的合作共赢也是对外关系中的重要内容。结合研究结论，我们认为相关管理部门、行业协会及企业有必要认真研究发展中国家的具体行业特征及反倾销的传统，有关部门应注重反倾销法律体系的完善，行业协会应加强监督、协调和培训环节，企业应借助技术升级提升出口产品质量，通过提升质量边际（quality margin）避免低价扩张。同时谨慎处理与贸易伙伴在国际市场的竞争关系，对于管理贸易措施的使用要做到有针对性，尽量避免实施盲目的贸易调查而引发强烈的贸易报复。尤其要积极推进以金砖国家合作框架为主导的全面互信机制，理性对待国际经济中的竞争与合作关系，有效化解反倾销带来的消极影响。

[作者单位：山东大学（威海）]

两高指导性案例的差异倾向及其原因

——基于裁判结果变动的分析

孙光宁

一 两高指导性案例在裁判结果上的差异倾向

在司法改革的进程中，案例指导制度受到了特殊的关注，无论是理论界还是实务界，都长期强调了将特定判例引入司法过程的必要性和重要性，案例指导制度在理论上的价值和意义已经无须赘言。在经过了长时间的呼唤和探讨之后，以 2010 年底的《关于案例指导工作的规定》为开端，最高人民法院、最高人民检察院（以下简称"两高"）和公安部都陆续出台了关于案例指导制度的规定，这标志着案例指导终于实现了从理论呼唤到制度实践的艰难跨越。截至 2014 年 2 月，最高人民法院发布了六批共 26 个指导性案例（其中刑事类指导性案例共 6 个），最高人民检察院也发布了四批共 16 个指导性案例。作为最高司法机关，两高所发布的指导性案例对全国各级地方司法机关的实践工作都有着深刻影响，这些案例中所蕴含的倾向也值得细致分析。

虽然司法机关的实践工作大致可以分为司法过程和裁判结果两个方面，法学研究中也存在着程序正义和实体正义的分野，但是，裁判结果是分析两高指导性案例时需要更加关注的对象。按照从案例指导制度内到该制度外的顺序，支持这一结论的理由至少有以下四个方面。

（1）指导性案例的官方定位。两高在官方文件中几乎给出了一致的界定。最高人民法院的规定是"为总结审判经验，统一法律适用，提高审判质量，维护司法公正"；最高人民检察院的规定是"为全国检察机关依法办理案件提供指导和参考，促进法律的统一公正实施"。虽然两高的官方文件中，没有直接强调，但是，在程序法律已经确定司法过程的背景下，以上的官方总体界定已经将重点放在实体结果的"统一"之中，这实质上就是为了实现"同案同判"的目标指向。"同案同判"立足于个案裁判，着眼于个案裁判之间的关联性、连续性，其基本内涵就是规范法官在运用证据认定事实、解释适用法律和作出法律推理决定等裁判环节的裁量权。相对于"同案同判"这一初始价值目标和"公平正义"这一终极价值追求而言，学界在论及案例指导制度的意义或价值时所列举的其他作用事项，诸如司法公信、司法权威、司法资源、司法效力、司法经验、司法品质、司法能力、司法管理、司法政策、法的确定性、成文法和司法解释的局限、法学教学及法学研究等，皆属于与该制度的终极价值目标实现过程相关联或可能相关联的阶段性目标。"同案同判"的实践需求是推动案例指导制度出台运作的重要动力，这一需求主要指向的是实体结果而非诉讼程序。

（2）指导性案例正式文本的结构安排。两高的指导性案例分别被称为"指导性案例第 X 号"和"检例第 X 号"。在公布的正式文本中，除了案情简介、诉讼过程和裁判结果等基本情况介绍之外，特别值得关注的结构安排是"裁判要点"或者"要旨"。这一部分概括了该指导性案例的核心裁判理由，也是在该类案件中适用法律规范的集中提示，甚至可以说是整个指导性案例中最具"指导"意义的部分。例如，就最高人民法院所发布的指导性案例来说，"指导性案例所确定的裁判要点，对人民法院审理类似案件、作出裁判具有指导作用，即在根据法律、有关司法解释作出裁判的同时，各级人民法院在审判类似案件时应当参照，并可以作为裁判文书的说理依据加以引用"。两高目前已经公布的裁判要点或者要旨内容，绝大多数都是关于特定法律规范适用的实体抽象规定，这也体现了重视实体裁判结果的倾向。

（3）裁判结果本身就是司法实践的重中之重。虽然严格的诉讼程序能够充分体现程序正义的要求，但是，在看重实体结果仍然在司法机关和民众之中占据主流地位的背景下，在全国适用并具有正式效力的指导性案例也不能过于脱离这一现实情况。而且，从司法运行的实际情况来说，裁判结果往往先于裁判理由出现，最初的结果在经历了司法过程之后得到修正和完善。各种最终体现的裁判理由实际上是围绕着预先确定的结果而展开解释、论证和说理的，司法过程并非一个严格意义上的演绎过程，而更多的是一种"设证推理"的过程。"设证推理才是整个司法过程的真相，它为整个司法过程提供了起点，并以此为中心推动了以后的程序运行，从而在宏观上搭建了整个司法过程的框架……是更具说服力和解释力的法律推理方式"。这种对裁判结果的重视进而反推判决理由的倾向也经常被冠以"后果主义"的名称。"在那些无法根据明确的强制性规则得出判决结论的场合，或者规则本身语焉不详的场合，依靠对后果的考量做出判决实乃必要之举"。这两种疑难的场合恰恰是指导性案例发挥作用的场合。后果主义即使不是整个判决中唯一的因素，起码也是最重要的因素之一。在中国的司法语境中，这一论证形式有助于增强法官自觉运用实践理性的观念，可以帮助法院更好地实现司法塑造社会的功能。从这个意义上说，指导性案例也必须给予裁判结果以特殊的关注，才能对司法机关的工作产生实际影响。

（4）从地方司法机关的角度来说，研习指导性案例中的裁判结果是提升其考核指标的重要方式。在目前司法机关行政化色彩依旧非常浓厚的背景下，案例指导制度也无法免俗。行政化管理的重要方式之一就是量化考核，例如调解率、调解撤诉率和上诉率等。这种方式固然能够在一定程度上为司法机关的管理和决策提供直接数据参考，但其毕竟与司法活动的性质相去甚远，其也屡遭诟病，例如地方法院过分追求考核指标而虚报瞒报相关案件，为了降低不起诉率等指标而与检察院等机关"过度合作"，架空司法程序影响司法公正等。但是，从地方司法机关的角度出发，在顶层设计上的基本制度没有发生重大变革的背景下，只能去适应这种指标考核机制，从指导性案例的结果形成过程中能够获得相关的"启示"：目前关于指导性案例的研究和分析更多地集中于判决结论及其相应的规范适用，但是，这些判决结果的形成也需要经过正式的司法程序。在量化考核的指标中，上诉发改率（发回重审或者直接改判的比率）更是对下级法院和法官进行考核的核心指标。"改判和发回重审通常意味着一审判决存在问题，改判和发回重审率，或者改发率，是法院系统衡量一审案件质量和一审法官表现的重要指标之一"。全国法院开展的案件质量评估，以及各地高、中级人民法院对下级法院开展的"绩效考核"，是审判管理改革的重要探索。上诉案件发回重审改判率是案件质量评估中最重要的指标。修订后的《人民法院案件质量评估指标体系》将上诉改判率和上诉发回重审率指标合并为一个指标，称为"一审判决案件改判发回重审率"，为公正指标项下三级指标，权重提高到19%，成为31项指标中权重占第二位的重要指标，而权重第一的指标仍然是衡量发回重审和改判案件的情况。一旦在这些指标上落后，相关的下级法院和法官经常被给予消极评价。而上级法院给出的理由往往付诸阙如或者语焉不详，"事实不清、证据不足"抑或是"适用法律不当或错误"都过于笼统和概括，下级法院往往无法准确理解上级法院的模糊指示。指导性案例的案情介绍和裁判结果部分能够对二审以及再审法院的观点进行细致概括，使下级法院更加明确上级法院的指示，能够在将来类似案件中进行相同处理，进而可以降低发改率。虽然这是一种实现同案同判的曲线方式，但是，也能够实现案例指导制度的初衷。从这个意义上来说，地方司法机关还是应当高度重视和细致研习指导性案例的。

从以上几个方面的理由可以看到，指导性案例的裁判结果值得细致而深入的分析，特别是那些经过了二审甚至是再审，并且裁判结果发生变动的案件，能够直接体现上级法院对特定案件的观点，两高将其遴选为指导性案例也包含着对二审和再审法院观点的赞同。以此为标准，我们可以将最高人民法院刑事类指导性案例和最高人民检察院的指导性案例的基本判决结果概括为如表1所示。

表1　两高指导性案例的基本判决结果

		最高人民法院指导性案例（刑事类）		最高人民检察院指导性案例	
		案件编号	所占比例	案件编号	所占比例
未发生变动	不起诉	无	0%	检例1号	6.25%
	一审终审	指导性案例13号、14号	33.3%	检例3号、6～10号、13～16号	62.5%
	二审维持	指导性案例3号、11号	33.3%	检例4号、5号、11号、12号	25%
发生变动		指导性案例4号、12号（都是一审死刑、二审维持、再审死缓）	33.3%	检例第2号（一审死刑、二审死缓、再审死刑）	6.25%

从上述统计中可以看到，两高所发布的指导性案例中，裁判结果未发生变化的案件占据了大多数，这种比例是可以理解的。由于指导性案例在全国各级司法机关都具有正式法律效力，因此，每一个指导性案例的遴选都经过了多重程序，两高也力图推选出具有高质量判决结果的案件。各个审级的法院能够形成共识的案件，一般来说其判决质量更有保证。只有在确实必要的情况下，判决结果经过不同审级而发生变动，这种变动意味着司法机关之间的分歧意见必然存在着不当甚至错误，而且这种不当或者错误的认识通常发生在下级法院或者检察院身上。在案例指导制度初创的背景下，两高出于稳妥的考虑，尽量去选择那些已经在各个审级的司法机关之间形成共识的案件，这些案件的外在表现就是裁判结果没有发生变动。

虽然裁判结果发生变动的指导性案例是"小概率事件"，但是，也正是在这种小概率事件中才能直接展现各个司法机关（尤其是上级司法机关）的意见和观点，对其进行分析和研究，不仅是下级司法机关"揣测"上级指示的需要，更能够推进高级司法机关规范自身行为，更加规范地履行自身职责，例如检例第 2 号。在最高人民检察院已经发布的指导性案例正式文本中，在篇幅、案情介绍和裁判要旨理由等方面，检例第 2 号比其他案例更加详实、丰富和具体。在检例第 2 号中，被告人经过踩点，绑架了 9 岁的被害人，骗取其父母手机号后将其杀害。被告人购买一部新手机并向被害人父亲提出赎金。被告人在异地再次想与被害人父亲联系时，因记错电话号码而终止了勒索行为。公安机关将被告人抓获，被告人交代了绑架杀人经过，并带领公安人员指认犯罪现场。宁波市中级人民检察院提起公诉，宁波市中级人民法院判决被告人绑架罪，并判处死刑。被告人提出上诉，在二审将死刑改判为死缓之后，浙江省高检向最高检提请抗诉，最高检检察委员会列出了多个理由详细阐明了浙江省高级法院改判死缓确有错误，不仅包括对案件事实的细致说明，而且专门论述了被告人"所犯罪行极其严重，对其应当判处死刑立即执行"的理由。其他指导性案例的正式文本都没有将案情介绍到这种详细的程度。对于这样一个裁判结果发生变动的小概率事件，最高人民检察院使用了相当的篇幅对其进行介绍和推广，恰恰暗示了其所推崇的倾向。

类似的情况也发生在最高人民法院发布的指导性案例 4 号和 12 号之中。这两个故意杀人案例在案件事实、审理过程和裁判结果方面都高度相似。例如在案件发生原因上，这两个案例的裁判要点中都强调"与婚恋有关的民间矛盾"；在案发后，犯罪人都坦白其罪行，并且积极进行赔偿，这些都是比较典型的从轻情节。就从重情节来说，以上两个案件的被告在犯罪手段上特别残忍，并且犯罪后都未获得被害人家属的谅解。如果说检例第 2 号是通过对一个案件的详细介绍而体现最高人民检察院倾向的话，那么，指导性案例 4 号和 12 号则是通过两个高度相似的案件来展现最高人民法院的意图，其虽然形式不同，但是内在上有异曲同工之效。虽然两高的指导性案例在裁判结果的变动上比较稳定，以未发生变动为主，但是，发生变动的小概率案件才能更加全面而真实地反映其各自的主导倾向。

在这两组案件中，指导性案例 4 号和 12 号的判决形成过程是"死刑—死刑—死缓"，而检例第 2 号则是"死刑—死缓—死刑"。裁判结果，尤其是最终的裁判结果代表着两高各自的主导倾向。从以上过程可以看到，最高人民法院借助于刑事类指导性案例更多地注重"轻判"，而最高人民检察院则强调"重判"。在其他指导性案例都比较稳妥的背景下，这一结论是上两组案件所反映出来的不同实质倾向。也许两高通过指导性案例所传达的倾向并不十分明显，但是，在以上死刑案件上所透露出来的信息却需要各级地方司法机关认真领会和实践。

　　根据两高分别制定的《关于案例指导工作的规定》，所发布的指导性案例具有正式的法律效力。最高人民法院《关于案例指导工作的规定》第七条确认："最高人民法院发布的指导性案例，各级人民法院审判类似案例时应当参照。"最高人民检察院《关于案例指导工作的规定》第十五条则不尽相同："指导性案例发布后，各级人民检察院在办理同类案件、处理同类问题时，可参照执行。"虽然"应当参照"和"可参照"之间有着强制程度上的不同，但是，两高都确认了指导性案例的约束力。借鉴英美法系判例制度的案例指导制度，这也在一定程度上确定指导性案例具有某些"先例"的效力。当然，即使在判例法国家中，判例的效力也一直是一个并未形成绝对意见的争议问题：先例究竟是具有强制约束力还是仅仅具有说服力。"出于各种目的，明智的选择是将先例，特别是单独的先例，视为可以修正的（revisable），而非固定不变的。判例法应该随着时间的变迁而具有一定的灵活性和开放性。所以，先例最好是被认为是具有高度说服性的，而非具有绝对约束力的"。指导性案例也具有类似的性质，因为两高做出的"参照"界定很大程度上将指导性案例的实践适用交由具体司法者来确定，司法者可以援引指导性案例作为极具说服力的正式理由。即使如此，在中国司法仍然具有浓厚行政色彩的背景下，来自于最高司法机关的规范性文件还是能够被地方司法机关有效贯彻的，指导性案例也具有这样的性质。基于上文的分析，在可能的范围之内，在类似指导性案例 4 号和 12 号这样涉及死刑的案件中，地方法院将更倾向于"轻判"；而对于类似于检例第 2 号的死刑案件中，地方检察院则会更加强调"重判"，并以此为标准运用其抗诉等权力。无论何种倾向，都体现了指导性案例的裁判结果对司法实践的重要影响。

二　两高指导性案例差异倾向的直接原因

　　鉴于两高指导性案例对地方司法机关的影响力，我们有必要细致分析其差异倾向背后的原因，一个比较直接的理由就是两高自身地位和角色的差异。根据《人民检察院组织法》第五条，检察院的核心职能之一就是"对于刑事案件提起公诉，支持公诉；对于人民法院的审判活动是否合法，实行监督"。这也是检察机关最主要的业务范围。在控辩审三方的博弈中，法院被预设了中立地位，而检察机关作为提起公诉的一方，必然带有明显的倾向：尽可能地使得被告人被定罪量刑。这种宏观上的基本定位和角色也就决定了检察机关倾向于更加严厉的惩罚，即使是最高人民检察院也是如此。相应地，在指导性案例上自然也将检察机关正当行使监督权的"重判"案件作为优先选择。可以说，能否获得重判的结果，是衡量检察机关业务水平和能力的重要指标，是衡量其部门利益甚至是"政绩"的重要指示，这与前述法院中备受推崇的发改率是异曲同工的。

虽然这种解释有一定说服力，但是却过于笼统，因为它难以说明最高人民法院的轻判倾向，毕竟，法院也应当在判决倾向上保持中立，这与最高人民法院连续将案情类似的指导性案例4号和12号遴选为指导性案例并在全国推广的做法并不完全一致。要深入而全面地分析造成两高指导性案例在结果上差异倾向的原因，还需要结合案情及其判决理由才能得出细致的结论。

在指导性案例4号和12号的裁判要点和裁判理由中，我们都看到了"化解社会矛盾、促进社会和谐"的表述，而这一点正是宽严相济的刑事政策所追求的主旨。指导地方各级法院贯彻该刑事政策的主要文件是《最高人民法院关于贯彻宽严相济刑事政策的若干意见》。本文第一部分表格中所列举的从轻或者从重情节在该文件中大都有所涉及。例如该文件第22条规定："对于因恋爱、婚姻、家庭、邻里纠纷等民间矛盾激化引发的犯罪，……应酌情从宽处罚。"这种对特定犯罪原因的考量也是最高人民法院一以贯之的倾向。1999年《全国法院维护农村稳定刑事审判工作座谈会纪要》已经明确规定："对于因婚姻家庭、邻里纠纷等民间矛盾激化引发的故意杀人犯罪，适用死刑一定十分慎重，应当与发生在社会上的严重危害社会治安其他故意杀人犯罪案件有所区别。"再如自首（第17条）、案发后积极赔偿（第23条）、被害人及其家属是否谅解（第23条）、主观恶性和人身危险性（第10条）等，该文件的这些具体规定都能够直接适用于指导性案例4号和12号的主要案情。尤其是针对这两个案件中所涉及的死刑适用问题，《最高人民法院关于贯彻宽严相济刑事政策的若干意见》第29条特别强调："确保死刑只适用于极少数罪行极其严重的犯罪分子。……对于罪行极其严重，但只要是依法可不立即执行的，就不应当判处死刑立即执行。"从该文件的以上细致规定中可以看到，虽然指导性案例4号和12号中存在着多种从重和从轻情节，但是，作为直接确定判决结论的主体，法院的主导倾向也应当是"轻判"，也就是尽可能地适用死缓而不是死刑立即执行。

从以上对判决理由的分析可以看到，最高人民法院通过发布指导性案例4号和12号，实质上贯彻了宽严相济的刑事政策，这是形成其轻判倾向的主要原因。这一点也得到了《最高人民法院关于贯彻宽严相济刑事政策的若干意见》的肯定："最高人民法院将继续通过总结审判经验，制发典型案例，加强审判指导，并制定关于案例指导制度的规范性文件，推进对贯彻宽严相济刑事政策案例指导制度的不断健全和完善。"由于宽严相济的刑事政策在最近一段时期占据主流地位，其必然对审判工作产生重要影响，指导性案例的选择和发布也服从于和服务于这一司法政策。最高人民法院研究室负责人也认为："人民法院的指导性案例，是正确适用法律和司法政策，切实体现司法公正和司法高效，得到当事人和社会公众一致认可，实现法律效果和社会效果有机统一的案例。"

同样是贯彻宽严相济的刑事政策，最高人民检察院所发布的指导性案例却具有重判倾向。在检例第2号中，最高人民检察院在纠正二审法院（浙江省高级人民法院）的理由中，除了确认相关的案件事实之外，还专门评价了被告人的罪行已经达到"极其严重，对其应当判处死刑立即执行"的程度，主要包括三个方面：（1）精心预谋犯罪、主观恶性极深；（2）犯罪后果极其严重、社会危害性极大；（3）二审改判死缓不被被害人家属和当地群众接受。虽然二审法院改判死缓是一种"轻判"，这一点与最高人民法院所发布的指导性案例有着一致倾向，但是，以上三个方面的论证却为再审改判提供了充分的理由。

与前述最高人民法院发布的文件相类似，最高人民检察院也发布了《关于在检察工作中贯彻宽严相济刑事司法政策的若干意见》，该文件在规定检察机关在贯彻宽严相济的刑事司法政策应当坚持区别对待原则时特别强调："应当综合考虑犯罪的社会危害性（包括犯罪侵害的客体、情节、手段、后果等）、犯罪人的主观恶性（包括犯罪时的主观方面、犯罪后的态度、平时表现等）以及案件的社会影响，根据不同时期、不同地区犯罪与社会治安的形势，具体情况具体分析，依法予以从宽或者从严处理。"这一原则恰恰对应于以上三个方面的纠正理由，由此也可以看到最高人民检察院提出抗诉的原因及其在政策贯彻上的一致性和稳定性。

通过对以上两组典型案例过程、结果及其理由的分析，可以看到，出于贯彻宽严相济刑事政策的目的，两高都各自出台了规范性文件，并且也都通过发布和推行指导性案例的方式力图贯彻这一司法政策。直言之，在理解和贯彻宽严相济刑事政策上的不同是造成两高指导性案例在裁判结果上存在差异的直接原因。

虽然宽严相济的刑事政策是最近几年刑事审判中的主要指导方针，但是，如何具体贯彻这一司法政策，地方各级司法机关仍然面临着很多问题，例如，如何区分"宽"与"严","宽"与"严"的程度和底线在何处等。为了细化和落实该刑事政策，两高分别出台了相应文件，但是，这些力图细化的文件在本质上仍然是抽象概括的规范，无法代替司法者在具体个案中的判断。为了弥补抽象规定的缺陷，两高也都不约而同地采用指导性案例的方式来形象地指导对宽严相济刑事政策的贯彻。"指导案例所提供的裁判规则具有较司法解释和政策更为具体的表现形式，对于司法活动来说，具有更为直观的可参照性。关于死刑立即执行与死刑缓期执行的界限，尽管以往的政策原则是明确的，司法解释的规定也是可行的，但是在具体操作上仍然不易掌握。……裁判要旨是从具体案件中引申出来的，结合案情能够更为准确地把握死刑立即执行与死刑缓期执行的界限，而这也正是案例指导制度中的裁判规则所具有的优越性"。但是，任何初创的制度都需要经历磨合的阵痛，案例指导制度这种对整个司法过程和结果影响甚为深远的制度来说，尤其如此。无论是两高还是地方司法机关，都没有为利用案例指导制度贯彻宽严相济的刑事政策做好充分准备，在案例选择上的倾向性就是重要表现。

结合以上几个指导性案例的案情来说，如何区分错综复杂的各种情节并按照贯彻宽严相济刑事政策的要求做出最终的整体衡量，是留给司法机关的最主要问题。虽然两高关于贯彻该司法政策的文件已经进行不同程度的细化，但是，这些在抽象层面上单独看起来都无懈可击的规定，在相互矛盾竞争时如何取舍，却难以解决。例如《最高人民法院关于贯彻宽严相济刑事政策的若干意见》中第28条规定："对于被告人同时具有法定、酌定从严和法定、酌定从宽处罚情节的案件，要在全面考察犯罪的事实、性质、情节和对社会危害程度的基础上，结合被告人的主观恶性、人身危险性、社会治安状况等因素，综合做出分析判断，总体从严，或者总体从宽。"在同一被告人身上同时具有从严和从宽情节的情况中，综合判断从严或者从宽，这种表述上的稳妥和全面却没有在实质意义上给司法机关以有效指示，在具体个案中的"综合分析判断"仍然是交由具体司法者进行判断的，特别是在从严和从宽两个方面都存在比较有说服力的理由的案件中。

指导性案例4号、12号和检例第2号正是属于这种情况，司法者需要在死刑立即执行和死刑缓期执行之间做出艰难选择。二者同属于死刑的执行方式，在很多案件中的区别也并非绝对，司法者如何进行更为恰当的选择很大程度上需要引入刑事政策作为参考。对于以上三个指导性案例来说，宽严相济的刑事政策正是首要考虑的实体对象。"从现实情况看来，不仅权威部门偏好政策的适用，即使普通民众也容易对一些考虑到民生情形的司法政策表示支持。由于政策和法律共同具有公平和正义的含义，因此刑事政策的制度供求完全是可能的。通过政策适当扩大制度途径是可以通过显著的社会效果改善取得正当性的。再者，当代中国的刑事司法政策，主要也是围绕着社会效果的改善展开的。因此，变革社会情形下，刑事司法政策在罪刑法定原则的框架内改善社会效果的努力应该被鼓励"。即使两高能够在引入宽严相济刑事政策上达成共识，但是，身份、地位和角色的不同也影响着其思维倾向的差异，以及在具体贯彻方式上的不同，决定了其分别发表的指导性案例在裁判结果上呈现出不同倾向。

需要特别说明的是，指导性案例 4 号、12 号和检例第 2 号虽然经过了多次审理，但是，其基本案件事实是清楚明确的，关键的问题是如何综合评价各种情节，无论是判处死刑还是死缓，都有其比较充分的理由。前两个案件改判死缓，后一个案件经历过反复之后最终判决死刑，这种经过司法程序的运行最终确定的结果，并没有绝对的正误之分，只有对宽严相济刑事政策在理解和侧重点上的考量不同，因此，即使是被更正的判决结果，也只是"适用法律不当"而非"适用法律错误"。而经过多次审理程序也恰恰为不同类型和层级的司法机关之间提供了商谈和交流的机会，使得各方能够充分表达其意见。这种畅所欲言的对话交流也充分展示了司法过程在实现程序正义方面的重要价值和意义，从这一点来说，两高在以上三个指导性案例的正式文本中细致介绍案件发展过程是非常值得肯定的。

三 两高指导性案例差异倾向的深层原因

对宽严相济刑事政策的不同理解和侧重是造成两高指导性案例差异倾向的直接原因，而要探究更加深层次的原因，则需要从该刑事政策出台的背景中去探寻。改革开放以来，我国的刑事司法政策经历了若干发展阶段，从 20世纪 80 年代开始，"严打"在实践中取代了"惩办与宽大相结合"，成为我国同刑事犯罪做斗争的一项基本刑事政策。回顾我国 20 年的"严打"，重刑主义的倾向有所减弱，法治的因素逐渐有所增加。近年来，随着我国刑事法治的逐步发展完善，特别是伴随着树立科学发展观和构建社会主义和谐社会战略目标的提出，贯彻和完善宽严相济刑事政策是顺应时代发展潮流的客观要求和明智抉择。在新的历史时期，宽严相济已经取代了"严打"，成为我国当前的基本刑事政策。可以说，随着法治进程的深入，单纯依靠重刑已经无法应对日益复杂的转型社会形势，宽严相济的刑事政策取代"严打"政策就是这一趋势的体现，也是刑事类指导性案例所贯穿的主旨。但是，仍然处于初创阶段的案例指导制度在理解和贯彻该刑事政策的时候仍然存在着一些不够成熟和完善的地方，两高指导性案例的差异倾向就是其中的代表。虽然作为最高司法机关，两高对于酝酿多年的案例指导制度已经相当谨慎地对待，但是，有限的司法资源在面对无限丰富的社会形势时仍然显得捉襟见肘。简而言之，两高指导性案例差异倾向，暴露了司法机关在面对复杂社会形势时的无序、混乱与力不从心，这也是造成两高指导性案例差异倾向的根本原因。对于这一点，我们可以从以下几个方面展开分析。

首先，从发布机关来看，指导性案例的发布呈现出法出多门的情况。从2010年底开始，两高和公安部都发布正式文件，宣称将发布指导性案例。虽然这种情况是对案例指导制度的重视和肯定，但是，对于该制度的统一性来说却是相当大的威胁。在法律实施和适用的过程中，法出一门的统一性一直是司法者的基本追求，具体到案例指导制度上来说就是强调同案同判的结果。一旦在宏观构架上出现法出多门的情况，就会在微观上引发多种问题，进而影响指导性案例的实际效果。例如，作为相互独立的司法机关，法院系统和检察院系统的指导性案例能否约束对方？如果答案是否定的，那么，过多的同类指导性案例的发布等同于重复建设，而且，检察机关在公诉时援引最高人民检察院的指导性案例又能在多大程度上被法院所认可和接受，这又会出现疑问。而如果前述问题的答案是肯定的，那么，又会进一步产生更多细节上的操作问题。例如，两高对于指导性案例的实践效力规定并不一致，最高人民法院的界定是"应当参照"，而最高人民检察院的用语是"可参照"，一旦在刑事司法实践中出现了与指导性案例高度相似的案件而应当参照指导性案例的情况，未参照相应指导性案例会对具体法官或者检察官产生何种影响？这些微观上的问题看似无关大局，但是，在行政化色彩仍然非常浓厚的司法机关中，在量化考核仍然对具体司法者产生重要影响的背景下，微观上的操作性往往成为决定特定制度实践效果的主要因素之一。针对以上操作性上的问题，解决方案之一是两高可以联合发布指导性案例，这样在一定程度上能够缓解各自为政对司法统一性造成的威胁，最高人民检察院在《关于案例指导工作的规定》中也明确："最高人民检察院在开展案例指导工作中，应当加强与有关机关的沟通。必要时，可以征求有关机关的意见或者与有关机关共同发布指导性案例。"这条规定实质上就是为两高联合发布指导性案例作铺垫。即使如此，不同司法机关分别发布指导性案例，仍然不利于司法实践实现统一的效果。在案例指导制度出台之前，理论上的探索就寄希望于借助该制度推动司法统一。"相同或类似案件得到相同或类似的处理是司法公正的基本要求。它不仅表现在同一法院在对同类案件的判决必须统一，更重要的是不同地区、不同级别的法院在处理类似案件时也要做到司法统一。加强案例指导工作，无疑有助于规范法官对案件的自由裁量权，有助于统一司法尺度和裁判标准，有助于促进司法统一"。但是，在案例指导制度正式出台之后，连其自身都没有真正实现统一，凭借这种薄弱的基础更难以实现司法统一的目标。直言之，法出多门的指导性案例反映了司法机关还没有就如何确定和运作案例指导制度形成统一认识，缺乏相应和必要的深思熟虑。前文中所论述的指导性案例在结果上的差异仅仅是这种不统一的一个缩影。

其次，在目标定位上，意图实现"同案同判"具有过多理想的色彩。正如前文所述，实现同案同判是提倡建立案例指导制度的动力之一，也是该制度基本的目标追求。同案同判的本质是统一法律适用，在面对无限丰富的具体案情时，这种目标追求显得过于理想化，无法真正在司法实践中实现。在中国实现法律的统一适用，面临着很多障碍和困难，例如地域的差异、法官自由裁量权的存在、过重的行政化色彩、地方保护主义等，消除这些障碍和困难需要多种法律制度的综合运用，甚至依赖于特定的社会变革，而绝非单一的案例指导制度所能完成。但是，现在过多的希望都被寄托在案例指导制度之上，重压之下反而使得两高在推行指导性案例时有些手足无措，过于谨慎和保守的态度同样会导致决策的不准确，截然相反的判决结果倾向就是其中的典型代表。即使在抽象的理论层面上，实现同案同判也是遥不可及的。换言之，我们不能将同案同判视为一种绝对严格的、不能违背的法律义务，而应当将其视为可被凌驾的、与法律有关的道德要求，它本身并不是一项无法摆脱的法律义务。面对着现实和理论上都不可能真正实现的目标，两高在各种压力之下仍然创制并运行了案例指导制度，这几乎注定了指导性案例具有一定盲目和混乱的因素。例如对"同案"的界定，一种观点认为其确切表述应当是"同类案件"或"类似案件"，而另一种观点则认为应当是"同样案件"或"相同案件"。在这种盲目和混乱之中，两高在是否以强制方式推行案例指导制度上也产生分歧，最高人民法院的"应当参照"和最高人民检察院的"可以参照"分别代表了强弱两种倾向，但是，其中任何一种也都面临着不少问题。（1）如果采取强制效力，那么，地方司法机关并未熟悉案例指导制度，在缺乏相应技术、制度和意识的背景下难以真正运用指导性案例，强制推行可能被架空，甚至导致适得其反。"在未能提高法官法律适用能力的情况下，参照案例判决可能会避免法官机械适用法律或司法解释，但却会陷入一种新的误区——机械适用指导性案例，对貌似相同而实质不同进而应当做出不同处理的案件，由于把握和理解不准确而生硬参照案例，导致'同案不同判'"。（2）如果采取弱效力，那么，基层司法机关则更愿意选择漠视，将指导性案例束之高阁，对其弱效力置若罔闻。实践调研显示，案例指导制度出台之前存在的公报案例等具有指导性质的判决，司法实践中被运用率很低，当事人、律师主动递交典型案例用于指导的情况不是很普遍，法院或者法官主动查找、对比典型案例的情形就更少了。而即使在案例指导制度正式确立之后三年多的时间内，指导性案例的处境仍然比较尴尬：不少法官、律师及相关诉讼参与人对于指导性案例的内涵缺乏足够的了解；在指导性案例的效力上，存在一定的分歧，但以其仅具有事实上的约束力为主流，同时在指导性案例与司法解释的关系上也存在着定位模糊的问题；在指导性案例的适用预期效果上有相同的认识，但是在适用的类型上未形成一致。包括裁判结果差异在内的诸多混乱和无序都在一定程度上说明，对于同案同判这种过于理想化的制度目标，能力和资源都十分有限的司法机关都会显得力不从心。即使作为最高司法机关，两高在匆忙之中出台的规范文件及其公布的案例，虽然构建了案例指导制度的框架，但是，也难免杂乱无章，无法真正实现该制度的积极实践效果。

再次，目前的案例指导制度在运作方式上过于模糊和概括。两高关于案例指导工作的规定中只是用"类似案件"或者"同类案件"这种比较模糊的界定来描述该制度的运作方式，但是，如何比较类似案件或者同类案件则付诸阙如，没有具体的操作方式、步骤和指引，这不仅增加了地方司法机关参照指导性案例的困难，也相应地增加了其参照的风险，影响了指导性案例在司法实践中的积极效果。司法案件之间总有一些相似之处，也必然有自身的独特之处，如何把握相似性的判断标准，案件之间相似到何种程度才能算作类似案件或者同类案件，如果这些操作上的细节问题没有得到妥善解决，案例指导制度仍然只能停留在纸面上。由于案例指导制度主要是借鉴英美法系的判例法制度，对于地方司法机关来说，对指导性案例比较现实的参照方式也就是借鉴"尊重先例"的运作过程：首先确定指导性案例与目前需要处理的案件之间在案件事实、法律适用以及争议问题方面都具有高度的相似性，然后比照指导性案例的判决结果处理目前需要判决的案件。但是，即使在判例法制度内部，如何确定相似点也一直是一个难题，在司法过程中，这种类似性的判断往往需要法官借助于自己丰富的办案经验和准确的价值判断才能实现。考夫曼甚至认为："比较点的确定主要不是依据一个理性的认识，而是很大程度地根据决断，因而取决于权力的运用。"可以说，无限丰富多样的案件决定着相似点的判断大致属于法官自由裁量的范围，很难用抽象的法律规范进行统一规定。这种情况意味着，借鉴判例法的案例指导制度，需要在个案之间进行具体比较才能够真正运作，并不是抽象规则的具体适用，否则，该制度就无法与现有的两高司法解释，甚至是抽象法律规范相区别。但是，在两高发布指导性案例的正式文本中，还专门设有"裁判要点"或者"要旨"部分，这部分直接明确了该指导性案例中的抽象规则，具有十分重要的地位。这些要点或者要旨虽然能够发挥"点题"的作用，但是，其所概括的抽象规则与案例指导制度所需要的个案比较之间仍然难以融合，影响着司法机关对指导性案例自身的关注。简而言之，案例指导制度在运作方式上也存在着不少混乱之处，应当进行的个案比较却引入了抽象规则，对于适用更加抽象的司法政策来说，出现结果上的差异进而影响指导性案例作用的发挥，自然也不奇怪。

最后，案例指导制度缺乏相关配套制度（尤其是诉讼制度）的技术支持。在两高分别发布指导性案例的时候，二者之间明显缺乏呼应的支持，前文已经分析了法院和检察院能否适用对方指导性案例的问题。两高通过行政化的推行方式固然在形式上可以立刻建立案例指导制度，但是，两个关于案例指导工作的规定都过于简略，并没有细致顾及与现有法律制度（尤其是诉讼制度）的衔接和融合，这使得案例指导制度显得比较突兀，难以被地方司法机关所接受。例如，指导性案例（以及其中的裁判要点或要旨）如何在判决理由中体现，未适用相关指导性案例应当承担何种责任，是否以及由谁来具体界定未适用相关指导性案例构成上诉理由等。由于指导性案例具有多种类型，如何处理其与几种主要诉讼法之间的关系，应当成为案例指导制度规定的核心内容之一，但是，两高同样在这一问题上付诸阙如。制度的成功在很大程度上依赖其现实操作性，依赖完善、科学、可行的程序安排和技术保障体系的存在。与普通法系的判例制度相比，案例指导制度在程序、操作技术层面上存在着不少缺憾，有必要加强对指导性案例的选择、编辑、适用和完善的程序设计和建构，加强对相关技术保障体系的研究和开发。对于宽严相济的刑事政策等司法政策，指导性案例是一个较好的载体，能够给地方司法机关以直接而具体的指示说明，但是，在对两高指导性案例的差异倾向进行分析之后可以看到，在缺乏相应配套制度的技术支持背景下，具体的司法者仍然不愿在案件中直接参照指导性案例。

结语　如何面对指导性案例

虽然理论界与实务界都对案例指导制度寄予厚望，试图通过该制度大力改善同案不同判的情况，实现法律的统一适用，但是，从现有的实际运行状态来说，指导性案例并未发挥出预期的积极效果，其中一个非常重要的原因就是该制度自身存在着不少混乱和无序因素。两高指导性案例中的差异倾向仅仅是这种状态的缩影，在深层上反映了司法机关试图用一种新的路径来实现司法公正和统一。这一路径的原初设计是借助新旧案件之间的比较，而非适用抽象规则，但是，案例指导制度的实际规定却在很大程度上背离了原初设计。在面对着纷繁复杂的转型社会现实时，司法机关在进行制度创新方面显得过于保守和拘谨，甚至由于多重原因显得力不从心或者有心无力，指导性案例中存在并强调裁判要点或者要旨就是比较典型的代表。在裁判结果存在差异倾向的指导性案例中，这些裁判要点实质上凸显了宽严相济刑事政策，虽然对该抽象司法政策出现理解上的差异并不令人意外，但是会影响作为整体的案例指导制度的实际效果。

面对并不完善甚至存在不少缺陷的案例指导制度，我们仍然应当尊重并强调两高在推行该制度方面所作出的努力。剧烈变动的社会格局和形势，复杂而交织的政法关系，民众对法治热切的需求以及法律职业共同体自身的建构与完善，都在考验着司法机关（尤其是最高司法机关）的法律智慧与政治智慧。指导性案例不会在一夜之间实现同案同判，我们也不能奢望两高能够一蹴而就地创建完善的案例指导制度，而是应当以更加积极的态度去最大化指导性案例的积极效果。对于处理个案的司法者来说，在可能的情况和范围之内应当尽量参照适用相关的指导性案例。毕竟，这些案例经过了细致的遴选，凝结着中国本土司法者的实践经验和智慧，对其进行参照和适用能够以更加专业的方式处理个案，而这种积跬步而致千里的方式可能才是中国法治进程真正需要的。

［作者单位：山东大学（威海）］

《转喻的修辞批评研究》内容提要

李　克

　　该书的主要研究对象是转喻现象，依据的理论框架则是修辞批评。如何基于修辞批评理论对转喻进行系统地分析与评价是本文的核心研究思路。对转喻以及修辞批评进行合理地界定后，本文认为，对转喻的修辞批评研究主要在于通过描写转喻的凸显性特征构建的辞屏，结合转喻相关的修辞情境揭示转喻选择所体现的语篇构建者的修辞动机和一定的意识形态意义（包括强式意识形态意义和弱式意识形态意义），进而揭示语篇构建者对受众进行劝说并达成同一的意图。本文中的转喻是一种基于邻近性的、相关概念实体的理想化认知模式中部分与整体以及部分与部分之间的互动关系。另外，修辞批评在本研究中也不单单指某一个批评模式，而是一种依据相关修辞理论对劝说性语篇和言语产品（包括口头和书面语篇）所做的系统的分析与评价过程，这种修辞批评是一种狭义的修辞批评。依据修辞批评的内涵，对转喻的修辞批评是依据相关修辞理论（主要包括辞屏、修辞情境、修辞动机、修辞劝说与同一）对语篇（主要指包括政治演讲语篇、体育新闻语篇和广告语篇在内的劝说性语篇和其他言语产品如文学语篇）中的转喻现象所做的系统分析与评价过程。在对理论进行深层次糅合的基础上，本文将这种研究范式定义为批评转喻分析。本文将修辞批评的分析步骤整合为描写、解释与评价，因此批评转喻分析也相应采取转喻描写、转喻解释与转喻评价三个步骤。转喻描写主要包括转喻识别与辞屏解析两个层面；转喻解释则指在转喻描写的基础上，从修辞情境、修辞动机与意识形态三个方面对转喻进行系统地分析。如果把转喻描写看作是批评转喻分析的起步阶段，那么转喻解释就是批评转喻分析的核心阶段。转喻评价主要指依据相关标准如艺术性、真实性、道德性与语篇性对转喻进行系统地评价，旨在对转喻描写与转喻解释的结论进行总结，并揭示说写者对听读者进行修辞劝说并实现两者之间的"同一"的修辞动机，这即是批评转喻分析的终极目标。

批评转喻分析不仅可用于相关语篇中转喻现象的分析与评价，其对英语教学也具有重要的启示意义，主要体现在英语阅读、写作与翻译教学中。这种启示意义主要体现在基于批评转喻分析构建的转喻能力对英语教学的借鉴意义。

因此，本研究的核心观点可总结为：转喻的修辞批评研究即批评转喻分析采取的转喻描写、转喻解释与转喻评价等三个分析步骤不仅可对转喻进行系统的分析与评价，而且对外语教学实践有较大的启示意义。

在构建修辞批评的理论框架进而对转喻进行分析与评价的过程中，本文主要在以下几个方面做出了富有创新意义的探索。

（1）合理界定了关键术语"转喻"。为了顺利地实现研究目标，本文首先对研究对象——转喻进行了界定。通过对转喻作为一种修辞格和认知工具的国内外研究现状的梳理，本文认为，邻近性、理想化认知模式、部分—整体和部分—部分之间的互动关系是界定"转喻"的三个重要参数。因此，经过反复推敲与论证，本文将"转喻"界定为：一种基于邻近性的、相关概念实体的理想化认知模式中部分与整体以及部分与部分之间的互动关系。这一定义较为清晰地标明了转喻的基本特征。本文中的"转喻"主要作为一种语篇分析的语料。

（2）明确了本研究的理论框架——"修辞批评"的内涵与外延。修辞批评是一个较为模糊的概念。本文选取了国内外各几个较具代表性的"修辞批评"的定义版本进行对比与分析，经过分析与论证，区分出了广义的修辞批评与狭义的修辞批评。广义的修辞批评是对象征行为或象征系统所做的系统的分析与评价过程；狭义的修辞批评则是一种依据相关修辞理论对劝说性语篇和言语产品（包括口头和书面语篇）所做的系统的分析与评价过程。鉴于本文的研究对象是转喻现象，因此，本文中的"修辞批评"是一种狭义的修辞批评。除了定义之外，功能与模式也是修辞批评的内涵的组成部分。本文认为，修辞批评的功能也分为广义的修辞批评功能与狭义的修辞批评功能。涉及本文的研究对象，狭义修辞批评功能主要包含三个方面：一是通过描写劝说性语篇和言语产品的语篇特征揭示其有别于其他语篇类型和言语产品的独特之处；二是解释劝说性语篇和言语产品与其产生的社会文化背景之间的关系进而揭示其背后潜藏的修辞动机与意识形态；三是增进语篇分析者或读者对劝说性语篇和言语产品的分析与评价意识，提高其观察力和评判力。本文将修辞批评模式分为传统修辞批评与新修辞学批评。严格意义上讲，本文中的修辞批评不涉及哪一种具体的分析模式，只是一种理论框架。关于修辞批评的外延，本文重点介绍了修辞批评的分析步骤，在反复推敲与论证以往研究的基础上，本文认为，以往的分析步骤存在重合、不够明确等情况，修辞批评应采取描写、解释与评价三个步骤。

（3）构建了"批评转喻分析"的理论框架。"批评转喻分析"的提法是本文的一大创新点。批评转喻分析的提出一方面是基于批评隐喻分析的理论启示。批评隐喻分析为本文提供了重要的理论参考价值，尤其是此理论提及的隐喻识别、隐喻解释与隐喻阐释的分析步骤。另一方面是基于修辞批评的理论框架，本文中的修辞批评是一种狭义的修辞批评。依据狭义的修辞批评概念，加之"批评"与"转喻"的内涵意义，本文拟将批评转喻分析界定为：一种依据相关修辞理论对语篇中的转喻现象所做的系统分析与评价过程。批评转喻分析应该有其对象、功能与步骤。基于本文界定的修辞批评的理论框架，加之对以往相关研究的梳理与归纳，本文指出，批评转喻分析的批评对象不能涵盖所有的语篇类型，主要类型包括政治演讲语篇、体育新闻语篇与广告语篇等在内的劝说性语篇，也包括以文学语篇为主的其他言语产品。批评转喻分析应该包含四种功能：一是通过描写转喻的"凸显性"特征进而揭示其构建的辞屏；二是解释转喻选择与其蕴含的社会文化背景之间的关系进而揭示其体现的修辞动机与意识形态意义；三是增强语篇分析者或读者对转喻的批评性意识，进而培养其批评性语言意识；四是培养语篇分析者或读者的转喻能力。关于分析步骤，本文认为批评转喻分析主要分为三步：转喻描写、转喻解释与转喻评价。这个理论方法的整合打破了以往转喻研究局限在语言领域的现状，尝试在西方修辞学的视域下对转喻进行系统地研究，可看作是一种跨学科的研究思路。

（4）基于相关西方修辞学理论详尽界定了批评转喻分析的分析步骤。鉴于修辞批评隶属于西方修辞学的大范畴，本文选取了辞屏、修辞情境、修辞动机、修辞劝说与同一等西方修辞学理论作为"相关修辞理论"的重要组成部分，从而找准了批评转喻分析的坚实理论依据。这些修辞学理论贯穿在转喻描写、转喻解释与转喻评价这三大步骤中。具体来讲，转喻描写主要包括转喻识别与辞屏分析两部分，这一步骤主要在于基于邻近性、理想化认知模式、部分与整体以及部分与部分之间的互动关系、语境等参数识别转喻现象，并解析转喻的凸显性特征构建的辞屏，这是批评转喻分析的第一步，为转喻解释与转喻评价做好理论铺垫。转喻解释则主要依据转喻相关的修辞情境

（包括社会语境与语境）对转喻描写的结果进行分析进而揭示语篇构建者的修辞动机与意识形态意义（本文将意识形态分为强式意识形态与弱式意识形态，一定程度上修辞动机与意识形态尤其是弱式意识形态是相通的）。修辞情境、修辞动机与意识形态三个参数的引入充实了转喻解释的过程，强化了转喻解释的效力。转喻评价则依据相关标准对转喻进行系统地评价，旨在对转喻描写与转喻解释的结论进行总结并揭示语篇构建者对受众进行修辞劝说并达成统一的意图。

（5）依据批评转喻分析的理论框架，合理界定了"转喻能力"。涉及批评转喻分析的具体应用价值，本文认为，与批评转喻分析紧密相关的是转喻能力。转喻能力应该包括五个方面，可以提炼为：（1）描写转喻（转喻识别与解读转喻构建的辞屏）的能力；（2）解释转喻的能力与速度；（3）评价转喻选择的能力；（4）在语言实践中生成与运用转喻的能力；（5）上升到从宏观与微观之间的关系理解世界的能力。这个"转喻能力"是较为具体和全面的，是本文的实践价值的一个创新点。这五个方面对英语阅读、写作与翻译教学将具有一定的指导意义。研究表明，转喻能力在英语教学中起着非常重要的作用，可以有效地提高学生的学习兴趣，从而实现教学相长，改善教学效果。

涉及批评转喻分析的应用价值，考虑到研究目标的可操作性等因素，本文主要讨论了其对英语阅读、写作与翻译教学中的启示意义。批评转喻分析对英语听力教学与口语教学也应有一定的启示意义，只不过这两种教学具有直观性较差与可操作性较烦琐的特点，因此，在实际教学实践中，教师在培养学生的转喻能力方面存在一定的困难。本文对此虽对未作论述，但转喻能力并非对英语听力理解水平和口语水平的提高没有任何作用，也并非在英语听力与口语教学中无法培养学生的转喻能力。总之，此方面亟待进一步地探索与考察。

此外，修辞批评理论对转喻的研究策略可架起一座西方修辞学、传统修辞学与认知语言学的"理论桥梁"。批评转喻分析研究范式既吸纳了传统修辞学对转喻的"修辞格"定位以及认知语言学对转喻的"认知"内涵界定，也融合了包括辞屏、修辞情境、修辞动机、修辞劝说、同一等在内的西方修辞学的重要修辞学理论，更融进了批评性语篇分析的某些分析步骤，如解释步骤，这是一种跨学科的研究方法。王寅曾经通过探讨认知语言学与修辞学在学科设置、学理分析、分析方法与研究内容等方面上的相同点提出建立"认知修辞学"的尝试。一定意义上，本文的研究从宏观层面上可为认知修辞学的发展提供一种有益的研究路径。王寅还语重心长地说："当前学界（包括汉语界和外语界）研究方向应将'形而下'坚定不移地与'形而上'紧密结合起来，既要关注语言现实，更要重视理论探索。因此，未来修辞学研究也应当定位于理论研究。"本文在批评转喻分析方面的探索过多地属于修辞学理论研究的领域，开拓了今后修辞学的理论创新的研究思路，为修辞学与其他学科的融合做出了一定贡献。

[作者单位：山东大学（威海）]

语言接触视域下汉语对韩国语影响研究

张晓曼

汉语作为世界上最古老的语言之一，不仅是汉民族特有的产物和记忆，也是汉字文化圈的基点和核心，千百年来，汉语对世界尤其是周边国家的历史和文化产生了深远的影响。韩国深受中华政治和文化的影响，很早就进入了汉字文化圈，曾经长期使用汉字标记本民族语言，以汉语文言文作为书面语，现在仍然在某些方面使用汉字。

汉语和韩语分属不同语系，是两支完全不同的语言，著名的德国学者冯·施莱格尔（August Wilhelm Von Schlegel）曾把世界上的语言分为曲折语、孤立语和黏着语，他的分类标准是语言的结构类型。汉语属汉藏语系，为孤立语；韩语属乌拉－阿尔泰语系，为黏着语。虽然系属不同，语法结构也存在巨大差异，但两种语言的关系却极为密切，韩语在语音、词汇和文字形态等方面与汉语有着许多共同之处，这主要是因为历史上韩国曾受中华政治文化的巨大影响，韩语从汉语中汲取了诸多营养成分，接受了古老的汉字并逐渐接受了中世纪以北方语音为载体的汉语书面语，因而韩语中不仅保留了大量的汉字音，而且在词汇系统中保留了大量的汉字词，还自造了一些汉字词，从而使汉字词总量达到50%以上。

本文以接触语言学理论为指导，以全新的视角探讨汉语对韩国语在语音、词汇、语法以及文字创制等方面的影响，发现并梳理汉语对韩国语的历时与共时影响，试图把这一研究应用于我国的汉语国际教育事业之中。

一　早期的中韩语言接触

根据我国史籍记载，古代朝鲜半岛北部曾生活过高句丽、沃沮等很多民族，这些民族作为交际手段的语言样貌以及语言之间的关系，目前的研究还远没有达到可以说清楚的水平，但毋庸置疑的是这些民族语言在与汉语的接触过程中都借用过汉字。纵观韩语的发展演变史，我们认为这有其内部因素促动的演变，但更主要的是接触引发的演变，这与诸多语言学家提出的语言演变之两种类型说即"内部因素促动的演变""接触引发的演变"不谋而合。所谓语言接触，是指使用不同语言或方言的人之间的相互直接接触或间接接触，语言接触又可以说是文化的接触，不同语言的接触必然产生语言之间的相互影响，一般是强势语言影响弱势语言，其中强势语言的特点会保留在弱势语言里，从而引起弱势语言发生不同程度的变化，这一情况出现的原因一般是征服、人种吸收、政治统治、文化状况的高低等。古代中国无论是政治、经济、军事还是文化都处于世界领先地位，朝鲜半岛与中国陆地接壤，距离中国最近，这就使得韩民族语言与汉语发生了密切接触，由接触到接纳，再到接续，最终导致韩民族语言深受汉语的影响，不仅改变了深层结构，而且在发展方向上也发生了一定程度的改变，主要体现在语音、词汇和文字形态等几个方面。

韩国古代没有自己的文字，在《训民正音》创制之前的一千多年时间里，韩国一直借用汉字进行书面表达。一般认为，最晚在战国时期，汉字就已经传到韩国，特别是汉武帝消灭卫满朝鲜，在那里设立四郡，大量的汉族百姓迁徙到了那里，从此，来自中国的汉字、汉字音、汉字词和汉文化开始大面积地传播到了朝鲜半岛。这对传承文化、治理国家、统治思想发挥了巨大的作用。早期的语言接触大致经历了三国时代、统一新罗时代、高丽时代等几个阶段。三国时代（？ ~676），是指韩国历史上高句丽、百济、新罗三个国家鼎立的时期。这一时期学者们纷纷到长安等地留学，两国之间的文化交往更加频繁。当时三国还没有自己的文字，汉字的传入使得汉字的使用范围扩大了。他们用汉字词改写了年号、国名、地名、王名和官名，用汉字编纂国史和其他历史书籍、修正教育制度，汉字开始在部分阶层传播开来。三国时代佛教从中国传到朝鲜半岛，佛教用语以汉字词形式传入，佛典用汉文翻译。伴随着汉字和汉字词的传入，汉族文化也一起传到了三国。公元676 ~935 年为统一新罗时期，这一时期盛行佛教，积极吸收唐朝文化，因此经济、政治、艺术、学术等非常繁荣，这些文化的繁荣也极大地推动了汉字和汉文的广泛传播。公元757 年，全国设立九州，州郡县改用汉字词名称。公元759 年，文武官名改用汉字词名称。此后，汉字词在韩国语词汇系统中占有了重要的地位。公元918 ~1392 年为高丽时期，高丽的国教为佛教，因此传入了大量的佛教经典，它们都是以汉字词形式传入的；同时高丽注重吸收儒学思想，实行科举制度，采用汉文考试，因此贵族阶级创作的汉文学逐渐兴盛，出版了大量的汉文学作品。

但是汉语和韩国语终究是两种不同的语言，为了能用汉字标记自己的语言，古代朝鲜半岛人民发明了"吏读"的方法。吏读"有很大一部分是汉文，但是语序却改得与韩语非常相似"，"文章的一部分采用借字标记的方式标记"，"多用于法律条文"，吏读是在使用汉字标记韩语的过程中，逐渐具备了自己的体系并发展起来的，它的特点是实词用汉字词，按照韩国语的语序进入句子，表示语法意义的助词也用汉字标写。在借用汉字时，有的借音，有的借义，有的同时借用音和义，这就不可避免地造成了使用的混乱和理解的困难，出现了语言和文字不相统一的局面，汉字很难在语音、词义和语法形态上把韩国语的特点完整地表达出来。

二　汉语语音对韩国语语音的影响

朝鲜时代（1392～1910 年）崇奉儒学，并把儒学作为治国和教育的根本，这就使得汉文得到了进一步的推广和应用。15 世纪中叶，朝鲜世宗大王深感"国之语音，异乎中国，与文字不相流通，故愚民有所欲言，而终不得伸其情者多矣，予为此悯然"，于是召集天下名士，研制符合韩国语音体系、能够书写韩国语的文字方案，创造自己的民族文字，"欲使人人易学，便于日用"。为了更好地翻译汉语、熟悉汉语音韵和准确地标写汉字读音，世宗还亲自与集贤殿学者一起研究韩国语音和汉语音韵，派遣学者成三问等人十三次赴我国辽东，向当时的翰林学士黄赞请教音韵学，还从我国输入了大量的典籍著作。在充分吸收中国音韵学成果的基础上，朝鲜于 1443 年创造出了在韩国文字史和语言发展史上具有划时代意义的《训民正音》。

"世宗以本国音韵与华语虽殊，其五音清浊高下未尝不与中国同"，尽管训民正音与属于表意文字的汉语完全不同，但在文字构成和语音形式上都深受汉语的影响，它根据中国古代音韵的五音分类原则，将辅音分成喉牙舌齿唇五音，同时，又根据汉语音节由声母、韵母构成的特点，把韩语分为初声、中声、终声，初声与汉语音节中的声母等同，中声与汉语音节中的韵头、韵腹和元音韵尾等同，终声与汉语音节中的辅音韵尾等同，它们必须组合起来才能成为一个韩国文字。

训民正音的创制受到了汉语音韵的极大影响。在韩国语音结构中，没有唇轻音、舌上音及正齿音，但训民正音参考了《切韵指掌图·类隔 26 字母图》，只取用唇重音（帮滂并明）、舌头音（端透定泥）、齿头音（精清从心邪），以及牙音（见溪群疑）、喉音（影晓匣喻）、半舌（来）、半齿（日）等共计 23 个字母。训民正音与《韵镜》的关系也很密切，唇轻音被唇重音的三等所替代，舌上音被舌头音的二、三等所替代，正齿音被齿头音的二、三等所替代，而每组包含在一起才成为唇音、舌音、齿音，这样就用 23 字母代替了 36 字母。

训民正音最初有 28 个字母，其中辅音 17 个，元音 11 个。训民正音辅音字母及国际音标见表 1。

表 1　训民正音辅音字母及国际音标

	牙音	舌音	重唇音	齿音	喉音	半舌音	半齿音
全清	ㄱ k	ㄷ t	ㅂ p	ㅈ tʃ	ㆆ ʔ		
次清	ㅋ k′	ㅌ t′	ㅍ p′	ㅊ tʃ	ㅎ h		
全浊	ㄲ g	ㄸ d	ㅃ b	ㅉ ʤ	ㆅ h		
不清不浊	ㅇ ŋ	ㄴ n	ㅁ m		ㅇ′ø	ㄹ l	△ z
全清				ㅅ ʃ			
全浊				ㅆ ʒ			

表中共有 23 个辅音字母，分类方式是按照中国音韵学理论对字母的分析而制定的，发音部位分为牙音、喉音、舌音、齿音、唇音、半舌音、半齿音七音，唇音还特别标出重唇音，发音方法分为全清、次清、全浊、不清不浊，这种分类方法以及排列方法与我国韵书对字母的分析是一致的。不仅如此，它们内部也自成体系，并与中国音韵学有着整齐的对应关系，如牙音的ㄱㅋㄲㅇ与中国古代字音"见溪群疑"有着严密的对应关系，分别为全清、次清、全浊、不清不浊。其他舌音、唇音等亦是如此。具体见表 2。

表 2　训民正音与中国字母的对应关系

	牙音	舌音	唇音	齿音	喉音	半舌 半齿
中国字母	见溪群疑	端透定泥	帮滂並明	精清从心邪	影喻晓匣	来日
东国正韵	君快虯业	斗呑覃那	别漂步弥	即侵慈戍邪	挹欲虚洪	闾穰
训民正音	ㄱㅋㄲㅇ	ㄷㅌㄸㄴ	ㅂㅍㅃㅁ	ㅈㅊㅉㅅㅆ	ㆆㅇㅎㆅ	ㄹㄷㅌ

表中ㄲ、ㄸ、ㅃ、ㅉ、ㆅ、ㅆ 6 个字母在韩国语中被称为紧音，大抵相当于

汉语中的全浊音，《训民正音解例制字解》中有"全清并书则为全浊"的记载，韩国韵书《东国正韵》也对全浊音做了说明"我国语音，其清浊之辨，与中国无异，而于字音独无浊声"。

出于翻译汉语的需要，1454 年朝鲜学者申叔舟写成了《四声通考》一书，这是朝鲜时代人们学习汉语比较有影响的一部韵书。书中分析了汉语齿音，把齿音分为两套并与训民正音齿音音值进行了比较，"凡齿音，齿头则举舌点齿，故其声浅；正齿则卷舌点腭，故其声深。我国齿声ㅈㅊㅅ在齿头正齿之间，于训民正音，无齿头正齿之别，今以齿头为ㅈㅊㅅ，以正齿为ㅈㅊㅅ以别之"。文中"齿头则举舌点齿"是对发音部位和发音方法的说明，与汉语的舌尖前音发音相似，发音时舌尖轻轻抵住齿背，因此把齿头音ㅈㅊㅅ的音值拟测为 ts、ts'、s；"正齿则卷舌点腭"，也是就发音部位和发音方法来说的，与汉语的舌尖后音发音相似，发音时舌尖上翘，抵住硬腭前部，所以把正齿音ㅈㅊㅅ的音值拟测为 tʂ、tʂ'、ʂ；文中论及韩国齿音ㅈㅊㅅ"在齿头正齿之间"，发音部位在舌尖前音与舌尖后音之间的塞擦音，而音值又颇为相似的只有舌叶音，因此将韩国语ㅈㅊㅅ的音值拟测为ʧ、ʧ'、ʃ。

训民正音的中声，相当于汉语音节中的韵头、韵腹和元音韵尾部分，元音有 11 个，其字母及国际音标见表 3。

表 3　训民正音中元音字母及国际音标

母音	拟测音	描述
·	ʌ	如吞字中声
ㅣ	i	如侵字中声
ㅏ	a	如覃字中声
ㅓ	ə	如业字中声
ㅑ	ia	如穰字中声
ㅕ	iə	如别字中声
ㅡ	ɨ	如卽字中声
ㅗ	o	如洪字中声
ㅜ	u	如君字中声
ㅛ	io	如欲字中声
ㅠ	iu	如戌字中声

朝鲜学者申叔舟在自己的著作《四声通考》凡例第 7 条论述了训民正音元音与汉语元音的关系以及元音音值的问题："大抵本国之音轻而浅，中国之音重而深，今训民正音出于本国之音，若用于汉音，则必变而通之乃得无碍。如中声ㅏㅑㅓㅕ，张口之字，则初声所发之口不变；ㅗㅛㅜㅠ，缩口之字，则初声所发之舌不变。故中声为ㅏ之字，则读如ㅏ·之间，为ㅑ之字，则读如ㅑ·之间，ㅓ则ㅓー之间，ㅕ则ㅕー之间，ㅗ则ㅗ·之间，ㅛ则ㅛ·之间，ㅜ则ㅜー之间，ㅠ则ㅠー之间，·则·ー之间，ー则ー·之间，ㅠ则ㅠー之间，然后庶合中国之音矣。"韩语元音发音轻部位浅，汉语元音发音重部位深，如果用来翻译汉语一定要变通，汉语发单元音时唇形和舌位是不变的，韩语中声为ㅏ的字，汉语要读为 a、Λ 之间，韩语中声为ㅑ的字，汉语要读为 ia、Λ 之间，其他以此类推，这样才能符合汉语的发音习惯。

终声，相当于汉语音节中的辅音韵尾，韩国语韵尾除了以元音收尾外，还有 6 个字母可以做韵尾，ㅁ－m、ㄴ－n、ㅇ－ŋ；ㅂ－p、ㄹ－l、ㄱ－k。这与古代汉语阴声韵、阳声韵和入声韵的划分是一致的。

三　汉语词汇对韩国语词汇系统的影响

伴随着汉字的传入，汉字词也传到了古代韩国。所谓"汉字词"是以汉字为基础的词汇，它虽然用韩文拼写但可以转写为相应的汉字，大部分用来表示抽象的逻辑概念。汉字词是韩国语词汇系统的主要成员之一，从汉字词的起源上看，大致有三类：一是来源于中国的汉字词，二是来源于日本的汉字词，三是朝鲜半岛人民自己创制的汉字词。来源于中国的汉字词占韩国语汉字词的很大部分。

汉字词进入韩国语词汇系统之后，经历了几个不同的历史时期，走过了一条独立上升的发展道路。从 757 年开始，朝鲜半岛大量使用汉字词，使得汉字词与固有词并列成为韩国语词汇系统的两大体系；高丽时期统治者以佛教和儒教来加强统治，佛教词语以汉字词的形式大量进入韩国语词汇体系中，特别是高丽光宗九年（958 年）模仿唐朝实行科举考试，以汉文为主的儒学教育兴盛起来，在这样的背景下，汉字词数量不断增加；进入李朝时期，汉字词得到了进一步的发展，最终确立了与固有词的双重体系。儒学的兴盛使得崇拜汉文的思想进一步弘扬，由于李朝燕山君的暴行，刚刚创制的训民正音遭到践踏，严重阻碍了固有词的发展，却使得汉字词得到了更快的发展，汉字词开始渗透到社会的各个领域，朝鲜时期出现了大量反映封建王朝制度的汉字词。李朝（1392～1910年）末期的汉字词绝大部分来自日语，数量也急剧增加，大多是反映资本主义生产关系的社会经济用语和科学技术用语。开化时期，汉字词不仅在数量上大幅增长，并且发生了质的变化，同一词形的汉字词意义发生了变化。光复后，由于韩国实行开放的语言文字政策，汉字以其强大的造词能力，在韩国语词汇系统中继续产生更多更新的汉字词。进入21世纪，随着韩国社会的发展变化，出现了很多新词新语，其中汉字词的比例是最大的。

汉字词在长期的使用过程中形成了庞大的体系，在韩国语词汇体系中占有非常重要的地位，构成了韩国语词汇系统的根干，对韩国语词汇系统的丰富和发展起到了决定性的作用。据统计，韩国出版的所有词典中汉字词都占词汇总量的百分之五十以上，如韩文学会编纂的《大词典》卷末的统计，汉字词除去专有名词外有81362条，固有词除去专有名词、古语词、吏读和词组外共收69121条，外来词除去专有名词外有2987条，这样，汉字词和非汉字词的比例为53.02%和46.98%。

汉字词与固有词在语义和构词上是相互补充、相互依存的关系。很多韩国语词汇都存在着汉字词和固有词两套体系，如人名、地名、自然现象名称、动植物名称、身体部位名称、农作物名称、器物名称、方位和时令、理念、颜色、数量词、亲属称谓等都有汉字词和固有词两种形式。与固有词相比，汉字词在使用中具有以下特点：汉字词比固有词气氛更加庄重、语气更加强烈；汉字词更具有书面语色彩，固有词的口语程度更强；汉字词的语义广泛、褒贬色彩固定，而固有词的色彩意义比较灵活；汉字词本身不带有形态词尾，加上形态词尾才能在句子中使用，因此词性不固定，固有词本身就带有形态词尾，词性固定。在实际的语言生活中，朝鲜半岛人民一般根据自己的语言规则和实际情况有选择地吸收与改造汉字词，并根据具体的语言环境和文章的性质来区别使用汉字词和固有词，汉字词和固有词存在着相辅相成的关系，在语言生活中分别起着不同的作用。

韩国语汉字词与汉语词汇存在着密切的关系，下面将从词形和词义两个方面与现代汉语词汇进行对比分析。

①汉韩同形同义词，是指韩国语中的汉字词和汉语词汇的书写形式相同，并且意义基本一致，如사상（思想）、상상（想象）、간첩（间谍）、정치（政治）、선거（选举）、박사（博士）、안전（安全）、연구（研究）等。

②汉韩同形异义词，是指韩国语汉字词的书写形式与汉语词汇相同，但是词义不同，比如공부（工夫），韩语义是学习，汉语义是时间；기차（汽

车），韩语义是火车，汉语义是汽车；신문（新闻），韩语义是报纸，汉语义是新闻。

③汉韩同形部分异义词，是指韩国语汉字词的书写形式与汉语词汇相同，但是意义既有相同部分又有不同部分的词，比如폐품（废品）汉韩中都有"破旧无用的物品"之意，汉语中还有"不合出厂规格的产品"的意思；불편（不便）汉韩中都有"不方便，不合适，不妥当，零用钱不够用"的意思，韩语中还有"因病身体不舒服"这一义项。

④汉韩异形同义词，是指韩国语汉字词与汉语词汇的书写形式不同，但意义相同的词，如졸업（卒業）－毕业、시작（始作）－开始、사무실（事務室）－办公室、공항（空港）－机场等。

⑤汉韩逆序词，指韩国语汉字词与汉语词汇构成要素及意义相同，但书写顺序相反的词语，如영광（荣光）－光荣、포옹（抱拥）－拥抱、치아（齿牙）－牙齿、단계（段阶）－阶段、열광（热狂）－狂热等。

汉字词也称为汉源词，主要是日本、韩国、朝鲜、越南等位于汉字文化圈国家的语言中存在的词汇，它们大都是从古汉语中派生出的，韩国称其为汉字词。这一概念是韩国学者基于韩国语角度提出的，我们如果站在汉语的角度看问题，不妨用"外出词"加以明确，就是"我国语言中固有的词汇出现在其他国家的语言中，被较长时间使用"的，它的表现形式有直接音译、逐字意译、加词根词缀等，这个形式"同时也伴随着源语言中词汇的内涵意义"。

四 余论

汉语和韩国语是不同系属的语言，所以二者语法方面的差异较大，但也有某些相似之处，汉语是孤立语，语序很重要，但古代汉语的"者……也"句式与韩国语判断句的表达方式完全一致，如"陈胜者，阳城人也。"这是古代汉语中典型的判断句式，"者"字前面的成分是句子的主语，"者"是主语的标志，"也"表示判断，意思是"陈胜是阳城人"，而韩语中如"나는 중국 사람입니다."句中助词"는"是主语的标记，表示前面的成分是主语，相当于古汉语的"者"，"입니다"表示判断，相当于古汉语的"也"，构成"我是中国人"这样的判断句。

关于汉字传到朝鲜半岛的具体时间，学者们的说法不一，有人根据中国古代文献的记载，认为箕子朝鲜时代是使用汉字的开始，也有学者认为从汉武帝设立汉四郡时起汉字开始在朝鲜半岛使用。根据《三国史记·高句丽本纪》记载，高句丽第二代王琉璃王曾为其汉族妻子作汉诗《黄鸟歌》："翩翩黄雀，雌雄相依。念我之独，谁其与归？"并在建国不久就有了汉文典籍《留记》一百卷，百济也在公元前编纂了汉文典籍《书记》。综合上述历史资料分析，实际上朝鲜半岛在很早以前就开始接触汉字，最晚在公元前后的书面语中就已经开始使用汉字了，到了朝鲜世宗庄宪大王时代，开始研制"训民正音"这种新文字。《世宗实录》和《国朝宝鉴》上说："上亲制谚文二十八字，其字仿古篆。"认为"训民正音"是根据汉字古篆创制的。郑麟趾也清楚地指出训民正音"象形而字仿古篆，因声而音叶七调"，它是音位文字，辅音和元音以或纵或横的方式组合而成，它的字形不同于英文、俄文等拼音文字按照分词连写的规则依次排列的，结构简单并呈线性分布，而是像汉字一样具有方块字的特点，是二维的平面文字，笔画组合形式丰富，具有理据性。

从语言发展变化的历时角度看，每一种语言都与邻近语言发生过接触，都或多或少地受到邻近语言的影响，世界上没有所谓"纯粹的"或"纯洁的"语言。因此，任何语言都是因接触而形成的"融合物"或"混合物"。中韩两国语言文字关系如此密切是与两国的长久交往、亲密接触分不开的。陈保亚曾把语言的接触分为自然接触和非自然接触，我们不能绝对地说中韩语言的接触属于其中的哪一种，只能说非自然接触占据主要方面，而这与文化上的接触有着密切的关系：一般是具有优势文化地位的语言向其他代表非优势文化的语言输出借词。汉民族曾经拥有最发达的民族文化，因此汉语也成为这一时期亚洲地区"占优势或主导地位"的语言。不同民族的语言在类型上即使无亲属关系，但由于频繁接触，互相影响，最终也可以获得一些共同的或相似的语言特征。韩语经过不断地与汉语的接触并深受汉语的影响，保存了大量的汉字音，词汇系统中汉字词总量也达到百分之五十以上，而且还始终处于"汉字文化圈"之中。

从共时角度看，今天我国实施汉语国际传播战略，上述研究可以让我们更加明确地认识汉韩语言的共性和差异，可以更加有效地指导我们的对韩汉语教学；另外，我国实施汉语国际教育并非仅仅是让外国人学会几句简单的汉语，而是以汉语作为桥梁和纽带来传播中华文化的优秀内涵，因此历史上汉语对韩国语的传播和影响，可以说是更具实证性的汉语和汉文化的成功传播范例，这对于探讨当代我国语言推广、文化传播的内在因素和外部动力具有非常重要的现实应用价值。

［作者单位：山东大学（威海）］

论翻译理论与翻译教学的桥接方案

——以"化境"分析与认知翻译分析的
隐显互映为例

薄振杰

1 引言

Toury 明确了"纯翻译研究"（pure translation studies）与"应用拓展分支"（applied extensions）的关系，认为 Holmes 的"应用翻译学"（applied translation studies）概念具有潜在的误导作用，并强调指出，"从纯翻译研究到现实世界的过渡并不是能够直接实现的，应用绝对不能从纯研究中自动推导出来。这种过渡需要某种桥接规则（bridging rules）"。Toury 所谓的"纯翻译研究"大致相当于我们通常所说的翻译理论研究。任何翻译理论都是将翻译现象和翻译实践进行高度理性化概括而获得的成果。毋庸置疑，翻译理论对与翻译相关的实践（包括教学实践）具有指导作用。然而，Toury 在此提醒我们，将翻译理论应用于翻译实践并非一个直接的简单过程。若要翻译理论再回到现实世界，应用于和翻译有关的实践（包括教学实践），需要我们思考桥接问题。

无可否认，翻译教学的重要任务之一是帮助学生在领悟翻译理论的基础上，将翻译理论应用于翻译实践。大致说来，将翻译理论应用于翻译教学主要存在着两个难点。第一，对于传统译论来说，一方面，传统译论具有传统文化的魅力，以其凝练性和审美特质见长；另一方面却由于其基于感悟的直觉性和模糊性，在分析层面的可操作性上具有很大局限性，往往是凭感悟者多，应用于翻译教学时难以将其结合具体例证做出明确而系统的讲解，在具体分析上不乏"公婆"争议。第二，对于现代翻译研究（尤其是语言学派的翻译研究）来说，一方面其以分析性和系统性见长，另一方面其却常常因为一味追求结论的所谓客观公正，贬抑直觉阐释和价值评价而屡遭诟病。而且，元语言范畴的抽象性可导致学生偏离翻译行为本身，而将注意力转移到对分析所用的元语言范畴的掌握上。这就是说，传统译论与现代翻译研究应用于翻译教学时各有短长。显而易见，若将两者有机结合，即在直觉阐释的引导下，合理利用分析手段，则可达到在培养学生审美情趣的同时，提升翻译教学理性化层次的效果。然而，传统译论与现代翻译研究是否可以结合？究竟应该采取什么方式进行结合？本文拟以"化境"分析和认知翻译分析的结合为例，基于对这两个问题的回答，尝试性地提出一种翻译理论与翻译教学的桥接方案。

2 "化境"分析与认知翻译分析的结合

2.1 "化境"论

"化境"论是钱钟书先生从训诂学出发，基于对林纾翻译的分析而提出的。它包含"化""讹""媒""诱"四个构成要素。后人之所以称之为"化境"论，是因为钱先生说："文学翻译的最高理想是'化'。"他又进一步解释道："把作品从一国文字转变成另一国文字，既能不因语言习惯的差异而露出生硬牵强的痕迹，又能完全保存原作的风味，那就算得入于'化境'。"由此不难看出，"化境"论的关键在于"化"，而"化"的关键在于对原作"风味"的保存。然而，"一国文字和另一国文字之间必然有距离，译者的理解和文风跟原作的内容和形式之间也不会没有距离，而且译者的体会和她自己的表达能力之间还时常有距离。从一种文字出发，积尺累寸地度越那许多距离，安稳到达另一种文字里，这是很艰辛的历程。一路上颠顿风尘，遭遇风险，不免有所遗失或受些损伤。因此译文总有失真和走样的地方，在意义或口吻上违背或不尽贴合原文，那就是'讹'，西洋谚语所谓'翻译者即反逆者'（Traduttore traditore）。""故知'本'有非'失'不可者，此'本'不'失'便不成翻译。……安言之以为'失'者而自行之则不得不然，盖失于彼乃所以得于此也"。钱先生的这些论述既明确了"讹"产生的原因，也显示了他对于"讹"的态度，即"讹"是必然存在的。但"讹"终究是"讹"，对于原文的偏离也不能不顾，"讹"只是一定范围和一定尺度内的"讹"。译者可发挥其主体性，通过其他方式，对于"讹"所造成的损失加以弥补。"化"是译者基于"讹"的存在而对原作"风味"的"创造性再现"。

钱钟书先生的"化境"论产生于特定的历史背景和人文环境，其精神旨趣、表述方式都表现出了浓厚的传统国学味道，字字珠玑、意蕴深邃。在翻译教学中，若能结合"化境"论有关思想进行译文讲评，不但可以发挥"化境"论这一翻译思想的传统魅力和凝练精到的优势，而且也符合以汉语为母语的学习者的审美特点，提升学生的审美情趣。值得一提的是，近年来，国内不断有学者基于钱先生的"化境"思想，结合传统美学、哲学理论和现代阐释学理论，对"化境"论的本源、构成、美学要素做出进一步阐释；对"化"做出进一步"细化"。但在具体的语言操作层面，"风味"意味着什么？应用于翻译教学时，究竟如何将钱先生这一独到而珍贵的见解，结合具体实例做出明确、系统的讲解？我们尚不清楚。

2.2　认知翻译研究

认知翻译研究（Cognitive Studies of Translation）指基于认知科学，尤其是认知心理学和认知语言学理论的翻译研究，是翻译研究的一种新途径和新范式。从国内的研究成果来看，王寅、谭业升等学者的研究比较有代表性。王寅运用认知语言学的基本观点论述了翻译认知研究的基本原则和方法，为认知翻译学的学科建构和应用提供了建设性的研究思路。谭业升基于认知语言学及认知文体学的理论和分析范畴，提出了翻译的认知文体分析框架：翻译中的认知风格＝连贯/系统的识解运作＋突显认知原则。并指出，翻译的认知文体分析就是以翻译中的认知结构和认知过程为基础，对原语文本和译语文本之间的关系，对译者的选择和译文的效果之间的关系所提供的一种更加明确、系统的解释。

毫无疑问，认知翻译研究（包括翻译的认知文体学研究）基于对认知结构和认知过程的考察，产出了一系列的有关翻译认知策略的规律性认识。然而，一些认知范畴，比如原型、图式、脚本、图形－背景、射体－界标、概念隐喻、心理空间等，具有一定抽象性，在纳入不同层次的翻译教学中时，具有一定的难度。而且，如果单纯以认知翻译分析为主线讲评译文，容易导致学生偏离翻译行为本身，而迷失在元语言分析的细节中，结果可能变成以掌握元语言分析的认知范畴为目标，而不是将其精力放在如何使用这些工具开发翻译策略上。另外，与"化境"分析相比对，无论是在坚持翻译教学的人文方向方面，还是在培养学生的审美情趣方面，认知翻译分析显然较为逊色。

2.3 "化境"分析与认知翻译分析结合的基础

"化境"分析与认知翻译分析具有结合的基础。第一，从理论性质上看，两者具有互补性。"化境"论是一种不太严格意义上的理论，是有关翻译现实的一般性陈述，包括从对事实的推测、演绎、抽象或综合而得出的有关翻译现象的性质、作用、原因或起源的评价、看法或提法。而认知翻译理论（包括翻译的认知文体学理论）则是基于对翻译的认知结构和认知过程的考察，包含一系列"概念、原理、模型"的较为严格意义上的理论，是关于翻译的陈述性知识（declarative knowledge）和操作性知识（operative knowledge）的一个综合体系。第二，从基本观点来看，认知翻译理论，尤其是基于涉身哲学的认知翻译理论，反对基于客观主义意义观的编码 – 解码模式，主张译者的建构性和创造性，强调语境在调和语言差异中的动态作用，这与"化境"论中有关"化""讹"以及译者创造性的观点具有契合性。第三，从具体操作层面看，两者也有结合的可能性。鉴于"讹"的客观存在，要实现"化境"意义上的"风味"，必须通过一定范围内的创新性调整和转换。Giora 认为，最佳创新可被看作表情力和指称力之间的协调，因为文学的愉悦取决于辨别出创新（新的反应）的同时，不丧失指称意义。美学创新至少在一定程度上是一个阶级性的创新。翻译的认知文体学研究业已表明，实现表情力的翻译转换与体现感知力、洞察力、想象力等创造性认知能力的各类识解运作紧密相关。从翻译认知文体学的视角看，"风味"就是表情力。"化境"的实现意味着通过一定范围的创新性调整，通过一系列不同方式的识解运作，实现不亚于原作的表情力。

2.4 "化境"分析与认知翻译分析结合的方式

"化境"分析与认知翻译分析的结合方式为"隐显互映"。具体来说，在讲评翻译实例时，以"化境"分析为显性横轴，以认知翻译分析为隐性纵轴，两者一显一隐，隐显互映。下面，我们通过具体实例来展示该结合方式。请看例（1）、（2）、（3）和（4）。

例（1）She was more than human to me. She was a Fairy, a Sylph, …I was swallowed up in an abyss of love *in an instant*. There was *no pausing on the brink*; *no looking down*, *or looking back*; I was *gone*, *headlong*, before I had sense to say a word to her. (*David Copperfield*, Charles Dickens, Chapter 16)

她在我眼里，远远不是凡间女子。她是一位天仙，一个精灵……一眨眼的工夫我就沉没在爱的无底深渊里，永无出头之日了。我还没得到工夫在深渊的边儿上停一下，没得到工夫往下看一下，没得到工夫往后看一下；还没等我想出一句跟她说的话，我就一头撞到深渊里去了。（张谷若译）

对我来说，她不仅是一个女人。她是一个仙子，是一位神仙……。我一下子沉入了爱的深渊。我在悬崖边上没有迟疑，没有往下看，没有回头看，我就一头扎了下去，也一句话都没有顾上跟她说。（庄绎传译）

在我的眼里，她远远不是一个凡间女子。她是一位仙女，一个气精……我一下子就坠入了爱情的深渊。在这深渊的边上，我没有停留，没有往下看，也没有往后望，我还没来得及对她说一句话，就一头栽下去了。（宋兆林译）

在我看来，她绝非凡间女子。她是天仙，是月里嫦娥……。顷刻之间，我被吞进爱情的深渊。在这深渊的边缘，没有犹豫不前，没有向下窥望，没有掉头回顾；还没有来得及想出跟她说的一句话，我就一头栽进去了。（李彭恩译）

【化境取向的具体化运作】这段文字是狄更斯小说《大卫·科波菲尔》中有关大卫初识朵拉坠入情爱深渊的一段描写。四个译文分别对一系列动作 *no pausing*, *no looking down*, *looking back*, *gone headlong* 进行了不同方式的具体化。对于结束动作 *Gone headlong*，四个译文中分别出现了三种具体化表述："一头撞"、"一头扎"和"一头栽"。从原文建构的场景看，主体坠入情爱深渊的一刹那（*in an instant*），应该是无意识的、非主动的。我们认为，三种具体化表述中，"扎"凸显了主体的主动性和意识性，"撞"次之，而"栽"才是无意识的，表情效果最适切，因此"栽"要好于另外两个。对于 *no pausing on the brink*, *no looking down*, *looking back* 三个连续性动作，除李译外，其他三个译文基本保持了原文通俗的口语风格，尤其是张译，通过"没得功夫"的重复性表达，使得原文中 *in an instant* 所对应的意义更加具体化，既加强了这种口语化风格，也增强了表情力。李译则利用了整齐的四字短语，对这三个动作进行了不太恰当的具体化延伸，如此处理使得整个文风比较正式，显然与最后一个动作的表述"一头栽进去"所具有的口语化风格不协调。通观这四个译文，我们不难发现，具体化认知运作实现其个性化表情意义的前提是：识解是符合原文场景设置的，是和谐连贯的，即具有"化境"取向的认知运作需要实现原文和译文的和谐共生。再如例（2）。

例（2）"地道窝窝头脑袋！你先坐下，咬不着你！"她说完，笑了笑，露出一对虎牙。（老舍《骆驼祥子》）

"You've certainly got a *head like a dough—cake*! Sit down for a while. I can't bite you！" As she finished speaking she smiled, exposing two wolfish teeth. （Evan King 译）

"You really are a *block—head*！ Sit down, I shan't bite you！" She laughed, showing her canine teeth. （施晓菁译）

【化境取向的隐喻运作】 本例中，"窝窝头脑袋"与汉语中的"饭桶""肠肥脑满"等表达一样，都是"由食物装满或构成的身体或大脑是低智商的大脑"这一隐喻图式的例示。两个译文对此隐喻表达作了不同的处理。施晓菁使用了译语规约性的隐喻表达 *block-head*；而 Evan King 的译文仍是基于原文激活的隐喻图式，寻找了另外一种食物 *dough-cake* 来做不同方式的例示，与后面的 *bite* 一词，两相呼应。因此，对比起来看，King 译文要比施译文更具连贯性，更具表情力。整体上看，*dough-cake* 与"窝窝头"同属食物，在概念上基本对应，而 *bite* 与"咬"在意义上完全对应。King 译文通过适当的隐喻化识解，具体来说，通过对原文所激活的隐喻图式的适当例示，不仅保持了原文的"风味"，也未背离原文的内容，可以说译文和原文实现了和谐共生，入了"化境"。需要特别指出的是，将原文中隐喻表达所涉及的意象加以保留，并不总是能够做到的。比如例（3）。

例（3） The test has fortified confidence that men should *be chained to the wheel of* technology.

【译文1】 该实验坚定了这一信念：人类不应当被拴在技术的车轮上。

【译文2】 该实验坚定了这一信念：人类不应当受技术支配。

【译文3】 该实验坚定了这一信念：人类不应当让技术牵着鼻子走。

本例原文中 *be chained to the wheel of* 一词（其汉语对应词是"被拴在……的车轮上"）是一种隐喻用法，意思是"受……支配、为……所左右"。译文1将其直译，原文语词所包含的意象得以保留，然而，由于隐喻思维模式的差异，译语读者难以正确推导出原文所具有的含义。译文2对原文隐喻进行了直白处理，将其含义加以明示，但其表情力或表达效果明显不如原文，丧失了原文隐喻的"风味"，未入"化境"。译文3根据原文 *be chained to the wheel of* 所传达的隐喻含义，利用了译语中能够传达相似含义、包含类似的"旅程"意象的规约性隐喻表达，与原文实现了和谐共生，即"化境"。

例（4）（第二幕）崔久峰：办了工厂、银号又怎样呢？他说实业救国，他救了谁？救了他自己，他越来越有钱了！可是他那点儿事业，哼，外国人伸出一个小指头，就把他推倒在地，再也起不来。（老舍《茶馆》）

Cui Jiufeng：With all his factories and banks, what can he do? *He says* he's going to save the country by industry and commerce. But who has he saved? Himself! He's richer than ever. And all his industry and commerce will collapse if the foreigners lift just one little finger. Then he'll never get on his feet again. （英若诚译）

CUI JIUFENG: Setting up factories and opening banks will accomplish nothing. He *mouths the slogan*, "Save the nation through industrialization", but who is he really saving? Himself! He's getting wealthier all the time. His industrial venture? Humph! The foreigners can wipe him out with the wave of a hand—then he can wave his factory goodbye forever. （Howard Gibbon 译）

【化境取向的转喻识解运作】在此例中，原文是崔久峰对于实业救国的一段评价，整个语段分明带有讽刺语气，讽刺"实业救国"是言不由衷、言行不一的。对比原文和译文的粗体部分，我们可以看到，英若诚的译文使用了 *he says* 来与原文中的"他说"对应，具有相对等的意义；而 Gibbon 的译文却在此处使用了 *mouths the slogan* 这一表达，例示了"身体器官—身体器官的典型功能"图式，加强了崔久峰的讽刺语气，表达了"仅是嘴上喊的口号""口是心非"的寓意，具有更强的表情力，而这种表情力恰恰是作为戏剧文本的原文所具有的（"说"字在原文中有不同于常规的语调）。因此，译文通过转喻识解所实现的不亚于原作的表情力，恰恰是原文"风味"的再现，这种转喻识解自然可谓"化境"取向的一种认知运作。

3 隐显互映：理论与教学的桥接方案

上文关于"化境"分析与认知翻译分析结合的基础及方式的讨论告诉我们，将"化境"论的核心概念与认知翻译分析的范畴相结合，两者一显一隐，隐显互映，融入翻译教学过程中，可弥补"化境"分析和认知翻译分析各自的不足。具体来说，运用认知翻译分析范畴，重新解释"化境"取向的具体翻译运作，不但在教学中可有效利用与"化境"有关的、接受度较高的显性解说，获得其应有的情感力量，同时又能够基于认知翻译分析，将认知概念潜移默化地输入到翻译教学中，提升抽象概念的应用效果，从而使得翻译教学的组织仍然以翻译现象的分析为中心，而不会偏离到用于分析的元语言而影响教学效果。而且，在译文讲评过程中，一些认知翻译分析范畴，比如视角化、具体化等，还是比较容易接受的，在适当的时候可以将其显性化。"化境"分析与认知翻译分析的"隐显互映"显然具有两者分离教学所不可比拟的优势。鉴于此，本文主张，"隐显互映"可以作为翻译理论与翻译教学的一种桥接方案。

需要明确指出的是，本文所谓"隐显互映"，是指基于学生主体的认知特点和认知发展状况，使传统译论与现代翻译分析框架，通过"显"与"隐"的互映，在翻译教学中相互协调、共同发挥作用的一种桥接方案。"隐显互映"的作用机制具有两个基本要件：一是根据学生主体的认知特点和认知发展状况，选择合适的翻译理论；二是根据学生主体的认知特点和认知发展状况，掌握好"显"与"隐"的时机，适时调整传统译论与现代翻译分析框架的"显隐"状态。

当然，这种将传统翻译思想及其相关解释性研究与现代翻译研究成果相结合的桥接方案，需要翻译教师，同时也是翻译教学研究者，找到传统翻译思想与现代翻译研究成果的结合点，融会贯通，促使翻译理论转化为教学内容和手段。将翻译（思想）家的经验性、感悟性认识与现代翻译研究的理性或规律性认识有机结合，在教学过程中"隐显互映"，可提升翻译教学的审美旨趣、增强教师和学生在翻译训练、任务评估和测试阶段的理性认识，从而在总体上促进翻译教学改革的理性化、系统化进程。

4　结语

本文从 Toury 有关"纯翻译研究"与"应用拓展分支"之间关系的认识出发，以"化境"分析和认知翻译分析的结合为例，提出了一种在翻译教学中有效应用翻译理论的方案——传统译论与现代翻译研究的"隐显互映"。当然，在传统译论与现代翻译研究的结合中，肯定会遇到更多的具体问题，有待于广大翻译教师和研究者继续探索。需要引起注意的是，Toury 主张，应用翻译理论时，存在针对不同应用方式的桥接规则。本文以 Toury 的这种主张作为出发点，尝试性提出的传统译论与现代翻译研究"隐显互映"的桥接方案，这仅仅是一个方案，而不是 Toury 所谓的"规则"，是否存在"规则"，则另当别论。

[作者单位：山东大学（威海）]

民国时期凉山彝族地区民间调解制度的特征与启示

陈　宾　吕彩云

为了更好地解决人民的矛盾纠纷，凉山彝族地区自 1912 年开始在尊重当地民风民俗的基础上设立"德古"——人民调解员，这说明凉山彝族地区开始重视基层纠纷调解。截止到 1945 年，"德古"成功化解矛盾纠纷的案件总数达到了 1300 多件，调解成功率更是超过了 98%，而富有当地特色的"小凉山彝区德古调解法"也开始被更多人了解。"小凉山彝区德古调解法"开创了民国时期凉山彝族地区调解人民纠纷的新途径，是对社会管理机制的创新，它的出现有效化解了人民内部矛盾，并将社会管理机制提升到一个新的高度。

一　民国时期凉山彝族地区民间调解的民族性

少数民族特别强调本民族的生活方式以及风俗习惯，并融入浓厚的民族感情，将其作为区别于其他民族的标志。少数民族成员都要自觉接受本民族生活方式以及风俗习惯，并遵守本民族的各项制度。同样的道理，每一个民族的调解制度内容以及调解形式也会存在较大的差距，体现鲜明的民族特征，凉山彝族地区的调解制度也是如此，无论是调解形式、调解人员的任命，都鲜明地体现出彝族民间调解的民族性。民国时期凉山彝族地区的民间调解建立在本民族风俗习惯的基础之上，反映出彝族特有的民族特点以及民族风情。彝族地区实行村民自治，凡是不包含在国家法律之内的诸多事项都属于村民自治的范围，这就是部分学者所说的，村民自治是那些具有鲜明的地方特色且需要地方知识来处理社会关系的自治形式，从这一角度来分析，村民自治同样具有民族性。民国时期，凉山彝族地区明确规定民间调解的组织形式、调解人员的职责范围、调节过程中需要遵循的基本原则、流程以及裁决执行等内容，这为民间各种纠纷的处理提供了依据。通常情况下，凉山彝族地区如果出现内部纠纷，先由矛盾双方都认可的头人进行调解，如果初次调解不成功，就要由家门以及舅父等人继续进行调解，并依据矛盾双方的等级以及经济实力确定最终的赔偿金额。家支大会负责处理违背习惯法的行为，一般而言，行为主体的等级越低，最终的处罚就会越重，行为主体的年龄差别对刑罚轻重没有任何影响，与男性相比，对女性的处罚会相对较轻。凉山彝族地区的刑罚包括自杀、他杀、监禁等类型。上吊、服毒、投水等属于自杀；勒死、斩断手、斩断手指或脚后跟、挖眼、割耳等属于他杀；监禁包括在脖子上拴铁链以及穿木脚马等。民国时期凉山彝族地区对违背习惯法的行为所使用的神判调解方式体现出鲜明的民族特性，主要表现在：一是当受害方怀疑偷盗行为或者暗杀行为出自于某一方，但缺乏有力的证据，并且该方也拒不承认，调解人在这时候会命令"椎牲盟誓"，如果最后证明这些行为确实是受害方怀疑的一方所实施，实施加害行为的一方不但要对受害方进行赔偿，还必须接受相应的处罚。二是端犁铧。被怀疑实施偷盗行为或者杀害行为的一方要双手捧着烧红的犁铧，如果烫伤不严重，对方就会解除被怀疑的嫌疑，整个活动需要由毕摩来主持，而且还有中人对整个活动过程作证。三是捞开水。被怀疑的一方要将手伸进开水中捞取物体，如果被怀疑对象的手烫伤不严重，就会解除被怀疑的嫌疑。这一过程也需要有毕摩和中人进行主持和作证。四是嚼白米。被怀疑一方需要口嚼白米，通过查看嚼过的白米是否带有血痕确定是否解除怀疑。这一活动过程也需要有毕摩和中人在场。五是打死禽畜。被怀疑一方需要当众说明事情的来龙去脉，并打死禽畜或者喝掉带有禽畜血的水表明自己遭受冤枉。如果事情较为严重，需要毕摩和中人在场。除此之外，摸石头、折棍子、捞油锅等方法也经常用于神判调解过程中。民国时期，凉山彝族地区还规定两大集体赌咒活动，一是扎西扎西，二是斯协马协。前者每年都举行，一般在六月或七月举行，不同等级的民族成员都必须参加，参加者需要喝下溶有鸡血的酒，并集体发誓永不偷盗，可见，举行这一活动的目的是保护庄稼。斯协马协的参加者需要一起喝下溶有鲜血的酒，并赌咒绝对不砍伐竹林。通过分析可以发现，民国时期凉山彝族地区的民族纠纷调解需要调解人根据一定的原则和流程举行一定的活动来进行，表现出鲜明的民族特点。

二　民国时期凉山彝族地区民间调解的家支性

传统民间调解既包括家族调解，也包括乡邻调解，二者的指导思想都是儒家思想。民国时期凉山彝族地区的调解具有家支性，家支是建立在父系血缘基础之上的社会集团，在彝族语言中，家支也被称为"此伟"。通常家支的头人，即德古才有权主持调解纠纷。德古不但对习惯法十分了解，而且还能够在调解过程中宣传习惯法。彝族社会中家支的信誉在很大程度上影响该家支能否在彝族社会中发展壮大。德古在调解过程中首先使纠纷双方在遵循本民族文化习惯的基础上达成统一的协议，如果纠纷双方家支接受这一协议，那么整个家支就必须信守诺言；任何一方如果不遵守协议，整个家支就会失去诚信，从而遭到其他家支的鄙视。由于每一个家支都非常重视信用，因而，即使在缺乏公权力的条件下，德古的处理结果仍然会得到有效执行。民国时期，凉山彝族地区的家支制度在处理民间纠纷中扮演着不可或缺的重要角色。

民国时期，凉山彝族地区的家族每发展到第九代、十一代以及十三代的时候，都要举行分宗仪式。分宗仪式举行之后要分别设立祠堂，脱离原有家族，不再使用原有家族的标志，也无须继续承担原有家族中的义务，分宗之后的新家族之间可以进行联姻。通过分宗，原来复杂的家族关系变得简单化，有利于妥善处理族内事务。另外，还能进一步扩大通婚范围，消除等级制度带来的不利影响。随着民国时期凉山彝族地区家支制度的进一步发展，宗法制开始出现，这是家支制度的最高形式。建立在家支信誉基础上的调解几乎能妥善处理不同家支间的各种纠纷，权威性极强。民国时期，彝族地区的冤家械斗假如没有第三方的参与，调解时必须以家支信誉作为担保。彝族地区的冤家械斗不仅发生在不同家支之间，甚至发生在兄弟、父子以及夫妻之间，它对生产活动具有严重的破坏作用，在一定程度上阻碍了彝族地区生产活动的进行，建立在家支信誉基础上的调解则可以有效解决冤家械斗纠纷。

三　民国时期凉山彝族地区民间调解的原始性

与传统的民间调解相比，民国时期凉山彝族地区民间调解表现出很大的差距。民国时期，凉山彝族地区的民间调解根源类似于原始社会末期的道德规范以及生活习惯，调解人一般依据习惯法，并借鉴《醒世经》《教世经》等彝族书籍中的调解格言，或参照之前发生的相似调解案例来调解，调解形式主要是说服教育。调解过程中，纠纷双方的等级、社会地位在一定程度上会对调解结果产生影响，比如，《曲诺介》中明确规定有关杀人案件中不同等级的人的民事赔偿标准，如，杀掉君主的人不仅需要偿命，而且需要赔偿对方大雁一对，杀掉大臣的人需要多赔付对方鸳鸯一对，杀掉毕摩的人需要多赔付金雕一对，杀掉工匠的人需要向对方多赔付鸽子一对，而杀掉贫民的人只要多赔付农具一把即可。显而易见，社会等级影响调解结果，换句话说，主体的权利和义务并不对等，这说明调解具有原始色彩，这是原始残余思想的具体体现。又如，民国五年（1916 年），凉山一教师的妻子被发现死于家中，死者全身没有伤痕，且没有服毒的痕迹，死者家属要求民间德古进行调解。德古了解到男方对待妻子一直不好，并根据彝法中的七条犯罪情节一一进行对照，发现该案件与"依诿"最相似。经过长达一天的辩论，原告和被告停止发言，德古确定这一案件为"依诿"案，并开始计算赔偿金额，最终判定被告方赔偿原告方 4000 多元。双方对调解结果没有异议，并同意绝对不再翻案。再如，盗窃犯罪嫌疑人在缺乏有力证据的条件下，调解人可以采取神明裁判的方法，具体有嚼白米、捞油锅、端犁铧等。根据谋反罪情节严重程度，分别对犯罪人进行挖眼、割耳、挑脚筋以及投水等处罚。本家族内部男女之间如果通奸被发现，或者女方怀孕，通奸双方要背贴背拴在一起，然后接受被大火烧死或者投江、服毒的处罚。如果是其他家族的妇女与人通奸，男方需要当众对女方丈夫道歉，同时，还要赔付对方好酒一坛和绵羊一对，并当众保证绝对不再犯。民国时期凉山彝族地区的习惯法还规定，如果出现通奸、乱伦等行为，当事双方需要接受火烧、活埋的处罚。这表明凉山彝族地区的调解方式带有明显的原始色彩，且与宗教、巫术存在一定的关联。一旦人们无法通过正确的途径获知事情的真相时就只能采用占卜、发誓等方法做出裁决，因为彝族人认为神灵了解一切，能够公正地做出判决。神灵会审理案件，他们可以直接对犯罪人做出处罚，也可以委托代理人对犯罪人进行处罚。梅因认为，古代法律规范出现在特定的社会历史时期，且尚未完全摆脱宗教的束缚，可是，在彝族人的思想观念中，神的意识高于法律规范，有的时候法律的实施也需要借助神的力量。

通过分析民国时期凉山彝族地区民间调解的三大特征，发现彝族地区的民间调解会因等级的差别体现出明显的不平等性。如今，德古审理伤害案件时早已经摒弃等级因素，不管行为人处于社会哪一等级，都要接受同等的处罚方式。显而易见，随着法律平等观念的深入人心，习惯法规范逐渐摒弃等级因素，显现出平等性。通过分析凉山彝族地区近些年的刑事案件，发现尽管国家法律在处理犯罪人时已经完全取代习惯法，但是这并不意味着习惯法完全失去自身功能，犯罪方必须根据习惯法向受害方赔付"人命金"，如果犯罪方拒绝赔付，那么就很难彻底平息纠纷。

四 民国时期彝族民间调解制度的启示

民国时期彝族地区民间调解制度带给我们很多重要启示，如，应建立起稳定的调解格局，社会整体的支持为调解制度的顺利实施提供重要保障。另外，多元化纠纷解决机制是对民间调解资源的有效整合，有利于妥善解决民间纠纷。凉山彝族地区的司法机关在司法过程中应该充分考虑当地的实际情况，借鉴当地民族文化中的进步因素，一方面正确引导彝族地区的民间调解行为；另一方面，要合理指导调解人员，以便有效利用民间调解资源，使人民内部调解、法律调解以及政府调解三者之间形成合力，共同解决彝族地区民间纠纷，妥善处理人民内部矛盾。

（一）明确各种纠纷解决方式的范围

在多元化纠纷解决机制中，不同的纠纷解决方式是这一体系中的各个要素，因而，要明确法律调解、民间调解以及行政调解等不同调解方式的作用范围。要消除不同调解方式之间的矛盾，使彼此互相配合，绝对不能在处理同一纠纷时出现不同的处理结果。

（二）设立调解小组，协助司法机关解决纠纷

可以设立专门的调解小组，小组成员由具有一定权威的民间德古、家支代表或者离退休人员组成。在法院开庭审理之前，民间调解小组成员辅助当地法官调解纠纷，纠纷双方对调解协议达成一致的最后由法院向双方出具调解书。

（三）正确引导民间调解活动，使之规范化发展

针对彝族地区民间调解人员法律素质相对低下的具体情况，应建立完善的法律培训机制，在现代法治体系中增加民间调解的内容，提高彝族民间调解资源的利用率，使法院调解与民间调解有效结合在一起，充分发挥民间调解的重要作用，进而促进凉山彝族地区稳定的社会局面的形成，促进当地经济的发展。各级法院要充分认识民间调解的重要作用，尤其是有威望、高素

质的德古的作用，并对其进行业务指导，提高德古的法律素质。法院每隔一定时间应培训德古，帮助德古树立起法律观念，增强法律意识。对其优秀人员，法院可以聘请他们担任人民陪审员，这能够更进一步提高德古的法律意识，同时，也能促进他们提高自身处理纠纷的能力。

（四）充分发挥民间调解组织的功能

彝族地区的民间调解有利于维护稳定的社会局面，它在推动当地经济发展中扮演着重要角色，因此，政府要引导民间调解组织充分发挥自身功能，使其在遵守法律法规的前提下发挥调解作用。另外，政府还要从财政上支持调解组织，保证调解组织在发挥作用的过程中有足够的资金，建立民间调解机制。人民内部纠纷经民间调解之后会达成一致的调解协议，为了提高调解协议的法律效力，可以通过一定的司法程序或者公证的途径来予以确认。

[作者单位：山东大学（威海）　哈尔滨工业大学（威海）]

税制改革对地方财源建设的影响分析

张洪起

随着国家新一轮税制改革的深入推进，现行税制结构发生了重大变化，地方税收总体税源减少、主体税种不突出的问题越来越明显，必将对地方财政收入产生较大影响。"营改增"后，地方税收规模减小，税收增长潜力和增收空间相对有限，地方政府亟须进一步加快转变地方经济发展方式，寻找稳定的地方税收收入来源，逐步建立完善的地方税体系，壮大地方财源。本文立足地税部门工作实际，对税制改革情况进行了概述，对税制改革的影响进行了简要分析，提出顺应税制改革、培植壮大地方财源的意见建议，以促进地方财政收入规模、结构和质量不断优化。

一 税制改革情况概述

（一）新一轮税制改革的总体思路

根据推进国家治理体系和治理能力现代化的总体部署，进一步深化税制改革，优化税制结构，完善税收功能，稳定宏观税负，推进依法治税，统筹国内、国际两个市场，建立有利于科学发展、社会公平、市场统一，与国家治理体系和治理能力现代化要求相适应的现代税收制度体系。《中共中央关于全面深化改革若干重大问题的决定》文件要求，深化税收制度改革，完善地方税体系，逐步提高直接税比重。推进增值税改革，适当简化税率。调整消费税征收范围、环节、税率，把高耗能、高污染产品及部分高档消费品纳入征收范围。逐步建立综合与分类相结合的个人所得税制。加快房地产税立法并适时推进改革，加快资源税改革，推动环境保护费改税。

（二）新一轮税制改革的具体内容

一是深入推进增值税改革。增值税改革主要包括"转型"与"扩围"两个方面，其中，"转型"是指生产型增值税转向消费型增值税，"扩围"则是指营业税改征增值税，简称"营改增"。我国从 2011 年开始对"营改增"进行布局，2012 年 1 月 1 日，上海市正式启动交通运输业和部分现代服务业"营改增"试点，在全国开启了"营改增"的序幕。2012 年 7 月 26 日，国务院确定进一步扩大试点范围，分别于 9 月 1 日在北京市，10 月 1 日在江苏省和安徽省，11 月 1 日在福建省和广东省，12 月 1 日在浙江省、湖北省和天津市，进一步扩大"营改增"试点。2013 年 8 月 1 日，交通运输业和部分现代服务业试点在全国范围内推开，"营改增"正式走向全国。2014 年 1 月 1 日，铁路运输和邮政服务业进入"营改增"试点。2014 年 4 月 29 日，电信业进入"营改增"试点。2016 年 5 月 1 日，建筑业、房地产业、金融保险业和生活服务业"营改增"，标志着"营改增"的顺利收官，从此营业税退出历史舞台。

二是改革消费税。消费税的改革主要体现在三个方面，即征收范围、征收环节和收入归属。（1）征收范围调整。消费税征收范围一般包括奢侈品、劣值品、污染品及替代费的税收。目前消费税包括 13 类消费品，既有高档化妆品、高档手表、贵重首饰及珠宝玉石、游艇等奢侈品，也有卷烟、白酒及鞭炮烟火等劣值品，还有成品油等替代费的税收。现行应税消费品中，私人飞机、高档箱包等奢侈品已形成一定规模的消费市场，可能纳入消费税征收范围。"营改增"后，无论从税基还是从税率分析，娱乐业的税负将呈现急剧下降的变化趋势。同时，高尔夫、夜总会、私人会所、高级俱乐部等消费高、利润大的娱乐业企业或许纳入消费税征税范围，在实现消费税向劳务领域延伸的同时，对娱乐业进行合理的税收调节。（2）征收环节调整。现行消费税主要在生产、委托加工、进口环节征收，仅对卷烟在批发环节征收，对金银首饰、钻石及钻石饰品在零售环节征收。"营改增"后，大部分消费品和消费劳务面临由生产环节征收改为消费环节征收的情况，采取价外税形式，使消费税调节作用显性化。（3）收入归属调整。目前消费税为中央税，全部收入归属中央政府。"营改增"后，消费税收入归属面临调整，消费税收入面临全部划归地方政府的可能，有利于调动地方政府刺激消费的积极性。

三是完善个人所得税制度。现行个人所得税实行分类税制模式，11 项来源不同的应税所得分别采用不同的费用标准、适用不同的税率水平、依照不同的计算方法，以个人作为纳税单位计税。个人所得税改革的重点主要有两个方面。（1）实行综合与分类相结合的税制。分类所得税的好处在于计算简便，缺陷在于税务部门难以综合计量和有效监控个人收入，易造成税收征管上的漏洞和高收入群体的税收流失。下一步改革方向是择机实施综合与分类相结合的个人所得税。即将应税所得划分为劳动性收入和资本性收入，对工薪所得、劳务报酬所得、稿酬所得、特许权使用费所得等并入劳动性所得，对利息、股息、红利等并入资本性收入；在计税方法上，对劳动性收入实行综合征收，对资本性收入实行分类征收，体现区别对待、量能负担的税收原则。（2）实行家庭申报制度。以个人作为纳税单位的好处在于计算简便，缺陷在于计税时因税基分散而适用较低的边际税率，导致税收流失；仅以个人所得作为计税依据，既不能体现家庭中夫妻财产的共有性，也无法缩小不同收入家庭的贫富差距，更不利于切实体现税收公平和社会公平。下一步的改革方向是择机实施个人所得税家庭申报制度，即以家庭作为纳税单位确定应税所得、适用税率和费用扣除等税制要素。在应税所得方面，应以家庭成员的共同所得作为税基，合并计算、联合申报应税所得；在适用税率方面，应以共同所得确认适用税率，引领高收入家庭进入相对较高的税率档次。

四是有序改革房地产税。在我国，房地产税并不是一项具体的税种，而是以房地产为征税对象，涉及房地产开发、流通、保有各个环节多个税种的总称，所有与房地产行业、房地产市场有关的税收种类，都是房地产税的内容，包括房产税、耕地占用税、土地增值税、城镇土地使用税、印花税、契税等，而房产税仅是这一系列税种中的一种。依据《中华人民共和国房产税暂行条例》规定，房产税征收的对象及范围是特定的，国家仅对个人所有的营业性用房征税，而对个人的居住用房不征税。从已开征个人居住用房房产税的试点城市来看，沪、渝两地均主张对新购住房征收房产税，并没有涉及居民已有存量住房，这种做法缩小了房产税的征税范围，而从税法公平原则出发，所有拥有住房的个体均应缴纳房产税，既要包括居民原有的存量住房，也要包括新购的住房，既要包括普通居民住宅，也要包括别墅和公寓等高档住宅。

五是改革资源税。2016年7月1日起，资源税改革在全国全面推行。此次改革将通过实行从价计征，清理收费基金，扩大资源税征税范围，进一步完善绿色税收制度，理顺资源税费关系。（1）扩大征税范围。此前，我国许多自然资源未纳入现行资源税征税范围，此次改革将在河北省率先开展水资源费改税试点，在条件成熟后逐步扩大试点范围。（2）全面推行从价计征。在前期改革的探索实践中，资源税改革已先后对原油、天然气、煤炭、稀土、钨、钼6个品目实施从价计征改革，有效发挥了资源税"自动稳定器"的调节作用。（3）全面清理收费基金。此次改革全面清理涉及矿产资源的收费基金，将矿产资源补偿费的费率降为零，停止征收价格调节基金，进一步规范税费关系，促进企业转型升级。（4）赋予地方税收管理权。此次改革在不影响全国统一市场秩序前提下，赋予地方适当的税政管理权。由各地省级人民政府按照改革前后"税费平移"原则，根据各地资源情况、企业承受能力等因素，对应税矿产品提出具体适用税率建议或确定适用税率。就目前的情况来看，资源税改革对威海地区税收方面的影响不大。

六是开征环境保护税。我国目前的环境保护实行的是"以费为主"的政策，对环境的保护只有惩罚性收费，资源税、消费税、增值税都涉及环境保护的相关内容，但都不是以环境保护为主要目的，税种设立的初衷是为了引导消费、筹集地方政府财政资金、创造公平的资源利用环境和调节贫富收入差距等，没能真正起到对环境的保护作用。由于专门的环境保护税缺位，导致污染主体治理污染的成本高于污染税费的成本，环境污染源头难以得到根治，产生了"越污染、越治理，越治理、越污染"的奇怪现象。

二　税制改革对地方财源影响分析

（一）地方失去主体税种

自 2012 年开始"营改增"试点以来，在"营改增"试点行业不断增加的同时，营业税的税源也在不断地减少。从今年上半年威海市营业税收入情况分析，营业税入库 41.12 亿元，增收 2.10 亿元，增长 5.39%，增速较 1~5 月份回落 42.26 个百分点。全面实施"营改增"成为营业税对总体税收贡献率的"分水岭"。全面实施之前，营业税增收幅度较大，一是各征收单位加大收尾阶段的营业税清理，征缴和清缴入库力度持续强化；二是房地产业、建筑业自 5 月 1 日起，不再开具地税部门监制的营业税发票，部分企业突击开票、集中入库。1~5 月份，营业税入库 40.38 亿元，增收 12.47 亿元，增长 44.70%，拉动总体收入提高 15.16 个百分点。尤其是 4、5 月份，营业税分别入库 10.69 亿元、11.16 亿元，增长 108.06%、61.79%。全面实施之后，营业税出现大幅减收，6 月份，由于同期入库基数偏大，同时欠税清理收窄，营业税入库 7418 万元，减收 10.37 亿元，下降 93.32%。年初在不考虑"营改增"影响因素的情况下，全年预计营业税入库 80.3 亿元，预计增长 13.85%，按此计算，将会产生 41.3 亿元的缺口，对全年收入工作将会产生巨大的影响。从图 1 可以看出，全市地税月度收入的增幅，前四个月持续走高，4 月份出现 42.53% 年度高点之后快速回落，6 月份同比下降 29.89%。全市累计收入的增幅，也难以避免出现逐步攀升、快速回落，持续走低态势。

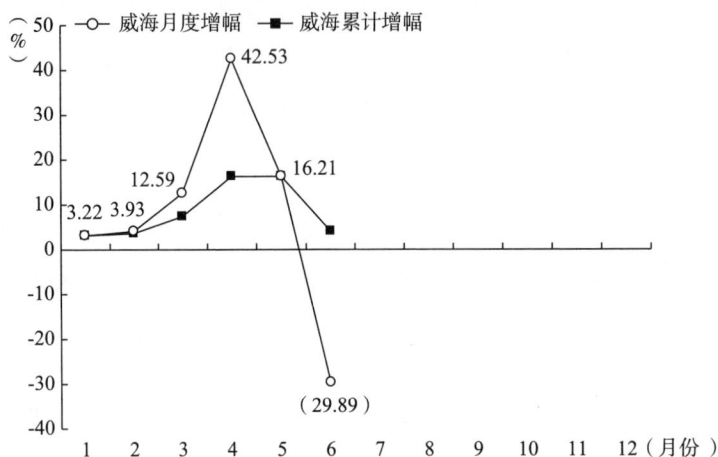

图 1　威海地税 2016 年各月入库及增幅情况

注：截止完稿时，尚未有 7～12 月份的数据。

（二）现有税种无法完全替代营业税支撑作用

从表 1、表 2 可以看出，近 10 年营业税在地税收入中所占的比重相对比较稳定，大体在 40% 左右，2015 年收入已突破 70 亿元。近几年比重排名第二位的城镇土地使用税，比重大体在 10%～15%，2015 年收入不到 30 亿元。由此可以看出，营业税的支柱作用非常明显。因而随着今年 5 月 1 日 "营改增" 的顺利收官，地方失去了营业税这个唯一的主体税种，而其他税种目前尚不具备替代营业税成为地方主体税种的潜力。

表 1　威海地税收入分税种统计（2006～2015）

单位：万元

项目＼年度	2006	2007	2008	2009	2010	2011	2012	2013	2014	2015
合计	383185	480626	557922	618771	819530	1062136	1328296	1599844	1805314	2025321
一、税收合计	367050	460942	536504	593135	789564	1006708	1143192	1349637	1718569	1933925
营业税	146570	166979	189311	206111	324180	392679	437757	555944	636618	705310
企业所得税	68214	77890	81054	83003	101898	116544	129461	151425	153305	134154
个人所得税	29183	38389	50428	55352	71706	79051	81912	91380	104613	122763

续表

项目 \ 年度	2006	2007	2008	2009	2010	2011	2012	2013	2014	2015
资源税	4118	4965	6744	7204	9010	7048	21224	21578	24620	28145
城市维护建设税	32587	40525	44630	52190	60008	73798	83299	92840	99381	103356
房产税	35740	48051	48337	52287	57443	56209	80038	90153	103370	128424
印花税	4961	8302	9700	11924	17063	18320	22373	24899	31291	26917
城镇土地使用税	22696	39831	64645	78001	80424	98547	164840	170075	187398	257449
土地增值税	20914	31849	35181	40404	57393	70287	106085	132417	201561	191861
车船使用税	2066	4161	6474	6659	10439	12489	16203	18926	19544	21559
耕地占用税						14596	29085	39024	42248	53213
契税						67140	86472	125652	114620	160774
二、其他收入	16135	19684	21418	25636	29966	55428	59720	73191	86745	91396
教育费附加	12502	14807	15070	18123	21272	30840	35459	42602	42320	44275
地方教育附加	3588	4730	4857	5884	6615	18806	21405	27118	28089	29664
文化事业建设费	4	73	151	198	274	308	359	348	145	136
残疾人就业保障金			1279	1371	1735	1938	2443	2812	3066	3361
其他罚没收入	41	74	61	60	70	78	54	311	66	69
地方水利建设基金						3458	9827	12340	13059	13891

表2 威海地税收入分税种百分比（2006～2015）

单位：%

项目 \ 年度	2006	2007	2008	2009	2010	2011	2012	2013	2014	2015
税收合计	100.00	100.00	100.00	100.00	100.00	100.00	100.00	100.00	100.00	100.00
营业税	39.93	36.23	35.29	34.75	41.06	39.01	38.29	41.19	37.04	36.47
企业所得税	18.58	16.90	15.11	13.99	12.91	11.58	11.32	11.22	8.92	6.94
个人所得税	7.95	8.33	9.40	9.33	9.08	7.85	7.17	6.77	6.09	6.35
资源税	1.12	1.08	1.26	1.21	1.14	0.70	1.86	1.60	1.43	1.46
城市维护建设税	8.88	8.79	8.32	8.80	7.60	7.33	7.29	6.88	5.78	5.34
房产税	9.74	10.42	9.01	8.82	7.28	5.58	7.00	6.68	6.01	6.64
印花税	1.35	1.80	1.81	2.01	2.16	1.82	1.96	1.84	1.82	1.39
城镇土地使用税	6.18	8.64	12.05	13.15	10.19	9.79	14.42	12.60	10.90	13.31
土地增值税	5.70	6.91	6.56	6.81	7.27	6.98	9.28	9.81	11.73	9.92
车船使用税	0.56	0.90	1.21	1.12	1.32	1.24	1.42	1.40	1.14	1.11
耕地占用税	0.00	0.00	0.00	0.00	0.00	1.45	2.54	2.89	2.46	2.75
契税	0.00	0.00	0.00	0.00	0.00	6.67	7.56	9.31	6.67	8.31

（三）预计划归地方税种无法弥补主体税种缺失造成的影响

制改革的趋势分析，之前由国税部门负责征收的消费税、车辆购置税可能会划归地税部门征收，通过表3可以看出，与地税收入相比，消费税与车辆购置税两个税种收入之和近几年的数据大体呈现下降趋势，2015年下降到最低的4.97%。同一年，营业税在地税收入中的比重达到36.47%。由此可以看出，即使消费税和车辆购置税划归地税部门征收，其能提供的税收收入也极为有限，其与地税部门失去的营业税之间的差额，达到了地方税收总额的三成。所以仅靠划归地方的消费税和车辆购置税，根本无法弥补"营改增"后地税部门主体税种缺失造成的影响。

表3　消费税、车购税、营业税比较（2006～2015）

单位：万元，%

项目＼年度	2006	2007	2008	2009	2010	2011	2012	2013	2014	2015
地税营业税入库	146570	166979	189311	206111	324180	392679	437757	555944	636618	705310
所占地税收入比例	39.93	36.23	35.29	34.75	41.06	39.01	38.29	41.19	37.04	36.47
国税入库消费税	19016	26666	21359	20640	29837	27958	31776	34082	24495	26402
国税入库车购税	24003	27702	27551	34241	50898	55741	54931	63331	67095	69643
消费税与车购税合计	43019	54368	48910	54881	80735	83699	86707	97413	91590	96045
合计数与地税收入比较	11.72	11.79	9.12	9.25	10.23	8.31	7.58	7.22	5.33	4.97

（四）辅助税种的制度设计不够完善

现行的房产税征收范围过窄，只对自然人使用的经营用房征收，对自然人拥有的非经营用房产免征。但是现实中部分居住用房的房产价值也很大，可提供房产税税源。房产税采用单一的比例税率，不论房屋价值是多少都以相同比例的税率缴纳房产税，从纳税人税收负担的角度看，比例税率是符合公平原则的，但从调节贫富差距的角度考虑，单一的房产税率不能完全适应现实社会的需要。

三　培植壮大地方财源意见建议

在经济治理现代化的前提下，要壮大地方财源，应对目前的税制结构进行调整，提高直接税比重。同时，由于"营改增"后地方失去主体税种，加剧了地方政府财权与事权不匹配的程度，需要重新选择或设定具有税基流动性低、税源丰富、收入规模大且稳定增长、便于地方管理、符合受益性原则的税种作为地方主体税种。另外，应择机开征新税种，对地方收入进行有效补充。

（一）确立地方主体税种

对当前房地产相关税收进行综合改革的基础上，对居民住房征收房地产税。在改革中应将当前主要集中在流转环节征收的房地产相关税收进行撤并，减轻流转环节的税负，同时，在保有环节开征财产性质的房地产税，发挥缓解贫富差距的作用，将房地产税培育成地方财政的一项主体税源。

一是合并与房地产有关的地方税种。目前，我国地方税收制度中与房地产有关的税种包括房产税、城镇土地使用税、土地增值税、耕地占用税、契税5个税种。其中土地增值税、耕地占用税和契税在房地产交易环节缴纳，房产税与城镇土地使用税在房地产持有环节缴纳，并且交易环节税负较重，持有环节税负较轻。对房屋征收的房产税、对土地增值额征收的土地增值税、对耕地征收的耕地占用税、对不动产的承受方征收的契税及对国有土地征收的城镇土地使用税都是以房屋或土地为课税对象，税源相对稳定且便于地方管理，具有很大的相似性。尤其是现行地方税制中房产税和城镇土地使用税都是以位于城市、县城、建制镇和工矿区的房屋或土地为课税对象。为了避免"营改增"之后地方税种多而杂的税制结构，可以取消交易环节的契税、土地增值税和耕地占用税，合并保有环节的房产税和城镇土地使用税，并从征税范围、计税依据、税率等方面进行调整。

二是扩大房地产税征收范围。将非经营用房也纳入征收范围。随着人们生活水平的提高，部分人的居住用房占地面积很大，甚至有些家庭人均住房面积达到近百平方米，因而不论从完善税制角度还是从调节贫富差距、筹集地方税收收入角度来看，都应扩大房地产税的征收范围。

三是采用累进税率征收。目前我国房产税的税率分为两种：从价计征的税率为1.2%，从租计征的税率为12%。城镇土地使用税采用定额税率。由于我国区域间经济发展不均衡，且差异较大，房地产税税率可效仿个人所得税率采用累进税率，由于房地产是人民日常生活的必需品，所以不能所有房产、地产同一比例纳税，应当遵守量能负担原则。比如对于房产可规定每个家庭可免予征收财产税的人均面积，随着人均面积的增加适用不同级次的财产税税率，这不仅可调节财富分配、缩小人们之间的贫富差距，也可为地方政府筹集更多的财政收入。

四是建立完善房地产登记制度。房地产税的征收难点之一是个人房产情况不透明，税务机关无法准确地根据个人拥有的房产，判断其应缴纳的房地产税额。不动产登记制度的目的不只是把个人财产信息汇总起来，而是最终在全国范围内建立统一的财产信息系统，提高税收征管效率，为征收财产税收入提供保障。应尽快落实《不动产登记暂行条例》，建立不动产统一登记制度，依法要求不动产所有人将不动产权利归属及相关法定事项进行登记，辅以房地产信息管理系统，实现对居民不动产的税源掌控和税收管理。

（二）推进个人所得税改革

我国个人所得税改革的目标已经明确，即建立分类与综合相结合的个人所得税模式。该目标能否顺利推进，进而完善我国个人所得税的功能，提高直接税比重，取决于征管能力是否达到经济治理现代化与"十三五"税制改革要求。借鉴成熟市场经济国家的经验，个人所得税征管应以信息化为依托，从个人收入管理、个人纳税申报管理、代扣代缴申报管理、个人所得税交叉稽核和个人税收违法行为查询等方面入手，完善个人所得税信息管理。尽快建立纳税人识别号制度，实施以公民身份号码为基础的公民统一社会信用代码制度和以组织机构代码为基础的法人和其他组织统一社会信用代码制度，奠定纳税人数据信息内容交换共享的征管基础。对个人纳税申报进行管理，税务机关应该为每位纳税人设立一个类似于身份证号码的税务代码，并且为每位纳税人都建立一个纳税档案。对代扣代缴申报进行管理，为收入支付方和收入获得方进行信息比对提供数据。对个人所得税进行交叉稽核，利用相关的程序进行比对、分析，检查纳税人申报资料的准确性和完整性，及时发现代扣代缴义务人和纳税人的偷逃税行为。对个人税收违法行为进行定期发布，对个人偷税行为，除进行罚款等相应的处罚之外，还应作为信用记录计入个人的税收档案中并实施数据共享。

（三）择机开征新税种

一是适时开征环境保护税。开征环境保护税，不仅可抑制环境污染，也可以完善地方税收制度。应当以"营改增"税制调整为契机，在充分考虑保护环境需要及税收征管能力的前提下，将与环境有关的收费整合为环境保护税，将征管技术相对成熟、防治任务繁重的污染物纳入环境税的征收范围。

本着"谁污染谁治理"的原则，环境保护税的纳税人应当是超标排放污染物的所有企业和个人，由于不同污染物对环境的污染程度不同，对不同征收对象应实行差异化税率，并对征收对象实行累进税率，当纳税人排放污染物到达一定标准之后，通过征收环境保护税迫使企业改善技术，降低污染物排放量。由于全国各地环境质量差异巨大，保护环境的具体办法或措施等需要由地方政府负责，所以本着财权与事权相统一的原则，环境保护税适合作为地方税种。又因为环境问题具有很强的外部性，即保护环境会涉及区域间的合作，甚至国家间的合作，所以应将一定比例的环境保护税收入划归为中央政府，即地方政府分享较大比例的环境保护税收入，当涉及区域间合作或国家间合作时，国家有一部分资金可供支配；环境保护税款应当专款专管专用，用于环境治理、环境基础设施建设等，这不仅可减少开征环境保护税的阻力，也可强化开征环境保护税的政策效果。

二是择机开征遗产税和赠予税。随着国家经济水平的发展，人们积累的财富越来越多，但也同时带来一个非常严重的问题——个人之间的贫富差距越来越大。由于资本的集中性，部分人拥有了大量的财产，而这正是开征遗产税和赠予税的源泉，高收入人群拥有的大量财产为遗产税和赠予税提供了丰富的税源。为了有效防止纳税人的偷漏税行为，应当同时开征遗产税和赠予税，赠予税是专门针对现实中存在的相互赠送财产行为，对于接受人而言并未付出劳动，需要调节不公平的资源配置；遗产税专门针对财产所有人离世前将其名下的财产留给子女或其他相关人员的财产，纳税人为遗产的接受人或管理人。应当配合赠予税开征遗产税，因为部分赠予税纳税人可能会为了偷逃税而将其财产以遗产的形式留给子女或其他相关人员，从而逃避赠予税。遗产税税率和赠予税税率适宜按遗产或赠予财产总量采用累进税率，而不能按接受人所接受的财产价值确定适用的税率，因为纳税人可能为了少缴税款而尽量使每个人接受的遗产或受赠财产价值最少而逃避税收，且由于全国各地物价水平差异很大，所以遗产税税率和赠予税税率的设定应当坚持因地制宜原则，不宜在全国范围内整齐划一。由于地方政府相对于中央政府对个人的财产更具有信息优势，所以为了提高地方政府的积极性，应当将遗产税和赠予税划归为地方税种，这不仅可解决"营改增"后地方政府财权与事权失衡问题，也可以完善地方税收制度。

（作者单位：威海市地税局）

威海市韩资企业发展情况调查与分析

张兴民　程　岩

2015 年 2 月中韩自贸区谈判草签完成,威海和韩国仁川被纳入地方经济合作示范区。为配合威海市和仁川自由经济区地方经济合作示范区建设,详细掌握威海市韩资企业登记注册基本情况,市工商局组织人员对威海市韩资企业登记数据进行了研究分析,并就促进韩资企业发展提出了相关建议。

一　威海市韩资企业注册登记基本情况

韩国是威海市第一大外资来源国,韩资企业在威海市外资企业中,无论户数、投资额、注册资本都占有较高比重。截至 2015 年 3 月末,威海市实有韩资企业 976 户(本文中所指韩资企业均指法人企业,不包括非法人分支机构及外国企业常驻代表机构,下同),占威海市外资企业总数的 60.28%,投资额为 33.02 亿美元,占威海市外资企业投资总额的 33.92%,注册资本 19.60 亿美元,占威海市外资企业注册资本总额的 34.78%,其中外方认缴注册资本额为 18.16 亿美元,认缴比例达 92.64%。

从韩资企业组织形式上看,独资公司是对外投资的主要组织形式。威海市韩商企业中组织形式为独资的企业有 781 户,占所有韩资企业户数的 80.02%,其中韩国法人独资企业 424 户、韩国自然人独资企业 357 户。韩资独资公司投资额 24.85 亿美元,占韩资企业投资总额的 75.26%;韩资独资公司注册资本 15.64 亿美元,占韩资企业注册资本总额的 79.79%。

从韩资企业注册资本上看,威海市韩资企业主要为中小企业。威海市实有韩资企业中,注册资本在 100 万美元(含)以下的 685 户,占全部韩资企业的 70.18%;注册资本在 100 万美元至 500 万美元的 180 户,占全部韩资企业的 18.45%；注册资本在 500 万美元（含）以上的企业 111 户，占全部韩资企业的 11.37%；其中，注册资本 5000 万美元以上的企业 5 户，占全部韩资企业的 0.51%。

二 威海市韩资企业登记注册呈现的主要特点

（一）韩资企业户数探底回升

近年来，受国际国内经济大环境影响，威海市韩资企业户数整体呈现出下降态势。2011 年末威海市韩资企业户数达 1112 户，为近年来的最高值。2012 年末韩资企业户数为 1056 户，同比下降 5.04%。2013 年末韩资企业户数为 950 户，跌破 1000 户关口，同比下降 10.04%，为近年来的最低值。2014 年韩资企业小幅上升，期末户数为 969 户，截至 2015 年 3 月底，韩资企业户数小幅增长到 976 户。

新登记韩资企业也呈现"先降后升"的趋势。2011 年新登记 45 户，同比下降 21.05%；2012 年新登记 29 户，同比下降 35.55%，为历年来最低水平；2013 年新登记 39 户，同比上升 34.48%；2014 年新登记 52 户，同比上升 33.33%；2015 年第一季度末，全市新登记韩资企业 13 户，同比上升 44.44%，呈现恢复性增长态势。

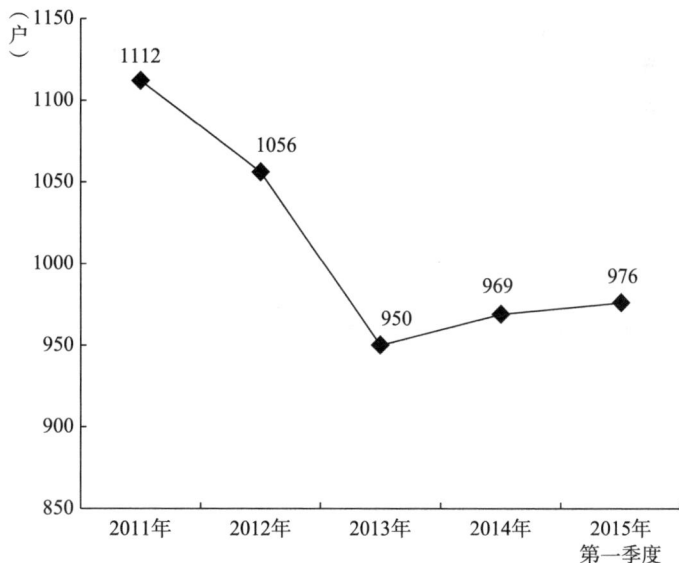

图 1　2011～2015 年期末实有韩资企业户数走势

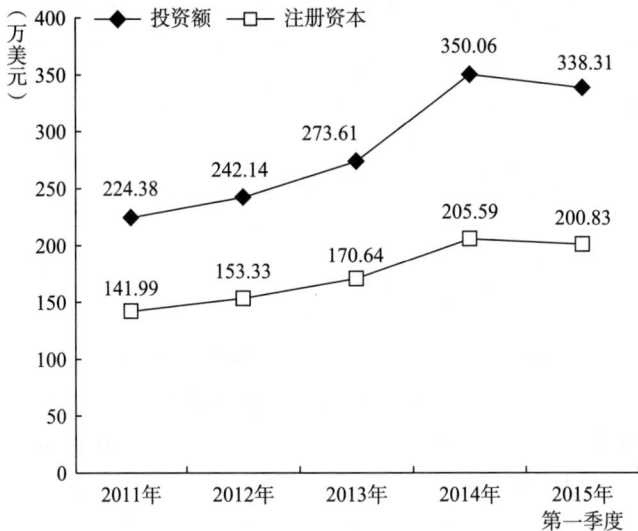

图 2　2011～2015 年韩资企业户均投资额、注册资本走势

（二）韩资企业户均投资规模化水平提高

2011 年新设立韩资企业 45 户，没有投资额超过 1000 万美元的企业，截至 2011 年年底全市韩资企业户均投资额 224.38 万美元，户均注册资本 141.99 万美元；2012 年新设立韩资企业 29 户，其中投资额 1000 万美元以上的 1 户，截至 2012 年年底威海市韩资企业户均投资额 242.14 万美元，户均注册资本 153.33 万美元；2013 年新设立韩资企业 39 户，其中投资额 1000 万美元以上的 3 户，截至 2013 年底威海市韩资企业户均投资额 273.61 万美元，户均注册资本 170.64 万美元；2014 年新设立韩资企业 52 户，其中投资额 1000 万美元以上的 4 户，截至 2014 年年底全市韩资企业户均投资额 350.06 万美元，户均注册资本 205.59 万美元；截至 2015 年 3 月底，威海市韩资企业户均投资额为 338.31 万美元，户均注册资本为 200.83 万美元。虽然韩资企业户数呈现出整体减少趋势，但全市韩资企业质量逐步提高，户均投资额、注册资本则呈现出逐年小幅增长的趋势。

（三）韩资企业产业投资不均衡

一是韩资企业投资主要集中在第二产业。威海市韩资企业在三次产业的户数占比为 2.25∶83.3∶14.45，第二产业占绝对优势。其中第一产业 22 户，投资额 580 万美元，注册资本 482.96 万美元；第二产业 813 户，投资额

30.94 亿美元，注册资本 22.18 亿美元；第三产业 141 户，投资额 1.95 亿美元，注册资本 1.45 亿美元。在第二产业中，制造业企业 809 户，占韩资企业总户数的 99.51%。其中从事电子元器件制造加工的企业 233 户，占韩资第二产业企业总数的 28.66%，投资额 13.17 亿美元，注册资本 8.35 亿美元；从事服装生产加工的企业 114 户，占韩资第二产业企业总数的 14.02%，投资额 0.8 亿美元，注册资本 0.55 亿美元；从事机械设备制造的企业 85 户，占韩资第二产业企业总数的 10.46%，投资额 3.54 亿美元，注册资本 2.59 亿美元；从事食品生产加工的企业 64 户，占韩资第二产业企业总数的 7.87%，投资额、注册资本分别为 0.99 亿美元、0.78 亿美元；从事船用配套设备制造的 32 户，占韩资第二产业企业总数的 3.94%，投资额为 2.06 亿美元，注册资本为 1.16 亿美元；汽车零部件制造等 21 户，占韩资第二产业企业总数的 2.58%，投资额 1.52 亿美元，注册资本为 0.86 亿美元。

表 1　制造业中前六位行业小类情况

单位：户，亿美元

行业名称	户数（户）	投资额	注册资本
电子元器件制造加工	233	13.17	8.35
服装生产加工	114	0.8	0.55
机械设备制造的企业	85	3.54	2.59
食品生产加工	64	0.99	0.78
船用配套设备制造	32	2.06	1.16
汽车零部件制造	21	1.52	0.86

二是韩资现代服务业企业投资薄弱。威海市韩资企业在现代服务业投资中，行业单一，规模偏小。其中从事各类批发和零售的企业 75 户，占韩资第三产业户数的 53.19%，投资额为 2200.77 万美元，注册资本 2091.28 万美元；从事餐饮服务的企业 19 户，占韩资第三产业户数的 13.48%，投资额为 3629.16 万美元，注册资本为 2083.50 万美元；从事休闲健身娱乐的企业 12 户，占韩资第三产业的 8.51%，投资额为 6984 万美元，注册资本为 4571.36 万美元；从事客货运输的企业 4 户，占韩资第三产业的 2.84%，投资额为 3188 万美元，注册资本为 3041 万美元；从事动漫设计与软件开发的企业 4 户，占韩资第三产业的 2.84%，投资额为 166 万美元，注册资本 151 万美元。由图 3 比例显示，韩资企业在威海市现代服务业的投资集中在技术含量低、附加值低、创新能力不强的传统行业里。

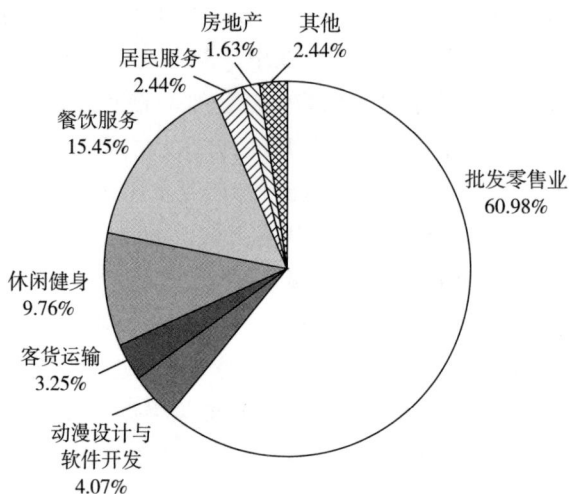

图3　现代服务业中各行业户数占比情况

（四）威海市韩资企业综合实力全省排位提升

韩国在山东省的投资企业大多集中在胶东半岛地区，主要分布在青岛、烟台、威海三市。2013年末山东省实有韩资企业5223户，其中青岛市2864户、烟台市895户、威海市950户；全省韩资企业投资总额164.68亿美元，其中青岛市69.91亿美元、烟台市36.61亿美元、威海市25.99亿美元；全省注册资本93.49亿美元，其中青岛市41.03亿美元、烟台市18.09亿美元、威海市16.21亿美元。2014年末全省实有韩资企业5445户，其中青岛市3029户、烟台市932户、威海市969户；全省韩资投资总额188.34亿美元，其中青岛市78.87亿美元、烟台市35.03亿美元、威海市33.92亿美元；全省韩资注册资本108.35亿美元，其中青岛市48.85亿美元、烟台市19.92亿美元、威海市19.92亿美元。截至2015年3月末，全省韩资企业5510户，其中青岛市3081户、烟台市939户、威海市976户；全省韩资投资187.48亿美元，其中青岛市81.17亿美元、烟台市32.93亿美元、威海市33.02亿美元；全省注册资本总额108.23亿美元，其中青岛市49.98亿美元、烟台市18.66亿美元、威海市19.60亿美元。见图4、图5。

整体看，虽然近年来威海市韩资企业户数在全省的比重呈现下滑态势，但数量始终靠前，2015年一季度受"中韩自贸区"威海—仁川自由经济区建设等利好因素影响，韩资企业投资额、注册资本等数据已超过烟台市，居山东省第二位。

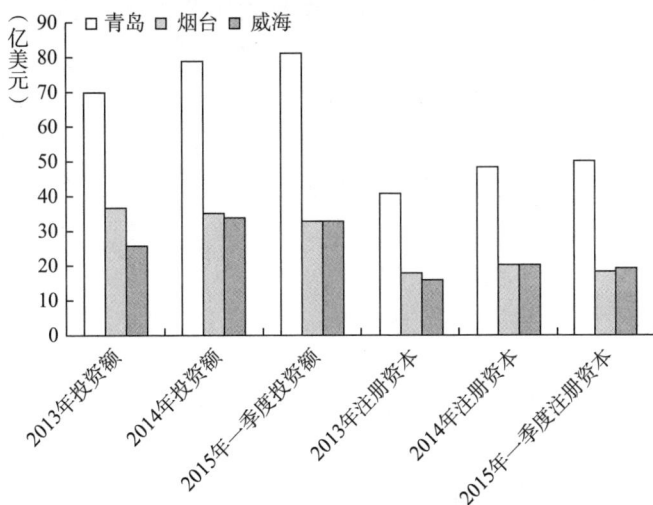

图 4　青、烟、威韩资企业投资额、注册资本比较

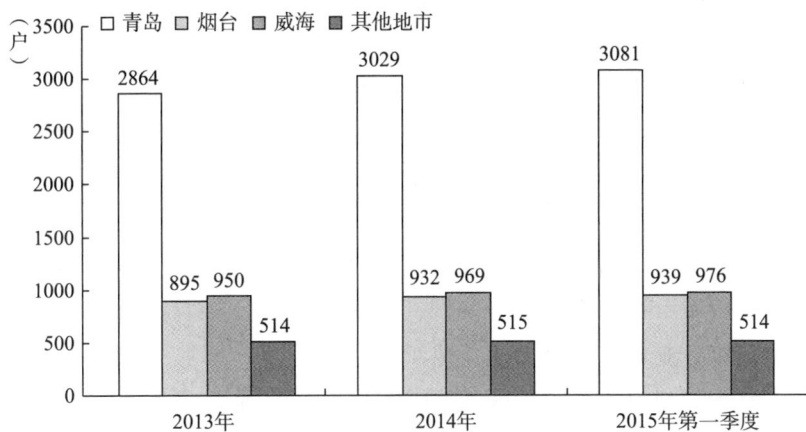

图 5　青、烟、威韩资企业户数比较

三　韩资企业登记注册情况原因分析

近年来，在中韩经贸关系不断加深的大环境下，特别是威海市加大招商引资力度的情况下，威海市韩资企业发展保持了比较稳定的态势。但也存在着户数整体下降、产业投资不平衡等问题，主要原因包括。

一是受宏观经济环境影响。一方面，由于韩国国内经济增长持续低迷，为促进国内经济发展，2012 年 4 月韩国政府出台了"企业回国支援法案"等政策，对在海外的韩国企业回国发展给予税收优惠和资金支持，使大量在华韩资企业回流韩国。另一方面，由于我国国内经济增速放缓、人民币升值、劳动力原材料成本上升等因素影响，特别是产业化结构调整步伐的加快，国内企业核心竞争力不断提高，而传统以劳动密集型产业为主的韩资中小企业逐渐失去竞争优势，正逐渐向人力成本更低的东南亚地区转移。

二是受威海市综合环境影响。一方面受区域位置限制，虽然威海市是距离韩国最近的城市，但是地处胶东半岛末端，发展腹地狭窄，交通物流业不发达，缺乏辐射能力强的大型专业化市场，造成各类生产资料价格居高不下。与青岛等周边地区相比，威海市的地理区位优势并不明显，对韩资企业，特别是对以满足国内市场需求为主的韩资企业缺乏足够吸引力。另一方面受威海市产业结构影响。作为海滨城市，威海市产业以轻工业为主，无法吸引到以汽车、钢铁、重化工为主的韩国跨国企业投资。来自相关部门的统计显示，到2014年年底，威海市有1686家企业与韩国有贸易往来，对韩出口产品的机电、船舶、农产品、服装、海产品等10大类1965个品种，对韩进口产品发展到机电、钢材、塑料原料等10大类1088个品种。从产品结构看，传统产业占据了贸易主流，贸易形式和结构依然比较单一。

三是缺乏高科技产业吸引力。目前，在威投资的韩资企业依然集中在劳动密集型、资金规模小、产品附加值低的行业。外资入驻的目的是追求利润的最大化，威海市相对优惠的土地厂房资源和廉价的人工费用，使韩资企业在短期内利润收益丰厚。韩资企业也不想将本土先进技术、研究物资过多投入海外，且威海市在高科技人力资源储备上匮乏，公共创新平台数量少、层次低，科技服务业发育不足，创新成果转化现实生产力承接能力不足，现有韩资企业除了部分为韩国"三星""现代""LG"等大企业协作配套生产以外，大部分处于产业链的最低端，主要依靠转口欧美日等地区的来料加工。

四是客观优势条件被分散。20世纪90年代，由于特殊的地理位置，威海成为韩国海外投资首先地之一。但是近几年，随着改革开放步伐加快，商事制度改革的不断深化，以及国家对中西部地区经济政策的倾斜，广州、深圳等南部沿海地区政策开放度更宽泛，南京、杭州、苏州等长江中游地区的产业园区建设的规范化和标准化程序更高，威海市的优势条件不复存在。拥有先进技术的韩资企业更加青睐北上广等一线城市及东南沿海的二线城市，他们在承接高科技成果转化能力、硬件设施、高端人力资源储备及科研成果创新高效方面拥有绝对的优势，而低端加工型的韩资企业则逐步向我国中西部转移，因为那里的土地资源、人工费用及招商引资政策优于威海市，多方面原因导致威海市韩资企业户数大幅缩水。

四 加快韩资市场主体发展的建议

党的十五大第一次提出了现代服务业的概念，十六大明确指出要"加快发展现代服务业"，中央"十一五"规划进一步提出要"引导外资更多地投向现代服务业等领域"。威海市应以中韩自贸区地方合作示范区为契机，将现代服务业发展作为地方经济发展的重点，借助韩国在微电子、影视动漫设计、化学制剂等领域的先进技术，从区域优势、创立主导核心技术产业、扩大投融资方式、创新政务服务环境等方面改变思路，摒弃附加值低、技术含量低、高污染的传统行业，向技术含量高、人力资本含量高、附加值高、资源依赖度低、污染排放低的现代服务业转移，从而改变威海市经济增长方式。

（一）充分发挥区位优势

再造威海开放新优势，重点提升中韩陆海联运层次，加快推动海铁国际联运，争取将韩国－威海－中亚/欧洲货运通道纳入国家"一丝一带"战略的大盘子，将威海市打造为东北亚－欧亚国际货运物流中转枢纽城市，从根本上增强威海市对韩国资本的吸引力，使威海成为承接韩资产业转移的最佳平台，提高威海城市的总体竞争力。

（二）开展主导产业招商

认真分析韩国经济走势，结合全市产业发展特点，通过采取强强联合等方式，鼓励支持威海市优势企业加强与韩国知名企业的合作，引进对威海市产业升级关联度高、辐射力大、带动性强的产业投资项目，带动韩资协作企业的发展。同时，重点鼓励引导韩资进入第三产业，逐步改善韩资过分集中在第二产业的格局。一方面，依托中韩平行园区、中韩现代物流园区、东部滨海新城商贸文化区等建设，引导韩资投向贸易、物流、信息软件开发、金融业等第三产业。特别是要着重吸引更多的韩资银行在威海设立分支机构，进一步提升威海市的区域金融地位。另一方面，充分利用威海得天独厚的人居环境资源，鼓励韩资进入美容服务、观光旅游、温泉度假等高端服务业领域，多角度、全方位打造国内最具特色的韩国商品集散地和韩国文化体验城市，形成具有威海特色的现代服务业发展格局。

（三）丰富韩资投资手段

拓展多元化投资渠道。鼓励韩资企业通过采取债权转股权、股权出资、先进技术出资等方式，加大资本投资力度。积极探索采取风险投资、基金投资等方式，丰富韩资投资方式。积极支持韩资参与本地国企重组改革，尝试引导其进入城建、交通、能源等基础产业领域的重点项目。进一步提高利用韩资水平，通过让韩资企业享受与内资企业平等的竞争条件，吸引更多的韩国企业来威投资。

（四）优化韩资服务环境

根据威海市《加快推动中韩自贸区地方经济合作第一批实施方案》，积极在综合保税区、韩资独资医院、跨境电子商务等方面探索建立适合韩资便捷入驻的管理模式。进一步深化行政审批制度改革，简化登记注册流程。将外资设立登记权限委托下移至临港、环翠两个区的登记注册部门，推动全市范围内建立职能相对集中的外资行政审批窗口，全面推进联审联批，对韩商投资企业争取适用"负面清单"制度，在全省率先打造与国际接轨的政务服务体系。进一步优化韩资营商环境，主动推进中韩自贸区建设。先行先试建立"中韩消费维权联盟"，争取6月初，与仁川消费者联盟就两地区消费信息共享、消费纠纷协作等问题达成共识并签订"合作协议"，实现"异国投诉、跨区维权"，从而为在威投资的韩国企业营造公平、诚信的市场环境。

（作者单位：威海市工商行政管理局）

多中心治理趋势下对政府能力建设的新思考

马文杰　孙　洁

一　政府能力建设的理论背景：多中心治理理论的兴起

"治理"这一概念在 1989 年世界银行的报告中首次出现。它的原意是控制、引导和操纵。随着治理在政府管理模式变革中的应用，它的内涵不断得到丰富和完善。理论界也给出了不同的观点，其中全球治理委员会给出的界定最有权威性和代表性。该委员会于 1995 年发表了一份研究报告，题为《我们的全球伙伴关系》，报告中给出了治理的定义。治理是各种公共的或私人的个人和机构管理其共同事务的诸多方式的总和，它是使相互冲突的或不同的利益得以调和并且采取联合行动的持续过程，它既包括有权迫使人们服从的正式制度和规则，也包括各种人们同意或认为符合其利益的非正式的制度安排。

从治理的内涵来看，治理具有以下三个特征。第一，主体的多元化，政府、社会和市场都将成为治理的主体。第二，突出个体的自主性和自治性。第三，国家和社会的关系从零和对立走向合作共治。治理的最终目的在于实现公共利益的最大化，虽然治理的过程离不开政府、社会和市场的合作，但是毕竟最初源于政府管理模式的变革，在三个主体中，政府还是起着主导作用，公共秩序的维护和公共利益的实现离不开政府在既定的范围内运用权力去引导、规范和控制公民的各种活动，政府权力作用的发挥需要以政府权威作为基础。可见，正确行使权力，树立权威是有效治理的关键，因此，在多中心治理的过程中，政府权力和权威成为政府能力建设的根基。

二　政府能力建设的现实依据

（一）社会多元化趋势是政府能力建设的外在要求

在从管理向治理的变革的过程中，从表面上看是治理主体由一元向多元的转变，推动变革的真正动因却是社会转型过程中的利益分化和整合。利益分化超出一定范围必然会激化社会矛盾，社会发展就会出现断裂和失衡，威胁社会稳定，公共利益的实现就会无从谈起。因此，在社会结构消解和重构的过程中，政府必然要做好利益的整合者和新价值的引导者。如果政府的社会整合能力过于弱化或者滞后，不但会削弱政府的权威，而且多中心治理更无从谈起。当前社会分化的主要表现有。

1. 利益结构多元化，阶层日益分化

以公有制为主体，多种所有制经济共同发展，是改革后我国确立的基本经济制度。多种所有制共同发展为利益主体的多元化提供了土壤，引起了整个社会利益格局的调整。这种利益格局的调整必然伴随着中国社会阶层日益分散化、复杂化。利益分化在提高我国社会效率的同时，使整个社会贫富差距不断拉大，两极分化日益严重。当前，我国改革开放已经进入深水区，如果经济发展的成果不能全民共享，弱势群体的利益得不到重视和保障，那么这个社会很可能就会孕育危机，产生很多不稳定因素，影响社会和谐。这种利益不平衡需要政府去整合。

2. 文化多元，价值取向多样化

社会转型期也是一个文化大融合和价值大碰撞的时期，西方文化大量涌入，传统文化被重新反思。尤其是随着互联网大发展和自媒体时代的到来，传统价值文化、西方植入文化和转型期特有的组装文化不断发生碰撞，面对各种文化的"大融合"，不同利益群体在自身文化定位、价值取向和道德认同等方面判断标准模糊，迷失方向，陷入两难境地，很多人群出现了文化和精神结构的大裂变。在这种情境下，人们所奉行的行为准则和社会所倡导的价值标准难免会发生背离，腐败现象和信仰危机成为制约社会健康发展的软肋。多元化的社会需要统一的公共文化精神去凝聚，其中，政府需要承担起培育公共文化精神的重任。

3. 社会组织多元化

改革开放以前，政府全面占有着社会资源，我国社会的整合是单一的政府系统组织的整合。改革开放之后，政府开始放权，大大减少了对社会资源的占有，在这个过程中，独立于政府之外的市场和社会的力量日渐强大。大量中介组织孕育而生，在实现经济调节、动员社会资源、社会协调与治理以及提供公共服务中发挥着越来越重要的作用。同时，新的经济成分、新的利益群体和新的志趣群体也不断涌现，整个社会组织体系结构由金字塔式的层级型向扁平的网络型转化。在整个社会治理的过程中，这些不同社会组织之间的关系应该怎么处理，它们各自应该扮演什么样的角色，这需要政府担当起"调解员"的作用。

（二）政府自身困境是提高政府能力的内在需要

1. 政府效率危机

利益多元化，社会矛盾突出是多元化社会的典型特征。这就要求政府能够制定有效的政策来平衡矛盾，综合利益差异，推动社会持续稳定健康发展。但是由于现代市场经济具有复杂性和多变性，再加上网络技术与现代信息技术的融合，政府决策面临着非常复杂的环境，政府收集和分析处理信息的难度增加，在每次决策之前不可能完全掌握有关信息，信息搜集的不完全性所引发政治家和选民的"近视效应"很容易导致公共决策失误，决策的失误必然导致决策推行的困难，这是导致政府效率低下的一个重要原因。政府的官僚体制和垄断性使得政府在决策的过程中缺乏竞争和成本核算，造成公共资源的极大浪费。再加上当前政策透明度不高，监督机制不健全，导致政府行政高投入低收益，政府自身建设滞后于经济社会发展。

2. 政府权威危机

政府权威是政策顺利实施的基础。政府能力的有限性与职能扩张之间的矛盾会削弱自身的公信力。政府职能与政府能力之间是一种互动的关系。由于资源的限制，政府的能力是有限的。有限的能力不可能承担无限的政府职能。只有适度地界定政府职能才能更好地发挥政府的作用。在计划经济时期，我国政府职能的无限扩张曾导致一系列矛盾和问题。从新中国成立初期我国就开始了以精简机构为主要内容的行政体制改革，但一直没有走出"精简—膨胀—再精简—再膨胀"的怪圈，随着社会发展和社会事务的增多，我国政府职能扩张到许多不该管的领域，比如对微观经济的过分干预，做了许多"不该管也管不好的事情"，近几年的行政体制改革以转变政府职能为主要内容，力图减少对微观经济事务和社会事务的干预，但是由于政府的"经济人"特性，很多改革都是"按下葫芦浮起瓢"，降低了公众对政府的信任。如果继续下去，则可能导致政府权威的丧失。这种"强权力、弱能力"的政府现状迫待改善。

三　政府能力建设的路径选择

（一）外显能力建设的综合体现——加强社会整合能力

社会整合能力是指政府将社会系统中不同的因素或部分结合成一个协调统一的社会整体，凝聚成一种合力的本领和力量。社会整合的目的是使各种社会组织、社会群体及社会力量以全社会共同的价值目标为基础，分工合作，和谐共处，形成社会发展和进步的合力。社会整合的实质是资源的优化配置、制度的合理安排、关系的理顺和力量的凝聚。在社会转型过程中，利益诉求的多元化、价值观念的多元化和社会组织的多元化是保持社会活力的源泉，但是必须把多样性整合起来，纳入一个有序的发展系统，才能保证社会的稳定与和谐，才能保证社会的良性发展，这就需要政府充分发挥社会整合能力。社会整合能力追求效率与公平，是一种综合性的能力，在政府能力建设中起先导性和基础性作用。加强政府的社会整合能力，主要从以下三个方面入手。

1. 利益冲突整合

所谓利益冲突整合，就是以全社会的根本和长远利益为标准，来协调解决全社会不同利益群体的冲突与矛盾，从而达到构建和谐社会的目的。整合的过程，就是要防止一个社会群体的利益建立在其他群体利益之上，防止建立在全社会的根本利益之上。政府要做好社会公平正义的维护者，当某一些利益群体的利益过高，影响甚至侵害到其他利益群体的利益时，政府要通过各种途径进行有效调节，对过分膨胀的利益进行限制，对受到挤压而萎缩的群体利益进行扶持。在利益整合过程中，要更加关注社会弱势群体的利益，要通过一系列有效的制度安排，比如改革分配制度和建立健全社会保障体系，缩小收入差距，降低不同阶层贫富分化的程度。

2. 文化价值整合

加强文化整合，建立与多元社会相适应的文化价值体系。一是重构整个社会的价值体系。吸取中华传统文化的精髓，并与时代精神相结合，建立起整个社会的价值体系，使人们在面对多元价值冲突的困境时，能够获得正确有力的精神支撑，获得塑造自我，走向健康人格的内在力量。二是引导践行社会主义核心价值观，明确在国家、社会和个人不同层面的价值导向，参透国家、社会和个人的关系，做好三个价值层面的整合，以便三个层面相互促进，共同提升。三是引导全社会树立正确的社会主义市场经济观念，重视全民心理文化建设，为多中心社会的良性运行奠定正确的心理文化基础。四是加强舆论的制约功能，特别是随着自媒体时代的到来，充分运用各种现代大众传播媒介，尤其是自媒体终端，为公民的监督提供多种有效途径。

3. 制度差异整合

多中心治理的一个特点是社会多元化，但是把多元化的个体联结在一起的应该是基本制度的高度一体化，这既是保证社会公平正义的基础，又是多元利益平衡的杠杆和基石。所谓基本制度的一体化指的是基本制度应该是统一的，而不应该因为地域、行业特别是因群体的不同而不同。在制度差异整合方面，政府应该着重做好以下几个方面的工作。第一，保证不同群体制度参与的公平性。所谓制度参与，就是指社会群体在制度确立和变迁过程中采取某种行动，从而影响甚至改变制度的行为。要想做到制度参与的公平，政府必须整合博弈的体系与框架，以便不同利益群体在政策制定和执行过程中做到公平博弈。第二，在制度设计上实施"国民待遇"。尽最大努力使不同地域、不同行业和不同群体甚至是不同个体在基本制度设计上具有同等的权利和义务，保证制度调整对象的平等性，这是进行制度差异整合的基础和前提。有了这个前提做保障，会大大减少利益冲突和价值冲突整合的障碍。

（二）加强政府内部能力系统的建设

社会整合能力是多重心治理趋势下政府外显能力的综合表现，它必须依赖于政府内部能力系统的加强。政府外显能力的提高归根结底是政府内部能力要素综合作用的结果。权力多元取向和社会整合意向是多中心治理的内在要求，但就我国现阶段，多中心治理的发展只是处于初步发展阶段，政府必须还要担负着指导和协调社会关系的重要任务，所以加强政府自身内部能力建设是政府社会整合能力的基础。政府内部能力系统的建设必须首先解决行政效率危机和权威危机，这两个问题的解决依赖于政府职能的合理界定和权力的有效行使，这是加强政府内部能力系统建设的突破口。

1. 走出政府"去权力化"误区，实现"权力政府"向"责任政府"的转变

行政活动的开展实质上就是政府权力的行使，权力是政府能力的根基，它是政府能力区别于其他主体能力的质的规定性。在政府内部能力要素中，权力是政府能力的本质特征，是一种具有强制或命令性质的"特殊的公共权

力"。首先，我们要走出政府"去权力化"的误区。从公共选择理论到公共管理运动再到如今的治理理论，这一系列公共行政模式的转变体现了政府与社会关系的一种渐进的平等过程，其中必然伴随着政府权力的分散化。但是政府权力的分散化并不意味着对政府权力的削弱和消解，而是权力的分布状态有了改变，由政府手中分散到市场手中，又进一步分散到公民社会手中。即使在多中心治理的趋势下，该属于政府的那一部分权力绝对不能丢，因为有些事情只有靠政府的强制力才能做好。比如社会规范能力、维持社会秩序的能力、维护社会公正的能力。权力的分散不代表权力的消失，在某些特定领域还需要加强。

在有些领域，权力的适当加强是必需的，但是权力不能滥用，不受限制的权力必然会导致权力寻租和腐败。要想有效地运用权力，必须要建立权力控制机制，通过道德手段、政治手段、法律手段来限制权力的随意扩张。权力和责任是一对孪生兄弟，有权必有责，要想充分实现对权力的有效控制，必须从责任控制入手，抓住这一关键环节，实现"权力政府"向"责任政府"的转变。从行政价值理念上来讲，"责任政府"要求政府对民众的需求及时做出回应，并及时采取措施加以满足。"责任政府"的实现离不开一系列的制度安排做保障。比如建立健全公开明晰的行政执法责任制、完备的行政责任法律体系、与时俱进的行政文化以及程度广泛的公众参与和监督机制。

2. 建立有限政府，规约政府行为，重塑政府权威

按照社会契约论关于国家起源的观点，权威（公信力）源自于政府的合法性，建立在行政相对方对政府的敬意和认同基础之上。如果说权力主要是一种物质性能量的话，那么权威就是一种精神性的力量。多元社会需要政府的号召力和凝聚力，政府的凝聚力和号召力要以政府的权威为基础。公众对政府的认同取决于行政效率的有效提高和行政效能的有效发挥。这些都以政府要明确自己的权力界限，找准职能定位为前提。因此，面对当前政府的权威危机，找好政府的角色定位——建立一个有限政府是重塑政府权威的关键。

有限政府最关键的是合理界定政府、市场和社会的权力界限，把那些政府管不了也管不好的事情交给市场和社会，减少政府对微观经济领域的行政干预，同时，政府应该加强的行政权力要加强，做好基本公共服务的提供者和社会公平正义的维护者。建立有限政府要从政府职能转变入手，以行政审批制度改革为突破口，合理向市场和社会分权；以财税制度改革为抓手，上级政府适当向基层政府放权。有限政府并非指政府的权力、职能和规模越小越好，而是对政府的效率和能力提出了更高的要求，这就需要首先做到有效

决策，完善决策的体制、机制和程序，丰富科学决策的手段，实现决策的科学性和民主性，以为决策的顺利执行打好基础，减少决策执行成本，提高政府行政的效率，获得民众的支持，重塑政府的权威。在决策执行过程中，要构建约束机制如法律约束、金融约束、市场约束、财政约束和社会约束来规约政府行为，防止权力异化，通过提高政府的执行力来塑造政府形象，塑造政府权威。

（作者单位：中共威海市委党校）

农民市民化：困境与出路

——基于威海的调研

李永玲

　　农民市民化是世界各国城市化发展的必然，是现代社会结构变化不可逆转的大趋势。我国目前正处于城镇化快速发展阶段，吸纳农村转移人口在城镇落户定居，使更多的人口以城市市民的社会身份享受现代文明，是统筹城乡发展的重大任务。党的十八大报告明确指出，要"有序推进农业转移人口市民化"。如何通过农民市民化加快推进新型城市化进程，依然是当前和今后一个时期需要认真研究和解决的重要课题。笔者立足威海实际，对农民市民化现状进行了深入调研，提出了相应的解决思路。威海作为沿海发达地区，到2012年底威海的人口城市化率已达59.25%，高于全国平均水平。因此，对地级市来说，威海农民市民化面临的困惑具有很强的代表性，破解威海农民市民化难题的思路也将具有很好的借鉴意义。

一　农民市民化的困境分析

（一）表象：农民落户城市意愿平淡

　　时下很多人认为，农民市民化的最大障碍就是户籍制度，农民对于城市是"想进不能进"，似乎只要取消户籍限制，农民就会蜂拥般落户城市。通过调研发现，这种情况可能只是北上广等大城市的现状，而目前全国已有包括山东省在内的十多个省份取消了城乡户口界限，换言之，在许多中小城市里，户籍已经不再是农民进城不可逾越的屏障。具体到威海市，域内居民落户基本上"无门槛"，域外人员落户威海市区只有极低的"门槛"，也就是说，现在威海农民进城几乎是"想进就能进"。而从调查情况看，威海农民落户城市意愿平淡，62.3%的受访农户表示没有进城生活的打算，出现"能进不想进"的现象。据威海市公安局的统计，截至2012年底，在威海城镇务工经商的农村居民（包括市域外）有18.45万人，其中居住3年以上的有2.59万人，近半数暂住1年以上。威海市118.4万农村居民中，有20.7万人在外经商务工而户口依然留在本村，其中14.1万人长期居住在城里而户口依然留在本村（见表1）。从威海目前的户籍登记管理制度看，这些农民工没有落户城里的原因是"主观不愿"而非"客观不能"，甚至还有不少之前已经落户的农民想方设法地把户口迁回原村。据户籍管理干部总结：十年前是许多人想尽办法要将农村户口迁入城里，近几年情况完全相反——许多人想尽办法要将城市户口迁回农村。这与全国许多地方的情况大致相同，据江苏的统计，"不愿意落户"城市的比例占59.6%；据华东师范大学社会学研究所所长、博士生导师文军带领的团队两年的问卷调查，53.8%的上海郊区农民不愿变成市民，一些已经转变身份的人甚至向政府提出，要求重新从市民变回农民。

表1　威海市农村居民就业状况调查表

单位：人

户籍总人口	户口在本村，并居住在本村（不论是否在外务工经商）	户口在本村，本人在威海市区务工经商		户口在本村，本人在县城务工经商		户口在本村，本人在市域外务工经商
		在外居住	本村居住	在外居住	本村居住	
1184388	1043078	43637	26213	45942	71541	19443

（二）实情："农民不愿进城"是一种假象

农民真的是"不愿进城"吗？人类建造城市的重要目的就是提高生活品质，正如上海世博会的口号所言"城市，让生活更美好"。中国改革开放30年来，城乡差距有目共睹。城市比农村更发达、更文明、更美好，过上和城里人一样的生活，无疑是广大农民梦寐以求的事情。李克强总理在今年3月17日会见十二届全国人大一次会议的中外记者时讲道："我在农村调研的时候，经常和农民们聊天，他们在谈到对未来生活的愿望时，不少人用一句简洁的话来表达，说是希望过上和城里人一样好的日子。"从威海市的问卷调查结果看，81.9%的被调查农民希望自己的子女落户城市，这足以证明威海农民对城市的向往之情。而且，许多进城打工的农民工，虽然没有将户口迁入城市，但多年举家居住在城市里，并以此为荣、乐此不疲，仿效市民生活，以城里人自居，足见其对城市的珍视。因此，"农民不愿进城"只是一种假象。

（三）缘由：留恋与顾虑并存

是什么导致农民对进城渴望又拒绝，表里不一呢？理性地分析，"农民不愿进城"的原因不外乎两方面。

1. 农民不愿放弃农村

一是文化伦理因素影响。长期以来，我国农村以宗亲血缘关系为纽带，形成了自给自足的小农经济基础上的血缘文化体系，形成了血缘相互缠绕的人情社会、熟人社会，大多数农民对故土有着天然的归属感、认同感和眷恋心理，保有"离土不离乡、进厂不进城"的观念。威海城乡之间的距离极短，全境东西最大横距只有135公里，南北最大纵距只有81公里，最多两小时的车程就可以完成一次城乡转换，便捷的行程，又变相支持了农民工在城乡间的游走。二是物质利益因素影响。无论是承包地还是宅基地，对农民而言都意味着退路和利益。近年来城市化进程的加快，土地价格日益凸显，不少农民已经看到土地的潜在升值空间，不会为了附着福利已经不多的城市户口而轻易放弃土地权利。此外，近些年来不断增加的惠农补贴及一些村落的征地拆迁补偿、集体经济福利等利益，也提升了农村户口的价值。为了这些现实的利益，一些进城定居多年的农民工始终保留农村户口。

2. 农民对城市生活信心不足

一是生活成本高。与农村生活相比，城市生活无形中加大了人们的生存成本。高昂的生活费用，足以使有进城想法的农民望而却步，甚至对已经进城的低收入农民工产生了"挤出效应"。二是就业创业难。调研发现，农民最关注的就是进城后靠什么生活——收入来源问题。升高的生活成本需要足够的收入支撑，但进城农民要找到满意的工作确非易事，而自主创业又谈何容易。没有可靠的赚钱渠道做基础，多数农民不敢轻言进城。三是缺乏安全感。农民虽然可能向往城市生活，但绝大多数受调查农民害怕融入城市生活。进城农民生活结构会面临一系列的挑战，除了日常生活成本增加的烦恼外，还有邻里交往的阻隔、社会网络的中断、社区认同的丧失等一系列新问题，加之目前的城市基本社会保障水平不足以维持生活底线，很容易产生不踏实感和不安全感。由于安全短缺问题突出，农民会转向回归寻求低度安全，希望保持既有的、比较稳定的生活。

二　农民市民化的出路探究

（一）坚持四条原则，树立农民市民化的正确理念

一是尊重民意。市民化的主体是农民，必须充分尊重农民的意愿。即便政府推进农民市民化的动机是纯洁的、合乎道德的，也不应搞"被上楼""被市民"。强迫民意，受损的将是政府的公信力。

二是让利于民。无利不起早。既然政府要积极推进农民市民化，就要舍得下本钱，在城市功能设施、社会保障、公共服务等方面加大投入，让农民看到进城的现实利益。同时，还要坚决杜绝拆迁征地过程中与民争利、侵害农民利益的行为。

三是注重内化。农民市民化，要义在于"化"。农民市民化不能仅仅关注其身份、职业、居住地的变化，更要重视其价值观念、生活方式的转变。要注重用城市社区文化将进城农民"化"为真正的市民。

四是分类推进。农民市民化不能一哄而上、追求速度，要因势而导，有序推进。威海目前有待市民化的人口大致有三类：一是从事农业劳动的地道农民，二是忙时种地、闲时进城打工的二性农民，三是户口仍留在农村的进城务工经商并居住在城里享受城市资源的"假"农民（也即事实上的市民）。对于第一类，在做好思想动员工作的同时，通过农业现代化和城镇产业化，引导其向城镇聚集；对于第二类，要通过土地流转、就业服务、住房保障等制度创新，促其进城工作与生活；对于第三类，要用"老人老办法、新人新办法"的政策，"断其后路"——对进城多年不肯落户、试图城乡利益均沾的农民工（"老人"），通过土地流转市场化、村集体资产股权化、取消长期在外务工居住村民选举权（由于贿选的存在，时下三年一度的村委选举成为许多农民工不愿放弃的"获利"机会）的办法，对其离开本村后出生的子女（"新人"）采取不准回村落户（断绝新人占农民身份"便宜"机会）的办法，促其尽快落户城市。

（二）加快农村产权制度改革，消除农民进城的利益羁绊

一是要推进土地制度改革。无论发达国家还是发展中国家，在城市化过程中都是进城农民卖掉或出租自己的土地和房产后带着一笔资产进城。土地

流转收益，是农民融入城市的物质条件。要在坚持家庭联产承包责任制以及统分结合的双层经营体制的基础上，创新土地流转制度，鼓励土地多种形式流转。允许农民以转包、出租、互换、转让、股份合作等形式流转土地承包经营权。要探索建立农村产权交易制度，建立农村产权交易市场。二是要推进农村集体经济组织产权制度改革。农村集体资产不明晰，是导致许多农民生活在城里却把户口留在农村的重要原因。尽早明晰产权、量化到人，有利于定居城市的农民安心落户城市。

（三）提高社会保障水平，增强农民进城的安全感

健全的社会保障是农民变市民的重要安全网。目前，包括威海在内的许多城市，社会保障已经基本上实现了全覆盖，教育、卫生等公共服务也基本上达到了均等化。因此，在推进农民市民化的过程中，除了继续在全覆盖、均等化上下细功夫、查漏补缺外，更重要的是要加大财政投入力度，提高社会保障水平。

社会保障水平应该同经济发展水平相适应。社会保障制度作为一种收入再分配手段，事关广大社会成员的切身利益。影响社会保障制度的原因有经济的、社会的、政治的多方面因素，但世界各国的社会保障制度，最终是由其经济发展水平所决定的。人们通常把社会保障支出占国内生产总值（GDP）的比重，作为衡量社会保障支出水平的主要指标。目前世界大部分国家社会保障支出占到GDP的30%左右。我国社会保障水平总体偏低，社会保障支出仅占GDP总量的5%左右。因此，要吸引农民进城，亟待提高社会保障支出的比例。具体到威海，依据目前的经济发展水平，社会保障水平不能仅仅满足于达到全国平均标准，而应大幅提高，至少应保证社会保障支出水平与GDP同步增长。由此，今后要适时提高新型农村和城镇居民基础养老保险金标准，稳步提高城镇居民基本医疗保险、新型农村合作医疗的人均筹资标准和政府补助标准，提高人均卫生公共服务经费支出标准和教育经费支出标准。

（四）千方百计扩大就业，破解农民进城的生活来源难题

就业直接关系到一个人的生存。就业是农民向市民转化的根本条件。没有这个条件，农民就难以在城里站住脚。拓宽就业渠道是激励农民进城的关键所在。

一是要多渠道增加就业岗位。积极推进工业化进程，大力发展劳动密

集型产业，创造大量的就业岗位。推进农业规模化、专业化生产，从开发现代农业中创造新的就业岗位。二是要进一步完善创业扶持政策。积极鼓励农民工以创业带动就业，通过在政策扶持、配套服务、产业引导、人才供给、土地优惠等方面给予农民工系统的创业支持，营造农民工创业的良好环境。三是要加强就业服务。建立健全面向全体劳动者的职业培训制度，完善覆盖城乡的公共就业服务体系。进一步完善面向农民工群体的就业信息服务工作，以相关部门为组织依托，以报刊、广播电视、网络、社区报栏等为载体，定期向农民工免费提供本地区的劳务信息，促使劳动力供需双方有效对接。

（五）创新住房保障模式，确保农民进城"住得下"

按照"政府主导、社会广泛参与"的原则，采取政府投资建设、社会投资建设、开发项目配建、产业园区集中配建、利用集体建设用地建设等方式，建设一批功能齐全、设施配套的保障性住房和优惠房，满足转户农村居民的住房需求。在总体规划上把低收入的农民工群体纳入统一的保障性住房体系中，让他们在保障性住房的申请和分配方面享有与城市居民相同的待遇。实施灵活多样的货币补助政策，鼓励转户居民购买经济适用房、优惠房、商品房。运用土地、财税、金融等多种政策工具，发挥市场机制作用，形成保障性住房资金来源的多元化。比照廉租房政策，在农民工集中的开发区和工业园区、城中村改造、城乡接合部等建设相对集中的农民工公寓，以及其他适合农民工特点的保障性住房。

（六）加强社区文化建设，培养进城农民的归属感

农民户籍的转变只是形式上的市民化，而生活方式、价值观念、行为模式的转变才是本质上的市民化。因此，角色再造是农民市民化的关键环节。这一环节需要依靠社区文化来完成。社区文化是城市文化的基石，要通过社区文化活动培养新居民对社区的认同感、归属感，提高新居民的文明素质和精神境界，促进新老居民的和睦相处、同心同德。

一是要加强社区文化阵地建设。采取新建、扩建、改建等办法，加快推进社区公共文化设施建设，形成结构合理、功能健全、实用高效的社区文化设施网络。要用活、用好、用足现有的社区文化设施，提高社区文化设施的使用效率和社会效益。二是要抓好社区文化队伍建设。建设一支以业余骨干为主、专业人员为辅的社区文化辅导员队伍，负责组织、指导社区文化活动，

增强社区文化建设的生机与活力。三是要丰富社区文化活动内容。坚持贴近社区实际、贴近社区居民生活，开展丰富多彩、生动活泼的社区文化活动，从文化娱乐、休闲健身、科技普及、艺术培训等方面充实社区文化内容，引导社区居民积极参与社区文化活动，发动全员参与，增进新老居民的交流融合，增强社区居民的凝聚力和归属感。

（作者单位：中共威海市委党校）

业主委员会在物业管理中的作用情况调查

林吉爽

近年来，随着威海市全域城市化战略的快速推进，大量物业项目投入使用，带动了物业行业的蓬勃发展。与此同时，物业行业发展中的一些结构性矛盾和问题不断显现，物业矛盾和纠纷呈多发趋势。业主委员会作为连接业主与物业服务公司及开发商之间的桥梁和纽带，是物业管理活动的重要载体。充分发挥业主委员会的作用，对有效化解物业管理中不断增多的矛盾和纠纷，推动物业管理行业健康发展，意义重大。

一 威海市业主委员会运行现状透视

业主委员会的创建与物业管理的发展相伴而生。威海市物业管理起步于1998年，经历了启动、发展、深化等几个阶段，伴随着物业行业发展，业主委员会的创建也经历了从无到有、从中心城区向全域延伸、从住宅小区向商住小区拓展的过程。综合分析和考察威海市的业主委员会运行情况，可以发现其呈现出如下较为明显的特点。

1. 发展速度较快，但分布不均衡

截止到2015年末，威海市行政区划范围内设立业主委员会230个，其中，环翠区76家，高技术产业开发区79家，经济技术开发区30家，乳山市31家，文登区7家，荣成市7家。

业主委员会的设立分布不均衡，呈现出"三多三少"的趋向。一是中心城区多而其他市区少，且这种趋势有继续扩大之势。除乳山市外，文登区和荣成市设立数量均不足10个。2015年全年，环翠区新设立业主委员会4家，高技术产业开发区 10 家，经济技术开发区 4 家，乳山市 5 家，文登区和荣成市没有增加。二是新建小区多而老旧小区少。由于历史原因，老旧小区业主更迭频繁，再加上老旧小区基础设施和配套设施等历史欠账较多，业主对成立业主委员会缺乏热情，业主委员会的创建比例远低于新建住宅小区。三是住宅小区多而商住小区少。随着威海市物业服务行业的发展，物业服务的范围也从过去单纯的住宅小区逐步向商住小区拓展，一些商业综合体如威高广场、振华奥特莱斯等不断出现，但基于多种原因，威海市成立业主委员会的商住小区较少。

2. 覆盖面广，但比例偏低

目前，威海市实施物业管理的服务项目达 969 个（其中，住宅项目 855 个，非住宅项目 114 个），服务总面积 8856.07 万平方米，其中非住宅物业服务面积占 7%，新建住宅小区物业覆盖率达到 100%，老旧居住区实施准物业覆盖率达 95% 以上。

与快速发展的物业行业相比，威海市业主委员会的设立比例有待提高。以设立比例较高的环翠区为例，据统计，环翠区共有物业服务项目 188 个，其中住宅项目 142 个、商业项目 41 个、其他项目 5 个，服务面积 1603 万平方米，物业管理覆盖率达到 95%，而设立业主委员会的住宅小区不足 60%。

3. 社会作用大，但发挥不充分

从近年来威海市业主委员会运行实践看，业主委员会在带动业主执行管理规约、集中反映业主诉求、监督物业服务合同的履行等方面起着无可替代的重要作用。一是宣传和引导。业主委员会作为业主大会的执行机构，在宣传物业法律法规和小区管理规约方面，有独特的优势。业主委员会成员作为模范的业主，在遵守业主大会议事规则、管理规约方面，能起到带头和引导作用。二是反映和联络。物业管理中疑难问题、重大问题需要开发建设单位、社区居委会或有关部门解决的，业主委员会作为一个自治性组织，进行反映和联络，能起到零散业主所不能起到的效果。三是监督和报告。业主委员会作为业主的代表，能有效地代表业主监督和协助物业服务企业履行物业服务合同、监督管理规约的实施，向业主报告物业管理实施情况等。

但是，威海市业主委员会的作用发挥尚不充分，这突出的表现在对物业纠纷的疏导和化解上。由于物业管理事关业主切身利益，矛盾纠纷多，据不完全统计，目前威海市通过市长热线、行风热线等投诉案件中，物业服务问题占到了相当大的比重，市物业管理办公室开通的威海物业管理网在线投诉平台，仅仅今年 4 月份，威海中心区（环翠区、高区、经区）在线投诉案件就高达 21 起，内容涉及公共部位的使用、物业企业的聘用、设施的维修、小区绿化、小区封闭、停车收费等多个方面，这些问题的存在，原因是多方面的，但业主委员会化解纠纷机能没有得到有效发挥，是一个重要的原因。

二 业主委员会运行过程中存在的问题

业主委员会作为业主自治性组织，其良好运行和作用发挥需要法律的支撑、制度的供给以及自身的规范。通过多年的努力和发展，威海市业主委员会建设虽然取得了一定成效，但制约业主委员会良性发展和作用发挥的因素依然存在，业主委员会的发展还需要突破众多困境，主要表现在以下几个方面。

1. 法律法规支撑不够

（1）业主委员会的法律地位不明确。业主委员会作为业主自治组织，它既不是法人组织，也不是社团组织。业主委员会究竟能够承担怎样的责任，能否作为诉讼主体，对授权范围内的工作失误该负什么样的责任，我国现行的相关法律法规都没有予以明确，因而相应地许多工作无法展开。

（2）相关的法律法规不完善。一是规定过于原则，目前威海市对业主委员会的成立及其行为调整，主要依据《物权法》和国务院《物业管理条例》以及山东省人大常委会通过的《山东省物业管理条例》，但这些法律法规规定过于原则，缺乏具体而细密的规范，操作性不强。二是相关规定存在冲突。由于物业管理的地域性，各地在物业管理包括业主委员会工作方面，规范不尽相同，不同部门规定之间也存在着相互冲突的问题。

2. 相关政策供给不足

物业管理是围绕物业进行的相关管理活动，因而具有明显的地域特色和地方特征，由于相关法律法规过于原则，为增强其可操作性，相关的地方性、政策性制度设计就显得尤为重要。

就威海市而言，为规范物业管理行为，在 1997 年 9 月 22 日，市政府颁布实施《威海市城市住宅小区物业管理暂行办法》（威政发〔1997〕52 号），对威海市城市住宅小区物业管理进行规范。这份规范性文件在第二章中对住宅小区管理机构进行了规定，规定住宅小区设立业主代表大会，并由业主代表大会选举住宅小区管理委员会，管委会在住宅小区业主代表大会的监督下，代表业主行使职权。

2003 年国务院《物业管理条例》颁布，为贯彻实施《物业管理条例》，市政府于 2007 年 2 月 25 日颁布实施《威海市实施〈物业管理条例〉办法》（威政发〔2007〕9 号）（《威海市城市住宅小区物业管理暂行办法》同时废止）。《威海市实施〈物业管理条例〉办法》对业主委员会的产生、人员的组成、备案手续办理等做了具体的规定。这些规范性文件的出台，在一定程度上推动了威海市业主委员会工作的开展。

然而，随着时间的推移，特别是国务院《物业管理条例》的修订以及《山东省物业管理条例》的颁布实施，《威海市实施〈物业管理条例〉办法》已无法适应威海市业主委员会建设和发展的需要，2010 年，《威海市实施〈物业管理条例〉办法》因与《山东省物业管理条例》存在冲突而被废止。

近年来，威海市相关的物业管理规范性文件相继出台，但都没有对业主委员会进行相关规定，也就是说，在威海市层面，自 2010 年开始，对业主委员会建设和发展的制度设计实际上是处于空白状态。出现了老规定已废止、新规定未制定的尴尬局面。

另外，由于物业管理体制的特殊性和地域性，即使在威海市行政区划范围内，相关的制度设计也存在着碎片化的情形，目前威海城市中心区（高区、经区、环翠区、临港区）、文登区（当时撤市设区时规定相关体制五年不变）、荣成市、乳山市在相关物业管理体制包括业主委员会的制度设计上都各不相同。

3. 发展制约因素增大

（1）成立难

一是建设单位和前期物业企业对成立业主委员会态度消极。业主委员会的成立，是通过业主大会会议选举产生的。根据《山东省物业管理条例》的规定，建设单位或前期物业企业应将业主入住情况及时报告物业主管部门和街道、乡镇政府，以便相关部门能及时掌握相关情况，启动、召开业主大会。但现实中建设单位或前期物业企业往往会认为成立业主委员会会对其活动形成制约，因而态度消极，往往不会主动报告甚至隐瞒业主入住情况，而相应的制度设计对此无任何应对之策。

二是部分业主委员会成立的动机目的偏离。调查发现，威海市业主委员会的设立，其成立因素中"维权型"占相当比例。一些业主由于在购买或使用房屋的过程中感到自身的权益受到了损害，而在与开发商或物业公司交涉过程中觉得势单力薄，需要联合起来与开发商或物业公司抗衡，因而力促成立业主委员会。这种情形的业主委员会，其对抗情绪浓厚，其设立的不确定因素很多，不管最终设立的结果如何，必然是以维权开始，最终以维权结束。

三是业主意见难统一。目前物业管理领域，业主利益多元化格局已经形成。由于牵扯到各方利益，业主对业主委员会的诉求各异，甚至相互对立，导致业主委员会迟迟不能成立。威海市启明海景嘉园小区建成后，相关部门多次组织召开业主大会，选举业主委员会，但一直召集不起来。2014 年 12 月，在相关部门的力推下，选举产生了业主委员会，但由于停车收费纠纷，受到部分业主指责的业主委员会撂了挑子。后来虽然相关部门多次重新组织选举业主委员会，但由于部分业主的对立，业主委员会选举无法正常进行。

四是基层政府心有余而力不足。根据相关规定，符合首次业主大会会议召开条件的，街道办事处或乡镇人民政府应当在三十天内组建筹建组。而基层政府工作千头万绪，要做好业主大会的筹备以及业主委员会的选举工作需要付出大量精力，因此基层政府往往有心无力。

（2）运行难

一是业主参与意识低。业主参与小区公共事务决策的积极性不高，对涉及的公共事务，大部分业主缺乏关注，态度漠然，导致业主委员会的工作和决策缺乏广泛的群众基础。很多业主只关注跟自己切身相关的物业管理费有没有变动，在对小区物业重大事件表决时，往往是"事前不关心，事后很热情"，导致业主委员会工作开展难、决策执行阻力大。

二是经费和报酬难落实。虽然相关的法律法规规定业主大会与业主委员会的活动经费及执行委员、委员的报酬，从业主共有部分的收益中提取或者由全体业主承担，但在实践中由于经费和报酬来源渠道的不确定性，许多业主委会成员在工作中付出了大量的精力，却无法获得相应的回报，再加上一些业主对业主委员会工作的不理解，导致许多业主委员会成员有种"出力不讨好"的感觉，工作热情低。

（3）监管难

一是街道办事处、乡镇政府，包括社区居委会指导和监督业主委员会工作的职能被虚置。相关法律法规规定，街道办事处、乡镇政府，包括社区居委会对业主委员会工作负有指导和监督的职责，但对于如何指导和监督，应当履行哪些具体的职能却没有明确，导致这种指导和监督处于一种无所适从的状态，随意性很大。此外，业主委员会作为业主向社会各方反映业主意愿和要求，并监督物业管理公司管理运作的民间性组织，与社区居委会在居民自治方面存在着重叠，街道办事处、乡镇政府对业主委员会行为缺乏行之有效的监管手段。

二是业主对业主委员会工作的监督难以落到实处。根据相关规定，业主委员会由业主选举产生，业主大会有权监督业主委员会工作，听取业主委员会的工作报告，改变或者撤销业主委员会不适当的决定。也就是说，业主对业主委员会的监督，主要是通过业主大会进行，而业主大会的召开，由业主委员会负责召集。而现实中业主委员会很少召集召开业主大会，业主的监督难以落实。

4. 自身发展困境不断

（1）业委会组成人员参差不齐

由于成立和筹备工作的不规范，业委会组成人员的素质堪忧，调查中发现，少数业主委员会存在着成员采取不正当手段当选，甚至是开发商指定等问题。如威海市观海社区侨乡广场业主委员会从未召开业主大会，许多业主只知道有业主委员会，但不知道业主委员会成员是谁，导致55%的业主联名要求罢免业主委员会，重新选举。

（2）业委会自身行为缺乏规范

有的业主委员会为筹集活动经费与物业企业搞灰色交易，利用小区公共资源谋私利，接受物业公司的财物馈赠等。环翠区一小区业主委员会成立后，全然不顾法律规定，竟然欲与物业公司签订40年的物业服务合同，后因业主的强烈反对而作罢。

（3）工作方式亟待改进

有的业主委员会直接将自己定位为开发企业或物业公司的对立面，不仅起不到桥梁纽带作用，而且事事对着干，对开发企业或物业公司维权诉求强烈，致使双方对抗情绪较大，产生矛盾难以协调。

5. 一些突出问题亟待解决

威海市业主委员会发展过程中，累积了一些突出性问题，这些问题亟待加以重视和解决。

（1）村改造小区，新老业主关于业主委员会冲突问题

经过多年的旧村改造，威海市城中村改造工作基本完成，原先的城中村已经被新建的居住小区所取代。威海市旧村改造普遍采取的政策是村民回迁与商业开发相结合，在保证原村民回迁房的基础上，拿出原城中村部分土地进行商业开发，以补偿开发商进行旧村改造的投入。一般来说，一个城中村的改造建设项目是分期进行的，回迁区的建设项目一般作为一期优先进行，商业开发部分作为二期乃至三期项目进行开发建设。因此，城中村改造后新建居住小区的居民一般来自两个方面：一是旧村改造后原村民的回迁，二是商业开发中通过市场购买商品住宅的市民。

根据住房和城乡建设部《业主大会和业主委员会指导规则》规定："划分为一个物业管理区域的分期开发的建设项目，先期开发部分符合条件的，可以成立业主大会，选举产生业主委员会。"按照此项规定，威海市城中村改造中，村民回迁区建设作为先期开发部分，可以成立业主大会并产生业主委员会。此类业主委员会一般有三个特点：一是业主委会组成人员是由原先城中村的村民构成，虽然城中村改造后，原来的村民变成现在的小区居民，但人员构成并没有变，因而此类业主委员会必然代表的是本村村民的利益。二是该业主委员会往往是在"村改居"后的居民委员会（原村民委员会）主导甚至是直接安排下形成的，基本上是居民委员会的影子。三是城中村改造后，许多村（居）成立了自己的物业公司，来管理自己的城中村改造小区，业主委员会与此类物业公司往往有众多的利益牵扯。

城中村改造小区虽然是分期开发进行的，但在物业管理区域的划分上，一般会将其划分为一个物业管理区域。由于一个物业管理区域只能成立一个业主大会，而此时主要代表回迁区村民利益的业主委员会已经成立，后期商业开发项目的业主不能成立新的业主委员会，但往往又对原业主委员会极为排斥，甚至要求成立自己的业主委员会，导致双方矛盾冲突不断。这种矛盾和冲突在威海市城中村改造小区中普遍存在，典型的如环翠区望岛名郡小区、高区的学府花园小区等，如果处理不当，极有可能矛盾激化。

（2）老旧小区业主委员会问题

威海市区划范围内存在着数量不少的老旧小区，这些老旧小区由于历史原因，管理体制比较复杂，有的开发较早，物业管理不善；有的原单位已经破产，无力管理。由于受多方面因素的影响，这些小区业主委员会成立的比例普遍偏低，对威海市正在推进的老旧小区整治工作推动作用有限，同时也难以对已完成整治的老旧小区物业管理常态化起到应有的支撑作用。

三　充分发挥业主委员会作用的几点建议

1. 推动相关立法，加大制度供给

充分利用地方立法权下放的契机，推动威海市相关立法。由于物业管理的地域性特征，结合本地实际，针对性地推动相关立法项目使其具有实践性和操作性，是规范物业管理行为的必然要求。目前威海市已取得地方立法权，要争取早日将《威海市物业管理条例》纳入威海市立法计划，适时启动立法，对威海市的物业管理工作，包括业主委员会的主体地位、产生、运行、监督

和保障机制等进行明确而具体的立法规范。

同时，要针对威海市业主委员会发展的实际，对威海市近年来出台的相关的物业管理规范性文件进行梳理和反思，尽快制定出在威海市行政区划范围内统一实施的、对业主委员会的发展切实可行的相关政策。

2. 创新制度设计，破解发展难题

一是要探索构建起街道（镇）以及社区居委会、业主委员会、物业服务企业、建设单位"四位一体"的社区物业管理机制，明确各方在业主委员会成立、运行、监管中的具体职责，落实工作责任，破解业主委员会成立难、运行难、监管难问题，形成由以政府引领的社区管理理念为支撑、业主委员会规范自治、物业服务企业专业服务和建设单位诚信履责构成的工作格局。

二是探索建立民政大社区管理体制。社区是社会的重要组成部分，社区管理是一个大系统，物业管理作为社区管理的子系统，对社区管理起着重要的支撑作用。由于社区管理与物业管理目标的交叉性，两者无论在实践层面还是在政策法规层面都在逐步走向融合。因此建议探索建立大社区管理体制，把业主委员会工作融入民政大社区管理体制，从而使业主委员会的筹备、运行、监管、经费等都能得到有效的保障。

三是探索建立业主委员会代收物业费机制。由物业公司委托业主委员会对物业费统一进行收缴，业主委员会设立专户对收缴的物业费进行管理，根据对物业服务质量的考核和评估情况，向物业公司划拨物业费。这样既能缓解物业公司物业费收缴难的压力，提高物业费收缴率，又能从根本上督促物业公司严格履行物业服务合同，提供优质的物业服务。

3. 强化自身建设，提升业务素质

（1）事前把好遴选关

在筹备阶段，基层政府要对人员遴选把好关，参照村居选举的模式，在事前组织力量对业主进行细致摸排，掌握相关业主情况，做到心中有底。社区党组织在业主委员会的创建中要有话语权，要抓好在册党员的思想统一，发挥党支部在社区中的战斗堡垒作用。在党内统一思想，通过在册党员的辐射作用，引导业主把党组织信得过的业主推选到业主委员会中来。

鉴于业主委员会组织较为松散，业委会成员的组成成分又较为复杂的情况，为便于开展和推进工作，建议尽量吸纳业主中的财政供养人员，如网格长、信息员等进入业主委员会。同时鼓励业主委员会成员与居民委员会成员交叉任职。

（2）事中把好选举关

基层政府要严格按照相关的法律法规规定，把握好选举节奏、把控好选举局势，把真正能为业主办事、作风公道正派的优秀业主选进来。

（3）事后把好培训关

业主委员会成立后，要适时对业委会成员进行物业法律、政策、服务和沟通协调技能培训，引导其正确、合法、合理地行使权利。同时对其运作情况进行有效监管，对业主委员会做出的违反法律法规的决定，基层政府和物业主管部门要及时责令限期改正或者撤销其决定，并通告全体业主。对不履行职责的业主委员会成员，依法启动撤换和罢免程序。

4. 坚持问题导向，解决现实问题

（1）妥善处理好城中村改造小区新老业主与业主委员会的冲突问题

为公平地保障业主利益，在业主委员会组成人员的配比上，必须体现出广泛性和代表性。街道办事处和物业主管部门要把好关：一是街道办事处指导业主大会召开时，在城中村改造小区首次业主大会会议中，必须要求根据分期开发的物业面积和进度等因素，在业主大会议事规则中明确增补业主委员会委员的办法；二是物业主管部门和街道办事处要在业主委员会申请成立备案时，对业主大会议事规则中有无增补业主委员会委员的办法等具体内容进行认真审查把关。

对矛盾纠纷大且回迁区与商业开发区能够有效分隔的，应适当考虑将其划分或调整为两个物业管理区域，分别成立业主委员会进行业主自治。

（2）积极培育老旧小区的业主委员会

考虑到老旧小区的特殊情况，对老旧小区采取分类指导和政策倾斜。对具备条件的小区，及时启动召开业主大会，成立业主委员会，引进物业服务企业或实行自行管理。对暂不具备成立业主委员会条件的小区，由各街道办事处指定小区所属的居委会代行业主委员会职责，为小区提供治安防范、清扫保洁、绿化养护、物业维护等基本物业服务，同时在资金、政策上鼓励业主委员会的成立。

（作者单位：中共威海市委党校　课题组成员：孙　洁）

威海市现代服务业发展研究

姜玉娟

2014 年，威海市提出推进"产业强市、工业带动"，建设现代化幸福威海的发展路径；2015 年，威海市成为中韩自贸区先行试验区，开启了全方位对外开放的新格局；2016 年，威海市被国务院批准为国家服务贸易创新发展试点城市，重点对服务贸易管理体制、发展模式、便利化等 8 个方面的制度建设进行探索，大力推进外贸转型，增强服务业竞争力。在这一系列重大机遇面前，大力发展现代服务业就成了威海市的当务之急，因为，只有大力发展现代服务业，才能实现服务贸易试点城市的各项任务和目标，从而使现代服务业和服务贸易成为威海经济长期持续健康发展与优化升级的新引擎、新动力。本文阐述了威海市服务业发展的现状及存在的问题，并提出发展威海市现代服务业的总体思路和建议，希望对威海市现代服务业的发展提供积极的参考价值。

一　现代服务业概述

（一）现代服务业的内涵

1. 现代服务业内涵

现代服务业，就是用现代化的新技术、新业态和新服务方式改造传统服务业，创造需求和引导消费，向社会提供高附加值、高层次、知识型的生产服务和生活服务的服务业。现代服务业的发展本质上来自社会进步、经济发展、社会分工的专业化等需求，它既包括新兴服务业，也包括对传统服务业的技术改造和升级，其本质是实现服务业的现代化。

2. 现代服务业的种类

（1）新兴服务业。这类是伴随着新技术、新知识、创新服务和信息技术等发展而新兴或崛起的行业，主要有软件业、研发设计业、计算机信息服务业、科教服务业、城乡社区服务业和租赁商务服务业等。

（2）传统服务业改造升级为"现代"的服务业。这类是经新技术、新知识和新服务等改造提升为现代服务业的服务性行业，主要有现代商贸业、现代金融业、现代物流业、旅游会展业、文化服务业、房地产业和现代住宿业等。

（3）第一、二产业中含"现代"的服务性行业。具体来说，主要有第一产业中的农林牧渔服务业；第二产业中的电力、燃气及水的供应业（不含生产）；制造业企业中的产品研发设计、销售及技术服务和服务外包等；第二产业中的建筑装饰企业等。

需要指出的是，现代服务业的概念不是一成不变的，而是动态变化的，随着经济和社会的发展，信息和技术的改进而不断完善，逐渐淘汰一些相对落后的行业，吸收进来一些新兴的行业。因此，现代服务业的行业分类也是个动态变化和不断完善的过程。

（二）现代服务业的发展趋势

1. 现代服务业成为经济发展的支柱

首先，现代服务业将直接服务于高新技术产业的发展。其次，现代服务业将成为高新技术产业最重要的应用领域。最后，现代服务业将成为推动高新技术产业创新的主要动力。

2. 现代服务业分化与融合趋势明显

伴随着技术进步、生产专业化程度加深和产业组织复杂化，制造企业内部的设计、研发、测试、会计审计、物流等非制造环节逐渐分离出来，形成独立的专业化服务部门，如商务服务业、信息服务业、物流业等。

3. 创新成为现代服务业发展的最重要引擎

现代服务业研发投入不断增大，技术创新对服务业的推动作用日益明显。随着时代的进步，全新的现代服务业商业模式层出不穷。

4. 服务外包成为现代服务业国际化转移的重要途径

首先，随着全球产业分工的不断细化，出现更多专业化服务企业；其次，全球企业的竞争越来越激烈，而服务外包能帮助企业降低成本、提高效率。

二　现代服务业与现代农业和新型工业的关系

现代服务业主要为现代农业和新型工业乃至服务业本身的发展提供专业化生产性服务。从这个意义上讲，这类服务业的发展离不开现代农业和新型工业的支撑，但这决不意味着只有现代农业和新兴工业发展完成之后才能发展这类服务业。事实上，现代服务业中的生产服务业本质上是现代农业工农业生产高级化的一种表现形式。

首先，随着产业分工的深化，现代工农业生产的生产链被日益延长，生产环节的专业化程度越来越高，这就需要越来越多的服务行业（如交通、运输、通讯、贸易等）来连接与协调这些日益专业化的部门，只有服务业良好的连接与协调，才能进一步促进现代农业和新型工业生产水平的提高。其次，随着竞争的加剧，为了降低成本，企业越来越将主要资源集中在核心业务上，而把企业内部非核心业务的一些服务性功能如销售、物流、广告、会计、融资等外包出去，交由专业化的服务企业完成，促进服务业的发展，而专业化服务企业则通过提供低成本的专业服务促进工业化水平的进一步提升。所以，服务业和工农业生产是相互依存、相互促进的共生关系，只有二者保持同步协调发展才能促进经济持续健康地向高水平迈进。

三　我国现代服务业发展存在的主要问题

（一）技术含量有待提高

我国服务业总体技术含量不高，劳动生产率较低，科技对服务业的贡献率还有待进一步提高。目前，美国、日本、欧盟的服务业从业人员人均生产率是 7 万美元左右，我国仅为 3000 美元左右。

（二）创新能力有待加强

自主创新能力不强，制约着我国现代服务业的发展，如软件和信息服务业由于自主创新能力不足、缺乏核心技术，我国所提供的产品和信息服务基本处于产业链低端，经济效益很低，而且我国在服务业领域研发投入的不足，也在一定程度上影响了服务业创新能力的提高。

（三）人才短缺问题凸显

我国虽然拥有丰富的人力资源，但服务人才的短缺，尤其是结构性短缺一直制约着我国现代服务业的发展。在物流行业，熟悉现代物流业务、了解国际惯例、富有操作经验的高端物流人才奇缺的问题一直没有得到缓解。在前几年爆发的金融危机中，我国软件服务业、服务外包业的快速发展，也使这个问题更加凸显。

（四）融资困难亟待改善

大多数服务企业由于规模小、信用低以及缺乏足够的抵押品等原因，很难从银行获得企业发展所需的贷款。在需要大量资金的现代服务行业如节能服务业中，融资困难一直是制约行业发展的最大难题。

四 威海市现代服务业发展现状

（一）服务业持续繁荣，规模不断扩大

近年来，威海市把加快服务业发展作为"转方式、调结构"的重要抓手，出台了一系列加快服务业发展的政策，进一步放宽市场准入，加大财政扶持力度，使服务业在"转方式、调结构"中起到了主导和先导作用，取得了可喜的成绩。

1. 服务业增加值占比首次突破全省平均水平

2015年，全市服务业实现增加值1362.21亿元，同比增长9.5%，分别高于GDP和第二产业增速1个百分点、1.3个百分点，位列全省第6位。服务业的快速发展促进全市产业结构进一步优化，服务业增加值占GDP比重达到45.4%，首次突破全省平均水平，位列全省第4位。

2. 服务业投资突破千亿元大关

2015年，全市服务业完成投资1144.06亿元，增长36.4%，高于全社会固定资产投资增速22.3个百分点。服务业投资占全社会固定资产投资比重达到44.98%，比上年提高了7.38个百分点，成为拉动威海市投资增长最重要的产业。

3. 服务业企业培育工作再创新高

2015年，通过主辅业分离、服务业企业规模化改制、个转企和小升规等

有力举措，加快推动服务业企业培育工作，新增规模以上服务业企业382家，同比增长24.7%，位居全省第1。

4. 服务业成为优化产业结构的突破口

服务业聚集度极大提升，涌现出一批新型业态、新兴商业模式的创新性服务企业，服务业在创新驱动中迈向了提质扩容阶段。

（二）现代服务业快速发展，助力经济结构优化

在发展传统服务业的同时，威海市着力打造现代商贸、现代物流、立体交通、休闲旅游等现代服务业。以苏宁电器广场、威海港国际物流中心项目，新港区三、四期码头工程，滨海旅游景观公路项目为代表的一大批投资规模大、辐射带动强的现代服务业项目投入运营，成为经济大发展的坚实支撑，引导威海由第二产业主导的经济结构，迈向了第二、三产业协调发展的轨道。在未来一段时期，威海市将推进10个服务业重点集聚区，逐步形成"突出一轴、壮大一圈、拓展两翼"的服务业发展布局。"一轴"包括环翠区金融集聚区、中心城区商贸集聚区和南海商务旅游集聚区；"一圈"包括文登温泉养生集聚区和临港生产性服务业集聚区；"两翼"包括东翼－东部滨海新城现代服务业集聚区、好运角旅游度假集聚区和石岛冷链物流集聚区，西翼－高区高技术服务业集聚区和大乳山养生旅游集聚区。

五　威海市现代服务业发展中存在的瓶颈问题

（一）服务业内部结构有待进一步优化

一是传统服务行业保持绝对优势，现代服务业所占比重不高，新型服务业发展不快，高端服务设施不足，服务业整体竞争力偏弱。服务业企业"低、小、散"现象严重，缺乏较大规模和较强竞争力的企业集团，还没有形成真正意义的上规模、上档次的服务业集聚区。2015年运输、仓储和邮政业以及批发和零售业等传统服务业增加值占服务业增加值的比重超过70%，而金融、房地产、租赁及商务服务业等现代服务业增加值占服务业增加值的比重低于30%，现代服务业总量上的弱势成为制约服务业快速发展的主要力量。

二是现代服务业内部结构缺乏合理性。与生活性服务业相比，生产性服务业发展相对滞后。2015年全市金融业增长、信息传输、计算机服务和软件业增长低于20%，与其他营利性服务业增长近30%相比，存在着一定的

差距。

（二）服务业的资金支持力度有待进一步加大

一是服务业融资难问题尚未得到充分解决。服务业企业大多注册资本规模小、固定资产投资少，且通常以拥有知识产权、人力资源、开发工具（软件）等无形资产为主。长期以来，这类企业在办理银行贷款时难以提供固定资产抵押，往往要以企业主个人财产进行抵押，筹融资非常困难。同时，已有的中小企业贷款担保公司资金规模偏小，而且设立审批严格，在解决服务业企业融资难方面的作用有限。

二是相对于制造业，政府对服务业的投入力度还不足，促进服务业发展的财政专项资金规模偏小。

（三）思想意识有些滞后

一是观念上，一些部门、行业对服务业发展的思想认识不足，对工业特别是先进制造业与现代服务业间互动发展、互相促进的作用认识不足，对现代服务业在国民经济中的重要地位认识不足。

二是规划组织上，服务业涉及的范围极广，分布在全市各行业，在规划、政策引导和操作层面缺乏整体引导。促进服务业发展的扶持政策往往少于农业和工业，不少服务行业的发展流于自发增长。

（四）高层次人才缺乏，智力支撑不足

现代服务业发展需要大量的专门人才，更离不开高端人才的支撑。威海市服务业人才比较短缺，尤其是领军型、管理型、复合型现代服务业人才短缺一直制约着威海市代服务业的发展。在物流行业，熟悉现代物流业务、了解国际惯例、富有操作经验的高端物流人才奇缺的问题一直没有得到缓解。威海市软件服务业、服务外包业的快速发展，也使这个问题更加凸显。

六　加快现代服务业发展的总体思路和建议

（一）坚持规划引领

全市各部门要加强统筹协调，完善服务业规划体系，促进资源有效配置、产业合理分工、区域合理布局。

（二）加快开放步伐

主动承接国际、国内发达地区现代服务业的转移，大力引进国内外知名现代服务业大集团大公司、跨国公司总部、跨国采购中心、国内外知名会展公司、著名旅行社、著名品牌饭店、医疗机构、资产评估机构、物业管理公司等落户威海。

（三）加强政策扶持

逐年增加现代服务业发展引导专项资金，优先对重点行业、重点区域的服务业重点项目供给土地，加大信贷支持力度，鼓励服务业企业进入资本市场直接融资，放宽市场准入，加强现代服务业领军人才和高端服务人才引进。

（四）强化项目带动

加大招商力度，储备和建设一批现代服务业重点项目。加快推进重点集聚区等一批功能性重大项目重点工程的规划建设。建立现代服务业重点项目协调推进机制，实行审批"绿色通道"和跟踪服务。

（五）优化发展环境

简化审批程序，优化工作流程。规范行政事业性收费行为，降低收费标准。鼓励使用和保护服务业品牌及商标。鼓励组建专业物流企业，适当放宽经营范围。保护连锁企业和外来企业的商号商标专用权。

（六）做好统计工作

改进统计制度和方法，健全统计网络，建立联席会制度，落实服务业统计专项资金，建立服务业发展的预警预测和信息发布制度，完善各部门间信息交流和共享机制。

七　发展现代服务业重点项目的选择

按照威海市政府规划，下一步，威海市将着力发展涵盖生产性服务业、信息消费产业、新型生活服务业的现代物流、金融保险、服务贸易、电子商务、科技服务、信息服务、文化体育、休闲旅游、现代商贸、养生养老十大服务业重点产业。本报告建议重点项目的选择如下。

（一）大力开发休闲产品

1. 海洋休闲产品

依托海湾、海岛、海滩等资源优势，加快发展邮轮、游艇、帆船、海钓、海滨度假酒店等休闲旅游新业态项目，大力开发海上旅游航线，加快培育海上演艺、海上餐饮、海上婚庆等旅游产品，精心打造"幸福海岸、浪漫之旅"海上休闲旅游品牌。加快建设游钓基地、游钓俱乐部、公共游钓区，构筑层次分明、功能完善的海洋游钓布局。推动生态养殖与观光旅游相结合，加快海洋牧场与休闲渔业建设，发展赶海拾贝、亲海观光等"渔家乐"活动。

2. 温泉休闲产品

依托丰富的地热资源，开发温泉休闲度假旅游产品。进一步丰富天沐温泉、汤泊温泉、小汤温泉等文化内涵，提升档次。高起点推动宝泉汤、呼雷汤、大英汤、七里汤、天润温泉和温泉风情小镇等项目开发，形成不同风格的温泉旅游区。将温泉洗浴与养生保健、康复疗养、美容美体等有机结合，积极发展海水热疗，打响"中国温泉之乡"品牌。

3. 生态休闲产品

依托优越的生态环境和自然保护区、森林公园以及山地、湿地等生态资源，培育生态休闲旅游产品，开展登山、攀岩、探险、科考、露营等生态旅游活动，打造里口山、天鹅湖、昆嵛山、恒山、铁槎山、岠嵎山等生态旅游休闲区。

4. 乡村休闲产品

适应乡村旅游休闲成为大众休闲新时尚的趋势，在休闲农业与乡村旅游资源优势突出的地区，大力发展开心农场、田园观光、农事体验、农业休闲、自助采摘等乡村休闲产品，形成一批全国休闲农业与乡村旅游示范区和全国休闲农业示范点。以樱桃节、无花果旅游月、采贝节、蓝莓节、葡萄采摘节等活动为载体，开展乡村休闲游活动。规划建设一批可供户外活动的景观游憩线路，形成连接城乡的"绿道"休闲网，推动"绿道"休闲游，带动"农家乐"发展。

5. 运动休闲产品

推动体育与旅游深度融合，积极承办全国帆船冠军赛、国际长距离铁人三项世界杯赛等重要赛事，举办全民健身跑、自行车赛等赛事活动，提高档次，丰富内容，扩大影响力。加快建设综合性海洋体育中心和海上运动产业基地，大力发展休闲帆船、沙滩文体等体育健身旅游，打造休闲帆船基地。

积极引进高尔夫赛事，策划举办高尔夫嘉年华系列联谊活动及高尔夫专题摄影展，打造特色鲜明的滨海户外运动基地。

6. 养生休闲产品

充分利用威海市海洋、温泉、山地等优势，依托景区和疗养机构等，大力发展温泉养生、水疗 SPA、针灸、推拿、中药等养生康复保健休闲产品，开发养生养老旅游。针对老年人市场需求，开发异地养生养老别墅、养生养老公寓等旅游地产。积极引进韩国成熟的美容技术和先进的医疗器械，培育发展医疗美容、健康养生等新的旅游消费热点。

（二）加快开发房地产业

威海市 2015 年城乡人均住房建筑面积分别为 31.4 平方米和 35.9 平方米，"十二五"期间，年人均增长 2 平方米，这是一个巨大的需求，随着城镇化进程的加快，要把握好房地产业的发展机遇。一要完善房地产管理体制和方式，建立多层次住房供应体系。强化政府对房地产市场的宏观调控作用，加强和完善社会保障机制，提高城镇居民购房支付能力，加快城镇化过程，提高城镇的集聚能力，搞活区域经济，增大市场有效需求。二要确立开发总量控制机制，建立健全房地产预警系统，落实诚信信息公开披露制度，引导开发企业根据市场需求进行投资。规范一级市场，大力改革现有的预售管理制度，建立"现楼"买卖机制，改革企业资质管理制度。大力发展和培育二级市场，健全房地产中介服务市场，规范物业管理，引导房地产市场健康发展。三要提高住宅产业的科技含量，促进房地产业增长方式的根本转变，以节地、节能、节水、节材和环保为重点，推动绿色住宅建设。加强基础设施和社会文化设施与房地产开发的配套，创造良好的居住生活环境，满足人们生活水平日益提高的需要。

（三）努力建设现代物流业

现代物流业是在现代信息技术和互联网发展基础上，在传统的运输业和仓储业等相互融合、重组、提升的基础上形成的一种新型的产业形态。提升及发展威海市现代物流业的优势，抓好陆海汽车货物运输项目，充分利用好威海的海陆空资源统筹发展、打造结构合理、功能完善的东北亚国际航运物流枢纽城市，完善全市物流业发展规划，把物流网络沿交通网络向内地及韩国辐射扩展。

（四） 加快发展文化产业

挖掘刘公岛海权文化、成山头祈福文化、天鹅湖生态文化、法华院佛教文化、圣经山道教文化、大乳山母爱文化、多福山养生文化、天福山和马石山红色文化以及英租历史遗迹、渔家民俗等文化内涵，打造一系列特色鲜明的文化旅游产品。加快推进老洋房、海草房、博物馆、科技馆、规划展览馆等向旅游产品转化。加强文化创意、文化体验等休闲旅游产品开发，积极扶持旅游影视作品创作。依托威海市摄影家协会创作基地、美术家协会创作基地以及三和影视基地、中韩影音基地、金石湾书画城、福如东海文化园等文化休闲载体，邀请国内外知名作家、画家、书法家、词曲作家、摄影家等来威海市休闲度假、创作采风。突出人居文化特色，依托国际建筑设计大奖赛、住宅产业博览会、家居产品博览会等活动，策划人居文化旅游线路。依托韩国服装商城、韩国风情街、韩乐坊等，设计开发体验韩国风情的特色旅游线路。

（五） 提升信息服务业规模和水平

现代化的重要标识之一首先是信息化，没有实现信息化的服务业只能停留在传统的服务业项目上，没有信息化形成的网络经济作为支撑，市场资源配置也难以及时实现优化。要把推进社会信息化建设放在经济发展中的重要位置，积极建设"数字威海""智慧威海"，全市的金融、广电、邮政、电力、电信、交通、财税、贸易、商务、政务等领域基本实现信息化，并保证了畅通运转，特别要在电子政务、电子商务领域进行重点建设。推行电子商务要首推企业间的电子商务应用，在企业营销、运输、管理和服务方式等实行信息化，降低企业运营成本，提高企业经济效益和综合竞争力，促使信息服务业发展和国民经济信息化程度的提高，建立更高水平的"数字威海"，提升威海市现代化建设的整体水平。

（六） 发展会展业

会展业是集会议、展览、旅游、商贸、文化于一体的综合现代服务业，因其影响面大、消费能力高、利润丰厚、城市带动性强，被誉为"城市经济的发动机"。举办大中型国内外的会展活动，一是可以带来巨大的社会经济效益。国内外通行的算法是会展业每产生 1 元的收益，必然会给相关产业带来10 元的收益。二是大量的人员流、物资流、资金流、信息流，将极大地促进服务业的发展和升级。三是促进国内外区域间的交流合作，提升承办城市的知名度和综合竞争力。坚持以会展和节庆活动带动休闲旅游发展，以中国威海国际人居节、CCTV 少儿艺术电视大赛、中国渔具制造业基地博览会等为重点，积极打造"四季国际会展城市"。深入挖掘地方文化资源，打造一批具有浓郁地方特色和民俗风情的节庆品牌。办好"好客山东贺年会""国民休闲汇"活动，积极引进和承办国内外高端会议、大型展览和体育赛事。

（七）扩大服务贸易规模

威海市被国务院批准为国家服务贸易创新发展试点城市，可以享受国家提供的多项服务贸易优惠政策，如，今年 5 月，经国务院批准，威海出口加工区转型升级为威海综合保税区，其所具备的保税加工、保税物流、保税服务、虚拟口岸等特殊功能，为威海发展服务贸易提供了新的重要支撑；经海关总署批准，威海市可实施国际服务外包业务进口货物海关保税监管模式。我们要抓住这个契机，用好这些政策，大力发展服务外包、文化贸易、国际劳务和建设工程、金融保险外包等服务贸易，重点发展环翠区、高区、经区服务外包产业集聚区，推动服务贸易率先发展。

（作者单位：中共威海市委党校）

"汉方医学""韩医学"之繁荣对威海中医药事业发展的启示与借鉴

孙　晓

一　日本"汉方医学"发展简史及发展现状

1. 日本"汉方医学"的由来

中医学传入日本后被称为"汉方医学"（汉医）或东洋医学。5 世纪时，朝鲜使者以中医药治愈日本天皇宿疾，使日本人认识到中医学的价值并接受了这一医学体系。

"汉方医学"在学术理论和治疗实践方面均与中医学一脉相承，同时又有自己的特色和较丰富的医学成就，其治疗方法以草药为主，也包括针灸、按摩等传统中医治疗手段。

2. 古代日本"汉方医学"发展简史

公元 562 年，中国学者携《明堂图》等中医文献到日本。

隋唐时期，中医学风靡日本，出现了《医心方》等保存有大量珍贵早期中医药学资料的重要典籍；8 世纪时，日本《大宝律令·疾医令》颁布，日本仿照唐朝建立起较完善的医事制度、医学教育体制并一直延续到明治维新时期。

以《和剂局方》为代表的宋代医学，对日本医学影响深刻；金元四大家学说 15 世纪末传入日本并影响深远。

日本医家在全面接受和模仿运用中医学基础上做了大量的医学思想创新，实现了中医学的"日本化"，到江户时代（1603～1868 年）末，日本"汉方医学"最终形成。

3. "汉方医学"发展现状

1945 年以来，日本要求汉方医师和药剂师接受系统的西医药学教育，只允许西医开汉方药。但日本医学界在普及、振兴汉方医学，争取政府支持，研究、阐明汉方医药作用机制，开展汉医临床诊疗，发展汉方医药教育，特别是在汉方医药研发和高科技推进产业化等方面做了很多工作，取得了显著成就，得到了政府的认可，受到了广泛重视。

1967 年，日本开始接受汉方医学药物进入健康保险允许使用药物名单。20 世纪 80 年代以后，日本文部省（相当于我国教育部）就过去忽视汉方医学教育的问题进行了调整，要求各大学医学院（部）设立汉方医学课程；厚生省（相当于我国卫生部）也支持研究与应用汉方，将 200 多万个汉方处方纳入医疗保险，规定符合标准的中药颗粒煮散方剂可以报销；日本政府还拨专款支持对中医药课题的研究。

4. "汉方医学"发展特色

"汉方医学"重视中医辨证施治理论的应用，反对简单化的方证直接主义，较好地遵循了"随症加减用药"原则，取得了良好的疗效。

"汉方医学"重视开展汉方药改革，如津村、小太郎等制药公司依仲景方、万病回春方、局方开发的汉方浸膏制剂，其中成方颗粒多达 200 种，可在保险医疗中报销，经济效益良好。上述公司还在我国深圳、上海等地建设了工厂和中药贮存仓库，在我国西北、江浙等地建设了道地药材生产基地。"汉方医学"其他方剂方面的改革还包括枥本制药公司等开发的生药颗粒剂，将传统炮制与煎煮的优势结合起来，辨证施治，随症加减，深受患者欢迎。

汉方药还积极利用中药提纯方式创制新药，自觉进行新药开发、生药研究，推动中药进入保健品、药膳和化妆品市场，使中药的优势得到较充分的发挥。

"汉方医学"重视针灸的运用。如 20 世纪 80 年代日本就拥有了 60 多所针灸专门学校，有了享有较高声誉的明治针灸大学。在日本，高中毕业生与成人均可经考试进入针灸专门学校，这些学校设有针灸（东洋医学）、日式正骨、康复、理疗等专业，毕业学生可独立开业或到医院从事针灸工作，就业形势良好。许多日本针灸专门学校还在美国设有分校，对弘扬针灸技术发挥出重要作用。

"汉方医学"的上述特色值得我国中医界深思。

二　"韩医学"发展简史及发展现状

1. 朝鲜中医学发展的源头

公元前 2 世纪，中医药已传入朝鲜半岛。2 世纪末，中医药最著名的经典著作《黄帝内经·素问》《伤寒论》等传入朝鲜。到唐代,《黄帝内经·素问》《伤寒论》等成为朝鲜医学生的教材。朝鲜效仿唐朝的政府管理制度,设立了医学学科。北宋时,朝鲜大量刊印《伤寒论》《肘后方》等中医药著作,中医药学在该国得到广泛传播,成为朝鲜医学的主流。

2. "韩医学"概念的提出

1986年4月,韩国国会通过《医疗改正案》,将其中的"中医学"改为"韩医学","韩医学"提法首次正式以法律认可的形式出现。而之前,韩国并没有"韩医学"这一提法,在韩文中,"中医"和"韩医"的表达方式一模一样,"韩医院"实质上就是"中医院"。

继2005年11月24日成功将"端午祭"申报为世界文化遗产之后,韩国开始了一系列将中医改为韩医申报世界遗产的操作。2014年7月31日,《东医宝鉴》被包装成总结"韩医学"精华的集大成之作,被第九届世界纪录遗产国际咨询委员会载入世界文化遗产名录。

3. 朝鲜中医学的实质

虽然中医在传入朝鲜后,也融入不少朝鲜地方传统医学的元素,但朝鲜医学的根基实质上还是中医。如被奉为朝鲜中医学体系形成标志的三部重要作品:1433年刊行的《乡药集成方》、1448年刊行的《医方类聚》和1613年刊行的《东医宝鉴》。其中《东医宝鉴》实质上是一部转抄引述80余种中医典籍的图书;《医方类聚》仿中国医学古籍《圣惠方》编写,参考中国医典100多部;《乡药集成方》是仿照当时中国本草体例对朝鲜本地药材进行的介绍,除名称标注本地名称外,其余所载药性均依照中医观点。

另外,被韩国奉为特有理论体系标志的"四象医学",则完全是19世纪初朝鲜医学家李济马对中医学阴阳对立统一观点的一种演绎和阐发。

4. 近现代朝鲜中医学及"韩医学"发展现状

在"韩医学"概念提出前,朝鲜中医学在很长时间内被称为"东医学"。19世纪末,西方医学传入朝鲜,朝鲜政府采取了东、西医两种医学并存的政策,形成了东医学、西医学两大系统并立的形势。

第二次世界大战后,朝鲜半岛分裂为两个国家。1951年10月,韩国政府颁布了国民医药法令,规定在韩国东医和西医地位相同,使东医学在韩国得以稳步发展。

1986年韩国政府改"东医"为"韩医"后,韩医地位逐年提高,韩医师受到欢迎,被视为最有前景和韩国人最希望从事的10种职业之一。这一方面与韩民族特殊的民族自尊心理有关;另一方面,还与传统医药在保健方面的显著效果有关。

"韩医学"概念提出前后，"韩医学"事业得到了较快发展，如1980年韩国领取执照的韩医师仅3015人，到1985年就增加到3789人，到2006年已发展到5000余人。韩医学院由1986年的5所增加到2006年的10所，培养的人才深受欢迎。韩医院和韩医诊所也如雨后春笋般发展起来。

在全球医药品市场规模快速增长的背景下，韩国政府把医药品产业作为国家朝阳产业，采取各种扶持政策全力提升产业竞争力。据韩联社2016年5月23日报道，韩国制药协会23日发布的一份报告显示，2015年韩国医药品出口额同比增长28.5%，达23.08亿美元，创历史新高，且大量出口至日本、中国。

三　我国中医药事业发展的现状及困境

1. 中医药事业的历史贡献

自中医诞生以来，中医药事业的发展对中华民族的繁荣兴盛产生了促进和保障作用，使中华文明在"大灾大疫"来临之时得以平安度过，避免了像古代罗马文明、古代印第安文明等因鼠疫、天花等大规模烈性传染病而衰亡的命运，使中华民族在长期的历史发展过程中一直保持了在政治、经济、文化等方面的领先位置。中医药的历史功绩不容否认。

2. 中医药事业发展面临的冲击与挑战

自明末以来，中国因没有把握住产业革命的机遇而逐渐让出了世界经济"领头羊"的位置，同时西方医药科技的东传，中医药的主导地位和作用逐渐动摇，在民国时期因受到一批有欧美教育背景、掌握了社会话语权的知识分子的怀疑、否定，一时之间中医药"存废之争"甚嚣尘上，中医药的命运岌岌可危。

3. 近代以来中医药事业发展所面临危机的原因分析

当前中医药事业发展所面临的危机从根本上说是一种文化的危机。

一是长期以来存在的西方文化中心论、现代科学霸权主义思想对人们文化观念的冲击。这种不良观念造成了我国医疗制度、教育教学、科研设计、生产组织等方面的日益西化，恶化了中医药事业发展和中医药文化传承的外部环境。

二是中医药学思维方式、哲学思想、价值理念比较深奥难懂，中医药文化与中国传统文化紧密不可分割、需要互相支撑和印证，对中医药行业相关人员来说，这往往成为一种天然的文化隔膜和壁垒，难以做到对中医药文化自觉认同、主动传承；即便认同，也做不到短时间内全面掌握。

三是中医药事业的管理模式仍然不够合理。目前我国的医疗制度体系以向西方学习和移植为主，中医药管理处于附属地位，行业决策者中中医药专家比例相对不足，管理层面上对中医药事业的扶持针对性不强或出现错位，出台的法律法规、管理制度等与中医药行业的本质要求不契合。

四是当前医药产业发展的主体力量以化学药物生产经营企业为主，中医药企业数量少、实力弱、对中医药资源挖掘不深入，在企业科研及生产经营的组织方面受化学药物模式影响，中医药民族特色不显著，至今未形成较成功的发展道路。

五是承担中医药文化传承职能的重要主体——中医药高等院校，在较长时期内忽视了中国传统文化的教育，中医药传承所依靠的主要力量——中医药高等院校的学生及从业人员的教育基础基本上都以现代科学教育为主，中医药传承存在根基不深的问题。

4. 中医药事业在中、日、韩三国不同的发展现状之反思

与我国对中医药事业态度的长期游移不定甚至贬抑、排斥不同，作为中医药发展旁支的日本"汉方医学"，由朝鲜中医发展而成的所谓"韩医学"，在经历了西方医学科学的冲击之后，无一例外地作为本国的文化瑰宝得以保存、发展，韩国甚至将中医药改为"韩医学"而成功申报世界非物质文化遗产。

目前日、韩两国在中医药基础上发展起来的医药产业已成为世界医药产业的重要力量，而在中医药的发源地，我们的中医药产业却还在探索和徘徊中艰难前行。之所以出现这种反常现象，主要的经验教训应有以下方面。

一是政府的坚定支持是否到位。这一点我们还有很大差距，如在我国管理中医药事业中，决定中医药发展前途和命运的决策者，很大比例上以西方医药科技教育为背景。不掌握中医药文化的实质，以西医思维方式指导中医药发展。

二是保障中医药健康发展的法律制度不够健全完善。许多法律制度看似保护其实却阻碍了中医药的发展。如现行的医师制度，过去规定必须有一定年限的正规全日制教育才可取证行医，取消中医药的自学考试，就剥夺了一大批有专长但无学历的民间行医者继续行医的资格，现在虽然允许采取师带徒等方式取证，但许多民间老中医已然谢世，人才断层、文化断裂的现象已成现实。

三是民众的认可是否形成潮流。赢得民众的认可必须从多方面努力，除了上述的政府支持、法律保障以外，还包括中医药教育的长期深耕、中医药企业的成功革新、社会各界的精心培育，目前我国在这几方面都有很大改观，但仍需继续努力。只有中医药经济效益不断提升、中医药人才队伍不断壮大、社会各界对中医药推崇备至，才会迎来中医药事业发展的春天。

四　近年来我国中医药事业发展的利好因素

近年来，我国在建设全面小康社会方面取得了积极进展，我国在世界经济中的位次不断提升，人均国民收入等经衡量经济社会发展程度的指标也每年都有很大跃升，人民生活水平得到极大提升，人民群众对自身健康幸福等也日益重视。

在经济社会发展的同时，我国也面临着许多社会问题，如老龄化社会提前到来，社会对健康事业发展的需求快速增长。此外，我国在实现从发展中国家向较富裕国家迈进、摆脱"中等收入陷阱"的历史进程中，传统的依赖消耗大量资源和重复低水平建设保持经济增长速度的模式已经不可持续，积极寻求新的经济增长模式和增长点，向科技要效益，积极发掘我国一些特色鲜明和独特优势的行业的潜力以增强经济增长后劲、提高经济增长的质量和效益，已经成为当前乃至今后很长一段时间的"新常态"，中医药产业就是这样一个值得发掘的领域。

另外，在以西方文明为代表的现代科技深入影响全人类较长时期后，包括中医药传统文化在内的东方文化的价值也逐渐得到发掘和重视，在世界范围内成为一种文化新追求，其中的一些重要成果逐渐得到世界认可，如屠呦呦获得诺贝尔生理学或医学奖，就充分体现了中医药文化发掘的广阔前景。

新世纪以来特别是近年来，党和政府先后出台了《关于促进健康服务业发展的若干意见》（国发〔2013〕40号）、《中医药健康服务发展规划（2015～2020年）》（国办发〔2015〕32号）等文件；在2015年11月党的十八届五中全会通过的《中共中央关于制定国民经济和社会发展第十三个五年规划的建议》中，明确提出了推进建设健康中国的新目标。这一目标对未来一个时期的卫生事业发展和更好地维护国民健康做出了制度性安排，特别是其中着重强调了中医药事业发展的重要作用，为中医药事业的发展指明了方向，拓展了空间，意义非常重大。

五 威海市对中医药事业发展的重视

威海市也一直高度重视中医药事业的发展。近年来，威海积极实施中医药振兴发展战略，不断健全完善扶持和鼓励中医药发展的财政投入、人才培养、价格调整和医保支持等政策体系，凸显中医药特色优势，中医药综合改革走在了全省前列。如威海市瞄准中、韩自贸先行示范机遇，大力发展包括中医药养生保健和中医药生态旅游在内的中医药服务业，积极建设多层次、全方位的中医药健康服务业集群，积极开发中医特色养生保健旅游产品，积极发展中医药服务贸易，加快了中医药走出去的步伐。

2016 年，国家中医药管理局确定青岛市、威海市为第二批国家中医药综合改革试验区，国家中医药管理局将根据中医药综合改革试验区的特点和特色，提供资金和项目方面的支持。威海市也计划使中医药健康服务业成为推动经济社会转型发展的重要力量，积极实施"中医药 + 海洋""中医药 + 旅游""中医药 + 养老"等战略，增加对全市 GDP 增长的贡献率。

威海市中医药事业仍还比较薄弱，但发展空间和增长势头强劲。

六 "汉方医学""韩医学"之繁荣对威海市中医药事业发展的启示与借鉴

从"汉方医学""韩医学"的繁荣中，我们应有所借鉴。

1. 政府要在中医药事业的发展中有所作为，要为中医药事业的发展创造良好的外部环境

要将中医药事业的发展纳入地方经济和社会发展规划，从宏观上进行布局规划，以政策提供服务支持；要积极倡导创新、协调、绿色、开放、共享发展理念及实施生态立市、科教兴市、产业强市战略，营造有利于威海市中医药事业发展的外部环境；要为人才的引进提供便利条件，以人才的引进带动项目的开发；要为校企深度合作牵线搭桥，借助高校智力资源，通过成立中医药职业教育集团、促进校企中医药产品研究开发等，形成一批有示范效应的项目。

2. 保障中医药健康发展的法律制度不断健全完善

在法律允许的范围内，通过地方性法规，为中医药事业的发展松绑排障，形成有利于中医药事业发展的法律保障；尽快出台一批有利于保护中医药优

秀文化遗产的制度，加强民间中医药资源的发掘、搜集、整理，必要时可通过申报"文化遗产传承人"等方式予以保护；尊重民间有真才实学的名老中医，扶持各种形式的"师带徒"，促进中医药的传承。

3. 加强中医药文化的宣传教育，为中医药事业的发展赢得民心

充分发挥中医药在医治现代疑难杂症和避免药害等方面的优势，向群众提供优质医药医疗服务，赢得民众的认可和支持；有关部门要通过举办中医药养生讲坛、保健讲座等形式，加强中医药文化在群众中的宣传，让中医药健康理念深入人心，形成大家信赖、喜爱中医药的风气；支持中医药高等教育、职业教育的发展，夯实中医药发展的基石，引领、把握中医药发展的"风向"。

4. 加快中医药生产基地建设，积极探索中医药事生产的成功模式

充分利用和发挥威海市气候温和、环境优美、土气水质优良、对外交往便利等有利条件，加快昆嵛山等优质中药资源基地建设，加强优质中药资源种植保护，扩大中药原材料生产销售规模；大力扶持一批具有较大发展潜力的中医药生产企业，形成龙头企业和拳头产品，探索中医药生产经营的成功模式。

5. 加强与日、韩的交流，学习、复制日、韩中医药发展的成功经验

充分发挥威海市在对日、韩交流中的桥梁纽带作用，加强引进日、韩一些较成功的中医药企业，加大对一些日、韩中医药经营模式的学习，借我国重视发展健康事业、积极推进健康中国建设的良机，实现威海中医药事业的大发展、大繁荣。

（作者单位：山东药品食品职业学院）

以"工匠精神"促威海产业强市战略实施

江 娜 张 强

当前,中国发展处于重要战略机遇期,经济新常态对企业的生存发展提出了更高的要求。随着互联网技术在制造业、服务业等领域的广泛运用,德国、英国等发达国家提出"工业 4.0""再工业化""英国 2050 战略"等计划,希望能够在未来社会保持工业强国的领先地位。与此同时,中国政府也提出"中国制造 2025"的战略计划,我们正准备从"制造大国"向"制造强国"迈进。而能促进中国产业结构升级的"工匠精神"不仅是一种新的生产理念,更是中国产业突破困局的有力推手。威海本地的产业和工业发展是中国产业发展的一个地区缩影,面临着同样的任务和困境。想要摆脱低端竞争格局,打造中高端的产业强市就急需"工匠精神"来补上"精神之钙"。

一 "工匠精神"的当代价值

国务院总理李克强在 2016 年 3 月 5 日作政府工作报告时提到,鼓励企业开展个性化定制、柔性化生产,培育精益求精的工匠精神,增品种、提品质、创品牌。这是"工匠精神"首次出现在政府工作报告中,让人耳目一新。

(一)"工匠精神"的现实内涵

"工"、"匠"与"工匠",有一个逐步演化的过程。从文献书籍上看,"工""匠"有着不同的含义,"工"包含着"匠"的意思。《考工记》曰:"知者创物,巧者述之,守之世,谓之工。"《说文解字·匚部》说:"匠,木工也。从匚,从斤。斤,所以作器也。"封建社会时期,随着户籍制度的出现,则"工在籍谓之匠",则工与匠合为一体。结合《辞源》及《古代汉语词典》，可将"工匠"定义为：专业技术与艺术特长的手工业劳动者。其基本要素包括以下三个方面：一是专业的或手工业行业分工的要素；二是技术的或专门技能的要素；三是艺术的或工艺的要素。

传统工匠作为一个群体，所展现的是那个时代的民族在当下生产力和物质文化供给上的一种层次和水平。由这种层次和水平所反映出来的品质就是当时的"工匠精神"的内核。所以在农耕时代，传统的"工匠精神"可以概括为以下五种精神特质。（1）尊师重教的师道精神。不管是手工作坊里的"子继父业"或是手工业行会里的"师徒相授"，工匠间技艺的传承多是通过"口传心授"的方式完成，因此在行业内尊师重教是首要的品质。（2）一丝不苟的制造精神。对工匠而言，制造器物的过程不同于标准化工艺下的大规模机器制造，"制造"意味着对其技术目的的再次创造。（3）求富立德的创业精神。对于绝大部分工匠来说，养家糊口是其从事工匠行业最直接的现实目的。如何通过自己所掌握的技艺来谋求尽可能多的经济利益、巩固其社会关系，是工匠凭借其技艺立足社会后所必须面对的问题，于是创业成为工匠凭借其技艺成就事业的最好途径。（4）精益求精的创造精神。工匠的创造性更多表现为累积式的渐进和改良。工匠根据自己长期的技术实践经验和对技术方法的思考，对前人的发明制品或技艺进行改良式地创造，以得到"青出于蓝而胜于蓝"的技术制品，推陈出新、革故鼎新就是工匠精益求精的创造精神。（5）知行合一的实践精神。工匠不仅要向师傅学习各种工具的使用和操练技术环节中的关键窍门，还要亲身对所制器物进行反复比较、总结，以期加以改进，还要大胆实践自己的设计理念，勇于突破前辈的发明创造。

随着工业时代的来临，现代社会的演变除了使人们继承传统的"工匠精神"，工匠的含义也被赋予了新的时代意义。新时期所弘扬的"工匠精神"不仅仅是手工业者的职业道德追求，还是作为普世工作的任何人的行为追求。也有人认为"工匠精神"就是一种努力去发现问题并且通过亲身实践来解决问题的文化，是与将工作视为谋生手段有显著区别的价值理念，真正做到了"敬业、乐业"。因此，我们认为现代的"工匠精神"属于职业精神的范畴，是从业人员的一种职业价值取向和行为表现，与其人生观和价值观紧密相连，是从业过程中对职业的态度和精神理念。总结概括有以下几点。（1）精益求精，求技艺之巧。"巧"并不只是一种简单模仿的手工操作技巧，而是在本质上体现了创造性思维的特质。它要求人们敢于打破常规，别出心裁，不拘泥于传统。注重细节，追求完美和极致，不惜花费时间精力，孜孜不倦，反复改进产品，使产品（服务）的质量和性能达到极致的境界。（2）严谨，专注，一丝不苟。不投机取巧，坚守专注的意志品质，对产品和服务采取严格的检测标准，追求终极完美。由于它对为学、修身、做事发挥积极的作用，它也因此获得道德意义，从而成为工匠所追求的一种重要美德。（3）改革创新。不断提升产品和服务，渴求富创意、有创见，敢于对既有知识仓库内的成果大刀阔斧地改造，这是现代"工匠精神"应有之意。（4）对劳动的认同和尊重。对工作的平等和劳动的尊严的真正认同，承载着道德与良知、责任与担当，是普世价值的流行与精神信仰的挺立。（5）爱岗敬业。对所从事的职业有一种敬畏之心，视职业为自己的生命。

从本质上讲，现代的"工匠精神"是一种价值选择，是一种人生态度，即选择诚信、专注、责任和荣誉。推崇和践行这种精神的也不再是狭义的"工匠"群体，而是泛指的从业人员。在亚克力·福奇看来，任何人只要有好点子并且有时间去努力实现，就可以被称为工匠。可见，各行各业的人才，想要成就一番事业，都离不开"工匠精神"。

（二）"工匠精神"的当代价值对威海产业强市战略的积极影响

既然"工匠精神"是一种对工作精益求精、追求完美的精神理念，严谨细致的工作态度，自我否定的创新精神与工作伦理品质，那么这些优秀的职业精神品质在今天的社会中注定具有重要的社会价值。

1. "工匠精神"成就世界品质

世界上各种名牌产品的创立、工业强国的形成在很大程度上都来自于这种精益求精、追求完美与极致的"工匠精神"。倡导没有最好，只有更好，将每个产品的每个细节尽可能地做到极致，始终不渝地追求一种完美至善的理想状态，这是优良制造形成的关键所在。威海市的经济发展要从低端竞争中脱颖而出，制造完美的产品才是产业振兴的核心基础。深化开放机制、加强对外贸易的最终目的是以工业带动产业强市，而被国际认可的品质产品才是王道。

2. "工匠精神"是中国步入中等收入国家的必然选择

经验表明，当一个国家迈入中等收入国家水平时，居民对产品质量的追求显著上升，对品牌价值的诉求也爆发式增长。当前，一方面是出国购物、海淘、代购的疯狂火焰，另一方面是实体经济销售难、倒逼潮、跑路潮的刺骨寒冷。为什么我们有着全球最令人侧目的需求市场，但却陷入产能过剩的困境？为什么我们对海外商品趋之若鹜，外汇不断流失，而国内的线下零售商却步履维艰？我们有着庞大、强大的重工业及国防工业，但就是无法满足日益挑剔的中产阶层。其中一个重要原因是，中国企业在产品质量和品牌形象方面与国际一流产品和品牌存在差距。在中产阶层时代，企业必须秉承"工匠精神"，提升对产品和服务质量的追求，精雕细刻出产品的高品质。当前，我们进行的供给侧改革，就是要发扬"工匠精神"，让我们供给的产品和服务质量更好，价值更高，满足我们人民日益提高的消费需求。通过有效的消费来带动经济增长，以根除对投资拉动增长的依赖。弘扬"工匠精神"是实现中国经济转型升级、发展壮大中国制造业的现实需要。经济发展方式转型和产业结构升级是当前中国经济发展的重要任务，也是威海经济快速增长的重要任务。在当前劳动力成本优势逐渐消失的情况下，想要继续保持竞争优势，建立令世界尊敬的中国制造，就要培养中国的从业人员的"工匠精神"。而威海，作为沿海新兴城市想要以产业强市突出重围，应抢先抓紧"工匠精神"的内在驱动能量。

3. "工匠精神"是企业生存、发展的重要保障

据统计，世界上延续200年以上的企业共5586家，其中日本3146家，德国837家，荷兰222家，法国196家。研究发现，长寿企业之所以扎堆出现在这些国家，是因为他们都传承着一种"工匠精神"。"工匠精神"是德国家族企业历经百年而不倒的秘诀之一，也是日本品牌屹立于世界之巅的利器，"工匠精神"对企业管理有着重要启示。坚持"工匠精神"的企业依靠信念、信仰，不断改进、完善产品，经过高标准、严要求历练之后，其产品就能最终赢得广大用户的认可，取得不菲的效益。一家企业必须有一种精神的指引，一家长寿企业必须有一种精神的传承，"工匠精神"无疑是这个时代宝贵的精神财富，传播、实践"工匠精神"对企业而言有着很强的现实价值，是其基业长青、在竞争中立于不败之地的法宝。

4. "工匠精神"有助于从业人员的自我价值实现

"工匠精神"不仅涉及中国制造及其产品质量，而且是人们普遍的职业和工作伦理的行为与精神的集中体现，"工匠精神"不仅是工作者的优良品质，而且也应该是一个企业对待员工的态度和理念。鼓励认同"工匠精神"，实际上就是认同员工对企业的价值。树立"工匠精神"，对于威海市的企业来说是凝聚人心，抓住人才的法宝，也是威海各界人才发挥各自才能的契机。

二 "工匠精神"促进产业转型升级的国内外经验

当今世界，德国和日本的"工匠精神"常被人津津乐道。这两个国家都

是制造业，尤其是高端制造业极为发达的国家。在一定意义上，制造业文化就是工匠文化。制造业，尤其是高端制造业，往往需要从业者具备所谓的"工匠精神"。德国的"工匠精神"深受推崇，日本的"精益生产模式"已占据主流，从德、日制造业的崛起来反观中国，可以从中总结经验以图借鉴。

（一）他山之石的经验力量

德国的宝马和保时捷是汽车行业的巨头。宝马以高度自动化及每分钟 13 辆汽车下线的速度雄霸世界。其工厂内有 2000 个自动机械手，自动化程度达到 96%，每个机器人的精度达到了微米（1 微米 = 10^{-6} 米），而机器高效运转、精准科学管理的背后，是人的一丝不苟的"工匠精神"。与宝马相距不远的保时捷，手工程度高达 99%，其独一无二的车型独步全球，单台车的利润高达 2.2 万欧元，保时捷因而成为全球最赚钱的汽车制造商之一。这些"百年老店"的成功有着共同特质，无论是宝马的智能化机器，还是保时捷精致的手工制作，其折射的是现代化大生产时代的"工匠精神"。这种精神让"德国制造"声名显赫，让德国百年工业品牌扎堆出现，让德国在欧洲经济一片困顿时一枝独秀。

其实德国的"工匠精神"也不是与生俱来的，而是在现代国际竞争中做出的一种主动选择。比如美国，科技与创新是促进其产业发展的主要动力。与之相比，德国的国家创新能力相对不足，其比较优势在于能够积极跟进，在工艺上精耕细作，制造出性能优良的产品。通俗地讲，他们与美国的区别犹如工程师与科学家的区别。这就是我们看到的，德国最擅长的在于较传统的汽车、机电、机械、仪表等产业，而在计算机、互联网、生物科技、金融等高科技、前沿创新领域则并不突出。制造业，尤其是高端制造业，正是他们在国际竞争协作体系中的最佳落点。德国的产业结构主体是高端制造业，而美国则是以高科技、金融为主体。这样的产业结构决定了德国在教育体制上选择更有利于职业发展的分流化、二元制模式，而这样的教育模式就是以培育从业人员的工匠精神来作为本国产业发展的基础。

日本是个十分重视"工匠达人"文化的国度，多数企业在经营中都恪守本分，全力做好分内的事情，精益求精，不盲目扩大经营。首先，日本的"工匠精神"体现在专注于核心主业。大阪金刚组公司是世界最长寿的企业，其 1400 年来只做建筑行业，无论是经济繁荣还是衰退，它始终专注于自己的核心业务。而另一家生产酱油的龟甲万公司，也有近 400 年历史，一直以酱油为其主打产品，如今，它已成为一个年销售额 20 亿美元的酱油公司。而百年老企业雅马哈，以音乐器材起家，一度将业务扩展到电子产品甚至摩托车，结果亏损严重。幸亏新任领导人果断回归音乐主业，雅马哈才起死回生。因此，恪守核心专业，使企业化繁就简，把产品做到极致，这是"工匠精神"的基本内核所在。如果企业过分追求多条腿走路，往往适得其反。其次，日本的"工匠精神"体现于做工匠型企业家。丰田公司的创始人丰田佐吉，不仅是杰出的实业家，更是一名工匠、发明家、研究狂人，他发明的织布机至今仍对纺织行业影响深远。丰田佐吉的儿子丰田喜一郎是一个"发动机迷"，孙子丰田英二则是个研究工作方式的狂人，他研究如何才能降低库存、降低成本。三代研究狂造就了丰田帝国。当年丰田公司开始汽车项目的时候，美国的汽车已遥遥领先。为了赶超美国，丰田另辟蹊径，从零库存和准时生产切入，研发出为其带来巨大经济收益、并在世界范围内经久不衰的"精益管理模式"（又称准时生产模式），将精益求精的"工匠精神"发挥到极致。中国正在走日本走过的工业化之路，制造企业在引进日本先进技术、设备和管理模式的同时，领导者更应学习如何从"商人型企业家"转变为"工匠型企业家"。最后，日本的"工匠精神"体现于坚持变革创新。工匠们对产品持有不断雕琢细节，持续改善工艺的精神，做企业要想百年不倒就要保持革新的精神，让自己的技术工艺始终优于对手。虽然专注核心业务是优点，但也容易使企业走向僵化，而日本企业恰恰通过不断创新，避免了死板教条。比如在用人方面，没有所谓传男不传女的封建思维，也不任人唯亲，而是从各处发掘人才；在保持自身特质的同时，也会时刻注意顺应时代而变革。同样是做酱油，200年前的酱油和如今的酱油，工艺和配方，自然有所变化。归根结底，是创新使企业一直活了下来。虽然变革创新可能会遭遇重重困难，甚至会影响眼前业绩。但中国制造业必须摒弃浮躁心态，坚定信念、勇于革新，放弃短期利益，熬过转型升级的关键期，才能成就百年基业。以上两国的积极经验诠释了"工匠精神"的诸多内涵，值得我们深刻思考和借鉴，如何将别人的有效经验用于我们的发展和改进中来，是当务之急。

（二）"工匠精神"在国内的传承和发展

回顾中国历史，《庄子》中塑造了一批能工巧匠的形象：游刃有余的庖丁、粘蝉若拾的承蜩者、削木为鐻的梓庆，他们精湛的技艺令人叹为观止；春秋时期，鲁班便发明了木工工具、攻城器械、农业机具、仿生机械等，被视为工匠的典范与祖师。古代称中国工匠群体为"百工"，俗话说的"三百六十行，行行出状元"，指的主要是各行各业的工匠群体。古代工匠分为两类，一类是固定服役于官府手工业作坊的官匠，另一类是为主家制作取酬或者是为自己制作交换用以谋生的民匠。不论是官匠还是民匠，都要严格遵守职业伦理操守，对于技艺要精益求精容不得半点马虎。中国以实用技术见长，中国古代的丝绸、瓷器在世界上享有很高声誉，这也是中国古代工匠高超技艺的表现。《增广贤文》言："良田百顷，不如薄艺在身。"在中国传统社会中的底层人眼里，再多的财富也有失去的时候，唯有一门手艺可以保证自己衣食无忧。正是出于这种朴素的认识，民众愿意学手艺，为了饭碗的坚固，还愿意将手艺练得越来越好；工匠师傅在钻研技艺，向徒弟、雇工亲身示范技艺，传授诸如"秘诀"、"窍门"和"心法"之类与技艺的意会知识的同时，也在无形之中，把专注、细致、耐心、冷静、果敢等精神品质和忠诚、诚信、友善、仁爱、务实、奉献、敬业等伦理价值传承给了他们，朴素的传统的"工匠精神"就逐渐形成了。

然而，传统的"工匠精神"在传承过程中存在一个无法逾越的障碍，即古代社会"工匠"低下的阶级属性。在几千年的历史岁月中，劳动和工匠均受到鄙视，无论是从国家制度层面还是社会价值观念层面来说，中国的"工匠"都没有跨越这一障碍。古代中国就有"劳心者治人，劳力者治于人"的说法，更有"万般皆下品，唯有读书高"的社会价值观念。这使工匠的劳动价值并没有得到应有的尊重和理解，从而使这一群体中所产生的优良品质不被认可和传播，他们和他们的精神品质被动的成为满足上层阶级需求的工具。

进入近代时期，伴随着西学东渐近代工业兴起，某些传统工匠技艺走向衰落乃至失传。近代中国被侵略和剥削的社会现状也使我们的传统"工匠精神"丧失了生长的土壤。一直到改革开放后我国才走上了工业化快速发展的道路，现代化流水线生产不仅对于传统工匠，对于传统工人也形成了巨大冲击。工匠师傅的技能被生产线分解取代，曾拥有精湛技艺的工匠变成了工场车间流水线上的计时计件工，尤其在改革开放初级发展阶段，中国的市场急需数以万计的产品来填补普通消费者的基本物质需求。在这种需求的刺激下，粗制滥造和低端产品很普遍地仅为了基础的需求而大量存在，这也使中国多数企业沉浸在短期利益丰厚的假象中。在这个阶段我们没有意识到"工匠精神"的重要性，甚至将传统的"工匠精神"也一并看成是落后的、被时代淘汰的古董。

然而，当发展使人们生活水平提高，人们的消费观念发生了巨大的改变，表现在消费层次上，由原先的低层次的消费品转向中高档的消费品，由消费性产品转向艺术性产品，对于产品的质量要求更加严格；同时，人们对产品的要求不再是批量生产，单一结构，而是倾向于个性化以及工艺品的多元消费文化。而学校和公司培养的人才已不能满足社会对创新思维、独立生产人才的要求，所以，"工匠精神"的发扬便是顺势而为的行为。世界上产业发达国家的那些百年企业，能在时代的发展与变迁中立于不败之地，所折射出的就是现代化大生产时代的"工匠精神"。其他国家在产业结构升级和市场经济发展新阶段的经验让我们发现，当下是我们应该大力弘扬中国"工匠精神"的时机，这不仅可以帮助企业制造出高品质的产品，还可以使企业实现真正的持续发展。在当下，已经有很多企业在慢慢重拾"工匠精神"，从更高的层面带领企业华丽转身。而从国家层面来说，这是对国家工业体系的思维再造，是国家工业梦想的主动觉醒。

（三）发挥"工匠精神"的引领作用，构建威海全域产业新体系

从国内环境看，我国经济正处在"增长速度换挡期、结构调整阵痛期、前期刺激政策消化期"三期叠加阶段，受国际环境影响，外需难以大幅度提升，投资因制造业产能过剩及创新技术相对不足、房地产库存较高等因素而难以长期维持高速增长。但随着扩大内需作用持续增强、改革红利逐步释放，我国经济增长的内生动力依然较为强劲。就威海市的情况来看，受宏观经济形势影响，其面临着市场需求不旺、经济结构不够优化要素制约依然明显、可持续发展的压力不断加大、社会民生还需进一步改善等困难和问题。尤其是固定资产投资、社会消费品零售总额、外贸进出口总值3项仍未能实现预期目标。

威海市"十三五"规划的产业发展目标是"深入实施产业强市、工业带动战略，以先进制造业为支柱，以战略性新兴产业为引领，推动三次产业协调融合发展，加快构建具有持续创新能力和较强竞争力的现代产业体系"。但国家、山东省"十三五"时期各项战略举措的全面推进，以及威海市产业强市、工业带动，全域城市化、市域一体化，蓝色经济区建设和中韩自贸区地方经济合作示范区建设等重大战略的稳步实施，将为威海市经济持续健康发展提供有力支撑。政策的利好局面还有待于我们充分地利用。

当前，威海要构建全域产业新体系，要保障全面落实"中国制造2025"战略，引导制造业朝着分工细化、协作紧密方向发展，促进信息技术向市场、设计、生产等环节渗透，推动生产方式向柔性、智能、精细转变，全面提升先进制造业核心竞争力，这还是一个艰巨的任务；顺应制造业服务化、消费个性化多样化趋势，坚持生产性服务业与生活性服务业并重，加快现代服务

业与先进制造业良性互动，促进现代服务业加快扩大规模、拓展空间、优质高效发展。推动生产性服务业向专业化和价值链高端延伸。还有各种瓶颈需要跨越；加快转变农业发展方式，强化农业技术创新，构建现代农业产业体系、生产体系、经营体系，推动粮经饲统筹，农林牧渔结合，种养加一体，第一、二、三产业融合发展，走产出高效、产品安全、资源节约、环境友好的农业现代化发展道路。依然有重重阻碍。要完成这些发展目标就意味着我们要充分发挥"工匠精神"的引领作用。

"工匠精神"所倡导的专注，精益求精，就是在提醒企业要专注自身品质的打造，顺应时代的需求，推动生产方式向柔性、智能、精细转变，提升产品的核心竞争力。这种专注的品质在强化工业主导地位方面尤为突出。例如，我们专注于对有威海当地特色和优势产业的扶持和引导，支持小企业找准在产业链和行业的定位和优势，走"专、精、特、新"发展道路，培育一批在细分领域处于领先地位的"行业小巨人"，就是以"专注"我们的"小问题"，来提升我们制造业的"大品质"。威海的制造业要走丰富产品体系，积极向产业上下游拓展延伸、向价值链的中高端攀升，推动由生产型向生产服务型转变的发展之路。我们有传统优势产业做支撑，在发展优势产业上秉持精益求精的态度，才能将优势保持和扩大，以图更大的格局和发展。在服务业方面，作为旅游城市，威海要推动生活性服务业向精细化和高品质转变。丰富旅游产品内涵，拓展休闲度假旅游功能，加快由观光旅游为主向观光休闲度假并重转变，这些实际上就是改变以往服务的粗糙和僵化，向更个性更有品质的方面发展。

"工匠精神"所倡导的严谨，一丝不苟是培育和打造"威海制造"品牌，加强质量品牌建设，以质量带品牌，以品牌提升附加值和软实力的法宝。有严谨的、追求卓越品质的精神，才能担负起质量安全主体责任，建立起健全的质量管理体系，大力推进先进质量管理技术和方法。有一丝不苟的精神，才能与困扰产品质量提升的关键共性技术较真，才能发现问题解决问题，确保重点行业、重点产品达到国内国际先进水平，使威海成为全国质量强市示范城市。充分发挥工匠精神的内涵，引导企业建立品牌创建、营销、管理体系，夯实品牌发展基础，才能打造一批特色鲜明、竞争力强、市场信誉度好的产业产品品牌，培育国际国内名牌产品和名牌企业，提高威海产品国内外辐射力和影响力，从而解决威海市进出口贸易疲软的现状。

"工匠精神"所倡导的创新和变革，是威海市紧抓时代的脉搏，顺应新一轮科技革命和产业变革潮流趋势应具备的理念和态度。走第一、二、三产业融合的强市道路，离不开"工匠精神"提倡的创新；不管是推动"互联网＋"引领产业融合发展，智慧产业发展还是军工与民用融合发展，都昭示"工匠精神"是打破思想藩篱，用实践说话的必然选择。自力更生、自强不息是一个国家的立国之基。撑起中国传统产业的庞大身躯，铸就"中国智造"的全新形象，都需要"工匠精神"的引领，这应该是个时代的国民文化，是发展中的我们应该具备的气质和内涵。今天的社会，为每一个梦想着陆提供了充足的可能性，只要足够勤勉、敬业，只要选择了适合自己的路径，社会就能够给予实现梦想的广阔平台。

三 打造威海"工匠精神"的途径

"工匠精神"的当代价值和深远影响使我们呼唤"工匠精神"的回归，完成发展性突破，复兴"工匠精神"是时代的要求，我们应该通过国家和全社会的努力让"工匠精神"成为我们的国民精神。在威海，我们要以"工匠精神"促产业强市战略顺利实施。

（一）制度规则塑造"工匠精神"

1. 改善法律保障机制

"工匠精神"需要由一整套高品质、高标准的制度（包括对违规者的严惩）来作为其成长环境，因此，国家和地方需要及时出台和改善法律保障机制。对企业而言，一个公平竞争的商业环境是企业的"安全感"所在，当企业之间的竞争不靠"关系"，不靠权钱交易，而靠过硬的产品和商业模式，才会产生追求"工匠精神"的内生动力；对个人而言，我们还应该建立一套诚信机制来守护工匠们的劳动成果不被窃取。诚信不可能凭空建造，也不能依靠自律来实现。匠人们的专利和创新必须受到相关法律的严格保护。例如关于知识产权保护，企业生产会增加它对某一产品生产的黏性，而不是只热衷于追求市场热门产品。产权得到保护，企业仿照其他产品的成本就会提高；产权得到保护，本产品生产的利润相应就会有保证，而不必担心别人的模仿抄袭。对工匠自身来说，产品工艺提高，本身就蕴含着知识经验。知识产权得到保护，会增加工匠精心生产、精益求精的积极性：一方面带来实际收益，另一方面也增加成就感。目前我国在很多领域还缺乏完善的违约制约机制，这导致假冒伪劣产品泛滥，使真正的生产者制造者的利益受到侵害，打击了他们坚持创新研发的积极性，不利于"工匠精神"的培育和弘扬。只有以制度来保障，用严厉的惩罚措施，使得不诚信的人所失远远大于所得，持之以恒，人们才会坚定选择诚信和维护良性的市场运行，"工匠精神"才有容身之所。

2. 强化对工匠的奖励机制

让一线技工的社会地位、工资待遇、福利水平跟得上"体面工作"的需求。能够打造"工匠精神"的奖励，不是将一线的技术工匠从专业岗位简单直接地提升到管理岗位（以往我们的企业多数是这样来奖励员工，但往往一些有专业技能的工匠并不具备管理能力，因此造成工匠的才能被错用、滥用的状况），而是要给予这些秉持"工匠精神"的技术人才发挥能力的空间。可以建立让工匠专心于技术的组织和团队，微软前首席技术官纳森·梅尔沃德创办的高智公司，是世界上第一个"资助新发明"的公司。保护发明家的利益不受大企业的侵害，给工匠们创造适宜的工作环境，畅通职工成才通道；通过激励普通职工创新，持续激发职工的创造活力，普及推广职工创新成果，促进职工创新成果共享，让职工切身感受到劳动和创造的价值所在，不仅荣誉和收入的提高，更在于职业前景的规划；营造宽容失败的文化环境，建立创新失败补偿机制。技术、发明、创新属于高风险活动，因此，我们要破除在科技创新上存在的"只许成功，不许失败"的老观念，大力营造宽容失败、鼓励创新的文化环境和氛围。创新创业来不得浮夸，回归"工匠精神"，用实干与可靠的技术、发明来扎扎实实地解决企业面临的难题、经济发展的困境、产业技术进步的瓶颈，这才是创新驱动发展的内在核心和根本保障；秉持"工匠精神"的人和单位团队也应该得到更平等的薪级待遇，国家和企业应该制定合理的薪级激励机制来保障和引导"工匠精神"的传承和发扬，建立相应的"工匠制度"使"工匠精神"的精髓得以开花结果。

3. 职业伦理观念必须要有根本性转变

"工匠精神"的存在需要社会的转型，在激励机制的基础上，转变大众的职业伦理观念，摒弃那种传统的学而优则仕的所谓精英理念，深入改革就业观念，弘扬"职业平等"的价值取向。在社会地位上，进一步明确"劳心者"与"劳力者"间的关系。明确现代社会中体力劳动者与脑力劳动者不是对立的关系，两者相互交融，未来的职业发展中，脑力劳动中渗透着体力劳动，体力劳动中渗透着脑力劳动，两者间的关系可以为"你中有我，我中有你"的状态。比如千金难求好月嫂的现象，一个好月嫂不仅仅需要付出体力劳动，做相应的粗活，也需要运用相应的脑力劳动，把握产妇的产后心理以及初生婴儿的保健问题，月嫂工作是一个融合体力与脑力的双重工作。像这样要求从业者知识能力趋于全面的情况在服务行业尤为突出。

（二）政府大力宣传和推广"工匠精神"理念

"工匠精神"被写入政府工作报告，既表明"工匠精神"已上升为国家意志，同时也不难判断，"工匠精神"也已经成为我们国家发展的一种稀缺资源。倡导"工匠精神"需要威海市政府大力宣传和推广。

"工匠精神"核心内容和意义虽然不难理解，但很容易被企业和职工所忽视，因此要继续强化对"工匠精神"的宣传，让越来越多的"大国工匠""匠心青年"等能从幕后走到台前，让他们成为广大青少年追捧的"明星"和广大劳动者学习的榜样。政府可以统筹全域各种平台将"工匠精神"以产品、故事等形式被人们广泛传播和熟知，要动员组织广大文艺工作者把为广大劳动者书写、为广大劳动者放歌作为自己的神圣使命，尽情地讴歌"工匠精神"，创造出更多更好的弘扬"工匠精神"的优秀文艺作品，激励广大劳动者积极投身到供给侧结构性改革之中。但是在树立典范的过程中除了要关注那些经历过岁月洗礼和打磨的手工艺大师所散发的精神特质外，也要关注芸芸众生爱岗敬业，专注坚守，点滴革新的平民化气质。从"工匠精神"的内涵剖析可看出，"工匠精神"是一种去精英化的职业道德，是平民化的职业思想。因而在进行"工匠精神"的宣传中要注意对"精英化"的"工匠精神"典范的梳理，合理权重"平民"与"精英"的比重，确保对"工匠精神"宣传导向的正确性。

政府还可以组织技能比武等竞技活动，主动争取有关部门、单位、行业协会、企业的支持，层层开展系列技术比武、技术培训等活动。在具体实施中也可以灵活地选择每年坚持的长效劳动竞赛或阶段性技能比武。把引导职工学习技能知识与参加技能竞赛有机地结合起来，健全技能培训、技能竞赛、职业技能等级鉴定一体化机制。在这一过程中，政府要扮演好后勤协调的角色，例如，针对职工技能培训、技能竞赛场地设施欠缺、师资寻找困难等状况，遵循优势互补资源共享的原则，建立职工技能培训基地和职工技能竞赛中心，以此解决场地和实训设施缺乏的困难。广辟渠道，多方筹资，通过部门和企事业单位赞助、财政拨款等形式加大劳动竞赛的经费投入，保障职工创业创新创优活动的持久深入开展。

威海市政府一直重视专业技术人才、农村适用人才的人才队伍建设。深入开展导师带徒带团队、国内外专家服务基层、专业技术人才知识更新等人才培养工程，完善专业技术人才评价机制，落实用人单位在专业技术职务

（岗位）聘任中的自主权，着力引进培养一批新领域、创新型特色人才，并计划到 2020 年专业技术人才达到 28 万人。还提出"金蓝领"培训项目，完善技能人才选拔激励机制；积极培养农村实用人才队伍，围绕农业农村经济发展需求，以种养大户、家庭农场、农民专业合作组织、农业社会化服务体系的骨干成员为重点，积极开展涉农类学历教育、继续教育和技术技能培训，培育一批生产经营型、专业技能型和社会服务型的新型职业农民。这些健全和完善的人才培养制度是地区管理层站在一定高度上，坚持用"十年树木，百年树人"的战略眼光，持之以恒地给威海产业"补钙"所必需的。从精神的培养，到荣誉体系的激励以及文化土壤的培育，多管齐下形成合力，才能让威海产业的筋骨更强健、品牌更响亮。

（三）教育是培养"工匠精神"的基石

一个国家人力资源结构虽然主要由其产业结构决定，但却是由其教育结构来实现的。习近平总书记指出，要着力提高人才培养质量，弘扬劳动光荣、技能宝贵、创造伟大的时代风尚，营造人人皆可成才、人人尽展其才的良好环境，努力培养数以亿计的高素质劳动者和技术技能人才。李克强总理也强调，不仅要培养大批怀有一技之长的劳动者，而且要让受教育者牢固树立敬业守信、精益求精等职业精神。对威海而言，我们有必要打造一支高素质的劳动大军，摆脱低端制造业的困局，实现产业结构升级转型，培育我们自己的"工匠精神"。对此，职业教育应有担当。

1. 专业课程教学和通识教育教学相融合是培养"工匠精神"的主阵地

在我国高等教育领域，学生在校期间主要接受专业课教育和通识教育两部分学习任务，以往的高等职业教育理念往往一味强调学生主要是接受职业培训，重视实践技能水平的培养，最好能在短期内提升市场需求的某项技能，当然相对于以往的市场需求也可能是低端需求，所以那些非专业性的教育（通识教育）常被忽视，"实用主义"教育理念下培养出来的学生能力单一，发展潜力和创新能力低，逐渐不受市场青睐。然而现今的产业发展趋势是各个领域都需要拥有综合知识的技能人才，传统的技能人才培养目标、培养思路难以培养出符合"中国制造 2025"要求的复合型技能人才。"工匠精神"的培育本身就是通识教育的一部分，我们既然将"工匠精神"作为一种价值观、审美标准、道德追求和精神信仰，那么这些就不是短期培训以及实践能完成的，必要的通识教育是完成思想层面和精神领域升华所不可或缺的。因此，要结合专业教育和通识教育，根据高职学生的学情和特点，进一步改进和完善人才培养方案，选择适当的方法和途径，弘扬"劳动光荣、技能宝贵"的理念，形成"崇尚一技之长、不唯学历凭能力"的良好氛围。专业教师要研究和分析本专业学生必须具有的职业素养，将其整合到专业课程教学目标、教学内容和考核办法之中，这样才能使学生真正具备"敬业爱岗、遵章守纪、乐于奉献"的精神，具有诚信意识与服务意识、良好的团队合作精神的职业素养；要将"工匠精神"的养成计划与专业课程教学紧密结合，结合不同专业课程的特点，在教学中逐步渗透"工匠精神"，培养和塑造"精益求精，注重细节，一丝不苟，耐心专注，专业敬业"的"工匠精神"。专业课教师在教学中要带头践行"工匠精神"，给学生做榜样，这样才会收到事半功倍的效果。

2. 专业实训是培养"工匠精神"的重要手段

职业精神一般需要进行工作实践才有可能融合成为工作者的职业素质。同理，只有将"工匠精神"和实际工作环境和任务关联在一起，学生才能切身体会到"工匠精神"的实质，深切感受到它的价值，也才能真正追求"工匠精神"。教育部《关于加强高职高专教育人才培养工作的意见》明确指出："三年制专业的实践教学一般不低于教学活动总学时的40%。"构建仿真工作环境，让学生进行专业实训，无疑是一种较好的培养手段。专业实训通常都是单门课程的实训，这类课程本身实践性较强，也非常方便进行实训设计，在课堂上就可以直接实训。近年来出现了另一种实训形式，就是将两门以上的课程（一般这类课程理论性较强，单独不方便进行实训设计）整合成课程群，通过某种主题和工具进行实训设计。这种实训的工作任务相对较复杂，需要较长时间，通常是利用一周的时间全天实训，一般称为专业实训周。与单门课程的实训相比，实训周的工作仿真感更强。例如，山东交通学院威海校区正在积极筹备打造校船作为实训的载体，呈现最真实的模拟。在实训中体会职业操守，在潜移默化中将"工匠精神"打造成学生的职业气质，使学生步入社会后，便具有一个专业人才应有的优良品质，迅速地被市场接受和认可，并在行业内形成扩散效应。

3. 校企合作是培养学生"工匠精神"的重要方式

培养和塑造学生的"工匠精神"，单靠高职院校的努力是无法完全实现的。高职院校虽拥有仿真的软、硬件条件，但模拟的毕竟不是真正的企业，它的虚拟运营只能是短期的，也不具备企业生产经营中的全部真实环境，更缺乏浓浓的企业文化。以校企合作为基础的"现代学徒制"是一种更为有效的人才培养模式。它以课程为纽带，以学校、企业的深度参与和教师、师傅的深入指导为支撑，能更好地结合学校和企业的优势，全面地培养人才。威海是在"十三五"规划中就提出和强调了要在职业教育中开展"现代学徒制"，这些为培养学生的"工匠精神"提供了丰厚的土壤，在企业中精挑细选具备资格的"能工巧匠"对学生进行指导，使学生从言语交流以及非言语交流中都能感悟企业文化中的"工匠精神"，使企业中的"导师"成为他们树立职业精神的榜样。

（四）企业重视"工匠精神"的培养，践行"工匠精神"

对企业而言，践行"工匠精神"首先，要培育对产品的专注度，转变一味"赚快钱"的理念，要有打造百年老店所需的深耕和定力。如果企业热衷于生产热门产品，是不可能就某一种产品生产提高工艺的，也就不可能在企业内部培育"工匠精神"。提高企业对产品的专注度，需要企业家有更长远的眼光，有通过产品为社会做贡献的理想。例如，德国克恩·里伯斯公司是一家百年老店，120多年来公司一直围绕弹簧领域深度拓展，而不盲目跨界发展。前几年，中国汽车塑料件市场增长很快，一些员工提出想做塑料件，但公司老板说缺乏这个领域的技术积累，坚决不碰。正是得益于长期的专注、积累，克恩·里伯斯公司如今在多个弹簧件细分市场位居前列，汽车安全带卷簧全球市场占有率达70%，成为博世、舍弗勒等跨国公司发动机弹簧等的核心供应商。公司在华销售年均增速30%以上，最近还开发出针对中国高铁电力接触网的弹簧产品，市场前景非常看好。

其次，要留得住人。如果企业不断更换员工，也很难培育"工匠精神"。工匠专注于某一产品生产，其工艺提高不是短期能形成的，需要对产品和工艺进行长期的打磨。留得住人，提高待遇是一方面，更重要的是企业生产生活环境和企业所营造出来的文化使从业者有归属感。威海是幸福感和宜居程度位列前茅的沿海新兴城市，拥有这样的基础优势，如果企业在专才培养上利用地区居住和就业环境优良吸引人才，即使收入低一点，员工也愿意留下，为提升产品工艺努力。威海本地区的企业如果结合企业实际，找到企业文化、职工文化与"工匠精神"的融合点，在职工文化活动中传播"工匠精神"的内涵，就会使更多职工在潜移默化中不断接受"工匠精神"的思维理念。

再次，要有工艺在产品贡献方面的显现度。如果企业只关注产品创新，忽视工艺创新，那么就会造成：一方面企业过于追求产品的更新换代，而忽视对产品品质的追求；另一方面产品工艺提升也很难在消费者所使用的产品中体现出来。产品被消费者认可，很大程度上体现在其细微的工艺上。也只有产品工艺的贡献度显现出来，工匠的贡献才能真正显现出来，他们的收入提高也才有真正的基础。

最后，要让工匠有事业感。这需要工匠不断接触消费者，得到来自消费者的认可。工匠的事业感既来自企业的认可，收入的提升，也来自消费者的认可。对工匠来说，消费者的认可，决定着自己未来前进的方向。一个人没有前进的方向，就很难专注于事业本身，难以专注于技艺的提高。通过与消费者的接触，工匠才能真正了解客户的需求，从而从技术上改进产品，提升产品的市场认可度。

总之，我们的时代需要唤醒"工匠精神"。工信部文化发展中心主任罗民认为："一个拥有'工匠精神'、推崇'工匠精神'的国家和民族，必然会少一些浮躁，多一些纯粹；少一些投机取巧，多一些脚踏实地；少一些急功近利，多一些专注持久；少一些粗制滥造，多一些优品精品。""工匠精神"不仅是对工匠提出的素质要求和殷切希望，同时也是整个社会对职业有分工不同，无高低贵贱的深刻认识，更是多元文化下的个性化消费的内在要求。我国经济实现经济结构转型，威海市完成产业强市的目标，"工匠精神"的促进作用至关重要。

[作者单位：山东交通学院（威海）]

搭建创新平台集聚高层次人才的思考

孙旭勃

2009 年 6 月，威海高新区被科技部批准为全国首批启动创新型科技园区建设的高新区之一。推动科技创新，人才是重要支撑。创新平台载体作为企业创新体系的重要组成部分，是集聚人才的重要平台，是发挥人才价值的重要载体，是创新成果产业化的助推器。近年来，我们在搭建创新平台集聚高层次人才方面进行了积极探索，实现了突破。同时，通过查找存在的突出问题，形成了具体的对策。

一　基本情况及主要做法

长期以来，威海高新区立足"发展高科技、实现产业化"，大力实施人才强区战略，通过创建载体、搭建平台等形式，全方位、多层次集聚高层次人才。目前，全区共有各类人才 3.5 万余名。聘用"两院"院士 34 名，国务院特殊津贴专家 24 名，"千人计划"专家 2 名，泰山学者 10 名，国家、省、市级有突出贡献的中青年专家 27 名，1 人入选中国留学人员回国创业支持计划，2 人入选山东省留学人员来鲁创业支持计划。在人才带动下，全区共拥有高新技术企业 61 家，占威海市的 32%；高新技术产业产值占规模以上工业总产值的比重达到 78.5%，高于全市 1.2 个百分点。8 家企业"新三板"上市，占威海市的 61.5%。

（一）搭建产业发展平台，实现人才与项目"互动"

高新区现有各类企业 6200 余家，形成了医疗器械及医药、电子信息、时尚设计制造、新材料及制品、智能装备五大产业集群，借助重点项目、支柱产业的人才吸附效应，实行招商引资与招才引智相结合，构建"人才＋项目"模式，重点引进能突破传统产业的关键人才和能带动新兴产业发展的创新团队，实现了人才引进、项目建设与产业发展协同推进。比如，北洋集团引进了中科院黄晓砥教授团队，该团队研制的光纤水声系统可实现海洋油气勘探、海陆地震波检测以及海洋环境检测，同时又是现代海军反潜作战、水下兵器试验的先进探测手段。其核心团队配备了30名研发人员，其中中科院院士1名，博士3名，硕士22名，博士硕士以外的拥有高级职称的人员4人。2014年，该团队成功入选山东省泰山学者蓝色产业领军人才团队支撑计划，获得山东省委、省政府上千万元的扶持资金。

（二）搭建创业孵化平台，提升人才发展空间

秉承"政府搭台、人才唱戏"的理念，建成了创业大厦、创新创业基地、"海外学人高科技创新园"、大学生创业孵化基地等孵化器，孵化总面积达到27.9万平方米，先后出台了《关于建设国家创新性科技园区若干政策的意见》《威海海外学人高科技创新园孵化企业管理办法》等优惠政策。比如，归国留学生前来创业，前三年可免费使用80平方米以上生活住房及300平方米的办公场所和厂房，后三年办公用房租金减半；自进驻之日起三年内所缴的所得税、营业税及增值税中地方留成部分，由区财政给予等额扶持资金，之后三年按50%给予扶持资金；从项目审批、土地供应到税费减免、培训咨询等，全程安排专人无偿代办，实行"一条龙、保姆式"服务。同时，以"孵化器"为基地，实行"有园无界"管理模式，项目适合在哪里发展就建在哪里，享受同样的政策，为人才创业提供了广阔舞台。截至目前，在孵企业超过230家，培育出的吉威医疗王吉成、远航科技王仕玮、波力尔科技贾长存、索尔生物袁黎明等一大批优秀企业家，成为国内同行业的"领头羊"。索尔生物袁黎明博士与日本九州大学所研发的植物修复、微生物与有机肥发酵等土壤修复技术，解决了土壤酸化严重导致的作物免疫力低、产量减少、土传病害等问题，为高新区引进了国际领先的现代农业技术。

（三）搭建自主创新平台，激发人才创新活力

坚持为高端人才搭建创新平台，以创新平台引进高端人才，把人才引进与创新平台建设相结合，实现人才在哪里，研发中心就建在哪里；哪里有研发中心，哪里就有人才创新活动。充分发挥区内3家国家级工程实验室、3家国家级企业技术中心、1家国家级工业设计中心、20家省级工程技术研究中

心、4 家省级工程实验室、13 家省级企业技术中心、4 家重点实验室的行业引领作用，不断提升企业技术创新水平。在这批科研专家的引领下，全区累计主持或参与起草国家标准 29 项、行业标准 26 项、企业标准 125 项，实施市级以上科技计划 1009 项，争取资金 6.8 亿元，其中，"863"计划 29 项、国家火炬计划 67 项、国家创新基金 88 项；累计申请专利 7132 件，其中发明专利 2321 件，每年新申请专利数都占全市的 20% 以上。积极推动正棋机电与哈工大机械研究所建立合作联盟，聘请 5 名教授、6 名副教授担任技术骨干，为机器人研发提供最前沿的技术支持。团队掌握了机器人系统最核心技术——机器人控制器及机器视觉技术。自主开发了中国第一款 EtherCAT 实时以太网工业机器人控制器，技术指标处于国际先进水平，打破了高端机器人控制器国外品牌垄断的局面。

（四）搭建借脑引智平台，畅通人才集聚渠道

调动企业引进人才、使用人才的积极性，让企业认识到没有人才、没有创新就没有发展，不断加大投入，建立"不求所有、但求我用"的柔性用人机制，使人才工作更加开放有效。一方面，加强与国内科研院所的合作。通过市场化运作模式，引导企业采取课题招标、项目对接、成果转移等方式，聘请国内外知名专家教授担任企业技术顾问、项目带头人，主持技术诊断、课题研发和科研创新，实现借脑兴企。目前，区内 95% 的规模以上企业与高校、科研院所建立了产学研合作关系。其中，威高集团与中科院、哈尔滨工业大学等 30 余家著名科研院所开展合作，在异地建立 9 个研发中心，研发出具有自主知识产权的"人工肾"、人造血浆、留置针等 80 多个高端产品，打破外国公司在中国市场的长期垄断，并成功进入国际市场，成为中国医疗器械产品第一品牌。另一方面，加强国际交流与合作。大力实施"走出去"战略，把引进和使用人才的触角延伸到海外，威高集团、双丰电子、华菱电子等多家企业分别在德国、加拿大、日本等国家设立了研发中心，使海外人才为我所用。双丰电子聘请 4 名加拿大专家，联合攻克地震仪器电路智能化批量测调系统难题，达产后可形成 6 亿元的销售收入。同时，着力实施"请进来"战略，招揽国外智力提升研发创新能力。先后申报国外智力引进项目 42 个，引进各类急需人才 120 名，解决技术难题 80 多个。光威集团聘请野田英夫等 20 多名日本专家，成功开发了宽幅碳纤维预浸布、高精密模具等项目，解决了碳纤维材料长期依赖进口的难题，实现经济效益数亿元，企业自主创新能力大幅提升。

（五）搭建服务保障平台，优化人才成长环境

坚持党管人才原则，调动全社会力量，掌握人才信息，积极服务人才创新创业。给人才资金。在全省率先开展科技支行试点工作，扶持成立3家小额贷款公司、2家融资性担保公司、1家创业投资公司、1家融资租赁公司，设立证券营业部，有针对性地对人才创业提供融资服务。设立科技奖励基金和知识产权奖励基金，对企业人才创新成果进行奖励，2013年共发放奖金700万元。积极为创业人才设立的项目争取专项资金扶持，去年以来，通过发改、科技、经信、财政等部门为215个项目争取了3.58亿元扶持资金。给人才激励。通过技术入股、科技招标、股权激励等方式，变静态奖励为动态激励，变短期效益为长效机制，激发了高层次人才的积极性、创造性。双丰电子、华菱光电、三盾焊材、新北洋等企业积极借鉴国外关于"期权股票机制"的经验，创造性提出了"虚拟股权"的理念，出台了《引用期权股票机制允许企业创新人才参与最终效益分配方案》，按照创新人才对企业的贡献进行分配，实现了对创新人才人力资本的合理量化。给人才真情。关心人才的工作和生活，实行领导干部联系高层次人才制度，听取意见建议，积极帮助解决人才在创业和生活方面遇到的困难和问题。新建政务服务中心，提出"只要你来干，手续我来办"的人才服务口号，对创新创业人才，开辟绿色通道，简化流程手续，实行"一站式""一条龙"服务。给人才尊重。营造"尊重劳动、尊重知识、尊重人才、尊重创造"的浓厚氛围，在职称评定、工资待遇、荣誉评选等方面向人才倾斜，让人才成为社会最受人尊敬的群体。先后有5名高层次人才被评为省级优秀共产党员，20人被评为市级优秀共产党员，威高集团董事局主席陈学利当选为党的十七大、十八大代表，新北洋信息技术股份有限公司董事长丛强滋当选为全国人大代表。

二 存在的问题

（一）产业集群的平台引才效应有待加强

产业集群的优势在于汇聚行业内的高端顶尖人才资源，而人才最关心的是在产业链中找准发挥自身价值的"切入点"，实现个人潜力挖掘、能力发挥最大化，创新平台就是人才融入产业发展的"切入点"。然而，高新区的产业发展虽已初具规模，但普遍存在高层次人才向龙头企业聚集的"倒金字塔"

现象，优秀人才的高度集中造成了龙头骨干企业在产业集群中的一枝独秀，众多中小企业面临创新平台层次低、人才引不进、留不住的难题。全区外聘的34名院士中，威高集团外聘11名院士，光威集团外聘9名院士，共占58.8%；威高集团引进博士数量占全区总量的30.3%。此外，创新平台分布不均衡，区内共建有国家级、省级平台载体84个，但41.7%的创新平台分布在威高、光威、北洋、新北洋、金猴等几家大型企业，仅威高集团就有国家级、省级等平台载体10个，占11.9%。调研中，66.7%的企业反映"创新平台层次低、数量少，很难招聘到符合企业需求的优秀人才"。

（二）搭建创新平台的领军型人才匮乏

高区共有"千人计划"专家2人，"泰山学者"专家10人，国家、省、市有突出贡献中青年专家27人，其中"千人计划"与其他地市高新区相比，高新区高层次人才总量明显不足。威海地处胶东半岛"交通末梢"，区域位置、自身资源等引才条件与济南、青岛等城市相比不具优势；创新平台的吸附效应发挥还不够充分，领军人才的增速不明显；引才成本高，需要比其他沿海城市付出更高的薪酬待遇，提供更优越的平台载体才能吸引领军人才来威创业。据一位企业人力资源经理介绍，同样用50万的年薪引进高端人才，他们一般会优先选择青岛、烟台，最后才是考虑威海。

（三）企业自身平台利用率不高

有的为了申请上级项目资金扶持而搭建平台，项目达产后没有继续发挥平台的聚才效果；有的搭建平台只重视引才而用才、留才重视不够，从而造成了人才的"水土不服"，最后一些科研成果、产品项目没有达到预期效果；有的平台存在"空巢"现象，平台建好了想要的人才却难以寻觅。

（四）企业对创新平台载体重视程度不够

有些企业对各类创新平台载体重视不够，对政策的导向性理解不清。调研中，有些企业存在"重用轻育"的现象，平台科研经费投入不高。全区一些高新技术企业平台科研经费占收入比重刚刚达到5%，与一流企业10%的高投入存在较大差距，投入的高低直接影响着科技创新成果的多少。比如，2013年，全区高新技术企业共申请专利696项，授权专利462项，而科研经费研发投入超过10%的新北洋集团，一家就申请专利116项，授权专利84项。另外调研中，全区61家高新技术企业中有28家企业没有搭建创新平台载体，一些企业表示，引进一项技术、一个项目，往往周期短、见效快，而搭建平台引进人才，研发投入和引进资金数量较大，并且周期长、风险高。

（五）创新平台的政策配套机制需进一步健全

区内虽然制定出台了党管人才实施意见、人才工作领导小组运行机制等宏观指导性文件，但在高层次人才资金扶持政策、平台配套扶持政策等方面，还缺少相应的文件规定。在具体的人才配套扶持资金上，具体配套的文件出台不够及时，管长远的制度保障不够健全完善，往往是以"一事一议"的方式，通过发改、科技、经信等部门的项目扶持政策，给予人才一定的捆绑式项目扶持资金。

三 对策建议

（一）布点成面、连点成线，提升产业平台引才效能

发挥党委政府的宏观调控作用，依托产业集群，合理谋划布局，以龙头企业为主，辐射带动配套企业、下游企业成长发展，布点成面，连点成线，打造千亿级产业集群，实现产业平台、产业人才、产业项目的融合发展。一方面，建立以产业需求为导向的聚才平台。突出产业人才竞争的比较优势，优先引进符合产业链上层发展需求的各类领军人才，以企业为主体，人才为根基，建立大型产业集群聚才平台，实现高科技项目、高层次人才、高端平台同生共融、互促共赢。另一方面，要科学搭建中小企业引才平台。建好用好企业现有各类实验室、工程技术中心、博士后工作站、院士工作站、海外研发中心等高端平台，着力做好人才引进规划、引才体制机制创新、保障政策措施建设等具有全局性、指导性、创新性的工作。进一步优化平台工作环境、用人机制和激励措施，吸引更多高层次人才前来入驻，带来或研发出更多创新成果，助推企业做大做强。

（二）创新举措，打造全方位、立体化的聚才平台

遵循市场经济运行规律，发挥企业打造聚才平台的主体作用。企业要在激烈的市场竞争中生存和发展，就必须解放思想，发挥主观能动性，不断提升企业科技创新活力，打造一流的引才平台。一要打造产学研创新体系。要鼓励和促进区内企业同高校、科研院所和国内外企业开展技术研发和项目合

作，联合共建实验室、研发中心等创新载体。同时，政府部门要积极发挥桥梁纽带作用，加大政策力度，加快推进科研成果转化，推动建立产学研联盟，鼓励整合科研力量为高端人才创业项目攻克技术难关，使其尽早投入生产，实现产业化进程。二要不断创新孵化平台建设。要探索适合时代发展要求的新型孵化平台建设，探索"苗圃孵化—专业孵化—创业孵化—加速器—产业化"的多层次、多功能孵化创业服务体系，打造区域型孵化器集群。积极引进社会民间资本和创业服务团体，鼓励企业创办民营专业孵化器，大力扶持物联网、云计算等新兴产业，开展创业沙龙、导师讲座、企业家论坛等活动。三要积极开拓海外引才平台。通过企业海外研发中心、海外留学生联谊团体以及国内外高校学术交流活动等途径，进一步拓宽海外引才渠道，大力开展借脑引智，加速推进国外技术与本地企业的融合，为区域经济发展带来新鲜活力。构建"洋智库"人才平台，依托企业海外研发中心、高校留学生团体，设立海外创新创业人才联络处，发挥这些境外组织成员专业层次高、人脉广的优势，根据高新区经济社会情况、人才需求信息、产业发展信息、项目需求信息等情况开展工作，发掘人才，宣传政策，并对发挥作用良好的人才联络处给予一定的经费和待遇补助。

（三）政府主导，企业主体，构建体制健全、功能完备的公共服务体系

政府部门要创新思路，转变职能，改进工作方式方法，以改革创新为动力，以市场需求为导向，为企业、人才搭建公共服务平台。政府部门应尽快整合和优化资源，为企业、科研机构和高等院校间建立公共服务平台，以推动整个行业的科技创新动力。公共服务平台应涉及各行业信息共享与发布、孵化器建设、知识产权、产品研发、专业人才培训、投融资服务、资产评估、公共服务性机构等项内容，将科学创新和经济发展有机结合。同时，发挥企业主体优势，政府积极协同配合，共同打造企业引才平台。一是完善经费投入机制。要让企业充分认识到"人才是第一资源"，以市场为导向，建立健全引才渠道，不断加大重点项目、平台载体的建设，提高对引进人才的待遇补助。同时，政府职能部门要设立专项经费，对申报各类平台载体的企业给予资金、技术、场地等配套扶持，使每一位高层次人才能够引得来，留得住，用得好。二是完善考核评价机制。突出企业的评价主体作用，建立引进人才智力评价体系。对将要引进的人才认真加以区分和甄别，确保引进的人才与企业发展相吻合，坚决杜绝单纯以学历论英雄的现象；对引进的人才要积极提供优秀的平台和一流的设备，放手大胆使用；科学评价和考核引进人才的

贡献，参照市场规则兑现待遇。同时，政府有关部门要依据国家相关规定对企业平台载体进行定期走访调研，确保企业平台载体的有效运行。三是完善管理机制。企业要在平台管理上狠下功夫，按照明确职责、科学评估、动态管理的原则，从研究成果、制度创新、人才培养等方面，对平台建设运行进行综合管理。此外，政府部门要统筹规划、充分衔接、突出特色，利用现有的国家、省、市平台载体和人才分布，制定发展纲要，提出指导性意见。

（四）升级服务标准，健全配套措施，全面优化人才发展环境

人才的发展得益于好的环境，优秀的发展环境才能调动高端人才创新创业的积极性。将高新区打造成人才聚集的平台高地。一是优化制度环境。要构建上下衔接、相互配套的政策体系，政策要涵盖培养、使用、激励、保障等人才工作的各个环节和主要方面。要设立人才专项经费，用于人才引进、人才培育、人才发展。同时，积极探索"人才+平台+项目"的一体化扶持政策，极大方便高端人才对于科研经费使用、平台设备配置、团队人员构成等方面的自主支配权。二是优化创业环境。按照"合理布局、有序开发、错位发展"的原则，加快各类科技创新载体的建设，为各类人才提供设施完善、功能齐全、定位准确、特色鲜明的平台载体。加强龙头企业的对接与引进，结合区位优势和产业特点，进一步整合利用现有服务资源，最大限度发挥资源潜能，加快建立具有集成性、共享性、开放性的园区创新创业平台。三是优化生活环境。围绕双岛湾科技城、科技新城等园区建设，集中财力物力投资基础设施建设，高起点规划、高标准建设园区，加快建设交通、医疗、教育、住房、休闲娱乐等配套设施，进一步完善城市功能，美化城市环境，为高端人才营造宜业、宜居、宜人的生活环境。同时，积极探索人才公寓等相关配套措施的建立，实施人才安居工程，以威高集团人才公寓为试点，推广企业人才公寓的建设规划。四是优化人文环境。营造全社会尊重人才的良好氛围，大力表彰宣传业绩突出的创新创业人才典型，在全社会营造鼓励创新、支持创业的良好氛围。定期组织开展高层次人才体检疗养、座谈会等活动，并在居住、待遇、医疗、子女就学等各个方面创造良好的环境，为人才发展解决后顾之忧。

（推荐单位：威海高技术产业开发区工委宣传部）

"互联网+"思维下的城市生活垃圾
智慧分类探索

孙玲玲　梁婷婷

环翠区地处威海中心，拥有人口 30.3 万，2015 年环翠区环卫局共清运生活垃圾 13.87 万吨，市区平均日产生活垃圾近 400 吨，夏季高峰期可达 500 吨。随着社会发展，生活垃圾量日益增多，垃圾对环境的影响不容忽视。据统计，我国平均每人每天产生垃圾 440 千克，每年以 8%～9% 的速度增长，累计城市垃圾堆存量达到 66 亿吨。全国已有 200 多座城市面临垃圾围城困境。垃圾混合收集处理，不仅使可再生资源得不到充分回收利用，而且占用大量土地，引发环境污染，造成资源浪费。

从源头上对垃圾进行分类，不仅有利于垃圾的后续处理，降低垃圾收集过程中的二次污染，而且也是实现垃圾减量化、资源化的基础，是促进循环经济发展和维持城市可持续发展的重要措施。

一　环翠区垃圾分类工作主要做法

环翠区垃圾分类自 2014 年启动，本着摸索经验、巩固试点、以点带面、逐步推广的原则，目前主要以垃圾分类试点为主，主要分三步走。

（一）制定政策

按照《关于进一步加强威海市区餐厨废弃物管理工作的意见》要求，环翠区环卫局完成餐厨废弃物收运体系建设、收运协议签订、建立餐厨废弃物管理台账等前期工作，完成收运设施设备采购，6 月 1 日起开始收运工作。截至目前，已经和 70 余家餐饮单位签订了收运协议，每天收运厨余垃圾 8～12

吨。结合实际和职责分工，完成了生活垃圾分类收集工作方案的制定，并组织实施，选择了2个具备条件的封闭小区、10个机关企事业单位、10所中小学校开展生活垃圾分类收集试点工作。

（二）扩大试点范围

2016年9月底前，按照"先点后面、连片成网"的要求，在环翠区辖区各街道办事处推广居民生活垃圾分类收集，整体推进。再增加2个封闭小区、10个机关企事业单位、10所中小学校。各区餐厨废弃物产生单位全部实行分类收集、分类运输、集中处置。

（三）深入推广

2016年底前，总结工作经验，完善相关的法规制度，建立健全长效管理监督考核体系，形成规范有序的生活垃圾分类投放、收集、运输、处理运行机制。

三　环翠区垃圾分类工作经验

（一）政府主导，精细组织

成立威海市生活垃圾分类收集工作领导小组，研究解决生活垃圾分类收集工作中存在的问题，保障各项工作顺利推进。领导小组办公室设在市园林局，负责市垃圾分类收集工作领导小组的日常工作。环翠区环卫局专门成立垃圾分类科，负责全区垃圾分类试点工作，在前期广泛调研基础上，确定本区的垃圾分类试点方案并组织实施。

（二）加大投入，保障经费

加大对分类引导、分类投放设施、分类运输车辆的资金投入，确保分类投放准确、容器配置标准化、分类运输处理；根据分类引导、收运要求设立垃圾分类专项经费；加大宣传投入，调动全社会的参与热情。市区两级财政分别根据职责做好资金保障工作。2016年，市级财政安排500万元专项经费，用于购买各种垃圾分类物资以及试点小区、学校分类设施的设置、改造工作。

（三）加大宣传，广泛参与

2016 年投入 70 余万元，利用电台、电视台、报纸、网络、微信公众号等多种方式，向市民进行垃圾分类相关知识的宣传。为此，环翠区政协还专门组织政协委员到试点单位进行了调研考察，《直播威海》《环翠民生》等电视台栏目组也进行了跟踪采访和报道，并制作了《垃圾不落地，文明更美丽》主题宣传片，在电视台每天播放垃圾分类公益广告，制作和发放垃圾分类扇子等，在社会上营造一种"垃圾分类，势在必行，从我做起，人人有责"的氛围，让广大市民逐步改善以往不分类的旧习惯，进一步提高自觉分类意识。

（四）源头分类，入户指导

环卫部门与小区物业公司密切协作，合理分工。由环卫部门负责对小区物业服务人员进行分类指导培训，再由物业服务人员对居民进行入户讲解，指导其正确分类，确保做到真正意义上的源头分类。同时物业服务人员每天还需要进行巡回检查，发现个别有分类不到位的情况，及时予以纠正或帮助居民重新分类，确保切实做到规范有效。

（五）加强监督，考核到位

环卫部门建立相应的考核机制，每月不定期对试点单位进行抽查考核，发现有分类不规范的现象，及时与物业部门联系，督导其及时整改；如限期内整改仍不到位的，则暂停其垃圾的分类收运，并根据相关规定进行扣分，并与年底奖励方案进行挂钩，同时在全区内进行通报，直至整改到位后方可恢复收运工作。

四　在生活垃圾分类工作中探索 "互联网＋" 模式

多年来，传统的垃圾分类由于宣传形式单一、对居民分类指导不到位，激励措施少等原因，居民和企业的分类参与率低。如今，互联网时代"互联网＋"模式应用技术已经逐步成熟，将该模式运用到垃圾分类中，探索出一条适合当前实际情况的垃圾分类发展之路。

（一）推出将厨余垃圾和可回收物统一纳入互联网积分反馈平台模式

"互联网＋分类回收"为垃圾分类工作提供了新的发展空间和路径。按照垃圾分类与再生资源回收相结合的（两网合一）思路，将移动互联网引入环卫领域，搭建由居民宣教激励体系、智慧分类系统、优化回收处理链条组成的"三位一体"的垃圾智慧回收分类体系。在整个系统中，为居民发放生态卡，建立厨余、再生资源的统一积分账户（该账户集兑换、优惠等多功能于一体），利用垃圾智慧分类云平台，建立居民微信客户端、官网、回收员收集APP、巡检员 APP 及分类回收管理平台，实现线上线下垃圾分类指导、线上积分查询、大件上门回收、积分在线兑换、统计管理等功能。通过为管理人员、现场作业人员、客户提供智能终端，形成一个信息互联互通的物联网络，实现垃圾分类及再生资源回收业务处理智能化、管理规范化、信息共享网络化及管理决策科学化，从而形成管理高效、运营高效的格局。目前，北京、南京等垃圾分类收集试点城市都推广了该模式。

（二）引入服务商机制，推行积分换服务，进一步扩大积分反馈平台规模

引入企业资源，转变机制运行驱动力。将服务类企业（如餐饮、娱乐、金融等）纳入积分反馈平台，以其提供服务来兑换分类积分，而居民通过积分消费来得到优惠服务，形成一种市场化的运行模式。引入服务商机制的实质是建立起积分兑换的互动平台，以大容量的积分账户群为资本，吸引服务类企业进入，将拥有账户的群体转变为自身客户。以企业的优质、优惠服务为驱动力，快速推进垃圾分类积分的进行，丰富积分反馈平台的兑换形式，居民通过平台可以选择兑换的商品，也可以以优惠价格兑换各种服务，优质的企业、商户入驻，形成固定的交易客户群，实现居民和企业的利益双赢，并减少政府的资源投入，促进积分平台良性发展。

五 推进垃圾分类工作的意见建议

（一）政府主导，财政补贴，为垃圾分类提供保障

从全国范围看，虽然垃圾分类自 2000 年确定首批 8 个城市试点后已过去了 16 年时间，但是垃圾分类工作仍然是一个新生事物，还处于试点阶段。受到传统的垃圾投放习惯、分类成本高等诸多因素影响，推广难度大。垃圾分类虽不仅仅是环卫部门的事，但以政府为主导推进尤为重要。在国家层面，建立完善垃圾分类收集和处理的相关法律，使垃圾分类和处理有法可依、有

规可循；在地方层面，因地制宜制定相关垃圾分类收集和处理法规细则，使分类工作真正具有可操作性和指导作用，形成政策和法律合力。制定配套的财政补贴机制，配发垃圾专用袋，对正确分类的居民、企业给予物质奖励等，以经济刺激提高社会参与率。

（二）社会参与，广泛宣传，为垃圾分类提供基础

垃圾分类工作具有全民性和公众性，广大居民的参与程度直接决定了垃圾分类收集的进程和效果。因此居民分类意识习惯的建立和培养是首要工作。要推进垃圾分类工作，必须将宣传教育抓好，多方入手。首先，宣传面要广。针对城市、农村居民、在校学生，通过印发垃圾分类指导手册、编制垃圾分类校本教材、制作公益广告和指导短片、建设市民教育基地等方式，多层面、全方位宣传垃圾分类知识，营造垃圾分类的浓厚氛围，使广大市民认识到垃圾分类对提升生活品质的重要意义。其次，抓好典型示范。对分类规范的家庭和企业，通过报纸、电视、网络加大报道力度，提高社会各界关注度，正面引导广大市民积极参与。最后，定期组织市民实地参观，了解垃圾分类必要性，调动全社会参与分类的主动性，为垃圾分类工作开展打好基础。

（三）技术投入，互联网应用，扩大垃圾分类影响

当前以互联网技术为代表的科技发展日新月异，为突破垃圾分类发展瓶颈提供了可能。在首批试点的城市中，很多城市采用互联网技术，扩大了垃圾分类试点范围，提高了居民参与的热情。例如北京市推广积分反馈模式，试点小区达 3390 个，占全市物业管理小区的 70%。上海为鼓励市民参与，试点推广绿色账户正向激励。广州开展"定时定点"分类投放模式，参与该模式的社区达 781 个，并创新"互联网＋垃圾分类"手机 APP。以互联网技术为支撑的应用平台推广，多种奖励措施的跟进，改变了过去垃圾分类"政府热、市民冷"的局面，更多市民参与到了垃圾分类工作中，扩大了该项工作的社会影响力。

（四）奖罚结合，完善配套政策，规范垃圾分类行为

目前，垃圾分类工作正处于试点探索的阶段，全国很多试点城市，例如杭州、厦门、宁波等都推行了系列经济激励政策，全国各地的试点城市也是多以奖励机制为主。但是，只奖不罚，虽然可以在短时间内刺激居民和企业进行垃圾分类，但是没有惩罚措施的督导，对于部分居民和企业而言，分类

就会变成可有可无的举措，有时间才进行分类，不分类也没有任何损失。特别是对以餐饮行业为代表的企业，现行的收运体制，一是没有惩罚规定，二是环卫部门没有执法权限，配合集中环卫部门收运全靠企业自觉，企业将厨余垃圾私下贩卖也没有任何违法成本。完善相关法律法规配套，建立垃圾分类执法部门，奖励和惩罚相结合，才能不断规范今后的垃圾分类工作。

（作者单位：威海市环翠区环境卫生管理局）

关于乳山市发展健康产业的调查研究

刘佳强

健康产业是朝阳产业，关乎民生幸福与社会和谐，发展前景广阔、市场潜力巨大。在推进供给侧结构性改革上，乳山市把培育壮大健康产业作为经济新常态下转方式调结构稳增长的重要举措，突出产业化、链条化、融合化的发展理念，切实把健康产业作为推动产业结构突破的重要方向、引领区域经济建设的重要产业来培育，加快构建高端化、品质化、全产业的健康产业体系。

一 健康产业发展优势条件及现状

近年来，乳山市按照城市发展规划和产业空间布局的要求，立足区位、环境、生态、房产等优势条件，鼓励和引导社会资本参与投资健康产业，着力打造"一区、两翼、T型延展"的空间格局，构建起"大健康、全链条"的产业发展体系，努力打造中韩健康产业示范区以及国内知名的健康养生养老福地、健康休闲旅游胜地、健康产品制造基地、健康管理服务高地。

（一）健康产业发展的优势条件

1. 发展健康产业没有包袱

健康产业是覆盖范围广、产业链长，第一、二、三产业高度融合的产业体系，不仅包括经济发展的健康，还包括社会生活健康、生态文明健康等。三次产业中某一或两产业相对强势，由强势带来的强大惯性，会增加产业结构调整的代价和难度。而乳山市没有这种结构调整的包袱，众多看法是乳山市三次产业相对落后，与兄弟县市相比存在人才技术、资金、支撑产业等不足，还没有形成稳固、有潜力的产业基础，而正是如此，乳山才在发展健康产业上获得优势。乳山不需要对现产业结构进行大调整的情况，为其发展健康产业提供了空前的机遇，其形成的后发展优势，为在现有产业基础上发展健康产业提供了难得的赶超机遇。

2. 生态环境得天独厚

乳山市拥有山、海、滩、岛、湾等得天独厚的自然资源，山水相依、河海相连、四季分明、冬暖夏凉、气候宜人，空气质量优良，负氧离子含量高，有促进新陈代谢、强健神经系统、提高免疫能力的功效；水资源十分丰富，水质较好，含有大量矿物质和微量元素，长期饮用能促进人体新陈代谢，增强免疫力，延缓过早衰老；大气、水质、噪声等质量指标均达到或优于国家标准。为保护得天独厚的生态环境，乳山市先后划定了大乳山、岠嵎山等6个生态保护区，放大环境优势，几年来，启动了总投资达13亿多元的生态修复整治工程，投资3.6亿元对潮汐湖进行了生态修复，投资5亿元开展了海岸带综合整治，规划了塔岛湾海洋生态国家级海洋特别保护区和大乳山国家级海洋公园，全力打造"中国最美海岸线"；第21届联合国气候大会中，中国政府提供的专题片"应对气候变化——中国在行动"，首次将威海大乳山滨海旅游度假区作为生态修复的突出典型，用中、英、法、西班牙四种语言，展现在了庄严的国际舞台上；先后启动实施了沿海护林带、乳山河防护林工程建设等项目30余万亩，仅近3年就完成生态绿化10.7万亩。目前，乳山森林覆盖率达39.2%，绿化覆盖面积达1223公顷，建成区绿化覆盖率达41.79%，人均公园绿化面积16.24平方米，空气质量优良率长年保持在99.8%以上，被评为国家环境保护模范城市、国家生态城市、国家园林城市、中国十佳绿色城市，是最适合人类居住的范例城市之一。

3. 食品安全保障有力

乳山市在全省率先开展了农产品质量安全区域化管理工作，生产标准化、监管信息化，确保产品源头安全健康，按照国家标准为大姜、苹果、花生等7种作物建立了生产标准体系，制定了12个生产技术操作规程。目前，全市的优势农产品标准化生产程度达到70%以上；53%以上的食用农产品产地、60%以上的养殖场、70%以上水产品获得了农产品质量安全认证。同时，建立了农产品质量安全可追溯信息化监管平台，可直接追溯种植、收购、储运、加工、销售等每一个环节的农产品质量问题。按照特色化、规模化、园区化的思路，发展以"农业观光、休闲采摘、农家体验"为主题的生态休闲农业，通过产业化方式提升农业，用品牌化战略经营农业，培育了台依湖国际酒庄生态文化区、正华农林科技示范园、易养茶庄园、新自然草莓采摘园、金牛谷生态农业园、威海新宇生态农业旅游发展基地、格林弘卓农牧生态园等休闲农业基地30多处。其中，正华农林科技示范园成功申获"中国最美田园"荣誉称号，新自然草莓采摘园和正华农林科技示范园成功申获"威海市精品观光采摘园"称号，威海新宇生态农业旅游发展基地成功申获"首批山东省生态休闲农业示范园区"称号，今年乳山市格林弘卓农牧生态园获得了2015～2016年度"国际行业影响力品牌奖"，对健康产业发展起到积极的示范带动作用。新上的银凯特光伏农业等"农业＋光伏"型项目，有利于优化能源结构，发展低碳节能经济，促进产业向价值链高端迈进。

4. 基础设施配套完善

"拓展基础设施建设"是"十三五"时期我国经济社会发展的一项重大任务。乳山市一直以来把拓展基础设施建设作为保障和改善民生的重要手段，坚持"以人为本"，围绕城市基础设施、便民服务设施、环保升级和教育文化设施四个方面，先后在银滩投资50亿元，已建成"五横二十纵"的区内交通网络，完善水、电、路、暖、气、污水处理等基础设施和餐饮、购物、金融、物流等公共服务设施，实施了公交一体化，教育、卫生资源逐步向银滩入驻辐射，新建了二级乙等综合性医院、省级规范化九年一贯制学校，引进了10余家连锁商超，建设了绵延10余公里的大型滨海公园和城市广场，以及适宜老年人健身的体育设施、健身路径，主要公共设施全部实现无障碍化，项目小配套与区域大配套实现有机连接，建成投资达5000万元的以"健康、养生"产品为主题的农副产品展销中心，提升了服务质量与环境。今年将继续投资3.88亿元，用于城市道路、绿化亮化、景观建设等基础设施及便民利民设施建设。

（二）健康产业发展状况

1. 健康生物医药产业发展迅速

乳山市拥有川芎、党参、丹参等40多种野生名贵中药材和蕨菜、刺楸等20多种可食野菜，依托聚砜等广泛的生物医用材料，先后引进威海帕斯砜新材料公司、康辉生物科技公司等医药加工企业，投产了海大生物科技、帕斯砜新材料、康辉生物科技、汇清科技、温喜生物科技等一批贴有"健康"标签、科技含量高、带动力强的产业项目。目前，对藻类无害化处理并提取有效成分生产保健品的生物科技项目已经投入生产，利用可再生植物资源提取聚乳酸纤维生产装饰配件的新材料项目加紧建设，这些核心技术和发明专利填补了国内技术空白。在韩国举办了以健康产业招商为主要内容的宣传推介会，签订了安世医院等协议。台依湖国际酒庄生态文化区引入自然疗法，集诊所医疗服务和自然疗法服务于一体，为客户提供从预防、保健、诊断转介、康复等全医学链条的健康管理服务，实现医药产业的新突破。

2. 健康休闲旅游融合互动

乳山市按照"基地即园区、基地即景区"的思路，通过政策扶持，打造滨海休闲、森林运动、温泉保健、文化修身、田园采摘等五种方式相融合的旅游业态，形成了以健康为主题延伸产业链条、拓展经营范围的完整体系。金牛谷生态农业观光园是集生态观光、生态旅游、运动休闲、休闲度假综合性的观光园，年接待游客 20 万人次。集现代农业与生态养生观光园于一体的垛山现代农业生态观光园，今年开园举办的樱桃节，迎接来自四面八方的游客，推动了休闲农业和乡村旅游融合大发展。集文化修身和生态田园采摘于一体的益天生态旅游观光园，游客络绎不绝。获得山东省首个长寿文化研究基地的多福山国际养生旅游度假区主打"养生"牌，把森林休闲、温泉保健和文化修身融合在一起，招揽了大量"回头客"。以"福"文化为主题的福如东海文化园被评为"山东省重点文化产业园区"，所建设的文化展览馆集书法、绘画、展览、收藏于一体，每年吸引 300 多人次的中外书画名家前来创作、度假。2015 年成功举办首届威海市国际（中韩）健康产业交流促进会暨威海（乳山）中韩文化艺术节，与韩国济州岛联合推出"中韩海洋文化体验之旅"互动旅程，中韩文教旅游交流中心正式落户福如东海文化园，实现了乳山市走向世界的又一突破。2015 年全市接待游客人数和旅游收入同比增长分别为 10.6% 和 13%，服务业增加值占 GDP 的比重上升为 46.4%，同期提高 4 个百分点，比全省平均水平高 2.9 个百分点，新增就业 9000 人。

3. 健康养生养老产业初具影响

乳山市立足银滩旅游度假区、大乳山国家海洋公园、岠嵎山国家森林公园等旅游资源，依托温泉疗养、道教养生、健康饮食等福寿文化，成功引进建设了福星老年公寓、爱之源国际养老中心、百合老年公寓等多家大型专业养生养老机构，建设了香港平远国际城、东方国际养生园等健康养生养老社区，形成了专业机构、社区居家、医养结合、异地互动等多种养老养生发展模式。成功举办了中国养老产业创新模式高峰论坛、山东省第三届老年健康与长寿理论研讨会等活动，提升了养生养老品牌的影响力和服务层次水平。引进和打造了老来乐老年公寓、隆图新型建材等一批影响力大、辐射力强、产出效益高的项目，喜来登主题酒店、浙江中房乳山旅游综合体等 7 个过亿元项目相继签约，康辉生物等 6 个过亿元项目建成投产，培育了集现代农业、文化旅游、健康养生等于一体的台依湖国际酒庄生态文化区、易养茶庄园和爱母茶叶合作社等"农业 + 养生"型项目，助推健康养生养老产业快速崛起。

4. 健康营养食品延伸提升

乳山市发挥"出口农产品质量安全示范区"和"全国绿色食品原料标准化生产基地"优势，依托"乳山三宝"等优质农产品资源延伸链条，以精深加工延伸产业链条，提升产品价值。已培育中鲁果蔬汁产业园、福喜农牧、好当家荣佳食品等过亿元产业项目 20 个，新建或改扩建正华农林茶叶示范园、董格庄蓝莓基地等现代种植业示范园、基地 192 处，新建现代畜牧示范基地 55 个，海洋精品养殖示范区 11 个，促进了产业链条化延伸。目前，全市有涉农企业 300 多家，其中威海市级龙头企业 35 家、省级 9 家，辐射带动农业生产基地 200 多个、农户 5 万余户，打造起以众多龙头企业为主的苹果产业链条、茶叶产业链条、大姜产业链条、牡蛎产业链条等 12 链条，构建起 12 大链条齐发力的立体化营养食品发展格局。在此基础上，引导示范园区延伸产业链条，拓展经营范围，先后发展了葡萄酒产业园、茂盈农场、威一现代农业观光园等综合型融合项目，蓝山庄园蓝莓一体化生产基地、午极下万口蓖麻基地等"农业 + 加工"型项目，不断壮大健康营养食品链条发展。另外，以生产聚砜新材料为主的威海帕斯砜新材料公司、以海洋纯生物提取物研制医药产品的威海康辉生物科技公司、将浒苔等海洋垃圾变"废"为宝的温喜生物科技产业园等高端健康产品制造项目纷纷落户乳山，健康营养产品制造产业快速打开发展局面。

二　乳山市发展健康产业面临的问题

一是产业链条不完善。健康产业主要涉及医疗产品、保健用品、营养食品、医疗器械、保健器具、休闲健身、健康管理、健康咨询等多个与健康紧密相关的生产和服务领域。但是乳山的健康产业主要集中在营养食品、健康制造、文化旅游、养生养老四大健康产业，其他方面还不健全，也没有形成健全的产业体系，最明显的表现是在旅游收入构成方面，养生旅游对旅游收入的贡献较低，与其他旅游资源联合不充分，尚未形成养生旅游品牌，产品单调，缺乏精品特色化产品，在一定程度上存在着与广大游客需求脱节的现象。

二是产业层次偏低。虽然在医药、食品等产业方面有所突破，但规模偏小，保健食品经营企业规模也不大，大都依附于超市、药店、医院，且非法经营现象不少，而且像医疗小分子肽等名贵材料都还没有投产，帕斯砜新材料、温喜生物科技虽然已经投产，但是产能偏小、科技含量不高，产品品种也不丰富，产品的市场影响力也比较小，整体发展水平有限，没有形成高层次的产品群。健康食品方面，目前拥有70余家大型食品加工企业，除了牡蛎、苹果、茶叶有较强的市场影响力外，其他企业生产的产品品牌都不强，市场占有率也不高，产业集群化程度比较低。休闲养生旅游主要集中在大乳山滨海旅游度假区和银滩旅游度假区等临海区域，对岠嵎山、石佛山景区、圣水宫道教养生文化内涵挖掘深度不够，以温泉旅游为龙头的养生旅游产业，产业链条不完善，产品线也不丰富，温泉中只有小汤温泉得到了较好的开发，各个温泉之间的差异化程度低，没有形成自己的品牌特色，存在单纯进行价格竞争的情况，没有抱团发展，没有形成整体的对外推介的合力，缺乏有轰动和带动效应的高端养生旅游产品。

三是资源整合程度不高。乳山市拥有发展健康产业的丰富资源和优势，但资源的整合和综合利用程度还比较低，温泉、海产品、医药、食品等产业还都处于独自发展阶段，旅游业与健康养老养生融合发展不够，众旅游景区没有依托优质的生态旅游资源，建立高端的养老养生、休闲运动基地。虽然乳山市提出了融合多种产业发展的战略构想，也形成了一定的产业基础，但目前的发展还只是处在零星的、自发的状态，各个产业的发展基本是单枪迎战，没有形成健康产业发展的整体合力，健康产业的品牌也不突出。生物医药、健康食品，还有养老产业的发展，都是由不同的部门在前头负责，相关政策的制定也都是各自为政，没有进行全面的整合，总体效应也不强。与国内其他健康产业发展较好的地区相比，健康产业的整体影响力、品牌知名度都很低，对整个产业发展非常不利。

四是管理市场化程度不够。乳山市拥有发展健康产业的巨大潜力，但由于受到体制、机制、意识等方面的制约，且健康产品升级换代滞后，相关部门没有建立完善的协调机制，完善健康产业链发展工作尚存在部分漏洞，目前管理市场化程度低，缺乏市场化运营指导和市场化功能标准。医疗服务业侧重于提供基本的医疗卫生需求，对于健康管理、健康咨询、养老康复、营养干预、美容整形等泛医疗服务重视不够且无暇顾及，这些泛医疗服务机构大都没有，即便有也衍生或依附在就近医院中，相关医院特色化、专业化也不明显。大多健康养老机构采用"疗养院思维"，服务内容弹性比较差，未真正实现医养融合发展，缺乏积极参与市场竞争的意识和能力。

三　推动健康产业发展的对策建议

按照"十三五"规划，乳山市健康产业发展将坚持"创新、协调、绿色、开放、共享"的发展理念，以做大存量、引入增量、扩大总量为主线，以强化主导产业规模化和载体档次保障为目标，以房地产供给侧改革为动力，深化体制机制改革，多方引入社会资本，做强健康产业集群，着力推力经济结构转型升级。具体来说，就是发展六大健康产业体系，强化四项保障措施。

发展六大健康产业体系。一是重点发展健康营养食品产业。按照特色化、规模化、园区化的思路，不断加大对现有苹果、草莓、葡萄、茶叶、大姜、蓝莓等品种的更新换代或者新品种引进力度，确保相关产业良性发展。加强与大专院校、科研院所的对接合作，依托科技成果转化创品牌、拓市场，大力发展生态农业项目。积极推进可追溯条码生产基地建设，加强"乳山三宝"、九大地理标志产品等公共农产品品牌宣传，提高优质农产品品牌价值。针对蓝莓、葡萄、大姜、苹果、金银花等健康营养食品产业链加工附加值低、经济效益不高的实际，细分并整合全产业链各环节的功能，在"补链""壮链""拓链"上进一步做文章，不断壮大链条发展。二是突破发展健康生物医药产业。以创新为核心、企业为主体、市场为导向、针对性的政策措施为保障，实施产业园区建设、龙头企业培育、品牌产品打造、研发创新服务、人才团队培引、重大项目推引等项目工程，抓紧推进韩国 KCI 公司化妆品、安世医院等一批项目的开工，重点引导温喜生物、华隆公司、帕斯砜新材料等企业加大与国内外科研院所的合作研发力度，以贝藻类、甲壳类为研发方向，大力开发生产治疗心血管系统疾病、抗艾滋等增强免疫系统药物以及壳聚糖纱布、人造骨、人造皮肤、心脏支架等医用材料。在不断优化医疗服务能力和满足公共卫生需求的基础上，鼓励各级各类医院开展健康管理、健康咨询、康复调理、营养干预、美容整形等泛医疗业务，积极引入社会资本，大力鼓励社会办医，加快生物医药创新平台建设，逐步延伸发展医药生产项目，实现医药产业的新突破。三是加快发展健康产品制造产业。以靖翔家具等企业为重点，开发生产绿色环保地板、环保板材、环保家具等产品，打造乳山本土健康家居品牌。鼓励现有企业开发滑雪、登山、摩托车等户外运动配套产品和瑜伽、太极、跆拳道等功能性服装，不断延伸健康健身用品产业链条。引导企业发展健康医疗器械产业，积极引进便携式家庭医疗器械、高端新型医用耗材等生产项目。鼓励企业研发引进适合老年人的助行器具、视听辅助、起居辅助、营养保健、康复护理器械等健康养老专用品。四是提升发展健康养生养老产业。鼓励社会资本投资健康养老服务领域，重点培育居家养老、社区养老、专业机构养老、医养结合养老、异地互动养老5种模式。支持有条件的养老机构借鉴老来乐老年公寓的做法，引进高端医疗机构、专业体检机构、康复疗养院等，建设以银滩为中心的特色休闲疗养基地，发展特色疗养服务，打造乳山休闲养生品牌。以依湖国际酒庄生态文化区自然疗法中心为基础，将以"治未病、重预防"为核心理念的中医保健模式发扬光大，鼓励健康养生养老机构积极开展"治未病健康体检中心"业务。五是融合发展健康休闲旅游产业。推动旅游和健康养老养生融合发展，打造滨海度假、医疗养生、温泉体验、美食休闲等健康休闲旅游产品，变以往观赏式旅游为体验式旅游，提高景区吸引力，延长旅游链条，提升旅游附加值。以中药养生为主题，深挖名贵药材养生文化；以温泉养生为主题，辅之中草药、茶叶、食疗等手段，打造温泉养生旅游度假区；以避暑养生为主题，打造避暑养生旅游目的地。把健康理念和文化内涵融入景区开发建设，依托山海资源，引导社会力量，发展多层次的休闲健身产品。积极举办各类群众性体育健身比赛活动，依托"中国大乳山绿色休闲健身交流大会"及"绿色休闲健身论坛"两个全国性交流平台，打造全国性的乳山绿色休闲健身特色品牌。六是探索发展健康保健管理产业。推进"智慧医疗"建设，推动健康数据采集设备与物联网的融合。鼓励社会资本举办各类医疗机构，支持发展健康体检、专业护理、医疗康复、心理健康、母婴照料以及环境消毒与病媒控制等专业健康服务机构。把握中韩自贸区建设机遇，鼓励引导民营机构加强与韩国美容医院、医疗机构的紧密联系，打响"美在韩国、养在乳山"品牌。

强化四项保障。一是搭建健康产业平台。组建健康产品研究协会，整合食品加工、海洋生物等领域创新资源，引导现有企业向健康产品制造转型。加强与高校院所技术合作，搭建健康产品研发技术转化平台，促进健康产品的开发生产。搭建健康信息产业孵化器，利用城市大数据，培育智慧医疗、智慧养老、智慧信息等信息孵化产业。搭建健康产业创业平台，吸引健康营养保健、生物制药、产品制造领域高层次人才或团队来乳创业。二是加大政策扶持力度。加强城市总体规划与土地利用总体规划的有效衔接，统筹保障医疗、保健、康复等健康发展用地需求。设立健康产业引导基金，促使社会资本、投融资机构共同发起组建健康产业投资基金，加大对健康制造、健康经营、健康服务等领域项目的投资支持。引导金融机构加大对健康服务业的支持力度，有针对性地创新金融产品和服务。鼓励社会资本举办职业技能培训学校，支持威海技工学校增设健康服务相关专业，充分发挥政策的引领作用，服务健康产业发展。三是强化科技支撑。依托德泰银海商贸城、智创孵化器、福如东海商业街等服务载体项目建设，为产业发展提供中转物流、科技研发等科技支撑。通过线上营销、线下建立产品展览馆等方式，主推韩国美容化妆、健康产品，做大做强中韩跨境电商业务，依托淘宝特色中国乳山基地搭建的"特色乳山"电子商务运营平台为入孵电商企业提供电商指导、技术培训、资源对接、仓储物流等服务；与世界文化奥林匹克委员会共建中韩跨境商务馆平台，通过"商品券"新概念流通模式，建立跨行业服务置换模式，打通跨境和O2O营销渠道。借助淘宝特色中国乳山基地，打通乳山农产品电商全渠道，着力打造"互联网＋孵化器＋农产品"的特色乳山电商模式。以品牌统领乳山特产全网销售，并实现对基地产品输出地打标标识，打造"特色乳山"品牌。鼓励引导银滩常住业主参与创业热潮。四是加快推进房地产供给侧改革。利用现有房产规模优势，抢抓政策机遇，把养老地产作为加快房地产供给侧改革和培育新经济增长点的重要抓手，坚持"转型跨度小、条件成熟、成功把握大"的原则进行房地产供给侧改革。一方面，要增强服务功能配备外在美观度和内在吸引力，学习借鉴南方大城市高档小区的设计理念，聘请国内外知名设计公司进行设计，创新建筑规划档次，强化品牌精品意识，将健康生态、养生休闲理念渗透到房地产开发中，以优雅环境、美丽景致赢得市场竞争，打造高品质楼盘和标杆式小区。另一方面，抢抓住养老地产创造的转型机遇，综合衡量商品房库存量、销售速度等因素，合理确定开发总量。完善社会养老服务，健全养老服务功能，通过整合、盘活社区资源，发展社区老年人日间照料中心、老年人配餐送餐中心、家政服务公司、康复护理、精神慰藉等多种形式的养老服务实体，为入驻老年人提供便捷体贴的全方位服务，做优养生养老产业。

（作者单位：中共乳山市委党校）

威海市（暨山东省）远洋渔业人才培养规划研究

刘　鑫

一　背景

截至 2015 年底，威海拥有专业远洋渔船 352 艘，占全省的 80%，占全国的 21%。威海已经成为我国北方最大的渔业基地，海洋渔业历来是威海市的支柱产业和重点支持产业。近年来，在国家的政策引导和扶持下，威海市远洋渔业获得了快速发展。2015 年，威海开展的 14 个远洋渔业项目的总产量为 25.3 万吨，总产值约 30.3 亿元，同比分别增长了 25% 和 20%。

近年来，威海市将发展远洋渔业作为促进海洋渔业转型升级的主要抓手，其整体规模已居全国地级市首位。但威海市的远洋渔业在长期发展与壮大的过程中也碰到或存在诸多问题与瓶颈，制约着远洋渔业事业的良性发展。随着经济的发展和技术装备的改良，很多方面已取得明显的改善，但仍存在着远洋渔业船员素质偏低、年龄老化、高技能船员缺乏等问题。当前，远洋渔业人才问题已经成为制约威海远洋渔业转型升级的首要问题，不断完善远洋渔业船员培养和管理机制，已经成为适应远洋渔业发展和落实国家海洋战略的迫切需求。本课题针对威海远洋渔业现状以及其船员培养和管理中存在的问题，提出了威海市远洋渔业人才培养的规划方案和解决策略。

二　威海市远洋渔业现状及问题

（一）现状

威海市远洋渔业从无到有、从小到大、从弱到强，不断发展壮大，整体规模和实力目前已跃居全国地级市前列。

1. 远洋渔业产业规模不断扩大

2011年，威海市具有农业部远洋渔业资格的企业发展到22家，占全省的76%，占全国的17%。2013年，投产专业远洋渔船271艘，开展了西南大西洋鱿鱼钓、东南太平洋鱿鱼钓、北太平洋鱿鱼钓、中西太平洋金枪鱼延绳钓、印度洋金枪鱼延绳钓、西南大西洋拖网、印尼拖网、利比里亚拖网、斯里兰卡围网和毛里求斯围网等10个专业远洋渔业项目，实现产量6.4万吨，产值8.7亿元，远洋渔船数量、产量、产值分别占全省的79.0%、54.2%、55.8%。作业区域从起先以他国专属经济区海域为主，逐步拓展到太平洋、大西洋、印度洋公海和斐济、印尼、朝鲜等多个国家的管辖海域。2013年投产的专业远洋渔船中，鱿鱼钓渔船95艘、金枪鱼延绳钓渔船92艘、单拖网渔船64艘、围网渔船20艘，实现了远洋渔业作业方式由单一拖网向鱿鱼钓、金枪鱼延绳钓、拖网和围网并进发展的转变。同时，自2012年以来，全市共有171艘专业远洋渔船获得农业部批准，截止到目前已有148艘投产，这批渔船不仅功率大、吨位大，而且都具有较高的科技含量，威海市远洋渔船装备总体水平将得到极大提升，开发和利用国际渔业资源的能力将显著提升。

2. 远洋渔业产业链条日趋完善

发展初期，威海市远洋渔业发展集中在捕捞环节，从渔船到船用物资均需国外提供，产品运输、销售、后勤配套等也依靠国外代理，丰产时效益的大部分被层层代理克扣，欠产亏损时则由企业自身负担，严重影响了从业者的积极性。近年来，随着产业结构调整的深入，远洋渔业产业链条建设取得实质性进展。全市船舶企业发展到90家，渔船和船用机械、配件和网具等物资大都能在本地制造供应，价格大大低于国外同类产品。黄海、靖海等造船厂，根据作业渔场的条件，设计开发出大中型围网、秋刀鱼等新型渔船，引领了现代化远洋渔船的发展，取得了良好的经济效益。多家渔业龙头企业瞄准远洋捕捞品种，开展了冷链与加工物流等配套项目。其中，赤山集团建立了10万吨级冷链物流中转库，鑫发渔业集团和俚岛海科分别投资建设了两个万吨级超低温冷库，靖海集团建成了年加工能力1000吨的金枪鱼鱼肉加工厂。俚岛、靖海、蓝越、海宇等公司分别在斐济、印尼、斯里兰卡、利比里亚等国家独资或合资成立了公司，推进了与邻近国家在渔业、经贸等方面的合作，进一步拓宽了销售渠道。一个集渔船制造鱼类捕捞、加工、物流、销售等于一体的产业链条初步形成。

3. 远洋渔业产业辐射带动作用不断增强

远洋渔业的发展，涉及渔船制造维修、渔用物资生产供应、水产品运销和加工销售等，具有较强的产业辐射带动作用。一是促进渔民就业增收。2013 年，全市直接从事远洋渔业的渔民 5048 名，船员平均年收入 7.6 万元左右，超过国内船员年收入的 30%，远洋渔业成为吸纳劳动力就业和渔民增收的重要渠道。二是丰富了水产品市场。2013 年，威海市远洋渔船运回以鱿鱼为主的水产品 3 万吨，加工增值超过 2 亿元，国内水产品市场得到有效丰富。三是拉动相关产业的发展。远洋渔业的发展不仅推动船舶修造、海上运输、机电设备等行业发展，同时也促进了金融保险、石油化工、渔用物资等市场的发展。例如，在船舶修造业方面，2012 年威海市获中央预算内远洋渔船更新改造资金支持超过 7.9 亿元，拉动渔船建造投资 30 亿元以上，全部设备配齐后总投资接近 40 亿元，在国际造船业形势较为严峻的情况下，为威海市船舶制造厂家走出困境注入了活力。

（二）存在的问题

1. 海洋渔业较为粗放，远洋渔业发展不足

海洋渔业作为威海市经济的支柱产业，近年来呈现出稳步快速的发展趋势，威海建立了全国最大的水产品加工基地、海带养殖基地。但是，海洋渔业在快速发展同时，依然存在一些问题，例如：海洋渔业主要是近海捕捞，远洋渔业发展不足。目前，威海市的海洋渔业仍是粗放型，受劳动力短缺和海洋资源衰竭的双重制约，当今，若仍只依靠廉价劳动力和原发性资源开发的模式，威海的海洋渔业的持续高速发展将很难维持。

2. 海洋产业的可持续发展存在很大压力

近年来，威海市绝大部分的海洋开发利用活动主要集中在近海区域，导致近海开发过度，可利用的浅海基本饱和。此外，由于受过度捕捞、海域污染等影响，近海的海洋生物越发稀少，经济鱼类很难形成鱼汛，而海洋产业主要依赖海洋资源，这对海洋渔业等产业带来直接影响。相对而言，远洋海洋资源较为丰富且被利用率较低，因此远洋渔业有很大的发展潜力。

3. 海洋实用性科研力量薄弱，海洋渔业人才短缺

威海市的高校、科研院所较少，而且他们更注重对学术研究和基础技术的突破，缺少对生产上的技术问题的关注，从而导致影响渔业转型升级的技术问题不能得到有效解决；同时，海洋新兴产业人才和海洋高端人才稀缺，导致海洋科技的创新能力难以满足海洋产业，特别是海洋渔业人才培养的需

要难以满足。

三 威海市海洋渔业人才建设中存在的问题

人才队伍建设是行业发展的关键，人才是企业、政府、机关等机构必需的战略资源，是未来发展最宝贵、最重要的核心资源。当今，海洋渔业的健康可持续发展也应该重视人才队伍的建设。在国家部委驻鲁的科研院所中，中国海洋大学和黄海水产研究所原本具有较强的远洋渔业科研实力，但随着前些年国家需求的转向，大部分转到近海渔业资源、近海渔业工程、环境修复等领域。威海市作为远洋渔业产业聚集区，也缺少专门的远洋渔业人才培养及科研等方面的基地。另外，由于工作条件差、劳动强度高、管理混乱、长期出海等原因，渔业船员队伍波动大，人才严重短缺，从业人员积极性低。威海市海洋渔业人才建设的问题主要表现在以下几个方面。

1. 渔船船员素质整体不高

众所周知，海洋捕捞是一种高风险的行业，事故具有不可预测性。据统计，船舶海上事故80%是由人为因素造成的。当前，海洋渔业船员普遍学历低、航海技能缺乏、素质相对不高，特别是随着传统渔民和职务船员的流失，加上海洋捕捞收入回报较高，大量内陆非渔业劳动力下海捕鱼，而这些船员往往缺乏海上工作的经验，且责任意识不强，因而近年来渔船生产事故时有发生。

（1）安全意识淡薄

渔船船员安全生产意识差，常存在严重的侥幸心理和麻痹思想。如在台风来临或结束时往往是鱼群相对密集的时候，不少渔民为了获得好的收益，经常不考虑船舶条件，不顾自身的安全去抢风头、赶风尾，超航区、超船舶抗风等级冒险出海作业。不少渔船船员在海上作业时，不能很好地遵守安全生产的规章制度和操作规程，不能很好地落实安全生产的各项保障措施。如：不愿穿救生衣，雾航时没有按规定开启雾灯、施放雾号，不严格执行渔船进出港签证和值班瞭望制度等。许多渔船事故案例表明，渔船船员安全意识淡薄，未按规定安全作业是导致事故发生的重要原因。

（2）业务技能低下

远洋渔船出海作业时涉及航海学、气象学、捕捞学、渔场学等方方面面的知识，但这种熟练的专业技术人才十分缺乏。此外，远洋渔船船员从事的项目主要是技术含量较高的大洋性公海项目和常年在他国海域作业的基地项目，但具有国际经贸经验，了解国外相关法律、法规，懂得外语，具有较强管理能力的业务技能人员较为缺乏。

（3）资历与经验不足

近年来愿意从事远洋渔业作业的威海本地船员越来越少，外来渔船船员主要来自内陆地区，这些人不熟悉海洋、不了解海洋，不清楚海上的各种危险，缺乏必要的心理准备；船员资历与经验不足，特别是随着传统渔民和职务船员的流失以及大量内陆非渔业劳动力下海捕鱼，船员的实践技能停留在低层次的重复，对一些航海仪器、安全设备不能正确操作，使仪器设备的一些关键功能没有发挥作用等，易导致生产事故。

（4）职务船员配员不足

任何船舶配备足数、适任的船员是保障船舶航行安全的基本条件。船舶配员不足会导致船员疲劳驾驶，配员不适任或缺少高级船员会严重影响船舶的应变能力。尤其在远洋渔船上，若职务船员配备不足，船长既要驾驶又要指挥作业，处于严重疲劳状态，这一状况使渔船在航行和作业过程中极易因操作不当发生交通事故，给人民生命财产安全带来重大损失。

2. 企业对渔业船员管理混乱

企业对渔业船员管理问题主要体现在两个方面。一是招聘难。船员作业环境艰苦，工作单一、枯燥；长期漂泊在海上，没有新鲜蔬菜，且淡水有限；长期面对相同人群，缺少沟通，寂寞压抑，可能会产生一定程度的心理问题等。据调查，近年来航海类高校毕业生愿意上船工作的不足50%，愿意将船员作为终身职业的不足20%。为了达到主管机关规定的配员要求，一些公司不得不聘用一些半文盲或文盲，甚至还存在非法持有假证到渔船上任职的情况。二是留不住。渔船船员薪酬相对于其工作环境和工作性质而言，普遍较低。一方面，由于船员市场的高度开放，信息透明度较高，员工跳槽相对容易，一些渔船船员向往去工资高和福利好的企业任职。另一方面，随着船岸收入差距的缩小，陆地就业机会的增多，一些经济发达地区愿意从事渔船船员工作的年轻人急剧下降，高学历的年轻船员不安于现状，愿意长期留在船上并将船员职业作为终生职业的寥寥无几。

3. 渔船船员培训机构不足

任何产业的健康发展离不开一个稳定合理的人才队伍。目前，山东省仅有青岛海运学校等少数几所中专类学校培养"渔船驾驶"专业学生，培养学生数量远远不能满足行业需求，渔业船员队伍主要通过对外地务工人员进行社会再培训的方式进行补充。这些人员往往来自内陆农村，受中介的虚假宣传诱骗才进入该行业，上船工作后往往出现身体不适应、待遇与中介承诺不符等现象，很少有人会长期从事该行业。从业人员的大量流失已经成为制约该行业发展的最棘手问题。

同时，当前整个渔民培训体系不够完善，许多渔民缺乏有针对性的培训和应急演练，因此，一旦遇到紧急情况，这些船员往往应变能力差，在复杂多变的海上环境从事渔船生产作业时不能很好地处理突发性、应急性事件，易导致渔船安全生产事故。

4. 海洋渔业相关人才与科技支撑偏弱

海洋渔业资源的可持续开发和利用，以及增强远洋渔业竞争力将是今后一段时期内渔业科技关注的重点。长期以来，政府在远洋渔业科技、教育方面投入较少，尚没有形成较为完善的远洋渔业人才培育和技术支撑体系，主要表现在以下几个方面。

（1）渔业装备技术研发人才缺乏

技术装备水平不高，基础设施和服务体系不健全。近年来，威海的远洋渔业科技水平和远洋渔船整体装备水平有了明显提升，但与发达国家比还相对落后，其制约了远洋渔业综合生产能力和捕捞水平的提高。从船龄来看，船龄20年以上的老旧渔船占到31%；从船长来看，45米以上的大型和超大型渔船仅占到22%，船型偏小；高端船用装备和核心技术主要依赖进口，自主创新能力不足，大部分渔船捕捞设备落后，自动化和信息化程度低，能耗高，生产效率相对低下。此外，国家在远洋渔船建造方面，科研投入相对较少，导致设计水平落后，大型渔船船型少，总装集成能力差。

（2）捕捞技术研究落后

捕捞技术相对于渔业捕捞强国仍较为落后。如在鱼类行为学方面，挪威、苏格兰、美国等欧美国家，对鲆鲽类、鳕鱼、鲱鱼和虾等开展了相当长时间的连续鱼类行为观测，分析鱼类在受到网具等外界因素影响时的行为反应，并分析渔获产量与拖曳时间、拖曳方法和水文变化等因素之间的关系。而我国几乎没有开展过系统的鱼类行为研究，对于鱼类行为的认知概念仍停留在二十世纪六七十年代的水平。

（3）缺少有效的渔情信息研究

捕捞水平的提高一方面依赖于自身的积累，另一方面依赖于外界的信息。受限于国内助渔仪器以及信息，国内主要依赖于人员自身的经验积累，而国外则比较重视对人员的技术培训以及提供信息等方面。目前，国外相当重视对渔场、资源的调查与探捕，渔业生产企业自行组成行业联盟或协会，通过集体的物力与人力，开展各项调查工作，并将成果与会员共享，提高区域作业的准确度；同时，在生产中将作业信息进行实时共享，减少生产的盲目性，提高生产效率。例如日本渔场信息可以达到每日更新，欧盟国家也可通过卫星即时传送渔场水文等环境数据。我国目前仍处于起步阶段，信息覆盖范围仅限于太平洋和中大西洋，信息每周更新一次。

（4）辅助捕捞技术落后

为了提高自动化程度，国外相当注重助渔仪器的研发与使用，配备的助渔仪器比较齐全，包括渔具监测仪器（围网监测仪、拖网三维监测仪等）、水平声呐（探鱼仪）、绞机自动控制仪（可根据作业不同情况自动调节纲索程度等）、雷达（搜索海鸟、发现鱼群）等。例如，欧洲已实现拖网作业自动控制，根据拖网作业实际受力变化情况，自动调节曳纲长度，保证网具的正常展开，并可以结合渔获传感器，调整拖网作业时间。我国目前尚没有辅助捕捞的国产产品，受价格、操作等方面的影响，我国绝大多数渔船仅配备垂直鱼探仪，在实际作业中，盲目性和随意性较大。

四 制约远洋渔业船员资源发展的原因

世界远洋渔业人才市场的重心由发达国家向发展中国家转移的趋势使我国的远洋渔业船员人力资源面临着严峻的挑战，但同时也面临着历史的机遇。目前，制约我国远洋渔船船员发展的主要原因包括以下几方面。

1. 职业社会认可度下降，可持续发展动力不足

近年来，航运经济复苏缓慢，航运企业运力过剩，船员使用需求下降，船岸工资差距明显缩小，船员职业优势消失。随着社会的进步和发展，人们的需求不断升级，导致择业观念发生了变化，以独生子女为主体的未来船员群体的需求表现多样化，需求层次越来越高，工作场所相对封闭、工作环境风险较高的远洋船员职业吸引力不断下降。

在当下和未来相当长的时期内，远洋渔业船员的职业社会认可度可能长期保持低迷，职业从业意愿不断降低。近几年航海类院校招生人数大幅下降，毕业生上船就业意愿率逐年走低，海洋渔业企业以及航运企业的船员流失严重，远洋渔船船员在船平均服务年限不断减少，"弃船上岸"现象还会逐渐增多，渔业船员队伍可持续发展动力明显不足。

2. 远洋渔业船员队伍发展难以完全适应行业变化和发展要求

目前我国远洋渔业船员人力资源存在的问题主要表现在以下方面。（1）渔

业船员资源储配与需求的不匹配。随着国家对海洋渔业资源开发的重视，未来相当一段时间内海洋渔业船员队伍供求关系难以保持动态平衡；此外，渔业船员资源需求与合理配置矛盾突出，使企业人力资源成本增加，压力较大。（2）远洋渔业船员队伍培养与使用的不匹配。应试型船员培养模式使得远洋渔业船员知识体系在培养和使用上相脱节，造成企业人力资源培养成本增加。（3）普通渔业船员综合素质与行业诚信要求的不匹配。远洋渔船船员队伍职业技能稳步提升，但船员职业道德、责任意识和安全意识还有待提高，个人诚信亟须提升。（4）远洋渔业船员参与国际竞争的理念与海洋渔业大国地位的不匹配。远洋渔业船员个体及队伍缺乏参与国际竞争理念，参与国际船员市场竞争的能力偏低，具体表现为：相对于海洋渔业大国，我国远洋渔业船员国际市场份额和高端市场份额偏低；远洋渔业船员的英语短板亟须补齐；现有渔业船员培养机制过于单一，面向不同市场的多元化培养机制有待形成。

3. 渔业船员市场机制仍需健全，市场功能有待发挥和完善

海洋渔业船员供求权威数据缺失，难以引导渔业船员队伍发展、调整结构、调控来源，无法实现有序的供求机制；职业薪酬缺失指导标准，企业薪酬差异明显，普通渔业船员按劳取酬权益受到侵害，企业利用薪酬优势造成船员无序流动，远洋渔业船员市场价格机制、市场竞争机制和社会保障机制尚不完善，亟须健全。

远洋渔业船员市场服务功能、运行模式和调节方法还处于初级阶段，渔业船员市场信息公开透明度不高，掌握的信息未及时向社会披露；船员管理方式不适应船员市场个体化、全球化的发展趋势，引导和调节行业市场能力不足；渔业船员行业自律不足，诚信机制缺失，职业准则有待建立，海洋渔业船员市场化初期不可避免地出现了船员流动无序、市场失序的现象，其功能有待发挥和完善。

4. 渔业船员保障机制和公共服务体系尚不健全，发展环境尚需改善

当前，与我国渔业船员市场相适应的船员权益保障机制尚未完备，企业负责、行业自律、船员诚信、海事监管和各方协同配合的市场管理责任链有待形成。

海洋渔业局以及相关海事管理部门跨区域跨部门信息共享不充分，协同监管不到位，与便利的渔业船员管理和服务水平的目标仍有较大距离，公共服务体系尚不健全，服务水平有待提升；从事渔业捕捞的船员自身、院校、海洋渔业企业缺乏对渔业船员职业的长期规划，渔业船员职业成长得不到社会的广泛关爱，发展环境尚需改善。

5. 渔业船员的培训机构的短缺和不规范

培训机构作为市场经济的主体，它开办船员培训除了实现社会效益，即培养高素质的渔业船员，发展壮大我国的海洋渔业，以及为更多渔业船员提供知识技能使其实现自身价值，更重要的是它像其他市场主体一样，要追求自身经济利益的最大化。而我国正处在一个巨大的转型期，我国的远洋渔业船员培训产业也还处在发展期，许多培训机构创造品牌的理念还十分薄弱，信用意识、服务意识还没有深入发展，在巨大的预期利益面前，大多数培训机构选择牺牲培训的质量来最大化自己的经济收益。目前的渔业船员培训机构来看，大多存在以下问题。

（1）缺乏一套有效的质量管理体系

许多培训机构没有有效的质量管理体系，在培训之初没有制定规范的培训计划，在培训过程中不按照教学计划安排授课，或随意更改教学计划，重理论轻实操，将实操课时调整为理论学习，或者在"趋利"的趋势下中途缩短课时，最终导致船员培训质量低下。

（2）师资队伍落后

目前从事普通渔船船员培训的师资力量，多是退居二线的船员。其中一部分人实际工作经验比较丰富，但是理论基础相对薄弱，且大多数船员在从事教师职业时未接受相关的专业培训，虽然他们在船上工作突出，但是在课堂上不一定能触类旁通，教学手段不够灵活。也有些培训机构参加船员培训的持有船员适任证书的教师数量较少，有些虽持有船员适任证书，但其实际在船上担任实职的海上资历太浅，有的培训机构的师资达不到渔业捕捞特殊培训纲要对师资的要求等。而且，随着科技的发展，水上交通已经发生了巨大的变化，如船舶吨位、操纵性能，但有一部分早期的船员不能与时俱进，其讲授的知识已经不能适应现在的培训要求。

（3）教学的硬件设施不足

培训设施、设备是培训机构开展培训必备的硬件要求。船员培训一个重要特征是注重实际操作的训练。供训练用的设备设施成本高、消耗大，需要大量的资金投入。目前部分培训机构只注重经济效益，忽视设施设备方面的资金投入，培训设施设备不足成为影响培训质量的重要因素，其具体有以下表现：有些培训机构缺乏应有的设施设备或者其承担的培训任务与它实际拥有的设备设施不相称，而且培训设备在使用过程中不可避免地会出现磨损，自然老化；而有的培训机构平时不注意保养，对于已经损坏或者已被淘汰的仪器，由于成本等各方面原因不进行更换，这些都会直接导致学院实操机会的减少，造成学员的动手能力不足。

五　远洋渔业人才培养途径探讨

我国作为人口大国，具有充足的劳动力资源，但人员的整体素质不高制约着远洋渔业持续健康发展，如渔船船员的外语水平还不高，实际操作能力较差等。当前，渔船船员的素质还不能满足国际航运市场的需要，这在一定程度上也影响着我国远洋渔业的发展。针对威海市海洋渔业人才建设中存在的问题，结合制约渔业船员发展的原因，威海市提出了契合威海远洋渔业发展现状的人才培养措施，为远洋渔业培养适应现代远洋渔业发展要求的经营管理人员和技术人才，进而促进远洋渔业规范有序发展，推动我国从远洋渔业大国向远洋渔业强国转变。

1. 出台完善相关渔业船员培训管理法规及标准

管理部门应尽早出台完善有关远洋渔业船员培训管理的法规和标准，以进一步加大对培训机构的管理力度，确保培训设施合格、师资合格、内容合格、培训质量合格，对渔船从业人员负责，对渔业水上安全负责。同时，建立渔船船员培训工作目标考核责任制度，各级渔政部门对培训数量、船员持证率、履行监督培训质量、遵守培训考试规定等情况进行量化考核。渔政部门要对承担培训任务的机构的资质进行严格审查，要制定船员培训质量考核标准，对船员培训质量、规范执行各项培训考试工作制度、师资队伍建设、培训管理等进行全方位地监管，确保船员培训取得扎实效果。

2. 进一步完善渔业船员的培训、考试、发证体系

渔业船员培训考试工作要研究当前渔业船员培训管理工作中出现的新问题、新技术，制定渔业船员培训工作科学的发展规划，建立健全渔业船员理论和实操培训系统，提高船员培训工作科学化水平，使渔业船员培训工作更规范、有序、快速地发展。根据威海市的远洋渔业船员培训现状，提出以下建议。一是按照《中华人民共和国渔业船员管理办法》的基本要求，结合渔业生产特点和渔业的基础条件，修订和完善培训教材，统一培训大纲，规定培训的深度和广度，使各科目的培训教材编写有章可循，同时采集制作渔业船员、专业技能训练多媒体教学课件，用大量的现场资料来缓解实习条件缺乏的矛盾。二是制作高水准的多媒体培训模具，组织专家设计多媒体教学软件，建立科学的多媒体培训教学系统。三是建立远洋渔业船员轮机、避碰、捕捞等模拟实践操作培训系统，训练船员安全生产的规范动作。四是加强渔船船员管理信息化建设，建立船员管理信息化系统，涵盖船员参加培训情况、

安全事故记录等信息，提高船员管理水平。五是改革考试发证制度，借鉴机动车驾驶执照考试模式，丰富理论考试内容，增加体现实际操作技能的图示考题，在实践操作考试中加试相关的理论内容，如采用操作与提问相结合的方式等，每位参加培训的渔船船员只有理论考试和实际操作技能评估成绩都合格，方可认定通过考试。

3. 搭建航海院校远洋渔业人才培养的创新平台

政府应加大对渔船装备技术研发的投入，依托高等院校、科研院所和骨干企业，整合科研资源，建立研发平台和技术创新联盟，培养渔业知识和装备设计制造技术兼备的人才队伍，系统开展渔业装备共性和关键技术研究。同时，航海院校要顺应协同创新的形势，积极探索协同创新的路径，全面提高远洋渔业人才培养质量。校企"协同创新"，既是突破学校产学研障碍、提升学校办学水平与办学质量的过程，也是为企业提升产品技术含量、增强企业竞争力，为企业创造价值的过程，是实现校企"优势互补、资源共享、互惠互利、共同发展"的双赢策略。

社会经济需求是各行各业创新动力的主要源泉。山东交通学院威海校区长期与交通运输行业联系密切，先后与威海海事局，威海港口管理局，威海海洋渔业局等相关单位共建，是山东省海洋渔业厅批准的渔业船员培养基地，已经完成多批次高级渔业职务船员的培训，初步建立了一个远洋渔业人才队伍的培养平台。同时，高校为主的科研单位与远洋捕捞企业的合作，促成远洋深水捕捞硬件设备的研发，可以做到产学研三者有机结合。航海类院校开展渔业船员培训是解决威海市远洋渔业人才短缺的有效手段。

4. 尝试开展"订单式"远洋渔业船员培养模式

面对渔船船员短缺的现状，各个航海教育机构也都积极扩大办学规模，以期培养出更多合格的远洋渔业人才，而各个远洋渔业企业也纷纷自寻出路，尝试引进更多的合格渔船船员，甚至不惜花大价钱招聘富有经验的渔船船员以充实其人才队伍。然而，远洋渔船船员培养属于资金与技术密集型培养类型，短时间内培养大量合格海员是非常困难的，海员培养成本与企业的年度盈利状况决定了企业往往没有精力和能力自己培养渔业船员。因此，他们寻求与航海类教育培训机构合作，尤其希望与高职类院校合作培养高职层次的远洋渔业船员。同样，航海类高职院校也希望自己培养出来的渔业船员能够满足船舶公司的要求，双方共同的要求决定了要对现有船员的人才培养模式进行改革。"订单式"人才培养模式这种结合校企合作的人才培养模式无疑成为解决这一问题的好方法。

随着海洋产业的不断发展，远洋渔业人才的需求也随之加大，渔业企业的竞争终究是人才的竞争，人才因素越来越明显，为了及早进行人才储备和定向培养，避免人才选择的盲目性，很多远洋渔业企业都具备"订单式"人才培养的意向，而航海院校也纷纷尝试产学研和校企合作的人才培养模式，积极与海洋水产以及航运企业联系，为长期的"订单式"人才培养计划实施提供机遇。

5. 提供长久有效的政策鼓励

从远洋渔业发达国家的经验来看，政府均曾为发展远洋渔业投入大量政策、资金和技术支持。因此，在政策上，要鼓励渔民以股份合作等形式创办各种专业合作组织，引导龙头企业与合作组织有效对接；同时，鼓励龙头企业向渔业优势产区集中，培育壮大主导产业，加快建设一批现代渔业示范区。大力发展海洋渔业科技教育事业，深化海洋渔业科研机构改革，加强涉渔专业和学科建设，创新渔业科技人才培养模式，加快培育新型渔民和渔业实用人才。

航海教育政策要向高等航海职业教育倾斜。应充分发挥航海院校教师的作用，增加国家航海教育与培训课题研究和活动，包括评估和考试题库建设的机会和参与率。加大航海类专业实训中心建设的投入。国家和地方政府正在加大对职业教育实训基地的投入，行业主管部门应积极争取和加大对高职航海院校的实训基地的建设，以改善高职航海院校的实训和教学设施条件。国家政策还应鼓励培训机构重视设施设备的投入，使其紧跟航海和水产科技前沿，适时引入航海模拟器、渔业捕捞模拟器等先进设备，加强仿真性训练，提高学员的业务技能。

六 展望

总之，只有通过政府、远洋渔业企业和航海院校三个方面共同努力，政府从政策资源上促进高职航海院校的发展，改善船员人才培养的条件；渔业企业从源头上积极参与渔业船员人才培养，提供实训实习基地；高等航海院校创新航海教育培训体系，注重渔业船员职业精神、职业技能和国际意识的培养，形成以高等航海职业教育为主体的航海教育体系，加快实现高素质高技能渔业船员人才培养的目的，真正促进海洋渔业持续健康发展。

［作者单位：山东交通学院（威海）　课题组成员：董传明　程向新　李光正　高　源］

企业参与现代学徒制状况分析与驱动力研究

李传伟

全国职业教育工作会议要求要深化产教融合、校企合作，完善育人机制，改革人才培养模式。《国务院关于加快发展现代职业教育的决定》（国发〔2014〕19号）《教育部关于开展现代学徒制试点工作的意见》（教职成〔2014〕9号）都明确指出"现代学徒制是深化产教融合、校企合作，推进工学结合、知行合一的有效途径"。但是现代学徒制的实施往往是"烧火棍烧火一头热"，出现了"学校热、企业冷"的现状，成为现代学徒制有效实施的瓶颈，制约着现代学徒制人才培养模式推广。

1 现代学徒制合作企业现状分析

作为现代学徒制双主体育人主体之一的企业，承担着现代学徒制重要的育人任务。现代学徒制的实质是经济和教育的有效结合，是经济与教育相结合的具体形式，是一种跨界教育。企业的主要任务是创造经济效益和储备技术技能型人才，学校的主要任务是培养高质量的人才。现代学徒制培养模式中，学校和企业都应该成为主要培养主体单位，即所谓的双主体，但是现实并不是这样，企业对现代学徒制的参与度不高，极大地阻碍了现代学徒制的有效推广。

1.1 企业参与现代学徒制积极性不高

在实施校企合作、工学结合的过程中，部分企业考虑自身企业利益，重视招聘人才，而不重视对人才的培养，认为校企合作只是付出而不能得到实惠，而技术人才可以通过招聘获得。在实际现代学徒制运作中，作为育人主体之一的企业需要提供人力、物力和财力，需要配备专门的人员来指导学生，同时还会有其他一些风险存在，如工伤等，这些会给企业正常的生产经营带来负面影响。对于技术含量高的工作岗位，学生还不能胜任，因此也会影响到企业的生产，所以企业的合作积极性不高。

在现代学徒制实施过程中，学生已经成为企业的学徒，因此企业需要给学徒支付一定的劳动报酬，这对于企业来讲，特别是对于那些技术含量高的企业，企业的投入与获取不成比例，而三年培养期过后的学徒的回报演示企业是看不见的，这也会影响到企业参与现代学徒制的积极性。

通过调研发现，有85%的企业对现代学徒制不感兴趣，有超过75%的企业认为现代学徒制校企合作企业受益小、风险大，能有15%的企业愿意参与现代学徒制试点项目，其中不乏有些企业只是想利用职业学校提供的廉价劳动力而已。

1.2　企业参与现代学徒制的合作不够稳定

现代学徒制本身应是学校和企业共同合作完成的，但是现在很多学校在实施现代学徒制过程中始终处于中心位置，而企业处于被动的一方。无论是人才培养方案的制定，还是课程标准的制定，多数情况下是由学校起草完成而后送与合作企业进行探讨，这样往往会造成企业处于被动局面，企业的很多意愿得不到体现，因此企业也就无法很好地完成合作。

由于缺乏利益驱动，企业参与现代学徒制的合作很难持续下去。目前虽然有一些成功的现代学徒制实施项目，但是真正建立稳定的合作关系的院校和企业很少。据统计分析，合作企业中有24%的企业与学校合作是由于校方个人资源促成的，68%的企业是想利用学校的某些资源（人力、技术等）而进行合作的，只有8%的企业考虑长远利益而与学校进行长期合作。因此总体上合作往往只是表面现象，合作不够稳定，也不乏为了宣传效应而造就出来的现代学徒制的书面合作协议。

1.3　合作企业风险系数增加

现代学徒制实行的是校企共同管理，共同担当风险。其风险主要包括技术产权争议风险、共同利益风险、学生安全风险等，其中学生安全风险成为风险主要内容。学生虽然是学徒，但是还不能定义为企业员工，企业很难对学生进行有效管理。学生自身知识和技能水平不高，自身规避风险的能力较差，缺乏实践经验，很难避免安全问题，一旦出现伤亡事故，对于责任的认定，校企会互相推诿，都想尽力减轻自身的责任，这些会给企业带来压力。

另外企业参与现代学徒制，经过三年的付出，把学生（学徒）培养出来，但是很难保证学生在自己的企业工作，这样势必造成企业付出了，而不能得到回报的问题，特别是一些技术岗位的人才，人才一旦流失，很难找到适合的人选来替代，这些不确定的因素是多数合作企业所担心的。

2 企业参与现代学徒制的驱动对策

现代学徒制是由企业和学校共同推进的一项育人模式，其教育对象既可以是学生，也可以是企业员工。对他们而言，就学即就业，一部分时间在企业生产，一部分时间又在学校学习。因此，学生和员工都可以从企业领取相应的工资。但是，作为一种新模式，在实施过程中需要企业和学校共同制定相应的管理政策。在人才培养的过程中，企业全程参与，在企业中以师傅带徒弟的模式对学生进行培养，为企业发展和转型升级提供人力资源和技术储备。

目前我们国家现代学徒制教学模式还处于起步试点阶段，企业还没有收到效益，还没有得到好处，因此企业对于现代学徒制参与程度不深。我们可以从多方面提升企业在现代学徒制中的作用，让企业认识到参与现代学徒制人才培养既能给企业带来利益，也能树立企业的社会形象。

2.1 制定政策，提供法律保障

我国已经制定了相关的法律法规，这些文件虽然都规定了高职院校和企业必须进行合作，却没有对合作双方的权责进行规定，对不履行义务予以什么样的处罚也没有提及。因此要想使现代学徒制很好地推广开，政府要进行宏观调控，以法律法规的形式确保现代学徒制能够有效地推广。

首先，政府要在调研的基础上，结合本地实际情况，制定符合本地职业院校和企业的校企合作法规，明确双方的法律责任和义务，对合作双方进行责、权、利的约定，确保合作双方均获得最大收益。制定奖惩制度，规范合作考核程序和评价标准，据此来对合作企业进行奖励。其次，对现代学徒制的学生（学徒），政府要出台一定的政策，明确学生（学徒）在企业的待遇，将学徒工纳入职工保险范畴之内，减轻企业的负担，另外政府也可以出资购买部分工作岗位，为学生的顶岗实习提供便利。最后，对于参与现代学徒制的企业，政府要在政策上给予支持，鼓励企业与学校联合招收学徒，共同培养技术技能人才，如给企业进行税务减免、对合作较好的企业进行物质和精神奖励等。

2.2　签订协议，明确三方职责

现代学徒制属于跨界办学形式，是多元参与的人才培养模式。因此要签订好相关协议，如学校和企业签订《校企合作协议》，学校和学生（家长）要签订好《学校培养协议》，企业要与学生签订好《企业学徒协议书》等。这些协议可以界定学校、企业、学生（学徒）三方的职责，起码能够进一步约束学生就职于合作企业，保证了企业用人的权利，可以解决企业的用工荒、招工难等问题，另外也可以为企业储备技术人才，培养企业所需技术人才。企业没后顾之忧，企业才愿意尽心尽力搞好学徒培养，在人员、设备安排等方面提供大量支持，保证现代学徒制落到实处。

2.3　突出职业教育特色，消除企业后顾之忧

职业院校的使命就是培养合格的技术技能型人才，只有这样，企业才愿意与院校合作。职业院校也需认识到，现代学徒制是建立在互惠互利互动的基础上的，职业院校，要合理安排教学计划，充分考虑企业的实际情况，将企业实际需要培训的内容加入到人才培养方案中，提升职业教育对企业的吸引力，让企业看到参与到现代学徒制能够给企业带来效益。学校要对学生进行有效管理，不能认为学生到企业实习了，发生事情与学校无关，要给所有顶岗实习学生办理实习保险，消除企业的后顾之忧。

3　现代学徒校企合作模式探析

威海职业学院与威海广泰空港设备股份公司联合试点现代学徒制，制定了威海职业学院、威海广泰空港设备股份有限公司机电一体化专业现代学徒制实施方案。方案内容从项目领导小组的构成，到成员的分工和工作职责，从人才培养方案的制定到课程标准的设置等都做了详细的规划。通过学校和企业共同招生（招工），进行专业人才的共同培养，进一步完善了校企合作的规章制度，如：学徒企业实习考核制度、现代学徒的第三方考核评价办法、校企定期例会制度等，具体流程如图1所示。

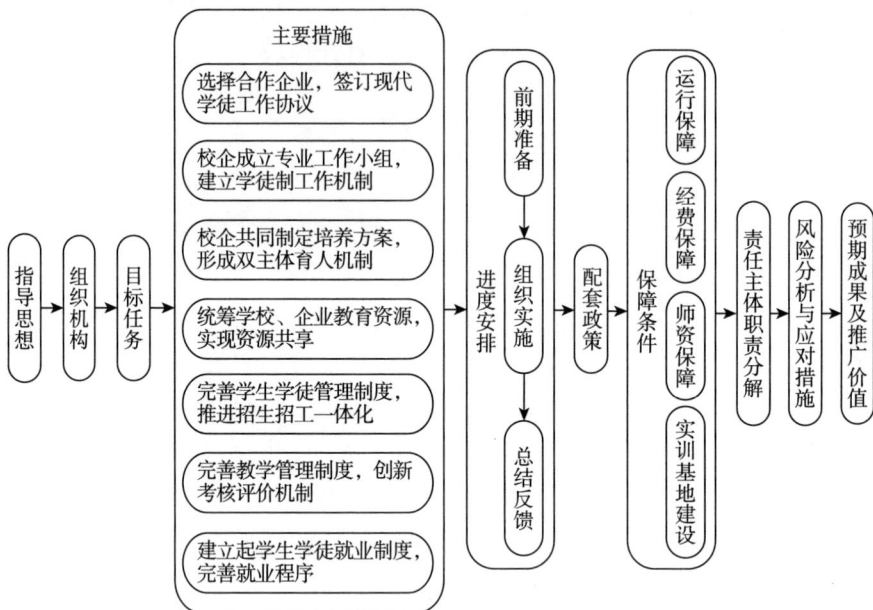

图 1　现代学徒制人才培养模式实施方案

对于现代学徒制，我们要确立一条主线，即以学生的职业能力培养为主线。建立双元育人，学校通过与企业签署校企联合培养协议，建立校企双元育人的培养机制。形成三个主体，形成职业院校教师、企业师傅、在校学生三个主体共同参与的现代学徒制人才培养方式。实现四个融合，实现教室与岗位、教师与师傅、考试与考核、学历与证书的四个融合。做好五个落实，落实工龄计算、学徒工资、社保费用、奖学金（创业）基金、实训安全保险。构建六个共同，校企共同制订人才培养方案，共同开发理论课与岗位技能课教材，共同组织理论课与岗位技能课教学，共同制订学生评价与考核标准，共同做好双师（教师与师傅）教学与管理，共同做好学生实训与就业工作。

4　结束语

现代学徒制的人才培养模式从根本上改变了学校单一培养人才的模式，是一种跨界教育。离开了企业的支持，现代学徒制培养模式就是空话，也只是纸面文章，没有落到实处。企业的参与需要学校和政府部门提供大力支持才可以，企业性质决定了这一点，也就是说企业需要在合作过程中获

```
┌──────────────────────┐
│  学生入学（招生、招工）  │
└──────────────────────┘
           │
┌──────────────────────┐
│   第一学年职业基础教育   │
└──────────────────────┘
           │
   未通过考核  ◇企业考核◇  通过考核
   ┌─────────┘        └─────────┐
┌──────────────────┐  不签协议  ┌──────────────────┐
│ 第二学年专业技能学习 │ ◄──────── │  与企业签订培训协议  │
│  （校内实训基地）   │          └──────────────────┘
└──────────────────┘                      │
  不合格 ◇技能考核◇ 考核合格    ┌──────────────────┐
        （生产）              │  第二年专业技能学习  │
  ┌──────┘    └──────┐      │     （企业）      │
  │      ┌──────────┐ │      └──────────────────┘
  │      │签订职业培训协议│          │
  │      └──────────┘ │      ┌──────────────────┐
  │              │     │      │    中级技术培训     │
┌──────┐     ┌────────┐ 不合格 └──────────────────┘
│其他岗位│     │生产技术培训│◄─────┌──────────────────┐
│ 培训 │     └────────┘       │    研发技术培训     │
└──────┘          │           └──────────────────┘
    │         ┌──────────────────┐
    └────────►│    企业顶岗实习     │
              │    职业技能鉴定     │
              └──────────────────┘
   不签协议         │
   ┌────────┌──────────────────┐
   │        │  签订就业三方协议   │
   │        └──────────────────┘
┌──────┐              │
│自由就业│     ┌──────────────────┐
└──────┘     │   企业正式员工     │
             └──────────────────┘
```

第二学年
识岗、跟岗

第三学年
跟岗、顶岗

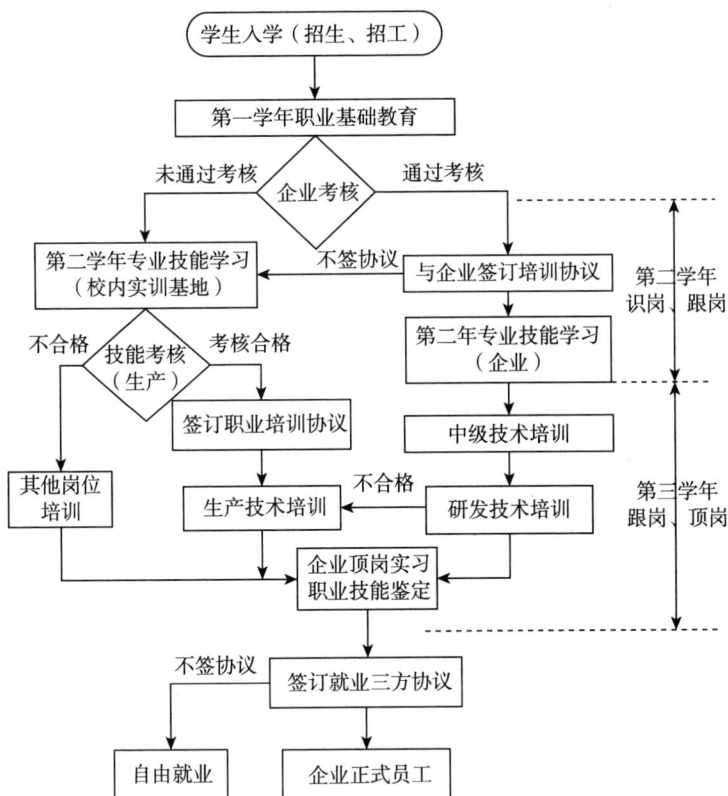

图 2　现代学徒制人才培养流程

得利益。同样如此，现代学徒制合作成功，社会、学校和学生（学徒）也会获得利益。

（作者单位：威海职业学院　威海市立医院　课题组成员：王燕妮　董　先　曲海波　董海萍）

威海市健康养老机构发展问题研究

王进华　李鲁静

机构养老作为社会化养老服务体系建设的一个重要组成部分，在不久的将来必将成为高龄失能老人的首要选择。摸清养老机构的发展现状，了解养老机构存在的问题，探讨养老机构健康发展的应对之策，是我们迫切需要解决的问题。目前，威海市 60 岁及以上老年人口达到 55 万，占总人口的21.7%，分别比全国、全省高 8 个百分点和 7 个百分点，且以年均 3% 的速度快速增长，老年人口比例在全省 17 地市中位居首位，已提前迈入老龄化社会。"银发社会"的到来，为养老机构的快速发展带来了广阔的市场空间，也使老人养老问题日益上升为全市经济社会发展尤其是保障和改善民生的重要课题。

一　健康养老机构发展研究背景

健康养老机构是社会养老的专有名词，是指为老年人提供饮食起居、清洁卫生、生活护理、健康管理和文体娱乐活动等综合性服务的机构。它可以是独立的法人机构，也可以是附属于医疗机构、企事业单位、社会团体或组织、综合性社会福利机构的一个部门或者分支机构。养老机构服务的主要对象是老年人，但某些养老机构（如农村敬老院）也接收辖区内的孤残儿童或残疾人，入住养老机构的老年人平均年龄多在 75 岁。

中国是目前世界上老年人口最多的国家，全国老龄工作委员会发布的研究报告指出，中国已于 1999 年进入老龄社会，预计到 2020 年 65 岁以上老年人占总人口的比例将从 7% 增长到 14%，发达国家大多用了 45 年以上的时间进入老龄社会，而中国只用了 27 年，中国老龄化的速度进入世界最快国家之列，这无疑是对我国现行的社会养老保障制度和老龄产品与服务的严峻考验，我国养老产业的发展面临着更多更大的压力，同时也将产生更大的发展空间和市场潜力。因此，发展健康养老机构是人口老龄化形势下的现实选择。

首先，家庭养老功能不断弱化。一直以来，家庭养老是我国最基本最主要的养老方式，20 世纪 90 年代以来，我国社会家庭结构逐步小型化，家庭养老的功能日渐弱化。造成这一趋势的主要原因有以下三个。一是长期以来推行的独生子女政策，使社会普遍出现了"四二一"家庭结构，一对年轻夫妇同时赡养四位老人，家庭养老的压力剧增。二是城市化、工业化、现代化的发展，中青年人群生存竞争压力进一步加剧，城市大量人群跨地域求职，大量剩余劳动力向城市转移，造成我国空巢家庭越来越多。子女不在老人身边，使老人的生活照料、生病护理等问题变得日益突出。三是随着家庭结构变动，年轻人赡养观念发生了变化，他们对赡养老人的方式有了不同理解，大多数时候更喜欢用金钱来孝敬父母，往往只是在父母生病的时候才会短期回到老人身边。现代社会家庭养老功能的弱化，相应地增加了老年人对社会养老服务机构的需求。

其次，社会养老服务需求迅速膨胀。我国是在经济不发达的情况下提前进入了老龄化社会，加之社会养老保障制度的不完善，养老服务体系不健全，庞大的老年群体和较快的增长速度，使养老成为当前我国面临的一个非常紧要的社会问题。据调查统计，目前我国 60 岁以上老年人口的余寿平均有 1/4 时间处于肌体功能受损状态，需要不同程度的照料、护理。照此推算，我国约有 3250 万老年人需要不同形式的长期护理。此外，随着社会的进步、生活水平的提高，一些老年人的养老观念也发生了很大的变化，他们不再满足于生活的温饱，而是越来越注重生活质量和生命的质量，他们迫切需要发展老年教育、文化、体育、娱乐等活动来丰富他们的老年生活，体现他们的生命价值和意义，因此需要社会为他们提供专门的医疗保健、护理以及完善的老年医疗服务网络，保障他们的身心健康。

再次，社会养老服务机构发展明显滞后。长期以来，我国的社会养老服务是社会福利事业的一部分，是一种高度集中的福利供给模式。随着我国人口老龄化社会的到来以及养老问题的日渐突出，从 20 世纪 80 年代开始，我国着手改革社会养老福利制度，一方面推进养老福利事业的社会化，积极鼓励社会力量兴办养老服务机构；另一方面在服务对象上开始面对所有老人。在国家的大力引导和扶持下，我国的养老服务机构得到了很大的发展，但由于我国养老事业社会化改革起步晚，相对于庞大的老年群体和快速发展的老龄化，社会养老服务的发展存在着明显的滞后。

老年人对养老机构服务需求大、增长快、要求高与全社会养老机构数量少、质量差、增速慢之间的矛盾日趋尖锐。目前中国每9个人中就有1位老人，到2050年，每3~4个人中就将有1位老人，健康养老机构与设施严重匮乏。截至2005年底，各地建有各级各类养老服务机构近39546家，床位149.7万张，收养老人1102895名。仅就床位数来讲，刚刚超过老年人总数的1%，与国际社会通行的5%~7%的比率相差甚远。不仅如此，大多数健康养老机构服务内容单一，专业服务人员缺乏，很难满足老年人群日益增长的需求。大力发展健康养老产业，更好地为老年人提供产品和服务，从社会的角度来讲，它有利于满足老年人的社会需求，有利于形成健康老龄化社会，具有巨大的社会效益；从经济的角度来讲，它有助于产业结构的调整和升级，有助于缓解就业压力，有助于减轻政府的社会保障负担。

二 威海市健康养老机构发展现状

养老问题是世界各国面临的普遍问题。目前，世界上主要的养老方式有三种：机构养老、社区养老和家庭养老。近年来，为应对人口老龄化形势，威海市着力构建起以居家养老为基础、社区养老为依托、机构养老为支撑的社会养老服务体系。

（一）政策扶持力度不断加大

相继出台了社会养老服务体系建设、农村幸福院建设的实施意见，在资金投入、土地指标等方面给予大力支持。荣成、文登、乳山分别出台了加快养老服务体系建设的意见，为加快养老机构发展营造了良好的社会环境。

（二）设施建设成效显著

2013年，市级财政安排专项资金2000万元用于支持养老服务业发展，吸引社会资本3.7亿元，形成了一大批具有一定规模的养老产业项目。截至目前，全市共有各类养老机构101家，总床位16542张，提前完成了省政府提出的"十二五"末实现每千名老年人拥有30张床位数的目标。

（三）养老产业创新发展

荣成盛泉集团成立了盛泉养老服务股份有限公司，通过建立"养老＋资本＋科技"的养老模式，2013 年 5 月份在上海股权托管交易中心成功挂牌，成为全国首家在上海股交中心挂牌、进入资本市场的养老企业，成功募集资金 9900 万元。威高集团首创社区养老住宅，在威高花园配套建设了医疗看护、养生保健、餐饮服务、休闲娱乐和运动健身五大中心，为老人提供 24 小时贴身服务。

三 养老机构存在的主要问题

（一）养老服务机构建设水平较低

一是规模偏小。在全市 101 所养老机构中，52 家床位数在 100 张以下，18 家床位数介于 100～200 张之间，只有荣成盛泉、威海老年公寓、经区凤林老年公寓床位数超过 500 张，缺少规模大、规格高、综合服务功能强的大型社会养老服务中心。二是功能单一。敬老院主要承担集中供养"五保"对象和小部分社会代养人员的吃住问题。社会办养老机构和老年公寓主要面向社会，承担老年人代养业务，也仅仅是提供吃住等基本服务。三是养老机构入住率差异较大。以荣成市为例，该市 35 所养老机构中，有 8 所入住率 85%以上，21 所入住率介入 50%～80%之间，6 所入住率低于 40%，在一定程度上存在着床位利用率不高的问题。四是服务队伍专业化程度不高。除了少数敬老院有部分经过专业训练的养老护理员以外，绝大部分养老机构缺乏专业养老护理员，养老服务大多停留在基本生活照料上，专业服务水平低，服务方式单一。五是从业人员待遇低，队伍不稳定。服务人员以 40～50 岁的妇女为主，没有受过专业培训，工资待遇低。如荣成盛泉老年公寓人员月薪基本在 1800～2500 元，处于较低水平，由此带来护理人员队伍不稳定、服务保障压力大等问题。

（二）各项优惠政策"不落地"

近年来，国家、省、市对养老服务机构建设出台了一系列优惠扶持政策，鼓励和支持企事业单位、民间组织、个人等社会力量投资兴办养老机构。但从实施情况看，这些优惠政策涉及 20 多个部门，由于没有形成有效的工作推进和落实机制，在实际执行中难以落实。特别是土地资源紧缺，已成为制约养老机构建设的直接瓶颈。

（三）建设资金投入大，政府投入不足

养老产业在威海市尚处于起步阶段，该产业是一个高投入、微利润的行业，亟须政策扶持。青岛市对各级政府及社会力量兴建、经认定达到标准的新建养老机构，按照每张床位12000元的标准给予补助。目前，威海市规定非营利性养老服务机构，床位数达到一定数量，符合有关部门规定资质条件的，由省、市、县财政按照1∶1∶1的比例给予每个床位4500元的补助，与青岛相比资助标准依然偏低，影响了社会资本投入养老机构的积极性。如果建成一个拥有100个床位的养老院，按照一个床位建设成本8万元计算，需要投资800万元，政府补助仅仅占总投资的16.9%，能否激发企业、民间组织和个人创办社会养老服务机构的热情还有待观察。

四 推动发展健康养老机构的对策建议

（一）制定养老机构发展规划

威海市出台的《关于加快社会养老服务体系建设的意见》，提出了"十二五"期间养老机构床位数等指标，从实际看，在土地资源日益紧缺的情况下，如果养老设施规划不列入全市土地利用规划和控制性详细规划，许多养老项目将难以落实。建议将威海市在"十二五"以及"十三五"期间养老设施的规划项目与全市土地利用规划有效衔接，使养老设施布局更加科学合理。尤其在南海新区、东部滨海新城、双岛湾科技城等重点区域建设过程中，可积极借鉴中国台湾、日本等养老产业发达地区的先进理念和经验，集中规划健康产业功能区，设置健康检测中心、老年养护中心、运动康复中心等设施，以引领全市养老服务业的升级发展。

（二）重点解决好影响养老机构发展的相关政策问题

一是土地政策。地价过高是导致养老机构建设项目落地难的主要原因。目前养老产业用地基本为住宅、旅游和综合用地，不同性质土地造成用地成本差别较大。建议明确用于养老产业的土地性质，也可单独列出"养老类产业用地"，以进一步吸引社会资本投资养老产业。对于公益性、规模型的民办养老机构，建议以协议出让或以集体土地投资等方式，来保障规模型养老机构的建设用地。二是政策落实。国家、省、市出台的一系列鼓励发展政策，

实际中并未得到全面落实。建议有关部门对养老机构的用电、用水、用气、通信服务等优惠政策进行全面梳理，促使已有政策真正落实，撬动更多社会资金投向养老服务业，减轻政府发展养老事业的压力。

（三）鼓励社会力量兴办养老机构

实施福利性产业商业化运作，通过"公办民营"和"民办公助"等方式，引导和鼓励社会力量依法进入社会福利服务领域，兴办老年公寓、护理院、托老所等设施。从2006年起，威海市开始探索推行"公建民营"模式，取得了一定成效，荣成市、乳山市的敬老院一半以上采取"公建民营"模式；文登市社会福利中心在保留部分产权的基础上，引进威海恒峰房地产开发有限公司管理经营，在建设规模和服务档次上实现较大提升；在建的威海市社会福利中心、荣成市社会福利中心，建成后将采取委托经营的方式，实现"公建民营"。同时，引导金融机构加大信贷支持力度，开发新型金融产品，对参与养老服务的民间组织在利率政策、贷款期限等方面给予适当倾斜，激发全社会投资养老服务机构的热情。

（四）加快发展多样化的养生养老机构

鼓励各市区开展居家养老等养老模式的试点，积极探索综合养老服务中心和社区老年人日间照料中心的有效运作模式。同时，依托威海市生态环境绝佳，对外知名度较高，以及优质农产品、海洋食品等健康食品众多的优势，大力发展以健康养生、医疗康复、社区养老、温泉疗养等为主要内容的养生养老服务业。积极引进全国性的养生养老品牌连锁机构，借助其已有的成熟管理模式和经验，加强与海南等地区养生养老机构的合作，吸引其来威海投资建设养生养老基地，开展候鸟式经营，随着季节变化进行迁移，打造"冬到海南、夏到威海"的养生养老品牌。

（五）加强养老服务标准和从业队伍建设

针对目前威海市养老行业标准缺失、服务水平参差不齐的情况，建议由市民政部门牵头负责，根据国家近日出台的《关于加强养老服务标准化工作的指导意见》，制定威海市涵盖养老服务基础的各项通用标准，以促进养老服务业和养老机构规范有序发展。依托市养老服务职业培训学校等机构，定期开展养老护理员培训，力争到2015年底，养老从业人员培训率达到100%。山东药品食品职业学院、威海卫生学校等中高等职业学校可开设养老服务业相关专业，努力把养老健康服务专业办成品牌专业、骨干专业。争取将符合条件的威海市养老机构，认定为高校毕业生见习就业基地，每年吸纳一定数量的大中专毕业生到养老机构见习就业。

（作者单位：中共威海市文登区委党校）

基于雇佣关系视角的冲突管理行为对员工创造力的影响机制

于静静　蒋守芬　赵曙明

一　问题的提出

在当今环境日益动荡、竞争加剧、技术不断革新的时代，越来越多的管理者意识到必须不断激发员工的创造力。大量的证据表明，员工创造力能从根本上促进组织创新、组织有效性及组织发展。Sullivan 和 Ford 对 AMJ 和 JAP 两个国际一流期刊在 1998～2008 年发表的有关员工创造力的文献进行了梳理，对员工创造力的概念进行了汇总。本研究通过对汇总后概念的分析发现，西方普遍认同的观点是，员工创造力是员工新颖而有益的产品和想法的产出，即将员工创造力看作新颖性和有益性两个方面的融合，其中新颖性反映了员工想法的唯一性，而有益性则反映了一种解决方案的价值性、有效性及适宜性。在中国情境下，Li 和 Gardner 将员工创造力定义为问题的解决方式及最初具有原创性，但最终被一个或多个文化环境所接受的产品。无论是西方文化背景还是东方文化背景，都认同创造力强调新颖和有益的见解。

当前，伴随着我国国民经济的持续快速增长，我国劳动就业人数不断增长，劳动争议数量也逐年增多。中国国家人力资源和社会保障事业发展统计公报的数据显示，1993 年到 2013 年的 20 年间，全国从业人员增长了27.05%。全国从业人员人数的持续增长使得劳动人事争议案件也逐年增多。2013 年，全年各级劳动人事争议调解组织和仲裁机构共受理劳动人事争议案件149.7 万件。与 1993 年相比，2013 年所处理的劳动争议案件数量为 1993年处理案件的 121.14 倍。劳动争议案件数量的增长趋势说明了当今社会我国劳资双方的关系日趋紧张。常凯认为，中国开始进入劳资矛盾多发期和冲突期。如何对劳资双方的争议、纠纷及冲突进行有效的管理已经成为社会关注的焦点问题，这也为学术界和企业界提出了一个新的研究命题。

王维通过对国内外雇佣关系冲突管理的文献整理，发现目前国内外学者对雇佣关系视角下的冲突管理研究主要关注于政府的立法工作和工会的集体谈判等宏观研究，其最新成果多集中于雇佣关系冲突的因素和管理策略研究，且多以理论和案例研究为主，对雇佣关系冲突管理的微观研究和实证研究及其结果变量还有待于进一步完善和充实，同时指出未来的研究者应进一步加强对雇佣关系与其他学科的交叉研究。本文研究雇佣关系视角下的冲突管理行为，将雇佣关系与组织行为学中的冲突管理行为相结合，从微观层面研究雇主－雇员冲突管理行为对员工创造力的影响，将是对雇佣关系冲突管理理论的补充和完善。

在构建雇佣关系视角下的冲突管理行为与员工创造力关系的模型中，以积极心理学和员工创造力相关文献作为理论基础，本研究的中介变量为心理授权（Psychological Empowerment，PE）。根据社会认知理论，心理授权是个体投入到创造性活动的一个核心机制。心理授权在社会情境中具有可塑性，因此越来越多的研究开始将心理授权作为连接外在环境因素与个体创造力之间关系的一个中介变量加以研究。例如相关学者检验了心理授权在个体因素（例如目标导向）和情景因素（例如组织创新气氛、变革型领导）中对员工态度和行为之间的中介作用，即个体因素或情景因素通过心理授权间接地对个体的态度和行为等结果变量产生影响。Kanungo 将心理授权定义为"通过正规化的组织实践和提供高效信息的非正规技术来消除组织成员的无力感，增强员工对组织的认同，提高组织成员的自我效能感的过程"。心理授权由四个维度的心理状态构成，包括：意义、自我效能，自我决定、影响力。因此，本研究尝试提出，雇佣关系视角下的冲突管理行为通过心理授权对员工创造力产生影响。

基于以上背景，本研究提出两个问题：其一，雇佣关系视角下的冲突管理行为是否会影响员工创造力；其二，心理授权是否在冲突管理行为和员工创造力之间起中介作用。

二 理论与研究假设

1. 雇佣关系视角下的冲突管理行为与员工创造力

（1）雇佣关系视角下的冲突管理行为

Blake 和 Mouton 提出的管理方格理论奠定了西方的冲突管理理论的基础。

Thomas 和 Kilmann 在管理方格理论的基础上，用五种冲突处理模式描绘了组织、团队中存在的冲突管理行为，分别为回避型的（avoidance）、迁就型的（accommodation）、竞争型的（competition）、合作型的（collaboration）和妥协型的（compromise）冲突管理行为。Tjosvold 等将冲突管理行为划分为三种类型：合作型的、竞争型的和回避型的冲突管理行为。合作型的冲突管理行为表现为试图将所有人的利益整合在一起，这种行为强调对其他人观点的开放性，客观考虑所有信息，共同努力解决问题，达到一个共同的最佳解决方案。竞争型的冲突管理行为只考虑一方利益而不考虑其他人的利益。这种行为包括信息独享、竞争及对其他解决方案持负面态度，其典型表现为一方对其他人的权力支配。回避型的冲突管理行为以闪烁其词，不能面对他方为特征，总的来说人们对冲突的观点和结果表现比较淡漠。本研究以 Tjosvold 的三维冲突管理行为为基础，选取合作型的、竞争型的和回避型的冲突管理行为作为自变量进行实证研究。

（2）雇佣关系视角下的冲突管理行为与员工创造力的关系

①合作型的冲突管理行为与员工创造力。Tjosvold 认为，合作型的冲突管理行为与问题解决紧密联系，包括问题诊断和问题干预等。这种冲突管理方式包括开放性的沟通和交流、交换信息、寻求替代解决方案、对双方差异的检验，以产生能为冲突双方所接受的高效能的解决方案。它能够整合冲突双方的技术、信息和其他资源，重新定义问题，形成一个高效的可替代性方案。

在合作型的冲突管理方式中，组织中所有人强调目标的达成，冲突双方都在为这个目标的实现而不断努力，所以一旦意识到某人的成功能够推动其他人的成功时，他们就会把冲突视作一个需要共同考虑和共同解决的问题。对合作目标的强调产生了共同交流信息及开放式的讨论，有助于开发出新颖的、互惠互利的解决方案。合作型的冲突管理行为使得冲突双方确信，他们能够通过冲突来开发高质量的解决方案，同时能够增强他们之间的关系。有了这种信念，双方就会成功地处理他们之间的差异，高效地解决问题。合作型的冲突管理行为使得冲突双方能够直接地表达他们的想法和感受，站在他人角度考虑问题，为了共同的利益互相交流信息，将他们各自的观点整合到一起以开发出新的解决方案。Gelfand 等通过银行业的数据检验了冲突文化对组织活力和组织绩效的影响，研究表明，合作型的冲突文化会增强集体层面的活力，带来高凝聚力、高效能、高的员工创造力和低倦怠。

当雇主（管理层）和雇员（员工）发生冲突时，如果采取合作型的冲突管理行为，则双方基于共同目标和集体利益的考虑，会对产生冲突的问题采取开放性的解决方式，双方都会站在对方的立场上，整合差异性，共同开发出双方都能接受的新的解决方案。基于此，本文提出假设：

H1：合作型的冲突管理行为对员工创造力具有正向影响。

②竞争型的冲突管理行为与员工创造力。Tjosvold 将竞争型的冲突管理行为定义为输赢导向的，一方通过强制行为使自身处于有利地位。竞争型或强制型的冲突管理行为由于过于关注一方的目标达成而往往忽视其他各方的需求和期望。当雇主（管理层）将雇员（员工）的目标视为竞争性的，并将他们自身的观点强加于对方，则雇主（管理层）既不将雇员（员工）的经验视为有价值的，也不会尊重雇员（员工）的观点和努力。因此对冲突双方的想法进行评估以进行整合是不可能的，雇主（管理层）经常会潜意识地过滤掉从雇员（员工）处得到的有价值的信息。研究表明，那些采取竞争性冲突管理行为的雇主（管理层）不可能反思他们的工作，增加对组织的贡献。而且，竞争性的冲突管理行为增加了双方之间的冲突，进而阻碍沟通，为双方之间的有效合作及任务的完成设置了障碍。过度的争斗、竞争与过度的对抗会降低活力，无论是个体层面还是集体层面。竞争型或支配型的冲突文化会降低组织活力，导致低凝聚力，低效能及高的工作倦怠。因此，本研究认为竞争型的冲突管理行为会减少员工创造力。基于此，本文提出假设：

H2：竞争型的冲突管理行为对员工创造力具有负向影响。

③回避型的冲突管理行为与员工创造力。Tjosvold 认为，回避型的冲突管理行为倾向于抚平冲突双方矛盾，将冲突双方的商讨最小化。不同于合作型的冲突管理行为鼓励直接商讨，回避型的冲突管理行为认为不应该对冲突进行公开的讨论和处理。根据 Hofstede 的文化维度理论，中国人持有的是集体主义价值观。集体主义价值观会产生和谐，抚平冲突，以维持良好的关系，保护面子。和谐观则意味着亲密、信任、兼容和共赢的行为。易于劝服的特点能够帮助中国文化下的冲突双方发展出相互尊重、互相合作的关系，对持相反意见的人或相反观点保持开放性态度。因此集体主义价值观意味着冲突处理的公开化，中国文化背景下人们会利用对关系的敏感、对面子的重视，以确保他们所尊重的人能够探索反对意见，从讨论中学习，思考反对意见中有用的观点，产生新的决策方案。因此，本研究推测，中国文化背景下的回

避型冲突管理行为有利于员工创造力的产生。基于以上分析，提出假设：

H3：回避型的冲突管理行为对员工创造力具有正向影响。

2. 心理授权的中介作用

虽然有相关的研究发现了不同的冲突管理行为与员工创造力之间的关系，但对于冲突管理行为如何影响员工创造力这一"黑箱"，即冲突管理行为对员工创造力的作用机制，还鲜有人进行全面的分析和实证检验。

根据新行为主义 S→O→R 的观点，介于环境刺激和行为反应之间的心理过程与有机体所作出的行为反应具有密切的关系，在情景和行为之间存在着心理过程的中介变量。心理授权是一个重要的心理过程变量。Jin NamChoi 提出了一个概念模型，认为心理过程在社会情景因素、个体特征因素与创新绩效之间起着中介作用。其中社会情景因素包括领导的支持性氛围、开放性的组织氛围等。Amabile 通过研究发现，社会情景通过个体动机促进或阻碍创造力的产生，个体动机在社会情景和员工创造力之间起中介作用。心理授权的核心内容就是创造条件来发展员工的自我效能从而增强其工作动机。从动机路径研究心理授权，强调个人内在的心理状态。上述理论和实证的分析表明，心理授权在情境因素和员工创造力之间可能起着中介作用。本研究将雇主对雇员的冲突管理行为作为情境因素，心理授权作为一个心理过程变量，提出以下假设。

H4：心理授权在冲突管理行为与员工创造力之间起中介作用。

H4a：心理授权在合作型的冲突管理行为与员工创造力之间起中介作用。

H4b：心理授权在竞争型的冲突管理行为与员工创造力之间起中介作用。

H4c：心理授权在回避型的冲突管理行为与员工创造力之间起中介作用。

三　研究方法

1. 研究对象

本研究主要通过问卷调查的方式获取数据，2013 年 11 月至 2014 年 1 月，对河南、山东、江苏、浙江、上海等省市和地区的 60 多家企业发放问卷。为了避免同源方差，本研究在调研中采取配对样本的方式收集数据。问卷包括两部分，其中一部分由企业的 HRM 部门经理对员工行为进行填写，如员工创造力；另一部分由企业员工根据自身情况进行填写，如冲突管理行为、心理授权部分，每个企业调查的员工在 10～20 名之间。问卷题项均采用李克特七点计分量表，其中"1"代表"极不符合"，"7"代表"极符合"。共发放问卷 1000 份。通过对问卷进行筛选，最终得到有效问卷 860 份，有效回收率为 86%。问卷的描述性分析如下：（1）从性别来看，男性占 38.9%，女性占 61.1%；（2）从年龄上看，以中青年为主，其中年龄为 21～30 岁的占 45.6%；（3）从受教育程度上看，以拥有大学专科及本科学历者居多，专科及本科占 69.5%；（4）从企业性质看，以国有企业和私营企业为主，其中国有企业占 50.1%，私营企业占 38%；（5）从月收入来看，月收入为 2000 元以下的占 23.4%，2000～2999 元的占 34.6%，3000～3999 元的占 17.8%，4000～4999 元的占 10%，5000 元以上的占 13.2%。

2. 测量工具

本研究的三个主要变量：冲突管理行为、心理授权、员工创造力，均选择国内外应用较为广泛的量表。在选择完各个构念各个维度的测量题项之后，采用国内外研究学者普遍应用的翻译–回译（Back-Translation）方法，请有英语专业背景的管理学博士将英文题项翻译成中文，然后再请两位英语专业博士回译成中文，比较两个英文版本中的对应测量题项，检验是否存在明显差异。最后，根据中国的文化背景和表达方式的差异，进一步对量表的各个具体题项进行修正和调整。

冲突管理行为测验量表的形成主要基于 Tjosvold 提出的三种类型的冲突管理行为量表，其中回避型的冲突管理行为包括 2 个题项，竞争型的冲突管理行为包括 6 个题项，合作型的冲突管理行为包括 5 个题项。心理授权测验量表基于 Spreitzer 所开发的四个维度量表，包括意义（meaning）、胜任力（competence）、自我决定（self-determination）和影响（impact）四个维度，共 12 个题项。员工创造力测验量表基于 Zhou 和 George 开发的 6 题项量表。

3. 验证性因子分析

通过对由上述 5 个变量组成的 5 因子模型、4 因子模型、3 因子模型、2 因子模型及单因子模型的拟合指数进行比较，结果发现，5 因子模型与其他模型的拟合指数相比，达到了最为理想的拟合。其中 5 因子模型中，RMSEA = 0.08，NNFI = 0.89，CFI = TLI = 0.90，根据陈晓萍、徐淑英对契合指数的研究，当 RMSEA 等于或小于 0.05 时，代表假设模型拟合程度好；在 0.05 ~ 0.08 之间时，代表拟合程度可以接受；在 0.08 ~ 0.10 之间时，代表拟合程度一般；当超过 0.10 时则代表了模型与数据较差的拟合度。CFI 和 TLI 的一般规律是：取值大于 0.9，若大于 0.95，则代表假设理论模型与数据的拟合度非常好。因此综合判断，认为 5 因子假设模型与样本数据拟合度较好。因此，本研究所使用的变量冲突管理（合作型的冲突管理行为、竞争型的冲突管理行为、回避型的冲突管理行为）、心理授权、员工创造力分别代表了不同的构念。如表 1 所示。

表 1 验证性因子分析：区分效度 （N = 860）

模型	因子	χ^2	df	χ^2/df	CFI	NNFI	TLI	RMSEA
模型 1	5 因子： CLCM；CPCM；AVCM；PE；CB	8927.58	574	15.55	0.90	0.89	0.90	0.08
模型 2	4 因子： CPCM；CLCM + AVCM；PE；CB	8955.78	584	15.34	0.89	0.88	0.89	0.09
模型 3	4 因子： CLCM；CPCM；AVCM；PE + CB	11505.31	584	19.70	0.86	0.85	0.86	0.09
模型 4	3 因子： CPCM；CLCM + AVCM；PE + CB	12449.10	591	21.06	0.85	0.84	0.85	0.13
模型 5	3 因子： CLCM + CPCM + AVCM；PE；CB	11636.97	591	19.69	0.86	0.85	0.86	0.13
模型 6	2 因子： CLCM + CPCM + AVCM；PE + CB	13725.82	593	23.15	0.83	0.82	0.83	0.13
模型 7	2 因子： CLCM + CPCM + AVCM + PE；CB	13612.68	593	22.96	0.83	0.82	0.83	0.15
模型 8	1 因子： CLCM + CPCM + AVCM + PE + CB	15628.71	594	26.31	0.81	0.79	0.81	0.16

注："CPCM" 表示 "竞争型的冲突管理行为"， "CLCM" 表示 "合作型的冲突管理行为"，"AVCM" 表示 "回避型的冲突管理行为"，"PE" 表示 "心理授权"，"CB" 表示 "员工创造力"，"+" 表示 2 个因子合并为一个因子。

4. 各变量之间的相关分析

表 2 为各变量的平均数、标准方差和相关系数，从表中可以看出，合作型的冲突管理行为与员工创造力 （r = 0.39，p < 0.001）、心理授权 （r = 0.53，p < 0.001） 显著相关，竞争型的冲突管理行为与员工创造力 （r = -0.36，p < 0.001）、心理授权 （r = -0.43，p < 0.001） 显著相关，回避型的冲突管理行为与员工创造力 （r = 0.35，p < 0.001）、心理授权 （r = 0.47，

$p < 0.001$）显著相关，心理授权与员工创造力（$r = 0.43$，$p < 0.001$）显著正相关。

表 2　各变量的均值、标准差和相关系数

变量	M	S.D	1	2	3	4	5
1. 合作型的冲突管理行为	5.12	1.07	1				
2. 竞争型的冲突管理行为	4.71	1.16	0.36 ***	1			
3. 回避型的冲突管理行为	4.71	1.33	0.54 ***	0.39 ***	1		
4. 心理授权	5.09	0.96	0.53 ***	− 0.43 ***	0.47 ***	1	1
5. 员工创造力	5.25	1.10	0.39 ***	− 0.36 ***	0.35 ***	0.43 ***	1

注：*** 表示 $p < 0.001$，$n = 860$。

5. 中介效应的回归分析

根据 Baron 和 Kenny 提供的层级回归法检验中介效应的程序，具体包括以下步骤：

第一步，做中介变量对自变量的回归，自变量的回归系数应该显著；

第二步，做因变量对中介变量的回归，中介变量的回归系数应该显著；

第三步，做因变量对自变量的回归，自变量的回归系数应该显著；

第四步，做因变量对自变量和中介变量的回归，中介变量的回归系数应该显著。

在中介变量系数显著的前提下，看自变量的回归系数，如果自变量系数不显著，则存在完全中介，如果自变量系数仍然显著但比第三步中的回归系数低，则表明存在部分中介作用。检验结果如表 3 所示。

表 3　冲突管理行为、心理授权、员工创造力之间的关系检验结果

模型		模型 1		模型 2		模型 3		模型 4	
因变量		心理授权		员工创造力		员工创造力		员工创造力	
解释变量		M1		M2		M3		M4	
预测变量		Beta	t	Beta	t	Beta	t	Beta	t
控制变量	性别	0.09 ***	3.24	− 0.14 ***	− 4.71	− 0.14 ***	− 4.40	− 0.166 ***	− 5.20
	年龄	− 0.09 *	− 2.53	0.04	1.18	0.01	0.19	0.03	0.75
	受教育程度	− 0.01	− 0.31	0.02	0.51	0.02	0.52	0.02	0.60
	企业性质	− 0.07 *	− 2.24	− 0.18 ***	− 5.35	− 0.16 ***	− 4.67	− 0.14 ***	− 4.27
	工作收入	− 0.04	− 1.06	− 0.05	− 1.15	− 0.06	− 1.42	− 0.05	− 1.21

续表

模型		模型 1		模型 2		模型 3		模型 4	
自变量	合作型的冲突管理行为	0.31 ***	7.99			0.24 ***	5.74	0.17 ***	3.95
	竞争型的冲突管理行为	− 0.21 ***	6.52			− 0.13 ***	3.79	0.08 *	2.37
	回避型的冲突管理行为	0.17 ***	5.07			0.06	1.71	0.02	0.61
中介变量	心理授权			0.39 ***	12.68			0.24 ***	6.49
F		50.84		41.78		32.00		34.27	
F 显著性		0.00		0.00		0.00		0.00	
调整的 R^2		0.39		0.28		0.28		0.32	
ΔR^2		—		− 0.12		0.01		0.03	
ΔF		—		0.00		0.00		0.00	

注：*** 表示 $p < 0.001$，** 表示 $p < 0.01$，* 表示 $p < 0.05$。

如表 3 所示，模型 1 表示中介变量心理授权对自变量冲突管理行为和控制变量的回归，自变量合作型的冲突管理行为（$\beta = 0.31$，$p < 0.001$）、竞争型的冲突管理行为（$\beta = -0.21$，$p < 0.001$）、回避型的冲突管理行为（$\beta = 0.17$，$p < 0.001$）对心理授权的影响显著。模型 1 的检验结果表明，合作型的冲突管理行为、竞争型的冲突管理行为、回避型的冲突管理行为与员工心理授权显著正相关。模型 2 表示员工创造力对心理授权和控制变量的回归，检验结果表明心理授权（$\beta = 0.39$，$p < 0.001$）对员工创造力的影响显著。模型 3 表示员工创造力对自变量冲突管理行为和控制变量的回归，检验结果表明，合作型的冲突管理行为（$\beta = 0.24$，$p < 0.001$）、竞争型的冲突管理行为（$\beta = -0.13$，$p < 0.001$）对员工创造力的影响显著。假设 H1、H2 得到验证。模型 4 显示的是员工创造力对控制变量和自变量冲突管理行为及中介变量心理授权的回归，结果表明，中介变量心理授权（$\beta = 0.24$，$p < 0.001$）的回归系数显著。进一步地，合作型的冲突管理行为（$\beta = 0.17$，$p < 0.001$）、竞争型的冲突管理行为（$\beta = 0.08$，$p < 0.05$）的回归系数显著，且比模型 3 的回归系数显著降低，说明心理授权在合作型的冲突管理行为、竞争型的冲突管理行为对员工创造力的关系中起部分中介作用。假设 H4a、H4b 得到验证。

四 结论与讨论

本研究通过层级回归法对雇佣关系视角下的冲突管理行为对员工创造力的影响机制进行了实证分析，特别是检验了心理授权的中介效应，得出以下结论。

其一，合作型的冲突管理行为、竞争型的冲突管理行为均对员工创造力存在显著的影响。其中，合作型的冲突管理行为对员工创造力存在显著的正向影响，竞争型的冲突管理行为对员工创造力存在显著的负向影响，这一研究结果与 Gelfand 对银行业的实证研究结果是一致的，Gelfand 的研究表明，合作型的冲突管理氛围对员工创造力存在正向影响，竞争型的冲突管理氛围对员工创造力存在负向影响。这说明，合作型的冲突管理行为、竞争型的冲突管理行为均与员工创造力存在密切联系，冲突管理行为是激发或阻碍员工创造力的重要情景因素。与假设不同的是，回避型的冲突管理行为对员工创造力无显著影响。究其原因，在中国集体主义文化背景下，当雇佣双方发生冲突时，雇主（管理层）采取回避型的冲突管理行为，其目的是为了避免冲突的进一步升级，从而维持暂时的和谐局面，对产生冲突的问题的解决仍需双方后期共同参与，因此对员工创造力不产生任何影响。本研究以雇佣关系作为研究冲突管理行为的视角，是冲突管理理论在雇佣关系视角下的拓展，可为我国企业的人力资源管理提供有益的新视角。

其二，心理授权在合作型的冲突管理行为、竞争型的冲突管理行为与员工创造力的关系之间起部分中介作用。这说明合作型的冲突管理行为、竞争型的冲突管理行为不仅直接对员工创造力产生影响，而且通过心理授权对它们产生影响。这一研究发现是社会认知理论的有力支持，本研究所发现的冲突管理行为→心理授权→员工创造力这一影响路径，是社会认知理论在企业经营管理背景下提升员工创造力的重要体现和应用。心理授权中介机制的构建与验证，是对原有"冲突管理行为→员工创造力"直接关系的进一步完善，为组织冲突管理行为与员工创造力关系提供了新的视角。

在中国经济转型期，解决日趋严重的雇佣关系冲突，构建和谐的雇主－雇员关系，进而提高企业员工的创造力，为企业创造高效能，是关系到社会民生的重大课题，同时也是解决企业生存和发展的基本之道。本研究主要通过雇佣关系研究、冲突管理行为研究及员工创造力的研究脉络，探讨了雇佣关系视角下冲突管理行为对员工创造力的影响机制。本研究也具有重要的实践意义。

（1）中国情境下，雇主（管理层）不同的冲突管理行为能够影响雇员（下属员工）的创造力。当冲突或纠纷发生时，雇主（管理层）采取有效的冲突管理方式，员工就会产生积极的心理过程，有利于员工创造力的提高。转型经济时期，雇佣关系之间的矛盾和纠纷层出不穷，企业应对管理层提供更多的有关冲突管理技巧方面的培训，以使得雇主（管理层）在面临不同的冲突或纠纷时能够采取更加有效的冲突管理技能，从而激励员工产生更多的积极性工作行为。

（2）心理授权是提高员工创造力的有效路径。本研究结果表明，合作型的冲突管理行为、竞争型的冲突管理行为通过心理授权的中介机制对员工创造力产生显著的正向影响。因此，在组织层面上，雇主（管理层）应通过一系列的高绩效管理实践，例如通过广泛的培训，开放式的信息分享、分权，参与式的决策制定及相应的报酬等一系列措施，来提升员工的心理授权水平，建立高水平的心理授权氛围，从而引导员工提高创造力等一系列积极性工作行为。

由于一些主客观原因的限制，本研究不可避免地存在一些局限性。首先，在量表编制方面，本研究中所采用的量表，均为国外量表，从国外量表翻译、修订而成。由于东西方文化存在较大差异，国外的量表在中国情境下的适用性还有待于进一步验证。特别是冲突管理行为量表，东西方冲突管理行为存在着情境的差异性。在后续研究中，应进一步地开发和编制适用于中国文化背景下的冲突管理行为量表。其次，在分析的层面上，本研究仅从个体层面调查雇佣关系视角下冲突管理行为对员工创造力的影响过程，未来可从团队层面、组织层面进一步深入研究冲突管理气氛对员工创造力的影响。再次，本研究关注心理授权对二者关系的中介效应，未来可进一步拓展其他的中介变量，例如信任、心理安全感、社会认同等。最后，本研究仅采用横截面数据，未来可以进一步考虑采用纵向研究方法或采用案例分析等研究方法对主要研究变量之间的因果关系进行更为深刻的探讨和验证。

［作者单位：山东大学（威海）　南京大学　上海财经大学］

中国游客赴韩旅游研究——期望值、满意度及差距

孔海燕

1 引言

近几年我国出境旅游市场发展尤为迅速。2014 年，中国公民出境人数突破了 1 亿人次，达到 1.09 亿人次，超过百万人次的目的地（港澳台以外）国家有韩国、泰国、日本、美国、越南和新加坡等六国。韩国是最受中国游客欢迎的海外目的地，也是中国出境旅游第一大目的地。韩国旅游发展局的数据指出，2014 年，中国赴韩游客达到 571 万人次，同比增长 40.9%。

中国和韩国一水之隔，文化同源，在旅游方面合作频繁。2014 年 7 月 3 日，中韩双方发表了《中华人民共和国和大韩民国联合声明》，声明将 2015 年和 2016 年分别确定为"中国旅游年"和"韩国旅游年"，这是中韩两国间首次互办旅游年。近年来，旅游以及双边国家旅游年在提升两国双边合作和民间交流方面，正发挥着越来越大的作用。中国成为韩国第一大入境客源国，而中韩自贸区的签订，为中韩旅游业发展再添新契机。

在中韩旅游方面，以往研究多集中在中韩两国旅游交流、韩国旅游业发展模式及经验分析、韩国赴中国旅游市场分析与开发三个方面，对中国出境游客的满意度研究较少。中国正成为出境旅游大国，中国游客的行为、消费习惯及满意度也受到越来越多的关注。

只有充分了解中国游客的满意度，才能有针对性地提高服务质量，进一步吸引更多的中国游客。因此，加强对出境游客的研究分析显得非常重要。因此，本文将对中国赴韩出境游客进行详细分析，具体的研究目的包括：（1）分析中国赴韩出境游客的旅游期望值；（2）分析韩国旅游的满意度；（3）通过描述

性统计分析和运用重要性–绩效表现分析法（IPA）全面探析游客对旅游服务各环节的期望程度和满意度水平，并查找差距；（4）对中韩旅游提供理论指导，促进两国的民间交流及相互理解。

2　文献综述

2.1　出境旅游分析

截至 2015 年 3 月，中国公民组团出境旅游目的地共有 151 个国家和地区，其中正式实施的被批准的旅游目的地国家（Approved Destination Status，ADS）有 117 个，中国成为全球第一大出境旅游消费国。

中国出境旅游的蓬勃发展引起了学术界的持续关注，学者们对出境旅游发展阶段及变化趋势、出境旅游与收入因素、服务贸易的关系、出境旅游经济影响和政策制度等方面进行了大量的研究。比如，杜江等、张广瑞研究发现，出境旅游的高消费加剧了旅游服务贸易的逆差。戴学锋通过国际比较，指出贫富差距的扩大和公费旅游等因素，造成了出境旅游"虚假"繁荣的景象，中国出境旅游超出了中国经济发展水平，属于超前发展。戴斌、蒋依依、杨丽琼、马仪亮通过对客源输出地、空间流向、消费结构和市场规模进行分析，发现在客源输出上，东部发达地区是出境旅游的重要输出地；空间流向上以出境（港澳台）为主，出国为辅；消费结构以购物为主，文娱等消费较少；市场规模以出游人数绝对量大、相对量小为特征。由此可见，关于中国出境旅游的研究多集中在出境经济及旅游模式方面，而对旅游消费者的研究比较少，因此有必要对出境游客的旅游满意度进行详细分析。

2.2　赴韩出境旅游分析

韩国是中国公民主要的出境旅游目的地，近年来中国公民赴韩旅游现象也逐渐引起学者们的关注。郭英之等分析了出境旅游目的地的市场竞争和市场定位，指出韩国和日本属于相似的出境旅游目的地；江林、李祉辉分析了中国游客赴韩旅游原因、部分出境产品的价格，以及旅游中存在的问题；程圩、隋丽娜则分析了中国居民对韩国旅游的感知形象。上述文献为赴韩旅游研究奠定了良好的基础，但是，对出境游的游客却缺少详细的分析。游客对出境旅游目的地的满意度评价不仅影响目的地形象促销，也影响组团社旅游产品促销，因此有必要对出境游客对韩国旅游的期望值及满意度进行综合的调查研究。

2.3 游客满意度分析

游客满意度是从顾客满意度发展而来的，所谓顾客满意度是顾客对某一事物心理感受程度的量化表达。从消费者感知的角度来讲，游客满意度是建立在游客期望和目的地实际体验进行比较的正效应基础上的。Tribe 和 Snaith 等指出，满意度是指在游客旅行过程中，旅游体验满足游客期望和需求的程度，即在旅游中，旅游者对于目的地期望与旅游者在该地访问时的体验进行比较而产生的结果。如果体验与期望相比较而产生满足感，那么旅游者便感到满意。

游客满意度有利于提高游客的推荐意愿、重游意愿、提高游客忠诚度、减少投诉和抱怨等。研究发现，满意度有助于提高其行为意愿，如推荐意愿和重游意愿；游客满意度会产生良好的"口碑效应"，这就意味着潜在的顾客忠诚；顾客满意度越高，顾客抱怨越低。游客满意度越高，重游意愿越强，并且愿意将所游览的景区推荐给自己的亲朋好友。因此，游客满意度对重游和推荐目的地有很强的预示作用；总体满意度又在目的地形象和目的地忠诚之间起到全部的中介作用，即游客忠诚通过良好的目的地形象和高的满意度来增强。

综合分析可以看出，在赴韩出境旅游方面，前期研究主要集中在市场分析、产品价格及感知形象方面，缺少对出境游客的综合分析；尽管旅游满意度对重游意愿及旅游目的地促销有积极作用，但是关于中国游客对韩国旅游的满意度评价还没有充分展开，缺少具体的调查与数据。因此，本文将对中国游客进行综合分析，探讨其赴韩旅游的期望值、满意度及存在差距，从而为出境旅游管理提供有效数据和有益指导。

3 研究方法

3.1 研究设计

本文以赴韩旅游的中国游客为研究对象，以随机抽样的方式展开市场调查。调查问卷共分三大部分。第一部分调查旅游者的旅游目的，第二部分分析游客对韩国旅游的期望值和满意度，第三部分分析被调查者的人口特征。问卷采用里克特5级量表的形式，其中游客期望程度分为1＝非常不重要，

5 = 非常重要；游客满意程度分为 1 = 非常不满意，5 = 非常满意五个等级。

3.2　测量标准

游客对韩国旅游的期望值和满意度采用宋海岩等人开发的游客满意度指数来测量。该测量量表用于旅游目的地竞争力和满意度的研究，共测量九个部分：酒店服务，餐饮服务，旅行社服务，景区服务，零售商店服务，公共交通服务，警察服务，海关服务和总体满意度。该测量量表测量项目全面，具有很高的信度和效度。

3.3　数据收集

研究者采取多种方式来收集数据。首先，在济州岛机场、景区、酒店、购物街等地，调查即将结束韩国之行的中国游客。其次，寻求出境旅游旅行社的帮助，调查赴韩出境游客。被访对象由专人辅助填写问卷，提高了问卷的回收效率，同时保证了问卷的真实性与可靠性。本次调查共发放 800 份问卷，回收有效问卷 581 份。

3.4　数据分析方法

本文采用重要性-绩效分析方法（Importance-Performance Analysis，IPA）进行数据分析。IPA 分析法是一种简单有效的优化资源的方法，通过将获得的数据在四个象限中找到对应的位置，可以帮助管理者确定改进的优先次序，整合稀缺资源，提高顾客满意度。

应用 IPA 进行分析的关键是获得一个象限的点阵图，步骤如下：第一，以问卷的形式调查顾客，要求他们对每个项目的重要性（即期望值）和实际绩效（即满意度）进行逐项打分，本文打分采用里克特量表 5 级量表。第二，运用 SPSS 对收集的有效数据进行分析，分别计算出其重要性和绩效的平均值，并以此检验所存在的差距并提出需要改进的领域。第三，以重要性为横轴、绩效为纵轴做一个四象限坐标图。第四，再将每个因子依照其重要性和绩效的数值绘制于坐标图上，得到一个包含所有因子的四象限点阵图。

4　结果分析

4.1　被访者情况

本次调查男性比例为 51%，女性为 49%，分布较为均匀；游览韩国的中国游客主要集中在 26 岁至 45 岁之间，共占总体受访者的 68.6%。这个区间的游客一方面有自己的事业，收入比较有保障，另一方面正值壮年，愿意走出国门，去游览异国他乡的风情；在学历上，出境到韩国旅游的游客受教育程度较高，大专及职业学院及以上学历的游客所占比重达到了九成，其中大学本科学历的游客是主力军，占 53.5%，其次是大专及职业学院学历的游客，占 23.4%，硕士及以上学历的游客占 14.6%，从侧面也反映出，接受过高等教育的消费者是中国出境旅游的主力军，他们更愿意牺牲一部分物质财富，去追求精神上的享受；受访的游客职业分布较为广泛，其中，工人、服务人员、一般职工最多，占 25.1%，其次是个体工商业者，占 16.5%，企业管理人员、厂长经理所占的比重也较大，占 15.1%。教师、学生、机关或事业单位人员也有一定的比例，在职业分布上，各个行业都有涉及，以一般从业人员为主，个体工商业者和企业管理人员为辅，出境旅游已不再是奢侈的高端消费品，尤其是韩国离中国较近，出境赴韩国旅游已经越来越普及到普通工薪阶层群体。表 1 显示被访者情况。

表 1　被访者情况

变量	题项	频率	百分比（%）
性别	男	296	51.0
	女	285	49.0
年龄	17 岁及以下	8	1.4
	18~25 岁	91	15.7
	26~35 岁	286	49.2
	36~45 岁	113	19.4
	46~55 岁	58	10.0
	56 岁及以上	25	4.3
	高中/初中及以下	49	8.4
	大专/职业技术学院	136	23.4
	大学本科	311	53.5
	硕士及以上	85	14.6
职业	机关/事业单位人员	42	7.2
	教师、科研、技术人员	109	18.8
	企业管理者	88	15.1
	工人/服务人员/一般职工	146	25.1

续表

变量	题项	频率	百分比（%）
职业	个体工商业者	96	16.5
	离退休人员	23	4.0
	学生	41	7.1
	其他	36	6.2
月收入	$ 500 以下	24	4.1
	$ 501 - $ 2000	365	62.3
	$ 2001 - $ 3000	112	19.4
	$ 3001 - $ 4000	45	7.7
	$ 4000 以上	38	6.5

4.2 酒店服务期望值和满意度

表 2 显示的是中国游客对韩国酒店的期望值及满意度评价结果。在期望值方面，游客赴韩旅游期望值最高的是便利的付款方式（4.60），这是出境游客认为最重要的项目；其次是物品存放安全、良好的语言沟通能力、酒店的安全及保安措施、良好干净的环境以及高效的入住及离店手续，平均值都为4.51。这说明对于离开自己的国家去异国他乡旅游的游客来说，安全、语言沟通、办事效率是他们关心的主要议题。对于酒店服务，中国出境游客期望值最低的是提供擦鞋、洗衣等个性化服务（4.12）。

在满意度方面，中国游客最满意的是职员的外观及整洁的仪容（4.30），其次是前线职员表现适当的服务态度（有礼貌、耐性及殷勤）（4.27），以及房间整理时间与客人休息时间不冲突（4.24）。满意度最低的是毛巾、牙膏等客用品每日或应客人要求补充齐全（3.71），这主要是因为中国、韩国酒店在经营方面存在一些不同。中国的酒店通常会提供免费的牙膏、肥皂、毛巾等，而韩国的一些酒店并不提供相关物品，因此在游客心目中感到有落差，满意度降低。

在差距方面，期望值与满意度差距最大的是职员拥有良好的语言及沟通能力（-0.59），其次是毛巾、牙膏等客用品每日或应客人要求补充齐全（-0.54），以及提供由机场、渡轮码头往返酒店的免费接载服务（-0.48）。由此可见，对于出境旅游的游客，语言沟通及便利的交通，是他们关注的事情。值得一提的是，对于职员的外观及整洁的仪容，没有差距，说明游客对此的期望值和满意度达到一致。

表2 酒店服务期望值－满意度分析

序号	服务特质	重要性均值	满意度均值	差值
1	门卫在客人到达时，向客人微笑问候、提供服务	4.45	4.22	-0.23
2	车辆调度员确保车辆通行畅通、停放位置合理有序	4.29	4.06	-0.23
3	服务员熟练贵重物品的保管程序，物品存放安全保密	4.51	4.09	-0.42
4	能够迅速并且专业地进行投诉处理	4.42	3.96	-0.46
5	话务员能准确记录服务要求	4.43	4.04	-0.39
6	有效率的入住及离店办理手续	4.51	4.22	-0.29
7	前线职员表现适当的服务态度（有礼貌、耐性及殷勤）	4.49	4.27	-0.22
8	酒店职员能够提供周到并且专业的服务	4.49	4.24	-0.25
9	职员的外观及整洁的仪容	4.30	4.30	0.00
10	职员拥有良好的语言及沟通能力	4.51	3.92	-0.59
11	提供由机场、渡轮码头往返酒店的免费接载服务	4.28	3.80	-0.48
12	酒店的安全及保安措施	4.51	4.12	-0.39
13	怡人、卫生、舒适的酒店环境和良好的酒店服务设施	4.51	4.18	-0.33
14	房间整理时间与客人休息时间不冲突	4.43	4.24	-0.19
15	毛巾、牙膏等客用品每日或应客人要求补充齐全	4.25	3.71	-0.54
16	其他服务，包括擦鞋、洗衣，提供个性化服务	4.12	3.93	-0.19
17	提供专业的商务中心	4.18	3.99	-0.19
18	便利的付款方式（信用卡、现金等）	4.60	4.22	-0.38
19	均值	4.40	4.08	-0.32

按照 IPA 分析法，以重要性为横坐标轴，满意度为纵坐标轴，将饭店服务的 18 个项目均值得分绘制在坐标轴上，并以重要性均值和满意度均值为基准，将坐标轴分为四个象限，如图 1 所示。

第Ⅰ象限（高重要性、高满意度），继续保持项目。该象限是双高区域，即重要性和满意度都非常高。落在该象限中的服务项目有 9 项，占整个酒店服务的 50%。可以看出，便利的付款方式重要性最高，前线职员良好的服务态度让客人非常满意，其他项目，如门卫微笑迎客、提供服务，服务员熟练安全地保管物品，高效的办理手续，酒店员工能够提供专业的服务，良好的安保设施，整洁怡人的酒店环境，本着不打扰客人原则的客房服务，都让客人感到舒心和满意。酒店这些服务特质属于其优势服务项目，应当继续保持和加强。

第Ⅱ象限（低重要性、高满意度），不宜刻意追求项目。该区域内为重要

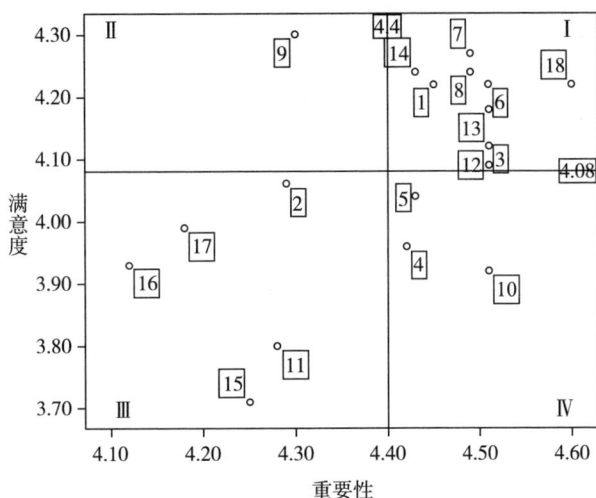

图 1　酒店服务 IPA 分析

性低、满意度高的项目，属于不必过分重视的服务项目。此区间共有 1 项，职员的外观和整洁的仪容表现达到了游客的预期，获得了客人的认可和好评。职员整洁的仪容这一项也是唯一重要性和满意度得分差距为 0 的服务特质，虽然客人不太重视，但是却起到了意想不到的效果，酒店行业保持现状便可，不必要刻意追求。

第Ⅲ象限（低重要性、低满意度），低优先顺序项目。双低意味游客对其期望值和满意度都很低，酒店可暂时不考虑这些服务项目。该象限内共有 5 项，这些项目包括：车辆调度员提供的专业服务，酒店往返机场和码头的接送服务，客房日用品及时补充、提供擦鞋和洗衣的个性化服务和提供专业的商务中心。

第Ⅳ象限（高重要性、低满意度），重点改进项目。这个区域代表着游客的期望值高，但是满意度很低的项目，共 3 项，包括高效的处理客人投诉，记录客人所需，以及员工的语言及沟通能力。酒店经营者必须认真对待落在该区间的项目，分析原因所在，重点改善，降低游客抱怨，提高游客满意度等。

4.3　餐饮服务期望值和满意度

中国游客对韩国餐饮服务总体满意度较高。其中，期望值最高的是怡人、卫生的用餐环境，其次是便利的付款方式，以及服务人员表现出合适的服务态度；在满意度方面，游客最满意的是职员的外观及整洁的仪容，其次是怡人、卫生的用餐环境，以及便利的营业时间，图2显示餐饮IPA分析结果。

第Ⅰ象限的有6个项目，属于高重要性、高满意度，继续保持项目。研究表明，舒适、卫生的用餐环境让游客感到惬意，便利的开放时间让游客随时都能品尝到异国的风味美食，服务人员礼貌、迅速的服务态度加上清晰明了的餐单说明，使游客在国外用餐变得更加容易，用餐过程中的及时服务进一步加深了用餐过程的美好体验，最后的付款环节也是非常便利，无论是现金、银行卡还是支票，都能顺利地完成支付。总体上看，游客对用餐的基本环节都较为满意。

第Ⅱ象限有3个项目，属于低重要性、高满意度，不宜刻意追求项目。低期望值和高满意度意味着游客会收获惊喜。餐馆职员的外观和整洁的仪容。（3）让游客赏心悦目，合适的上菜时间和温度适宜的菜品让游客感到满意，并超出了预期。对于这些项目，受韩国整体外部环境和韩式餐饮文化所决定，不必刻意去追求，顺其自然就好。

第Ⅲ象限有2个项目，属于低优先顺序。这表明游客在用餐时，并不刻意追求服务人员进行服务的时机，对菜式的制作过程，酒水的文化知识也并不太看重。在精力受限的情况下，暂时不考虑这些问题。

第Ⅳ象限有2个项目，属于重点改善区域。分别是前线职员的语言及沟通能力较差，未能提供多样化和高质量的菜品。在与游客的接触中发现：语言及沟通障碍源于部分韩国人不会中文，英文水平也非常有限；韩式料理和中国餐饮相比，比较清淡单调，在一个周左右的旅行时间内，每餐都食用较

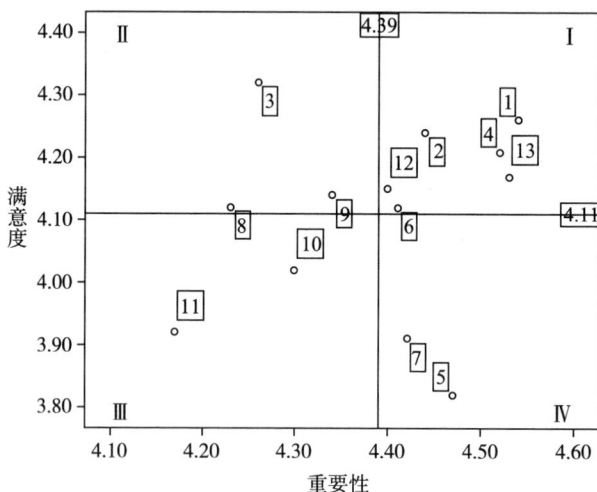

图2 餐饮服务IPA分析

为单调的韩国菜，对于大部分游客来说，存在一定的不适应和不满意。这些都需要韩国餐饮业引起重视，并想办法解决完善。

4.4 旅行社服务期望值和满意度

表3 旅行社服务重要性－满意度分析

序号	服务特质	重要性均值	满意度均值	差值
1	导游服饰、妆容整洁得体，行为、举止端庄大方	4.51	4.18	0.33
2	导游提前接站，游览过程中时间安排合理，并能有条不紊地按时进行团队活动	4.54	4.12	0.42
3	导游专业及精通的解说	4.66	4.13	－0.53
4	导游的诚信	4.66	4.01	－0.65
5	准时往返机场/车站/渡轮码头的接载服务	4.58	4.17	－0.41
6	按客人要求迅速地提供服务	4.55	4.13	－0.42
7	导游能对突发情况做出迅速有效的反应和处理	4.62	4.17	－0.45
8	导游不随意增加额外收费游览项目或购物次数	4.61	3.99	－0.62
9	均值	4.59	4.11	－0.48

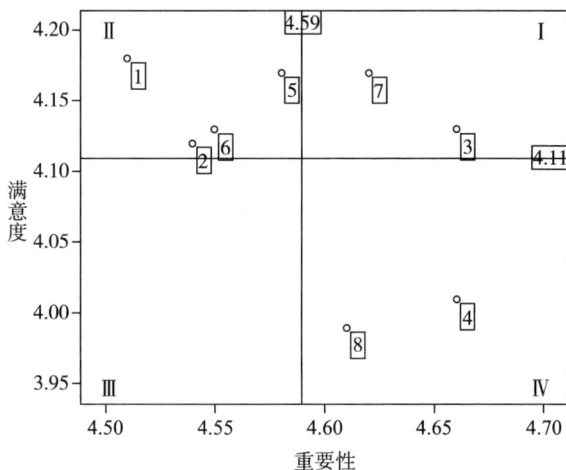

图3 旅行社服务IPA分析

针对韩国导游的评价，导游专业及精通的解说以及导游的诚信这两项同时被列为是最重要的，平均值为4.66。此外，导游能对突发情况做出迅速有效的反应和处理（4.62）也是导游应具备的重要素质之一。

在满意度方面，导游服饰、妆容整洁得体，行为、举止端庄大方（4.18）

得分最高，其次是准时往返机场/车站/渡轮码头的接载服务和导游能对突发情况做出迅速有效的反应和处理（4.17）。满意度最低的是导游不随意增加额外收费游览项目或购物次数（3.99）。导游的诚信和购物安排也是差距最大的两项。

IPA 矩阵的结果对上面的分析进行了详细说明。落在第 I 象限内，继续保持的有 2 项，这表明韩国导游所提供的专业及精通的解说与韩国美景相统一，讲解生动，让人印象深刻；导游在突发情况下能够做出迅速有效的反应和处理，及时平抚游客的情绪，这些都是游客对导游专业素质的肯定。游客对这两项比较看重并且满意度较高，这是旅行社和导游需要继续保持的服务特质。

第 II 象限，不宜刻意追求的项目有 4 项。游客对这些项目并未抱太大期望，但意外收获了较高的满意度，如：游客对导游服饰、妆容并不太在乎，但导游整洁得体的打扮，给游客留下了深刻印象；导游能够提前接站，游览过程中时间安排合理，并能有条不紊地按时进行团队活动，能够准时往返机场和渡轮码头的接送服务，按客人要求迅速地提供服务等，这些也都增加了游客在游览过程中的美好回忆。因此，不宜刻意追求这些服务项目。

需要重点改进的项目有 2 项。游客对导游的诚信和随意增加的游览和购物项目表示不满。导游作为"民间大使"，在旅游中发挥着至关重要的作用，他们能在不同国家、不同种族的人们之间架起一座和平、理解与友谊的桥梁。因此，诚信是他们最重要的素质之一。如何树立导游的诚信，并且合理安排额外收费游览项目或购物次数，这些都是旅行社和导游在下一步工作中需要改进的地方。

4.5 景区服务期望值和满意度

对韩国景区服务进行 IPA 分析，分析结果如图 4 所示。

第 I 象限，继续保持项目有 4 项。反映出游客对景区的满意度水平整体较高，表现在以下几个方面：游客对韩国景区洁净怡人的环境（1）大加赞赏；景区洗手间环境干燥、清洁（3），洗手间设备完善，为残疾人、带有孩子的家长等行动不便人士提供了专业的服务设施，满足了更多人的需求，也获得更多游客的好评；景区里备有清晰路标及方向指引（4），让游客在脱离团队时更容易找到方向；员工良好的服务态度（6），让问询和交流变得温暖和容易，因此收获了游客的满意和赞赏。这些高期望值和高满意度的服务特质，需要景区继续保持。

第 III 象限，低优先顺序项目有 1 项。游客对景区是否备有足够的食物及小吃亭（5）并不重视，景区的餐饮小吃的表现也并没有让游客感觉到意外。对于这类低优先顺序的项目，景区在精力有限的条件下，可不用考虑这些因素。

第Ⅳ象限，重点改进项目有1项。通过景区IPA分析图可以看出，游客看重到达景区的方便性（2），但事实上由于景点的特殊属性，即不可移动性，造成了满意度较低，反映出了游客在游览过程中不愿将时间花费在与旅行关系不大的路途上。

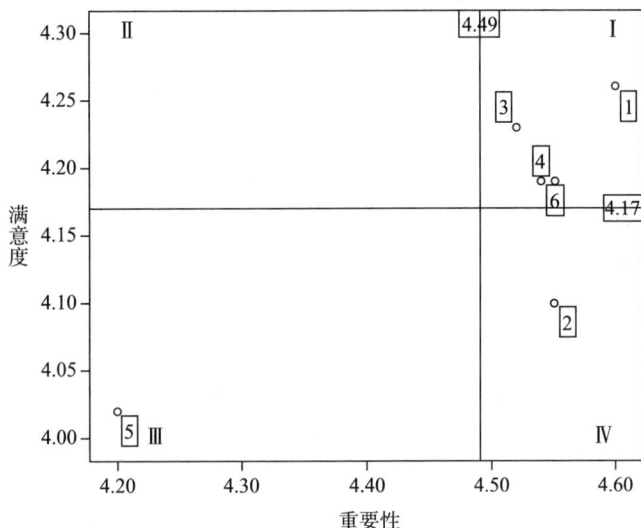

图4 旅游景区服务IPA分析

4.6 零售商店服务期望值和满意度

图5显示的是零售商店服务的IPA分析结果，研究结果详细显示了中国游客对韩国零售商店服务的期望值和满意度。

第Ⅰ象限，继续保持项目有3项。游客在购物时间的选择上较为灵活（2），商店货品信息展示清楚明了（3），销售人员良好的态度（10），让游客感到满意，这些都是购物场所提供的优质服务，应该继续保持和加强。

第Ⅱ象限，有3项属于不宜刻意追求项目。这表明游客对购物环境（1）、品牌选择（4）、便利的付款方式（5）并未抱太大的期望，然而购物场所却以良好的服务收获了游客较高的满意度，这些"过度供给"的项目并不需要过分重视，只需保持现状就好。

第Ⅲ象限，低优先顺序项目有3项。在购物时，游客发生退换货和突发情况的概率较小，因此对货品的保养和退换货（7）、快速给予服务（8）和良好的沟通技巧（9）并不过于看重，销售方也并没有良好的表现。在精力和能力受限的情况下，可暂时不考虑这些因素。

第Ⅳ象限，重点改进项目有 2 项，分别是店员熟悉商品（6）和迅速地专业态度处理投诉（11）。从 IPA 分析图中可以看出，这两项都是期望值高，但是满意度低的服务项目，反映出销售员对业务的不精通和专业处理投诉的技能较弱，是零售商店需要集中精力去改善的项目。

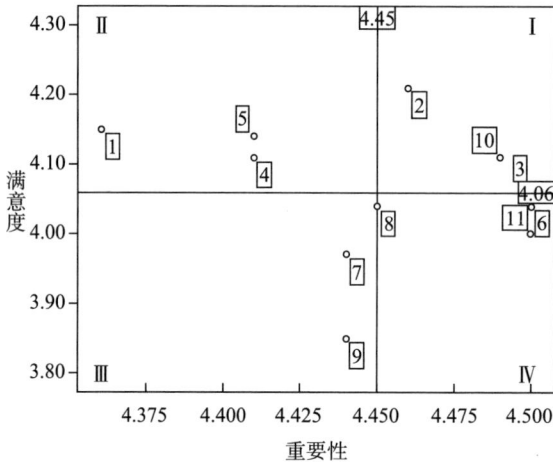

图 5 零售商店服务 IPA 分析

4.7 公共交通服务期望值和满意度

对公共交通服务进行 IPA 分析，图 6 的研究结果表明，中国游客对韩国公共交通服务满意度比较高，有多个项目属于继续保持项目。

属于继续保持的项目共有 7 项，说明游客对公共交通服务特质的整体期望值和整体满意度都较高，比如说：便利的交通（1），机场（车站）有清晰及明确地指示牌及路线图（3），准时及可靠的服务（4），乘车时有安全感（5），员工有适当的服务态度（6），合适的服务时间（7）和的士司机的诚信（11）。这些都是游客较为看重和满意的地方，需要继续保持。

有 3 个项目属于不宜刻意追求项目。中国游客对巴士良好的性能（2）、司机整洁的仪容（9）和司机能够协助帮助搬运行李（12）没有太高期望，然而满意度却高于均值，尤其是司机整洁的仪容，满意度高于其期望值，其也是调研中少数满意度高于期望值的服务项目，这些都是让游客获得意外惊喜的服务特质。

重点改进项目有 2 项，多数游客表示的士司机未能给予清晰及准确的车资及目的地数据（8），对司机的语言和沟通能力（10）也较为失望，这些是韩国旅游需要改进的服务特质。

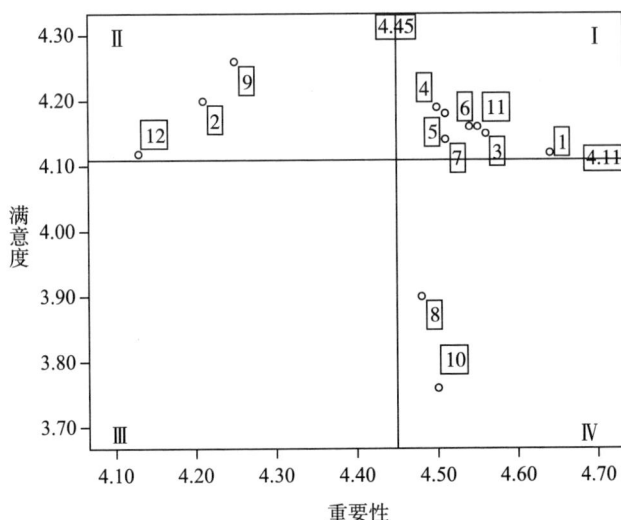

图 6　公共交通服务 IPA 分析

4.8　警察服务期望值和满意度

中国游客对韩国警察期望值最高的也是满意度最高的项目是：警察熟悉城区道路方向及设施以应付旅客的询问（1），这也是需要继续保持的项目。此外，韩国警察在处理查询时高效（2），让游客感到满意；警察适当的服务态度（6），也增添了游客对该项服务的好感。这三个项目属于高期望值、高满意度的项目，需要继续保持。

不宜刻意追求的项目有 2 项，分别是警察于公众地方出现（4）以及警察在场时感觉安全（5）。这表明在警察服务中这些"过度供给"的项目不用考虑过多，顺其自然便好。

游客对警察拥有良好的语言及沟通能力（3）有较高的期望值，但警察的实际表现却让游客较为失望，这是下一阶段警察服务需重点改进的方向。

4.9　海关服务期望值和满意度

研究表明，中国游客赴韩旅游期望值最高的是海关清晰的指示牌（1），满意度最高的也是海关人员礼貌的服务态度（5），满意度最低的是海关等候

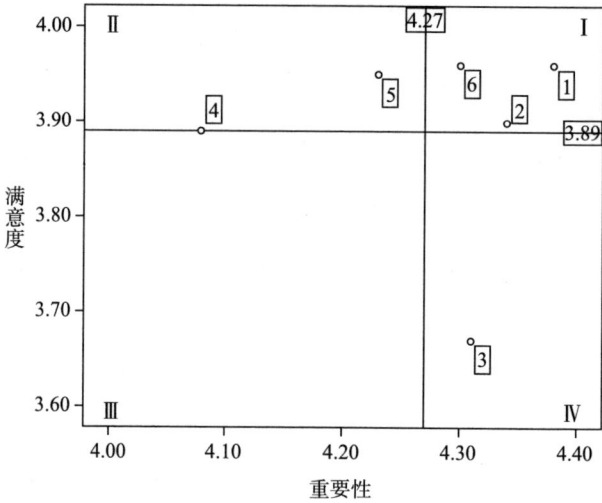

图 7 警察服务 IPA 分析

的时间，一般都超过 15 分钟（6）。

需要重点改进的项目共 2 项，分别是海关人员拥有良好的语言及沟通能力和在海关等候时间少于 15 分钟（包括全部关口），游客对这些项目拥有较高的期望值，但由于过长等候时间产生了较低的满意度，这是海关部门需要重点改进的地方。

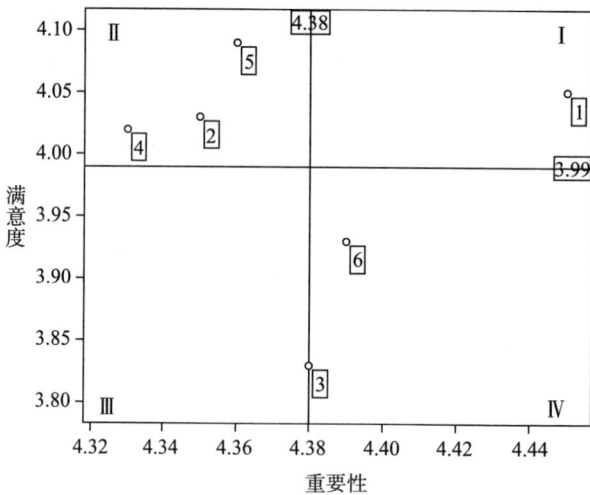

图 8 海关服务 IPA 分析

4.10 游客整体满意度分析

图 9 显示的是中国游客赴韩旅游的总体满意度评价。在期望值方面，对旅行社服务的重视程度最高，其次是景区、公共交通、零售服务、酒店、餐饮和海关，对警察服务的重视程度最低；在满意度方面，对景区服务的满意度最高，其次是餐饮、旅行社、交通、酒店、零售和海关，对警察服务的满意度最低；重要性和满意度差距最大的是旅行社服务，最小的是餐饮服务，差距比较突出的部门，也是需要韩国旅游当局更加重视之处，在日常工作中，能够给予更多的时间和精力，着重改善这些部门的服务和管理，从而提高游客对韩国整体旅游满意度指数。

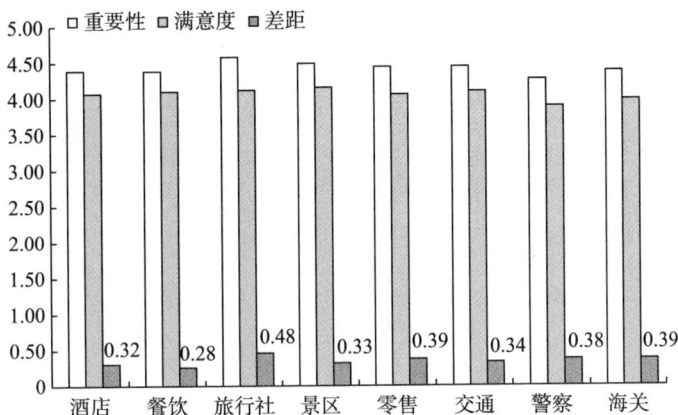

图 9 游客整体满意度分析

5 理论及实践贡献

理论方面，论文的理论贡献主要体现在以下三方面：第一，论文从酒店服务、餐饮服务、旅行社服务等九个方面进行分析，详细评价了中国游客对韩国旅游期望值、满意度情况，为出境旅游研究提供了大量翔实的资料，为中韩旅游外交提供了有价值的新发现；第二，论文运用 IPA 分析方法，不仅调查了期望值与满意度，而且从中查找了差距，为后续研究奠定了研究基础。第三，论文详细提出了需要保持及需要改进的项目，并讨论了具体的解决方法，为出境旅游及中韩旅游外交提供了理论指导。

实践方面，论文的研究结果将有利于出境旅游管理与营销，进一步促进中韩之间的旅游合作和旅游外交。第一，论文分析了中国游客赴韩旅游期望值，有助于准确探究客源市场的游客关注点，并以此为根据提高相关的管理和服务。比如，在期望值方面，游客期望值最高的是旅行社，其次是旅游景区、零售和交通。这些与游客旅游活动息息相关，应引起有关部门的充分重视，制定相应的管理措施，提高服务质量。此外，无论是饭店服务还是导游服务，游客最关注的是工作人员的语言沟通和导游讲解，因此韩国方面应培养一批会说中文、了解中国的工作人员，以满足快速增长的中国出境旅游市场的需要。第二，对中国游客满意度的分析，有利于把握目前旅游市场详细情况，并有针对性地提出改进措施。比如，游客满意度最高的是旅游景区，其次是旅行社、餐饮、交通，这有利于韩国旅游管理部门了解当前的旅游现状，并制定具体的策略，比如增加旅游景区的中文标识和指示牌，采取措施保障中国游客的安全等，进一步提高中国游客的满意度，促进中韩两国人民之间的相互理解和交流。第三，运用 IPA 分析方法，对饭店、旅行社、餐饮等每一个具体的方面都进行了详细的分析，确定了改进的优先次序，明确了游客最关注的事情以及需要改进的具体项目，有利于旅游管理部门明确需要改进项目，对症下药。比如，在旅行社服务方面，中国游客认为导游员的诚信以及旅游购物的安排时间，是亟须解决的问题。这有利于韩国旅游管理部门充分认识问题，有针对性地进行改进，有利于其进一步吸引中国游客。

总之，论文对中国游客赴韩国旅游进行了全面调查，提供了翔实的数据，有助于准确探究出境客源市场的具体情况和变化特征，并以此为根据改进相关营销策略，提高服务水平。旅游发展的意义不仅在于其产生的经济效益，旅游在促进国家关系改善及民间相互了解方面发挥着积极作用。本文分析了中国游客对韩国旅游业的满意度水平，不仅有利于进一步促进我国出境旅游发展及提升韩国旅游接待管理水平和服务质量，而且将进一步促进中韩两国之间的旅游交流和旅游合作。

6 研究不足及未来研究

论文的不足之处是采用了便利抽样方法，即研究者根据实际情况，为方便开展工作，选择偶然遇到的人作为调查对象，即选择那些最容易找到的人作为调查对象，调查样本不能代表全部的出境游客情况。后续研究可以采用配额抽样、随机抽样等方面，尽量收集到更全面、更具有代表性的数据样本。此外，由于篇幅所限及项目的重要程度不同，对有的项目并没有做具体分析。比如，警察项目，该项目与出境游客的联系较少，因此只是进行了简单的分析说明，将在后续研究中进一步分析。

近年来，中国游客赴韩旅游呈逐步增长的趋势，韩国政府和旅游部门也针对中国市场开展了多种多样的促销宣传。2015 中韩旅游年和 2016 中韩旅游年的开展将会进一步促进两国旅游发展和旅游外交。为了进一步吸引更多的中国游客，有必要对中国出境市场进行细分。因此，后续研究可以针对不同年龄、不同性别、不同职业、不同旅游动机的人展开调查，分析不同的客源群体对出境旅游的需求及满意度。

［作者单位：山东大学（威海）　课题组成员：宋海岩　窦尚孝］

对地方法人金融机构利率市场化
承受力评估研究

吴 勇

一 选题背景

利率市场化是指金融市场资金供求双方以市场为导向，自主确定利率水平的定价过程。推行利率市场化是我国构建社会主义市场经济的客观要求，也是深化金融体制改革的必然选择。自 1996 年中央银行放开银行间同业拆借市场利率到 2007 年 Shibor 利率机制的确立，我国利率市场化改革稳步推进。2012 年周小川行长做出有关"当前进一步推进利率市场化的条件基本具备，下一步人民银行将按照中央会议精神继续积极推进"的讲话之后，中国利率市场化进程才真正步入了快车道。当年 6 月份央行将存款利率浮动区间的上限调整为基准利率的 1.1 倍，2014 年 11 月又扩大到 1.2 倍。2015 年 3 月、5月央行再次将存款利率浮动区间的上限扩大到基准利率的 1.3 倍和 1.5 倍，5月 1 日期盼已久的《存款保险条例》也正式实施。至此，中国的存款利率市场化改革已接近收官，完全放开存款利率上限的时机、条件已经成熟。

对金融机构而言，利率市场化是一把"双刃剑"。一方面，利率管理水平高的金融机构可能会因此增加经营收益；另一方面，利率波动也会给银行经营带来更多的不确定因素。根据斯蒂格利茨和韦斯的研究，随着贷款利率的上升，贷款合同的拖欠概率也会提高。此外，在信息不对称的情况下，银行贷款利率的上升有产生逆向选择风险和道德风险的可能性。商业银行如果不能深入认识和掌握利率波动规律，并采用合适的金融工具来规避或缓释利率风险，将造成利息收入和资本净值减少，甚至引发经营危机。美国、日本等发达国家利率市场化初期因监管手段不健全及其他因素而发生的大量中小银行倒闭现象，智利、印尼等发展中国家因利率市场化改革过激造成对本国金融经济冲击等案例值得我们借鉴。

中小地方法人金融机构作为我国金融体系中最具活力，但抗风险能力又相对较弱的金融组织，人才、技术、管理等方面的瓶颈因素导致其在利率市场化过程中面临的挑战和压力远比国有及股份制银行大得多。目前，利率市场化推行在即，作为负有利率管理职责的各级人民银行，适时开展地方法人金融机构利率市场化承受力评估，不仅对督促地方法人金融机构尽快采取措施、沉着应对利率市场化冲击具有积极的推动作用，对人民银行进一步加强系统性金融风险防范能力、维护区域金融稳定也具有十分重要的现实意义。

二 研究及文献回顾

1. 利率市场化理论

1937 年美国经济学家罗纳德·麦金农（R. I. Mckinnon）和爱德华·肖（E. S. Shaw）分别在各自的专著《经济发展中的货币与资本》和《经济发展中的金融深化》中论述了发展中国家政府对金融的抑制，提出了金融压制（Financial Repression）和金融深化（Financial Deepening）理论。他们认为发展中国家金融市场落后，货币化程度低，普遍存在政府金融压制，政府不让市场决定利率，甚至将实际利率压制成负值情况，这不仅阻挠了国内储蓄倾向，还减少了可供投资的资金来源，引发了金融领域的寻租和腐败行为，最终导致国家经济增长停滞。1998 年，托马斯·赫尔曼、凯文·穆尔多克和约瑟夫·斯蒂格利茨在麦金农和肖金融深化理论基础上又提出了"金融约束理论"，该观点认为，政府通过实施限制存贷款利率、控制银行业进入等一整套的约束性金融政策为银行业创造租金，从而可以带来相对于自由放任政策和金融压抑政策下更有效率的信贷配置和金融业深化，并提出在经济相对落后、金融程度较低的发展中国家应当实行金融约束政策。赫尔曼、斯蒂格利茨等人的研究表明，如果政府对存款利率控制适度，则金融约束的做法是有好处的；如果控制力度过大，资源配置则会受到扭曲。因此，政府对存款利率的控制应该是适度的。相对而言，政府对贷款利率的控制则比较复杂，如果制定的贷款利率过低，银行无法获得相应的收益，高风险、高收益的项目也无法得到贷款。此外，贷款利率的控制与国家的产业和信贷政策有着紧密的联系。

2. 利率风险研究文献综述

J. P. Morgan 银行最先提出"缺口理论"，在其报告中认为商业银行的资产和负债及期限结构的不匹配是造成银行机构利率风险的原因。W. J. McGuire 将利率风险计量方法划分为指标法、估计法和衡量法三种。Sonlai 和 Hassan 对美国商业银行进行资产负债管理结果研究表明，小银行运用利率敏感性缺口管理取得了很好的效果。乔埃尔·贝西斯出版的《商业银行风险管理——现代理论与方法》详细分析了利率风险的特性和测量方法以及银行的利率政策等。科伊尔在其编纂的《利率风险管理》中同样介绍了利率风险的种类、衡量方法，并详细归纳了利率风险的控制技术。近代更为先进的 VAR 风险价值法在利率风险衡量中也被广泛应用，J. P. Morgan 银行首次运用 VAR 衡量商业银行的利率风险。

国内黄建锋认为，利率风险测度的基本方法主要包括资产负债比例测度、资产负债差额报告、资产负债净持有期分析、净现值分析、利率风险动态分析等，在现代商业银行中常通过计算机模拟系统来模拟测度利率风险。黄金老把利率风险按照持续时间长短分为阶段性风险和恒久性风险，这种划分方式被理论界在对利率风险进行分析时广泛采用。陈建梁认为，利率风险分析的主要方法是利率敏感分析、有效久期缺口分析和模拟技术分析。艾洪德等人对我国 8 家商业银行在 1995～1998 年的资产负债进行利率敏感性分析，指出我国商业银行面临着巨大的利率风险。马杰围绕如何度量和管理因利率与汇率这两个基本金融变量的变化所致的金融风险，以技术和模型为基础展开研究，囊括了大部分金融风险管理技术的研究成果。王强分析了利率市场化改革过程中，商业银行面临的重新定价风险、基准风险、收益率曲线和期权性风险等类型的利率风险的具体表现，并提出了相应的管理对策。

全球金融系统委员会（Committee on the Global Financial System）认为针对利率风险开展压力测试是目前国际通用并可行的。国际清算银行（BIS）的一份调查显示，超过 64% 的国际活跃金融体系都采用了情景压力测试法。因此，压力测试已成为金融机构主动进行风险管理的必要手段。压力测试通过选择风险因子、设计压力情景，构建数量分析模型，确定假设条件和测试程序，测试风险资产组合价值在最坏情境下可能遭受的最大损失及对金融机构盈亏及资本状况的影响，为金融机构或监管当局的决策提供了参考。具体操作中利率风险计量到底选择哪种方法，需要根据成本收益原则和可操作性原则等具体问题具体分析。通常来讲，大银行更愿意支付高成本来使用情景模拟法，中小银行更愿意选择低成本的缺口分析法。考虑到目前我国地方法人金融机构资产负债业务比较单一及学识水平有限等因素，本文对地方法人金融机构利率市场化承受力利率风险评估，主要选用单一因子法，即通过开展对利率的敏感度压力测试法进行研究。

三 评估体系的建立

根据巴塞尔协议委员会《利率风险管理与监管原则》、中国银行业监督管理委员会《商业银行银行账户利率风险管理指引》等文件,结合利率市场化客观要求以及地方法人金融机构的利率定价实际情况,本文拟构建的地方法人金融机构利率市场化评估体系主要包括以下几个方面。

1. 评估对象

主要选择辖区开业一年以上的 8 家地方法人金融机构(见表 1)为评估对象,其中城市商业银行 1 家,农村商业银行 2 家,农村信用社联合社 2 家,村镇银行 3 家。有效数据截止到 2014 年末。

表 1 利率市场化承受力评估对象

地方法人金融机构类型	地方法人金融机构名称
城市商业银行	威海市商业银行
农村商业银行	威海市农村商业银行
	荣成市农村商业银行
农村信用社联合社	文登农村信用社联合社
	乳山农村信用社联合社
村镇银行	乳山天骄村镇银行
	荣成汇丰村镇银行
	文登建信村镇银行

2. 评估方法

专家评估法,层次分析法,缺口分析法,经验判断法,问卷调查法。

3. 评估内容

主要围绕以下四大方面因素展开评估:

(1)利率定价机制情况评估

(2)利率操作执行情况评估

(3)利率定价能力情况评估

(4)利率环境变化情况评估

4. 评估步骤

(1)利率市场化承受力评估影响因素权重分析

（2）设定利率市场化承受力评估标准

（3）开展利率市场化承受力评估

①常规性评估

②利率敏感性压力测试

5. 评估结果

6. 评估结果分析

四　评估实施

1. 评估指标体系的建立（见表2）

表2　地方法人金融机构利率市场化承受力评估指标体系

目标层	准则层		
	一级准则层	二级准则层	三级准则层
地方法人金融机构利率市场化承受力评估	利率定价机制建设情况	信息系统建设	利率定价基础信息系统
			利率风险溢价测评系统
			内部资金定价转移系统
		管理系统建设	利率风险管理部门设置
			利率风险管理岗位设置
			利率风险管理人员设置
			董事会及高级管理层对利率风险的决策管控
		内控制度建设	利率定价内控制度
			利率内控评审制度
	利率定价执行情况	存款利率浮动情况	利率上浮 10% ~30% 余额占比
			利率上浮 30% ~40% 余额占比
			利率上浮 40% ~50% 余额占比
		贷款利率浮动情况	利率执行基准和下浮余额占比
			利率上浮 10% ~30% 余额占比
			利率上浮 30% ~50% 余额占比
			利率上浮 50% 以上余额占比
		利率方式约定情况	固定利率贷款余额占比
			浮动利率贷款余额占比

续表

目标层	准则层		
地方法人金融机构利率市场化承受力评估	利率定价能力影响情况	经营性因素影响	不良贷款率
			流动性比率
			资本充足率
			资产利润率
			成本收入比
			中间业务收入占比
			货币市场投资占比
			个人贷款占比
			贷款市场占比
			客户信用风险评级机制
			贷款效率审批机制
			金融业务创新机制
		利率风险变化影响	利率敏感性压力测试
	外部环境变化情况	外部环境影响情况	物价总体水平
			辖区利率市场总体水平
			辖区民营经济活跃程度

2. 评估指标体系说明

（1）利率定价机制建设情况，包括利率风险信息系统、利率风险管理系统和利率风险控制系统三个方面内容。

①利率定价基础信息系统是指金融机构建立以产品、客户以及业务经营单位为利率定价提供成本核算、风险管理、绩效考核、客户关系等基础信息数据库。

②利率风险溢价测评系统是指金融机构建立充分的计量、监测、控制和报告利率风险头寸的信息系统。

③内部金转移定价系统是指金融机构建立内部资金中心与业务经营单位按照一定规则全额有偿转移资金、达到核算业务资金成本或收益等目的的一种内部经营管理模式。

④利率风险管理系统：金融机构设置利率风险管理部门、岗位及人员情况以及董事会和高管层对利率风险的管理情况等。

⑤利率风险控制系统：主要看金融机构建立健全利率及与之有关的各种

内控制度以及内审部门对内控制度的评审情况。

（2）利率定价执行情况，指金融机构利率实际执行情况。

①存款利率浮动情况：主要考察金融机构存款在央行公布浮动区间内的自由浮动情况。

②贷款利率浮动情况：主要看金融机构贷款执行差别化利率的弹性。

（3）利率定价能力影响情况，是评估地方法人金融机构利率承受力的核心，主要包括两个层面：一是通过地方法人金融机构的经营状况分析利率定价承受力情况；二是开展利率敏感性压力测试判断承受力情况。

①经营性指标及因素对利率定价能力的影响（见表3）。

②利率风险变化对定价能力的影响。观察利率风险变化对法人金融机构定价能力的影响，主要通过利率敏感性压力测试进行。

a. 利率风险介绍

巴塞尔银行监管委员会发布的银行业《利率风险管理与监管原则》中指出，"利率风险是利率向不利的方向变动时银行可能遭受的损失"。基本的利率风险包括重新定价风险（repricing risk）、收益曲线风险（yield curve risk）、基准风险（basis risk）和隐含期权风险（embedded option risk）四种。

表3 经营性指标及因素对利率定价的影响

准则层因素	含义	对利率定价影响
不良贷款率	不良贷款与各项贷款之比	考察银行的信用风险状况，一般来讲，不良贷款率越高，银行的信用风险越大，利率定价能力越弱
流动性比率	流动性资产与流动性负债之比	考察银行的流动性风险状况，如果银行的流动性比率过高，表明银行的低营利性资产占用过多，银行的盈利水平会下降，利率定价能力相对较弱
资本充足率	资本净额与加权风险资产之比	是银行的抗风险能力指标，比例越高表明银行的抗风险能力越强，但过高的资本充足率可能影响银行的盈利能力；过低说明银行的抗风险能力较弱，利率定价能力也下降
资产利润率	营业利润与资产总额之比	反映银行的盈利能力指标，比例越高表明银行的盈利能力越强，利率定价能力也越强
成本收入比	营业成本与营业收入之比	是银行的效益性指标，反映银行单位营业收入占用的营业成本水平，比例越低表明银行的经营效益越好，利率定价能力越强
中间业务收入占比	中间业务收入与营业收入之比	反映银行营业收入对中间业务的依赖程度，占比越高，表明银行对存贷利差的依赖性越小，利率定价能力越强
货币市场投资占比	货币市场投资额与资产总额之比	反映银行的投资程度，占比越高表明银行经营对贷款资产的依赖度越低，利率定价能力越强

续表

准则层因素	含义	对利率定价影响
客户信用评级机制	—	客户信用风险评估机制越健全，银行的差别化贷款定价能力越强
贷款效率审批机制	—	一般来讲，银行贷款的审批效率与贷款定价能力呈正相关
金融业务创新机制	—	金融创新能力越强，对客户的差别化金融服务需求满足程度越高，银行的利率定价能力越强

一是重新定价风险，也称为成熟期错配风险，是最主要和最常见的利率风险形式。其来源于银行资产、负债和表外业务中到期日（就固定利率而言）与重新定价（就浮动利率而言）的实施时间差。虽然此类重新定价的错配对银行业务十分重要，但利率变动时，会给银行的收入和内在经济价值带来意外波动。20 世纪 80 年代美国储贷协会危机就是一个典型案例。20 世纪 60 年代以来，美国储贷协会以吸收短期资金为主发放了大量的中长期固定利率住房贷款，资金期限严重错配，在后期市场利率持续攀升的情况下导致银行存贷利差大幅倒挂，运营出现困难。80 年代以后，美联储为控制通货膨胀采取大幅提高短期利率以及取消 Q 条例限制的政策进一步加剧了储贷协会的存贷款利差倒挂，最终导致大批储贷协会破产。

二是收益率曲线风险，也称为利率期限结构变化风险，指的是由于收益曲线斜率的变化导致期限不同的两种债券的收益率之间的差幅发生变化而产生的风险。重新定价的不对称性也会使收益率曲线的斜率、形态的变化对银行的收益或内在经济价值产生不利影响，从而形成收益率曲线风险。如在商业周期处于扩张阶段时，央行会提高短期利率以抑制经济过快增长，此时收益曲线的斜率将变为负数，也就是短期利率高于长期利率。收益曲线由正变负，则银行的长期未偿浮动利率贷款的重新定价利率与短期存款的利差就会降低，甚至倒挂。

三是基准风险，也称为利率定价基础风险，是指在利息收入和利息支出所依据的基准利率变动不一致的情况下，虽然资产、负债和表外业务的重新定价特征相似，但因其现金流和收益的利差发生了变化，也会对银行的收益或内在经济价值产生不利影响。如央行有时出台的不对称的调息政策会使金融机构承担一定的利率基准风险。再如我国商业银行外向存款利率多参照 Libor 或 Hibor 确定，同时相当一部分外向资产是外国政府债券，在这种情况下，如使用一笔期限一年、利率每三个月浮动一次的存款购买相同期限、利率每三个月浮动一次的外国政府债券，由于 Libor 和国债收益率之间的利差可能发生意外变化，银行也会面临基准风险。

四是期权性风险，是金融机构面临的一种越来越重要的利率风险，来自于很多银行资产、负债和表外业务中所包含的期权。一般而言，期权赋予其持有者买入、卖出或以某种方式改变某一工具或金融合同的现金流量的权利，如银行推出的允许借款人提前还款的贷款和允许存款人随时提款而通常不收任何罚金的各种无期限存款等金融产品，如果没有规避此类风险的应对措施，这种期权性工具会由于其不对称的支付特征，而给银行带来极高期权风险。

b. 利率敏感性压力测试介绍

压力测试目前在商业银行的风险评估中被广泛应用。对当前地方法人金融机构利率市场化的承受力进行评估，有必要运用压力测试的方法对有可能出现的利率风险进行量化识别。利率敏感性压力测试是通过假设某些特定甚至极端利率变化情况，利用利率敏感性缺口来检验银行对利率风险的承受力。利率敏感性分析即缺口分析（Gap Analysis），是目前我国商业银行对银行账户利率风险进行管理的主要手段。缺口分析是将银行的利率敏感性资产（Interest Rate Sensitive Assets，简称 IRSA）和利率敏感性负债（Interest Rate Sensitive Liabilities，简称 IRSL）按照到期日和最近的重定价日分布到不典型的时间段里（通常为 1 个月以下，1~3 个月，3 个月~1 年，1~5 年，5 年以上等），然后将各个时间段的资产减负债，得到利率敏感性缺口：

$$G = RSA - RSL$$

当某一时段内的负债大于资产时，就产生负缺口，即负债敏感型缺口，此时市场利率上升会导致银行的净利息收入下降。相反，当某一时段内的资产大于负债时，就产生了正缺口，即资产敏感型缺口，此时若市场利率下降则银行的净收入下降（见表 4）。同时，理论上还可用利率敏感性资产与利率敏感性负债的比值来表示利率的敏感程度：

$$r = \frac{RSA}{RSL} \text{（其中，r 为利率敏感性系数）}$$

表 4　利率敏感性变动与净利息收入的关系

利率敏感性缺口（G）	利率变动	利率敏感性系数（r）	净利息收入变动
正值	上升/下降	> 1	增加/减少
负值	上升/下降	< 1	减少/增加
零值	上升/下降	= 1	不变

实际应用中，r 和 G 往往被结合起来共同考察商业银行资产负债的利率敏感程度，银行的净利息收入受到的影响可表示为：

$$\Delta NII = \sum_{i=1}^{N} G_i \times \Delta r = \sum_{i=1}^{N} (RSA_i - RSL_i) \times \Delta r$$

其中，ΔNII 指的是净利息收入的变化，G_i 为 i 时间段的利率敏感性缺口，Δr 为利率的变化。

（4）外部环境变化对利率定价的影响。主要选择了物价总水平、辖区利率水平和市场经济的活跃程度等因素。一般而言，如果 CPI 指数过高，央行会通过提息、上调存款准备金率等紧缩性货币政策工具抑制过快的物价增长，从而导致金融机构的利率水平下降。辖区利率整体水平和经济活跃程度通常与金融机构的利率定价能力呈现显著的正相关。

3. 评估指标体系权重分析

本文对地方法人金融机构利率市场化承受力的影响因素权重分析采用层次分析法进行。

（1）层次分析法原理介绍

层次分析法（Analytic Hierarchy Process，简称 AHP）是美国匹茨堡大学教授运筹学家萨蒂于 20 世纪 70 年代初提出的一种层次权重决策分析方法，其是将与决策总是有关的元素分解成目标、准则、方案等层次，在此基础之上进行定性和定量分析的决策方法。应用 AHP 法确定评价指标的权重，就是在建立有序递阶的指标体系的基础上，通过比较同一层次各指标的相对重要性来综合计算指标的权重系数，原理步骤如下。

①构造判断矩阵

将同一层次内 n 个指标相对重要性的判断由若干位专家完成。依据心理学研究得出的"人区分信息等级的极限能力为 7±2"的结论，AHP 法在对指标的相对重要性进行评判时，引入了九分位的比例标度，判断矩阵 A 中各元素 aij 为 i 行指标相对 j 列指标进行重要性两两比较的值。

②权重及一致性检验的计算

将判断矩阵的各行向量进行几何平均，然后归一化，得到的行向量就是权重向量。设的最大特征根为 λmax、其相应的特征向量为 W，则有 AW = λmax。AHP 法计算的过程如下：

第一步，λ_{max} 和 ω 的方根法计算。

第二步，判断矩阵每一行元素的乘积 $M_i = \prod_{j=1}^{n} b_{ij}$，i = 1，2，…n。

第三步，计算 M_i 的 n 次方根 $\overline{W_i} = \sqrt[n]{M_i}$。

第四步，对向量 $\omega = \left[\overline{W_1}, \overline{W_2}, \cdots\cdots \overline{W_n} \right]^T$ 归一化，$\omega_i = \overline{W_i} / \sum_{i=1}^{n} \overline{W_i}$，$\omega$ 即为指标权重。

第五步，计算判断矩阵的最大特征根 $\lambda_{max} = \frac{1}{n} \sum_{i=1}^{n} \frac{(AW)i}{\omega_i}$。

③判断矩阵一致性的检验

AHP 法对人们的主观判断加以形式化的表达和处理，逐步剔除主观性，从而尽可能地转化成客观描述。其正确与成功，取决于客观成分能否达到足够合理的地步。由于客观事物的复杂性及决策者认识的主观性，对判断矩阵做一致性检验，成为不可或缺的环节，一致性指标：

$$CI = \frac{\lambda_{max} - n}{n - 1}$$

为了度量不同阶数判断矩阵是否具有满意的一致性，需引入判断矩阵的平均随机一致性指标 RI 值（1~15 阶判断矩阵的 RI 值通过文献可得）。当阶数大于 2，判断矩阵的一致性比率 CR = CI/RI < 0.1 时，即认为判断矩阵具有满意的一致性，否则需要调整判断矩阵，以使之具有满意的一致性。

（2）分析利率市场化承受力各准则层权重

本文以对地方法人金融机构利率市场化承受力影响因素较多的三级准则层"经营性因素影响"为例运用层次分析法进行权重分析，相关运算通过 Excel 运行。

①建立影响性因素判断矩阵（见表5）

表5　经营性因素对利率承受力影响三级准则层判断矩阵

	E1	E2	E3	E4	E5	E6	E7	E8	E9	E10	E11	E12
E1	1.00	1.00	1.00	1.00	1.00	1.00	0.50	0.50	0.33	0.33	0.33	0.25
E2	1.00	1.00	1.00	1.00	1.00	1.00	0.50	0.50	0.33	0.33	0.33	0.25
E3	1.00	1.00	1.00	1.00	1.00	1.00	0.50	0.50	0.33	0.33	0.33	0.25
E4	1.00	1.00	1.00	1.00	1.00	1.00	0.50	0.50	0.33	0.33	0.33	0.25
E5	1.00	1.00	1.00	1.00	1.00	1.00	0.50	0.50	0.33	0.33	0.33	0.25
E6	1.00	1.00	1.00	1.00	1.00	1.00	0.50	0.50	0.33	0.33	0.33	0.25
E7	2.00	2.00	2.00	2.00	2.00	2.00	1.00	1.00	0.67	0.67	0.67	0.50
E8	2.00	2.00	2.00	2.00	2.00	2.00	1.00	1.00	0.67	0.67	0.67	0.50

续表

	E1	E2	E3	E4	E5	E6	E7	E8	E9	E10	E11	E12
E9	3.00	3.00	3.00	3.00	3.00	3.00	1.50	1.50	1.00	1.00	1.00	0.75
E10	3.00	3.00	3.00	3.00	3.00	3.00	1.50	1.50	1.00	1.00	1.00	0.75
E11	3.00	3.00	3.00	3.00	3.00	3.00	1.50	1.50	1.00	1.00	1.00	0.75
E12	4.00	4.00	4.00	4.00	4.00	4.00	2.00	2.00	1.33	1.33	1.33	1.00

其中 E1～E12 分别代表"不良贷款率、流动比率、资本充足率、资产利润率、成本收入比、中间业务收入比、货币市场投资占比、个人贷款占比、贷款市场占比、客户信用风险评级机制、贷款效率审批机制、金融创新机制"12 个三级准则层。

②测算权重及一致性检验

表 6　经营因素影响权重表

要素层	权重
不良贷款率	0.043478261
流动性比率	0.043478261
资本充足率	0.043478261
资产利润率	0.043478261
成本收入比	0.043478261
中间业务收入占比	0.043478261
货币市场投资占比	0.086956522
个人贷款占比	0.086956522
贷款市场占比	0.130434783
客户信用风险评级机制	0.130434783
贷款效率审批机制	0.130434783
金融业务创新机制	0.173913043

通过 Excel 计算 W 权重（见表 6）λmax = 12、CI = 0，查文献表 7 当 n = 12 时 RI 的值为 1.54，最终求得 CR = 0/1.54 = 0 < 0.10，表明该判断矩阵具有令人满意的一致性，不需要做调整。其余各级评价指标权重算法同上，即得到各级评价指标的排序权重（见表 8）。

表 7　文献查得 1～13 阶重复计算 1000 次的平均随机一致性指标 RI 值

n	1	2	3	4	5	6	7	8	9	10	11	12	13
RI	0	0	0.52	0.89	1.12	1.26	1.36	1.41	1.46	1.49	1.52	1.54	1.56

表 8　地方法人金融机构利率市场化承受力评估权重表

目标层	准则层					
	一级准则层	权重	二级准则层	权重	三级准则层	权重
地方法人金融机构利率市场化承受力评估	利率定价机制建设情况	0.0909	信息系统建设	0.1250	利率定价基础信息系统	0.125
					利率风险溢价测评系统	0.5
					内部资金定价转移系统	0.375
			管理系统建设	0.5000	利率风险管理部门设置	0.3636
					利率风险管理岗位设置	0.2727
					利率风险管理人员设置	0.2727
					董事会及高管理层对利率风险的决策管控	0.0909
			内控制度建设	0.3750	利率定位内控制度	0.8235
					利率内控评审制度	0.1765
	利率定价执行情况	0.1818	存款利率浮动情况	0.1667	利率上浮 10%～30% 余额占比	0.5236
					利率上浮 30%～40% 余额占比	0.3256
					利率上浮 40%～50% 余额占比	0.1508
			贷款利率浮动情况	0.4166	利率执行基准或下浮余额占比	0.0597
					利率上浮 10%～30% 余额占比	0.1791
					利率上浮 30%～50% 余额占比	0.3433
					利率上浮 50% 以上余额占比	0.4179
			利率方式约定情况	0.4166	固定利率贷款余额占比	0.4365
					浮动利率贷款余额占比	0.5635
	利率定价能力影响情况	0.4545	经营性因素影响	0.7500	不良贷款率	0.0435
					流动性比率	0.0435
					资本充足率	0.0435
					资产利润率	0.0435
					成本收入比	0.0435
					中间业务收入占比	0.0435
					货币市场投资占比	0.0870
					个人贷款占比	0.0870
					贷款市场占比	0.1304
					客户信用风险评级机制	0.1304
					贷款效率审批机制	0.1304
					金融业务创新机制	0.1739

目标层	准则层				
地方法人金融机构利率市场化承受力评估	一级准则层	权重	二级准则层	权重	三级准则层	权重
	利率定价能力影响情况	0.4545	利率风险变化影响	0.2500	利率敏感性压力测试	1
	外部环境变化情况	0.2727	外部环境影响情况	0.2727	物价总体水平	0.1250
					辖区利率市场总体水平	0.2500
					辖区民营经济活跃程度	0.6250

4. 评价标准

参照巴塞尔银行监管委员会发布的《利率风险管理与监管原则》及监管部门对地方法人金融机构监管标准，我们邀请了部分专家判断设置了各因素准则层评估标准，借鉴模糊分析法将影响利率定价能力的各准则层因素设置为"强、较强、一般、较弱、弱"五个等级评语集和相对应"100，80，60，40，20"的评语系数集（见表9），最终将对地方法人金融机构利率市场化承受力评估非量化因素转化成量化分值，以此判断各机构对利率市场化的承受力情况。

表9 地方法人金融机构利率市场化承受力评价标准

影响因素	评价标准（强、较强、一般、较弱、弱，100、80、60、40、20）
利率定价机制建设情况	
利率定价基础信息系统	具有支持差异化、精细化定价的基础信息系统并能通过该系统对产品定价有效管理"强"，有定价管理系统且用于定价但不能进行差异化精细化定价"较强"，有定价管理基础信息系统但未用于定价"一般"，没有系统"弱"
利率风险溢价测评系统	建立风险测评系统为"较强"，缺少为"较弱"
内部资金定价转移系统	具有内部资金转移定价系统并用于绩效考核"强"，具有内部资金转移顶级系统尚未用于绩效考评"一般"，没有内部资金转移定价系统"弱"
利率风险管理部门设置	建立了专门定价决策、执行和监督部门"强"，有定价决策、执行和管理主管部门"一般"，没有定价管理部门"弱"
利率风险管理岗位设置	设有专门的利率风险管理岗位"较强"，没有利率风险管理岗位"较弱"
利率风险管理人员设置	设有专职利率风险管理人员"强"，利率风险管理人员为兼职"一般"，没有利率风险管理人员"弱"
董事会及高级管理层对利率风险的决策管控	具有董事会及高管层对利率的管控决策"较强"，缺少"较弱"
利率定价内控制度	建立存贷款定价管理办法等较完善的利率管理内控制度"较强"，缺少"较弱"

影响因素	评价标准（强、较强、一般、较弱、弱，100、80、60、40、20）
利率内控评审制度	建立内控制度评审机制"较强"，缺少为"较弱"
利率定价执行情况	
存款利率上浮 10%~30%占比	≥50%"强"，〔30%，50%）"较强"，〔10%，30%）"一般"，＜10% "较弱"
存款利率上浮 30%~40%占比	＜10%"强"，〔10%，30%）"较强"，〔30%，50%）"一般"，≥50% "较弱"
存款利率上浮 40%~50%占比	＜5%"强"，〔5%，10%）"较强"，〔10%，30%）"一般"，〔30%，50%）"较弱"，≥50%"弱"
利率执行基准 或下浮占比	＜5%"强"，〔5%，10%）"较强"，〔10%，20%）"一般"，〔20%，30%）为"较弱"，≥30%为"弱"
利率上浮 10%~30%占比	≥50%为"强"，〔30%，50%）"较强"，〔10%，30%）"一般"，＜10% "较弱"
利率上浮 30%~50%余额占比	＞50%"强"，（30%，50%〕"较强"，（20%，30%〕"一般"，（10%，20%〕"较弱"，≤10%"弱"
利率上浮50% 以上余额占比	≥30%"强"，〔20%，30%）"较强"，〔10%，20%）"一般"，〔5%，10%）"较弱"，＜5%"弱"
固定利率贷款 余额占比	≤30%"强"，（30%，50%〕"较强"，（50%，70%〕"一般"，＞70% "较弱"
浮动利率贷款 余额占比	≥70%为"强"，〔50%，70%）"较强"，〔30%，50%）"一般"，＜30% "较弱"
利率风险影响情况	
不良贷款率	≤1%"强"，（1%，3%〕"一般"，＞3%"弱"
流动性比率	≥30%"强"，〔25%，30%）"一般"，＜25%"弱"
资本充足率	≥11.5%"强"，〔10.5%，11.5%）"较强"，〔9.5%，10.5%）"一般"，〔8.5%，9.5%）"较弱"，＜8.5%"弱"
资产利润率	≥1.5%"强"，〔1%，1.5%）"较强"，〔0.5%，1%）"一般"，＜0.5% "弱"
成本收入比	≤25%"强"，（25%，35%〕"较强"，（35%，50%〕"一般"，＞50% "较弱"
中间业务收入占比	≥15%"强"，〔10%，15%）"较强"，〔5%，10%）"一般"，〔1%，5% "较弱)"，＜1%"弱"
货币市场投资占比	≥20%"强"，〔15%，20%）"较强"，〔10%，15%）"一般"，〔5%，10%）"较弱"，＜5%"弱"
个人贷款占比	≥50%"强"，〔30%，50%）"较强"，〔20%，30%）"一般"，〔10%，20%）"较弱"，＜10%"弱"

影响因素	评价标准（强、较强、一般、较弱、弱，100、80、60、40、20）
贷款市场占比	≧80%为"强"，〔50%，80%）"较强"，〔30%，50%）"一般"，〔10%，30%）"较弱"，<10%"弱"
客户信用风险评级机制	制定全面的客户信用风险评级管理办法"强"，制定部分客户信用风险评级办法"一般"，未制定相关办法"弱"
贷款效率审批机制	贷款审批时间短于3天（含）"强"，3~7天（含）"较强"，7~14天（含）"一般"，14~20天（含）"较弱"，20天以上"弱"
金融业务创新机制	建立服务和产品创新制度、近三年创新数量多于5个（含）"强"，建立服务和产品创新制度、近三年创新数量1（含）~5个"一般"，未建立创新制度、近三年无创新服务和产品"弱"
利率敏感性压力测试	定期开展利率压力测试，利率定价能力"较强"，未开展"较弱"。利率变动对利息收入影响>40%为弱，30%~40%较弱，20%~30%一般，10%~20%较强，<10%为强
外部环境影响情况	
物价总水平	CPI过高，降息预期增强，银行定价能力下降；反之亦然
辖区利率市场总体水平	如在全省排上游，说明较强，中游一般，中下游较弱，下游弱
辖区民营经济活跃程度	同上

5. 开展承受力评估

（1）对非利率风险性因素评估

对影响地方法人金融机构利率市场化承受力的"利率定价机制建设、客户信用风险评级、贷款审批效率、金融创新"等制度性因素建立情况通过现场查看评估；对影响利率定价的量化性经营指标通过非现场监管报表评估；对影响利率定价的外部环境因素通过专家经验判断评估（评估过程见附件《利率市场化承受力评估表》）。

（2）对利率风险承受能力评估

①开展利率敏感性压力测试

a. 相关数据的采集。根据巴塞尔委员会《利率风险管理与监管原则》标准框架做法，我们设计了《利率敏感性头寸基础数据表》（见表10），将利率敏感性头寸重新定价日划分为7个时段序列，即1个月以内、1~3个月、3~6个月、6个月~1年、1~5年、5~10年、10年以上；利率敏感性资产、负债期档分类参照现行人民银行公布的基准利率期限档次划分，其中对于实行固定利率的利率敏感性头寸，重新定价日按距到期日的剩余期限处理；对于实行浮动利率的利率敏感性头寸，重新定价日按距下一次重新计价日的剩余期限处理。

表 10　利率敏感性头寸基础数据表（局部）

项目	账面金额	自报告日起到最近可重新定价日或到期日的期限			
		1 个月以内	1~3 个月	3~6 个月	6 个月~1 年
利率敏感性资产					
金融机构间融资形成的资产					
各项贷款					
6 个月以内					
6 个月至 1 年					
1~3 年					
3~5 年					
5 年以上					
债券投资					
其他利率敏感性资产					
利率敏感性负债					
金融机构间融资形成的负债					
活期存款					
定期存款					
3 个月					
6 个月					

　　b. 压力测试情景的选择。各国对利率风险压力测试冲击幅度设置不一。巴塞尔委员会《利率风险管理与监管原则》要求十国集团成员货币计值的风险头寸一般向上和向下 200 基点的收益率曲线平移利率冲击；欧盟各银行普遍的做法是设定利率在短期内升 150 个基点。根据国际经验以及我国商业银行压力测试方法，本文将压力冲击的程度划分为"轻度、中度、重度"三类。基于我国目前的利率管理现状以及未来利率市场化后可能出现的预期，我们将三种情景的冲击幅度设置为 2%、5%、8%（以目前银行央行公布的 1 年期银行法定贷款利率 5.1% 为例，轻重情景冲击幅度大致在 20~50 个基点左右）。压力测试分两个层面进行：一是利率对称性变化模式。即假设存贷款利率同幅度变化 2%、5%、8%；二是利率非对称性变化模式。国外经验表明，利率市场化后一般会引起高息揽储，导致存贷款利率不对称升高。将存、贷

款利率不对称变化幅度设置为3%、2%，7%、5%，11%、8%三种情景。

c. 压力情景测试。为便于更准确测算利率风险变化对金融机构收益的影响，我们把1个月以内到期和1个月以内到期需要重新定价的利率敏感性资产负债作为一个资产组合，该资产组合的合约期限近似0.5个月，即以0.0417年来计算，以此类推，1～3个月内平均期限为0.1667年，3～6个月内平均期限为0.375年，6个月～1年内平均期限为0.75年，本次仅对1年以内的利率敏感性缺口进行压力测试。

对称性利率变化情景压力测试。根据各金融机构上报的利率敏感性头寸基础数据表，我们将相关数据进行了重新整理，选出辖区8家地方法人金融机构至2014年末1年以内的利率敏感性缺口进行分析（见表11）。假设未来市场利率按照"轻度、中度、重度"情景对称性上升2%、5%、8%时，通过计算得出利率变化对8家地方法人金融机构利息收入的变化（见表12）。由此看出，市场利率对称性上升2%、5%、8%的时，威海市商业银行及3家村镇银行由于利率敏感性资产缺口为正，1年内到期重新计价的资产为其经营带来了较大的正利息收益；4家农村合作机构恰恰相反，敏感性负缺口越大利息变动带来的亏损越多。

表11 威海市地方法人金融机构利率敏感性资产负债表

单位：万元

期限	项目	威海市商业银行	威海农商银行	荣成农商行	文登农信社	乳山农信社	乳山天骄村镇银行	荣成汇丰村镇银行	文登建信村镇银行
1个月以内	资产	4903249	128581	516403	412680	263295	25621	2660	5082
	负债	4002672	335467	425365	343770	255266	24383	672	7304
1～3个月	资产	867869	217319	467433	26762	258855	2011	5035	4093
	负债	1033219	37891	426293	174094	196900	5405	2316	5572
3～6个月	资产	1232682	162518	156414	122532	109632	6205	15040	11195
	负债	2379618	124515	82255	159413	145074	3473	3542	5887
6月～1年	资产	2127129	248543	259579	254403	235087	18467	8900	15032
	负债	1290620	311064	659221	447852	351432	13104	4122	10865
1～5年	资产	1806791	365440	632548	379595	305115	9702	16	790
	负债	1766684	342851	358972	112427	337060	18320	2847	11470
5年以上	资产	599331	27898	49927	165485	156454	0	0	0
	负债	60340	0	1	0	0	0	0	0

表 12　威海市地方法人金融机构利率敏感性缺口变化影响收益表

单位：万元

机构名称	1 年以内资产额	1 年以内负债总额	敏感缺口	利率变动轻度 2%	利率变动中度 5%	利率变动重度 8%
威海市商业银行	9130929	8706129	424800	4145	10364	16582
威海农商银行	756960.32	808936.2	−51975.9	−1780	−568	−908
荣成农商行	1399828.62	1593134	−193306	−4542	−13063	−20901
文登农信社	816378.12	1125128	−308750	−3095	−9030	−14448
乳山农信社	866870.01	948672.5	−81802.5	−1737	−4494	−7191
乳山天骄村镇银行	52304	46365	5939	100	227	363
荣成汇丰村镇银行	31634.85	10652.18	20982.67	184	422	239
文登建信村镇银行	35402	29628.93	5773.07	79	239	382

　　非对称性利率变动情景测试。我们将存贷款利率变化幅度设为 3%、2%（轻度），7%、5%（中度），11%、8%（重度），分别测试不同情景压力下利率变化对净利息收入的影响（见表 13），如下公式：

$$\Delta NII = \sum_{i=1}^{N} G_i \times \Delta r = \sum_{i=1}^{N} (RSA_i - RSL_i) \times \Delta r$$

表 13　8 家地方法人金融机构利率风险压力测试结果

单位：万元

机构名称	上升轻度	上升中度	上升重度	下降轻度	下降中度	下降重度
威海市商业银行	−17849	−33626	−49402	17849	33626	49402
威海农商银行	−3230	−6574	−9917	3230	6574	9917
荣成农商行	−11366	−25345	−39323	11366	25345	39323
文登农信社	−8002	−17811	−27619	8002	17811	27619
乳山农信社	−5412	−11723	−18034	5412	11723	18034
乳山天骄村镇银行	−40	−34	−29	40	34	29
荣成汇丰村镇银行	120	325	529	−120	−325	−529
文登建信村镇银行	−20	7	34	20	−7	−34

　　测算结果表明，相对于较简单的对称性利率变动，非对称性利率变化情况要复杂得多，利率变化对利息收入影响的大小取决于不对称性冲击幅度的差度，差度越大，对利息收入的影响越大，不对称利率变动对金融机构利息收入造成的影响和冲击更加剧烈。由表 13 可以看出，8 家地方法人金融机构

利率风险程度按重度情景下影响净利息收入绝对值大小排序依次是威海市商业银行、荣成农商行、文登农信社、乳山农信社、威海农商行、荣成汇丰村镇银行、乳山天骄村镇银行和文登建信村镇银行。重度情景利率变动影响利息收入绝对值超过轻度利息收入200%以上的有6家，分别是荣成汇丰村镇银行340.18%、文登建信村镇银行268.65%、荣成农商行245.97%、文登农信社245.13%、乳山农信社233.21%、威海农商行207.03%；变动幅度最小的是乳山天骄村镇银行27.59%和威海市商业银行176.77%，由此可见，威海商业银行相对其他法人金融机构利率市场化承受力略强些。

为进一步论证各法人金融机构的利率市场化承受能力，还要通过净利息变动度（见表14）进行分析。从表中可看出，利率变动对利息净收入影响超过50%的分别是文登农村信用社、乳山农村信用社、荣成农商行；净利率变动度较小的分别是3家村镇银行和威海市商业银行和威海农商行。为进一步评估各法人金融机构动态的利率风险控制水平，我们选择了2008年金融危机爆发至今的经济复苏期各金融机构的利率敏感性缺口变动情况进行实证分析（见表15）。利率敏感性缺口理论告诉我们，在能够预见的市场利率变化预期中，银行应尽可能地调整利率敏感性缺口，以增加收益或最大限度地减少因利率变化而给银行带来的利息收入损失。我们知道2008年爆发的全球性金融危机，对世界经济造成的影响是巨大而深远的，而此后漫长经济复苏期的低利率走势金融机构是可以预见的，但从表15中各法人金融机构近几年的利率敏感性缺口变化情况看，不是持续地扩大敏感性资产正缺口，就是缺口随意性变化无规律可循。由此可见，辖区地方法人金融机构近年来没有根据经济周期变化判断市场利率变动预期适时调整利率敏感性缺口，总体规避利率风险意识较弱。

表14　压力测试下地方法人金融机构净利息变动程度

单位:%

机构名称	重度情景下净利息变动程度	中度情景下净利息变动程度	轻度情景下净利息变动程度
威海市商业银行	30.06	20.46	10.86
威海农商银行	30.91	20.49	10.07
荣成农商行	51.48	33.18	14.88
文登农信社	74.71	48.18	21.65
乳山农信社	58.29	37.89	17.49
乳山天骄村镇银行	1.29	1.54	1.79

续表

机构名称	重度情景下 净利息变动程度	中度情景下 净利息变动程度	轻度情景下 净利息变动程度
荣成汇丰村镇银行	−31.90	−19.57	−7.25
文登建信村镇银行	−3.19	−0.65	1.89

表15　5家地方法人机构近年来敏感性缺口情况

单位：万元

机构名称	2009年 敏感性缺口	2010年 敏感性缺口	2011年 敏感性缺口	2012年 敏感性缺口	2013年 敏感性缺口
威海市商业银行	225039.38	409002.08	452758.40	589924.43	592734.36
威海农商行	−3125.70	12847.54	83162.57	44816.31	−1198.21
荣成农商行	48227.54	33164.53	87663.95	112169.88	152104.23
文登农信社	10451.92	14071.28	−130864.54	−167768.76	−49078.18
乳山农信社	−44466.60	−38280.70	−7217.61	8034.79	73243.62

6. 评估结果

综上所述，辖区8家地方法人金融机构利率市场化承受能力总体较弱，威海市商业银行、荣成农商行、威海农商行情况略好些，几家村镇银行承受力相对较差。各金融机构的最终评估得分（见表16）分别为：威海市商业银行70.4分、威海农商行62.1分、荣成农商行65.1分、文登农村信用社60.2分、乳山农村信用社60.3分、荣成汇丰村镇银行53.8分、文登建信村镇银行56.2分、乳山天骄村镇银行56.6分。

表16　8家地方法人金融机构利率市场化承受力评估得分（未乘权重）

单位：分

影响因素	威海 商行	威海农 商行	荣成农 商行	文登农 信社	乳山 农信社	天骄村 镇银行	汇丰村 镇银行	建信村 镇银行
	评分	评分	评分	评分	评分	评分	评分	评分
利率定价基础信息系统	80	60	60	60	60	20	20	20
利率风险溢价测评系统	40	40	40	40	40	40	40	40
内部资金定价转移系统	80	20	20	20	20	20	20	20
利率风险管理部门设置	60	60	60	60	60	20	20	20
利率风险管理岗位设置	80	80	80	80	80	40	40	40
利率风险管理人员设置	100	60	60	60	60	20	20	20

续表

影响因素	威海商行	威海农商行	荣成农商行	文登农信社	乳山农信社	天骄村镇银行	汇丰村镇银行	建信村镇银行
	评分	评分	评分	评分	评分	评分	评分	评分
董事会及高级管理层对利率风险的政策管控	80	80	80	80	80	40	80	40
利率定价内控制度	80	80	80	80	80	80	80	40
利率内控评审制度	80	80	80	80	80	40	40	40
存款利率上浮 10% ~30% 占比	100	100	100	100	100	100	100	100
存款利率上浮 30% ~40% 占比	100	100	100	100	100	100	100	100
存款利率上浮 40% ~50% 占比	100	100	100	100	100	100	100	100
利率执行基准或下浮利率占比	40	40	80	60	60	80	60	100
利率上浮 10% ~30% 占比	100	80	80	80	80	40	100	80
利率上浮 30% ~50% 占比	40	80	40	60	60	100	40	80
利率上浮 50% 以上余额占比	20	40	80	60	80	80	40	60
固定利率贷款余额占比	40	40	40	40	60	40	40	40
浮动利率贷款余额占比	40	40	40	40	60	40	40	40
不良贷款率	100	60	60	60	60	60	100	100
流动性比率	100	100	100	100	100	100	100	100
资本充足率	100	100	100	60	20	100	100	100
资产利润率	80	60	80	20	20	80	60	60
成本收入比	80	60	60	60	60	20	20	20
中间业务收入占比	60	40	20	20	20	20	20	20
货币市场投资占比	80	100	80	80	60	20	20	20
个人贷款占比	80	80	80	80	60	80	40	80
贷款市场占比	80	80	100	80	80	60	60	60
客户信用风险评级机制	100	100	100	100	100	100	100	100
贷款效率审批机制	80	80	80	80	80	60	60	80
金融业务创新机制	80	20	60	20	20	20	20	20
利率敏感性压力测试	80	40	40	40	40	40	40	40
物价总水平	60	60	60	60	60	60	60	60
辖区利率市场总体水平	60	60	60	60	60	60	60	60
辖区民营经济活跃程度	60	60	60	60	60	60	60	60
加权后各金融机构总得分	70.4	62.1	65.1	60.2	60.3	56.6	53.8	56.2

7. 评估结果分析

（1）地方性法人金融机构对利率市场化准备不充分

现场评估对地方法人金融机构高管人员的调查问卷显示，被问及"当前推行利率市场化，本机构认为最大的挑战是什么"，有87%的机构选择了"科学的利率定价机制尚未形成"；被问及"利率市场化后面对更加激烈的金融竞争应采取的措施和预案"时，57%的机构表示"没有研究措施，也没有应对预案"；被问及"利率市场化后是否打算设立专门的利率风险管理机构、岗位和人员"时，75%的机构表示"暂未考虑"；问及"利率市场化如何增强高管及利率管理人员从业素质及风险意识"时，87%的机构表示"暂未考虑"。以上问卷调查表明，当前地方法人金融机构对即将推行的利率市场化准备不足。

（2）科学的利率定价机制尚未形成

评估发现，当前100%的地方法人金融机构未建立科学的贷款利率定价系统，威海市商业银行虽然建立了定价系统，但不完善，且差别化管理不明显；其他农合机构和村镇银行利率定价粗放，很少根据客户信用状况、风险程度、行业类别等因素实行差别利率，仍然执行"基准利率＋浮动幅度"的浮动模式，利率定价中主观因素较大，甚至仍有人情利率、关系利率。62%的法人机构利率定价缺乏基础数据信息支撑。评估发现威海市商业银行及4家农合机构建立了基本客户信息系统，但信息采集不完全，现有的客户信息难以为其实施科学有效的利率浮动机制提供数据支撑；成立时间较短的3家村镇银行则根本未建立客户基础信息。

（3）利率定价能力参差不齐

被评估的8家法人金融机构存款定价能力相对较强，上浮幅度一般都在10%～30%的区间内，"一浮到顶"的机构数占比为零。贷款定价能力参差不齐。设在威海市区的城商行、农商行由于金融竞争环境激烈贷款利率定价能力普遍弱于县市农商行和农村信用社。如威海市商业银行和威海农商行执行基准或下浮利率的贷款占比为22.41%、20.85%，分别高于县市农商行和农村信用社平均水平10.41个百分点和8.85个百分点；贷款利率上浮50%占比分别比县市农商行和农村信用社低25.68个百分点和16.51个百分点。

（4）利率风险管理水平较低

评估发现，8家地方法人金融机构未建立利率风险测评系统，利率风险管理能力较弱。除威海市商业银行开展过简单的利率风险压力测试外，其余7家金融机构均未开展利率敏感性压力风险测试。各法人机构也未能根据经济周期利率预期变化适时调整利率敏感性缺口。被评估的8家法人金融机构普遍未设立专门的利率管理机构,很少设有专职利率管理人员,利率岗位多由其他岗位兼职;利率内控制度不完善,只建立了基本的利率审批权管理制度,但普遍缺少利率风险识别操作规程,更缺少内审机构对利率管理制度的再评审机制。

（5）经营状况对利率定价能力的影响相对较弱

通过对8家地方法人金融机构"不良贷款率、资本充足率、资产利润率、成本收入比"等经营性指标评估发现,银行的资产状况、盈利能力等经营性因素与利率定价能力呈不显著的正相关。真正影响利率定价能力的经营性因素主要有:个人贷款占比、贷款市场占比、中间业务收入占比、贷款审批效率等。如利率定价能力相对较强的荣成农商行、文登农联社和威海农商行的个贷占比分别达到48%、48.2%和36%,个人贷款审批时间都在7天以下。对农户融资问卷调查显示,在问及"当前最关注的融资因素选择"时,95%的农户将"资金可得、贷款审批效率高"作为首选项;在"资金可得和利率水平"的单选项中,90%以上农户选择了"资金可得"。

另外,市场环境也是影响利率定价能力强弱的重要因素。如辖区的市场经济程度越高、民营经济越发达,整体利率水平越高;反之亦然。威海虽然属经济较发达地区,但经济活跃度相对较低,商品经济竞争不充分导致市场利率水平在全省地市中排名靠后,由此也影响辖区各金融机构的综合利率定价能力。

五　结论及建议

本文选取了34项指标及因素开展对辖区8家地方法人金融机构利率市场化压力测试,总体结论是地方法人金融机构利率市场化承受力较弱。在对利率敏感压力测试后发现,对称性利率变化状态下利率敏感性缺口正负与利息收入变化多少呈显著的正相关;非对称性利率变化下敏感性缺口对利息收入影响的大小取决于不对称性冲击幅度的差度,差度越大对利息收入的影响越大,不对称利率变动对金融机构利息收入造成的影响和冲击更加剧烈。由于评估因素的筛选、标准的设定等依据了专家判断法和巴塞尔银行委员会《利率风险管理与监管原则》及监管部门的相关要求,评估结果难免有主观因素,但总结结论的定性没有太大问题。就如何应对利率市场化、提高市场化承受能力提出以下建议。

1. 进一步加强利率定价机制建设

建立健全利率定价基础信息系统,扩大信息覆盖面,为利率定价提供更多的数据化信息支撑。尽快改变落后的"基准利率＋浮动幅度"定价模式,以客户信用、资信、行业等因素为定价依据，实行差别化利率模式，满足不同客户、不同层次、不同行业、不同风险偏好的利率需求；充分发挥董事会、高管层对利率的宏观管控能力，督促执行层制定利率风险管理政策和程序，为利率风险管理奠定基础。进一步加强利率定价机制监督建设，避免利率定价过程中的权利寻租行为。

2. 进一步建立健全利率风险识别机制

各地方法人金融机构要进一步完善利率风险管理组织架构，优化利率风险计量、监测、控制、报告的分工和流程。建立产品和业务利率风险限额管理机制，动态调整资产负债期限结构和利率结构，将风险敞口控制在合理可承受的范围之内。建立利率风险预警机制，有效应对利率市场化可能带来的风险和问题。加快利率风险管理人才的引进、培养，提高利率风险管理水平。

3. 引导地方法人金融机构进一步提高资产负债管理水平

评估中发现当前地方法人金融机构最大的问题是资产负债管理不匹配，导致利率敏感性缺口随意性较大。因此，建议有关部门积极引导法人金融机构进一步优化资产负债结构，定期开展利率敏感性缺口测试，合理匹配利率敏感性资产和负债。进一步优化资产结构，加大货币市场投资、中间业务开办等非信贷资产业务拓展力度，适度调整银行对传统信贷业务的依赖程度。

4. 尽快健全完善相关改革配套制度

建议决策部门尽快建立完善利率市场化改革相关配套制度，监督金融机构参与存款保险制度的同时，尽快建立完善银行破产、兼并等相关法律制度。根据利率市场化改革要求，鼓励金融机构加大规避利率风险金融工具的创新力度，创造宽松良好的利率市场化金融环境。有关监管部门要积极发挥审慎监管作用，引导地方法人金融机构进一步增强利率风险管理意识，将利率市场化可能出现的金融不稳定因素消灭在萌芽之中。

5. 继续完善和加强中央银行对利率市场化的监测工作

利率市场化并不意味着中央银行完全放弃对利率的管理，针对地方性法人金融机构普遍自主定价能力较弱的情况，中央银行应加强跟踪和监测，关注金融市场变化，指导地方性法人金融机构建立健全利率市场化应对机制。必要时，可借助再贷款、再贴现、常备借贷便利等货币政策工具，引导地方法人金融机构合理调整流动性，最大限度地规避利率市场下可能出现的各种风险。

（作者单位：中国人民银行威海市中心支行　课题组成员：王国锋　王晓夏　付　林　侯春霞）

突出特色，农旅结合，加快培植生态休闲农业产业新优势

——荣成市休闲农业发展情况介绍

王 波

荣成市地处胶东半岛最东端，三面环海，海岸线长 500 多公里，总面积 1526 平方公里，现辖三区、12 个镇、10 个街道、826 个行政村、118 个居委会，人口 67 万，现有耕地 85 万亩。2014 年，全市实现公共财政预算收入 60 亿元，同比增长 14.9%；完成公共财政预算支出 81.4 亿元，同比增长 3.8%；农民人均纯收入 19633 元，同比增长 11.1%。

近年来，荣成市委、市政府围绕深入推进城乡一体化和半岛蓝色经济"两个先行区"发展战略，按照生产、生活、生态"三生共融"的发展理念，以建设生态宜居幸福荣成为总目标，瞄准全国定位，以农促旅，以旅强农，以特色农业基地和休闲农业园区为引领，强化政策支撑，加大项目资金扶持，进一步提升现代农业发展水平，推动沿海与内陆均衡发展。2014 年，全市实现农林牧渔总产值 147.9 亿元。其中，农业增加值 14.5 亿元，同比增长 5%；渔业增加值 58.5 亿元，同比增长 3.9%。渔业总收入 672.1 亿元，同比增长 7.6%；农村经济总收入 1453.3 亿元，同比增 4.8%。荣成市已培植国家级农业产业化重点龙头企业 8 家，省级 26 家，威海市级 38 家，龙头企业规模数量居山东省县级首位。截至 2014 年年底，全市获批"荣成苹果""荣成绿茶""荣成无花果""荣成草莓""荣成海参""荣成牡蛎""荣成海带"等地理标志产品 18 个，"三品"认证 525 个，是山东省"三品"认证和地标产品品牌最多的县市。先后荣获国家级出口农产品质量安全示范区、农产品出口监管安全示范县、农业产业化示范基地、全国农业标准化示范县、无公害农产品管理示范县、全国首批休闲农业与乡村旅游示范县、山东省首批乡村旅游示

范县等称号。西霞口村被认定为"中国最有魅力休闲乡村"，好当家闻涛度假村被确定为首届"国民休闲汇"活动精品休闲农业园区；崂山街道的雨夼村、崖西镇的隆峰村荣获"山东省休闲农业与乡村旅游示范点"荣誉称号。

荣成是全国渔业大县，海洋经济指标多年位居全国县级市首位。与荣成市渔业相比，种植业是现代农业的短板。近年来，荣成市委、市政府按照城乡均衡发展的思路，以休闲农业为着力点，加大政策扶持，先后制定了《关于推进农业产业化经营的实施意见》《关于促进生态休闲农业发展的意见》，去年 7 月，市政府出台了《关于鼓励发展休闲观光农业园区的若干意见》，根据意见要求，8 月，农业、旅游、财政等部门结合荣成市实际，联合出台了《关于发展休闲观光农业园区奖励验收办法》，今年年初，农业部门又负责拟定了《关于加强休闲农业优质苗种选育工作的指导意见》，上述系列政策的出台，对荣成市发展休闲观光农业产生了积极而又深远的影响。

一　荣成市休闲农业发展现状

（一）基本情况

荣成是农业部划定的优势水果产区，是全国 66 个苹果重点县之一。近年来，各区镇围绕全市现代农业发展规划，结合当地自然气候特点，因地制宜鼓励发展现代苹果、葡萄、草莓、无花果、茶叶、猕猴桃、蓝莓等特色产业。目前，全市已培植特色镇 13 个、专业村 102 个。①苹果产业。以现代果菜产业项目为依托，以滕家、埠柳、夏庄、城西等镇街为重点，培植了城西华峰、夏庄兴辰、福泰山、上庄邢格庄等 18 个 500 亩以上的现代苹果基地，带动全市发展现代苹果 5 万多亩，现代苹果矮砧集约栽培管理技术在全省乃至全国处于领先水平。②草莓产业。围绕高端产业园建设，实施产业项目转移，由传统种植大镇崂山街道向大疃、崖西、埠柳等内陆镇街发展，采取镇政府集中建园区，配套水电路等基础设施，统一对外租赁给合作社和种植大户，或吸引民间资本投入的方式，培植了大疃镇的大田牧歌、埠柳镇的别洞天、港西镇的阳光水乡、东山街道的八河港、崖西镇的老茂草莓合作社等 7 个规模化种植基地，带动全市发展草莓 6000 多亩。今年春季高峰时，大田牧歌、别洞天休闲采摘园日接待游客均超过 500 人，亩收益超过 6 万元。③葡萄产业。以崖西、大疃等镇为重点，发展高档次设施栽培，培植了伟德山、隆高线等 6 个规模化种植基地，带动全市发展葡萄 5000 多亩。④无花果产业。以埠柳、港西镇为重点，培植了仙极、宏丰等种植基地，带动全市发展无花果 1.5 万亩。⑤西洋参产业。以上庄、虎山、人和等镇为重点，采用工厂化育苗技术，带动全市发展西洋参 1 万多亩。⑥茶叶产业。以寻山、宁津、王连等镇街为重点，培植了伟德山、大汛姜家等 25 个种植基地，带动全市发展茶叶 8000 多亩。⑦休闲渔业。以成山、俚岛、寻山、桃园等沿海镇街为重点，打造休闲海钓基地和集海钓、体验、观光、餐饮、娱乐等功能于一体的休闲渔业示范基地，目前已培植了西霞口、天鹅湖和桑沟湾 3 处省级海钓基地，好当家、寻山等 15 处省级休闲渔业示范基地和 200 多家渔家乐。

自 2013 年起，市财政连续两年拿出 200 多万元专项资金，择优对宏丰无花果采摘园、大田牧歌、好运山庄等 20 处农业生态休闲基地予以扶持奖励。在政策的激励引导下，当前，荣成市各区镇投资发展休闲农业积极性很高，目前，全市新建和在建各类生态休闲农业园区（基地）50 多个，面积 3 万多亩，全市休闲观光农业从业人员 5000 多人，带动农户 3000 多户；全市各类休闲农业园区年接待采摘游客 23 万多人次，年营业收入 1200 多万元。从发展形势看，主要包括农业观光采摘园、农家乐、垂钓休闲园、农事参与体验园（开心农场）和农业科技示范园等，其中，休闲采摘园和农家乐是目前荣成市生态休闲农业中数量最多、分布最广、接受程度最高的形式。从投资经营主体看，主要为龙头企业经营型、合作社领办型、个体私企老板和家庭农场经营等四大类。去年 10 月，各区镇组织申报了 2015～2017 年度休闲农业园区项目，申报单位上报休闲农业实施方案 60 多份，计划投资 17.2 亿元，从申报情况来看，主要分布在"一纵两横"区域，好运角旅游度假区、经济开发区以及石岛管理区，申报单位占全市申报总数的 80% 以上，俚岛、成山、王连等每个镇街申报数量 5 家以上。从总体看，荣成市休闲观光农业呈现井喷式发展势头。一期筛选了休闲农业园区项目实施经营主体 24 家，计划年内正式运营 10 家，上述园区工程概算投资约 5.4 亿元。

（二）发展类型

一是特色休闲采摘园。主要围绕设施农业、特色果蔬种植基地等，打造集生产、休闲、采摘于一体的现代农业观光示范园。目前，荣成市农业观光采摘以草莓、葡萄、大樱桃、无花果、蓝莓、茶叶等为主，其中，港西、埠柳镇的无花果，崖西、虎山、崖头的葡萄，大疃、崂山、东山的草莓，荫子、寻山的蓝莓，埠柳、城西、滕家的苹果，寻山、宁津、王连、荫子的茶叶，虎山的柿子，夏庄、大疃、俚岛的猕猴桃已形成规模种植片区，埠柳镇的别洞天生态休闲园、港西镇的阳光水乡生态园、大疃镇的大田牧歌草莓采摘园、荫子镇的良田尚品生态园、夏庄镇的同家庄猕猴桃采摘园、石岛管理区的八河港休闲生态园已成为烟威地区市民节假日休闲游的好去处，基本实现了春夏秋冬可采摘，一年四季不断档。崖西镇以葡萄产业为培植重点，发展设施大棚和露天葡萄种植，重点打造明熠葡萄采摘园和伟德山千亩生态葡萄采摘园，形成以采摘为主的规模化、标准化经营模式。采摘期在每年4月份至10月份之间，可满足错时上市提高利润的需要。冬暖棚葡萄4月底上市，价格每斤20元左右，春暖棚7月中旬左右开始上市，价格每斤15元左右，露天葡萄10月份开始上市，每斤10元左右，一般当年种植，第二年即可形成3000斤左右的亩产，第三年可达6000斤稳产，三年内基本可收回投资。

二是休闲农庄与农事体验园。借鉴网络开心农场等模式，在城区周边村，开发农场户外经营等为主的体验休闲产业，打造休闲体验示范基地。城西街道小苹果开心农场利用地处青荣城铁及城区边缘的优势，在河北隋家村规划占地309亩，规划投资1280万元，主要包括休闲水果采摘区（猕猴桃、无花果、葡萄、草莓）、矮化自根砧苹果示范区、开心农场蔬菜种植园。该园区与青岛农业大学、莱西良种场合作，在荣成市首次规模引进意大利M9T337矮化自根砧种苗，利用欧美发达国家普遍采用的早果、丰产技术，推广应用高纺锤树形等适宜规模化、机械化作业的现代农业方式，结合网络开心农场的运作模式，建设集果树认领、菜地租种、有机农业推广为一体的现代果蔬种植示范园，农场还将建设滴灌节水示范基地、沼气有机循环利用基地、远程实时监控平台、科普教育基地和新型职业农民培训基地等多功能板块，计划带动农民20余户，吸引城区参与开心农场种植都市农夫200多户，引领荣成市时尚休闲旅游观光农业发展。

三是乡村旅游民俗民情体验园。荣成是亚洲最大的天鹅冬季栖息地，沿海拥有天然泻湖、湿地等适合大天鹅栖息的自然环境。每年11月，生活在西伯利亚等地的大天鹅会成群结队到荣成市栖息越冬。依托独有的大天鹅、海草房、海岛等资源，重点开发大天鹅写生采风、海岛观光旅游、渔家民俗体验等民俗文化产品，带动农家乐、渔家乐发展。目前，全市已发展农家乐、渔家乐1000多家，培植了成山、俚岛等省级旅游强镇7个，河口胶东渔村、烟墩角等省级旅游特色村13个。以此为依托，带动形成各类摄影接待站和民俗饭店、旅馆300多家，年接待游客20万人次以上。以大天鹅写生摄影为例，写在摄影基地主要集中在俚岛烟墩角和成山天鹅湖，冬春季节是旅游旺季。随着青荣城际铁路的开通，依托天鹅资源，以家庭经营为主，主要为写生摄影游客提供餐宿、导游等服务，迎合了烟威及省外地区游客"住农家炕、吃农家饭、看乡村景"的消费心理。今年春节小长假期间，10余万人来到荣成天鹅湖、烟墩角以及沿海滩涂观赏大天鹅，游客数量较以往增多。以烟墩角民俗体验游为例，目前夏季有赶海垂钓、海上观光，冬季有大天鹅观光摄影游，形成四季不断档的休闲观光游体系。

二　荣成市休闲农业发展的主要做法

一是加强规划指导。荣成市委、市政府将发展现代农业列入一号重点工程，聘请威海市建筑设计院制订了全市休闲观光农业园区发展规划，以"一纵两横"三大区域为重点，着力打造伟德山以南、北外环以北、滨海路以西、威石辅路以东的休闲观光农业板块，计划到2017年，按照省级农业旅游示范点的标准，在全市新建和改造提升休闲观光农业园区40个。在发展定位上，围绕现代苹果、无花果、葡萄、草莓、猕猴桃等特色产业，将农事活动、田园风情和休闲采摘等参与性强的项目糅合到休闲农业中去，做到休闲农业与乡村旅游、农耕文化和生态资源相结合，形成各具特色的发展模式，引领全市休闲农业有序发展。在园区规划上，突出地域特色，休闲农业与乡村旅游相结合，重点从总体上对各镇区发展规划严格审核把关，防止同质化、低水平、无特色简单重复建设。北部以好运角旅游度假区的别洞天休闲采摘园、天鹅谷休闲观光采摘园、丽明休闲观光园、阳光水乡生态园以及俚岛镇的逍遥山庄、凉水泉生态农业观光园为建设重点，西部以大疃镇的大田牧歌、城西街道的彤林农业休闲园区、小苹果开心农场为规划建设重点，东部以寻山街道的龙润生态园、金地生态休闲园为规划重点，南部以东山街道的八河港农业生态观光园和王连街道的丰圣园为规划重点，北外环以夏庄镇的乐时大樱桃采摘园、汇嘉园生态休闲观光园，崖头街道的海波生态农场为规划重点，打造一批独具特色、品位较高的休闲农业观光园。

二是加强政策扶持。荣成市先后制订出台了《关于鼓励发展休闲观光农业园区的若干意见》和《关于鼓励发展休闲渔业旅游的若干意见》，在充分利用上级项目资金的基础上，市政府每年拿出3000万元专项资金，对发展特色镇专业村、现代农业园区、休闲观光农业园区、休闲渔业基地、生态化养殖等给予奖励扶持。比如在休闲农业园区建设上，意见中规定，必须按照先规划报批，后建设验收的程序，对验收合格的，按投资额实行分段累计奖励。具体奖励标准是：占地200亩以上，亩均投入不低于1万元，投资200万~

500 万元，一次性给予 10% 的奖励；500 万~1000 万元的，给予 15% 的奖励；1000 万元以上的，给予 20% 的奖励。当年发展高效农业土地流转面积达到 200 亩以上的，给予一次性每亩补助 200 元。按照农旅结合、以农促旅、以旅强农的发展思路，市政府出台了《关于加快发展休闲农业和乡村旅游的实施意见》《关于印发荣成市农家乐管理办法的通知》等政策文件，对新增符合农家游经营接待条件的农户，每户资助 1.5 万元，对达到一至三星级挂牌标准的"农家乐"经营接待户分别奖励 3 万元、2 万元、1 万元，对农业旅游景区（村或园区）引进的农业旅游大项目或国家、省市政府扶持的重点农业旅游项目，参照相关政策予以扶持奖励。

三是资金项目引导。采取"先建后补"的方式，鼓励引导社会工商资本投资发展休闲农业，同时，着眼现代农业发展体系建设，在保证财政资金用途不变的前提下，整合现代果菜产业项目、耕地质量提升项目、农业龙头企业扶持等涉农项目资金，采取集中捆绑投资的方式，重点打造精品休闲农业园区建设。2014 年，农业部门成功争取上级现代农业示范区建设和农业项目无偿资金 8000 多万元，主要为规模化种植基地的土壤治理改良、土地整理、滴灌管灌等水利基础设施建设，苗木支架、沼气池及病虫害综合防治等设施投资，为休闲农业园区建设提供了强有力的资金支持。

由于荣成市的奖励扶持政策原则是先建后补，而上级项目资金则是作为园区建设的启动引导资金，这样一来，突出了项目资金的捆绑效应，实现了财政资金的优势互补。通过上述举措，吸引了大批社会资金投资发展设施农业、高效特色农业和休闲观光农业。2014 年全市农业投资近 5 亿元，新发展果、茶、菜、苗木等生产基地 4 万余亩，休闲农业园区基础得到进一步夯实。

四是突出特色品牌。结合特色镇、专业村的发展规划和乡村旅游"十百千"工程。休闲农业。鼓励农业龙头企业、专业合作社、家庭农场等新型经营主体成片流转土地，发展休闲观光、赶海垂钓等特色休闲农业。大疃镇、东山街道通过组建农业合作社规模流转土地，发展草莓采摘，现已发展 2000 多亩集餐饮、休闲采摘于一体的休闲农业园，主要分布在威石路沿线，带动农户 1000 多户，亩均采摘销售收入约为 5 万元，户均收入 10 万元。休闲渔业。成山、俚岛、宁津等沿海镇街，深入挖掘海草房、大天鹅等特色民俗文化资源，引导有条件的村庄或农业合作社，打造了渔家体验、采风写生游、休闲度假游、生态休闲游等新业态，目前，全市培植渔家民俗村 10 处、省级以上农业休闲示范点 16 家。成山镇河口村以"吃渔家饭、住渔民家、体验渔家风情"为主题，通过"村集体统一管理，村民分散接待"，发展标准化家庭宾馆 30 多户，年接待中外游客 5 万多人次，年收入达到 4 万元。

四是加强规范管理。在督导考核上，建立了现代农业工作联席会议制度，定期组织对重大工作、重点项目进行谋划论证和组织实施。建立了定期督导制度，加强对休闲农业建设工作的协调和督导，每月一上报，每季一督导，半年一总结，及时发现和解决问题。同时，将休闲农业列入区镇、街道和相关部门岗位目标责任制考核，并拿出专项资金对先进单位予以表彰奖励。在规范管理上，出台了农家乐规范管理等从业标准，健全了农业旅游通报和食品卫生质量从严监管制度，对经营较差、服务水平不高或经常受到游客投诉的农业旅游单位吊销经营资质。在专业培训上，依托新型职业农民培训、阳光工程、月月大讲堂等载体，组织农广校、博雅职业培训等机构，采取邀请市内外专家集中培训和实地指导相结合的方式，重点开展旅游政策、市场动态、环境教育等知识的培训学习，着重培养一批懂经营、会管理、高素质、有特长的休闲农业实用人才，进一步提升从业人员整体素质。今年计划组织全市休闲农业园区经营主体外出学习考察 10 次，集中培训 30 次，实地指导100 人次以上，推动休闲农业持续健康发展。

五是强化技术指导服务。组织人员拟定了《关于加强休闲农业优质苗种选育工作的指导意见》，因地制宜发展苹果、草莓、无花果、葡萄、猕猴桃、樱桃、板栗、桑葚等特色种苗产业，鼓励支持企业、合作社、家庭农场发展种苗基地，加强优质苗种选育推广，形成种苗生产、交易、流通和售后服务产业链，带动农户发展设施生产和规模种植。同时，采取站所包镇、农技人员包基地，一对一、点对点的联系方式，组织各站所技术骨干深入休闲农业园区和规模种植基地一线，面对面、手把手实地指导园区苗木种植及病虫害防治，为休闲农业园区及特色农业基地建设提供全方位的指导服务。

三 荣成市休闲农业发展存在的问题

一是园区资金投入不足。生态休闲农业属于新兴产业，园区前期基础建设需要大量资金，投资回收期较长，风险大、收效慢。受贷款难等因素制约，多数休闲农业园区在投资建设规模、建设档次上与国内先进地区还存在一定差距。

二是旅游规划功能不全。从现有园区上报的规划实施方案情况来看，规划设计方案中旅游元素明显缺乏，尤其对游客服务中心、卫生间等旅游公共服务设施重要性缺少足够的认识，致使园区旅游接待设施缺乏，品位较低，无论是数量还是质量与先进地区休闲农业园区存在一定差距。大多数园区还处于休闲观光农业的低级阶段，只具备了单一的生产、采摘、观光等功能，缺乏休闲游憩、农事体验、教育科普、文化传承等衍生功能。

三是服务设施用地政策不足。受政策制约，目前休闲观光农业园区永久性旅游用地尚无优惠政策，设施建设用地已成为制约休闲观光农业园区发展的"瓶颈"。绝大多数申报的实施方案中休闲观光农业园区均未与国土、城建等部门沟通，旅游设施用地难以解决。休闲观光农业园区经营期限一般在20~30年，园区需要接待设施、经营管理用房、旅游服务接待、游客步道等旅游基础设施，这需要用到旅游配套服务设施用地指标。临时用地两年一审，带有不确定性，给投资者带来不踏实感，而且还设置了许多限制条件。一方面，因无法提供高档次的旅游服务造成社会知名度不高，吸引力弱；另一方面，因休闲内容少，易受农业季节性瓶颈制约而造成资源闲置，利用率不高，效益低下。

四是技术力量不足。多数投资发展休闲农业园区的经营主体，在涉及园区特色种植及生产管理上属门外汉，尤其园区在苗木栽植及后期的生产管理、病虫害防治等方面缺乏相应的专业技术人员，成为当前多数休闲农业园区规模化发展的制约因素。

五是休闲园区特色不足。目前，多数农业观光园区内部特色项目少。一方面绝大多数园区功能单一，参与性、体验性的旅游项目较少，项目雷同严重，种植品种单一、低效，品种多以草莓、葡萄、苹果、梨、柿子、无花果、蓝莓为主。特别是草莓种植比较集中，容易导致同质化现象，致使休闲观光农业园区品位档次偏低，对乡村旅游带动性偏弱，容易出现盲目和重复建设。另一方面，园区项目大同小异，没有独特之处。很多园区在发展过程中过分地借鉴其他较为成功的园区，忽略了自己与其他园区的差异，没有很好地开发自己独特的资源。另外，园区文化内涵不足，主题特色不鲜明，园区在建设过程中没有自己独特的风格。

四　荣成市休闲农业发展的对策建议

一是加大资金扶持力度。进一步完善以扶持休闲农业为重点的高效农业财政政策扶持体系，同时采取上级涉农项目资金捆绑的方式，将资金集中用于休闲农业园区的水利工程设施、园区道路及土壤改良、病虫害综合防治设施，切实解决休闲农业区前期规划建设融资难、投入大等问题，重点扶持培育一批休闲农业亮点示范工程。

二是科学合理定位。聘请专业旅游规划人员对休闲观光农业园区进行旅游专项规划，合理定位，依托当地特色产业，因地制宜，挖掘农村特有的民风民俗，增加乡村游元素，在此基础上达到完善园区功能，明确园区主题，提高园区档次的目的，打造一批"文化＋旅游型示范园区"，做大做强以特色休闲农业为依托的乡村旅游开发。

三是加强用地协调。加强与国土、城建、环保等部门的协调联动，在严格落实用地指标，规范园区用地秩序和强化临时用地实施方案等方面实现精准对接，达到能规划、即能用的目的。同时，对一些不能建设游客咨询服务中心的园区进行积极引导，在就近村落租用闲置农房进行农家乐改造，沿海有条件的园区提档升级改造一批具有鲜明特色海草房等旅游设施来完善园区服务功能。

四是强化指导服务。组织农技人员采取一对一、点对点包扶园区基地的方式，围绕休闲农业园区主导产业，加大新技术、新品种推广力度，结合农时和园区建设进度，提供全方位跟踪服务，切实解决休闲采摘园在生产管理上遇到的各种技术问题。

五是注重突出特色。充分利用地域资源优势，开展多种模式经营，发展有特色的名优新特农产品，突破农业季节性瓶颈制约。有条件的园区，因地制宜引进适合观光休闲农业发展的水果、蔬菜、花卉和其他观赏植物，引进工厂化农业种植模式和栽培技术，提高观光休闲农业的科技含量；策划推出游客参与性强的体验活动，充分调动游人兴趣，增强园区吸引回头客的魅力，以特色化抢占休闲农业市场。

（推荐单位：中共荣成市委宣传部）

刑事庭前会议程序实践的检视与修正

——基于刑事审判一线的调查报告

方　燕

《刑事诉讼法》第182条第2款规定："在开庭以前，审判人员可以召集公诉人、当事人和辩护人、诉讼代理人，对回避、出庭证人名单、非法证据排除等与审判相关的问题，了解情况，听取意见。"这标志着庭前会议程序在我国正式确立，中国人民大学的陈卫东教授对此立法评价说："如果说整个审判程序的改革是一个美丽的皇冠的话，庭前会议制度的构建则是这顶皇冠上最耀眼的明珠之一。"如此评价可见学术理论界对庭前会议的设立有何等的期许。法律的生命在于实施，法律的价值从不只停留在纸面上，关键是在实践中的运用。笔者采用司法统计、网络检索、调查问卷、个人访谈、案例分析等研究方法，对刑事审判一线的庭前会议程序适用状况进行了调查分析，寻找存在的问题并相对应地提出完善建议。

一　刑事庭前会议程序的运行现状

（一）庭前会议程序适用比重偏低

庭前会议作为刑诉法的一个新规定，其在司法实践中的运行状况如何，需要我们深入到实践中去考察和研究，而考察一项法律规定是否得到有效贯彻落实的一个重要标准即是量化指标，为了解庭前会议的适用比重，笔者以A市（笔者所在地）中院和6家基层法院召开庭前会议的情况为样本，进行调查分析（见表1）。

表1 2013 年至 2015 年 5 月 A 市法院召开庭前会议的统计

单位：件,%

法院名称	结案数量	召开庭前会议的案件数量	比重
A（中院）	139	2	1.4
B	1087	3	0.28
C	969	0	0
D	1164	0	0
E	1241	0	0
F	585	0	0
G	651	2	0.3

从表1中可以看出：A市法院自2013年至2015年5月共审结刑事案件5836件，而召开庭前会议的刑事案件只有7件，庭前会议的适用比重为0.12%。7家法院中有4家基层法院（包括笔者所在法院）至今未召开过庭前会议，占一半以上比重的法院将庭前会议这一程序虚置化。

最高法解释第183条规定，庭前会议主要适用于案情重大、复杂，有重大社会影响的刑事案件，因此，笔者进一步就群众普遍关注度高、社会影响大的杀人、伤害、强奸、抢劫、诈骗、贪污、受贿七类案件进行了统计，发现与表1同一时间段A市7家法院受理上述七类案件的总量为1586件，占案件总量的25.9%。此类重大、复杂案件尤其是中院受理的139起案件大部分属于召开庭前会议的范围，但真正召开庭前会议的比重仅为千分之一多点。

借助互联网平台进行检索，关于庭前会议的相关理论文章多达217篇（截至2015年4月27日），其中一些调研文章比如《刑事庭前会议制度适用情况的调研报告》《我国庭前会议制度的适用考察及思考》等，都显示各地庭前会议的适用比重较低，不足刑事案件数量的1%。虽然存在调研数据不全面、统计迟延等影响因素，但从总体上看，法院召开庭前会议的案件数量比例较小。

（二）庭前会议程序适用效果良好

主流思想认为，庭前会议程序具有确定诉讼争点、实现庭审集中审理、提高诉讼效率、防止法官预断、保障公平正义等重要价值功能。陈卫东教授评价该制度时说："尽管仅有一款规定，意义却非凡……该项制度大大缩减了审理时间以及开庭的次数，也提高了案件的控辩质量。"司法实践中召开庭前会议取得良好效果的典型案例不时被报道出来，其中之一便是著名的刘志军案。报道称"刘志军被检方指控收受 11 人钱物 6460 余万元，涉及证据 400 多份"，该案符合最高法解释第 183 条第 1 款：证据材料较多、案情重大复杂、社会影响重大可以召开庭前会议的情形，因此，该案在正式庭审前召开了庭前会议，将所有可能造成审判中断和拖延的程序性事项予以提前解决，为正式庭审打下良好的基础，只用了 3 个半小时的时间就结束了庭审。

对于 A 市已经召开的 7 次庭前会议，其适用效果是否也像报道出来的那样理想呢？笔者就这一问题对 7 位参加并主持庭前会议的法官进行了访谈。7 起案件中，有 5 位法官表示庭前会议的适用效果很好，所占比重为 71.4%，他们认为庭前会议保障了正式庭审的集中和高效，控辩双方对此也较为满意。在 B 法院就被告人滥用职权、贪污、挪用公款一案中，控诉方、辩护人和被告均参加了庭前会议，并在会议中充分表达了自己的意见。另外 2 位法官表示适用效果一般，没有预期的好，所占比重为 28.6%，他们认为召开庭前会议会增加额外的通知、组织等工作，重复浪费司法资源。总体结论是：召开庭前会议确实大大节省了庭审时间，提高了诉讼效率，保障了庭审集中审理，适用效果良好。

（三）庭前会议程序操作的异同

目前，关于庭前会议的适用模式，各地法院出现了不同形态。一是规范指导型。比如，宁波市中级人民法院制定实行的《关于刑事案件庭前会议的若干规定（试行）》，对庭前会议召开的主体、时间、地点、参与人员、适用的案件类型等内容进行了详细的规定，用以指导实务操作。二是实践探索型。A 市 3 家适用庭前会议的法院就是这种类型，法官根据法律规定，自行考量是否召开庭前会议。笔者对 A 市适用庭前会议的 7 个案例的庭审会议笔录进行了详细的分析和比较，发现在适用庭前会议中存在以下共同点（见表2）。

表2　A 市召开的庭前会议运行程序的相同点

庭前会议内容	运行程序
启动方式	法院依职权启动
适用案件的类型	都属有社会重大影响的，被告人较多，证据内容繁多
参加人员	主审法官 1 名、书记员 1 名、出庭支持公诉的控诉人、被告聘请的辩护律师
审查内容	案件管辖权、回避、是否申请非法证据排除、进行证据展示并发表意见
会议结束	制作会议笔录、确定开庭时间

存在以下不同点。（1）被告人的地位不同：有的案件法官会通知安排被告人参加会议并发表意见，有的案件被告人不参加会议。（2）审查内容不同：有的庭审会议除对案件程序性事项征求双方的意见之外，还对被害人的附带民事赔偿部分即实体性事项征求控辩双方意见。（3）会议议程不同：有的就案件开庭方式向双方当事人征求意见，有的就不涉及此项内容，完全由法官自行决定。（4）召开时间和地点不同：有的一天完成，有的案件长达四五天，而召开地点有时在审判庭，有时会在法院的会议室。（5）对会议笔录的处理不同：有的要求到场的会议参加人都需签字，有的只记录不需要控辩双方签字。

法律的指引性功能要求立法者在立法之初就应当竭尽所能地使法律条款明确具体、严密谨慎，不能出现"仁者见仁，智者见智"的多元化理解或解释。"庭前会议作为一个独立的庭前审查程序，具有一般程序独特的运行机制与某些内设价值，如程序具有自治性、形式性、刚性和安定性"。从以上比较中可以发现，司法实践中适用庭前会议存在很多的选择性，实践中被适用的庭前会议因缺乏确定性，使用者对其进行了不同的解释，致使在启动主体、审查范围、审查内容、运行模式等方面存在诸多差异。

二　刑事庭前会议程序适用问题的成因分析

从庭前会议程序的适用现状来看，主要存在三方面的问题：一是适用比重偏低，部分法院对这一新创设的法定程序予以虚置化；二是操作程序不规范，没有具体的可操作标准，启动主体、适用范围、法律效力等内容都没有具体规定；三是应然价值功能发挥不充分，特别是排除预断的立法意图无法实现。笔者对造成上述问题产生的原因进行了深入的分析，发现原因是多方面的，既有理念层面的原因，也有法律和实践方面的原因。

（一）轻程序传统理念的束缚

从我国法治历程来看，偏重实体正义轻忽程序正义的思想一直存在，受此传统法律文化的影响，法官在审理案件时，对诉讼程序的关注主要集中在几个关键节点上，而不是整个诉讼过程，一些程序化的制度规定常常被忽略淡化。此外，新创设的庭前会议，对一些法院法官来说还不熟悉，也缺乏相关成熟的经验，他们不敢也不愿意投入相当的人力物力和精力去尝试召开庭前会议。

从控辩双方角度来说，庭前会议程序具体的运作规则尚不完善，大多当事人并不认识和了解这一规定。为了解法院外人员对庭前会议程序的认知情况，笔者在检察院、律所、社区、法学院等地进行了问卷调查，共向公诉人员、律师、当事人、法学院师生随机发放调查表300份，收回有效问卷245份，其中52%的问卷对这一程序不知道（当事人99%表示不知道、不清楚）；39%的问卷显示听说过，但不熟悉；只有9%的问卷显示学习过、研究过或参与过（此比例问卷对象为公诉人员、律师和法学院师生）。

对庭前会议程序认识的缺失除新规定的宣传、适用不到位因素外，更重要的原因即是对程序规定的轻视心态，这一点比之《婚姻法解释》中关于离婚时房屋分割规定的关注度即能立刻发现。此外，一些当地律师明确表示，当事人最关心的问题依然是案件判决的结果，比如是否达到刑罚的标准、刑期的长短等实体问题，对一些回避、证人名单之类的程序规定关注度则较低。

（二）立法设计不完善的桎梏

我国现有的法律规定已经初步搭建了中国特色的庭前会议程序的基本框架，但规定比较简单、笼统、原则，缺乏可操作性。

1. 未设立预审法官，限缩了庭前会议的适用比重

设定庭前会议的目的主要是解决一些阻却庭审集中审理的程序性事项，但我国的庭前会议没有借鉴国外由预审法官主持庭前听审的制度，只是规定由"审判人员"召开庭前会议。实践中召开庭前会议的主持者，都是正式庭审中的主审法官，因此，案件从收案到结案整个审判压力都集中在主审法官身上，法官显然没必要将庭审进行分开处理，因此，庭前会议的适用比重因为大多数法官的不采用才会出现极低的状况。虽然适用庭前会议后，庭审活动较为快速，效果良好，但一些法官表示其前期进行的庭前会议同样占用了他们很多的时间和精力，不愿意再一次召开庭前会议。

关于是否应该设立预审法官，实行预审法官与庭审法官的完全分离的问题目前还没有统一的定论。有的认为"不应该实行分离，庭审法官主持庭前会议，了解情况、听取意见是为了更好地把握庭审进程，并不会因此而产生'先定后审'的效力"，有的认为"在我国实行庭前法官与庭审法官分离缺乏现实可行性"，还有人认为"应建立预审法官制度，我国的庭前会议最好能够实现向预先听审程序的转变"。笔者赞同第三种意见，由预审法官主持会议，可以减轻庭审法官的办案强度，防止公诉权的滥用，保障案件得到实体和程序上的公正审判，实现司法公信力不断提高的目的。

2. 程序设计简单，制约了庭前会议功能价值的发挥

一是启动主体狭窄。从法律规定到司法实践，召开庭前会议大多是法院依职权进行的，而庭前会议主要解决的程序性事项都与控辩双方的切实利益密切相关，因此应赋予控辩双方及被告人享有申请召集庭前会议的权利。二是适用范围规定不明确。刑诉法解释将"附带民事赔偿"明确规定在庭前会议中可予以调解的范围，打破了庭前会议只解决程序性事项的常规理解，但对于其他可调解解决的及其他简单的实体事项是否可以在庭前会议中解决没有明确。三是法律规定的不确定性。实践中庭前会议因设计不完善致使庭前会议操作不一，比如：会议地点、被告等参加人员、召开时间、庭审笔录是否要求控辩双方签字等方面都具有选择性。四是法律效力不明确。刑诉法规定庭前会议的目的是"了解情况，听取意见"，而没有明确在庭前会议中进行的申请回避、非法证据排除等事项是否具有法律效力。如果没有效力，那么庭前会议中涉及的事项当事人可以作为拖延理由在庭审中重复进行，这样庭前会议存在的必要性就被大大质疑了。

3. 程序监督机制缺失，消减了庭前会议程序的保障价值

孟德斯鸠揭示了权力具有天然的腐蚀性。现行立法所规定的"庭前会议是一种封闭性的运行方式，庭前会议的启动主体、运行方式完全通过法官个人进行"，而召开庭前会议的案件类型规定为"证据材料较多、案情重大复杂的；社会影响重大"等情形，都是主观判断标准，法官自由裁量的空间较大。因此，当事人的对抗式诉讼需求得不到满足。在庭前会议阶段，法律未对各方参与人规定相应的程序性权利和义务，导致程序参与权特别是被告人的参与权缺失，缺乏必要的监督和保障。此外，关于庭前会议是否可以作为上诉性理由也没有规定，因此，该程序系列保障制度的缺失是导致其实践运行不理想的重要因素。

（三）案多人少现实下的司法困境

近年来，在刑事审判法官的数量基本保持不变的情况下，我国每年受理的刑事案件数量急剧增加，从最高人民法院周强院长每年的法院工作报告中可以看到：2013 年，全国法院系统共审结刑事案件 95.4 万件，判处罪犯 115.8 万人；2014 年审结刑事案件 102.7 万件，判处罪犯 118.4 万人，同比分别上升 7.2% 和 2.2%。"主张以尽可能少的司法资源来获得更多的刑法效应，强调刑事诉讼必须以速度和判决之终局性为目的"是从事一线审判法官在工作中博弈后所选择的办案标准。"庭前会议的适用标准过于主观，缺乏客观的

评判基础，完全依赖于法官的内心自由裁量"，而召开庭前会议是审判人员"可以"的事项，具有极大的自由心证成分，因此，法官在"多一事不如少一事"的心理下自然地选择"维持现状"，对庭前会议这一程序性规定不予理会。

三 刑事庭前会议程序的完善建议

（一）更新理念，增强对适用庭前会议的信心

"第六次全国刑事审判工作会议提出了追求庭审中心主义的改革方向"，而庭前会议程序是否得到良性适用是贯彻落实是这一改革要求的重要内容。"庭审中心主义改革的推进将大大凸显庭前会议的重要性，而且要求该制度在实践层面必须发挥实质功能"。而要保证庭前会议实质功能得到发挥，关键要转变法律实践者的认识理念，因为"法律是实践的，任何法律实践都同实践者本身紧密联系"。因此，刑事庭前会议的落实首先需要实践者对这一制度有一定的认识及认同，将其与当前时代司法改革的要求紧密联系起来，正确的学习和掌握，打破司法实务人员重实体、轻程序的司法理念，形成实体正义与程序正义并重的司法理念。此外，加大对庭前会议具有的功能和价值的宣传，不断提高司法实务人员与控辩双方即庭前会议参与人员对庭前会议的重视，使其充分认识到庭前会议在防止预断、提高诉讼效率、保障程序公正等方面的价值和意义，重拾对适用庭前会议的信心。

（二）完善法律，建立"预审法官"下的庭前会议

徐静村教授曾提出，"21 世纪中国刑事程序的设计应以'审判中心主义'和'检警一体化'为基本思路"，"而构建司法性的审前程序对满足审判中心主义的要旨有着重要作用，预审程序是构建司法性审前程序的要件"。十八届三中、四中全会召开后，深化司法改革、推行审判中心主义的时代背景已经逐步成熟，因此，进一步完善庭前审查程序，实行预审法官与庭审法官相分离的制度有了新的发展契机。笔者从正在进行试点的法官员额制改革进程中，寻找到一个完善庭前会议程序的途径，即建立独立的预审法官。在员额法官的人员确定下来后，将自愿放弃或未竞争上法官的具有审判资格的人员中，挑选出一定数量的法官组成"预审法官"，专门从事刑事案件的庭前审查工作。

1. 设置"预审法官"的合法性

刑诉法规定主持庭前会议的人员是"审判人员"，因此，此处的"审判人

员"可以理解为只要有审判资格，不一定是合议庭审判人员都是可以召开庭前会议的。根据我国法律，具有助理审判和审判资格的法官都可以审理案件、作出裁判，这样也可以保障庭审会议的效力性。此外，组成"预审法官"的人员，其身份是法官助理或者是司法行政人员，不占用员额法官的名额，因此，与员额制改革也不冲突。

2. 设置"预审法官"的合理性

我国目前的公诉审查制度存在很大的弊端，"使得几乎所有提起公诉的案件都能进入审判阶段"，司法审查机制是最经济、最有效的制止公诉权滥用的方式，因此，由"预审法官"负责审查提起的公诉是否合理，主持控辩双方庭前进行证据交换，整理和明确诉争要点，让被追诉人充分行使辩护权利，而不是由主审法官或审判的合议庭成员担任这一角色，更易被群众所接受和认可。

3. 设置"预审法官"的可行性

主张不设立预审法官的学者大多的理由即是担心在本来案多人少矛盾突出的情况下，再增设预审法官会浪费较多的诉讼资源。而从试行法官员额制的法院来看，从事审判的法官的数额是有具体比例的，如上海法官的比例是33%，而各地法院都存在具有审判资格的人数是大于员额法官比例的现象，原因在于从事行政、管理的人一般都具有审判资格但不审理案件。由此设置的"预审法官"也不存在增加诉讼成本的问题，因为法官助理本身就是法院系统内部的人员，只是进行资源整合而已。另外，将庭审法官从庭前审查的程序中分离出来，可以减轻庭审法官的办案压力，使其有相对多的时间和精力专注于正式庭审中的疑点难点问题，从而使案件快速了结，一定程度上也会节省大量的诉讼资源。

4. "预审法官"下庭前会议程序的配套规定

一是增加启动主体。赋予控辩双方及当事人有申请召开庭前会议的权利，由"预审法官"决定是否批准。对不批准的，可以上诉至上一级法院的"预审法官"处。二是扩大适用范围。采取以程序性事项为主，实体性事项为辅的原则，除了现有法律列明的事项外，其他事项如被告人或其辩护人对追诉机关采取的强制措施有异议之类的简易事项及能达成调解的事项都可以在庭前会议中解决。三是完善审查方式。建议庭前审查采用书面审查和言词审查相结合的模式，以书面审查为主，例外情况如：被告人不认罪，或者没有聘请辩护律师，或作无罪辩护的，则应当进行言词审查。四是明确效力。庭前会议中处理的事项，在会议结束时要求双方在庭审笔录上签字确认，对签字认可的庭审笔录赋予其相应的法律效力，庭审中如没有发现存在程序违法、新证据等法定例外情形的，可直接作为裁判依据使用。五是设立监督保障机制。科学制定考评办法，赋予控辩双方以庭前会议程序违法等的上诉、抗诉权利。赋予员额法官监督建议的权力，如在庭审中发现庭前会议中不规范、不正确的地方可以直接予以纠正，并记录在案，作为考核"预审法官"的依据。

5. "预审法官"下庭前会议程序的基本流程

大部分学者主张将审查范围限定在较为复杂或情节严重的刑事案件，以避免出现将正式庭审前移、正式庭审虚置的状况。但笔者在前面提出了"预审法官"的设想，因此笔者认为应扩大庭前审查的范围，将全部刑事案件纳入其中，并与简易程序相衔接，构建具有中国特色的有效限制公诉权力、保障公平正义刑事预审制度。具体操作规程为（见图1）：公诉机关将案件交付审判前，先将全部案卷交至"预审法官"处，由"预审法官"审查案件是否符合受理条件；"预审官"认为符合受理条件的，再由立案庭进行形式审查后出具相关文书；案件受理后，由"预审法官"或依检察机关或当事人申请召开庭前会议；对可能判处三年以下有期徒刑且被告人自愿认罪的刑事案件转入简易程序审理；对复杂疑难、社会关注度高的案件，要求被告人出席会议，对控方的指控、证据等发表自己的意见，被告人出席的方式可以是现场、视

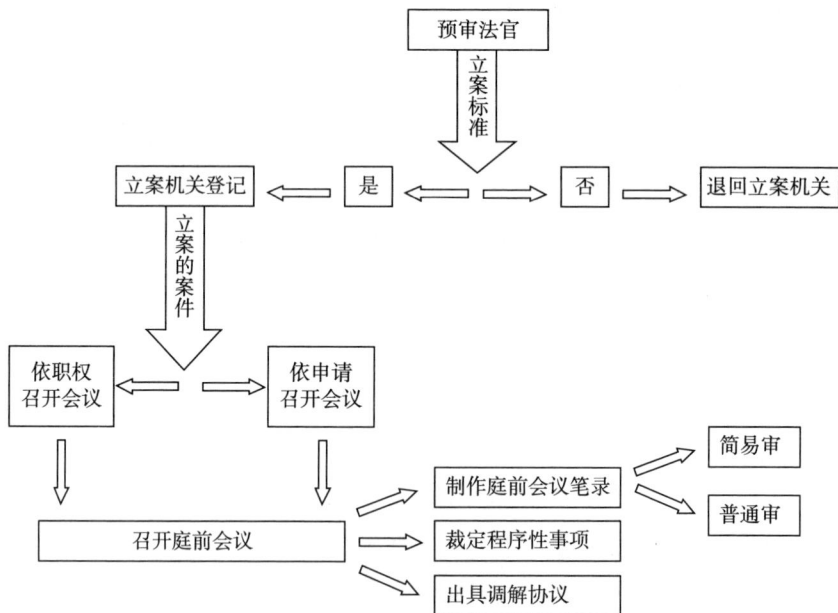

图1 "预审法官"下召开庭前会议的流程

频或书面的答辩，书面答辩需出具由辩护律师代交的授权书；对庭前会议中审查的事项，制作庭审笔录，要求控辩双方签字认可；庭前会议笔录随案件移交法官或合议庭；正式庭审中，庭审法官将庭前会议笔录再次向控辩双方展示，对庭前会议笔录中已经确定的事项如无诸如程序违法、发现新证据等法定例外情形外，可直接作为裁判依据使用。

（三）勇于实践，践行司法改革的时代要求

庭前会议程序"是对审判程序庭前活动的重要改革，符合当代刑事司法的发展趋势，有利于我国诉讼程序向'审判中心'的转变，增强庭审活动的对抗性因素，提高刑事审判活动的效率"，这一程序对今后的刑事审判必将发挥着越来越重要的作用。作为司法实践者的各级法院、法官、控辩双方都应具有实践的勇气和决心。目前，绝大部分的法院、法官没有关注和适用过该程序，除了法律本身不完善这一原因外，最大的制约因素即是我们自身的"懒惰""怠慢"。笔者提出的在法官员额制改革的基础上的一些制度构建，也是在员额制改革必将成功的信念下设计的，其是否经得起实践的检验，依然有赖于将之付诸行动。但目前，我们要做的就是申请、提起、组织、参与庭前会议，积累更多的经验，发现潜在性问题，为更好地完善这一程序做准备。

结　语

任何事物都要经得起实践的检验方能"破茧成蝶"，才能趋于完善，一项新创设还不完善的法律更需要在实践中被证实和被完善。对于法律进行实践检视和反思的目的在于发现问题，解决问题，服务审判。经过对庭前会议这一程序的实证研究，笔者认为，完善庭前会议程序的关键在于科学设定主持主体、细化运行程序，通过增强其制度的合理性及可操作性来保障这一制度在实施过程中的生命力。因此，在诉讼机制改革和员额制改革的前提下，设立专门的"预审法官"，并制定"预审法官"下的基本流程，是保证庭前会议实质功能价值得到有效发挥的必然选择。当然，这一设计有待于其他理论学者和实践工作者的考量和验证，有待于进一步的完善和设计，笔者仅仅提出一个可能性的方案，期望对我国刑事诉讼庭前审查程序的完善和发展有所帮助。

（作者单位：威海市环翠区人民法院）

提高依法处置群体性事件的能力和水平

高明周

群体性事件是当前社会的一个突出矛盾，也是影响社会稳定的一个十分重要的因素。其一旦发生，对于整个社会稳定、经济发展、政府形象的冲击是巨大的。深入剖析群体性事件的根源，有效杜绝群体性事件的发生，积极稳妥地处置群体性事件，是乳山市广大政法干警和镇村干部亟须研究解决的一项重要课题，也是考验政法干警和镇村干部依法行政、依法处置突发事件能力的一个重要标尺。

一 当前乳山市群体性事件的特点

要做好群体性事件的处置工作，首先必须正确分析其特点，掌握其发生、发展规律。从当前情况看，乳山市的群体性事件主要有以下特点。

1. 复杂性

一是诱发因素、行为方式错综复杂。一些社会矛盾同民事、经济、行政、治安和刑事案件相交织；谋求经济利益与谋求政治利益相交织；多数人的合理要求与少数人的无理要求相交织；诉求的合理性与行为的非法性相交织；群众的自发行为与一些别有用心的人插手利用相交织；等等。二是参与人员的成分越来越复杂。涉及的行业越来越多，包括城市、农村、厂矿企业、机关、学校等众多行业和领域。涉及的人员越来越广，包括在职和下岗职工、农民、个体业主、复转军人、教师、学生、技术人员、出租车司机、环境污染受害者、干部等各阶层人员。三是规模呈现扩大化的趋势。从总体上看，目前群体性事件参与人数呈上升趋势，群体性事件的参与人员常常达到了上百人。

2. 组织性

早期的群体性事件多是自发松散型的临时聚集，而近年来乳山市的群体性事件已明显向组织型方向发展，很多事件的聚散进退直接受指挥者和骨干分子控制，尤其是一些参与人数多、持续时间长、规模较大的群体性事件往往事先经过周密策划，目的明确、行动统一，组织程度明显提高，甚至出现跨地区、跨行业的大范围串联活动；有的还集资上访，并聘请律师，寻求媒体支持；有的是由有一定知名度的人士担当组织者和骨干，影响力和号召力较大。

3. 破坏性

当前一些群体性事件的发生常常对乳山市的法制秩序、治安秩序、交通秩序产生冲击和破坏，影响社会安宁，扰乱社会正常的工作、生产、生活秩序，特别是一些群众抱着"大闹大解决，小闹小解决"的思想，越来越多地采取各种极端行为发泄不满情绪，给乳山市造成了较大的损失，严重影响社会稳定。其危害主要表现为以下几个方面。一是冲击党政机关，扰乱办公秩序。为了迫使政府和有关部门解决其问题，许多群众较多地采取在政府机关和有关主管部门办公场所前聚集、静坐的方式给政府施加压力。二是堵塞铁路、公路等交通要地，影响正常生产生活秩序。三是极易引发暴力，造成严重的人员伤亡。

4. 反复性

由于群体性事件反映的问题错综复杂，涉及社会生活领域的方方面面，而且不同矛盾主体、合理的要求与不合法的行为、不同的原因动机、历史纠纷和现实矛盾相互交织、相互作用，所以经常反复。

二　当前乳山市群体性事件的诱因

群体性事件的频繁发生，是乳山市当前经济和社会变革过程中各种矛盾和问题的综合反映，其诱因是复杂的、多方面的。

1. 从大背景看，发展阶段矛盾是引发群体性事件的根本原因

现阶段既是经济发展的黄金期，也是社会矛盾的凸显期。经济呈现快速增长的趋势，而结构体制改革却相对滞后，经济发展与社会进步的不一致，导致贫富差距拉大，催生了一个掌控着大量经济、组织或文化资源的精英阶层和一个占我国绝大多数人口比重的弱势阶层，两个阶层之间形成了厚重的隔膜，相互交流变得相对困难，而且精英阶层还时不时地侵害弱势阶层的基

本权利，降低了弱势阶层群体对生活的满意度，产生相对剥夺感、不满和对抗情绪，引发了像"民仇官"、"贫仇富"、"弱忌强"和"官压民"、"富欺贫"、"强凌弱"等各种行为及负面心理，造成社会矛盾加剧，容易引发群体性事件。

2. 从微观上看，具体问题是引发群体性事件的直接原因

当前各种损害群众利益的行为仍有发生，成为群体性事件的直接因素。归纳起来，城市诱发群众性事件的因素主要有：部分国企改制、转制、兼并或破产未征求职工意见，不按规定程序操作，大量国有资产流失，侵害了职工民主权利和国家利益，职工下岗、职工安置、养老保险等问题未得到妥善处理；部分企业经营过程中，厂务不公开，重大经营活动未经职代会通过，企业经营者和管理者不廉洁，垮了企业，肥了自己，穷了职工，职工情绪对立；企业拖欠职工工资、医药费、退休金，职工基本生活保障不落实；市政建设拆迁补偿引发争议；等等。农村诱发群众性事件的因素主要有：征地中存在政策不透明、补偿标准偏低或补偿费用没有如期兑付或没有全部兑付到户，损害了被征地农民的利益；一些乡村基层干部官僚主义、形式主义严重，村务不公开、财务管理混乱，集资款久拖不还，基金会等非金融机构吸纳的股金不能按期兑付，有的基层干部违法乱纪，乱收费使农民负担过重；由于历史原因，一些地方的山林、土地权属不清，争执激烈；个别基层政权组织软弱涣散，基层选举中出现贿选、罢选等。

3. 从理念上看，群众信"访"不信"法"是引发群体性事件的间接原因

一方面群众民主意识、维权意识增强，他们敢于向政府陈情建言、申诉求决，表达不满甚至抗议，以维护自己的权利。但是，在乳山市的某些地方，正常反映和有效处理群众诉求的渠道却不畅通，一些党政部门和干部仍在沿用计划经济体制下那一套管理方式和工作方法进行社会控制与管理，习惯用行政命令的手段去推动工作，有时甚至强迫命令、违法施政，导致矛盾激化。另一方面群众虽然有诉讼的愿望，但认为司法程序复杂、成本大、打官司难，且很多人不会打官司，导致涉法涉诉上访的多。特别是在农村，群众对宪法、刑法、婚姻法、土地法、劳动法等的了解较少，大部分群众认为法律只是理念上抽象的规则，对实际生活没有什么作用，还不及民间调解、上访来得直接。再加上，有的司法机关不严格执法、不依法办案，造成群众对法律的不信任，滋生"闹大事好解决""法不责众""人数越多越好，级别越高越好"的思想，从而聚众上访、闹事，给政府施加压力，甚至发生围攻、冲击政府机关事件。

三 当前乳山市处置群体性事件的问题和不足

群体性事件复杂程度、处置难度、负面影响都比较大。在实际的应急处置过程中，暴露出了一些问题和不足。

一是法治观念淡漠加剧事件发生。由于对法律知识掌握得比较少，一些干部特别是村干部尚未形成法治意识，在遇到突发事件或处理棘手问题时，不会用、不善用、不能用法治手段来依法处理问题。群众反映问题时，首先想的不是这件事我能不能解决，这样解决违不违法，有没有隐患等，而是习惯沿用老路子、老办法，以前怎么做现在就怎么做，上级要求怎么做我就怎么做，根本不管违法不违法，导致处置过程中出现漏洞，被别有用心的人钻了空子，导致事件加剧，发生群体性事件。

二是工作作风缺陷致使事态扩大。在矛盾纠纷调处过程中，本来一件不大的事，因为处理不慎、不当、不力，有时往往就因为一句话或者是一个动作，就有可能引起一场风波，甚至是一场灾难。例如，一些镇、村干部群众观念淡漠，在解决矛盾纠纷时，不能正确地理解群众的合理诉求，不能沉下心来倾听群众的呼声，而是采取捂、推、拖、搪塞等方法，有的甚至采取威胁恐吓、暴力胁迫等违法手段，引发群众的对立情绪，错过了处置的黄金时间；一些领导没有群体性事件的敏感性，不作为，放任自流，或者是轻视，预估不充分，造成局面失控；一些政法干警存在着特权思想、官僚主义和衙门作风，对群众诉求无动于衷、对群众利益漠不关心，对群众冷硬横推拖，执法不作为、慢作为、乱作为，有的在执法、司法过程中作风粗暴、言语生硬，成了事件的导火索，诱发事件扩大、升级；一些部门滥用警力，引起群众不满，激化了矛盾，双方对峙，与民对立，造成"次生事件"。

三是责任追究较严厉产生认识偏差。现在对信访事件多实行"一票否决"制度，出了问题直接责任人、负有领导责任的人要受党纪政纪处分，这使镇村领导、有关部门领导感觉像"走钢丝"一样，压力很大。一方面，捆住了一些干部的手脚，在自己的管辖范围内尽量避免不发生或者少发生群体性事件，被动地回避矛盾，而不是主动地去思考、应对这个问题。另一方面，一旦发生群体性事件往往是草率应对，工作方法简单，能捂则捂。甚至，为了促使当事人息诉罢访，采取"花钱买平安"的办法，一味迁就上访人员，从经济上满足其无理要求，这在一定程度上助长了其他人的攀比思想，增加了不稳定因素。

四是善后工作不落实造成信任危机。在处置群体性事件时，有的干部说一套，做的又是一套，答应群众要办的事没有认真地去落实，或者没有落实好，失信于民，伤了群众的心。还有一些领导主观上为了尽快平息事态，草率表态，但决策不够民主，出台的政策，做出的决定，许下的承诺不合理，甚至是错误的，以致事后很难落实。这些都一定程度上给政府带来执政危机，信任危机。

四　依法做好群体性事件的预防治理工作

政法部门作为党和人民的"刀把子"，镇村干部作为化解矛盾、维护稳定的第一道防线，要坚持以科学发展观为统领，牢固树立"发展是第一要务，稳定是第一责任"和"发展是政绩，稳定也是政绩"的执政理念，以平安建设为总抓手，依法做好群体性事件处置工作，全力维护社会和谐稳定。

对政法部门和政法干警来讲。

（1）要加强法制宣传

政法机关既是国家审判机关，也是群众工作机关，是通过适用法律来解决群众纠纷的专门机关。因此，要结合乳山市正在开展的"平安建设大课堂进基层"活动，下大力气携带法律进企业、进农村、进学校、进军营、进社区，把依法治国、依法行政、依法经营、依法办事、依法维权的理念送给工人、农民、军人、学生及社区居民，提高他们的法律意识，让他们学会用法律来规范自己的行为，维护自己的利益。这既能减少矛盾纠纷的发生，加快解决纠纷的速度，还能够缓解政法干警案多人少、被动应付的局面，利于降低司法成本。

（2）要转变工作作风

当前，乳山市社会主义事业处在难得的战略机遇期，同时也处在人民内部矛盾凸显、刑事犯罪高发、对敌斗争复杂的时期，政法机关由于案多人少、工作不细，案件瑕疵时有发生，涉法涉诉信访不断出现，这说明我们的工作离人民群众的期待和要求还有差距。因此，要从思想观念上增强群众意识，进一步解决好对人民群众的感情和态度问题，从心理上真正把群众当亲人、当家人；要学会换位思考，设身处地地感受群众上访、打官司的心态，理解群众的心情，给予群众应有的尊重和关爱，真正从思想观念和言行上，扭转漠视群众利益的错误观念，纠正"冷、横、硬、推"的蛮横作风，避免因联系不够，沟通不足而出现与群众对立，因工作方式不当或一味强调刚性规定而激化矛盾的现象，彰显"司法为民""为民执法"的宗旨意识。

（3）要提高司法能力

一方面要提高政法干警运用法律的能力、诉讼调解的能力、判决说理的能力，把每一起案件都办成经得起历史和人民检验的铁案。另一方面要提高政法干警做群众工作的能力，包括联系群众、服务群众、引导群众的能力等，使干警熟悉、掌握群众工作的方法、技巧，成为做群众工作的行家里手。要改变坐堂问案的做法，结合法官检察官基层挂职锻炼、第一书记、常态化联系服务群众等工作，组织干警走进镇村、深入群众、了解情况、发现问题、及时解决。同时，培训指导镇村干部、民调人员，教他们学习运用法律知识解决辖区纠纷，调动社会各种力量，把矛盾纠纷消灭在当地，消灭在萌芽。

（4）要注重司法效果

大力培养政法干警的大局意识，引导其克服就案办案，只管"依法审判"，不顾社会效果和群众反映的思想，养成司法要为社会发展大局服务，要注重法律效果与政治效果、社会效果相统一，努力把司法工作作为推动和维护社会发展的催化剂，作为构建和谐稳定社会的强力支撑。

对镇村干部来讲。

（1）要正确对待群体性事件

群体性事件是不可回避的问题，同时大部分群体性事件又是可以预见的，通过努力也是可以解决的。现在我们谈群体性事件色变，其实群体性事件不可怕，可怕的是我们不能从根本上正确认识群体性事件的性质、根源，不能从自身的角度去查找原因，改进工作。要做好群体性事件的防治工作，就要避免群众利益受损，从根本上、源头上消除群体性事件发生的土壤和条件，时刻牢记群众利益无小事的道理，始终把群众的安危冷暖放在心上，设身处地地为群众着想，积极主动地为群众排忧解难，特别是要千方百计地帮助下岗职工、失地农民、返乡农民工、城镇和农村贫困人口等解决生产生活中的实际问题和困难。制定出台各项政策时，要坚持科学决策、民主决策、依法决策，综合考虑改革的力度、发展的速度和社会可承受的程度，保持政策的严肃性、连续性、稳定性，注意相关政策之间的关联性，下大力气营造让每个社会成员、社会细胞、社会单元"各得其所"的公平社会环境。

（2）要夯实基层基础

群体性事件发生的重点在基层，应急处置的基础在基层，解决的办法在于依靠基层。基层稳，则社会稳。一是健全社会沟通机制。建立健全尊重民意的体制与制度，充分发挥"民生服务热线、市长热线、公开电话、市长信箱、民调中心"等沟通渠道的作用，让人民群众"把话说开，畅所欲言"。进一步扩大人民知情权、参与权、监督权，积极推进政务公开，增加透明度，及时公开准确、真实的政务信息；与群众生产生活密切相关的各项政策和决策出台前，应先征求有关专家和群众代表的意见，减少和防止随意性，让政策和决策制定得更加科学合理，从源头上预防侵害群众利益现象的发生。要畅通对话渠道，健全和创新领导干部深入基层倾听民意机制，防止群体性事件"小事拖大，大事拖炸"；要敢于面对群众，善于说服群众，带着感情和责任去做疏导工作；不能摆架子不见群众，不能和群众斗气，不能派不能答复和解决问题的人去应付群众，不能派没有经验的干部去处置，不能等群众闹得不可收拾时才硬着头皮去见，不能带着民警"壮胆"去见群众。二是健全矛盾纠纷排查机制。深入开展矛盾纠纷的排查工作，通过种种有效措施收集各种矛盾信息，力争把群众心理、社会心态搞清楚，把可能引发群体性事件的重点地区、重点领域、重点行业、重点人群、重点问题搞清楚，对可能引发群体性事件的苗头、事端做到底数清、情况明，做到"未动先知、他动我知、有动必知、了然于胸"，最大限度地把不稳定因素解决在萌芽状态。三是健全群防群治机制。充分发挥基层队所和基层组织的作用，把群体性事件的防治与健全基层组织结合起来，进一步加强以党支部为核心的基层配套组织建设，提高基层干部的政治素质和依法行政、依法管理工作的能力和水平。大力推进镇村平安建设、社区平安建设、技防建设、职业化巡防队和群防群治队伍建设、行业平安建设，把基层的力量资源有效整合起来，就地解决问题，减少消极因素，把矛盾化解在基层，把问题解决在当地，使基层组织成为维护稳定的坚强战斗堡垒，筑牢维护社会和谐稳定的第一道防线。四是健全矛盾化解机制。充分发挥基层组织化解矛盾的作用，建立健全以"调解"为中心的社会矛盾纠纷化解机制；加强人民调解，规范行政调解，扩大司法调解，形成三种调解机制有效衔接、相互配合的大调解工作格局；积极探索建立劳资、环保、医患等各类纠纷的专业调处机制，特别是对当前金融危机形势下因经济利益关系调整和民生问题引发的社会矛盾，要以党委、政府为主导进一步深化各类调解对接机制建设，做好预防和化解工作。

（3）要加强舆论引导

当前我们在信息公开、舆论引导方面还存在着不少问题，表现为不敢说、不善说、不该说，不利于群体性事件的应急处置工作开展。加大宣传力度，提高公开程度，正确舆论引导，对于群体性事件的应急处置起到十分重要的作用。一是要做到善于运用各种舆论工具第一时间发布权威信息，不让一些别有用心的人有机可乘。二是要正确引导。对社会上一些混淆视听的言论要立即做出回应，不怕群众知道，就怕群众不知道。哪里有话题，哪里就有舆论引导，把舆论引导贯穿在起因、排查、处置、善后、巩固整个事件的全过程，形成立体的、全覆盖的宣传舆论氛围，还真相于百姓，争取群众理解、支持。三是要加强对媒体的研究和防控，对信息传播过程中的信息流、影响流、噪音流进行有效控制，引导舆论向有理、有序、有利的方向发展，防止由虚拟群体性事件演变成现实群体性事件。

（4）要准确把握原则

面对新时期群体性事件高发的严峻形势，如何提高应急处置能力是摆在我们面前的一项紧迫任务。我们要严格按照又快又稳又好的处置要求，准确把握好"四个原则"，努力增强应急处置的本领。一是把握"党委组织"和"部门联动"的原则。处置群体上访案件，政策性强、涉及面广、工作难度大，单靠哪一个部门都难以做好，必须在党委、政府的统一领导下，依托具有正确决策能力的指挥机构，认真分析事件的形势，知己知彼，充分估计可能发生的各种情况，有的放矢地制定行动方案，做出正确的决策。各相关单位要听从指挥，步调统一，口径一致，配套联动，齐抓共管，这样才能将矛盾纠纷解决在萌芽状态和始发阶段。要坚决杜绝乱开口子、大包大揽、单打独斗。二是把握"低调处理"和"高调打击"的原则。在参与者情绪偏激的情况下，必须慎用警力、警械、强制措施、严格请示报告制度，耐心细致地做好思想教育工作，积极疏导化解矛盾，低调稳妥地处理，取得群众的理解和支持，以收到事半功倍的效果。对蓄意挑起事端，无理取闹，甚至规劝不止的打砸抢人员，要以维护法律尊严和社会稳定为出发点和落脚点，坚决依法严厉打击，同时高调宣传，教育警示群众。三是把握"变通化解"与"坚持底线"的原则。要遵循"可顺不可激、可解不可结"的原则，变通形式，灵活方式，区分层次，分类施治，多做面对面的疏导化解工作，以教育多数、孤立少数，使别有用心的人失去群众基础，难以制造新的事端，从而最大限度地平息事态、化解矛盾。更重要的是要严格掌握政策底线不能变，特别是对于那些无理过高要求，要态度坚决，讲明政策，不能为了暂时息事宁人而违背政策，搞无原则的迁就，给群众造成"大闹大解决、小闹小解决"的错误思想。四是把握"预警在先"和"保障到位"的原则。必须坚持"抓早、抓小、抓苗头"的原则，以及时准确的情报信息为前提，不断树立超前预防意识，大力强化情报信息网络建设，及时获取、捕捉、掌握各类矛盾纠纷的信息动态，及时了解和掌握那些带有苗头性、倾向性、可能影响社会稳定的各种问题。要切实做到处突、防护、通信、医疗、抢险等装备器材充足、到位，确保出现任何紧急、突发情况能够应对自如。

（作者单位：中共乳山市委党校）

提高党员干部法治思维和依法
办事能力研究

杨绍平

党的十八届四中全会《决定》强调，要"提高党员干部法治思维和依法办事能力"，把法治建设成效作为衡量各级领导班子和党员干部工作实绩的重要内容，纳入政绩考核指标体系，把能不能遵守法律、依法办事作为考察党员干部的重要内容。充分认识党员干部在法治思维和依法办事能力方面存在的问题，对依法治国、加强政府法治建设具有重大意义。

一 提高党员干部法治思维和依法办事
能力的重要性

1. 新形势下依法化解社会矛盾的需要

近年来，因征地拆迁、企业改制、环境污染、移民安置等引发的社会矛盾和群众诉求日益增多，而这些问题大多又是利益诉求与政治诉求相互交织在一起，历史问题与现实问题相互渗透在一起，多数人的合理诉求与极少数人的无理取闹相互交织在一起，而且诉求内容相互之间的政策关联性增强，涉及不同地区、不同部门、不同领域，复杂程度增加，处置难度加大，稍有不慎就会使小问题变成大问题，个别问题、局部问题变成影响全局的问题。因此协调社会各阶层利益关系和利益矛盾越来越困难了。所以，我们怎么样面对这些社会矛盾，怎么样不断提高各级党员干部法治素养，增强干部依法行政、自觉运用法律手段解决问题的意识，提高依法决策、依法管理、化解矛盾的能力，是我们在全面推进依法治国过程当中，必须要关注到的一个重要方面。

2. 党员干部责任和作用的决定

党员干部是推进法治的"领头雁"。党员干部肩负的责任是政治责任、法治责任，扮演着组织者、推动者、实践者的角色，发挥着领导作用、关键作用、"领头雁"作用。党员干部的这种作用贯穿立法、执法、司法、守法等各个方面，是反映人民共同意志、体现人民主体地位、发挥人民主体作用的重要保证。党员干部是践行法治的"排头兵"。"村看村，户看户，群众看干部"。只有广大党员干部真正成为带头尊法、学法、用法、守法的模范，老百姓才会服气，才会见贤思齐。党员干部是捍卫法治的"守护神"，这里"守护神"的"神"，是神圣的"神"，不是神仙的"神"。这种守护，是对中国特色社会主义法治道路、法治理论的坚守，是对宪法法律至上、法律面前人人平等、权由法定、权依法使等基本法治观念和法治文化的坚定守护，也是面对危害、破坏、践踏法治的行为时挺身而出、坚决斗争，对法律权威、法律威严的坚定守护。

3. 新常态对执政能力提出的新要求

党的十八大明确要求，要提高党员干部法治思维的能力，提高党员干部依靠法治方式来调整利益关系，化解社会矛盾的能力，用法治方式来解决问题。党的十八届三中全会提出了推进国家治理体系和治理能力现代化的宏伟目标。传统领导科学认为，领导应当具备的基本素质主要包括政治素质、思想素质、能力素质、交往素质、道德素质、心理素质、思维素质等七个方面。也有人简单地概括为：需具有情商（EQ）、智商（IQ）两方面。这无疑是对的，但这是不够的。在建设社会主义法治国家的今天，党员干部还必须具备法商（LQ）。智商、情商大家都清楚，什么是法商，大家还较陌生。有关专家对法商的基本概念解释为："一个人对法的内心体认和自觉践行，体现的是人们法律素质的高低，法治意识的强弱，明辨是非的能力，以及依法办事、遵守秩序、崇尚规则的自觉性和主动性。"法商，就是法律意识、法律知识、守法习惯等法律素养的总和，是公民法律素养的综合评价指标。法商的高低，不仅仅是对法律知识掌握多少，而在于对法律的尊重和信仰的程度。对于党员干部来说，在提倡依法治国、依法执政、依法行政的今天，三商都不可或缺，"法商"甚至比"智商""情商"更为重要。

二 党员干部法治思维和依法办事能力
现状及阻碍因素

法治思维是指一定主体以法治理念为基础，运用法律规则、原则、价值和精神对相关问题进行分析、判断、综合、推理以致形成结论，做出决定的思维模式。法治思维主要包括合法性思维、法治至上思维、体系性思维、程序性思维、证据性思维等。合法性思维主要指党员干部在做出决定时首先要想一想自己作为决定的主体是不是合法，做出决定的程序、依据、证据等是不是合法，合法就可以做，不合法就不能做。法律至上思维主要指党员干部在决定时要把法律放在至高无上的地位。法律至上包括外部至上和内部至上。所谓内部至上，是指法律体系内部有自己的等级，下位法服从上位法，最终服从于宪法。所谓外部至上，是指当法律与道德、习俗及政策等规范发生冲突时，法律规范的效力最高，需要优先遵从。体系性思维是指法律是一个体系，既包括全国人大及其常委会制定的宪法法律，也包括国务院、有立法权的地方人大及其常委会制定的行政法规和地方性法规，还包括国务院组成部门、有立法权的地方政府制定的部门规章和政府规章。正是因为法律是一个体系，所以党员干部在做决策时要通盘考虑，不能仅盯着某一个法，既要看到上位法，也要考虑下位法；既要考虑一般法，也要考虑特别法。程序性思维要求党员干部在做出决策和决定时，不仅要考虑实体法，还要考虑符不符合程序法规定。证据性思维是指党员干部在做出决策和决定时，要基于证据所支撑的法律事实，没有证据就没有法律事实，没有法律事实也就不能形成正确的推理和判断。

依法办事是指党员干部按照法律规定的措施、办法、路径对待和处理相关问题而形成的方法与模式。法治思维和依法办事是一个内在思维和外在实践的关系。法治思维更多的是一个内在思维活动，而依法办事则是外在的表现形式。依法办事最核心的内涵就是按照法律规定的措施、办法和路径来对待和处理相关问题。如党员干部在做出决策和决定时，相关法律法规对决策和决定的职权、程序、方式、时限有明确的规定时，严格遵守这种规定就是法治方式。行政执法人员在执法过程中严格遵守相关法律法规规定的程序、时限、措施等，就是法治方式。法治方式可分为宏观与微观两种。宏观的法治方式如：对国家而言，依法治国就是其法治方式；对执政党而言，依法执政就是其法治方式；对各级政府而言，依法行政就是其法治方式。微观的法治方式主要指在具体的立法、执法、司法和行政决策过程中，相关立法、执法、司法和行政人员能严格依照法律所规定的主体、程序、时限、方式等去立法、执法、司法和做出行政决策。

经过多年来持之以恒的法制建设和普法宣传教育，广大党员干部法治意识明显增强，从法律角度分析解决问题、指导工作的自觉性大大提高，各级党委政府依法执政、依法行政的理念和能力不断增强，促进了经济社会发展与社会和谐稳定。不可否认的是，当前在部分党员干部中，法治思维还比较欠缺，依法办事能力还有待加强，有的将权力凌驾于法律法规之上，以言代法、以权压法，徇私枉法；有的有法不依、弃法不用，置法于不顾，制定各种土政策、土规定，遇事靠土办法解决问题；有的不讲法律程序，不尊重基层群众的法律诉求，对群众讲法治、重规章的诉求持排斥态度；有的对别人法律要求严，将自己置于法律约束之外，法律装在手电筒里，只照别人不照自己；等等。诸如此类问题都不同程度地影响和干扰了法规制度的落实，也影响和干扰了正常的办事秩序，同时还影响到党的形象、干部队伍形象和群众切身利益的实现。以乳山市为例，据统计，近年以来，乳山市纪检监察机关共立案调查党员干部违纪案件198宗，给予党纪处分198人，涉及副科级以上党员干部22人。

课题组通过对乳山市广大党员干部进行实地调研和座谈走访等方式掌握了当前阻碍乳山市党员干部法治思维和依法办事能力提高的原因，主要归纳为以下三个方面。

1. 法律知识欠缺

突出表现为两个"不够"。一是对法律知识的学习不够全面。多数党员干部只是掌握与本职工作相关的法律知识，本职工作之外的法律知识则很少系统学习过，甚至有少数党员干部竟没有学过作为国家根本大法的宪法，这不能不说是一种令人担忧的现象。二是对法律知识的掌握不够准确。比如，一些党员干部对"行政执法"的内涵缺乏正确的认识，对检查、处罚这类限权或剥夺权利的行政行为认为是执法，而对为公民法人登记、发放抚恤金这类赋权的行为则不认为是行政执法。

2. 法治观念淡薄

当前，还有相当一部分党员干部法律意识淡薄，法律信仰缺失。受中国传统法律观念的影响，目前在部分党员干部中存在着特权、权力意识严重，法律意识淡薄的现象，官威十足而为民办事的能力不足，派头十足而对法律的知晓了解不足，有的信奉"搞定就是稳定，摆平就是水平，无事就是本事，妥协就是和谐"，有的把法治建设喊在嘴上、贴在墙上，搞形式主义、口号化，就是没有抓在手上等。这些直接导致整个社会普遍对法律的认可度和对法律的信仰程度不高，整个社会缺乏信仰法律的氛围。

3. 依法办事能力不足

一些党员干部想问题、做决策时依然习惯于传统的人治思维和方式，而运用法治思维和法治方式管理经济社会事务水平不高。有的党员干部虽然主观上也想在决策、执法、司法中做到合法合理，但因为缺乏对法律原则和精神的准确把握，往往是机械地按法律条文办事，导致执法司法不规范、不严格、不透明、不文明现象。尤其是在出现突发性事件时，运用法治思维和法治方式能力的不足就更加凸显，不能做到统筹兼顾，以致事态恶化。

三 如何提高党员干部法治思维和依法办事能力

通过近年来的不懈努力，乳山市广大党员干部的法治思维和依法办事能力有了显著提高，其中的一些做法也具有典型性和可推广的价值，主要可以归纳为以下四个方面。

1. 突出学习培训，提高干部法律素养

多年来，威海市在加强党员干部的"普法教育"方面，已经探索了许多行之有效的方式，但大多是停留在"知法"层面，全面提高党员干部的法治思维和依法办事能力，必须更加注重在学习培训上下功夫。一是注重广泛学。普通党员干部不可能像法律工作者一样，系统掌握、熟练使用法律知识，但必须认真学习宪法和宪法性法律，加强对法律基本原则的学习，还要重点学习掌握省、市立法机关制定的地方性法规、规章，较好地了解掌握社会主义法律知识，牢固树立法治理念，在思想深处树立起对中国特色社会主义法治的坚定信仰，并使之在具体工作中指引和规范个人行为。二是结合工作学。要增强学习针对性，紧密结合工作实际，掌握业务工作中涉及的基本法律法规知识及法律程序，牢记哪些是应该做的，哪些是不应该做的，努力成为熟悉业务工作的行家里手。如组织人事部门的党员干部，就要在广泛学的基础上，深入学习《党政党员干部选拔任用工作条例》等法规制度，熟悉掌握政策规定，为选准用好干部把好关。三是在培训中学。要充分发挥市委党校培训轮训干部的主渠道、主阵地作用，顺应全面深化改革和全面推进依法治国的要求，把法治教育纳入党员干部教育培训规划，列入教育培训必修课，不断提高党员干部法治思维水平和能力。同时，通过开展法律专题讲座、"普法宣传日"等活动，坚持面向基层、面向群众的原则，适时开展送法下镇、村和进机关活动，并组织各镇、市直各单位开展法治讲座和法制宣传活动，推动党员干部群众学法守法用法。

2. 加强党性修养，强化依法办事意识

依法办事是现代文明社会的重要标志，是党员干部执政为民、立党为公的基本要求。对党员干部而言，能否依法办事实质是党性问题。党员干部要注重加强党性修养，切实做到权为民所用、利为民所谋，自觉增强依法办事意识。一是培养法治思维。要树立"法律面前人人平等"的观念，坚持"办事依法、遇事找法、解决问题用法、化解矛盾靠法"的理念，带头坚守好法治红线，在土地征收、房屋拆迁、医疗纠纷调处等工作中，用法治思维思考问题，在法治轨道上开展工作、解决问题，而不能言在法律，行在法外。二是遵守党纪法规。《党章》明确指出，党员必须模范遵守国家的法律法规。党的性质和地位决定了党员干部必须成为依法办事的模范。坚强的党性，是党员干部忠实履行党的宗旨、严格依法办事的政治保证。一些党员干部尤其是个别基层党员干部法纪观念淡薄，遇事首先想到的是靠人情、靠关系、靠权威，遇事信访不信法、信闹不信法、信权不信法，参与上访，甚至牵头组织，严重违反了政治纪律，影响了党委政府的形象。三是增强责任意识。始终牢记肩负的责任使命，牢记权力是党和人民赋予的，懂得自己手中的权力越大，肩上的担子越重，一事当前，首先想想合不合法，明确哪些该办、哪些不该办，慎用手中权力，在任何时候、任何情况下都要依法办事。

3. 坚持法治导向，注重提升法治能力

法律的生命力和权威在于实施，全面推进依法治国要抓住党员干部这个关键，树立坚持法治政绩导向，进一步完善党员干部法治实践锻炼机制和法律知识考核评价制度，不断提高党员干部运用法治思维、法治方式解决问题的能力。一是注重完善法治实践途径。法治能力的提高有赖于实践，要大胆给党员干部压担子，把他们放在重点项目、化解矛盾、维护稳定等急难险重任务中去锻炼，使他们把法治理念与工作实践结合起来，面对繁杂事务、棘手问题，学会运用法治思维思考问题，提高其依法思考、依法决策、化解矛盾的能力。二是把依法执政纳入考核体系。树立重视法治的选人用人导向，将能否依法办事纳入党员干部政绩考核评价机制，与年度考核相挂钩，作为选拔使用和评先评优的重要条件，激励党员干部自觉地学法、懂法、用法，带头遵守法律，带头依法办事。"在相同条件下，优先提拔使用法治素质好、依法办事能力强的干部。对特权思想严重、法治观念淡薄的干部要批评教育，不改正的要调离领导岗位"。三是探索党员干部任前考法。积极探索各级党员干部任职前法律知识考试制度，充分发挥党员干部学法用法的带头示范作用，对成绩不合格的拟提拔的党员干部不予任命，强化法治意识。同时，进一步完善法律知识培训考试和考核机制，充分利用国家公职人员学法用法系统平台，逐步实现公务人员法律知识考试考核工作规范化、制度化，提高公职人员的学法用法水平。

4. 改善法治环境，营造良好法治氛围

改善法治环境，要多管齐下，充分发挥法制宣传、监督检查和典型教育等作用，形成有效合力，在全社会大力营造良好法治氛围。一是加大宣传力度。充分发挥宣传阵地的作用，在报纸、电视台、政府网站等媒体开设法治栏目，扩宽全民法制宣传教育覆盖面。同时，通过党员干部远程教育网络和干部在线学习等平台，不断增强党员干部法制教育活动的影响力，大力开展法律进机关、进社区、进学校、进企业、进乡村活动，不断增强党员干部群众的法治意识。二是完善监督网络。建立完善党务、政务公开监督和群众监督、舆论监督等监督体系，主动接受监督，提高公权力运行的公开透明度、群众参与度，促使党员干部形成运用法治思维和法律手段处理和解决问题的自觉性。加强对遵守法制情况的督促检查，对法治意识不强、不按规定办事的要及时提醒，对于违法的人和事及时追究并坚决纠正，维护法治的权威性和严肃性。三是发挥典型教育作用。开展学法用法模范评选活动，树立运用法治思维处理和解决社会问题和矛盾的先进典型，充分发挥示范功能。同时，善于抓住反面典型的警示作用，做到警钟长鸣，影响和带动全社会自觉学法守法用法，进一步形成以法治为荣、不讲法治为耻的社会氛围。

（作者单位：中共乳山市委党校）

关于依法维权和化解建筑领域
矛盾的调研与思考
——以乳山市为例

刘建忠　刘佳强

党的十八届四中全会通过的《中共中央关于全面推进依法治国若干重大问题的决定》指出，要健全依法维权和化解纠纷机制。这是从发展和维护人民权益、推进法治社会建设的战略高度提出的一项重大任务。建筑领域与人民群众的切身利益息息相关，近年来，乳山市的建筑领域发展迅速，群众的民主意识和对居住环境的要求也逐步提高，很多矛盾纠纷逐渐显现，给我们化解矛盾纠纷工作提出了新的、更高的要求。本文认为我们要按照四中全会的决策部署，积极推动依法维权和化解纠纷机制建设，切实把维护群众权益和化解社会矛盾纠纷工作纳入法治化轨道。

一　重要性和必要性

当前，我国已经进入全面建成小康社会的决定性阶段。有效维护群众权益、妥善化解矛盾纠纷，是我们党治国理政面临的重要课题，是新的形势下对党和政府提出的重大要求。在推进社会主义法治建设的进程中，必须建立健全依法维权和化解纠纷机制，推动形成运用法律手段、通过法律渠道、依照法律程序维护权益、化解纠纷的社会氛围。

1. 健全依法维权和化解纠纷机制是法治社会建设的重要内容

在法治社会中，所有权力的运行都纳入法治轨道，公民依法理性表达利益诉求，社会矛盾纠纷依法有序得到解决，人民群众权利受到侵害时依法受到有效保护和救济。这就要求必须健全依法维权和化解纠纷机制，构建和畅通群众利益协调、权益保障的法律渠道，健全和完善矛盾纠纷化解的法律制度和工作机制，确保每个公民都依法律按程序行使权利、履行义务、承担责任、解决纠纷。

2. 健全依法维权和化解纠纷机制是有效维护人民群众合法权益的必然要求

随着我国经济社会发展和民主法治进步，人民群众的权利意识日益增强，利益诉求也日益多元化。一方面，人们在权利受到侵害时越来越多地选择主张和维护权利，而不是忍气吞声、逆来顺受；另一方面，因利益诉求而引发的矛盾纠纷日益增多，解决这些矛盾纠纷关系到当事人维护和实现自身权利和利益。这就要求必须健全依法维权和化解纠纷机制，使人民群众能够方便顺畅地通过法律渠道、运用法律手段维护自身权益，能够选择最便捷、最适当的方式及时有效化解纠纷，减少纠纷解决成本，最大限度地保护自己的利益。

3. 健全依法维权和化解纠纷机制是维护社会和谐稳定的迫切需要

当前，我国正处在社会转型期，各种人民内部矛盾和社会矛盾已经成为影响社会稳定很突出、处理起来很棘手的问题。从人民内部和社会一般意义上说，维权是维稳的基础，维稳的实质是维权。对涉及维权的维稳问题，首先要把群众合理合法的利益诉求解决好。这就要求必须健全依法维权和化解纠纷机制，及时妥善处置、化解各类社会矛盾纠纷，依法维护好、解决好人民最关心最直接最现实的利益问题，促进社会和谐稳定。

二 存在的主要问题

随着乳山市"两城两区"战略的逐步实施以及城市化程度的逐步加快，建筑领域发展迅速。特别是 2013 年以来，先后有 30 多个小区开工建设，38 个村纳入旧村改造计划并进入施工阶段，大量楼盘如雨后春笋般涌现，改善了人民群众的居住条件，创造了大量的就业岗位，推动了经济发展。与此同时，在规划设计、工程质量、房产交易等方面的矛盾纠纷也层出不穷，近两年来，全市共受理建筑领域矛盾纠纷 173 起，主要表现在工程质量、房产交易、农民工工资等方面。

1. 建筑市场呈现矛盾较多

（1）规划方案更改造成矛盾纠纷。主要表现在部分项目大、周期长，在建设过程中由于政策变动或其他原因出现规划方案调整，导致业主不满，进而引发矛盾纠纷。（2）建筑施工质量造成矛盾纠纷。自 2013 年来，共涉及矛盾纠纷 56 起，集中反映的问题大多是裂、漏、堵等现象，如房屋墙面出现裂缝、屋面和塑窗漏水，管道不通，阀门不严等问题。出现这些问题的原因在于目前市场仍然相对混乱，参与建筑过程各环节的单位资质能力和管理水平参差不齐，而且质量责任主体变动频繁，建筑活动各方主体改革、改制、更名、重组活动增多，施工队伍和人员流动性大，一线施工人员技术力量薄弱，部分建筑施工质量难以保证。

2. 房产交易有待于进一步规范

自 2013 年来共涉及房产交易的矛盾纠纷 53 起，主要表现在以下方面。（1）部分房地产公司违规销售产生矛盾纠纷。在未取得商品房预售许可证的前提下，与业主签订认购合同，并收取了部分订金，事后部分业主要求退房，导致了矛盾纠纷发生。（2）部分中介机构套取差价产生矛盾纠纷。部分房产中介机构利用委托房产出售的便利条件，以高出委托方要求的价格出售房产，意图套取差价，扰乱了正常的房产交易秩序，引发了多种矛盾。（3）部分销售人员违规操作产生矛盾纠纷。由于楼盘销售行业准入门槛低，人员素质参差不齐，部分销售人员存在欺骗、诱导业主现象。

3. 旧村改造需要加强政策引导

（1）部分村民缺乏社会保障产生矛盾纠纷。部分拆迁安置的村民失地后没有工作和养老保险，家庭经济收入微薄，导致抵触情绪大，不肯自动拆迁。（2）部分村民法律意识淡薄产生矛盾纠纷。因法律意识淡薄、对政策了解不透，导致部分村民拒不搬迁或无理纠缠。（3）基层工作人员工作方法不当导致矛盾纠纷。部分基层工作人员对相关的法律和政策理解不够透彻，动员拆迁的工作方法简单、粗暴，动辄与村民产生争执，导致拒拆户数量增多，容易形成群体对抗。（4）补偿政策不够稳定导致矛盾纠纷。一定区域和时期，因补偿政策不稳定、不连贯，导致已经回迁的村民与正在拆迁的村民补偿标准不一致，从而产生矛盾纠纷。

4. 农民工工资保障机制亟待建立

2013 年以来，因农民工工资问题引发矛盾纠纷 61 起，涉及金额 1396.5 万元，原因有三方面。（1）用工渠道不规范产生矛盾纠纷。目前，乳山市建筑市场存在部分无合法资质的"包工头"，部分建筑企业从这些包工头手中获取用工资源，而按照规定应与工人直接签订的劳动合同也被包工头所代笔，工人实际仍然是与"包工头"之间的口头协议，导致劳动合同流于形式，实际用工单位无法对工资的支付实行有效管理。（2）部分建筑企业垫资承揽工程产生矛盾纠纷。由于资金来源无法保证，致使工人工资无法得到有效保障。（3）"包工头"参与劳务分包产生矛盾纠纷。施工企业通过"包工头"组织工人施工，以包代管，疏于管理，使用工管理、工资支付等各项监管措施难以有效落实。有的包工头领取工程劳务费后，先用劳务费垫付辅料费，剩余部分发放农民工工资；有的包工头拿到劳务费后故意克扣，甚至一走了之，造成农民工工资难以及时足额发放。

三　对策建议

（一）清理建筑市场，加大检查力度

（1）加强建筑领域各主管部门的协调配合。建议建设、规划、房管等单位加强协调联动，从规划、施工到验收实行一条龙管理，相关部门共同研究出台符合实际的建筑市场管理政策，对目前存在的漏洞和盲区一一查漏补缺。（2）相关部门要组织联合检查组，不定期对建筑市场各单位的资质、施工过程等进行检查，严格落实《乳山市住宅工程质量通病治理措施》等相关政策，同时严把竣工验收关，全面实行住宅分户验收制度，对施工中出现的各类违法违规行为，通过经济、资质等手段进行处罚，情节严重的清理出乳山建筑市场。（3）进一步落实工程质量投诉处理制度。相关单位要明确责任、落实人员，建立质量投诉处理的快速处理机制，对工程质量的违法、违规行为，依法从速查处。（4）相关单位要经常性开展对工作人员的法律法规及纠纷化解业务培训，对于纠纷中的矛盾双方，依法做好政策宣传，积极主动做好当事双方的协调沟通，及时化解矛盾纠纷。

（二）规范房产交易，强化政策培训

（1）继续对中介市场实施动态管理，加大执法力度，相关部门联合开展专项检查，严查商品房交易环节的无预售许可售房、虚假宣传等违规行为。（2）针对房地产销售行业准入门槛低、销售人员素质参差不齐等情况，通过房地产专业研讨和销售培训等方式，加强对销售人员的培训，规范其销售行为，减少因不良销售行为而引发的矛盾纠纷。

（三）加强政策引导，推进旧村改造

（1）因地制宜，制定安置政策。科学规划设计改造安置房，充分考虑居住和出租需要。同时探索旧村改造多种安置途径，包括货币安置、住房安置等方法，妥善解决拆迁安置中的各类矛盾纠纷。（2）创新宣传模式，做好舆论引导。加强与各级媒体的联系，大力宣传物权法、规划法、土地征收等相

关法律法规，使被拆迁户了解熟悉房屋拆迁相关法律知识；创新宣传形式，采取编发法律知识小册子、报道典型案例、现场开庭等多种宣传方法，使宣传内容多样化和直观化，增强宣传工作的有效性。（3）因案制宜，采取不同措施。根据村民自身素质及实际情况不同，采取不同措施，对于对立情绪不大、有自愿拆迁可能的村民，采取法制宣传与理性分析的方式进行劝导；对于情绪激动、强烈阻碍拆迁的，通过比较其自愿拆迁可以得到的实惠和强制拆迁造成的损失，用事实和政策说话，最大限度地保护村民合法权益。

（四）理顺劳务市场，保障农民工权益

自 2013 年以来，乳山市专门成立了清欠工作领导小组，对拖欠问题进行统一排查、专项处理。采取受理农民工自主申报与走访排查相结合、约见拖欠大户负责人与亲自上门调查协调相结合、个别解决与集中清理相结合等方式，取得了一定成效。截至目前，共约谈了 48 家重点小区开发商，清理历年拖欠的农民工工资 5519.5 万元。下一步，需要采取以下措施对劳务市场进行理顺。（1）扶持劳务企业，规范用工行为。一要通过税收鼓励等政策积极引导、扶持劳务队伍成立法人形式的劳务分包企业。二要适当降低劳务企业资质标准。对目前包工头形式的劳务队伍中具备一定资质条件的，要鼓励其注册为劳务企业，获得依法用工权。三要严格市场准入制度，加强劳务用工管理。劳务分包工程必须由有资质的劳务分包企业承担，禁止包工头式用工。对将工程发包给包工头的，应视同为企业直接用工，企业必须与农民工签订劳动合同，并履行用人单位相应的义务。（2）实行制度约束，规范工资支付。对建筑企业依法推行工资月支付制度，对因特殊情况执行月支付有困难的企业，在取得工人同意后，可在近期实行按月部分支付农民工工资的做法。另外，实行工资优先支付制度。已经到位的工程款或劳务费必须优先用于支付农民工工资。（3）推行工资监督制度，严禁代领代发。相关单位要严格明确发包方对工资支付情况的监督义务，严禁包工头代领、代发农民工工资。（4）实行工资保障，预防欠资行为。相关单位要在建筑企业中继续全面推行农民工工资保障金制度，有效预防拖欠农民工工资行为。（5）依法打击处理恶意欠薪等违法行为，坚决制裁恶意侵害农民工合法权益的现象。

（五）以强化实战服务功能为目标，着力打造人民调解工作平台

1. 着力打造群众性的基层人民调解组织平台

一是充分实现区调处中心实体化运作。充分融合区社会管理服务中心职

能，突出一线实战的主要职能，加强编制人员落实，加强专职人民调解员聘用，健全工作机制，实行中心所有在职人员自我办案，加强汇报宣传，积极服务全区重点项目建设，做好重大矛盾纠纷化解，不断提升服务全区社会经济和民生发展的能力和水平。二是有力推进镇（区）调委会规范化建设。建立健全组织机构，加强组织领导，充分发挥协调指导作用，整合资源，健全机制，围绕中心，发挥效用，注重宣传，提升地位。三是全面推进司法行政服务站建设。深入落实省厅、市局工作要求，结合工作实际，全面完成村居司法行政服务站建设，建立起覆盖全区、运行规范、服务高效的司法行政服务站体系，推动司法行政机关触角向村（社区）全面延伸，使更积聚的资源更及时、更方便地服务人民群众，扩大司法行政工作的知晓度。四是着力强化村（居）调委会建设。开展"无矛盾激化，无民转刑案件，无群体性上访"的三无村居（社区）创建活动，深入落实区基层科逐一查看指导和督查整改、司法所专人具体联系、各镇区全面整体推进制度，逐个健全完善，确保村居调委会组织、场所、人员、机制进一步夯实，确保2016年底100%达到规范化建设标准。

2. 着力打造专业性人民调解组织平台

进一步加强驻公安派出所、交警大（中）队、人民法院、信访局、人社局仲裁庭等人民调解工作室规范化建设，进一步加强医患纠纷、劳动争议、物业管理、征地拆迁等纠纷专业调处，着重从场所设置、人员管理、业务指导、工作衔接、保障渠道、文书档案等六个方面，制定相关具体规范，继续深入推进人民调解、行政调解、司法调解衔接配合。

3. 着力打造区域性人民调解员组织平台

一是努力深化企业调委会建设。对于300人以上的企业，根据企业需要，积极协调建立企业调委会。对300人以下的小微企业，上门发放调解员联系卡、宣传册，根据属地原则，指派专职人民调解员，定点联系，专人负责提供方便快捷的调解服务。积极探索行业调委会建设。二是加大与工商联、工会等组织的联系，合力在各行业协会建立行业调委会，不断构建全覆盖的基层人民调解组织体系。

4. 着力打造新媒体人民调解组织平台

适应当前信息化、新媒体发展的新趋势、新要求，总结和学习徐州彭城和事佬、南京市有请当事人等电视调解、视屏调解的做法，积极发展网络新媒体人民调解组织，推进人民调解组织积极参加社会治理。

5. 着力打造行业协会人民调解组织平台

充分发挥区人民调解员协会的桥梁和纽带作用，整合调解资源，发挥引领作用，加强调查研究，形成理论成果；加强指导协调，帮助解决问题；加强培训教育，提升队伍素质；加强表彰奖励，提升工作活力，切实深入推进全区调解组织和调解员队伍建设。

（六）以提高调解能力为重点，着力加强人民调解队伍建设

要着力打造群众性、自治性、专业性、服务性并重的人民调解队伍，积极推进人民调解员队伍的正规化建设，切实提高调解实效。一是加快人民调解员队伍建设步伐，提高专业化水平。制定完善人民调解员资格准入、绩效量化考核、职称评聘等制度办法，努力实现队伍管理由松散向紧密转变，切实提高人民调解队伍的专业化水平。在矛盾纠纷多发的物业管理、环境保护、医疗卫生、劳动保障等部门或行业发展专业人民调解员，培育调解能手。加强与人社部门的沟通协调，扩大人民调解员职称评聘试点范围，努力提高人民调解队伍专业化程度。二是加快人民调解员队伍建设步伐，提高职业化水平。建立政府购买服务选聘专职人民调解员的做法，按照区、镇和有条件的村5:2:1及专业调解组织2～4名的要求配备专职调解员，建立健全"四集中"管理机制，强化对专职调解员的考核激励。三是加快人民调解员队伍建设步伐，提高社会化水平。学习推广"两代表一委员"（党代表、人大代表、政协委员）参与矛盾纠纷化解的做法，鼓励和引导律师、法律援助人员和基层法律服务工作者参与矛盾纠纷排查调处。四是加大教育培训力度。建立教育培训体系，不断提高人民调解员对潜在矛盾纠纷的预警能力、对各类矛盾纠纷的化解能力、对重大矛盾纠纷的管控能力，对突发矛盾纠纷的应急能力以及信息化应用能力。

（七）以创新为动力，着力提升人民调解的主动性、亲和力和公信力

1. 创新调解方法

注重源头预防，积极参与社会稳定风险评估；注重排查预防，发现矛盾隐患；注重重点预防，在重点时段对重点对象、重点领域容易发生的矛盾纠纷进行重点排查管控。创新防激化方法，注重在排查中发现可能激化的纠纷苗头，注重在研判中分析可能激化的不稳定因素，注重在调解中防止发生人身财产伤害等极端事件，努力做到时时防激化、事事防激化。

2. 创新调解办法

要在坚持利用"村头""地头"等群众喜闻乐见的上门调解、现场调解等调解方式的同时，注重运用听证、社会评价、群众议事、心理调解、联合调解等方法开展调解工作，增强人民调解的亲和力、公信力。创新调解手段，运用"12348"公共服务平台，为党和政府了解民意、体察民情、化解民忧提供新渠道。

（八）以群众满意为标准，着力提升化解纠纷的成效

认真贯彻落实"调防结合，以防为主"的方针，健全完善排查预警、分析研判以及群众满意评价机制，着力提升化解矛盾纠纷的成效。

1. 完善以网格化管理为基础的排查预警机制

进一步细化网格单元及责任，实现网格化排查预警全覆盖，努力做到矛盾纠纷隐患早发现、早预防、早处置。严格执行矛盾纠纷专报、直报、零报告制度，对排查出来的矛盾纠纷信息，在做好调处管控的同时，及时报告有关部门，重大复杂矛盾纠纷信息直接向上级部门报告。

2. 进一步完善动态分析研判机制

加强对矛盾纠纷发生、发展以及变化规律的研究和分析，改进分析研判的形式和内容，缩短分析周期，将分析研判的重点放到实时动态、重大个案、阶段性、区域性重大疑难矛盾纠纷的分析研判上。

3. 健全分类调解机制

进一步落实抓早抓小抓苗头的要求，对多发性、易激化的矛盾纠纷，镇、村调委会要依法及时就地化解；对物业管理、征地拆迁、教育医疗、环境保护、交通事故等发展类、民生类矛盾纠纷，要发挥专业调解的优势，防止因调解不及时而引发民转刑案件、群体性事件；对重大复杂矛盾纠纷，要发挥对接联动联调机制，形成调处化解合力。

4. 健全群众满意评价机制

坚持以群众满意为标准，以服务态度、办事效率、业务能力、制度公开、职业道德等为主要内容，制定完善对各类人民调解组织服务群众满意度评价制度和办法，以依法公开、合理规范、办事效率、勤政廉政等为主要内容，制定完善对司法行政机关业务主管部门服务基层满意度评价制度和办法，从而使满意度评价客观真实，使群众路线教育实践活动的成果在人民调解工作中得以充分体现。

（作者单位：中共乳山市委党校）

乳山市运用"大数据"招商的调研报告

赵雪松

提到招商方法，我们所熟知的也许更多的是政府招商部门通过某一区域的经贸洽谈会，摆摊设点，借以平面媒体或多媒体的形式，展示地方投资优势，宣传地方招商政策，以达到招商引资的目的。随着各地政府招商部门多年不懈的招商引资，招商范围不断扩大，通过原有的招商形式采集有价值的信息，已经显得力不从心，效果不理想。为拓宽招商思路，乳山市经济合作局通过调查研究，在整合展会、商会、协会招商的基础上推出了运用"大数据"招商。

一 "大数据"招商的概况

传统意义上的大数据，就是巨量资料（big data），或称大数据、海量资料，指的是所涉及的资料量规模巨大到无法通过的主流软件工具，在合理时间内达到撷取、管理、处理并整理成为经营决策的资讯。大数据的 4 个 "V"（Volume，Variety，Value，Velocity）包含数据体量巨大、数据类型繁多、价值密度低以及处理速度快的特点。

招商信息按照来源可以划分为两类：私有信息源和共有信息源。私有信息就是自己私有的关系衍生出来的区别于其他人的信息。私有信息源主要包括亲戚、朋友、同学、校友、老师、老乡、同事、老街坊等介绍的关系以及工作中积累的朋友与信息。共有信息是属于相对外向型的信息，掌握信息的人范围比较广。共有信息源主要包括产品、技术、服务展会；地域性商会、同乡会（各地山东商会、省内商会）；行业协会、中小企业协会、上市企业协会等协会；工商联合会、华侨联合会、台商联合会等联合会；韩人会、日商会等外商团体商会；报纸、网络等媒体上发布的招聘信息；股票数据池的上市公司；各种校友会、同学会、MBA、EMBA 联合会等。因为共有信息具有大数据所具有的 4 "V" 特性，所以我们把共有信息称为"大数据"招商信息。

二 运用"大数据"信息的重要性

"大数据"蕴含巨大的信息宝藏，若我们认识不到其重要性，就没有开发利用"大数据"的动力，以至于"拿着金碗要饭吃"。只有摆正"大数据"信息的位置，才能真正让其绽放光芒。

1973 年，美国社会学家马克·格兰诺维特（Mark Granovetter）提出弱联系的理论。弱联系（weak ties）是指人们由于交流和接触产生联系较弱的人际交往纽带，其主要表现为互动次数少、感情较弱、亲密程度低、互惠交换少而窄。

格兰诺维特通过研究认为从弱联系中可以获得更丰富的信息，真正有用的关系不是亲朋好友这种经常见面的强联系，而是弱联系；亲朋好友交流，话说得多却没有新意；弱联系的真正意义是把不同社交圈子连接起来，从圈外给你提供有用的信息；人脉的关键不在于你融入了哪个圈子，而在于你能接触多少圈外的人；最有效率的交流，也许是跟不太熟悉的对象进行的。

"大数据"信息具有"互动次数少、感情较弱、亲密程度低、互惠交换少而窄"等弱联系的所有特性。认识到运用共有信息招商的重要性，运用共有信息源发掘有价值的招商信息，在招商过程中突破日常的圈子，建立我们周围更多的弱联系的圈子，招商工作才能取得更好的效果。

三 在招商信息方面乳山市存在的问题

乳山市为有效拓宽各产业招商部门在招商活动中的招商信息来源，自2013 年 9 月开始向全市各产业招商部门推荐利用各种展会进行招商的方法后，2014 年 3 月在整合展会、商会、协会招商的基础上推出了运用"大数据"招商。为了在新常态下更好地拓宽招商信息，探索拓宽招商信息的方法，乳山市经济合作局对全市产业招商部门在招商中出现的问题及应对的方法做了相关调研。乳山市部分产业招商部门在招商信息收集处理中积累了一些经验，但是依然有诸多问题。

（一）轻视产业政策、动态以及企业经营相关知识的日常学习和积累

有些产业招商部门的招商人员平时不太注重学习乳山市重点发展的产业方面知识，不太注重读书看报，产业相关政策也知之甚少。走进展会就像刘姥姥进大观园，看着很多产品、技术都是陌生的，不知道如何去沟通，怕自己出错让人笑话。去商会、协会不了解产业基础知识以及企业经营的基本常识，听不懂、想不通也提不出值得探讨的问题，沟通的效果就可想而知了。

（二）对商会、协会的拜访没能统筹协调安排

乳山市不同的产业招商部门间歇性地拜访同一商会、协会，拿着相同的宣传资料，播放着相同的宣传片，除了给商会、协会造成了不必要的接待麻烦，商会、协会可能会对乳山市产业招商部门人员的行为产生临时抱佛脚或无处招商以及过度招商的看法，不利于进一步与商会、协会进行对接。

（三）重视私人信息运用，轻视共有信息挖掘

有些产业招商部门重视并学会了运用"大数据"进行招商，而有些单位对"大数据"招商依然停滞在观望、迷茫、怀疑的状况之中。统计近几个月的全市各产业招商部门外出报表可以看出，参加展会、拜访商会和协会的依旧是那几张老面孔，鲜见有新鲜的血液注入。有些产业招商部门招商人员运用熟人招商的习惯性思维根深蒂固。

（四）重视形式上的参加展会、拜访商会或协会，轻视实质性的深入的探索

无论是参加展会还是拜访商会、协会，有些产业招商部门存在为了参加展会而参加，为了拜访商会、协会而拜访的情况，走马观花，不能深入。去一次展会，拜访一次商会、协会收集一些资料放到文件柜中只是来装点门面。从某种角度讲，没有掌握运用这些工具的方法，或者没有认识到这些工具的价值。

（五）重视短时间内信息的收获，轻视长期的投入和跟踪

有些产业招商部门招商人员只重视眼前信息获取，缺少与企业商会、协会长期的交流沟通思想。到展会、商会、协会去就像蜻蜓点水一般，如果有现成的信息就带上，如果没有现成的信息就可能"老死不相往来"。不去播

种、施肥和培植,而只想着去收获。

四　招商中信息的收集

乳山市产业招商部门在招商信息收集具体措施如下。

(一) 招商信息的收集思路

1. 时刻把搜集信息作为招商的第一要务

从某些方面来看,招商就是一场无声的信息较量,有效的招商信息是项目成功之母。在招商引资中,其实信息就是竞争力。要获得这一竞争力就要求我们平日里要善于收集有用的信息,多看经济方面的报纸(如《经济日报》《光明日报》等)、期刊,收集政策及产业等与招商有关的信息;多收看CCTV2的有关经济栏目、长三角等经济发达地区地方台的新闻节目;多关注财经网站上行业发展信息;多关注经济发达地区的企业招聘信息。

2. 抱有时刻学习的心态,学习相关产业知识,学习基本的企业经营知识

招商是一门综合学科,可以说是企业和政府之间的一座桥梁,招商人员既要有企业家的思维又要有政治家的思维,更重要的是要听得懂企业家的语言,建立与企业家之间沟通的媒介。设定好学习的既定目标,通过日常不断地学习,了解企业家所思所想,才可以设身处地、换位思考,思想上与企业家同步。

3. 逐步了解"大数据",挖掘"大数据"的价值

对于"大数据",要想运用其为我们服务,首先要认识和了解其规律,并不断地付诸实践进行总结才可以掌握并运用这一工具招商,才可以为招商引资助力。正确认识展会、商会、协会等招商途径,我们需要想的是怎样做才可以充分发挥其价值,才可以使其价值最大化,诸如此类问题还需要我们继续进行探索。

4. 统筹协调好各招商部门拜访商会、协会等社会团体

在招商过程之中产业协调部门需要对商会和协会等团体统一部署,安排好拜访对接工作,避免隔三岔五有不同的产业部门对接同一商会、协会,而有些区域商会或行业的协会又无人问津。可以探索由工作领域相关部门分类包干相近商会或进行区域包干的方式对接商会、协会等社会团体。

5. 采集信息时做好信息记录

任何信息都是有时间价值的,在信息的采集中应该注明每条信息出处、

信息报道的时间及采集人姓名，做到信息来源明确、可追溯。

（二）招商信息的收集方法

通过对乳山市各产业招商部门运用"大数据"招商的调研汇总发现，乳山市各产业招商部门在运用"大数据"进行招商过程中积累了一些经验。

1. 积极参加展会，敲开通往企业的大门

这里所说的展会是指宣传主体在特定的时间、地点展示利基体一方的产品、技术、服务或某种资源，从而寻找或招揽不特定的买方来购买其产品、技术、服务或某种资源，以至于达到拓展渠道、促进销售、传播品牌的效果而进行的一种商业宣传活动。围绕乳山市重点鼓励发展的几大产业，乳山市某些产业招商部门有目的性地参加相关展会，通过主动搜集初步符合乳山市经济或社会效益的有投资能力或掌握某种资源的企业、个人或其他不定的团体，达成招商目的。展会招商自 2013 年在乳山市推广以来，市内产业招商部门对展会招商方式的重视程度不断增强，现在几乎每个月都有三四个部门参加相关产业的展会、博览会。经过一段时间运用展会招商实践，逐渐总结出了一些展会招商的规律。

展会招商过程控制的八字要略如下。①看：仔细观察企业的展品及展示介绍材料，迅速找到与本地资源相关的信息，先预设企业到乳山投资会有哪些优势。②问：企业是属于集团公司的，弄清楚企业的结构情况，以及在国内的分公司和参股公司情况。③试：试用企业展示产品，体验产品或服务的价值。④比：通过以往掌握的本行业知识，初步简单评价该产品或服务的客户认可度。⑤谈：表明身份，简单介绍乳山本地的相关优势，以及适合本企业发展的便利条件，弄清楚企业有无扩张需求。⑥谈：会后及时与相关的负责人进行电话或面对面交流。⑦跟：在达成初步意愿后，积极跟进企业相关方面负责人。⑧签：在 N 次沟通、考察后，双方就合作事宜达成一致意见，签署合作协议。

展会招商可以拉近招商主体与企业之间的距离，不但可以提高招商效率，增强招商效果，而且可以节约招商经费。

2. 搭建商会、协会平台，找到同类企业的根据地

商会是指具有某种共同特性的商人或企业依法组建的，以维护会员合法权益、促进工商业繁荣为宗旨的社会团体法人。商会是投资信息的枢纽，是同类精英企业的集合，作为经济组织性的商会更多地关注价值投资信息。协会等组织与商会是类似的。乳山市各产业招商部门通过拜访分布在各地的山

东商会、工商联、山东省内的异地商会、韩人会、重点产业的协会等社会企业团体，通过向商会、协会组织会员企业进行有效的地方产业推介，进行感情交流，探索出了一套行之有效的方法（见图1）。

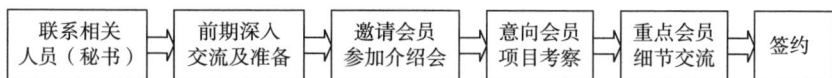

图1 运用商会、协会招商的要点过程

3. 挖掘知名大学 EMBA 总裁班资源，探索招商引"资"的捷径

乳山市相关部门通过不同的方式，探索出一条运用 EMBA 总裁班的招商之路，前后邀请了清华大学山东 EMBA 总裁班、北京大学山东 EMBA 总裁班、山东大学 EMBA 总裁班部分学员走进乳山，并将西北工业大学管理学院 EMBA 移动课堂搬到了乳山。通过体验式的学习，近距离地感受乳山，了解乳山，"润物细无声"般宣传了乳山，推介了乳山。在此过程中，乳山市经济合作局结合乳山市鼓励发展的六大产业，与部分重点院校达成了在产学研、人才引进和项目培训等方面的合作意向，达到了引资、引智、引才三丰收的效果。

五 招商中信息的处理

信息的处理是信息的价值体现和升华，在乳山市的招商实践中摸索出了一套处理招商信息的流程，如图2所示。

（一）信息的评估和录入

对采集来的信息汇总后，由信息价值评估小组（小组人不少于5人）通过即时会议的形式进行评估筛选；评估完后，对有价值的信息进行分类编码，并由专人录入数据库。数据库应由专人负责管理，确保数据库的安全。

（二）信息的分配

评估小组评估出有跟踪价值的信息后，小组把有价值信息分配给具体跟踪责任人，并填写《经济信息价值评估分配单》，初步计划跟踪时间，明确跟踪步骤和方法，相关人员签字确认。

（三）信息的跟踪及处理

在跟踪沟通过程中要注意记录对方提的相关问题，能解答的解答，不能

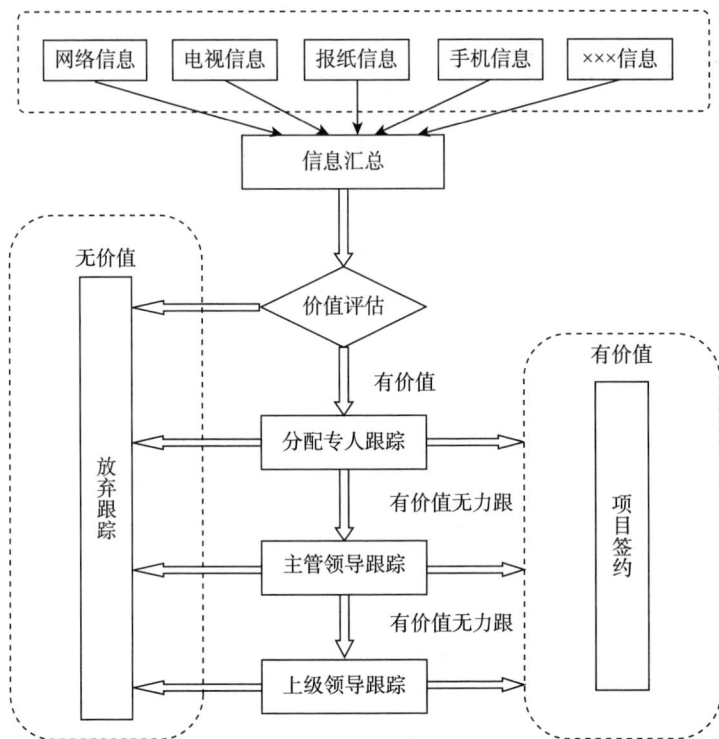

图2 信息的加工处理流程

解答的不要轻易解答，征询有关部门领导或查阅相关资料后再解答。全过程中要注意及时详细地填写《经济合作信息跟踪单》并及时向上级领导反馈有价值信息，还要将最新的跟踪信息上传给信息录入人员作为数据更新备份。数据更新的频率最好不要超过一周一次。

（四）信息的传递

每条信息都有专人跟踪，对已初步确认有跟踪价值的信息尽可能由责任跟踪人本人跟踪，或可借助部门力量进行跟踪；对实在无法继续跟踪的信息，可将完整的《经济合作信息跟踪单》及其他信息资料一并交予主管人，由其负责继续跟踪。在信息跟踪过程中，要做到及时跟踪、及时反馈，要有不厌其烦、不轻言放弃的态度。

（作者单位：乳山市国内投资促进服务中心）

基于知识图谱的即兴领域知识结构及其演化分析

高鹏斌

1 引言

即兴是音乐和戏剧中的常见现象，20世纪90年代末开始受到部分管理学者的关注，并直接促成了管理学顶级期刊 *Organization Science* 于1998年开设专栏进行讨论，此后即兴逐渐进入众多经济管理学者的研究视野。

近年来国内外学者对即兴研究已经进行了系统的文献梳理和总结。Cunha、黄勇、张小林等学者就组织即兴的内涵、促发条件、影响因素和结果等内容进行了较全面的分析。与此同时，部分学者对即兴研究涉及的相关领域也进行了初步分析，如韵江等评价了组织即兴与组织学习、组织记忆、组织创新和战略变革的关系，曹光明等总结评价了包含爵士乐隐喻、组织学习、团队管理和战略在内的4个组织的即兴研究视角。

以上学者对即兴研究的发展现状和热点等内容进行了初步的尝试，对于理清即兴研究的基本脉络具有重要的价值。然而这些定性研究的结论往往是主观思辨的结果，缺乏一定科学依据。更为重要的是，这些研究对于反映即兴领域的知识构成及各类知识相互影响而形成的知识框架的学科知识结构（intellectual structure）没有给出清晰的描述，因而难以系统揭示该领域的发展历程及趋势。鉴于此，本文将在系统回顾相关文献的基础上，利用科学计量学的方法对即兴研究的学科知识结构进行初步的定量和定性相结合的分析。

2 研究方法与数据收集

2.1 研究方法与工具

常用的知识结构分析方法是引文分析和同被引分析。引文分析有助于了解引文的主题随时间的变化情况和该领域主要的引文，并利用引文频率的变化情况来推断什么时间该领域发生的重大变化。同被引分析是通过建立同被引矩阵来实现的，通过文献之间同被引关系形成同被引网络，同被引网络内节点之间的远近关系可以反映它们的主题内容及亲疏关系。本研究采用以上两种分析方法，具体实施时借助瑞典科学家 Olle Persson 开发的文献计量学研究软件 Bibexcel 来构建作者同被引矩阵，在此基础上用 SPSS 统计分析软件进行因子分析，以便确定知识基础的构成。

在知识结构的可视化方面，有时多维尺度很难在二维空间展示全部知识组织，从而显示效果不理想，因此本文采用寻径网络算法加以改进。寻径网络算法在处理相关系数矩阵时，将文献视为节点，相关系数视为联系的强度，再根据三角不等式检验从而决定是否保留某个连接，最终获得能够反映最重要关系的精简网络。在具体实施时，本研究采用科学图谱软件 Network work-bench Tool 1.0 来进行处理和网络的可视化。

2.2 数据收集与分析

笔者分别以 improvisation、improvisational、improvising 和 improvise 为主题词，利用美国科学情报所（ISI）的 Web of Science 数据库进行文献的检索，检索截止时间为 2014 年 4 月 5 日，将研究领域限定在 Management、Business 和 Economics，文献类型限定在 Article、Proceedings paper 和 Review，最终得到 1998~2014 年和即兴有关的文献 241 篇，图 1 表明发文数量的年度分布情况。

即兴研究从 1998 年开始逐年呈较为稳定的发展态势，其中 2006 年、2009 年和 2012 年呈现出 3 个增长高峰。为了从动态视角分析知识结构的变化，本文在具体分析的时候，根据发表文献的年度分布情况将其分为两个时间段：1998~2006 年和 2007~2014 年。

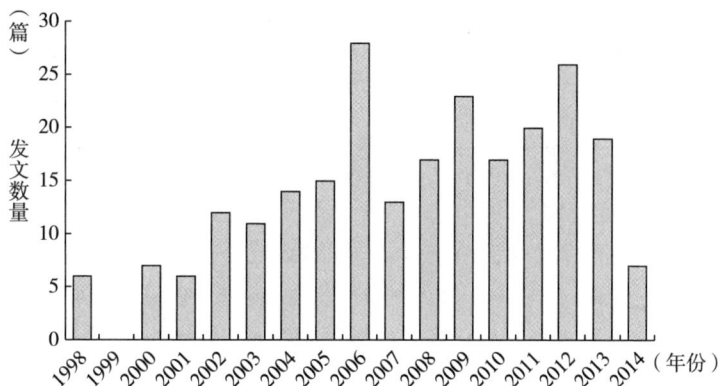

图 1　即兴研究文献的时间分布

3　研究结果

3.1　高被引文献的引用分析

1998～2014 年所引用的参考文献总数为 10234 篇，其中期刊为 6056 篇，占引文总数量的 59.18%，总引文数量的年度分布如图 2 所示。从图 2 可以看出，引文从 1940 年以后开始呈一定规模增长趋势（每年大于 5 篇），且大部分集中在 1990～2005 年，这也是即兴研究文献呈现快速增长的阶段。

本文通过分析即兴研究引文的被引频次和频率来确定主要文献及其变化情况，表 1 列出了该领域被引频次大于 10 的前 76 种文献及其在前后两个时间段的变化情况。本文在计算被引频率的时候进行了标准化处理，以 10000 篇为单位进行折算，其最终结果如图 3 所示。

表 1　即兴研究领域引文被引频次及其变化情况

编号	被引文献	频次	07 前	07 后	编号	被引文献	频次	07 前	07 后
D1	Weick – 98 – V9 – P543 – OS	79	35	44	D5	Brown – 97 – V42 – P1 – ASQ	45	21	24
D2	Moorman – 98 – V62 – P1 – JM	68	28	40	D6	Eisenhardt – 95 – V40 – P84 – ASQ	37	21	16
D3	Miner – 01 – V46 – P304 – ASQ	66	22	44	D7	Weick – 93 – V38 – P628 – ASQ	36	18	18
D4	Moorman – 98 – V23 – P698 – AMR	65	25	40	D8	Barrett – 98 – V9 – P605 – OS	32	14	18

续表

编号	被引文献	频次	07 前	07 后	编号	被引文献	频次	07 前	07 后
D9	Cunha – 99 – V1 – P299 – IJMR	31	12	19	D28	Kamoche – 03 – V40 – P2023 – JMS	18	3	15
D10	Hatch – 99 – V20 – P75 – OS	30	12	18	D29	Cyert – 63 – BTF*	18	6	12
D11	Weick – 95 – SO*	29	11	18	D30	Crossan – 98 – V9 – P593 – OS	18	8	10
D12	Kamoche – 01 – V22 – P733 – OS	29	10	19	D31	Levi – 66 – SM*	17	8	9
D13	March – 91 – V2 – P71 – OS	26	11	15	D32	Cohen – 90 – V35 – P128 – ASQ	17	8	9
D14	Crossan – 97 – V14 – P155 – ASM	25	13	12	D33	Hutchins – 91 – V2 – P14 – OS	17	12	5
D15	Eisenhardt – 89 – V14 – P532 – AMR	25	8	17	D34	Huber – 91 – V2 – P88 – OS	17	8	9
D16	Orlikowski – 96 – V7 – P63 – ISR	24	14	10	D35	Weick – 93 – P346 – OCR*	17	14	3
D17	Vera – 05 – V16 – P203 – OS	24	2	22	D36	Teece – 97 – V18 – P509 – SMJ	16	2	14
D18	Weick – 79 – SPO*	23	18	5	D37	Hatch – 97 – V14 – P181 – ASM	15	10	5
D19	Berliner – 94 – TJI*	22	14	8	D38	Vera – 04 – V25 – P727 – OS	15	2	13
D20	Baker – 05 – V50 – P329 – ASQ	22	0	22	D39	Garud – 03 – V32 – P277 – RP	14	0	14
D21	Baker – 03 – V32 – P255 – RP	21	3	18	D40	Crossan – 96 – V24 – P20 – OD	14	8	6
D22	Crossan – 05 – V30 – P129 – AMR	20	2	18	D41	Brown – 95 – V20 – P343 – AMR	14	7	7
D23	Nelson – 82 – ET*	19	6	13	D42	Eisenhardt – 00 – V21 – P1105 – SMJ	14	5	9
D24	Eisenhardt – 89 – V32 – P543 – AMJ	19	8	11	D43	Mirvis – 98 – V9 – P586 – OS	14	7	7
D25	Weick – 93 – V38 – P357 – ASQ	19	7	12	D44	Ciborra – 96 – V7 – P103 – OS	14	4	10
D26	Mintzberg – 94 – RFS*	19	14	5	D45	Ciborra – 99 – V9 – P77 – AM	14	7	7
D27	Hatch – 98 – V9 – P556 – OS	18	11	7	D46	Burns – 61 – MI*	13	8	5

续表

编号	被引文献	频次	07 前	07 后	编号	被引文献	频次	07 前	07 后
D47	Brown – 98 – CES*	13	7	6	D62	Schon – 83 – RP*	11	5	6
D48	Zollo – 02 – V13 – P339 – OS	13	3	10	D63	Chelariu – 02 – V55 – P141 – JBR	11	1	10
D49	Bastien – 88 – V15 – P582 – CR	13	9	4	D64	Baron – 86 – V51 – P1173 – JPSP	11	4	7
D50	Levinthal – 93 – V14 – P95 – SMJ	13	6	7	D65	Nonaka – 95 – KCC*	11	6	5
D51	Mintzberg – 85 – V30 – P160 – ASQ	13	7	6	D66	Thompson – 67 – OA*	11	4	7
D52	Feldman – 00 – V11 – P611 – OS	13	6	7	D67	Leonard – 92 – V13 – P111 – SMJ	11	4	7
D53	Orlikowski – 97 – V38 – P11 – SMR	13	7	6	D68	Yin – 03 – CSRD*	10	0	10
D54	Levitt – 88 – V14 – P319 – ARS	13	7	6	D69	Lewin – 98 – V9 – P539 – OS	10	3	7
D55	Moorman – 97 – V34 – P91 – JMR	12	8	4	D70	Kogut – 92 – V3 – P383 – OS	10	2	8
D56	Zack – 00 – V11 – P227 – OS	12	5	7	D71	Pentland – 94 – V39 – P484 – ASQ	10	6	4
D57	Orlikowski – 00 – V11 – P404 – OS	12	5	7	D72	Weick – 01 – MSO*	10	7	3
D58	Miles – 94 – QDA*	12	4	8	D73	Weick – 01 – MU*	10	3	7
D59	Yin – 94 – CSRD*	12	4	8	D74	Barney – 91 – V17 – P99 – JM	10	3	7
D60	March – 58 – O*	12	7	5	D75	Feldman – 03 – V48 – P94 – ASQ	10	3	8
D61	Argote – 99 – OLC*	12	4	8	D76	Weick – 96 – V41 – P301 – ASQ	10	6	4

从表 1 的结果可以看出，高被引文献中有 20 个是图书（用 * 表示），其余均为期刊论文，因此期刊论文对于即兴研究发挥了极大的推动作用，而被引频次最高的则是美国著名组织行为学专家 Weick 于 1998 年在 *Organization Science* 发表的 "Introductory Essay—Improvisation as a Mindset for Organizational Analysis" 一文，总计被引用 79 次，随后分别是 Moorman 于 1998 年在 *Journal*

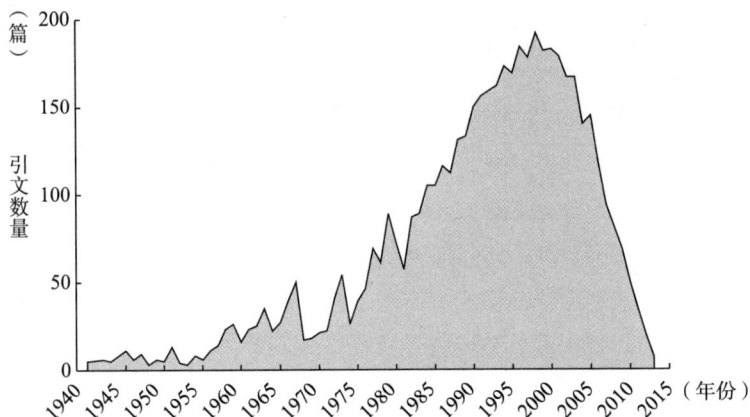

图 2　即兴研究引用文献的时间分布

of Marketing 发表的 "The Convergence of Planning and Execution：Improvisation in New Product Development" 和 Miner 于 2001 年在 *Administrative Science Quarterly* 发表的 "Organizational Improvisation and Learning：A Field Study"。同时还可以看出，76 篇文献在不同时间段的引用频次有差别——其中有 3 篇在 1998 ~ 2006 年间被引频次为 0，说明由于文献发表时间或研究主题的原因，其受重视程度不同，这必然对不同时间段的知识结构有所影响。

从图 3 的文献被引频率变化可以看出，有 44 篇文献呈反向增长趋势，其中有 Weick 于 1979 年出版的 *The Social Psychology of Organizing* 和 1993 年在 *Organizational Change and Redesign：Ideas and Insights for Improving Performance*" 一书中刊载的 "*Organizational Redesign as Improvisation* 一文。其余 32 篇呈正向增长趋势，其中 Baker 于 2005 年在 *Administrative Science Quarterly* 的 "Creating Something from Nothing：Resource Construction through Entrepreneurial Bricolage" 和 Vera 于 2005 年在 *Organization Science* 的 "Improvisation and Innovative Performance in Teams"，这些说明了不同文献所代表的即兴研究的某些方面在不同时间段发生了变化，而这些变化也进一步影响了知识组织及其内部的关系。

3.2　因子分析与知识基础的确定

笔者利用 Bibexcel 软件以被引频次大于 10 的前 76 篇文献建立同被引矩阵，并对其进行因子分析，以主成分分析法和方差极大正交旋转估计因子载荷量，保留特征值大于 1 的因子。分析结果中，前 6 个因子累计方差贡献率达到了 87.42%，满足萃取要求，结合具体研究，最终以前 6 个因子来描述即兴研究的主要知识基础，因子分析的具体结果如表 2 所示。

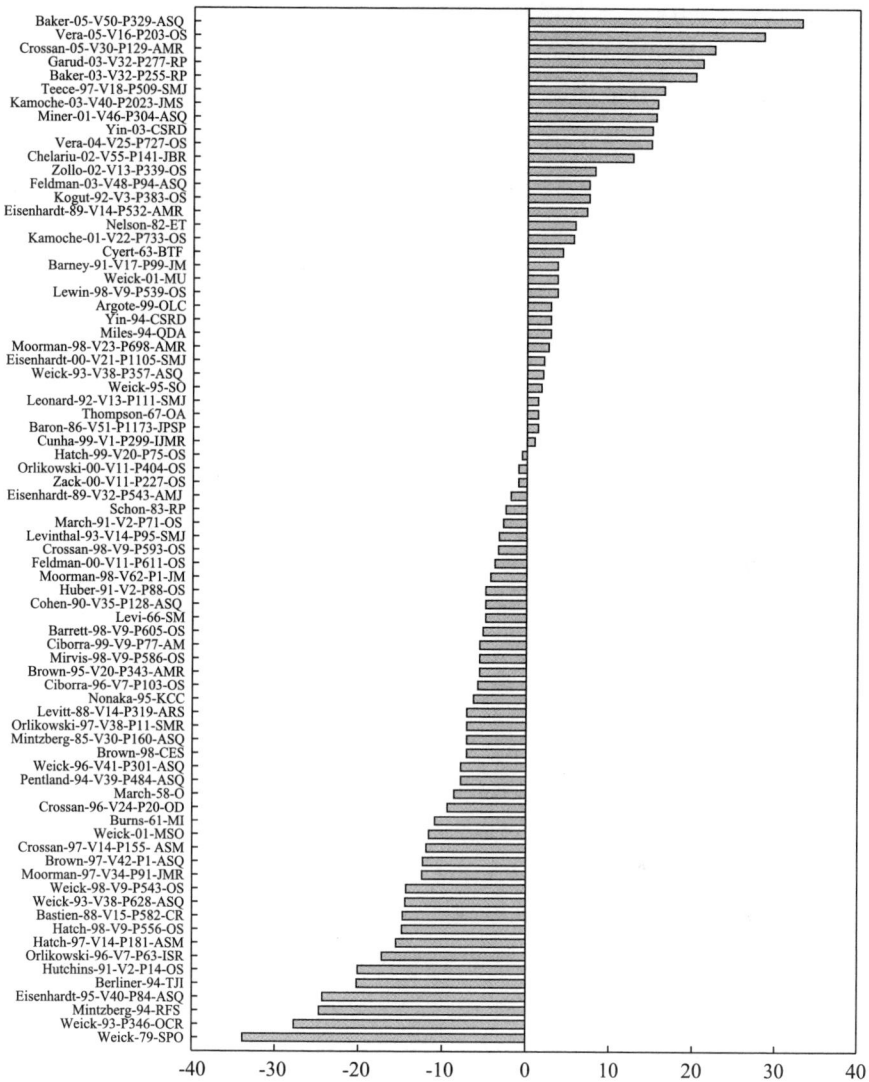

图 3 即兴领域高被引文献被引频率的变化情况

知识群 1 的主题是组织、战略和创新，其中组织方面涉及的主要文献包括 Weick、Hatch、Barrett、Zack、Bastien、Mirvis、Lewin 和 Kamoche 从爵士隐喻以及 Vera 从戏剧隐喻对组织中即兴现象的本质和特征所进行的理论分析，Hutchins 和 Weick 从适应性角度对航船失事和火灾救援中组织即兴过程所进行的案例研究，Moorman 和 Miner 就组织即兴、组织记忆和组织学习之间关系的理论和案例研究，Crossan 和 Ciborra 从时间角度对组织即兴过程特点的理论研究，Cunha 对组织即兴影响因素及其结果的理论框架研究等；战略方面涉及的主要文献包括 Mintzberg 对战略规划的研究，Eisenhardt 和 Brown 的边缘竞争战略理论，Orlikowski 和 Crossan 从即兴角度对战略变革和战略规划所做的理论研究等；创新方面涉及的主要文献包括 Moorman 对新产品开发过程中的组织即兴及其影响的实证研究，Eisenhardt 关于即兴方法加速产品创新流程的案例研究，Brown 有关产品开发研究的文献研究以及 Burns 有关创新管理的理论研究等。

表 2　因子分析结果

知识群 1		知识群 2	知识群 3	知识群 4	知识群 5	知识群 6
D30 0.957	D33 0.865	D42 0.883	D34 0.913	D75 0.809	D20 0.892	D59 0.901
D5 0.951	D26 0.856	D36 0.853	D54 0.910	D25 0.739	D39 0.890	D15 0.884
D27 0.940	D43 0.846	D70 0.849	D50 0.895	D71 0.730	D21 0.881	D58 0.822
D4 0.939	D2 0.839	D48 0.810	D13 0.756	D73 0.703	D31 0.741	D68 0.552
D53 0.939	D6 0.833	D74 0.721	D55 0.702	D52 0.661		
D16 0.937	D64 0.830	D23 0.678	D32 0.597	D61 0.658		
D9 0.933	D51 0.820	D67 0.675	D29 0.537			
D14 0.932	D11 0.815	D62 − 0.654	D65 0.481			
D12 0.925	D47 0.795					
D37 0.921	D22 0.774					
D56 0.916	D19 0.765					
D7 0.915	D57 0.759					
D1 0.908	D3 0.757					
D49 0.907	D8 0.754					
D40 0.905	D17 0.750					
D45 0.901	D35 0.721					
D69 0.888	D76 0.713					
D10 0.884	D44 0.671					
D28 0.884	D41 0.666					
D24 0.874	D18 0.622					
D38 0.873	D46 0.610					
D72 0.869	D63 0.548					
初始特征值	36.879	10.897	8.633	4.919	2.845	2.266
方差贡献率	48.525	14.338	11.360	6.472	3.744	2.982

知识群 2 的主题是能力，涉及的主要文献包括 Eisenhardt、Teece 和 Zollo 等关于动态能力的理论研究，Barney 的能力资源基础观，Nelson 的经济变革理论以及 Leonard 关于核心能力和核心刚性的理论分析等。

知识群 3 的主题是学习，涉及的主要文献包括 March 关于组织学习探索和利用两种范式的研究，Levinthal 关于组织学习近视思想的研究，Levitt 和 Huber 分别从经验和过程角度对以往组织学习的文献研究，Nonaka 的知识创造理论，Cohen 的吸收能力以及 Cyert 的公司行为理论等。

知识群 4 的主题是惯例，涉及的主要文献包括 Feldman 从柔性和变革视角对组织惯例的理论研究，Pentland 从结构视角对组织惯例的研究，Weick 关于突发事件下惯例失灵时群体行动的研究等。

知识群 5 的主题是创业，涉及的主要文献包括 Levi 提出与即兴相关概念——"bricolage"（创造性拼凑）的著作以及将此概念具体应用到企业创业实践的 Bake 和 Garud 的系列研究。

知识群 6 的主题是方法，涉及的主要文献包括 Eisenhardt 和 Yin 的案例研究方法以及 Miles 的质性数据分析方法。

未归到以上六类的两篇文献是 March 和 Thompson 的组织行为决策和权变理论的研究。

3.3 寻径网络与知识结构的可视化分析

为了揭示即兴领域各知识基础之间的关系，利用寻径网络图来表示其知识结构，结果如图 4 所示，其中节点表示文献，连线表示文献相关程度，高度相关的节点距离越近，反之越远。同一因子文献用相同颜色表示，文献前的数字表示其所属的因子（未归类文献没有数字）。

从图 4 的 1998～2014 年的知识结构图可以看出。知识群 1（组织、战略和创新）是即兴研究最大和最核心的知识基础，位于结构图的中心位置，和知识群 5（创业）、知识群 3（学习）关系最为密切，表明即兴研究涉及创业和学习的主题主要从组织、战略和创新的研究中发展而来。知识群 1 和知识群 5 之间是通过 Baker 和 Miner 的研究相关联，知识群 1 和知识群 3 之间是通过 Moorman、Eisenhardt、Cohen、Moorman 的研究相关联。知识群 2（能力）、知识群 3（学习）和知识群 4（惯例）之间关系较为密切，表明这些主题存在相互借鉴现象，其中涉及的关联性文献是 Huber、Leonard、Levit、Levinthal、Schon、Argote、Feldman 和 Nelson 的研究。知识群 6（方法）和知识群 5（创业）关系最为密切，表明即兴研究涉及创业的主题大多采用定性研究方法，两个知识群是通过 Baker 的研究相关联。

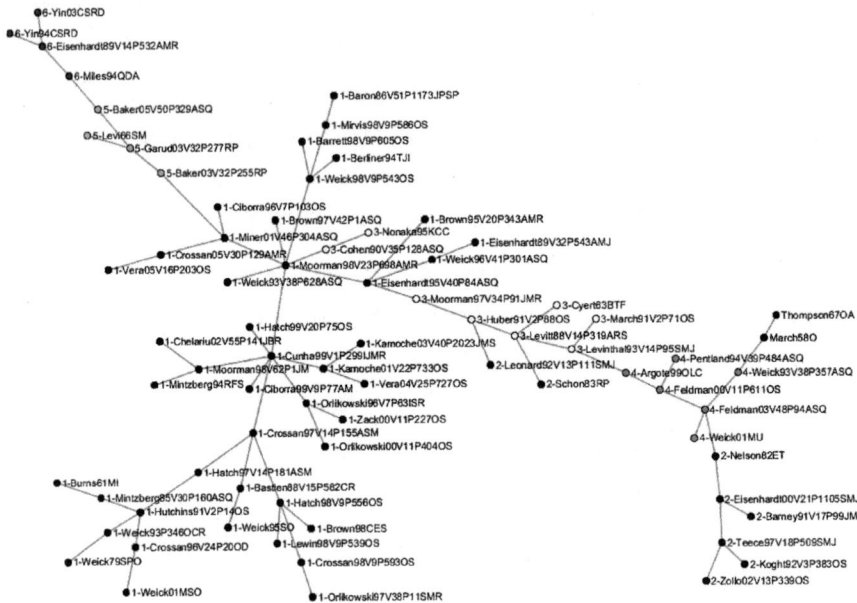

图 4　1998～2014 年的知识结构

3.4　知识结构的演化分析

为了分析即兴研究知识结构的演化，采用卡方检验法，以同被引引文在各知识群的分布情况为检验依据，以前后 8 年为时间单位，从而判断前后两个阶段的是知识结构是否一样。经过最终显著性检验，得到 chi-square = 14.568，sig. = 0.012，这也证明了即兴领域前后 8 年的知识组织在统计上是有显著差异的。

为了说明知识结构的演化，分别描述 1998～2006 年以及 2007～2014 年两个时间段各个知识群之间的相互关系，具体如图 5 和图 6 所示。

图 5 的 1998～2006 年的知识结构表明，知识群 1（组织、战略和创新）规模最大，位于图的中心位置，其他知识群均和知识群 1 有联系，这也表明了知识群 1 的重要地位；知识群 2（能力）、知识群 3（学习）和知识群 4（惯例）自身已经具备一定的规模，相互之间存在较强的联系，且均依赖于知识群 1 的研究；知识群 5（创业）和知识群 6（方法）还处于发展阶段，规模较小，且两个知识群之间没有较强关联性，其研究还是更多地依赖于知识群 1。

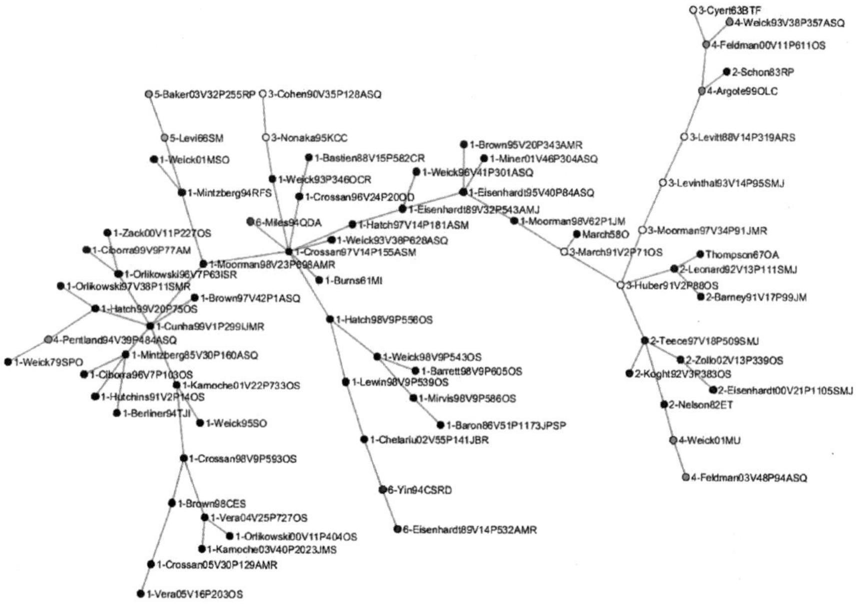

图 5 1998～2006 年的知识结构

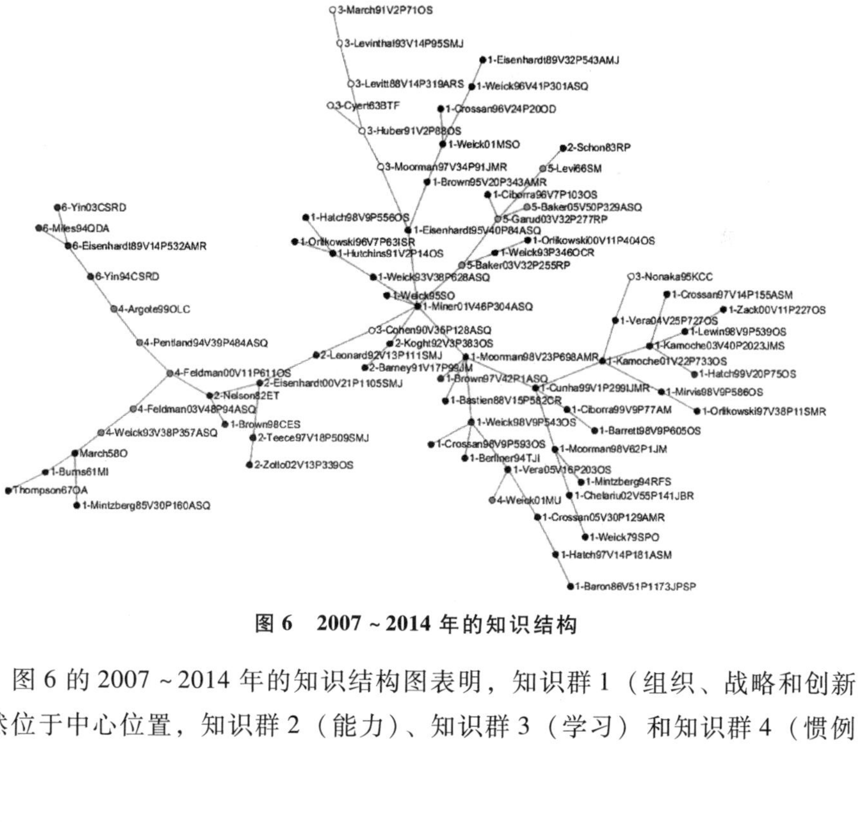

图 6 2007～2014 年的知识结构

图 6 的 2007～2014 年的知识结构图表明，知识群 1（组织、战略和创新）依然位于中心位置，知识群 2（能力）、知识群 3（学习）和知识群 4（惯例）

也和知识群 1 存在较强的关联性；知识群 2 和知识群 3 存在较强关联，但知识群 4 和知识群 3 之间没有较强的关联性；知识群 5 和知识群 6 已经具有一定规模，但它们之间不存在较强的关联性；知识群 6 和知识群 4 存在较强的关联性；知识群 5 和知识群 1 存在较强的关联性。

综上所述，从即兴研究的发展历程来看，围绕组织、战略和创新的研究始终是主流，而能力、学习和惯例方面的研究，由于始终是组织理论和战略管理理论的研究主流，因此在不同时间段都与即兴研究主流关系密切。此外，由于即兴研究尚处于发展阶段，很多理论体系尚未建立，因此诸多研究都采用定性和案例研究方法，而创业方面的话题则属于近年来即兴研究逐渐成长的新方向。

4　结束语

本文首先借助科学计量学方法中的引文和同被引引文分析确定了即兴研究的核心文献及其引用变化情况，其次利用因子分析和寻径网络确定和展示了即兴研究的知识基础及其关系，再次利用卡方检验验证了前后 8 年即兴研究知识基础的差异性，最后根据知识结构的寻径网络图就其演化特征进行分析。研究表明，期刊论文是促进即兴研究发展壮大的文献基础，即兴领域的知识基础来自组织、战略和创新，能力，学习，惯例，创业以及方法等 6 个知识群，其研究主题从理论性逐渐向应用性转变，研究方法上逐渐采用案例研究等主流实证方法。本文只是对即兴领域的初步探索，在研究上还有需要完善的地方，下一步可以考虑扩大文献的搜索范围，同时采用期刊同被引等其他文献计量学方法，进而丰富即兴的相关研究，以便更好地了解该领域的发展动向和前沿热点。

[作者单位：哈尔滨工业大学（威海）]

中国海洋渔业船员培训与考试改革探究

王 涛

一 引言

中国是海洋大国，海洋渔业是我国现代农业和海洋经济的重要组成部分。改革开放以来，海洋渔业快速发展，有力地促进了经济社会发展。海洋渔业船员具有从业人数多、流动性大、作业环境恶劣、劳动强度高等特点，因此近年来行业内日益重视渔业船员的培训与考试发证问题。2015 年 1 月 1 日生效的《中华人民共和国渔业船员管理办法》（以下简称《渔业船员管理办法》）明确规定：渔业船员实行持证上岗制度。渔业船员应按规定接受培训，经考试或考核合格、取得相应的渔业船员证书后，方可在渔业船舶上工作。然而，笔者在调研中发现，当前我国海洋渔业船员的培训与考试工作相对落后。深入分析当前存在的问题，有效地借鉴目前相对成熟的海船船员培训与考试模式，对于探讨海洋渔业船员培训与考试改革新思路，从而有效提升海洋渔业船员综合素质具有重要意义。

二 海洋渔业船员培训和考试现状及分析

1. 海洋渔业船员培训现状

（1）海洋渔业船员培训的分类

渔业船员培训包括基本安全培训、职务船员培训和其他培训。基本安全培训是指渔业船员都应接受的任职培训，包括水上求生、船舶消防、急救、应急措施、防止水域污染、渔业安全生产操作规程等内容；职务船员培训是指职务船员应当接受的任职培训，包括拟任岗位所需的专业技术知识、专业技能和法律法规等内容；其他培训是指远洋渔业专项培训和其他与渔业船舶安全和渔业生产相关的技术、技能、知识、法律法规等培训。

（2）培训机构的认定

根据国家渔政局《关于开展海洋渔业船员培训机构资质认定工作的通知》（国渔政船〔2010〕26号），我国海洋渔业船员培训机构分为一级、二级、三级3个等级，其中一级最高，可以承担所有航区等级的培训，需经省级渔业行政主管部门审核同意后，报所在海区渔政局，由其组织考核并提出认定意见，国家渔政局认定；二级、三级培训机构由省级渔港监督机构组织考核并提出认定意见，省级渔业行政主管部门认定。认定工作主要针对培训机构的办学条件（师资、场地、设施、设备、教学资料等）、教学管理档案（师资聘用合同、教学计划、培训记录等）、培训管理制度和安全防护制度等进行现场考察并组织评估。

（3）培训的实施

培训机构根据渔业行政主管部门的要求，组织实施培训。以山东省为例，渔业船员培训采取个人自学和集中培训相结合的方式，学习时间须达到渔业行政主管部门的规定，如无限航区职务船员须完成540学时的学习，其中自学及实操300学时、集中培训240学时。

2. 海洋渔业船员考试现状

海洋渔业船员考试方式主要是理论考试，基本不涉及实操考试。考试的具体实施方面，无限航区船员的适任考试由省级渔业行政主管部门组织进行，有限航区船员适任考试以及渔业"四小证"（即基本安全）考试由市级或县级渔业行政主管机关组织进行。除个别省份近两年试点使用无纸化考试方式以外，绝大多数还是采用传统纸质书面考试方式。考试试题方面，也是各地自主命题。考试科目试卷满分均为100分，船舶避碰80分以上合格，其余科目60分以上合格。考试成绩24个月内有效，考试科目部分不合格的，可在考试结束后3个月内参加补考。

《渔业船员管理办法》规定渔业船员考试包括理论考试和实操评估，考试大纲由农业部统一制定并公布；但根据调研，目前新版的大纲尚未公布，统编教材也尚未出版，考试方式仍沿用原来的模式。

3. 存在的主要问题

（1）系统性法规建设相对滞后

《渔业船员管理办法》已经生效数月，对渔业船员的任职和发证、船员配员和职责、船员培训和服务、船员职业管理和保障、监督管理和罚则等方面仅给出简要的规定，可谓全而不细，与之相配套的法规和细则并未及时出台，因此针对渔业船员培训、考试与发证的系统性法规建设相对滞后。

（2）考试与发证体系尚未健全

地区性自主命题与阅卷、传统的纸质考试模式，显然这种模式的考试信度和效度都不是很高。同时，从发证的角度看也相对落后，无论是证书的签发还是船员服务资历的记录，都未能实现联网，因此，难免有不法分子以假证书、假资历牟取暴利的现象。这些问题都反映出当前我国渔业船员考试与发证体系的不健全。

（3）培训机构的组成复杂，缺乏规范化管理

从政策角度看，自2010年起国家渔政局开始进行培训机构认定，标准涵盖教学人员、场地、设施与设备以及培训管理制度等方面。在实际实施过程中，培训机构的组成复杂，涵盖院校、企业、行业协会等。如某省认定的32所培训机构，其中7所二级培训机构中5所是省渔业船舶协会办事处，2所是地方院校；25所三级培训机构中，14所是地方院校或培训中心，4所是企业，6所是地方渔业船舶协会。从软硬件设施方面来看，各培训机构水平参差不齐，有的甚至一无师资二无设备，是真正的"皮包"机构。这种复杂的培训市场，必然会影响考试的信度与质量。此外，培训机构在日常管理方面也存在许多不规范的现象，尤其体现在学员管理松散、培训教学组织随意性太强等方面。

（4）培训与考试缺乏统一标准

渔业船员培训目前在培训与考试方面缺乏全国统一标准。从考试的角度看，目前国内并未形成全国统一的考试大纲，国家级题库也一直未能建立，甚至许多地区连省级题库都没有。与之相对应的，培训大纲、教材乃至培训内容方面也就难以统一，因此造成各地在具体开展培训时随意性太强。笔者在调研中发现，某培训机构的学员水平基本差不多，但学员在培训内容和培训时长方面相差很大，原因解释为其中一批是某公司催得比较急，所以压缩了培训计划，命题方面也做了调整。这种做法必然会影响到考试发证的公平性和严肃性。

（5）对实操训练和考试重视程度不够

尽管《渔业船员管理办法》规定了实操评估的要求，但目前尚未正式公布具体的训练大纲和评估规范，因此多数地区现在根本没有实操考试。从培训的角度看，一些"空壳"培训机构根本就没有设施设备或者配备不足，而硬件设施比较好的培训机构也从降低成本的角度考虑，减少实操训练课时或

者根本不组织训练。本身渔业船员的基础相对较差，理论学习靠死记硬背，再没有实操方面的训练和考试，其业务素质可想而知。

三　相关建议

1. 进一步细化并完善海洋渔业船员培训和考试管理法规

建议渔业行政主管部门以《渔业船员管理办法》为根本，进一步细化并完善我国渔业船员培训与考试管理法规，对培训机构许可与认定规范、培训实施与管理规范、培训监督检查与评价规范、考试申报与组织规范、考试大纲与评估规范等方面作出细则性规定，从而逐步形成规范化的培训和考试管理法规体系。

2. 加强渔业船员管理，健全考试与发证体系

尽管法规明确规定"渔业船员实行持证上岗制度"，但在实际工作中，渔业船员主要是外来务工人员，流动性大，除非主管部门查到，否则不会参加培训和考试。此外，海洋渔业船员培训、考试和发证的管理方面相对落后，均未实现联网管理，难免有不法分子以假证牟取暴利的现象。因此建议对于渔船的配员、船员的考试发证等方面逐步实现联网，同时，基层主管部门加强渔船的监督检查，严格落实船员准入机制，确保船员培训与考试具备良好的大环境。

3. 科学分工，多方共管，提高培训与考试质量

在"转变职能、简政放权"的大环境下，建议各方科学合理地定位，不要只把眼光放在获取利益上，而是真正站在提高我国渔业船员素质的高度上开展工作。建议形成培训机构负责培训、行政主管部门负责培训监督与考试、行业协会作为第三方负责培训与考试质量的评价的格局，各方面真正着眼于提高我国渔业船员素质的大局，形成管控合力，促进我国渔业船员培训与考试工作健康发展。

4. 统一培训与考试标准，创新考试模式

为确保渔业船员考试发证的公平性和严肃性，建议由行政主管部门牵头，组织专家尽快落实《渔业船员管理办法》精神，制定并实施统一的考试大纲，建立全国性试题库，同时规范培训纲要，制定指导性培训实施计划。理论考试方面，建议行政主管部门联合水产、航海院校，研发并逐步推行无纸化考试模式；另一方面，重视实操评估，制定统一的评估规范，真正实现渔业船员考试的高信度和高效度。

5. 引入质量管理理念，提升船员培训与考试管理

20 世纪 90 年代后期以来，我国海事主管机关为全面履行国际公约，提高船员管理水平，在海船船员培训与考试、发证领域开展船员教育和培训质量管理体系建设和认证工作。经过十余年的发展，体系已经相对健全和完善，而且对于促进我国船员培养水平和提高船员素质发挥了重要作用。因此，建议渔业船员培训与考试方面对此进行合理的借鉴，引入质量管理理念，由渔业行政主管部门牵头，从培训、考试和发证全过程建立质量管理体系，使船员培训、考试和发证的管理实现规范化、程序化、标准化，提高效率和管理水平。

四　结语

当前，国家日益重视海洋经济的发展，从决策层面给予了许多指导意见和优惠政策，从而促使我国海洋渔业进入飞速发展时期。而这种飞速发展的局面离不开高素质海洋渔业船员，所以培训机构和渔业行政主管部门任重而道远。就现状来看，许多政策并未完全落实，渔业船员培训和考试工作尚未进入科学化、规范化的轨道。深入发掘自身问题，适度借鉴相关行业的先进理念和做法，是各方应共同面对的重要课题，只有如此，才能真正提高渔业船员素质，确保我国海洋渔业健康发展。

（作者单位：山东交通学院威海校区）

中国船舶产业链整合模式选择研究

杨慧力　　王凯华

1　引言

随着产业分工的细化，企业的竞争优势已不完全取决于企业自身，而更多地取决于企业与产业链各环节的系统协同。通过产业链整合进而提高产业链的国际竞争力成为近年来世界船舶工业的一个突出特点。进入 21 世纪，世界船舶工业出现了新一轮整合浪潮。与 20 世纪 90 年代国际造船界刮起的集团化、多元化经营之风不同的是，本轮整顿浪潮的重点放在了造船业务的规模化、专业化重组上，目的是降低成本、提高效率、增强企业的核心竞争力。2003 年以来，国际铁矿石和海运费数次大涨，使中国造船企业屡陷夹缝，日韩作为造船强国却处变不惊。这是因为日本钢铁行业、造船行业和海运行业的重要企业都是互相交叉持股的利益共同体。韩国造船企业则在材料设备采购、新技术研发、造船订单竞标等方面结成了战略联盟，提高了造船产业链的国际竞争力。可见，产业链竞争是未来竞争的重点。

产业链的本质是描述具有某种内在联系的企业群结构，是相关产业组织形成的一种功能性网链结构。产业链整合是对产业链调整和协调的过程，它以核心企业为主导，以节点企业为主体，根据产业链内生逻辑，通过协作和联合的方式提升产业竞争力，实现资源优化配置。产业链整合包括纵向整合和横向整合两个维度。产业链纵向整合是在产业链主导企业的牵头下，位于产业链不同环节的关联企业通过契约或其他约束，形成一种垂直合作关系。常见的船舶产业链纵向整合模式有联合投资、股权并购、战略联盟、产业集群式整合等。产业链横向整合表现为位于产业链同一环节、从事相似业务的企业借助某种形式的合作形成产业链环节活动的集中，在骨干企业的带领下，以整体组织形式发挥规模经济效应，共同应对市场竞争。横向整合的主要模式有横向合并、横向联盟等。

中国船舶工业产能过剩、产业链条不完整、集群效应不显著、配套业发展滞后的现状，更凸显了产业链整合的必要性。面对新的竞争形势，中国船舶企业必须改变各自为战的局面，将比较优势融入产业链条中，通过产业链各个环节的高效整合提升产业竞争力。

本文从产业链整合角度研究船舶产业竞争力提升问题，通过总结先行国家船舶产业链整合的典型模式，将三角模糊评价法与定量战略计划矩阵相结合，构建中国船舶产业链整合模式选择模型，提出中国船舶产业链整合策略，以期为船舶产业转型升级提供新的思路和方法。

2 世界三大造船国家船舶产业链整合现状

2.1 日本船舶产业链整合现状

日本船舶工业 20 世纪主要采用集团化、多元化战略来避免国际市场的冲击。但是近些年来，日本七大造船集团的弊端逐渐暴露出来。一方面，造船业务比重下降使造船规模经济优势得不到发挥，造船成本上升；另一方面，一些"大企业病"，如固定成本高、管理层次多、决策过程缓慢、经营灵活性差等问题越来越突出。鉴于此，21 世纪日本造船业走的是造船专业化及造船专业化公司合并重组的道路，目的是提高国际市场竞争力（如表 1 所示）。日本船舶产业采取的整合模式主要有合并重组、联合投资、股权投资和内部资源整合。面对造船业的绿色革命，日本政府很早就制订了环保节能船型的研究开发计划，由产、学、官三方联合开发绿色船舶，推动了船舶产品的升级换代。事实表明，日本船舶产业链整合在应对造船成本上涨、保证企业利润率方面发挥了重要作用。

表 1　日本船舶产业部分并购重组案件

时间	整合方案	整合结果
2002 年	日立造船部门与日本钢管造船部门合并，成立联合造船公司	节约成本 50 亿日元，年经常利润率达到 5%
2002 年	川崎重工的造船部门从川崎中分离出来，成立独立的子公司"川崎造船"	提高效率，节约成本

续表

时间	整合方案	整合结果
2007 年	石川岛播磨重工的造船部门与住友重机械的军船建造部门合并，成立 IHI 联合造船	年节约成本 80 亿日元
2012 年	日本钢铁巨头 JFE 控股公司和重型机械制造巨头 IHI 公司合并成立"日本造船联合公司"JMU	JMU 成为日本第二大、全球第七大造船企业，综合实力显著增强

资料来源：根据中国船舶协会公开资料和中经网资料整理。

2.2　韩国船舶产业链整合现状

韩国造船业最突出的竞争优势在于产业集中度高，高端船舶制造能力强，这源于政府导向、企业技术联合等因素的深厚积淀。韩国政府成立国产化推进协会等组织，采取限制船舶配套产品进口、鼓励大型船厂优先在国内采购等措施促进造船企业和船配企业协同发展，并设立技术开发准备金、技术开发基金等支持造船企业和船配企业联合进行绿色造船技术研发。在政府的引导下，韩国造船业在 2002 年掀起了合并浪潮，对经营状况不佳的中小型船舶企业进行合并重组，引导其向专业化方向发展（如表 2 所示）。韩国船舶产业采取的整合模式主要有并购重组、战略联盟和全球价值链模式。

表 2　韩国船舶产业部分并购重组案件

时间	整合方案	整合结果
2002 年	现代重工收购尾浦造船、汉拿重工、三湖重工，合并成为集团式企业联合体——现代造船集团	现代造船集团的造船实力居世界领先地位
2001 ~ 2003 年	STX 并购大东造船、双龙重工、山瑞能源组建了 STX 造船海洋，成为韩国第四大船企	STX 造船海洋
2004 年	STX 收购韩国第三大海运公司泛阳商船，将其更名为 STX 泛洋海运	STX 泛洋海运
2007 年	STX 收购挪威阿克尔造船 51% 的股份，掌握了其经营权，将其更名为 STX 欧洲，并将 STX 欧洲列为 STX 造船海洋的子公司	STX 欧洲

资料来源：根据中国船舶协会和公开资料，中经网资料整理。

2.3　发达国家船舶产业链整合的启示

第一，并购重组成大型专业化造船集团是产业链整合的首要环节；第二，加强与钢铁、海运等配套企业的战略合作是产业链整合的必要环节；第三，加强绿色节能环保造船技术研发，促进造船企业和船配企业的技术合作是产业链整合的关键环节；第四，船舶产业集群化发展是产业链整合的途径和目标；第五，政府的支持引导政策是产业链整合的有力保障。

2.4 中国船舶产业链整合现状及存在问题

2.4.1 中国船舶产业链整合现状及特点

2010 年前，中国造船企业近千家，是韩国的 40 倍，产业集中度低。自 2011 年以来，国际金融危机对航运的滞后影响日益显现，造船市场低迷、新船订单减少、产能过剩的情况使中国造船厂受到严峻考验，也迎来了淘汰落后产能、整合资源的历史时期。2011 年，中国造船业掀起了一股并购重组浪潮，以江苏扬子江船业全资收购江苏中舟海洋工程、中集集团收购京鲁船业等为代表。与 2011 年不同，2012 年以来发生的造船业并购案件，无论是扬子江船业全资收购上海恒高船舶设计公司、中航国际收购芬兰 Deltamarin 船舶设计公司，还是广船国际收购龙穴造船、上海外高桥造船收购长兴重工股权，都是为了提升研发设计能力、调整产品结构、加强高技术船舶建造而布局。

中国船舶产业链整合呈现以下特点：一是以产业集群型整合模式为主，形成几大造船产业集群；二是造船企业加强了横向联合和技术合作，产业集中度提高；三是造船企业加强了与钢铁企业的联合，提高了船板本地配套率，降低了生产成本；四是造船企业加强了与配套企业的战略合作，提高了本土配套率。

2.4.2 中国船舶产业链整合存在问题

虽然中国船舶产业链有了初步整合的迹象，但是产业链各环节像一个个分散的节点，产业链的集聚协同效应和应对风险能力没有充分体现出来，存在的问题表现为：一是产业链横向整合不够，总装化大型造船集团数量不足，高附加值造船技术水平较低；二是产业链纵向整合深度不足，产业链条短，国内配套率低，高端产品配套能力弱的局面没有得到实质性扭转；三是产业集聚协同效应不显著，产业创新体系不完善，各类创新要素没有得到整合，未形成多学科、跨行业、跨所有制的协同创新机制。

3 中国船舶产业链整合模式选择

产业链整合就是对产业链中的各个环节进行调整和协调，使产业链具备强大的竞争力和应对风险的能力，而选择何种整合模式是企业首要解决的问题。本文借鉴国外船舶产业链整合模式，结合中国船舶产业发展现状及世界船舶产业发展趋势，提出中国船舶产业链整合适用模式。

3.1 中国船舶产业链整合的适用模式

3.1.1 核心企业领导的分层协作模式

核心企业领导的分层协作模式，即在核心企业领导下，整船企业、零部件企业分层协作，完成船舶生产的模式。在该模式中，核心企业通过并购与各层级零部件生产企业具有控股或其他控制关系。核心造船企业负责船舶设计及装配、关键系统和零部件开发及制造，并控制和协调整个产业链的运行。一级协作企业负责主要总成和系统的制造，并根据实际情况将部分业务转包给下级协作企业。

该模式对各层企业能力要求不同。核心企业应具有一定规模和能力，对协作企业具有一定的控制权，以稳定生产经营和控制风险，保证产业链协作体系的运行。对协作厂要求相对不高，但须按照上级企业的需求数量、质量和时间完成协作任务。

3.1.2 模块化整合模式

随着现代造船模式的发展，纵向一体化整合模式逐渐分解演化为网络模块化组织。模块化整合就是网络状产业链整合模式，即把船舶产业链复杂的系统分拆成不同模块，并使模块之间通过标准化接口进行信息沟通整合。模块化产业链以网状形态出现，而不是以传统的一条产业链形式存在。企业间的竞争关系表现为产品模块之间的竞争。模块化产业链的整合方式包括产品链上的产品优化整合、价值链的价值创造整合、知识链的知识共享整合三个方面。

模块化造船模式需要造船企业将资源集中最擅长的核心业务上，放弃非核心业务，即把非核心业务外包给最有效率的专业化生产企业，形成造船模块化制造网络。

3.1.3 战略联盟模式

战略联盟模式是指在船舶产业集群内，由造船企业、零部件企业及其他相关企业构成的，竞争与合作并存的，具有产业链组织关系的模式。在该模式中，造船企业和零部件企业以合同契约为纽带建立一体化关系，企业之间合作和竞争自由，没有形成稳定的合作伙伴关系，增加了企业生产经营的不稳定性和风险。

企业战略联盟的建立和维持主要依赖合同和契约，因此对市场有较高要求，如健全的市场机制、规范的市场秩序、完善规范的技术标准和良好的社会信用体系等。

3.1.4 全球价值链模式

全球价值链模式，即船舶企业在全球范围内进行资源整合，构建全球采购、生产和销售的服务网络体系。核心企业控制开发设计、核心制造和服务环节，将低附加值环节转包给全球优秀供应商。

整合企业要拥有自主创新体系，具有知识积累、技术扩散和持续创新的优势，并具有很强的供应链管理能力、市场判断能力。此外，还需要政府在相关政策方面提供大力支持。

3.2 船舶产业链整合模式选择模型

3.2.1 船舶产业链整合模式选择的影响因素

产业链整合模式选择属于企业战略选择的范畴，本文将定量战略计划矩阵与三角模糊评价相结合，作为船舶产业链整合模式选择的方法。定量战略计划矩阵（简称 QSPM）是基于事先确定的外部及内部影响因素来客观评价备选战略的工具。企业或产业的内外条件和环境会影响产业链的演化，同样也会影响产业链整合模式的选择，因此，船舶产业链整合模式的适用性因船舶产业链演化发展的影响因素不同而不同。陈朝隆认为产业链的形成与发展受到自然资源、区位条件、产业基础、技术水平、政策与制度等因素的综合影响。杨蕙馨等强调产业链的选择应考虑产业链专业化分工程度。陶永宏等认为构建区域船舶产业体系要考虑区域船舶产业链基础，以及船舶产业链的各个环节。宋旭琴提出我国航运企业实施产业链整合战略受到经济转型、市场开放程度和区域发展水平的影响。綦良群等提出我国汽车产业链整合模式选择依据是企业能力、产业链发展水平和基础、区域市场环境和全球化因素。王威和綦良群认为区域装备制造业产业结构优化受到资源禀赋、技术水平、对外开放程度，以及国内外政治、经济、法律等因素的影响。

前人的研究成果给本文带来很多启发，船舶产业与一般生产制造业有很多共同点，但是又有区别：船舶产业链环节多，关联范围广，涉及企业层级和数量众多，产业链环节和企业关系错综复杂，对水域和资源条件要求高，整合目的主要是实现对市场的控制和对区域的整合。本文在总结和借鉴相关研究成果的基础上，认为我国船舶产业链整合模式选择主要考虑以下五大影响因素：企业能力、产业链发展水平、产业发展基础、区域市场环境和全球化因素。

第一，整合企业要考察造船企业和零部件企业的技术能力和管理能力。其中，技术能力是指船体设计、零部件开发技术等能力，可以参考研发投入、研发人员数量和水平、专利数量等指标确定；企业管理能力是指企业资源整合、生产经营运作、市场营销等能力，可以参考资产贡献率、资产周转率、利润率、市场占有率等指标确定。

第二，全面分析产业链发展水平。本文从产业链内专业化分工程度、产业链完整程度、造船企业和零部件企业协作水平三个方面来评价产业链发展水平。其中，专业化分工程度用零部件外部采购率、企业产品性质来确定；产业链完整程度主要是指产业链的长度即产业链各环节的完整性；造船企业和零部件企业协作水平指企业在沟通协调、生产供应等方面合作的层次和效率，可参考按时交货率、合作项目数量等指标来确定。

第三，考察船舶产业发展基础，主要是关联产业和生产性服务业的发展水平。关联产业发展水平由钢铁、配套企业的船舶相关产品的产量、收入等指标确定。生产性服务业包括金融保险业、交通运输及仓储业、批发零售业、综合技术服务业、教育及科研事业等，其发展水平可用各行业的产值、机构数量等确定。

第四，考虑区域市场环境，主要包括市场规范化程度、政策导向和政府支持。其中，市场规范化程度指竞争、价格、交易等市场机制的健全程度，以及社会诚信水平；政策导向和政府支持主要考察政府对行业的引导扶持政策，以及产业政策的倾向性。

第五，企业在全球范围内整合还需要考虑东道国的宏观经济、资源状况和投资贸易政策等全球化因素。其中，东道国的宏观经济状况可用GDP、经济景气指数、市场需求等指标评价；资源条件可用船舶生产经营投入的自然资源储量、劳动力数量、素质、工资水平等指标衡量；投资贸易政策主要考察当地吸引外资和关税等优惠补贴政策及其稳定性。

根据以上分析，构建船舶产业链整合模式选择依据体系如表3所示。

表3　船舶产业链整合模式选择依据

	一级指标	二级指标
船舶产业链整合模式选择依据（A）	企业能力（B_1）	造船企业管理能力（C_1）
		零部件企业管理能力（C_2）
		造船企业技术能力（C_3）
		零部件企业技术能力（C_4）

续表

	一级指标	二级指标
船舶产业链整合模式选择依据（A）	产业链发展水平（B_2）	专业化分工程度（C_5）
		产业链完整度（C_6）
		造船和零部件企业协作水平（C_7）
	产业发展基础（B_3）	关联产业发展水平（C_8）
		生产性服务业发展水平（C_9）
	区域市场环境（B_4）	市场规范化程度（C_{10}）
		政府和政策因素（C_{11}）
	全球化因素（B_5）	外国宏观经济状况（C_{12}）
		外国资源状况（C_{13}）
		外国投资和贸易政策（C_{14}）

3.2.2　船舶产业链整合模式选择模型及方法

首先，将船舶产业链整合模式选择的影响因素指标集 C 列于定量战略计划矩阵左栏（见表 3），并为每个因素赋予权重。考虑到因素不能准确量化、指标信息的不完全等特征，采用三角模糊数方法，评价各因素重要性。由 m 个专家分别对每个因素的重要程度在 ［0，100］ 打分评价，第 j 个专家对第 i 个指标的最保守、最可能、最乐观的评价分别用 a_{ij}，b_{ij}，c_{ij} 表示，得到三角模糊矩阵 B = ［a_{ij}，b_{ij}，c_{ij}］，确定每位专家权重 0.03，得到专家权重集 E = ［e_1，$e_2 \cdots e_m$］，利用加权平均模糊算子合成专家评价值和权重，得到模糊矩阵 T = ｛［a_1，b_1，c_1］ $\cdots$ ［a_n，b_n，c_n］｝；采用 $d_i =$ （$a_i + 4b_i + c_i$）／6 的方法计算各因素指标三角模糊评价数，得到模糊数集 D = ［d_1，$d_2 \cdots$，d_n］，并进行归一化处理得到因素模糊权重 W = ［w_1，$w_2 \cdots$，w_n］。

其次，将船舶产业链整合模式列于 QSPM 顶行，包括核心企业领导下的分层协作模式（M_1）、模块化产业链整合模式（M_2）、战略联盟模式（M_3）、全球价值链模式（M_4）。

再次，确定吸引力分数（AS），采用专家打分法，由专家对每个因素对于各模式的相对吸引力进行打分，1～4 分分别表示没有吸引力、有一些吸引力、有相当吸引力、很有吸引力。

最后，计算吸引力总分和（STAS）。吸引力总分和由吸引力总分（TAS）加总得到，吸引力总分等于权重乘以吸引力分数，即 TAS = AS * W，吸引力总分和越高说明模式越有吸引力。

3.3 船舶产业链整合模式选择实证分析——以江苏扬子江船业为例

3.3.1 扬子江船业产业链整合现状及存在问题

江苏扬子江船业有限公司是中国第三大、民营第二大造船集团，以造船及海洋工程制造为主业，金融投资、物流及租船、拆船以及钢结构制造和物业为补充。面对产业链整合投入资金不足困境，扬子江船业通过在新加坡和中国台湾上市融资，加大了资源整合力度，延伸完善产业链。2011年，扬子江船业全资收购了江苏中舟海洋工程有限公司。2013年，收购了上海恒高船舶设计公司和江苏扬子长博造船公司全部股权。同年，集团大力投资船配企业，成立扬子鑫福船舶配件加工公司和江苏乐元创新国际贸易公司。通过控制船舶配件加工、金属制品和材料的进出口贸易，降低了对第三方供应商的依赖程度，减少了配套、物流成本，缩短了造船周期，提高了盈利能力。

虽然经过一系列并购重组，扬子江船业的产业链结构和布局不断优化，但仍然存在一些问题。一是非核心业务占用资源多，导致公司资金链比较紧张。2015年随着市场对大型高端船舶需求的增加，公司急需剥离钢结构制造、物业和物流、拆船等低利润的非核心业务，集中资金专注造船业。二是公司与船配企业在业务、技术等方面相互扶持和联合较少，产业链整体协作关系较弱。船配企业配套层次低，信息化建设落后，系统化、模块化总成配套能力弱，研究经费少、研发能力弱的困局没有破解。三是缺少自主核心技术，高端产品配套能力弱。公司很多船配产品来自旗下的船配企业，但零部件主要以技术含量和附加值不高的产品为主。核心技术依赖外国，高技术含量的关键零部件基本处于外资控制之下。

3.3.2 产业链整合模式选择过程

笔者邀请造船企业、高校、船舶行业协会及政府等相关领域的30位专家，对扬子江船业船舶产业链整合模式选择的影响因素重要程度进行评价。各位专家根据详细描述的评价指标和企业实际数据，在0到100之间对各项因素指标进行最乐观、最可能、最保守的打分。为了保证专家打分的客观性和可信度，利用可信度指标对专家打分进行检验，得到各影响因素专家打分的可信度均在90%以上，说明数据具有较高的稳定性，结果可以被使用。利用加权平均法合成专家评价值和权重，得到模糊矩阵，并采用 $d_i = (a_i + 4b_i + c_i)/6$ 的方法计算各因素指标三角模糊评价数，得到模糊数集 $D_{1,2}$，$D_{3,4}$，进行归一化处理得到各因素指标权重 $W_{1,2}$，$W_{3,4}$；将各影响因素指标权重和相应吸引力分数填入定量战略计划矩阵，计算各模式得分如表4所示。

表 4　扬子江船业产业链整合模式选择的定量战略计划矩阵 QSPM

指标 C	权重 $W_{1,2}$	M_1		M_2		权重 $W_{3,4}$	M_3		M_4	
		AS_1	TAS_1	AS_2	TAS_2		AS_3	TAS_3	AS_4	TAS_4
C_1	0.0997	3.9	0.3883	3.1	0.3091	0.0873	2.3	0.2008	3.9	0.3405
C_2	0.0879	2.9	0.2542	2.7	0.2373	0.0658	2.5	0.1645	2.8	0.1842
C_3	0.0994	4	0.3976	3.2	0.3181	0.0655	2.3	0.1507	3.7	0.2424
C_4	0.0916	3	0.2748	2.9	0.2656	0.0631	2	0.1262	3	0.1893
C_5	0.0927	3.6	0.337	3	0.2781	0.0822	2.9	0.2384	3.4	0.2795
C_6	0.0856	2.6	0.2226	2.8	0.2397	0.0756	1.7	0.2385	3	0.2268
C_7	0.0915	3.4	0.3111	3.1	0.2837	0.0822	2.5	0.2055	3.3	0.2713
C_8	0.0909	3	0.2727	3.1	0.2818	0.0735	2.7	0.1985	—	—
C_9	0.0871	3	0.2613	2.6	0.2265	0.0712	2.8	0.1993	—	—
C_{10}	0.0859	2.5	0.2148	2.7	0.2319	0.0753	2.9	0.2184	—	—
C_{11}	0.0877	3.2	0.2801	2.8	0.2456	0.0767	2.6	0.1994	3	0.2301
C_{12}	—	—	—	—	—	0.0633	3	0.1899	3.4	0.2152
C_{13}	—	—	—	—	—	0.0562	2	0.1124	2.4	0.1349
C_{14}	—	—	—	—	—	0.0621	3	0.1863	3	0.1863
合计	1		3.2145		2.9174	1		2.6288		2.5005

3.3.3　产业链整合模式选择结果分析

由计算可知,核心企业领导下的分层协作模式 M_1、模块化产业链整合模式 M_2、战略联盟模式 M_3 以及全球价值链模式 M_4 的吸引力总分分别为3.2145、2.9174、2.6288 和 2.5005,即核心企业领导下的分层协作模式的吸引力大于模块化整合模式,战略联盟模式的吸引力大于全球价值链模式。说明在目前企业的内外部条件下,扬子江船业产业链整合应该选择核心企业领导下的分层协作模式作为主导模式。为此,扬子江船业需要作出如下调整。

首先,剥离非核心业务,再造业务流程,降低成本,提高效率,提升造船核心竞争力。在韩日船企纷纷转向非船业务的时候,公司应把资源逐步由非船业务投向造船及相关业务,集中资金专注造船业。按照现代化造船模式再造业务流程,构建信息化集成系统,重新设计供应商管理、生产计划、库存管理等业务流程,把非核心业务外包给达到国家《船舶行业规范条件》的优秀供应商。

其次,加强绿色造船技术和标准的信息流整合,与船配企业进行联合技术研发。公司需要建立一套覆盖绿色船舶设计、配套、物流及制造等环节的信息平台,引导配套企业进行船用设备总成设计和集成化、模块化技术研发,实现船舶动力推进系统、电力推进系统等关键系统集成供货，由单一产品制造向产品系统集成供应商发展。只有充分发挥造船企业和船配企业在资源、技术、资金和人才等方面的优势，形成成果共享、风险共担，才能打破国外高端产品的垄断。

最后，以专业化、规模化、特色化为出发点，优化区域造船分工与协作体系，营造集群内造船企业错位竞争的格局。对于中小造船厂，鼓励其面向细分市场实施差异化竞争，向"专、精、新、特"方向发展，在优势领域形成特色和品牌。对于中小型配套企业，鼓励其面向骨干造船企业发展专业化船舶中间产品制造，融入总装制造企业的生产体系，成为其工艺流程的一部分；或者改变主业利用其资源成为栖装件、钢结构件专业生产厂，将比较优势融入产业链条中。

当扬子江船业通过国内产业链整合具备了核心竞争力后，伴随着企业内外部条件变化，可以借鉴日韩做法，构建"造船全球价值链"。一方面利用造船业低谷期以相对低廉的价格并购技术含量较高的船舶设计和研发公司，缩小与国际顶尖船企的差距；另一方面通过在全球建立销售和服务网络，增强国际市场拓展能力，并向投资、品牌推广和设立海外建造基地等方面发展。

4 结论

中国在船舶产业链整合上需要顺应世界船舶行业发展趋势，吸取日韩造船集团化、多元化经营的教训，以规模化、专业化、特色化为出发点，优化船舶产业分工与协作体系，降低成本，提高效率，增强企业的核心竞争力。骨干船舶企业要结合自身条件和所处环境来选择适合的整合方式。当骨干造船企业规模较大，管理能力较强，但零部件产业发展不足，产业链不完整，关联产业发展水平不高，造船和零部件企业的协作程度低，专业化分工程度低时，适合以核心企业领导的分层协作模式为主对产业链进行整合。而当零部件配套产业发展有一定基础、专业化分工程度较高时，适合选择模块化整合模式。当骨干造船企业的技术水平较高、具有竞争优势时，选择战略联盟模式进行横向整合比较有利。而当骨干造船企业具备核心竞争力时，采取全球价值链模式开展境外并购，将船舶制造环节迁往劳动力成本低廉的东南亚等地区，有利于实现产业转型升级。政府则需要在完善制度政策保障、规范市场环境、构建创新平台等方面促进船舶产业链整合。

[作者单位：哈尔滨工业大学（威海）]

立足关键环节　做好审计工作

王祖超

　　近年来，在审计转型升级、审计项目上下联动的大背景下，基层审计机关面临任务越来越重、压力越来越大、社会关注度越来越高的新常态，如何适应新常态、把握新常态，是县级基层审计机关必须努力适应、积极探索的重要课题之一。这几年，我们坚持从文登实际出发，立足于促进审计提质增效，着力在审前调查、审中组织、审后成果运用等方面进行创新探索，收到了比较明显的效果。文登区审计局连续四年被区委、区政府评为突出贡献单位，被威海市政府授予依法行政先进单位，最近又被山东省审计厅评为全省审计机关先进集体。

　　审前坚持精心调查谋划，为审计提速增效夯实基础。我们当地有句俗话："磨镰割草不费功。"说的就是要未雨绸缪，重视前期准备工作。为此，我们在审前主要是做好三项工作。第一，实行年度审计项目立项调查制。在确定年度审计项目时，着眼于增强主动性、科学性和透明度，着力从四个层面入手搞好调查。①积极向区委、区政府主要领导请示汇报，把领导对年度审计工作的指示和要求作为审计必选项目的重要依据。②与区人大主要领导和财经委领导进行沟通，及时了解人大领导和人大代表关心的热点问题，有针对性地选定审计项目。③由局主要负责人牵头，采取上门征询、书面征询两种方式，有重点地选取纪检监察、组织、人事、财政、建设、国土、交通、卫生等部门主要负责人的意见，把这些主管部门、单位关注度高的事项作为确定审计计划的关注重点。④要求各业务科室结合上年度审计工作情况，每个科室选定 1~2 个拟审项目或专题提报法制科，通过集思广益汇总生成下年度拟审项目库，再结合对外征求的意见和建议，为确定年度审计计划提供决策依据。第二，实行年度审计工作要点由区政府转发。坚持把审计工作放到全区经济社会发展的大局中去谋划，积极争取领导的重视和支持，努力创造有利于审计发展的外部环境。从 2010 年开始，每年提出的年度审计工作重点，包括上级安排的重大审计项目、经济责任审计、投资审计、民生审计等工作，都以文字和表格的形式，先由审计机关提出初步安排意见，经市长办公会研究通过后以区政府办公室文件的形式印发，各镇（办）和相关部门执行。这样不仅增强了审计工作的主动性、透明度，而且增强了审计工作安排的权威性和执行力，也凸显了审计在全区发展中的地位。第三，对审计对象实行分类指导。坚持有所为、有所不为，根据被审计单位性质和职能特点，主要分为五类来确定重点评价指标，增强审计的针对性和实效性。①财税部门。重点看是否依法履行职能以及工作绩效等，如财政部门主要关注预算的编制、批复、执行及财政资金的管理情况，税务部门主要关注税收的征管等情况。②承担经济建设、社会管理、事业发展、改善民生职能，有一定的专项资金的审批、管理、使用权的部门。如国土、建设、交通、教育等部门，主要看行业管理职能和是否依法依规审批、管理和使用各项专项资金及其使用效益等。③不具有审批、管理经济事项职能的党政机关和事业单位。主要把经费收支，尤其是"三公"经费作为审计重点。④镇（街道办事处）党委、政府。不仅关注经济数字、收支情况、资金流向，还关注宏观决策制定情况、上级政策的执行情况、出台的有关文件、制定的任期工作目标实现情况等。⑤国有和国有控股企业。主要突出依法经营、经济效益最大化、国有资产保值增值和重大投资决策等指标。

探索创新审计组织方式，为审计工作提质增效提供有力保障。审计组织实施的好坏是保障审计质量的关键。着眼于最大限度地整合审计资源，探索实行了"五结合"的审计组织管理方式。一是统分结合，突出重点。对年度重大审计项目，坚持统一方案、统一组织、统一实施，打破科室界限，集中优势力量，采取混合编组、兵团作战的方式打攻坚战。比较单一的小项目，以科室为主，明确重点，限时完成。二是不同审计项目结合，节约审计资源。针对每年经济责任审计项目较多的实际，坚持把经济责任审计与预算执行、专项资金审计、政府投资审计、专项审计调查相结合，实行项目捆绑。比如，我们就把十几个部门单位的预算执行情况审计，"三公"经费、津补贴发放，采购预算执行，不合规发票报销，零余额账户管理情况五个专题审计一并融入经济责任审计之中，实行一审多果、一果多用。三是问责与问效结合，拓展审计视野。在坚持真实、合规的基础上，进一步扩大审计关注面，积极探索绩效审计。2011 年文登区审计局在对米山镇进行经济责任审计的同时，进行了绩效审计的尝试。经验先后被审计署、省厅和市局转发。四是新老结合，加大计算机审计应用。针对近几年新进大学毕业生较多的实际，采取以老带新、以审代培的方式，由一位审计骨干与一名新人搭配参审，发挥新人的知识新、观念新、懂微机等优点，加大计算机辅助审计力度，促进审计层次和水平的提升。五是与班子成员分工结合，形成整体合力。根据班子结构特点，不断调整和优化分工，由管人改为管事，分管领导不直接分管科室，只分管审计事项。分管领导对每一个大的审计任务，从审计工作方案的编制，审计项目的分配，人员的调配，到审计实施阶段的协调调度、督导检查、审计汇总和审计报告全程负责，形成了谁主管谁负责、既有分工又有协作的组织方式，最大限度发挥人力资源优势。

畅通审计结果报送移交渠道，着力提升审计工作的威慑力。在落实中央八项规定、加强反腐倡廉的新形势下，审计部门作为八大监督之一，必须守土有责、有所作为。为此，我们在审计中坚持强化大案要案意识，全面加强与有关部门的协调协作，加大对违法违纪线索的移交力度，发挥好审计的"反腐利剑"作用。一是定期向主要领导报送审计整改落实情况。在定期向区领导报送经济责任审计结果报告的基础上，自2013年起，每年分2~3批次，由法制科统计出审计决定执行期满的项目，由分管领导牵头组成督查组逐个进行督导检查，检查结果以审计专报形式上报区委、区政府主要领导，从而引起了各单位的高度重视，促进了屡审屡犯问题的全面整改。二是畅通重大违纪事项向纪委移交渠道。加强与纪委监察室的沟通协作，努力找准双方的契合点，重点加大对违反中央八项规定等情况的查处力度。在对某事业单位任期经济责任审计中，针对该单位违规购置使用超标准公务车、长期侵占企业车辆等问题，及时移交给纪委监察部门，给予主要领导开除党籍、免除职务的处分。三是畅通涉嫌犯罪案件向检察机关移交渠道。对于审计发现的涉嫌犯罪事项，加强与检察院的沟通协调，及时追究有关人员的刑事责任。在对某镇的经济责任审计中，通过延伸审计发现所属某村主任涉嫌挪用农村环境综合整治资金的涉案线索，在查证后移交检察院。目前，当事人已被依法追究了刑事责任。镇领导从中汲取教训，及时出台了规范农村专项资金管理的相关制度。四是畅通重大违规问题向主管部门移交渠道。对一些违法违规情况较轻的事项，本着"治病救人"的原则，及时移交主管作内部处理。比如，在对某主管部门下属单位的延伸审计中，针对该单位现金监管失控、出纳人员违规挪用单位资金等问题，及时移交主管部门，给予该财务人员记过、调离财务岗位的处分，在系统内部引起了很大反响。

（推荐单位：中共威海市文登区委宣传部）

人力资源管理视角下志愿者组织管理研究

王志广

随着各种大事件、大灾难的发生，志愿者队伍也在我国不断发展壮大，逐渐在我国公共事务及公益事务中扮演着日益重要的角色。由于志愿者本身的高流动性和随机性，之前关于志愿者的专业化研究涉及较少，现有的关于志愿者的研究重点主要集中在对志愿者的价值取向分析及激励对策的研究。从以往的研究中发现，对如何规范志愿者活动、如何有效地进行志愿者管理方面的研究还欠成熟。

一 基本概念与内涵

谈及志愿者管理，其有三个核心概念：志愿精神、志愿服务和志愿者。

志愿精神指的是个人或团体，依其自愿意志与兴趣，本着协助他人、改善社会的宗旨，不求私利与报酬的社会理念。志愿精神支撑着志愿者，志愿者活动基本上没有报酬，即使有也是很少量的薪酬，绝大多数志愿者都是因为有奉献的精神，不求报酬来参加志愿活动，本着帮助他人、贡献自己力量的精神。

志愿服务是志愿精神化作行动的具体体现，志愿活动多种多样，志愿者自发地在志愿服务中承担责任，彼此之间相互配合，不计报酬地为他人与社会提供服务。

志愿者，也被称为"义工""志工"，具有志愿精神，同时也是志愿服务的主体，志愿者一般分为全职志愿者和临时志愿者。全职志愿者有固定薪酬，很多机构是需要全职志愿者正常上下班的；而临时志愿者则是依托每一次的志愿服务进行活动，大多数都是无偿服务、助人为乐。

二 人力资源视角下志愿者组织管理方法

招募前的准备。在志愿者招募前，要先定位组织，即组织需要什么样的志愿者，组织的内部环境和制度建设是否适合招募志愿者。对于项目而言，也是如此，有经验的长期志愿者根据活动性质，进行对项目的定位，确定所需志愿者的范围。

志愿者的定位。要明确所需招募的志愿者是什么类型，志愿者应该如何参与志愿服务，计划志愿者服务的具体内容，对志愿者的能力风格进行分配，让志愿者能够在活动中更好地发挥优势，完成项目。

平等承诺。在组织当中，包括领导者、管理者、一般志愿者与临时志愿者，他们都是相互平等的，都可以相互沟通交流互助工作。对于临时招募的志愿者，组织往往都会让其能够在志愿服务当中发挥自主性，让他们有更多空间可以发挥自我的能力，为项目服务贡献能量。

公开招募、择优录用。根据项目的特殊性，在招募过程中，除了基本的专业能力考察外，还需要考察志愿者道德修养、志愿精神、吃苦耐劳精神、成熟稳定等品质。在一些志愿活动中，如常见的大学生志愿者服务，大学生经常要下乡活动，在整个活动中会遭遇一些困难，志愿者是否能够克服困难，是否能够坚持下去；另外，志愿者有可能会遇到一些突发状况，例如去敬老院，遇到老人突然发病，或者去幼儿园，与孩童玩耍遇到学生争执与冲突。志愿者是否能够成熟处理突发问题，这对于志愿者的要求是很高的，所以在招募的过程中，要坚持公平、公开、公正的原则，择优录取，筛选有正义感、有责任心、有能力的志愿者。

教育与训练。对于招募的志愿者，都会进行教育与培训。志愿者经过指导与培训，了解自己的职责范围，确定自己的义务与权利，熟悉组织的工作环境和工作要求。经过训练，志愿者才能够更好地适应工作。培训的方式一般包括讲座、阅读、探讨、实地参观、观看录像、专题案例分析等，通过这样灵活的形式，志愿者能够快速清楚组织项目的目的，也能够明确自己在项目组织中的角色与定位。对于长期的全职志愿者，组织内部设有规章制度，对志愿者的日常工作进行规范管理。对于临时短期志愿者，组织一般不会有太多的约束，但无制度的约束管理会让这些志愿者活动很容易打乱，没有系统性。部分志愿者在参加志愿活动时，如果自己的理想难以实现，他们之后就会退出志愿服务，认为组织没有坚持初衷，还有一些志愿服务过于形式化，所以对志愿者的教育与长期的培训是非常有必要的。

协调与协助。在组织当中，志愿者之间的相互协调与协助是非常重要的。每一个项目服务都需要志愿者们进行配合。尤其是对于项目性的志愿服务，很多志愿者之前都相互不认识，也不清楚每个人的办事方式，因此在活动中，为避免冲突，就应该多沟通。很多志愿服务都是长期性的、周期性的，因此有很多志愿者都是有经验的，前辈可以在各方面对后辈进行指导，并且帮助新的年轻的志愿者成长更多，也让其能够在社会公益事业方面协助他人的同时锻炼自己的协调与合作交流能力。

及时记录。志愿服务是在帮助他人、弘扬中华传统美德，同时对于志愿者本身，也是他们参加社会实践锻炼自己的具体体现。志愿者的活动记录、成长记录与个人总结都会对之后的志愿服务提供很多有用的信息，非志愿者看到这些文献资料也可以更加真实地了解整个活动的流程与进程，久而久之，对于机构的发展也是非常有必要的。同时，文献或者图片资料，也可以用来宣传志愿服务，吸引广大社会成员参与其中。

鼓励和重用。在组织当中，全职志愿者的工资都相对较低，对于留住长期志愿者应当有物质方面的鼓励，但更多的还是关注精神鼓励方面。对于临时志愿者，很多都是大学在校生，大学在校生参与社会志愿服务，首先是为了锻炼自己、奉献自己、帮助他人，其次他们也想在志愿服务当中收获更加真实朴实的自己，因此对于这类短期志愿者，精神上的鼓励相当重要。同时，在一些服务中，也应该有适当的授权、放权，让更多的年轻人可以放手一搏。

提供必要的经费。毫无疑问，志愿活动需要必要的经费，全职志愿者需要固定薪酬；而相对于临时志愿者，也需要提供必要车费、膳宿补贴等。尽管经费很少，但也能为很多收入水平低的志愿者提供参与志愿服务的必要条件。充足经费还体现在志愿服务活动的经费充足方面，经费充裕对于各项活动的开展都有积极意义。

志愿者队伍的储备与保留。相对于志愿者队伍的招募和培养，对志愿者队伍的保留具有更重要的意义。因为这关系到组织规模的扩展和组织人力资源的稳定性，可以节省组织消耗在对志愿者进行培养方面的各种成本，也可以提高公众对组织的认可程度。对志愿者队伍的保留方面，可以通过多种激励措施来进行。首先，是对志愿者及其工作的认同和尊重，愿意让其承担更重要的工作。应当将志愿者看作组织的核心资源，而不仅仅是将其当作义工和免费提供劳动的人，充分尊重志愿者的工作，提高志愿者对组织的认同感和归属感，使其长期为组织服务成为可能。其次，还要为志愿者提供更多的参与机会，使他们充分参与到组织中来。这些参与机会包括在志愿服务工作过程中遇到问题向组织进行反馈，与组织建立良好的沟通机制，及时解决存在的隐患，还包括让志愿者参与组织日常建设和重要决策的制定过程，集思广益，充分发挥志愿者的聪明才智。最后，对志愿者的激励可以采用精神奖励和物质奖励相结合的方法。对在组织开展服务的过程中表现优秀的志愿者进行表扬，并颁发荣誉证书，激发其奉献社会的动力。另外，可以给予志愿者一定的物质报酬。物质报酬不作为其志愿工作的劳动报酬，而是作为组织对志愿者的激励的一种方式，可以通过给志愿者提供一定的伙食费、交通费等以维持志愿者的基本生活，减轻志愿者的负担。

三　结语

志愿者组织的核心就是志愿者，志愿者的管理关系着组织的发展。志愿者作为志愿者组织发展中独特的人力资源，对其进行开发和利用将会给组织带来很大的收益。只有重视志愿者队伍的建设，注重对志愿者能力的提高，才能不断促进组织的可持续发展和进步。

（作者单位：中共威海市文登区委宣传部）

以绿色生态为引领，推动威海休闲
农业发展

鞠洪广

"十三五"时期是全面建成小康社会的决胜阶段。张惠市长在今年的政府工作报告中指出，要以五大发展理念为引领，以提高发展质量和效益为中心，壮大都市休闲农业，推动一产向二产、三产跨越延伸，大力发展高效生态农业，深入实施生态立市战略，统筹推进经济建设、生态文明建设，实现现代化幸福威海建设新跨越。所以，在发展农业方面，我们必须坚持绿色发展，突出生态主题，大力发展休闲农业，就会在获得经济效益的基础上，共建共享天蓝、地绿、水净、景美、民富的美丽家园。

一 威海市休闲农业发展的基本情况

休闲农业是利用农村自然环境、田园景观、农业生产、农业经营、农耕文化、农业设施、农家生活等资源，为城市居民提供观光、休闲、体验等多项需求的农业经营活动。它是以农业为基础，以休闲为目的，以服务为手段，以城镇市民为对象，贯穿农村一、二、三产业，融合生产、生活和生态功能，紧密联结农业、农产品加工业、服务业的新型产业形态和新型消费业态。

自20世纪80年代起我国休闲农业开始萌芽，到21世纪初已进入一个全面发展时期。威海市休闲农业从21世纪才起步，随着居民收入的增加和农村经济的转型升级，休闲农业成为符合科学、可持续发展的新型产业。

（一）发展速度加快

威海市休闲农业起步较晚，但随着工业化和城镇化进程的加快，休闲农业发展迅速。以临港区为例，休闲农业在"十二五"时期才起步，经过短短几年的发展，截至2015年年底，全区共建成各类休闲农业园区191家，经营面积突破4万亩。其中省市级农业龙头企业11家，农业专业合作社128家，家庭农场59家，各类采摘园突破50家，年接待游客15万人次，直接经济收入突破3000万元。休闲农业已经成为农村经济新的增长点，形成了以采摘为主体，高效农业、休闲垂钓、农业观光多样发展的休闲农业体系。

（二）产业水平升级

随着产业发展的成熟，威海市休闲农业已经从过去简单的"农家乐、采摘园"等形式不断提升，经营主体多元化和产业类型多样化不断提升。在经营主体方面，由初期单一的农场经营模式向多元化快速发展，初步形成了以龙头企业为代表的工商资本经营主体、以家庭农场为代表的社会资本经营主体和以合作社为代表的专业合作组织经营主体三大类经营模式。各类主体组合形式更加灵活，投资规模、科技含量、管理水平、专业服务等方面也得到了显著提升。在产业类型方面，通过培育主导产业、挖掘文化内涵、增加体验项目，休闲农业品类得到极大的丰富，涵盖了休闲采摘、绿色种植、技术服务、农产品精深加工、特种养殖、旅游观光、苗木种植等多个方面。

（三）区域布局细化

威海市境内的各类休闲农业园区经过多年的发展，布局的区域化特征更加明显。目前全市产业布局主要可以分为三类：一是像米山镇西山后生态园、长学山百果采摘园、汪疃镇太公缘垂钓等依托自然资源和旅游交通区位优势形成的休闲采摘园区，这类园区集中在公路沿线地区，土地和水资源丰沛、种植基础较好、交通便利；二是像于家口葡萄、樱聚缘苹果、神山葡萄等依托优势产业和前沿技术发展的特色种植园区，这类园区集中在传统种植基地；三是像山泰生态园、里口山生态园、百岁谷生态农庄等依托基地优势和旅游资源建成的休闲旅游基地。因此，在产业的空间分布上，受自然资源、道路交通、产业历史和水源地保护等客观因素影响，区内都市休闲农业进一步细化。

（四）管理逐步规范

威海市休闲农业的管理从自发性发展逐步向规范化发展。过去，休闲农业很多是自发性的发展，自己闷头干自己的，想怎么干就怎么干。近年来各区市都非常重视规范化管理，制定了休闲农业的评定标准，依据标准定期进行评估，评出星级休闲农业示范点。同时，进一步发挥行业协会规范经营、抱团合力、技术指导的优势，鼓励龙头休闲农业园区牵头成立协会，建立规范的行业标准和经营模式，带动指导会员形成规模优势和特色优势，避免无序竞争和行业碰撞，提升管理运营水平，使休闲农业逐步走向规范化和专业化。

二 发展休闲农业面临的挑战与问题

威海市休闲农业从采摘园、农家乐到生态园、休闲农庄、度假村，一路走来，发展至今，总体上还处于起步阶段。虽然在政府、经营者的合作努力下，无论是规模还是质量都得到了快速发展，但经营方式还在探索阶段，发展模式还不够丰富，管理、服务水平还不高，产业的发展也面临不少困难和问题。

（一）经营理念不超前

很多人对休闲农业没有全面正确的认识，没有看到休闲农业是经济社会发展到一定阶段的必然产物，没有树立"休闲农业就是农业的延伸"这种科学理念。甚至有的从事休闲农业的经营者现在还停留在产量与价格结合等于收入的传统生产思维上，还没有树立把种植环节体验、种植环境展示、产品升级加工等农业全环节加以经营利用的超前意识，都市休闲农业体验创新不足。例如，台湾休闲农业中的以故事助推产品和儿童农业教育体验的理念以及目前我国江浙一带比较流行的乡村养老模式，在威海市还属于新生事物。

（二）发展规划不完善

威海市大多数休闲农业企业没有制定发展规划，"草鞋没样，边打边像"，资源优势未能得到有效开发。很多项目雷同，缺乏创意和特色，休闲产品单一，难以满足不同层次市民的多样化、多元化消费需求。对比已经非常成熟的台湾休闲农业产业，我们可以发现，台湾从省一级到市、县、区、乡镇以至小到一个农场、农户，大都有一个近、中、远期的规划，其中包括了园区的指导思想、市场定位、开发原则、项目设置、经费预算、效益分析等，确保了休闲农业各项工作走向正规化和程序化，对园区建设和线路布局有很强的指导性。而威海市目前在这方面还相对落后，管理层面上缺少完整统一的区域布局规划，休闲农业的概念和定位还不尽明确；园区个体层面自身规划意识缺失，尤其是很多家庭农场和合作社对自身经营模式、市场定位、空间布局理念模糊，不能有效与市场趋势进行结合。

（三）品牌意识不强烈

品质铸就品牌，品牌决定未来。但目前威海市休闲农业还处于一种探索状态，多数园区小而分散，没有形成自己的品牌，缺少创立、保护、发展优质品牌的意识，缺乏省级国家级名园、名品、名菜、名项目；对传统特色农产品品牌发掘和现有优势品牌培育做强的力度不足，没有形成品牌优势，缺乏市场竞争力。

（四）配套保障不完备

发展休闲农业是一项系统工程，需要全方位的合力。但在发展过程中，休闲农业遭遇了一系列的障碍和制约。一是资金用地困难。农业产业具有投资大、产出慢的特点，前期投入压力较大，同时土地承包权、林权、农业地上建筑物都难以形成有效抵押，企业融资渠道狭窄、合资入股制度不完善，单靠经营者出资显然很难搞规模建设，很难保证资金充足。二是科技力量薄弱。从事休闲农业的经营者大多数不具备专业知识，只能依靠聘请专业技术人员作技术指导，由于资金的限制，技术指导只能是短期的，很难保证全面的科技支持。三是从业人员素质偏低。目前从事休闲农业的多数是生活在农村且以农业生产为职业的农民，这一群体进行以绿色生态为主题的休闲农业活动明显感觉力不从心，不能够胜任这项工作。四是营销渠道不畅通。随着电子商务的兴起以及国家对"互联网＋"发展模式的大力推动，未来互联网技术必定会是农业产业的重要助推器。虽然目前微信和团购网站已经开始普及应用，但在网络覆盖、电子销售、互联网支付等方面还处于起步阶段，相关体验和服务还亟须提高。

三　推动休闲农业发展的机遇与做法

（一）机遇

休闲农业的发展虽然存在一些不足和短板，但随着现代农业转型升级的加快，休闲农业正面临着更加良好的发展机遇。

1. 政策高度扶持

自 2014 年至今，中央连续 3 年在一号文件中将"农业现代化"写入标题，并在 2016 年中央一号文件中明确指出了要通过落实新理念、转变新方式，来破解农村新难题。文件强调推动农业绿色发展、推进农村产业融合，并首次提到了农业供给侧结构性改革，要大力发展休闲农业。依托农村绿水青山、乡土文化等资源，大力发展休闲度假、旅游观光、创意农业、农耕体验等，使之成为繁荣农村、富裕农民的新兴支柱产业。去年 2 月 6 日，《文登区人民政府进一步加快现代休闲观光农业发展的实施意见》出台。根据该意见，文登每年都将安排专门资金用于奖励现代休闲观光农业园区、家庭农场等。

2. 资源优势明显

威海市处于山东半岛最东端，又是半岛 1 小时经济圈的重要节点。在对外市场上，与韩国隔海相望，随着中韩自贸协定的不断深化，对韩跳板优势进一步凸显。交通发达，威海高铁站、空港、海港等交通枢纽齐全，具有多条国际国内交通线，辐射能力较强。同时环境优势明显，作为联合国人居城市典范，威海市空气质量优良率常年在 90% 以上，在 2015 年公布的中国大陆氧吧城市 50 强中排名全国第二、全省第一。生态环境保护良好，土地资源丰富，自然风光优美，发展都市休闲农业优势得天独厚。

3. 产业前景广阔

从世界经济社会发展情况来看，人均国内生产总值（GDP）超过 1000 美元后，居民的需求结构开始转变。我国人均 GDP 已超过 7800 美元，正向全面小康社会冲刺，再加上假日增加和传统节日文化的复兴，越来越多的人更加崇尚自然、生态、环保和健康的休闲方式。从发达国家的发展进程看，休闲农业的市场潜力巨大，发达国家的公民大约 1/3 的时间用于休闲，1/3 的收入用于休闲，1/3 的人员就业在休闲产业，国家 1/3 的 GDP 由休闲产业创造。比如法国每年有 3000 多万人前往乡村休闲观光，占全国总人口的一半。美国有 2/3 的成年人经常去农村地区休闲度假。休闲农庄的经营规模也在不断扩大。目前德国平均每个休闲农场占地面积约 100 公顷，法国休闲农场占地面积大于 50 公顷的休闲农场有 17.2 万个，澳大利亚休闲农业的收入占旅游观光业总收入的 40%。可见，未来威海市休闲农业也必将迎来发展的黄金机遇。

（二）做法

恰逢良好的发展机遇，今后推动休闲农业的发展要做好以下几点。

1. 转变思想观念，树立现代意识

传统农业在我国已经存在了几千年，其特征就是最原始、最简单的"靠山吃山，靠水吃水"：山民砍树，渔民打鱼，对大自然只有索取，没有经营。当索取超出资源承载能力时，其结果就是资源枯竭、生态破坏、灾害横行，对人类的惩罚就是致使其贫穷。休闲农业就是对自然资源的经营，通过科学合理的经营实现生态和经济良性循环和可持续发展。无论是政府领导，还是经营者，都要突破传统农业的框子，确立发展休闲农业的产业定位，要认识到休闲农业是服务市民、富裕农民的朝阳产业。发展休闲农业符合经济社会发展规律，是推进农村一、二、三产业融合发展的重要途径，是人们对农业的新认知，是人类生态文明发展的重要内容，是人们对生活质量的客观追求。思想是行动的先导，在这一理念的指导下，全社会都关注休闲农业的发展，休闲农业才会蓬勃兴旺，才会带来生态和经济的双赢。

2. 完善规划布局，实现有序发展

针对威海市休闲农业发展过程中出现的低水平重复建设、结构雷同和"分、散、乱"现象，我们通过对各种资源的整合，按照规划先行的原则，注重规划的整体性和连续性，综合考虑休闲旅游资源的性质、空间分布和吸引力等因素，引导扶持现有休闲农业企业上规模、重规范，实现优化提升，把原本相对独立的景点整合提升为精品旅游线路，实现各地农庄不重复、不雷同、有变化，互相映衬，相得益彰。各区市形成了有序发展的新格局，文登区正在建设"三区四带"的现代农业发展格局；临港区正在建设"两区两带一中心"的休闲农业新局面。临港区一方面由政府牵头，聘请专业机构完善区级总体规划，重点利用好现有资源，加强线路设计和产业布局的合理性，为个体园区发展提供支持。例如计划在韩家山、武林水库、米山水库和金井寺等适宜地区选择山清水秀、自然条件优越的原生态村庄探索"空心村"改造新模式，发展一批主题民宿村，既满足城市休闲族、韩商、驴友、摄影师等不同目标客户的需求，还能为周边园区提供住宿等基础服务，带动人气。另一方面鼓励经营者结合自身发展目标制定细化的行业规划、企业规划，做到每个园区都能合理布局、主题鲜明、目标消费群体明确，每个企业都能有故事、有灵魂、有打造百年品牌的意识。

3. 突出主题特色，加强品牌建设

未来休闲农业的发展要使优势特色更加突出。"农耕文化"优势要突出，逐步形成以"吃农家饭、住农家屋、干农家活、享农家乐"为主要内容的乡村观光游、乡村生活体验游等休闲农业特色。太公缘农耕部落、石岛桃园渔家民俗村、乳山大陶家民俗村围绕农事民俗体验发展休闲农业。"绿色生态"优势要突出，威海市立足丰富的生态资源，因地制宜打造了各区市休闲生态农业特色板块，如文登区山泰生态园、西楼集团金岭山庄生态园、乳山市的金牛谷生态农业观光园等。其中，山泰油桃打出了绿色无公害的品牌，其种植的全过程充分突出了"绿色生态"特色，对产地环境和土壤质量要求很高，有机质含量15g/kg以上，碱解氮含量70MG/kg以上，速效磷含量50MG/kg以上，土壤pH值为6~7.5，土壤全盐含量不得高于3g/kg，采用测土配方施肥、人工除草、物理方法捕虫等方式来确保油桃达到绿色无公害标准，并申请了绿色无公害产品认证，打造起自己的品牌。

加强品牌建设要做到内功和外功双修。内功是企业层面要通过创新项目、提升体验来打造企业品牌影响力。外功就是政府层面要规范各类园区的生产经营行为，积极申报果蔬等地理标志和绿色无公害食品认证，加强品牌创建。同时充分挖掘原有优势品牌"于家口葡萄""威鹰玫瑰""山马于西瓜""南海花饽饽"等，逐步培育成"地标性品牌"，通过举办各类农产品展会、节庆活动，提高区域品牌知名度。利用报纸、广播、电视等传统媒体进一步包装，利用网站、微商等新兴媒体全方位打造特色农产品品牌。

4. 推动土地流转，拓宽融资渠道

土地流转是发展休闲农业的重要举措，是吸引工商资本投入的关键因素。要因势利导，多措并举，以项目整合为依托，以休闲农业示范园和休闲农庄建设为切入点，加快土地流转。鼓励民间资本依法通过招标、拍卖、公开协商等方式取得荒山、荒地、荒滩的土地经营权，发展休闲农业。鼓励民间资本采取独资、合资、合伙等多种形式参与休闲农业的开发经营，比如荣成市虎山镇盛泉集团开发建设天赐长寿山农业休闲园。鼓励金融机构创新金融产品，为休闲农业发展提供信贷支持。鼓励各类担保机构为休闲农业提供担保服务。

5. 多方形成合力，完善配套保障

科技人才支撑是后盾。政府管理方和从事休闲农业的经营群体都要重视科技进步，要围绕休闲农业生产的各个环节建立相应的科技服务组织。各镇办要建立一支稳定的科技人才队伍，注重能人的示范带动作用，积极开展科技培训，提高休闲农业从业人员的整体素质。

搞好市场营销是关键。发展休闲农业要以提高市场竞争力、搞活农产品流通为目标，加强市场信息化建设，畅通销售渠道。支持引导经营者参与电子商务体系，实现门户网站、区市级平台、企业平台、农村电商平台的互联。

以农村社区为单元搭建农村电商体系，打造线上线下平行交易模式，实现农村土特产品与城市商品的双向流通。同时，紧抓中韩自贸区有利机遇，积极开发对韩市场。

完善基础设施是保障。整合农业、林业、水利、发改、旅游、环保、土地等部门的相关政策，综合发力，加大对休闲农业生产基地、道路、通信、饮水安全、环境污染治理、公共安全、农耕文化等基础性公共设施建设力度，完善休闲农业发展的基础条件。休闲农业经营主体也应有计划地完善网络、餐饮、住宿、停车场、旅游厕所等基础设施，提高配套能力，尽快形成区域条块清晰、行业发展规范、产业布局合理、平台服务到位、项目带动明显的都市休闲农业大格局。

（作者单位：中共威海市文登区委党校　课题组成员：李　莉　张　辉）

中韩文化创意产业贸易策略

——在威海自贸区建设的背景下

张红军

经济学家罗默论断，创意是推动一国经济成长的原动力。2006 年我国《国家"十一五"时期文化发展纲要》中首次引入"创意产业"概念，北京市统计局发布的《北京市文化创意产业分类标准》开始使用"文化创意产业"概念并对其作出定义。其后，香港、上海、杭州等地区和城市都在政策规划中提及文化创意产业，地区主体对这一概念的选择，突显出对区域文化资源开发和创意发展的重视。

文化产业、创意产业、文化创意产业、内容产业、版权产业、娱乐产业，这些相近概念的出现都有其现实语境，描述的是"文化与经济相互激荡的空间"。"文化产业"的概念来源于"文化工业"，法兰克福学派用其描述机械复制生产大众文化消费品侵占严肃文化空间的现象，工业经济发展是其背景。"创意产业"概念在 1998 年的《英国创意产业路径文件》中首次被提出，作为英国工党新政府"新政"的主要口号，试图表达"创造性"是复兴英国经济的一剂良方，由工业经济转向新经济是其背景。"内容产业"则首次出现在1995 年的西方七国信息会议上，是在数字内容发展、网络经济兴起的背景下提出的。"版权产业"是世界头号文化创意产业强国美国使用的官方概念，在知识经济时代助其进行国际版权贸易。"娱乐产业"概念则与娱乐经济和体验经济理论的形成相融。本文使用"文化创意产业"这一术语，代表主体在新的经济形势下，重视文化建设，寻求创意突围，带动区域经济贸易发展的思路。

文化创意产业的分类标准繁多，各种项目罗列和圈层归纳都有其逻辑，本文赞同文化创意产业是文化产业与创意产业的交集而不是并集的观点，将其定义为"以满足人们精神需求的文化产品为基础，以密集性创意为核心的相关生产、流通等行业集群"。联合国贸易和发展会议将创意产业贸易分为创意商品贸易（包括工艺品、视听、设计、音乐、新媒体、出版物、视觉艺术大类）和创意服务贸易两大类。立足中韩文化创意产业贸易的实际，本文将出版、动漫与游戏、会展与旅游、设计、音乐、影视等产业门类作为讨论对象，仅讨论核心文化产品、整体产品，对外围支持产业如视听设备制造、纸张生产等不做无限延伸。而时下的数字化、网络化、新媒体发展已经渗透到网络游戏、数字音乐等具体产业形态中，本文亦不对互联网相关产业进行专门分类论述。

2015年2月25日，中韩两国草签《中国－韩国自由贸易协定》，将威海与仁川自由经济区（IFEZ）作为实施合作项目的示范区，威海成为首个被写入自贸协定的中国城市。迎接经济全球化的机遇与挑战，威海通过对外开放承接韩国等周边国家的产业转移，建设加工制造业基地、农副产品基地和旅游度假地。发展包括工业设计、品牌设计等生产型服务业在内的文化创意产业，能够有效提升制造业水平，增加农副产品附加值。

中国对韩国出口产品结构与韩国对中国出口商品结构趋同，自2006年起，中韩贸易主要表现为产业内贸易，其中我国的比较优势主要集中在劳动密集型产业和矿物资源、农作物及其制品等初级产品上，产业附加值低，不利于我国贸易结构的优化和国际贸易竞争力的提升。而威海矿产资源并不丰富，劳动力价格也将随着经济发展攀高，发展高附加值的文化创意产业贸易开拓新疆域，无疑具有必要性和紧迫性。

通过文化创意产业贸易，生产高质量的文化产品和具有文化附加值的产品，能够更好地满足人们的精神需求，刺激人们创造经济价值和人文价值的积极性。威海与韩国交往密切，文化深受韩国影响，城市居民享受韩国文化创意产品，也受到其中包含的精神力量、审美取向的激励，在日常生活中体现出文明、积极的良好素质。这是发展中韩文化创意产业贸易的内部增益性。

在文化创意产品贸易中，因为国家地区间的文化差异和距离，往往产生文化折扣，即文化创意的内容因为语言、习俗、观念的差异，不能被目标受众完全接受。而中韩因地缘、历史亲缘，文化具有很大的相似性，风俗习惯和社会观念差异性较小，这就缩减了文化交流和文化贸易时的文化折扣，具有更好的传播效果。这是发展中韩文化创意产业贸易的文化优势。

据统计，2013年，全球文化产业增加值占GDP的比重平均为5.26%，约3/4的经济体创造的产业增加值占GDP的比重在4.0%～6.5%，而韩国的文化产业增加值占 GDP 的比重已接近 11%，紧随美国（11.3%）之后，位居世界第二。2013 年的中国文化产业占 GDP 的比重虽然只有 3.42%，还不到中游水平，但庞大的经济体量基数使中国文化产业有极大的增长空间，而韩国无疑是好的学习对象。

一　出版产业贸易

2012 年中国国民年度读书量仅为 4.39 本，韩国的这一数字为 11 本。2000～2011 年，我国图书版权输出种数排行中，韩国排在中国台湾和香港地区之后，成为第三大输出国，占比近 10%。文化相近性和市场规模使韩国成为中国出版贸易的重要市场。

中国对外出版贸易存在一系列固有问题，实物出口稳步增长，却尚未进入主流渠道：销往海外的产品多为内向型产品，面向海外华人华侨群体，语言多为中文，流通范围较为有效；渠道多样且呈无规律销售，尚未按照国际惯例进行海外营销网络的有序搭建。在销往韩国的出版物中，以汉语教材、古籍、绘画书法、中药类为主，自然科学和人文社科类很少。

韩国出口中国的出版物以通俗小说、网络小说、影视作品改编小说为主，是影视作品掀起的"韩流"的附属物，出口数额受其引发的韩流热度的影响。但韩国并不满足于通俗文学作品的出口，试图以更优质的文学作品展示韩国文化的感染力，具有世界眼光。

1996 年韩国文学翻译金库项目成立，奠定了韩国文学出版世界化进程的基础。2001 年，韩国文学翻译院建立，作品受到翻译资助最多的朴婉绪、金周荣等都是韩国特色极为浓重的作家，其作品中都含有较多的韩国元素。同时，韩国文学翻译院积极培育国外的专业翻译人员，资助具备潜力的外国籍翻译人才——其中申请到资助最多的是学者型译者，资助引进韩国图书版权的海外出版社和代理公司。此外，翻译院还与大学展开合作，开办翻译学院，鼓励和资助具备一定资质的外国人到韩国学习语言和文化。积极利用国际书展平台，资助作家参加国际交流活动，也是其重要举措。除了专门机构外，还有大山文化财团等民间团体，与中国院校合作，出版韩国文学研究书籍，并设立奖学金资助研究者。

韩国这一系列措施无疑对我国有很强的借鉴意义。在具有中国传统文化要素支撑的传统优势出版品类之外，还应该开发更多的题材，鼓励优秀的严肃图书作品的出版贸易。韩国的文化氛围和整体国民素质使其对严肃作品具有相当强的包容性，这从韩国本身的影视、出版现状就能见到。严肃作品也对出版翻译水平有更高的要求，随着中韩文化贸易的进一步发展，中国可以学习韩国成立专门的机构或者借助原有的部门框架，通过资金奖励和与中韩高校合作的方式，翻译更优秀的严肃作品。威海拥有高校资源和熟知两国文化的翻译人才，无疑使其具有先发优势，政府通过与韩国高校有密切联系的威海高校展开活动，利用资源丰富的民间团体，鼓励韩国翻译人员和学者到威海交流，鼓励威海的人才到韩国去体验，都是发展出版贸易的有益举措。

二 动漫与游戏产业贸易

在产业发展中，动漫产业与游戏产业关系密切。以日本为代表的创意强国，通过动漫与游戏对优秀 IP 的多次联动开发，延长产业链，形成了独特的 ACG（动漫 Anime、漫画 Comic、游戏 Game）文化。韩国动漫开端由日本代工起家，在近年来飞速发展，成为继美国和日本之后的第三大动漫产业强国，由 OEM（代工生产）渐渐转向 ODM（原始设计），拥有较强的动漫原创能力。

与日本由庞大世界观和复杂剧情衍生出的动画漫画作品不同，韩国实力最强的动漫产品是具有简单鲜明特征的卡通形象，如流氓兔、中国娃娃、小企鹅 Pororo 等。这些卡通形象曾在中国产生过较大的影响，印有卡通形象的产品广受欢迎，许多形象具有国民知名度。与日本动漫的延长型产业链、对 IP 的全方位开发相似，韩国政府把西方项目管理模式 OSMU 引入动漫产业发展中，甚至上升到政策口号的高度，力图创造多元的附加价值，达到传播效应和经济效益最大化的目的。

OSMU 直译为"一源多用"，在 ACG 时代的韩国动漫产业内可以诠释为"一个创意、跨界产业、多种版本、不同载体"。一个创意题材同时可以衍生出漫画、动画、游戏、卡通形象产品等多个子项目，甚至扩及周边的电影、电视剧、美食、观光、电信、设计、音乐、出版及其他产业项目。各子项目间独立又紧密联系，在投资、上市时间、宣传推广计划上相互配合、相互推进。在这种运作模式下，一个创意就可以形成一个产品链。政府应该出台政策鼓励以某一畅销作品为源，进行跨产业、多载体的再制作，展开对外贸易。

中国的动漫产业虽然出现过一批兼具艺术性和思想深度的优秀作品，并在国际上产生过一定的影响力，但仍被低幼化限制，政策刺激产品的产量增长却难以实现质量的飞跃。但随着受日本、美国动漫影响的一代人掌握动漫生产、消费的话语权，代加工厂积累技术经验，消费需求刺激市场发展，网络发展为动漫发展开辟自由多元的空间和市场，中国动漫无疑具有良好的发展前景，必将在题材和质量上有所突破。

在动漫贸易中，中国可以学习韩国的经验，通过有文化共通点的鲜明形象和为两国人民所熟知的题材打开韩国市场，改变韩国对中国动漫产业落后的认知。与动漫产业略显艰难的破局不同，中国近年来在游戏贸易中拥有了更大的发言权，通过游戏贸易带活动漫贸易也有一定的可行性。

游戏市场由网络游戏、手机游戏（移动游戏）、单机游戏三大板块构成，网络游戏又可以细分为客户端游戏、网页游戏和社交游戏等。本世纪初中国网游市场依靠韩国网游版权代理打开局面，近年来，随着移动互联网的发展，中韩两国的手游市场不断扩大。在韩国发达的网络设施支撑下，韩国手游市场曾在 2013 年实现 190.6% 的超高速增长，2014 年仍以 25.2% 的增长率稳健增长，比重由 2013 年的 23.9% 提升到 2014 年的 29.2%，与网络游戏联合占据了整个韩国游戏产业 84.8% 的比重。在 2014 年的对外出口中，中国是其主要的出口国，占据 32.2% 的份额。与此同时，中国也出现整个游戏产业向网游与手游集中的倾向，在与韩国的新兴手游产业贸易中，通过大型互联网公司带头，呈现出猛烈的输出态势，并借由投资向上游研发产业靠拢。高度发达的韩国市场因为人口的限制，渐触发展的天花板，可以肯定的是，中韩游戏贸易未来的市场还在中国。

对威海而言，通过政策优势吸引韩国上游游戏研发资源入驻，或许是一个好选择。这可以减少国内企业与韩国研发公司的沟通成本，吸引国内公司在威海投资，带活威海的游戏研发产业，帮助中方学习韩方技术，转型 ODM，形成产业集群。与此同时，国内政策调整使游戏美术等人力资源密集的游戏产业链环节逐渐移出北京，中小型工作室纷纷"外逃"，也是许多城市吸引游戏人才、完成产业链增量的一个机遇。

随着游戏产业的发展，电子竞技成为一项备受关注的体育赛事。与其他体育运动一样，电子竞技也具有国际性，而中韩两国在电子竞技上都占据较高水平，威海或许可以通过举办、承办中韩两国的电子竞技赛事为游戏贸易打开局面。

三　影视产业贸易

根据中韩影视贸易的发展状况，将影视产业贸易分为电影、影视剧、综艺三大板块。影视剧曾经是掀起"韩流"的先锋,近年来,随着中国引进韩国综艺版权以应对创意匮乏和激烈的竞争环境,以及 2014 年《中韩电影合拍协议》签署,综艺和电影也成为重要的影视贸易组成领域。然而,影视贸易的逆差值得关注,韩国对中国的影视贸易不仅输出版权,资本输出、劳务输出、技术输出也渐成趋势,这在电影贸易中表现尤为明显。

韩国电影通过政府建立韩国电影振兴委员会、推行分级制和配额制等扶持措施,在 1995 年到 2006 年之间实现了观影人次从 1000 万人到 1 亿人的增长,国产片曾在 2006 年达到 65% 的占比。然而,随着 2006 年新国产电影配额制的实施,韩国电影出现了与中国电影同样的困境,受到好莱坞电影的倾销、冲击。国内遭遇的困境使韩国电影更加重视海外市场的扩展,在其出口布局中,亚洲地区占首要地位,而在 2014 年 2087 万美元的亚洲输出额中,中国和日本贡献了大部分。

2004 年以来,中国电影进入高速增长期,观影人次由 2006 年的 8900 万人增长到 2014 年的 8.3 亿人,即将成为世界上最大的电影市场。中国电影近年来在题材、技术上有所突破的同时,也遇到了类型单薄、成本压力等发展困境,与较为成熟的、与好莱坞相比"侵略感"较弱的韩国电影合作、学习,成为一种选择。由于中国进口分账片份额被好莱坞电影占据,《鸣梁海战》《暗杀》等进口买断片的表现不佳,目前,合拍片成为中韩电影贸易与合作的趋势。

周健蔚对"合拍片"(co-production)进行了界定,认为中韩合拍片的发展史可以分为取景和劳务合作阶段、共同投资和人力合作阶段和以视觉特效技术为主的多元合作阶段。合拍片有利于双方的优势互补,降低文化折扣,韩国电影人才的高性价比、先进技术吸引中国,中国的巨大市场潜力吸引韩国,两者无疑会在合拍片上走得更远。

在综艺方面,对韩国综艺进行本土化改造已经不能满足需求,从学其形到学其神,再到理念与技术的借鉴成为趋势。而在影视剧领域,随着中国网络剧形式的日渐成熟,成为学习韩剧叙事技巧和拍摄手法的演习场,也出现中韩合拍网络剧这样的新的合作形式。

电影等影视作品对区域经济的带动作用,体现在落地拍摄、后期制作带来的直接收益,以及影视文本展示区域魅力刺激旅游带来的间接收益中。威海发展中韩影视贸易可以从这两个层次入手,其丰富多层次的自然景观和优美的城市环境,不仅可以作为影视作品的拍摄地,在影视文本中宣传威海,也可以尝试通过政策优惠鼓励影视人才和影视机构的落地,进行影视版权交易展览，举办影视文化节。其中，从合作拍摄操作难度更低、传播效果更佳的网络剧入手也是不错的选择。

四 音乐产业贸易

韩国吸收欧美地区流行音乐元素，形成独具特色的 K-pop 流行音乐，以唱跳和鲜明的节奏为特色。其音乐市场被 SM、YG、JYP 等娱乐寡头垄断，这些公司通过练习生制度选拔艺人，组合是其音乐艺人出道的重要形式，打造音乐、影视、综艺全方位发展的艺人是其特色。如今的中韩音乐贸易，韩国流行组合是其主要的推动力，不同于唱片经纪时代，演唱会和艺人经纪成为音乐产业贸易的主要形式。

威海发展中韩音乐贸易，可以在细致的规划支撑下做一些大胆的想象。大型演唱会考虑受众群体的区域，一般在经济发达的城市举行，威海没有足够的受众群支撑，或许可以考虑承办中韩歌会、音乐节等仪式感较强的演艺活动。歌会和音乐节具有一种节庆、狂欢的氛围，能吸引不同地域的人赴约，而音乐节对场馆的要求有所降低，足够的空间和适宜的气候环境就可以满足。此外，不仅有韩国传媒巨头 CJ 在北京建立练习生培训中心，中国流行音乐界在积极学习韩国的练习生制度，国内一些文化公司在南宁等城市建立起号称学习韩国管理模式的练习生培训基地。威海凭借与韩国的地缘优势和良好的城市环境，或许可以与韩国娱乐公司合作，在建立练习生培训基地方面进行探索。

在中国，J-pop 的流行与互联网的发展密不可分，歌曲、MV、明星资讯等宣传文本通过论坛、社交媒体等网络渠道传播，还有网民自发制作用户生产内容，进行文本的二次传播，具有强大凝聚力的明星后援会也依靠网络发展壮大。威海在发展中韩音乐产业贸易的相关活动中，应该充分利用互联网的力量进行宣传推广。

从通俗走向艺术，歌剧、音乐剧、音乐会等形式虽然不在音乐贸易中占据大份额，但通过双方演艺资源的流动，展开相关合作，可以提升地区文化形象。威海近年来引进品牌建造场馆，提升居民的艺术欣赏水平，培养了消费习惯，也为中韩展开音乐艺术交流做了铺垫。

五 设计产业贸易

韩国设计产业的发展始于 1970 年设立的韩国设计振兴院 (KIDP)。1998

年的汉城奥运会在成为韩国经济发展转折点的同时，也促进了设计的飞跃。20 世纪 90 年代依靠三星、LG 等大企业内部工业设计力量转向独立发展，韩国设计人才和设计市场得到了极大的锻炼与提升。2001 年，以国际工业设计协会召开大会为契机，韩国政府投资 8300 万美元建立韩国设计中心，全国经纪人联合会也设立了产业设计特别委员会支持设计活动。此后，韩国政府以首尔为中心平衡设计产业的发展，先后设立了光州设计中心、釜山设计中心、大邱 – 庆北设计中心。可以看出，政府在韩国设计产业的发展中发挥了重要的引导和助力作用。

北上广及其周边地区是我国的设计产业较为发达的地区，专业设计机构、学院工作室等资源为其助力。在威海地区，现阶段缺少设计产业发展的经济、教育条件，与周边区域的联动效应没有显现，短时间内难以形成发达的设计产业集群。

而威海加工贸易的发展需要工业设计的提升，当前的一条有效路径是进行设计工作的外包，利用威海的区位优势，寻找符合要求的韩国设计公司，与其合作，使用、学习其设计和先进理念，以设计促进出口的同时培养自己的设计人才。此外，产学研结合的思路也是发展设计产业所必备的。在设计产业较为发达的城市，以院校为依托的工业设计室或公司较为普遍。威海政府可以鼓励企业与威海高校合作，建立研究机构和工作室，培养设计从业者，实现设计产业的产学研结合。在此过程中，要注意高校的市场敏感性较低，不及专业设计机构，还应鼓励高校走向市场，与市场主体进行更广泛的合作。威海有三星这样的具有公司设计部或工程部的大企业，其较高的设计水平可以为承担外包工作的设计机构培养人才。政府应该为设计产业中的专业公司、高校、大公司内部的设计资源牵线搭桥，鼓励三者之间的开放合作。

六　会展与旅游产业贸易

商品贸易占据创意产业国际贸易的绝大多数份额的同时，创意服务的比重在逐渐增加。会展作为一种重要的创意服务贸易，除了产生直接的经济效益，还能够推动区域基础设施建设，提升其知名度和竞争力，扩大内需，带动就业，促进区域融入全球经济一体化，有利于城市的产业升级。此外，会展还可以将活动参与者转变为旅游者，带活旅游业的发展，形成停留时间长、消费水平高的会展旅游。

威海举办过人居节、东北亚论坛等有一定影响力的品牌会展，有国际展览中心和国际会议交流中心两处场馆设施。但必须看到，威海会展品牌的影响力有限，现有的会展设施的体量不足以支撑大型国际会展，同时存在场馆设施老化、媒体设备不完善等问题。在威海会展发展中，应该坚持既定的"六选六不选"原则：选择小不选择大、选择轻不选择重、选择海不选择陆、选择会不选择展、选择独不选择偶、选择特不选择杂。这些原则无疑是与威海的发展状况相匹配的。

依托韩国资源开发的美食、服装等会展项目涉及日常生活的多个领域，受到威海人民的欢迎，威海会展下一步的目标是提升中韩会展在我国国内的知名度和在韩国的影响力。在国内，要让威海与"韩流"直接联系起来，举办影视、服装、化妆品、食品等"韩流"代表门类的会展，使这些细分会展形成系列和品牌，产生一种"节庆"效果，吸引国内的消费人群和韩国企业。随着把威海打造成中韩贸易标志的努力，未来的威海会展业未尝不能变小为大、变轻为重。同时，举办会展也是促成版权贸易、动漫游戏贸易、影视贸易，带动文化创意产业贸易全方位发展的重要手段。

发展会展业，坚持低碳原则和打造品牌是必备的观念。目前国内尚无有影响力的会展认证机构，寻求国际展览业联盟（UFI）认证是众多城市发展会展的目标。通过权威认证打造有影响力的会展品牌，是增强威海会展业国际影响力的有效途径。

威海的旅游资源对山东半岛乃至全国具有一定的吸引力，然而，国际性的会展旅游需要与周边区域的旅游资源展开合作。《世界旅游组织2013年报告》中称，全球跨境旅游中约有80%属于区域内的跨境旅游。好客山东中部的山水圣人旅游区和东部的海滨旅游区资源互补性强，形成双核型的空间布局，无论是观光旅游还是停留时间长的度假旅游，丰富的人文自然景观加上威海得天独厚的自然环境都能满足需求。此外，威海发展与韩国的跨境农业旅游、文化旅游，借助韩国资源发展医疗旅游等也都具有广阔的市场前景。

七　发展的集群化与品牌化思路

深厚的文化积淀、浓郁的艺术氛围、开放的文化元素、多元的城市文化气质及宽容的城市文化态度，对于创意灵感的迸发具有重要的意义，是创意产业集群产生和发展的基础。威海作为新兴的沿海城市，兴起于对外开放，有着多元、开放、包容的气质，又借自贸区的东风，适宜走文创产业集群化的发展道路。在考量威海发展中韩文化创意产业贸易的时候，为了使威海承载更多的中韩贸易体量，不得不思考威海本身的区位优势与局限性，考量交通条件、已有产业结构的限制。这也体现出集群化思路的必要性——威海的发展需要与周边区域展开广泛合作。

北京是我国创意产业最发达的地区，以北京为核心，在它的辐射带动作用下，可以建构环渤海创意产业集聚区，延伸到天津、山东半岛、大连等地。威海与周边的烟台、青岛（有鲜明的酒吧文化）、日照等城市连成一片，成为中国独有的海滨创意城市群。

区域内的创业产业集群规划，可以参考韩国的先进经验。位于韩国首尔上岩地区的数字媒体城曾是一个巨型的垃圾填满场，现已发展成为面积近60万平方米的数字媒体娱乐中心，汇聚了韩国主要的媒体公司和尖端信息技术企业，拥有包括贝尔实验室在内的多家世界一流研究机构。该数字媒体城由首尔市政府开发推广，由开发公司负责土地开发和基础设施建设，是典型的开发—转让运行模式，在综合服务功能、人才培养和物流管理方面都颇具优势，成为一个代表未来发展方向的产学研完美结合的媒体数字园区。在其发展中，政府贯彻绿色理念，强化专门机构的协调管理功能，建立多方投融资机制，坚持海外市场扩展战略。这些都值得威海政府借鉴。

在追求集群效应时，不能一味追求大而全，建立文化创意产业园区的数量并不是越多越好，而是要与城市经济展水平及地方文化创意产业市场容量相匹配，不能单纯看数量，关键是要看园区的功能定位和质量。相比而言，韩国的文化创意产业基地虽然数量不多，但其有一套严格的项目评估体系，在项目立项、执行和效果评估上的体系是非常完备的。因此，韩国文化创意产业基地在综合服务功能、人才和物流等方面都颇具优势。威海还没有形成有影响力的文化产业集群，这恰好为更好的规划腾出了空间。

以威海一己之力发展文化创意产业有其力所不能及之处。2015年，中韩两国拟定将联合推出融资规模达2000亿韩元（约合人民币11.99亿元）的"韩中文化产业共同基金"，两国各融资1000亿韩元，为中韩两国企业共同参与制作的文化产业项目提供资金支持。威海政府可以帮助文化创意企业申请基金支持，减轻地方财政的负担，密切关注两国文创贸易的利好政策，加强与相关政府机构和民间组织的合作。

区域品牌的出现表明产业集群已发展到一个高级阶段，与之相对的是进行合理的城市品牌规划有助于产业集群的发展。所谓城市品牌，是指城市管理者利用所属城市具有的独特的要素禀赋、历史文化沉淀、产业优势等差别化品牌要素，向目标受众提供持续的、值得信赖的、有关联的特别承诺，以提高受众对城市的反应效用，增强城市的聚积效益、规模效益和辐射效应。威海的人居型、旅游型品牌已在城市品牌消费者中初步成型，需要进一步明确品牌定位、进行品牌传播。城市品牌需要企业品牌作支撑，通过企业品牌的抽象化处理，城市品牌将更具包容性、独特性，扶持一批有代表性的文创企业品牌，是威海文创产业做大、做强的前提。

八　发展的可持续性

气候有冷热变化，"韩流"同样遇冷遇热。2016 年 8 月，陆续从韩媒、港媒传出消息，声称中国政府计划从 9 月 1 日开始全面实施"限韩令"，包括"韩国人气偶像组合禁止在中国活动""韩国偶像不允许开展 1 万人以上的公演""韩国文化事业公司禁止投资""事前制作相关合作项目禁止"。受萨德事件影响，中韩关系紧张，截至本文完稿日，限韩令虽还未正式颁布，但已对韩星的综艺、广告、戏剧、商演活动造成影响，也必然对两国包括文创产业贸易在内的双边贸易有所影响。这就启示威海作为中韩贸易的有机部分，应当在贸易规划中重视贸易的可持续性，在跟随国家政策转向的同时，注意规避文创产业贸易中的一些问题。

8 月 26 日，国家新闻出版广电总局发布关于巡视整改情况的通报，出台新规，遏制"天价"片酬和明星炫富问题，严格限制综艺娱乐尤其是真人秀等节目播出。"明星制度""真人秀"无疑是韩国娱乐的标签，对我国娱乐行业产生极大影响，但明星制度绝不是明星占据娱乐行业的主导，真人秀不应该与绝对娱乐化等同。适当发挥明星影响力对产业的带动作用，学习真人秀节目中的创新精神和专业制作技术，才是中韩娱乐正确的交流方式，只学其形而不得其道，不能实现自身的持续发展。威海作为一个需要紧抓中韩文创产业贸易机遇的主体，其发展的根本还在于，通过贸易引进先进的技术理念，发展文创产业教育，吸引、培养文创产业人才，通过贸易实现自身文创产业的转型升级，实现区域经济的可持续发展。

［作者单位：山东大学（威海）］

中韩自由贸易协定（FTA）框架下威海
文化创意产业提升策略

江志全

一 威海市文化创意产业现状

近年来，威海市不断强化文化产业发展理念，不断加大工作力度，积极引领和推动文化产业发展。随着文化强市战略的实施，文化产业迎来了新的发展机遇，文化市场日益活跃，文化产业初具规模，威海市文化产业呈现出加快发展的良好态势，总体呈现以下特点。一是产业门类比较齐全。全市形成了文化旅游业、影视服务业、艺术品业、新闻出版业、工艺美术业、数字动漫业、文化娱乐业、艺术培训业、对外文化交流等门类齐全、结构比较合理的文化产业发展格局。二是发展环境不断优化。特别是 2015 年 6 月，市政府出台了《威海市人民政府关于加快发展文化产业的实施意见》，为威海市文化产业快速发展奠定基础。三是产业投资快速增长，一批规模大、前景好的产业项目相继投入运营，效益逐渐显现。2015 年，全市市级以上文化产业园区（基地）和重点文化企业达到 107 家，其中国家级文化产业示范基地 2 家，省级文化产业示范园区（基地）8 家。2014 年威海市文化产业实现增加值98.94 亿元，占全市生产总值的 3.55%，同比增长 9.51%。2015 年文化产品出口 16946 万美元，同比增长 36.3%；进口 361 万美元，同比下降 55.1%。文化产业已经日渐成长为威海市国民经济支柱性产业。文化引领支撑经济社会发展的作用更加明显，文化市场体系逐步完善。四是文化品牌日渐增多。威海国际人居节、荣成国际渔民节、乳山母爱文化节、幸福威海文化活动、"5·23" 歌会等节庆活动影响越来越大，威海还被命名为 "中国民间艺术剪纸之乡" 和目前全国唯一的 "歌咏之城"。五是与韩国文化产业的合作交流规模逐渐扩大。在中韩自贸协定（简称"中韩FTA"）框架下，一批合资和合作交流项目落户威海，威海与韩国两地产业合作发展呈现喜人景象，威海市与韩国在长期的交流合作过程中，奠定了深厚的文化产业合作基础。全市各类与韩国文化产业合作的基础设施逐步完善，韩国商品交易集散中心初步成型，中韩（威海）合作产业园已完成规划布局，"大口岸""大通关"的贸易体系逐步确立，对韩交流往来日益密切，对韩合作平台更加完善，尤其在影视、动漫、创意设计、会展等文化领域与韩国的合作逐步深入。六是原创文化产品生产势头良好，文化创意产业不断实现新突破。

总体看，威海市文化产业结构不断优化，文化企业创新能力和发展活力不断增强，文化产业园区和骨干企业市场竞争力增强，文化交流合作不断扩大，文化产品和服务供给能力不断提高，人民群众精神文化生活需求得到更好的保障，文化产业在经济总量中的比重进一步提升，总体实力和竞争力不断增强。尽管取得了较大的进步，但威海市文化产业仍存在不少短板，制约文化产业的进一步发展，比如产业结构以传统文化产品生产为主，原创作品不足；文化企业以中小型企业为主，产业规模相对较小；产业链不甚完善；缺乏高端产业人才等。要克服这些不利因素，我们要加强同国内外的合作，特别是与韩国的合作，实现优势互补和产业升级。

二 中韩FTA推动双方经贸深度合作

近年来，中韩之间的经贸往来日渐紧密，中国成为韩国第一大贸易伙伴国和第一大出口、进口市场，韩国是我国第三大贸易伙伴国。2014年中韩贸易额为2904.9亿美元，同比增长5.9%。其中，中国对韩出口1003.4亿美元，从韩国进口1901.5亿美元，同比分别增长10.1%和3.9%。从世界贸易结构看，中国是世界第一的货物贸易国，韩国则是第九大货物贸易国。从产业结构看，韩中两国产业结构互补性强，且双方产品价格适当，具有较强竞争力。随着两国贸易关系达到了比较成熟的阶段，两国间的自由贸易也水到渠成。

2015年11月，中韩双方签署了结束中韩自贸区实质性谈判的会议纪要；2016年1月，中韩FTA正式开始实施，该协定是中国迄今为止涉及国别贸易额最大、领域范围最为全面的自贸协定，也可以说是中国签订的最高水平的自贸协定。协定文本为22章，覆盖17个领域，不仅涉及货物贸易，而且包括服务贸易和投资领域。双方在各自关注的领域内都有一定的让步，韩国在我国关注的速递和建筑服务领域，首次作出超出其所有现有自贸协定水平的承诺；我国也在韩国关注的法律、建筑、环境、体育、娱乐服务和证券领域，根据现行法律法规作出进一步开放承诺。此外，在韩国与其他国家签署的自贸协定中，中韩自贸协定涵盖的获得原产资格的境外加工产品数量最多。双方在协议框架内降低关税，减少审批，着力打造一个东北亚地区最大的自由贸易区。

中韩自贸区的建成将对双边经贸关系乃至区域一体化产生巨大的推动力，有力推动两国国内生产总值的提高。根据协定，中国将在最长20年内实现零关税的产品达到税目的91%、进口额的85%，韩国零关税产品达到税目的92%、进口额的91%。届时，中韩之间有望形成一个人口高达13.5亿人、GDP高达11万亿美元的共同市场。据韩国企划财政部测算，今后10年中韩FTA将拉高韩国实际GDP达0.96%，并创造146亿美元的消费者利益和5.3万个工作岗位。中国年均将有418亿美元享受零关税优惠。中韩FTA将拉动中国实际GDP增长约0.34%。

中韩FTA的生效，有力地推进了整个东北亚、东亚地区的经贸合作，为地区经济发展增添了新动力，并且惠及两国企业和人民。中韩FTA生效后，韩国对华出口产品关税将以年均9.7%的幅度递降，约有5779类韩国对华出口产品享受到关税优惠，韩国企业对华出口每年将可节约关税54.4亿美元，这将使韩国产品在中国市场的竞争力大大提升，韩国制造将在中国日益成长的巨大消费市场抢占先机。中韩FTA还将助推两国在能源、基础设施建设、信息通信、服务贸易等领域整合优势资源，共同开拓第三方市场，使双方深化经贸合作的空间变得更为广阔。更值得关注的是，中韩FTA将使两国经济合作的模式发生深刻变化，由过去的"B2B（企业－企业）"模式转换为"B2C（企业－消费者）"模式。之前，韩国企业采用的主要对华经贸方式是，向韩国在中国投资的当地企业供应（出口）原材料或产品零部件，但中韩FTA生效后将迎来市场统合的时代，韩国企业需要同中国的消费者直接交流，中国消费者的喜好将在一定程度上决定韩国企业未来的发展。

三　中韩 FTA 关于文化产业合作的规定及分析

韩国的文化产业起步较早，并在该领域位居亚洲乃至世界领先地位，是世界第五大文化产业强国。近年来，中韩文化产业界的合作越来越紧密，2010～2015年的短短6年当中，中韩两国文化内容的交易量增加了3倍。许多韩国艺人加盟中国的电视剧、电影、综艺节目和演艺演出等活动，韩国的综艺节目模式更是在中国传媒领域遍地开花，《爸爸去哪儿》《奔跑吧兄弟》《我是歌手》《花样爷爷》《如果爱》《我的中国星》《妈妈咪呀》《完美邂逅》等众多综艺节目的版权被中国电视台购入、复制、推出，甚至很多韩国影视剧的剧本模式都进行了中国化的翻拍，韩国导演执导的中国影视作品也在文化市场取得不俗的业绩。目前，我国的文化产业正随着政策及市场环境的改善而加速发展，文化市场规模不断壮大，在这种情况下，文化产业成为韩国着力向中国推进的强势产业。中韩FTA涵盖了金融、电信、电子商务、服务贸易、知识产权等17个领域，除了货物贸易自由化方面以外，中国在服务贸易领域解决了韩国在视听合作合拍、出境游、环境等方面的核心关注，2014年的《中韩电影合拍协议》也反映到中韩FTA中，获得了更加可靠的保障，为两国文化娱乐领域的长期交流合作与发展提供了法律依据和保障。

《中韩自由贸易协定》第八章对于娱乐服务做出的安排主要包括以下几点。允许韩国服务供应商与中国伙伴设立合资或契约式合资的演出经纪机构或演出场所企业。韩国投资不得超过49%。中方在契约式合资企业中将有决策权。演出经纪机构可通过中介、佣金代理和代理的形式从事商业演出。演出场所企业可在其场地内举办商业演出。关于体育和其他娱乐服务，韩国企业可以在中国设立独资企业，从事除高尔夫和电子竞技外的体育活动宣传、组织及设施经营业务。同时，双方还就电影、电视剧合拍及出境游作出相应安排。主要反映在附件8-B和8-C关于中韩合拍电影以及电视剧、纪录片、动画片合作的有关条款中。附件8-B第二条规定了合拍影片全面享受双方现行或将来生效的各自法令所授予或可能授予国产影片的所有权益。双方在文化产业主要领域各自敞开大门，尤其是对于韩国影视产业来说，迅速崛起的中国文化市场为其带来了巨大的商机。第三条规定了合拍影片的审批及程序。第四条规定了双方投入（包括非现金投入）比例，投入比例由双方自行决定，但应介于影片最终创作投入的20%和80%之间。第五条，规定了与第三方合拍影片的事项，可以与第三方合拍电影，其出资比例应该低于双方较低的一方。第七条规定了人员等入境的便利，给予相关人员入境便利。第八条规定了给予相关器材的进口免税。第九条规定了在电影发行方面，双方须尽力促成合作摄制影片的全球发行，以增强合作摄制影片在全球市场的竞争力。附录8-B-1规定了合拍实施方案，包括申请资格及合拍所需的文件资料等。附件8-C规定了双方影视剧、纪录片及动画片共同制作的事项，双方鼓励开展用于播放目的的电视剧、纪录片及动画片共同制作，并将根据双方各自的国内法律法规视情启动电视剧和动画片的合拍协议的磋商。由于此条款对于动画、纪录片和电视剧的合拍并没有具体的规定，这也是需要双方不断探索和突破的领域。

中韩FTA中关于双方扩大文化及服务贸易领域开放的协定，被韩方视为加速在中国市场创造"韩流"热潮的契机。根据中韩FTA，韩国企业在与中国企业合作时，最多可以持有49%的股份。此外，在中国国内，韩国广播节目的保护时间从20年增加到50年；除了中韩合拍影片在中国市场享受国产片待遇之外，两国政府还将积极促进建立2000亿韩元的国际合作基金，以推动两国文化产业合作。中韩FTA框架下两国文化产业的政策和信息交流，将更进一步拓展双方文化产业合作，激发共同创作与联合制作，密切和加深文化企业之间的交流合作，促进中韩文化贸易的快速发展。在此大背景下，中韩文化合作交流被寄予厚望，双方将联手打造面向世界与未来的中韩文化产业合作模式，共同提升两国文化产业的国际竞争力。可以预计的是，随着中韩FTA的生效以及中国出台"韩流"产业和中韩合拍电影的相关支持政策后，中韩影视的深度整合也将提速，中国资本对韩国娱乐产业的投资热将持续升温。目前，国内较大的文化产业公司已有阿里巴巴、腾讯、百度、万达、华谊等企业纷纷入股韩国娱乐公司，布局中韩文化产业合作前景，影视、音乐、漫画、游戏、出版、广告等在内的"韩流"文化产业将替代房地产成为韩国最新力推的"进军"中国市场的利器，中国文化产业也将在资本和外部环境的共同作用下加速变革。

中韩在文化产业方面各有优势，这是双方能够深入合作的基础。韩国电影在剧本和类型片的制作方面经验丰富且形成成熟的商业模式，我国在文化市场规模、发展前景和资本方面拥有优势，双方可以实现优势互补，取长补短，联合制作影视作品开拓第三方市场。实际上，韩国影视公司已经成为中国影视公司重要的海外战略合作伙伴，双方多年来从内容生产、演员合约到资本投资上有不少合作。今后双方的合作将是资本、创作、人员等方面的全面合作，从过去的演员、导演简单合作，转变为共同开发某个知识产权项目的深度合作。通过双方合作，韩国先进的影视制作、管理方式、特效技术、市场营销等方面的经验得以大规模引进中国。同时，中韩FTA也将带动影视周边产品的商业模式进入中国市场，而我国国内的影视衍生市场还处于初级阶段，韩国的相关开发经验将给中国影视周边产业带来利好。

目前，中韩影视合作虽然取得较大的成绩，但还存在不少问题，需要进一步加强合作。两国在市场和文化方面的差异导致了一些市场壁垒的出现，这些差异是两国产业深入合作必须首先考虑和克服的问题。首先，双方文化娱乐市场体制存在差异，中国艺人培养体制多由艺术学校培养，然后进入影视业，再进入音乐等娱乐领域；但韩国娱乐业由音乐推动，艺人大多先由经纪公司培养成歌手，然后再进入其他娱乐领域。互联网的发展使中国艺人的营销成本变得非常低廉，不太需要经纪公司，艺人收入较高；韩国还是经纪公司控制艺人的体系，艺人的收入受市场和行业规则限制，相对较低。其次，中韩差异还表现在审查体系上，中国对影视有相对严格的管理政策与审查制度，韩国影视采取分级制，基本无须审查。最后，中国文化市场宽容度、企业契约意识、观众的消费习惯和消费心理等方面与韩国都有差异，这些因素都制约着两国影视及娱乐业的深度合作。

中国电影市场竞争激烈，2011~2015年每年拍摄有600多部影片，但上映的不足1/2，能够收回成本和赢利的则更少。从2015年的数据看，数量占4%的影片占据了56%的票房，八成以上的影片票房总份额只有11%，竞争之大可见一斑。目前，中国影视创作在设备、影像质量等硬件技术上都已达到较高水平，但在内容、故事和制作上与市场需求仍然存在差距，而韩国在编剧、细节和戏剧逻辑冲突的处理上经验丰富，韩国娱乐产业缔造的原创作品、明星、流行文化受到中国主流消费群体的喜爱。两者合作的关键在于选取适应当前消费市场的项目，全面考虑双方文化市场的特点，避免过于褊狭，导致文化产品"水土不服"现象。在影视剧的改编和拍摄过程中，外来文化产品只有本土化才能取得较好的效果，应善于发掘目标市场的观众的思维习惯和文化特点。

中韩文化产业间的合作前景广阔，双方合作着眼点不应仅局限于双方的国内市场，更重要的是开拓广阔的第三方市场，不仅要占领亚洲市场，还要拓展欧洲和北美市场，并把影响扩展至世界其他地区。目前，好莱坞娱乐业通过成熟的市场运作机制来制造文化工业品占据世界娱乐市场，但好莱坞模式注重视听效果塑造，宣扬个人英雄主义及自由价值，同时也会带来一些负面因素。韩国内容产业受儒家文化的影响，更加关注社会和个人心理，题材更加多样，两国文化产业深度结合，可以创造出与美国好莱坞不同风格的东亚文化产品，在世界文化市场中争得话语权。

四　中韩 FTA 框架下威海与韩国文化产业的合作

（一）威海与韩国文化产业的合作优势

1. 文化渊源深厚

中韩两国一衣带水，同属于儒家文明圈，山东作为儒家文化发源地历史上对韩国产生了较大的影响，两地民间交往历史悠久，合作交流频繁。儒家传统文化对韩国社会文化影响深远，威海的社会文化与韩国文化相似度较高，双方容易取得信任，达成共识。此外，大量山东籍和威海籍韩国华侨也拉近了双方的文化距离，双方企业更容易在对方地域内开展经营活动。威海重视韩国语教育，先后有多所高校开设韩国语专业，历年来培养了大批韩国语人才，为双方深入合作储备了大量人才智力资源。同时，威海各类教育机构所招收的韩国留学生数量在全国也居于前列，频繁的人文交流为经济深度合作奠定了深厚的基础。

2. 独特的区位优势

威海与韩国隔海相望，地理毗邻，文化相近，在中国对韩交往中始终处于前沿位置，具有独特的区位优势。海运方面，威海现有商港 17 个，其中国家一类开放港口有 3 个，分别是威海港、石岛港和龙眼港；开通了 28 条至韩国、日本等国家的海上客货运输航线，其中对韩航线有 10 条，约占全国对韩海上航线的 1/3。空运方面，目前，每周有 31 个航班往返于威海与仁川及釜山之间，威海至仁川仅需 45 分钟，威海机场已成为韩国人往来中国的重要口岸。陆海联运方面，2010 年 9 月，《中韩陆海联运汽车货物运输协定》及《实施议定书》在威海签署，成为中韩海运和物流领域合作新的里程碑，威海成为中韩陆海联运项目试点城市。1990 年，早在中韩正式建交之前，威海市就已率先开通了我国至韩国的第一条海上航线，续接起了山东与韩国历史悠久的"海上丝绸之路"，特别是我国与韩国建交以后，威海对韩经贸往来发展迅速，韩国迅速成为威海第一大贸易伙伴和进口来源国。

3. 政府和民间交流密切

威海市各级政府部门与韩国交流频繁，与韩国友好城市间交流密切。威海在韩国已缔结了 4 个友好城市，分别是全罗南道丽水市、京畿道富川市、首尔龙山区和华城市。2013 年 6 月，威海市又与全罗北道群山市签署了《缔结友好合作城市关系意向书》。2012 年 8 月，威海与仁川缔结了经济合作伙伴关系。威海市与友城之间每年都展开形式多样、内容丰富的交流活动，包括互访、参加对方的重大节庆及国际活动、经贸、公务员交流、青少年家庭寄宿交流等，对推动两市的共同发展做出了贡献。此外，威海对韩民间交流十分活跃。各级文艺团体和文化单位赴韩的文化演出、艺术展览等人文文化交流活动在韩国的影响日益扩大。同时，在威海，韩国元素随处可见，韩国餐馆比比皆是，韩国银行和韩国学校陆续落户。威海与韩国缔结的基层友好关系达 40 对，威海电视台与韩国 MBC 电视台缔结了友好电视台关系，山东大学（威海）与首尔大学、水原大学等缔结友好学校关系，威海港集团与平泽港是友好港口，威海跆拳道武馆与韩国首尔武术协会有友好交流，等等。活跃的民间交流对政府外交形成有力补充，进一步加深了威海市对韩交流的深度和广度。地区间文化旅游业蓬勃发展，特别是韩国济州岛对中国游客实行免签政策，极大促进了威海游客赴韩国旅游的热潮，带动了服务业和零售业增长。旅游属于综合性、全方位的文化交流和体验活动，包括了食、住、行、游、购和娱乐等，威海与韩国旅游合作更加深化了两地民间的密切关系。

4. 双方经贸合作不断发展

中韩建交以来，威海与韩国双方贸易额逐年上升，双方进出口贸易的主要方式是加工贸易，约占总贸易额的60%。威海向韩国出口较多的是农畜水产品、服装纺织品、机械、钢材等劳动密集型产品，而韩国作为工业化发展水平国家，比威海处于更高的产业发展层面。双方产业流动形成了韩国电子、机电产品、小家电、汽车等附加值较高的工业产业输出的格局。从总体上看，中韩贸易结构以工业产品为主，中国向韩国出口技术含量少、附加值低、价格较低廉的商品，而从韩国进口技术含量高、附加值高、价格高的产品，由此形成了垂直互补型的双边贸易。近年来，威海市与韩国的经贸合作发展迅速，韩国成为威海第一大贸易伙伴，威海的韩资企业由通航前的3家发展到885家，其中包括三星重工、乐天集团、现代集团、锦湖集团等世界500强企业。累计利用韩资16.6亿美元，占全市的近40%，主要投资于造船、电子、机械、服装、轻工、商贸等行业。2013年，全市有1686家企业与韩国有贸易往来。韩资企业的聚集，助力威海涌现出一批产业集群。表1为2005~2015年韩国对山东的贸易情况。

表1　2005~2015年韩国对山东的贸易情况

年份	出口额（美元）	上年增减率（%）	进口额（美元）	上年增减率（%）	差额（美元）
2005	47879011867	28.7	41464318328	28.6	6414693539
2006	60390391401	26.1	50321976756	21.4	10068414645
2007	78343251946	29.7	62585262542	24.4	15757989404
2008	96811753738	23.6	90576344504	44.7	6235409234
2009	82728020756	-14.5	80140462379	-11.5	2587558377
2010	110330901932	33.4	114290893199	42.6	-3959991267
2011	134581389091	22.0	149499936155	30.8	-14918547064

续表

年份	出口额（美元）	上年增减率（%）	进口额（美元）	上年增减率（%）	差额（美元）
2012	135997550035	1.1	159662781853	6.8	−23665231818
2013	141988052086	4.4	173019394767	8.4	−31031342681
2014	155172761732	9.3	174274103780	0.7	−19101342048
2015	148841639477	−4.1	131441038129	−24.6	17400601348

资料来源：韩国贸易协会 KITA，http://stat. kita. net/stat/istat/cts/CtsItemImpExpDetailPopup. screen。

从表 1 中看出，2008 年的金融危机后，2009 年双方间的贸易额出现下滑，但随后即迅速恢复和上升；2010～2014 年山东对韩贸易额表现出较大的增长，并产生较大的贸易顺差，贸易结构失衡现象得到一定程度上的缓解。此外，总的来说，山东各地对韩的投资额也逐年上升（见表 2），且保持较高增速，两地经贸关系更加紧密。

表 2　2010～2014 年山东对韩国投资状况

年份	项目数（个）	核准投资总额（万美元）	核准中方投资（万美元）
2004	12	434	214.9
2005	23	916	913
2006	25	467	423
2007	29	843	636
2008	29	1725	1070
2009	30	2311	1854
2010	23	3880	1745
2011	20	13069	12591
2012	19	9191	5929
2013	15	8128	6916
2014	28	—	9033

资料来源：山东统计信息网，http://xxgk. stats - sd. gov. cn/。

5. 文化贸易和出口业务不断拓展

经过近几年的培育，威海文化产品出口形成了印刷品、特色工艺品等优势领域；核心文化产品出口获得突破，文化遗产、印刷品、声像制品、视觉艺术品、视听媒介和特色文化产品等几大类产品均实现出口；视频游戏控制器及设备、刺绣、木雕制品、绘画等出口实现了迅速增长，电影、音像、动漫、游戏等核心文化产品和服务对韩出口虽有突破但增长较为缓慢。与省内济南、青岛等文化产业发展相对较快的城市相比，威海市的影视剧创作和游戏、动漫等核心文化产业发展相对薄弱，迫切需要借助中韩 FTA 的机遇来实现核心文化产业的跨越式发展。中韩 FTA 签署以来，威海市积极争取优惠政策，充分落实合作协议吸引韩商来威海投资。争取国家批准在自贸区设立韩资演出经纪机构、娱乐场所和印刷企业，取消中方占股条件限制，将韩商投资印刷企业审批权下放至威海，增强自贸区文化产业发展政策优势。积极争取服务贸易试点扶持政策。全面落实前期与韩国各方面签署的友好合作协议，开展精准招商，争取更多韩国文化创意产业项目落户威海，将威海打造成为中韩自贸区框架下的中韩文化产品贸易的便捷门户和首选口岸，成为对全国有辐射力的中韩文化交流基地和文化创意产品贸易基地。

五　威海与韩国文化产业合作方式探讨

为推动文化产业的规模发展，提升文化产业的竞争力，2015 年，威海市出台了《关于加快发展文化产业的实施意见》（以下简称《意见》），在扩大对韩文化合作和贸易方面做出了规划和实施方案。《意见》中提出，威海要抓住中韩自贸区地方经济合作示范区建设机遇，推动文化产业对外交流合作，积极扩大对韩文化贸易。在影视拍摄制作服务、时尚设计、动漫创作、软件开发等方面加强交流合作，积极争取上级政策支持，探索建立中韩文化贸易基地。推动中韩文化创意产品展览交易，办好中韩（威海）文化创意产业合作交流会。积极引进国内外文化龙头企业，大力发展对韩文化艺术品贸易。此外，加大对文化企业、文化产品和服务走出去的扶持力度，支持文化企业开展境外投资、国际贸易、服务外包和技术合作，支持具有自主知识产权的文化产品和服务出口。《意见》为威海市文化产业深入快速发展指明方向，奠定跨越式发展的政策基础，也成为对韩文化产业合作交流的纲领性文件。文化产业界应结合中韩 FTA 及威海市文化产业发展实施意见，制定恰当的发展策略，促进自身竞争力的提高。

（一）利用中韩 FTA 相关政策红利

随着中韩 FTA 的生效，其为两国服务贸易做出了新的规定，威海市需要根据自贸协议，制定有效策略，重点发展相关产业。2016 年是中韩 FTA 生效的第一年，威海应当充分利用中韩 FTA 生效带来的综合效益，包括双方在关税、服贸、金融、法律、电信、自然人和签证等方面给予的便利，拓展合作领域，提升与韩国的经贸关系，结合威海市文化产业的实际，寻找设计文化产业合作项目，发展优势产业，提升弱势产业，提高威海文化产业的竞争力。

1. 重点发展对韩文化旅游产业

旅游业不仅投资收益见效快，产业关联度大、涉及面宽、拉动力强，而且在创造相关企业的增值方面也是最有成效的，对稳增长、调结构、惠民生等意义重大。威海文化旅游资源丰富，不仅有传统宗教文化旅游资源，更有沿海城市所具有的温泉、滑雪、钓鱼、游泳、登山、高尔夫等文化休养型和休闲旅游资源，能够满足国内外游客的多重需求，发展潜力巨大。威海发展文化旅游产业有助于进一步整合区域自然禀赋资源与文化资源，完善文化要素和旅游要素的有机结合，建立以文化为内涵、以旅游为载体、以科技为手段的现代文化旅游模式，促使传统旅游业转型升级。文化旅游产业也是威海发展较好的文化产业，基础设施相对完善，中韩之间的旅游交流密切，中国是韩国游客首选旅游目的地，从2010年开始访中韩游客就突破400万人次，而且保持高速增长；而据韩国旅游发展局的数据，2014年访韩中国游客达到600万人，预计到2018年将突破1000万人大关，双方合作具有潜力。中韩FTA允许韩国服务提供者在中国建设、改造和经营饭店和餐馆设施。允许设立外资独资子公司开展业务，允许与在中国的合资饭店和餐馆签订合同的韩国经理、专家包括厨师和高级管理人员在中国提供服务。目前，威海市中韩跨境自驾车旅游业务也已经获得初步发展，在威海口岸对韩国旅游团队实行15天免签政策落地，这将会大大提高韩方赴中国旅游的便利性。

威海可以作为韩国游客旅游目的地和周边地区赴韩旅游的中转站和桥头堡，可针对韩国游客进一步开发文化和历史等相关旅游项目以及相关配套服务产业，优化旅游产品，提高服务质量，加强硬件建设，开发创新性的旅游产品，比如结合威海丰富的温泉资源，开展中医药文化养生游；挖掘威海"山珍海味"具备的胶东饮食文化资源，开展特色美食游；利用威海优美的山海资源、悠久的历史文化资源，开展深度体育休闲文化游、休闲农业游、历史文化深度游等。

中韩双方旅游产业的合资与合作，可以发挥各自所长，优化组合对方的优势资源，推进文化与旅游融合，可在对方国家设立公司法人，将韩国旅游管理经验和规划设计优势与威海的旅游资源优势相结合，期待能发挥出更好的综合效应。威海与韩方的旅游业合作要在旅游景点和旅游商品的精致化、旅游产品的营销方式以及旅游活动的民族化等方面进行深度挖掘、设计，推进旅游产业再上一个台阶，力争将威海文化旅游产业打造成东北亚区域性强势产业。此外，通过文化事业与文化产业的"双轮驱动"，促进二者的融合发展，发挥协同效应，树立现代化城市文化，实现城市经济的转型和发展。发挥威海市旅游资源优势，推动文化产业与旅游产业融合发展，构建以历史文化游、民俗文化体验游、温泉养生文化游等为主体的文化旅游格局。扶持发展特色文化旅游项目，大力搞好旅游纪念品、工艺品的研发和设计生产，支持开发养生、运动、休闲等多样化、综合性文化旅游产品，不断延伸产业链条，提升发展质量。

2. 发展文化体育产业

体育创新产业作为一种高附加值产业，横跨生产、服务与消费，兼具公益性与商业性，既具有强大的经济功能，又能够产生巨大社会效益，目前引起了各地政府和企业的高度重视。体育文化产业作为 21 世纪的朝阳产业，随着经济的发展，体育产业本身所蕴含的巨大经济功能与价值越来越被人们认同，其作为服务业的重要组成部分，将为经济发展注入动力。韩国休闲体育文化产业发展程度较高，体育服务业非常发达，体育旅游市场不断壮大，体育产业已成为韩国经济的支柱产业之一，目前体育产业的市场规模占韩国国内生产总值的 4% 左右。根据中韩 FTA，韩国企业可以在中国设立独资企业，从事除高尔夫和电子竞技外的体育活动宣传、组织及设施经营业务。韩国较早制定了《体育产业振兴法》，立法完善，在体育用品技术及设计业，体育中介和服务业等方面积累了大量经验。2013 年，韩国政府制定了新的"体育产业中长期发展规划"，确定了"通过体育产业的融合创造未来增长动力"的发展方向。韩国体育产业发展重点将从体育用品的生产转向材质尖端化、设计新颖化体育新产品及生活体育产品的研发，将体育产业和尖端信息通信与科技相结合，投入资金支持 3D 打印机技术在体育产业的创新应用、穿戴式体育传感器，以及赛事演示技术领域的开发，如一些高科技的休闲泳装、带有卫星定位和抗低温功能的智能救生衣，以及健康体能测试仪等。近年来，威海市体育文化产业开始加速发展，从最初的体育用品加工业，到现在正在蓬勃发展的体育服务业、体育赛事，随着社会经济的发展，逐渐成为重要的增长经济领域。目前，威海体育用品制造业及服务业正处于产业升级阶段，与韩国文化体育产业合作，引入韩国体育文化企业可以形成产业互补，发展以碳纤维为基础材料的体育器材产业，围绕垂钓、帆船、帆板等海上运动，登山、骑行等户外运动及铁人三项、高尔夫、棒球等运动，积极合作开发生产相关产品。支持体育运动服装产业发展，引导企业运用碳素、纳米、塑胶等新材料，积极开发具有自主知识产权的高科技含量、高附加值产品，提高威海市文化体育产业的竞争力。

3. 合作发展电影产业

中韩 FTA 签订后，中国企业加大了对韩国文化内容（游戏、电影等）、化妆品、IT 等行业企业的并购力度。2016 年初，阿里巴巴集团收购了韩国第一大娱乐公司 S. M. Entertainment（简称"SM"）4% 的股份，对中韩文化产业合作展开精心布局，SM 将与阿里巴巴深度合作，并与天猫以及阿里旅行合作，针对 SM 的多种产品设计电商营销方案。除了合作推广音乐、开网店卖明星周边产品、粉丝接触偶像的旅游线路外，SM 还将和阿里影业合拍影视剧，获取独家发行权。阿里影业还投资了金秀贤的最新电影《REAL》，获得《REAL》在国内的独家发行权，并参与其全球票房分账。万达集团在收购好莱坞传奇娱乐（Legendary Entertainment）后，同样抓住中韩 FTA 的机遇大举进军韩国文化产业，入股韩国特效工作室 Dexter Studios，与韩国衣恋集团合作组建文化旅游公司，拓展双方文化旅游市场。近年来，威海电影产业有了较大的发展，影视基础设施建设等方面逐渐完善，但其规模和效益方面仍不尽如人意，仍有较大的提升空间和发展前景，应当借鉴阿里巴巴等集团的商业模式，迅速抢抓机遇，与韩国娱乐和影视企业展开合作，寻找适合的合作项目，合作拍摄电影，尤其是动画电影，动画电影属于创意和技术密集型产业，韩国动画技术比较成熟，双方合作比较容易出成果。合作方式可以考虑中方出题材、韩方出创意、出技术与营销方案，以期在动画电影产业上取得突破。此外，威海文化企业还可以入股韩国经纪公司，引入韩国明星模式，复制韩国电影工业产业链，使威海市电影产业竞争力获得提升。

4. 拓展电视剧、纪录片等的合作领域

威海有中央电视台的威海影视城、荣成的爱莲湾影视基地、三和影视基地以及乳山的三花影视基地，影视资源极其丰厚。威海市发挥威海独特的历史文化资源、优美的自然环境、良好的城市形象等优势，吸引韩国剧组前来拍摄影视剧，拍摄中韩历史文化交集的电影、电视剧，中日韩大历史电视剧等。《中韩自由贸易协定》附件 8 也将两国合作拍摄电视剧和动漫作品纳入第二阶段协商，值得重点关注。中国与韩国历史交往频繁，文化交流源远流长，许多著名历史人物为两国人民所熟知，从东渡求仙来到济州岛的徐福，到金身坐化九华山的新罗王子金乔觉；从在唐朝求学为官的"东国儒宗"崔致远、唐朝与新罗友好关系的开拓者张保皋，到东渡高丽、开创孔子后裔半岛一脉的孔绍；从明朝大败倭寇的李如松、李舜臣到击毙伊藤博文的义士安重根等，以这些人物和历史文化交汇点来拍摄电视剧值得尝试。此外，威海丰富的历史文化资源也可以加以利用，可采取双方商定剧本，由韩方负责制作和导演，

由中方负责选取演员的合作方式，这种韩方直接参与制作中国电视剧的合作方式，各取所长，也是有效的合作形式。

双方合作重点还可以放在拓展互联网内容产品方面，互联网题材更容易打破文化差异，使双方之间的合作更快更直接。目前，互联网对文化产业的影响十分明显，互联网市场一般由观众主导，无论在中国还是在韩国，互联网的使用者都是年轻人，他们的关注点和审美具有相似性和一致性，所以互联网的年轻群体将创造新的文化潮流，甚至以后的内容、产品题材也会由年轻观众决定。随着互联网和视频网站的发达，一种超越国界和文化的审美趋势逐渐成型，年轻人的审美会越来越接近，对于内容的接受度也更加宽容。威海电视剧制作界可以跟韩国的互联网制作公司合作，将两地互联网的流行内容改编成影视剧或相关视频，由此角度开拓双方乃至第三方广播电视市场更容易取得成果。

5. 加强动漫与游戏产业合作

经过几年的培育，威海市动漫产业不断繁荣，动漫市场发展步伐急剧加速。2012 年，山东省动漫企业发展到 447 家，年产值近 25 亿元，共有 15 家企业通过国家动漫企业认定；2015 年底，已建成 4 个国家级动漫产业基地，动漫协会、公共服务平台等相关配套条件都在进一步完善中。在各项政策的扶持下，威海市动漫产业发展较为迅速，2015 年由威海光远影视动画有限公司制作的威海首部原创三维动画片《繁星点点》（又名《刘公岛之约》）登陆中央电视台少儿频道，一举填补了威海原创动画片在央视播出的空白，成为威海动漫文化产业发展的里程碑。但与此同时，威海市的动漫产业的深度发展也遇到不少制约因素，如产业链不完整，缺乏有效盈利模式，乃至创意力不足，人才实践经验不足，企业间同质化竞争，难以形成分工协作等都成为制约动漫产业发展升级的瓶颈。韩国动漫产业发达，有先进的管理制度，丰富的策划、制作、营销经验，产值仅次于美国、日本。目前，韩国动漫游戏业已超过其发达的汽车工业，成为该国第三大支柱产业，拥有流氓兔、倒霉熊、小企鹅波乐乐、Larva（臭屁虫）、中国娃娃 Pucca 等世界知名的原创动漫人物，威海市动漫产业缺乏此类具有较高价值的原创人物，双方企业可在原创品牌人物方面加强合作，借鉴、移植其较为成熟的市场化商业模式，改变动画电影的生产和营销模式，提高动漫产业市场价值和效率。2015 年，韩国 MOGGOZI 工作室与广州乐淘动漫设计有限公司合作制作的动漫片《帮帮龙出动》在韩中两地开播，取得了很好的效果，其资本、技术与创意相结合的合作模式值得威海动漫产业界参考。

更值得注意的是要与韩方进行游戏产业的合作，我国游戏市场规模巨大，并将持续高速增长。据中国音数协游戏工委（GPC）、CNG中新游戏研究（伽马数据）和国际数据公司（IDC）共同推出的《2014年中国游戏产业报告》显示，2014年中国游戏市场销售额达到1144.8亿元人民币，游戏市场用户数量约5.17亿人，分别较2013年增长37.7%和4.6%，成为全球最大的电子游戏市场。韩国作为游戏产业强国，游戏产业是其对外出口规模最大的文化内容产业，而威海的游戏产业相对薄弱，面对巨大的市场前景，需大力提升游戏产业竞争力，采取引入韩国游戏开发企业，合作开发游戏产品，打造游戏开发和贸易平台，分享市场信息和经验，联手开展各类游戏的本土化和市场营销等方式，是威海市提升游戏产业竞争力的合理途径。目前，韩资企业在威海从事游戏游艺设备的生产，经审核后面向国内市场销售的政策已经落地，下面需要进一步加大招商引资的力度，将政策落实好、利用好。

6. 加深行业合作

与韩国医疗养生、美容产业，以及时尚创意产业（服装、首饰、化妆品）等行业进行深度合作，韩国的医疗及整形美容产业经营模式规范，技术成熟，威海市可以加强与韩国大型医疗美容集团合作，利用好《中韩自由贸易协定》的相关规定和山东省支持政策，对接韩国医疗、美容机构包括综合性医院到威海市设立独资或合资医疗机构，将威海打造成集医疗、美容、养生等于一体的健康产业基地（青岛市已经与韩国延世大学合作，在青岛建设韩国独资综合医院）。此外，威海市可进一步加强与韩国时尚创意产业的合作，特别是在服装、首饰的设计，化妆品研发等方面加深合作，采取合资、合作研发等方式，借助韩国品牌实现威海市相关行业的跃进。

（二）加强产业合作方式的创新

1. 加强政府层面的沟通与交流，推动地方文化企业深度合作

威海政府与韩国仁川、丽水、富川、群山、首尔龙山区和华城市等韩国地方政府有密切的交流与合作关系。基于此，《中韩自由贸易协定》还首次纳入地方经济合作和产业园建设条款，将威海和仁川自由经济区作为地方合作示范区，并在烟台设立中韩产业示范园区。这将为威海提供在中韩FTA框架下加强对外开放合作的历史机遇，在中韩跨境电子商务、旅游、医疗、现代物流等多个领域争取到了先行先试政策。随着第二阶段谈判的启动，中韩自贸区还将在服务、投资等领域达到更高的自由化、便利化水平。威海应当充分发挥在中韩经贸合作中这种独特的优势，迅速抓住中韩FTA实施的机遇，

利用好政策红利，充分利用两个市场，优势互补，实现产业升级。各地方政府也应利用双方合作的良好基础，发挥主动性，积极沟通企业，了解双方企业在合作过程中遇到的实际困难，加强互访交流，促进企业合作。同时，威海文化企业作为双方合作的主体更应当发挥主动性，设计好对接合作项目，主动走出去寻找合作契机，拓展产业发展空间。

2. 走出去，引进来

韩国在内容产业领域拥有相对先进的技术和较高的服务水平，但是资金不足、市场规模狭小等因素使增长受限。中韩 FTA 使双方金融市场更加开放，为双方资本参与对方市场创造了条件，同时也为中国入股韩国内容产业龙头公司提供了有利条件，韩国文化企业与中国市场、中国资本与韩国创意取长补短，相互结合而产生的协同效应将进一步放大。目前，已有相当多的国内企业入股韩国娱乐公司，威海也可以通过韩国资本市场进入快速发展的韩国文化产业，选择其具有发展潜力的大型娱乐公司，进行资本深度合作。同时也可以在目前文化产业园区的基础上，进一步发展中韩文化产业园区，引进韩国娱乐界的代表企业、中介公司、演艺公司等满足娱乐市场的多样需求。威海文化企业可以通过与韩国企业合资的方式，或在当地成立分公司，以举办公益演出和商业演出相结合的方式来开拓当地市场。中韩 FTA 不但会促进中国的公司通过并购、入股等方式进入韩国，而且会促进韩国娱乐公司在中国境内设立新的业务和公司。韩国文化中介企业和演艺企业可以通过合资、合作的方式在中国开展演出经纪、演出场所经营等业务，威海应当制定相关政策，针对韩国大型企业和小微企业特点，采取不同策略，既看重与大型企业的联系合作，又须结合威海市具体情况，将工作重点放在双方中小型企业的合作上，吸引韩国中小型文化企业落户，为威海文化创意产业带来多重效益。

3. 对方知识产权本土化开发

韩国内容产业快速发展最根本的推动力就是富有活力的创意人才，大量的新创意和知识产权保证了其文化产业的竞争力，这也是我们文化产业发展所急需的资源。中韩文化接近且同中有异，大量的创意及知识产权可以直接复制到我国文化产业中，尤其是那些已经取得成功的、经过市场验证的知识产权，成功的概率更高，因此知识产权本土化开发成为中韩文化产业合作的有效方式。近年来，中国文化娱乐界已有不少尝试，如影视剧的翻拍和电视节目的改编等，其中邀请韩方制作人员，包括管理人才、制片人才、导演、编剧、演员等，对知识产权进行合作开发，是中方常用的方式，且取得了很大的成果，值得威海业界参考。威海市文化资源丰富，地理环境与韩国相似，不少具有交集的文化资源值得双方合作开发，除了作为影视创作拍摄基地之外，威海市可将独有的张保皋文化资源、刘公岛文化资源、海草房资源和大天鹅资源等深度开发，可与韩方创意人员合作，将丰富的文化资源转化为文化产业的知识产权，为文化创意产业提升奠定基础。

威海广播电视业可以直接与韩国各大广播公司开展合作、洽谈，摸索合作方案，引进韩国热门的广播电视节目的版权，特别是比较受市场欢迎的综艺节目和人文节目等；寻找共同题材，共同出资，共同制作，共同开发原创文化项目，开发适合双方市场的电视剧、纪录片等内容题材和项目，携手扩大全球文化产业的市场份额；可与对方在线电视合作，设立合作频道（包括网络频道），寻找人们感兴趣的、具有共通性的题材内容和流行元素，制作"汉风"内容和"韩流"节目，开拓全球网络大市场；双方可成立合资法人合作运营相关广播电视频道，面向中韩乃至全球观众，扩大中韩两国文化影响力，带动双方的投资、贸易、旅游等进一步融合，推动交互式网络智能电视在双方市场的开拓发展。

4. 加强人员交流，培养产业人才

人才是发展创意文化产业最为重要的要素，中韩 FTA 提升了中韩两国娱乐文化市场的开放程度，强化了文化娱乐产品版权的保护力度，为两国娱乐文化的长期交流与发展提供了保障，同时也必然提升对熟悉中韩两国文化的人才需求。中韩 FTA 将使中韩人员交流更加便利化，韩国的文化产业人才更容易进入中国市场。鉴于中国市场的规模和潜力，韩国文化工业整体水平较高，并且有比较完善的法律和产业制度保障，因此在合作初期阶段，韩方的内容产品及技术人才对中国的影响力可能会超过中国文化产品在韩国的影响力。但我们可以从合作中获取对中国文化产业发展有帮助的东西，特别是关于人才培养模式、产品创意过程、市场营销推广等方面的先进经验，最终实现产业的升级和竞争力的提高。随着中韩 FTA 的生效，除了中韩合资文化企业进驻中国之外，同时将有更多韩国影视明星、产业专业人才来华发展，威海应利用便利的区位和对韩交往的综合优势，积极出台优惠政策，吸引韩国文化产业人才来威海创业、交流、合作、发展，在合作和交流中着力培养威海市文化创意产业急需的各类人才，提升文化产业竞争力。

（三）风险防范

在扩大合作交流的同时，要对半岛政治与法律等其他不可预料因素导致的风险进行防范。近一段时期，由于半岛政治与安全局势的变化，由政治带来的风险逐渐凸显，韩国朴槿惠政府逐渐调整对外政策，甚至不顾中国政府的强烈反对，执意部署美国的导弹防御系统"萨德"，这给发展形势大好的中韩关系带来了较大的负面效应，中韩文化产业间的合作也因此具有了许多不确定性因素和风险。韩国一些娱乐公司的股票由此大跌，国内的一些文化公司和双方合作项目也受到一定程度的影响。基于此，威海市与韩国的文化产业深度合作，也应对未来一段时间内两国政治间的一些不确定性因素带来相关风险进行评估和防范。对那些不易受影响的项目，加大合作力度；对那些我方投资规模较大、风险较高的项目，应当由投资主体进行全面的风险评估，最后确定项目的实施方案。

跨国法律法规风险。威海市文化企业在"走出去"和"引进来"的过程中应当充分了解和熟悉韩国当地法律法规以及相关行业规范。除了全国性法律之外，韩国各地方政府对其文化行业和企业也制定了不少规范性法规进行监管。我方企业与韩方进行投资与合作时，应当充分了解当地的相关法律法规，与当地政府、行业协会、法律机构、商务组织，以及当地华侨和中方组织进行良好的沟通、对接，规避各种不必要的风险。

结　语

中韩文化产业合作发展恰逢其时，机遇难得，有中韩两国政府、政策和中韩 FTA 相关条款支持，两国之间在文化上互相认同，经济上紧密联系，文化娱乐界交流融洽，新的合作项目和利益纽带将把两国文化产业连接在一起。随着中韩 FTA 生效，威海同韩国的文化产业通过政府沟通、企业合作、项目推进、人员交流、信息流通和市场开放等捆绑在一起，必将产生一批富有魅力的文化产品。

中韩文化产业的真正合作刚刚开始，面对新形势，威海文化企业需要改变只顾当前利益的短期意识，将两国企业间的合作从上下游垂直分工的合作模式逐渐转化为水平互补的合作模式。我们应该把握的原则是，无论合作还是合资，其根本目的都是要学习对方先进经验，增强自身文化产业的内生力，从根本上增强自我原创能力，在合作中创新产业管理机制、创意过程、制作流程、市场营销、商业模式等，而不能只注重眼前的经济效益，满足于商业性文化产品的引进，应通过合作和创新，推出富有特色的全球化文化产业模式，利用韩国比较成熟的营销渠道展示我国文化乃至东亚文化的魅力。

[作者单位：山东大学（威海）　课题组成员：范　蕊　魏文忠]

科技成果转化及其线上平台的智能推送方法研究

——以威海市为例

佘欣媛

随着经济的发展，企业面临从传统制造业向技术创新型的科技型企业转型。一直以来，高校等科研院所是技术成果的主要输出单位，如何增进其与企业的沟通交流、提高科技成果转化率是帮助企业转型的关键问题。截至2016年年初，全国科技成果转化率不足30%，与世界先进国家相比差距较大。

一 科技成果转化率低的原因分析

李叶雨等提出影响技术交易成效的4个关键因素：法律政策环境，技术满足市场需求的程度，双方沟通协调程度，技术需求方消化吸收能力。

这4个关键因素是否能够得到有效改善将直接影响科技成果转化率的高低。结合我国当前产学研环境分析，制约转化率低下的因素主要有以下三点。

（一）政策制度不健全

高校、研究所一直是科技成果的主要承担机构。由教师、专家组成的科研团队是技术成果的直接提供者，但是我国大部分地区法律规定教师等在职期间所研发的技术成果所有权隶属于所在单位，而作为实际完成人的专家、教师只享有署名权。也就是说科研人员对科技成果的转让等处置需要与所在单位协商后得到同意方可进行。并且虽然我国有相关法律明确指出科技成果实际完成人的技术转让收益不低于50%，但是各地方单位在执行上有明显差异，导致科研人员因落差感而降低成果转化积极性。

技术成果作为科技类无形资产，最终财产权属于国家而非成果承担单位，科研成果在转让、投资等方面的收益需要部分上缴国家。这在一定程度上影响各科研单位参与成果转化的积极性。

我国法律规定无论技术交易是否成功，技术承担单位都需要缴纳一定税费，从一定程度上影响其交易积极性。

（二）服务体系不完善

现有科技信息共享平台是技术中介服务的一条途径，但是功能仅限于发布供求消息等方面，而在成果评价、融资、监督、法律服务等方面涉及较少，服务水平有待提高。

（三）技术提供、需求双方原因

1. 科技成果实用性不高

我国科研经费投入一直居于世界前列，但科技成果转化率不足 30%，而发达国家的这一比例在 60% 以上，从技术提供方方面分析我国科技成果转化率低的原因主要有两点。

（1）科研评价体制限制。高校及科研院所是技术成果的主要承担单位，而高校等研究机构对在职教师等科研人员的科研评价考核体系偏重理论研究，对研究成果的实用性要求不高，导致科研人员将主要注意力放在了论文发表等方面而没有关注所研究成果是否能够转化为实际生产力。

（2）对市场需求不明确。技术成果从研发到使用要经过理论研究及生产验证两个阶段，当前我国这两个阶段独立运作，过渡环节较薄弱，主要表现在：科研人员缺乏实际生产经验，研究选题时通常在没有与企业等技术需求者沟通的情况下单纯凭借经验或者只是从是否容易发表论文等方面出发而确立研究方向，导致很大一部分技术成果与实际需求脱节。

2. 技术需求方需求疲软

以威海市为例，企业是技术需求的主要单位，并且其中以资金薄弱、承受风险能力较差的中小型企业为主。由于技术供需双方平时交流少，彼此认知不深，在技术交易中企业出于对成果实用性、投入成本、回报率等多方面考虑容易降低合作意向。

综上所述，除了完善相关法律政策、健全服务体系外，加强技术供需双方沟通是提高我国技术成果转化率的重要途径。在互联网时代的大背景下建立在线信息共享平台已经成为技术各方交流的重要手段。以威海市为例，2014 年威海市政府、科技局等相关部门单位筹备建立了科技创新综合服务平台，该平台是为辅助科技成果转化而建立的融合科研成果搜集、科技文献检索、技术需求发布等功能的线上信息共享平台。

二 威海市科技信息共享平台存在的问题

现有平台大致包括以下若干子平台：技术交易服务平台（技术需求、技术供给等信息发布平台），科技文献共享服务平台（集成国内主要科技文献电子数据库平台，可实现文献检索、定题推送等服务），人才项目云平台（包括国内、国际专家人才库及其相关技术成果展示），科技企业孵化器协同工作网络平台（相关资讯、政策信息发布，在线入驻科技企业孵化器平台），大型科学仪器共享平台（仪器信息搜集整理及在线租赁申请平台）。

整个信息共享平台涵盖文献查找、技术交易、专家人才搜集、资讯发布等各方面，服务功能较为全面；但在使用过程中发现仍然有与预期相出入的地方。

（1）技术交易服务子平台中，技术供给和技术需求两类信息分开发布在两个不同的独立信息区域并没有关联，用户每次登录后都需根据自身需要在资源数据库中手动筛选查找。对于某些热门供求信息如果用户想要优先获得的话需要实时刷新平台发布模块，无论对于研发人员还是企业用户来讲这都必将占用较长时间，影响平台使用效率。

（2）受相关制度限制，用户在平台上发布技术需求或供给信息前，需要统一由各地方科技管理单位审核。不但时间上存在滞后性，技术成果实用性、生产价值等亦由各地方科技管理单位做判断，从而汇总结果质量的好坏依赖于相关审核人员对各学科技术的理解及对企业需求的认识的深浅程度，故平台上的技术汇总结果难免在科技价值评估及科技方向选择上存在较多主观因素而影响信息发布的质量。

（3）企业用户受自身专业知识的限制，可能在技术需求描述上不能完整、清晰地表达自身遇到的问题，进而影响专家对问题的判断，降低技术交易成功率。

（4）大部分科研人员都不直接参与实际生产，而现有平台只对技术专家进行了简要背景介绍，而涉及企业、生产等方面相关资讯较少。这样可能会造成技术人员对实际需求把握不准，在确立科研方向时导致架空情况的发生——研究的技术不被需要，真正的问题没有人来解决。如果企业遇到问题时再去找相关专家解决，那么在时间上就会存在滞后性而影响企业正常生产。

（5）虽然现有的人才项目云平台整理了国内外专家的相关资料，但是介绍也仅仅停留在文字性简介上，而对一个科研学者全面的、客观的评价应该包含其所发表的论文、参与的项目、申报的课题、企业合作经历等诸多方面。从现有平台来看，论文文献资料在科技文献共享服务子平台上，技术成果在人才项目云子平台上，可交易技术供需信息在技术交易服务子平台上。几个子平台间相互独立，互不关联，这使企业用户无法形成对相关专家学者的完整认识，而阻碍彼此了解。并且人才项目云子平台上的技术成果项目负责人与专家不能一一对应，也影响企业用户对相应技术成果及专家团队的全面认识。

（6）科研用户有各自常用的专业数据库，故科技文献共享服务子平台主要面向企业用户。该平台虽然提供信息定制服务，但只能订阅特定领域或者学者从定制时间起新发表文献方面的消息。而一篇高质量文献的形成从理论研究、验证到发布有时需要数月甚至多年的研究。受市场竞争等方面的影响，企业用户对所需技术的实时性要求较高，不可能耗费这么长的时间等待研究结果还不确定的技术资料，所以有的时候企业用户在使用科技文献平台的时候发现定制的消息总也没有回应而降低用户体验度。

（7）企业与科研人员彼此平时接触较少，有的可能彼此从未接触过，就算技术供给与需求匹配，但是如果交易双方了解不深，那么有可能在合作方式、技术价值判断等问题上存在分歧而降低合作可能性。

从根本上来讲，现有平台的主要问题就是技术交易双方信息交换不顺畅，导致用户体验较差。那么，如何提高供需间沟通效率是解决信息共享平台使用率低下的关键问题。

三 改善现有科技信息共享平台方法

1. 合并技术交易、科技文献共享、人才项目云子平台

现有平台将科研人员的项目、论文、企业合作经历等信息分别发布在不同的独立子平台上，不便于企业用户对相关专家深入了解。若进行合并，科技综合平台将包括专家人才库及相应综合档案，内容涵盖各科研人员的主要研究方向、文献发表、专利成果、参与项目、申报过的课题、企业合作经历等各个方面。同时平台也将为企业用户建立信息数据库，主要用于介绍企业生产经营范围、资金规模、所需技术等。这样技术供需双方彼此便于形成客观、完整的认识，从而提高技术交易双方信任度及交易合作成功率。

2. 识别用户关注领域，实现技术供需双方间信息自动推送

我国科技成果转化模式主要有技术开发、技术服务、技术转让、技术咨询等形式，其中技术开发模式是指由政府作为中介机构把新技术的开发采用委托的形式交给科研单位，相关企业提供开发所必需的费用的合作形式。该模式是现今技术交易的主要方式，占全部合同份额的 60% 以上。如果可以提高该模式的交易成功率，那么将大大提高科技成果转化比例。科技开发模式耗时较长、结果不确定，交易双方需要对彼此有一定的了解及信任，所以加强技术供需双方的信息推送是提高技术开发模式成功率的重要手段。并且现有平台上企业用户需求自述不准确、科研技术成果发布环节流程复杂、技术供需双方获取彼此信息不便等问题也都可以通过实现平台信息自动推送解决。

本文所述科技平台信息推送是指企业和科研用户在使用共享平台时，系统自动根据其所检索文献、专利技术、专家学者、新闻资讯等信息的关键字识别用户所关注的技术领域并进行学科类别划分。平台将在归属同一学科领域的企业及科研用户间相互推送彼此的实时消息，例如为企业用户推送其所关注领域专家的综合资料及其实时研究动态，向科研人员定期推送相关企业资料、生产现况等。

可以预见，科技服务平台消息的自动分类推送必将提高发布信息准确度，缩短信息交互时间，改善用户体验。

四　信息推送方法研究

（一）功能划分

信息推送主要分为以下几个模块，如图 1 所示。

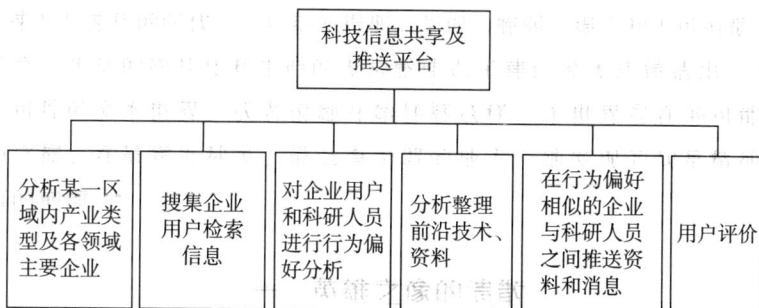

图 1　主要功能模块

（1）按照产业类型对各领域主要企业进行类别划分，以便于信息分类推送。

（2）现有科技共享平台的文献检索主要面向企业用户，记录用户使用信息，实时抓取用户检索关键词。

（3）在关键词库基础上建立用户行为偏好档案，并对用户进行技术领域类别划分。

（4）实时汇总高校前沿有价值的技术信息。以威海市为例，科研人员主要集中在高校。高校图书馆的数据库平台基本上囊括了本校各专业主流数据库，大部分科研人员都会通过该校图书馆的数据库平台进行成果发布或资料检索。故可在该数据库平台上抓取各专业科研人员检索关键词、下载资料，结合全国权威学术平台提供的当下热点研究主题，通过整理分析给出各专业最新、最有价值的技术资料。

（5）将整理出的科研资料按照用户偏好推送给不同企业决策者，并同时为科研专家实时推送企业生产概况。

（6）在平台上增加功能，如用户反馈机制，用户可对平台推送的资料进行可用性、可行性等方面的评价，以调整信息推送平台的资料整理机制及推送机制。

（二）技术实现

1. 用户行为偏好分析

本课题需要对企业用户及高校科研人员分别建立用户行为偏好档案，企业在通过平台检索信息时，系统提取用户输入的关键字及访问资源记录，获取用户兴趣偏好并进行学科类别划分，以识别用户关注的研究领域。同样高校研究人员在使用图书馆数据库平台时系统也需要对其检索记录及科研资料建立数据库并归档，同时对每个课题组进行学科分类，如图2所示。

由此信息共享平台可以把关注相同技术领域的企业用户和科研人员认定为偏好高度相似的潜在合作者，并实时地把相关资料在企业和科研人员间相互推送。

2. 信息资料搜集整理

在把科研资料推送给企业用户之前，为了提高其可靠性、可用性、权威性，信息共享平台需要先对资料进行分析整理，整个功能主要包括四个模块，如图3所示。

（1）建立科研人员学术评价体系。该体系可以对科研人员进行学术评分

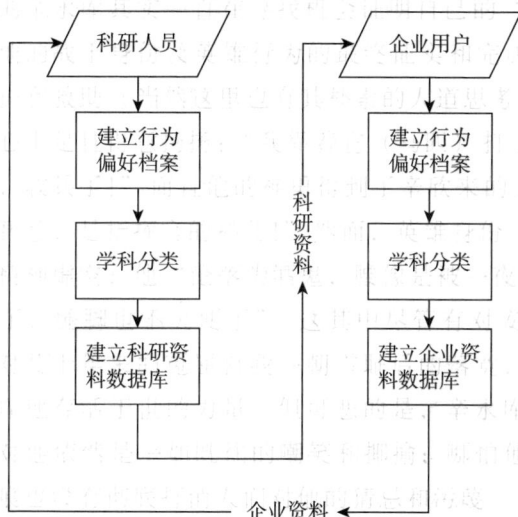

图 2　信息共享流程

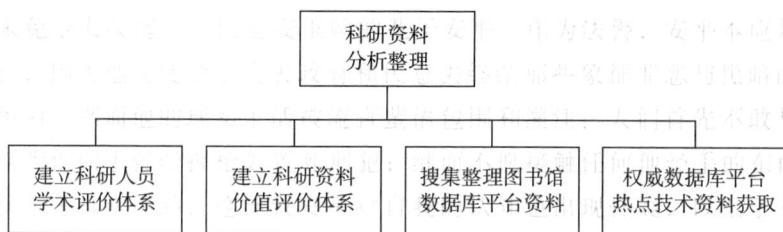

图 3　科研资料分析整理方法

排名，排名越靠前，系统认为该科研人员学术水平越高，与之相关的科研资料可信度越高，对企业的指导价值也就越高。评价体系的影响因子包括科研人员职称（荣誉）、所在单位、科研课题数量及等级、之前发布科研资料的影响因子，以及核心期刊收录情况等。

（2）建立科研资料价值评价体系。该体系可以对科研资料进行评分排名，排名越靠前则认为该资料可用性越高。评价因子包括影响因子，发布平台核心程度等。

（3）记录科研人员通过图书馆数据库平台下载、上传资料的关键信息，如题目、作者、关键词、学科分类等并整理归档。该方法有个缺陷，即只能记录从图书馆数据库平台上通过的信息。如果科研人员直接打开某个数据库网站或者通过搜索引擎链接到该数据库网站，那么平台将不能记录其操作内容。不过这类情况发生比例较小，可以忽略不计。

（4）实时获取权威数据库平台上各学科领域的热点科研资料。为了提高对企业用户的推送质量，平台还会搜集整理世界范围内不同学科领域的实时研究热点，将影响因子高的研究热点推送给相关企业用户供其参考。

五 结论

当前我国科技成果产业化水平与世界发达国家相比较低，除了出台法律、政策，完善服务体系外，改善技术交易双方交流、增进彼此认识是增进技术供需双方彼此了解、促进技术产业化的必要手段。现有线上科技信息共享平台作为当前双方沟通的重要手段，虽然起到了一定作用但是在功能上还有欠缺。如果平台能够实现信息智能推送，必将拓宽企业与科研单位间的沟通途径，进而提高技术交易成功率。为此本文提出建立用户行为偏好档案及信息搜集两个模块，前者用于识别用户所关注的学科领域并进行类别划分，后者为分类后企业及科研用户彼此间推送技术资料、生产现状等信息，从而实现科技信息共享平台的信息自主推送，为今后科技成果转化打下良好基础。

[作者单位：哈尔滨工业大学（威海）]

《深蓝帝国——海洋争霸的时代 1400—1900》 内容提要

刘 畅 陈 媛

《深蓝帝国——海洋争霸的时代 1400—1900》是一部挑战西方视角，正视暴力记忆，深具诚意和温度的历史佳作。它以生动的细节讲述了中国、阿拉伯、葡萄牙、西班牙、荷兰、英国如何称霸海洋、如何衰落，重申了海权论的名言："谁控制了海洋，谁就控制了世界！"

人类的文明虽然发端于陆地，但各个文明的扩展和沟通离不开海洋。尤其是在现代世界形成的过程当中，海洋成为中心的舞台。各个文明的扩张和贸易、崛起与衰落，都和对海洋的控制直接相关。可以说，谁主宰了海洋，谁就主宰了世界秩序。《深蓝帝国——海洋争霸的时代 1400—1900》讲述的是中国、阿拉伯、葡萄牙、西班牙、荷兰、英国如何进行远洋航行并扩张的史实。

作者强调欧洲在海上扩张前，亚非文明基本上是平等的海上贸易往来，但欧洲人的海上扩张伴随着极端的暴力和征服，虽然这是促进世界一体的过程，但同时也给其他文明带来了深重的灾难，其后果依然影响着当今的世界。征服海洋不但能够对其他文明取得控制权，同时也客观上促进了人种、物产和文化的交流。这是世界历史中极为丰富和引人入胜的细节。

这本书从历史的角度探究了世界各文明通过海陆互相碰撞、融合，并最终形成新的近代世界的过程。世界各地长久以来发展而成的各大文明圈在人类历史上大多是通过陆路进行交流，但由于陆路交通的条件并不乐观，这种陆上交流必然是一个缓慢且坎坷的过程。换句话说，文明的成果如同渗透压现象一样缓慢地向周边扩散。中国的丝绸、印度的胡椒传往欧洲，马可波罗等旅行家寻访中国和印度，印度的佛教传往亚洲各地，都经历了这一艰难的过程。

直到 15 世纪之后，人类世界才真正开始尝试相互碰撞，开始了相互交流。大洋航海之路一旦打开，世界开始连成一个整体。海洋不再是交流的障碍，开始扮演起高速公路的角色。各文明圈和生态界的各要素向全世界扩散，我们生活的近代世界也随之开始了激变。

这里我们需要注意两个现象。一是欧洲走在了这一激变的前列。最初世界海路的开拓毫无疑问是欧洲航海人的功绩，比如哥伦布到达了美洲，麦哲伦完成了环球旅行。之后欧洲人通过产业革命获得了强大的经济和军事力量，并在这一力量的助推下成功实现了帝国主义的膨胀和扩张。欧洲和它的后续者美国在这一过程中掌握了现代世界的霸权。欧洲掌握了世界霸权就意味着亚洲交出了主动权。现在历史学界普遍认为，19 世纪之前，以中国和印度为首的亚洲的经济水平并不逊色于欧洲，在更早的时期，亚洲的经济实力反而远领先于欧洲。这就意味着 15～18 世纪的大航海时代所指的并不仅仅是世界开启了海上交流之路，也是指一个历史潮流引导者的变更时代。二是近代世界的形成并非欧洲的一己之力。毋庸置疑，欧洲掌握了霸权，崛起为世界的绝对强者，但这并不意味着新的世界文明完全由其独自创造。世界各文明圈长久以来累积的成果相互传播、融合，并创造出了新的结果——近代世界。综合上述两种现象可知，海洋航路的开拓致使世界各文明相互融合，并形成了新的世界秩序，而主导这一新秩序的欧洲最终掌握了世界的霸权。可以说世界历史的潮流具有两面性，本书中展现的那个时代所发生的变化一方面极具暴力性和破坏性，另一方面又不乏建设性和创造性。

细致冷静地探究这一重要时代的历史发展过程具有深远的意义。以史为镜，可以让我们更好地应对现在与未来。时代在变化，21 世纪的今天世界文明的结构和秩序都在重组，特别是中国经济实力的惊人增长对世界产生了深远影响，亚洲的文化达到了前所未有的繁荣，欧洲和它的继任者美国主导世界的时代已经成为过去，亚洲的影响力正在不断扩大。这一变化会产生哪些结果呢？

没有人能预测未来，但我们可以抱着美好的希望向正确的方向前进。亚洲文明拥有悠久的历史，对人类的发展产生了积极的影响，这就是我们的希望。相比于帝国主义统治近代世界的暴力手段，我们更期望人类文明汇聚的优秀文化能够向其他地区传播，最终达到世界的共同繁荣。

本书内容共包含 8 章，约 50 个小主题。

第一章主要阐明了印度洋曾是欧亚大陆各文明交流的中心舞台，近代以后的世界化在这里萌芽。亚洲各文明圈，特别是中国很早就实现了海上扩张，因此它原本很有可能掌握近代世界主导权；但最终，国家机构与资本紧密结合的西欧文明成了连通全球海洋的主要角色。

第二章主要向读者展示了由欧洲主导的连接世界各大海洋的过程的暴力性。从这一角度来看，近代世界的形成可以说是暴力在全球范围内的普及过程，本书介绍了其中的几个实例。

第三章介绍了在构建世界海洋网络的过程中起到直接贡献作用的船员们的世界。在无尽的苦痛与压迫中生存的船员可以称得上是最初的无产阶级，后来他们中的一部分结成了反抗世界资本主义秩序的海盗集团。

第四章主要探讨了近代世界史上最大悲剧之一的奴隶贸易。我们必须铭记，在近代世界发展的另一面正是奴隶们悲惨的命运。

第五章主要分析了世界经济发展的最重要要素——世界货币的流通。本文批判了过去只关注非洲大陆的白银生产与流通的世界货币史，指出并具体说明了世界货币和金属流通的复杂情况。

第六章强调了世界化对我们日常生活各个方面的直接影响，通过食物、饮料、瓷器、染料、兵器等说明了这种影响在世界各地不同文化背景下不同的表现形式。

第七章探讨了世界化带来的精神层面的交流与冲突。通过追溯语言和宗教两个核心领域的变化来说明近代以后人类内心世界的巨大变化。

第八章记录了世界化导致的生态环境的变化。通过例证说明了当今的自然环境已不是其本来面貌，而是在大航海时代后由人类一手改变后的模样。

[作者单位：山东大学（威海）]

《文登人民公安志》内容摘要

刘 丽

《文登人民公安志》上限为 1940 年 11 月文登县公安局成立，下限止于 2014 年 12 月。本志侧重记述改革开放以来的公安工作。卷首设图、照片专辑、概述、大事记，卷中设机构设置、队伍建设、社会治安管理、保卫、打击犯罪、党群组织六编和人物，卷末设附录、索引和后记。本志求真务实、秉公直书、继承创新、史志结合、远近兼顾、人事并重，做到了横不缺项、纵不断线，翔实记载了 75 年间，文登公安事业的曲折蹉跎和丰功伟绩。不论在战火纷飞的战争年代，还是在波澜壮阔的社会主义革命、社会主义建设和改革开放时期，文登公安民警、武警官兵和广大保卫干部在党委、政府和上级公安机关的正确领导下，在社会主义革命和建设特别是改革开放的伟大实践中，坚决贯彻执行党的路线、方针、政策，努力践行全心全意为人民服务的根本宗旨，认真履行宪法和法律赋予的神圣职责，为维护文登的社会稳定、促进经济发展做出了不可磨灭的历史功勋。本志内容丰富，资料翔实，图文并茂，是一部思想性、科学性、可读性都比较强的资料性专著，既可以存史、资治，为研究和探索新时期公安工作提供重要依据，又可以启迪后人，以史为鉴，指导现实。

一

1940 年 11 月，文登县抗日民主政府在第四区坤龙邢家村成立公安局。同年 12 月，文登县公安局在昆嵛山设立秘密锄奸工作站，开展锄奸工作，为翌年 1 月八路军山东纵队五旅十四团和五支队二团解放昆嵛山区，将文登、牟平抗日根据地连成一片扫除障碍。1941 年 12 月，文西县在林村区祝家泊子村设立公安局。1942 年 8 月，文西县政府改称文西行署，文西县公安局撤销，公安工作由东海专署兼理。1944 年 5 月，文西行署公安局在葛家区周家埠村成立，文登（东）、文西两县公安机关积极发动群众锄奸反特，摧毁伪政权，抓捕日本特务、国民党特务，清理打击游兵散匪及各种坏分子，捕获残害革命、屠杀共产党员的汉奸，建立革命秩序，保卫人民民主政权，通过打击处理，镇压了敌人，激发了群众的斗争热情。

1944 年 8 月，文城解放。1945 年 4 月，文西行署公安局随行署更名为昆嵛县政府公安局，文登、昆嵛两县公安机关积极在边缘游击区开展反蚕食斗争，组织发动群众肃清日伪组织，开展反特斗争，发展地下工作者，打入敌人内部，分化瓦解日伪特务人员，组织民兵、妇女站岗放哨，严格盘查来往行人，对交通要道、电话设施等进行巡逻保护，对海外和敌占区归家的伪公务人员进行登记和有重点的审查，对沿海港口来往船只、客商、船员进行检查登记，严防奸特潜出潜入。

1947 年后，为配合党的中心工作，开展"反蒋保田立功运动"，以村为单位制定"治安公约"，广泛发动群众，掀起反国民党特务高潮，揭露其卑鄙行为，削弱其社会基础。同时，开展对国民党、三青团和敌伪军、政、警、宪人员的自新登记，肃清潜伏特匪（简称肃特），取缔反动会道门和镇压反革命运动（简称"镇反运动"），以彻底摧毁国民党反动统治的社会基础。发动青年积极参军参战，保家卫国。为加强社会治安管理，开展查禁吸食大烟、赌博、卖淫嫖娼活动，在机关、学校、工矿企业和行政村建立治安保卫组织；在群众中广泛开展以防奸、防特、防火、防盗为主要内容的"四防"教育活动；废除旧保甲制度，清查户口，建立新的户口登记和治安管理制度，确立社会新秩序，为恢复和发展经济创建有利条件。

1950 年 11 月 ~1953 年 5 月，按照中共中央《关于镇压反革命的指示》，文登、昆嵛两县公安机关把打击恶霸、土匪、特务、反动党团骨干和反动会道门头子五类反革命分子作为重点，共处理各类反革命分子 1898 名，其中逮捕 626 名，其他处理 1272 名。同时加强首脑机关、重点部位的保卫工作，加大各类刑事案件的侦破力度，为抗美援朝、恢复经济提供安定的社会环境。根据中共中央"必须有计划地、有分析地、实事求是地再给残余反革命势力以几个回合的打击"的指示，1955 年 4 月，文登、昆嵛两县公安机关按照全国第六次公安会议精神，开展第二次社会镇反和内部肃反运动，集中打击破坏社会主义改造和建设的反革命分子及其他现行犯罪分子，国家"一五"计划实施后，反破坏斗争成为经济保卫工作的主要任务。两县公安机关抽调人员，深入各厂矿企业、农村，有组织、有计划地开展反破坏斗争，使社会主义经济得到巩固发展。1956 年 3 月，文登、昆嵛两县公安机关随县政府合并，称文登县公安局。1957 年，根据中央指示和文登县的实际，开展第三次镇反运动，全面清理来历不明人员，追捕一批外逃的反革命分子。1955 年 7 月～1956 年 8 月，配合内部肃反运动，又深挖一批暗藏的反革命分子，在连续三次镇反运动中，先后处理各类反革命分子 3489 名，其中逮捕 1091 名，其他处理 2398 名。1958 年，中共八大二次会议后，全国开展"大跃进"运动，公安工作出现"浮夸风"，开展安全运动时提出不切合实际的几"无"指标，扩大了打击面，伤害了一些群众。

20 世纪 60 年代初，国民经济和人民生活曾一度出现严重困难局面，国民党台湾当局妄图颠覆人民政权。经常利用广播、空飘、投寄反动信件等各种手段，煽动国内不明真相的群众闹事，甚至派遣特务进行破坏活动。文登公安机关组织治保会、民兵等深入开展反偷渡、反袭扰、反空降、反盗窃情报、反心战等"五反"斗争，严格区分反革命破坏与群众对"共产风"不满的过激言行的界限、刑事犯罪与因生活困难而小偷小摸的界限，重点打击有组织、有纲领的反革命集团，反动会道门的复辟活动和与海外敌特机关挂钩，书写反革命传单标语、煽动群众闹事的现行反革命分子，粉碎敌特心战和妄图"里应外合"反攻大陆的阴谋。全县公安机关认真学习毛泽东主席对浙江诸暨枫桥干部群众在社会主义教育活动中创造出的"发动和依靠群众，坚持矛盾不上交，就地解决，实现捕人少、治安好"的"枫桥经验"。毛泽东主席亲自批示"要各地仿效，经过试点，推广去做"和中共中央《关于依靠群众力量，加强人民民主专政，把绝大多数四类分子改造成新人的指示》，大力推广"枫桥经验"，在普遍对地富反坏分子进行社会改造的同时，对少数现行反革命分子和坏分子依靠群众监督改造，并扩大到帮助教育不良青少年改邪归正。

1966 年开始的"文化大革命"，给国家和人民带来一场浩劫，人民公安事业遭到极大破坏，基层治安组织解体，多年来行之有效的法规、条例、制度被取消，"群众专政""群众办案"替代公安机关专政职能，导致社会秩序失控，打砸抢成风，各类犯罪活动猖獗，严重影响社会生产和人民群众的正常生活。

1970 年，第十五次全国公安工作会议召开，开始恢复公安业务工作，公安工作出现转机。1973 年 5 月，撤销军事管制小组，恢复县公安局建制，调整健全内部机构，加强业务建设，公安工作大有起色。全县公安干警恪尽职守，在打击刑事犯罪、加强治安管理等方面做了大量工作，为社会稳定做出了贡献。

1976年10月，中共中央一举粉碎江青反革命集团，"文化大革命"结束。全县公安机关认真贯彻第十七次全国公安工作会议精神，揭发批判江青反革命集团及其帮派成员破坏公安工作、迫害公安干警的罪行，依法惩办一批严重打砸抢分子和现行反革命分子，整顿社会治安秩序。同时，在公安机关内部清查与江青反革命集团阴谋活动有牵连的人和事，按政策分别作出妥善处理，使公安工作走上快速恢复和发展的轨道。

1978年12月，中共召开十一届三中全会，开启改革开放新时期。县公安局组织广大民警认真学习贯彻十一届三中全会精神，积极参与"实践是检验真理的唯一标准"大讨论，在指导思想上拨乱反正，把公安工作的重点从"以阶级斗争为纲"转移到"以保卫社会主义现代化建设为中心"的轨道上来。1979年2月，根据中共中央《关于地主、富农分子摘帽问题和地主子女成分问题的决定》精神，全县开展对地、富、反、坏"四类分子"的评审摘帽工作，基本消除家庭出身、成分对后代的影响。随后开展对"文化大革命"期间办理的定性戴帽、管制、判处刑罚的各类案件进行复查工作。全面纠正"文革"期间造成的冤假错案，并区别情况落实相关政策。在纠正"文革"期间冤假错案的同时，根据省委县委的指示，对"文化大革命"前的历史老案，特别是1957年整风运动和1964年社会主义教育运动中定性不准、处理过重的案件予以复查纠正。1979年8月，中共中央转发中央宣传部、公安部等8个单位《关于提请全党重视解决青少年违法犯罪问题的报告》的通知，提出社会治安综合治理的新思想。随后，县公安局一直在探索社会治安综合治理的经验和路子。

20世纪80年代初，随着改革开放的深入和社会经济的发展，受不良书刊、音像制品上西方思想文化的影响和流动人口大量增加，流窜犯罪、车匪路霸和经济犯罪案件大幅度上升。1983年8月，中共中央作出《关于严厉打击刑事犯罪活动的决定》，部署在全国范围内开展严打斗争，全县公安机关与检察、法院、司法等部门协同配合，按照依法从重从快的方针，广泛发动群众，迅速开展为期三年的三个战役严打斗争，抓获各类违法犯罪嫌疑人1038人，摧毁犯罪团伙64个，抓获团伙成员537人。严打斗争有力地打击了犯罪分子的嚣张气焰，遏制了刑事案件高发态势，维护了社会治安秩序稳定，维护了法律尊严，全县社会治安明显好转，人民群众安全感明显提升。

20世纪90年代，改革开放进入新的发展阶段。全国社会治安综合治理工作会议召开，中共中央、国务院和全国人大常委会分别作出《关于加强社会治安综合治理的决定》，并成立中央社会治安综合治理委员会，表明中国社会治安综合治理发展到新的阶段。公安部提出"抓班子，带队伍，促工作，保平安"的工作思路，省公安厅也提出"管好队伍不发生问题，干好工作让群众满意"的要求，全市各级公安机关紧紧围绕以学习济南交警为契机，维护稳定和保卫经济建设这个中心，制定服务群众等一系列规章制度，在全系统深入开展"文明管理、优质服务"等活动。全市广大干警以崭新的精神风貌，文明的执法行为，快捷的工作效率，一心为民的工作态度，展示当代人民警察的文明风范和良好形象，有力地促进了公安队伍建设和公安工作的开展，密切了警民关系、党群关系，带动了社会风气的好转，促进了全市两个文明建设。

1996 年，市公安局推动警务创新，在试点成功的基础上，按照规范标准、丰富内涵、完善机制、突出实效的要求，在全市推行"安全文明小区"管理，解决农村治安管理"断层"问题。12 月，指挥中心建立 110 报警服务台，受理社会各方面的报警和求助。公开向社会承诺"有警必接、有难必帮、有灾必救、有求必应"。市公安局进一步健全各项接处警制度，按照城区 15 分钟、乡下 30 分钟、个别偏远地区尽快赶到的要求出警。随后 110 报警服务台与119、122 联网运行，同时在巡警、刑警、基层派出所组建了快速出警机动队，形成以指挥中心为龙头、110 报警服务台为纽带、各 110 机动队为骨干的快速反应机制。

1997 年，全国刑事侦查工作会议后，市公安局改革刑侦工作机制，建立覆盖社会面的刑警中队。改革侦查预审分设的工作机制，实行"侦审合一"，把立案、侦查与审讯、提请逮捕、移送起诉等环节紧密结合起来，提高办案时效和办案质量。完善破案责任制，将竞争激励机制引入侦查破案中，实行量化管理制度，激发内部活力。加快刑侦信息网络系统、全自动指纹识别系统及阵地控制、刑事技术等刑侦基础业务建设，实现了"从案到人"为主到"从人到案"为主的侦查模式转变，扭转了侦破工作被动应付的局面，人民群众对公安队伍和公安工作的满意率大幅度提升，被公安部评为"1998 年度全国优秀公安局"。

2000 年起，全区（市）公安机关大力实施科技强警战略，狠抓金盾工程建设，使公安工作走上了科技强警之路，刑侦信息系统、交通管理信息系统、人口信息管理系统、公安出入境管理信息系统及人事、旅馆旅店管理等业务应用信息系统和执法记录仪等现代装备器材的投入使用，在打击犯罪、维护治安、行政管理等工作中发挥了重要作用。把维护社会政治稳定作为首要任务来抓，认真履行"巩固共产党执政地位、维护国家长治久安、保障人民安居乐业"的政治和社会责任，为人民的幸福安康和经济社会发展创造良好的社会治安环境。加强对敌斗争，有力地维护了国内安全和政治稳定。强化情报信息和专案侦查工作，有效地把握了对敌斗争的主动权。针对互联网上的渗透、破坏活动，加强对互联网的监控和管理，侦破了一批网上违法犯罪案件，遏制了网上反动宣传，渗透破坏活动。始终保持严打整治的高压态势，以打黑除恶为龙头，加大对刑事犯罪活动的打击力度，铲除了一批黑恶势力团伙。坚持"打防结合、预防为主"的方针，把治安管理和防范工作作为一项战略性措施常抓不懈。依法妥善处置群体性治安事件，维护全区社会稳定。强化派出所业务、队伍和保障工作，提高一线预防违法犯罪、控制社会治安的能力和服务群众的水平。坚持重心下移，大力推进社区警务战略，全面加强治安防控体系建设。在城区组织开展警、民联防巡逻和重要时节、重点时段机关民警参与巡逻活动，在农村推行社区警务管理和实行治安承包制等，在首脑机关、要害部位和重点单位人员密集场所、主要街道等推行新型技术防范工作，初步构建起管理、防范、巡逻、控制相结合的新型治安防控体系。持续开展以治理机动车超载、无牌无证、酒后驾驶和黄标车等为重点的交通安全整治和创建"平安大道"、争创"全国优秀管理城市"等活动，为社会进步和经济发展营造良好的交通环境。深入开展反偷渡、反走私、反越界捕捞和安全生产宣传教育，加大渔船民管理，严厉打击偷渡走私、盗抢等违法犯罪活动，持续推进爱民固边战略，为沿海海上生产创造良好的治安环境。扎实开展消防安全大检查和公众聚集场所消防安全专项治理、建筑工程消防隐患专项整治，保障社会安全。大力开展民用爆炸物品专项整治，加强对生产、经营爆炸危险物品单位场所的监督检查，严格执行运输、销售、储存等各个环节的管理措施，有效遏制了治安灾害事故。不间断开展禁赌、禁毒、禁娼和扫黄打非等专项行动，加强对公共场所、特种行业、外来人口和重点人口的管理，净化社会治安环境。公安科技基础设施建设、科技应用、科技队伍建设和保障机制都有了较大突破，科技强警工作取得显著成效。全区（市）公安机关坚持以科学发展观统领公安工作，不断创新工作思路，推出工作新举措，走出了一条体现时代特征、具有文登特色的现代警务发展路子。

二

全区（市、县）公安机关始终坚持把队伍建设作为一项基础性、根本性的工作来抓，努力为完成各个时期的公安工作提供坚强的队伍保障。文登人民公安机关建立初期，思想政治工作主要由首长采取个别谈话谈心的形式，进行理想宗旨，党的路线、方针、政策和形势任务等教育，随着形势的发展和公安工作的需要，逐步建立健全政治工作机构和各项规章制度。通过开展政治理论学习、纪律作风整顿、立功创模活动等工作，有力地推动了全区（市、县）公安队伍建设。通过每年一度的爱民月等活动，密切警民关系，树立人民警察的良好形象。"文化大革命"开始后，正常的公安政治工作制度被批判和否定，原有的政工机构被撤销。1976 年 10 月粉碎江青反革命集团后，逐步调整和加强各级领导班子，清理整顿公安队伍，公安思想政治工作逐步走上了健康发展的轨道。此后，在"严打"斗争中，继续清理不适合做公安工作的人员，一批优秀的复退转业军人、警校毕业生充实到公安队伍中。

20 世纪 90 年代起，公安队伍的组织建设进一步加强，深化用人机制改革。1995 年 9 月，对全系统 20 个科所队的 229 名民警进行岗位轮换，次年 7 月人事部在全国公务员轮岗工作会议上推广文登公安系统轮岗工作经验。1998 年 7 月至 10 月，根据《国家公务员暂行条例》《国家公务员制度实施方案》，公安机关全面实施国家公务员制度。从 2000 年起，公安机关录用主任科员以下人民警察，坚持"凡进必考"的原则，实行统一招考制度。

加强宗旨教育，铸牢忠诚警魂。文登公安自创建伊始，就把"全心全意为人民服务"的宗旨教育作为公安教育的核心内容，坚持常抓不懈。通过加强理论学习，整顿纪律作风，开展爱民月活动，树立人民警察的良好形象。粉碎江青反革命集团后，文登公安机关坚持"四项基本原则"，不断加强思想作风建设，恢复和发扬公安机关的优良传统作风。在 1989 年春夏之交的政治风波中，广大公安干警立场坚定，旗帜鲜明，始终与党中央保持高度一致。21 世纪后，区（市）公安机关先后开展以讲学习、讲政治、讲正气为主要内容的"三讲"教育活动，以全心全意为人民服务的宗旨教育、实事求是的思想路线教育、严格公正文明的法制教育为主要内容的"三项教育"活动，以代表中国先进生产力的发展要求、代表中国先进文化的前进方向、代表中国最广大人民的根本利益为主要内容的"三个代表"教育活动，学习、贯彻、实践科学发展观活动和以落实中央八项规定为主要内容的群众路线教育以及"文明管理，优质服务""情系群众，情系民心""金盾帮扶""包村联户""为民办实事"等活动。坚持政治建警，以德育警，以严格治警、依法治警方针，打牢立警为公、执法为民思想根基，努力为实现中华民族伟大复兴的中国梦，构建社会主义和谐社会保驾护航。先后涌现出全国文明窗口、全国公安机关执法示范单位、全国政法系统先进基层单位各 1 个，全国优秀公安基层单位 3 个，二级英雄模范 2 名，全国优秀人民警察 6 名等一大批先进集体和先进个人。

加强素质培养，促进全面发展。积极适应经济社会发展和警务机制改革步伐，全区（市）公安机关经常采取请进来、走出去的方式，组织脱产学习，业余时间集中学习，提升民警的工作能力和学历水平。从 20 世纪 80 年代初起，公安局规定吸收的人民警察必须具有高中或中专以上学历，公安队伍的文化素质逐步提高。至 2014 年，全区有 203 名民警分别通过函授、自学考试等方式取得中专以上学历，有大专学历以上民警 473 名，占总警力的 92.3%，全部拥有计算机初级以上证书。建设一级民警训练基地，采取在职轮训、岗位培训、技能比武等方式，深入开展"大练兵"活动，从纪律作风、业务技能和身体体能等方面提高民警素质。在注重文化素质、警务技能培训的同时，充分发挥民警特长，开展丰富多彩、富有特色的警营文化体育活动。举办全系统运动会、阅警仪式、文艺演出、演讲比赛等，陶冶民警情操，加强职业修养。

强化科学管理，激励创先争优。文登公安机关始终致力于严格教育、严格训练、严格管理、严格纪律大力推进队伍建设正规化、规范化、职业化。20 世纪 90 年代，在加强思想政治教育、纪律作风教育的同时，把制度建设摆在重要位置，相继制定《党委会议议事制度》、《领导班子廉洁勤政制度》、《党内民主生活会制度》和《岗位目标责任制考核办法》等一系列规章制度，实施岗位轮换和竞争上岗、双向选择等改革举措。进入 21 世纪后，区（市）公安局制定《思想政治工作规范》，进一步建立健全惩治和预防腐败体系，加强党风廉政警示教育。完善选人用人竞争机制和竞争上岗、双向选择改革举措。实施达标考核、评先创优、群众评议、述职述廉、内外监督和奖励工作规定等激励监督机制，有效激发队伍活力。落实从优待警措施，制定《对患疑难重病民警困难补助规定》《实施困难民警生活补助制度》《工会会员爱心互助补充医疗保险工程》，投保《民警人身意外伤害保险》，实行民警年查体制度，建立民警健康档案，设立民警心理健康服务中心，成立维护民警执法权益委员会，注重民警"8 小时以外"管理，制定对违纪、违令、违规民警的处理办法和实行警诫制度的规定，加强民警日常行为规范养成，开展"听警声，解警忧，暖警心"活动，为民警排忧解难，营造"和谐警营"。

（推荐单位：中共威海市文登区委宣传部）

《威海卫抗日纪实》内容提要

丛恒日

今年，我们迎来了中国人民抗日战争和世界反法西斯战争胜利 70 周年。我们环翠人民同全国人民和全世界爱好和平的人民一道，热烈庆祝这一伟大的节日！为了纪念这个光辉的日子，威海市环翠区档案局编写了《威海卫抗日纪实》一书，以记录威海人民抗日斗争的历史，很有意义。

1398 年（明洪武三十一年），为防倭寇侵扰，设立威海卫。威海由此成了抵御倭寇入侵的海防前沿。1894 年，威海经历了那场令中华民族伤痛和羞辱的甲午战争，饱受了日本侵略军的蹂躏。40 多年后的 1938 年 3 月 7 日，日本侵略者的铁蹄又一次践踏了这片土地，对这里实行了疯狂的掠夺和残酷的镇压，推行了野蛮的"三光"政策，制造了惨绝人寰的柳林、李家疃、盘川夼等惨案。在日军侵占 7 年多时间里，日军造成死伤 2859 人，其中死亡 906 人；抢去粮食 7854 万多斤，现款 10691 万元。日军对威海人民犯下了罄竹难书的滔天罪行。面对日寇的残暴统治和血腥镇压，英雄的威海人民进行了英勇顽强的斗争。"九一八"事变后，威海掀起了轰轰烈烈的抗日救亡活动。1938 年 1 月 15 日，在日军侵占这里的一个多月前，中共胶东特委发动了抗日武装起义，发展和壮大了山东人民抗日救国军第三军的力量。之后，在中国共产党的领导下这里又建立了抗日民主政权和抗日人民武装，军民团结一致同心协力，拔据点、攻碉堡、杀鬼子、捉汉奸机智勇敢地打击敌人，最终把日本侵略者赶出了威海大地，迎来了抗日战争的伟大胜利。威海卫成了中国共产党领导的人民抗日武装在全国收复的第一座城市。1987 年，威海建市设区，环翠区作为中心城区，有责任保护、挖掘、整理和传承原威海市丰厚的文化底蕴和荡气回肠的英雄史，用英雄的事迹激励今天的人民面向未来，珍惜今天，不忘昨天。

中日甲午战争的失败使威海人民蒙受了极大的耻辱，强烈的民族仇恨深深地埋藏在威海人民的心中。自 1928 年至 1932 年，在威海卫连续爆发了三次抵制日货运动。

1928 年 5 月，日军在济南制造了"五三惨案"，全国人民愤怒谴责日本帝国主义的野蛮罪行。消息传到威海地区，激起威海爱国群众的愤怒，尤其是进步教师和学生更是义愤填膺，以他们为主体，在威海开展了第一次抵制日货运动。1928 年 6 月，安立甘堂（英国教会办的学校）、齐东中学和清泉、敬业等小学的学生代表，在齐东中学会议室召开了会议，成立了威海卫学生联合会。在学生会的领导下，学生们走上街头，张贴标语，散发传单，进行爱国反日宣传，并以小组的形式深入有关商号，阐明爱国主义，教育商人不贩卖日货。

这次抵制日货使威海卫大多数商人断绝了同日商的来往。但是，仍有少数商人见利忘义，不顾国家民族利益，继续偷偷地贩卖日货。此事在社会上公开后，激怒了爱国教师和学生。育华中学教师谷性原到各校串联，发动学生去威海卫行政区管理公署请愿，要求政府出面查办汉奸商人，抵制日货，于是又爆发了第二次抵制日货运动。

1931 年 11 月 1 日，威海卫公立第一中学（简称"威海中学"，即原齐东中学）、育华中学（原安立甘棠学校改制）、清泉小学、明星小学和海星小学的爱国学生、教师 600 多人涌向街头，游行示威，高呼"救亡"和"抵制日货"等口号，来到管理公署门前请愿。学生代表李继安等三人受到了专员徐祖善的接见，学生代表们提出如下要求：第一，国民政府要积极抗战；第二，威海卫行政区管理公署立即查禁日货；第三，各中学成立抗日义勇军并发放枪支。徐祖善对学生的要求表示同情，并在公署门前对请愿的学生讲了话。

但是，国民党的地方组织出面干涉学生的爱国行动。1931 年 11 月 2 日，威海中学训育主任、国民党员黄逢源对全校学生训话，指责学生借口检查日货，随便旷课，并指责学生成立义勇军是"胡闹"。学生们非常气愤，举行全校罢课，表示抗议。3 日，国民党威海区党部委员邵玉铎到威海中学讲话，对学生的爱国行动横加指责，被学生轰走。5 日，在国民党威海区党部和亲日派商人的干涉下，校方宣布将这次抵制日货的骨干孙初英、李书简、李继安、孙焕文、王之敬、赵洪庠 6 名学生开除学籍。事后不久，领导这次抵制日货的威海中学学生丛烈光被迫离校。威海第二次抵制日货运动又遭挫折。

1932 年春，经过两次抵制日货洗礼的威海卫爱国师生和广大群众，开展了第三次抵制日货运动。

1932年初，威海卫各学校开学不久，威海中学、育华中学的学生自治会多次联系，共同研究，认为抵制日货运动要深入下去，必须采取宣传与检查相结合的办法，并决定分头去城里和郊区农村进行宣传检查。在郊区农村，学生宣传小组受到农民的热烈欢迎。田村村长召开村民大会当场表示：保证全村村民都不购买日货。城里大多数商号对学生的爱国行动表示了同情和理解，一些有民族正义感的商号公开表示决不贩卖日货。有极少数亲日派商人对学生的宣传不加理睬，并企图通过学生家长对学生施加压力，阻止这次抵制日货运动的发展。但是学生们不为恶势力所屈服，宣传和检查步步深入，毫不松懈。

1932年3月上旬，裕昌仁、福顺隆两个商号在威海卫商会的支持下，雇用"和丰义"的帆船，从天津偷偷贩进日本棉布80件，每件40匹，共3200匹。这批日货被海关查获，交国货陈列馆处理。该馆实际上受商会的操纵，企图以罚几个钱敷衍了事。此事被爱国学生获悉后，威海中学、育华中学两校学生30多人到国货陈列馆要求从严处理。事态扩大后，经威海卫行政区管理公署专员徐祖善同意，学生派代表于勃然、邵允芹、谷文昭等与各商会团体代表一起参加在国货陈列馆召开的有关会议。与会代表研究如何处理这批日货时，形成了两种意见。学生代表义正词严，提出将货物全部充公，并按货价的40%罚款；商会代表戚仁亭则坚持按货价的5%罚款，货物归还原主。会议召开了四五次，两种意见仍相持不下。

3月16日又开会研究如何处罚时，德盛号的姜建帮指责学生代表的意见是"无理要求"，其做法是"越轨行动"。姜建帮被学生代表轰出会场。是日晚6时许，学生30余人聚集在商会门前，要戚仁亭、姜建帮出来辩理。戚仁亭恼羞成怒，谩骂学生，并用手杖打伤威海中学学生侯尚文的头。

此时，为了争取主动，这次抵制日货运动的领导人、育华中学的学生李振清说服其他学生不要还手，派部分学生护送侯尚文到滨海医院包扎，取得伤势证明。余下的学生将戚仁亭紧紧围住，并打电话向公安局报案。闻警，公安局第一分局局长蒋佰范带警察到场，查明事实后，当场将戚仁亭铐走，学生拍手称快。是日晚，威海中学国文教师舒益仁起草了《告威海各界同胞书》，并印发全城，号召各界人民起来抵制日货，支持学生的爱国行动。

17日上午，学生发现戚仁亭已被公安局释放。当天下午，威海中学、育华中学、女子中学、清泉小学和海星小学的学生千余人，在李振清的带领下，高呼口号，浩浩荡荡地前往公安局，要求交出打人凶手戚仁亭并将其游街示众。当得知戚仁亭已被移交法院时，学生们又立即赶到法院。法院推事张骏、首席检察官刘肇福对学生代表态度蛮横，拒不交出戚仁亭。当学生得知戚仁亭已被法院释放这一真相后，怒不可遏，将法院的门窗玻璃、桌椅等一举捣毁，并撕毁了部分文件。在一片吼声中，张骏、刘肇福等人从后院越墙仓皇逃走。砸了法院后，学生们乘胜前进，在李振清的带领下，游行队伍开往贩卖日货的裕昌仁、福顺隆商号。这两个商号老板做贼心虚，早已关门闭户，妄图逃避惩罚。学生们一拥而上，砸开门窗，将其棉纱、棉布、绸缎等日货，尽数搬到大操场，纵火焚烧达 5 小时之久。当时，威海卫行政区管理公署给南京国民政府的报告称："日货尽行搬到大操场纵火焚烧，一时黑烟弥漫，火光融天，良久始熄灭。"学生的爱国行动，得到了威海广大群众及全国爱国志士的支持。

当晚，各界代表 10 人对学生进行了慰问，并递交了一封慰问信，以表示对学生爱国行动的敬佩。南京、天津的一些报纸对威海卫抵制日货活动进行了报道和声援。学生的爱国行动使威海的亲日势力惊恐不安，但他们不甘失败，猖狂反扑。19 日，商会电告南京国民政府，诬称威海"学生暴动"，刘福堂、戚仁亭等向日本驻烟台领事馆发出密电，向其乞援。4 月 28 日，日本军舰八云号借口捉拿朝鲜的民族志士安重根的子女安原生、安敏生、安枕生兄妹为由，驶进威海港，炫耀武力，进行恫吓，企图干涉这次抵制日货运动。刘福堂、戚仁亭要挟管理公署惩办烧日货的学生。爱国学生不畏强暴，一面机智地同当局进行斡旋，一面继续开展抵制日货的宣传活动。在学生和当地群众抵制下，威海卫商会支持贩卖日货的行为不得不有所收敛。

威海卫学生的第三次抵制日货运动，在全国反响很大，也引起了南京国民政府的注意。管理公署专员徐祖善为应付南京国民政府的追究，令各校放春假，并且把学生捣毁法院的责任推给公安局，迫使公安局局长黄海泉"引咎辞职"，还以杀人嫌疑为借口，强迫李振清自动离校。至此这次抵制日货运动才告一段落。

接连不断的抗日救亡抵制日货运动，激发了威海人民的爱国热情，唤醒了人们的民族精神，为后来的抗日救亡运动的深入开展打下了基础。

"九一八"事变后，威海卫人民反对日本侵略的高潮迭起，爆发了声势浩大的抵制日货学潮。学潮使亲日势力受到沉重打击，在全国造成一定影响。通过学潮，一大批爱国学生受到了锻炼。

为了平息学潮，1932 年春，当局勒令各学校提前放春假。威海公立第一中学（威海中学）学生、学潮中的骨干汤福山回到家乡荣成石岛，向中共荣成特支党员丛烈光（原是威海公立第一中学学生自治会主席，因闹学潮被迫离校，回原籍荣成）汇报介绍了威海卫学潮情况。丛烈光根据汤福山在学潮中的表现，将其介绍加入中国共产党。汤福山回到威海中学后，又发展于荣瑞为党员。不久，丛烈光也回到威海中学，介绍刘德顺参加了共产党。这是威海卫发展的第一批党员。1932 年 4 月，成立了中共威海中学党小组，受中共荣成特支领导，汤福山任组长。这是威海卫的第一个党小组。1932 年 9 月，丛烈光考入山东第七乡村师范学校（文登乡师）后，改受乡师党支部领导。

1932 年秋，汤福山离开威海中学回到石岛，在明德小学教书，开展党的活动。汤福山离校后，威海中学党小组由于荣瑞任党小组长。于荣瑞和刘德顺经常在进步学生中宣传党的主张，揭露国民党的黑暗统治，讲解中国只有在共产党领导下，人民才能翻身解放的道理。在他们的影响和带动下，威海中学涌现出一大批思想进步的青年学生。于荣瑞和刘德顺抓住时机，发展党员，扩大组织。1933 年春，先后发展吕鸿士、王积海、韩力、夏戎等人入党。1932 年 4 月至 1933 年 4 月底，党小组团结进步力量，控制了进步的学生组织，并利用办墙报、开演讲会、组织武术队等形式，积极扩大党的影响。

1933 年"五一"节前夕，山东第七乡村师范学校党支部组织委员丛烈光到威海卫，向于荣瑞传达了乡师党支部在"五一"节张贴标语的决定。4 月30 日晚，威海中学党小组长于荣瑞和吕鸿士行动起来，在市区主要街道两旁张贴标语 50 多张。标语上写的是"打倒国民党"、"打倒蒋介石"、"把日本侵略者赶出中国去"和"中国共产党万岁"等。于荣瑞和吕鸿士返校时，被一名教师发现，并报告给了校长张宝山。第二天清晨，威海卫城内发现了抗日反蒋的标语，国民党威海卫行政区管理公署立即指派公安局进行侦缉。下午，张宝山将于荣瑞和吕鸿士叫到办公室追查他们是否贴过标语，他俩矢口否认。张宝山担心学校出了共产党他会受牵连，便采取既不讨好国民党，也不得罪共产党的办法，勒令于荣瑞和吕鸿士退学。放暑假的时候，又以种种借口强令刘德顺下学期不得返校学习。此时，韩力也改名韩蠡，考入烟台省立第八中学。到 1933 年秋，威海中学的党员只有夏戎和王积海等人。"五一"节张贴标语之举，唤醒了群众，但过早暴露了党组织。威海中学党小组至此解体。抗日战争初期，在中国共产党的领导下，中华大地上活跃着一个极有影响力的组织——中华民族解放先锋队（简称"民先"），为宣传发动抗日做出了重要贡献。"民先"组织在威海也发挥了重要作用，大力进行抗日救亡宣传，特别是积极参加威海起义，在历史上留下了光辉的一页。

1936 年下半年，孙端夫、袁时若、赵野民等一批原北平进步学生来到威海卫，孙端夫、袁时若是"民先"队员，赵野民于 1937 年 7 月加入"民先"。

袁时若、赵野民任教于威海中学，在学生中开展各项活动，教育启发学生的思想觉悟，发展"民先"队员。

袁时若在讲课时，经常给学生灌输抗日爱国的思想，揭露日本侵华罪行，尤其不满意国民党蒋介石的不抵抗主义和"先安内后攘外"的反动政策。1937年"七七"事变后，赵野民把每周两节生物课让出来，请袁时若给学生讲中国共产党抗日救国的主张和中国工农红军抗日先遣队东进抗日的情况，激发学生们抗日救亡的热情。

袁时若在威海中学成立了读书会，引导学生广泛汲取社会知识；在学生中教唱《义勇军进行曲》《毕业歌》等救亡歌曲，还排演了《雷雨》《烙痕》《伪君子》等话剧，在民兴大舞台公演，宣传抗日救亡思想。

袁时若组织"威中学生自治会"的干部和一些学生骨干一起开会，提议将"威中学生自治会"改为"威中学生抗敌后援会"，教育学生应该结合读书开展抗日后援工作，支持抗日。征得校长的同意，"威中学生抗敌后援会"合法化、公开化，学生们半天读书、半天到社会上搞抗日宣传，收到了很好的效果。

在袁时若、赵野民两位老师的指导下，以纪念"一二·九"运动两周年的名义，组织40多名同学，分为8个小组，于11月开始分头到市郊10多个村庄对群众进行抗日救亡宣传，开办农民识字班和农民夜校。通过开展这些活动，在学生中发现骨干积极分子，发展了第一批"民先"队员。

1937年11月底，侵华日军已逼近胶东，形势不允许威海中学继续办下去了，学校停课，提前放寒假。袁时若和赵野民等人，不回家乡，留在学校，进行抗日宣传组织工作，抓紧在学生中物色积极分子，发展"民先"队员。

随着形势的进一步发展，袁时若、赵野民、孙端夫（国民党威海卫政训处主任）、郝道逵（国民党第三舰队海军教导队中队长）等"民先"成员互相联络，发展"民先"队员，扩大"民先"组织。

成立组织开展抗日救亡活动。1937年10月，山东省"民先"队部特派代表孙明光，以山东省"学联常委"的合法身份到威海卫，先与中共胶东特委委员李紫辉取得联系，然后进入威海中学，与袁时若取得联系。经过一系列的活动和准备，1937年12月25日，中华民族解放先锋队威海卫队部（简称"民先"威海卫队部）在居仁里2号成立，袁时若任队长，赵野民任组织干事，毕基初任宣传干事，队员有章若明、车学藻、傅正义、戚道顺、丛天滋、张福藻、孙金一等20多人。毕基初是威海中学高中二年级——高一级的学生，威海城里人，擅长文学，他一边读书，一边担任《新生日报》副刊

《惊涛》的编辑。"民先"山东省队部的代表孙明光参加了成立会议。

"民先"威海卫队部成立后，陆续吸收了许多进步教师、学生和驻威国民党海军爱国官兵为"民先"成员，投身武装抗日参加威海起义。

1938年1月15日，中共胶东特委发动了威海起义。"民先"组织在中共胶东特委和威海特支的领导下，从思想、组织、策略，以至物质上为威海起义作了准备。

1937年10月，"民先"山东省队部根据山东省委的指示，派出一批"民先"队员到各地开展统战工作，省"民先"队员孙明光（原名孙玺祺）因其胞兄孙玺凤在威海任国民党威海卫管理公署专员，便到了威海开展工作。孙明光与威海中学教员袁时若、赵野民、国民党威海卫政训处主任孙端夫，国民党驻威海第三舰队教导队中队长郝道逵、周军需官等人接上了关系。他们经常联系，为武装起义积极地进行酝酿磋商。起义之前，"民先"组织在威海中为住校留校的部分同学印发抗日宣传品。袁时若、赵野民多次组织"民先"队员到金线顶山上或海边秘密开会，袁时若主持并传达上级指示，讲抗战形势，讨论分析未来的工作，如怎样拉队伍进行抗日游击战，怎样准备做抗日地下工作，等等。还让威海中学学生把学校的油印机拿出来，以备后用。

1938年1月14日夜，参加威海起义的人员到指定的地点集中，准备参加起义。由孙端夫负责组织政训处官兵30多人，随时准备行动。由张修己、于烺等人在文登组织20多名党员和青年连夜赶到威海卫参加起义；由姜继盛（姜克）带领羊亭等郊区的小学教师和农民参加起义；由袁时若通知在威海卫市区的"民先"队员参加起义，并由威海中学的"民先"队员车学藻组织二三十名学生待命行动。

1938年1月15日凌晨，参加起义的文登、威海、烟台方面的中共党员、威海民先队员及部分学生、农民100多人集结。上午9点多钟，起义部队集结到了管理公署，胶东特委书记理琪与专员孙玺凤作最后的谈判，孙玺凤对威海起义表示支持，愿意把公署仓库的一部分枪支、装备交给起义部队。警察局长郑维屏见势不妙，将市区大街小巷布置了警察。下午3时，商会纠集了一伙暴徒，在公署大门口闹事，蛮横地叫嚷要孙专员把公署的枪支和仓库的钥匙交给他们。中共胶东特委马上采取紧急措施，由袁时若等人组织参加起义的"民先"队员和农民将暴徒驱散，海军教导队的郝道逵和周军需官也带人赶来支援，保证了起义的顺利进行。此时，军火库已打开，取出了一百多支枪和军装、军毯等军用物资，装备了起义队伍。

全书分 17 个篇章，编纂文字 290 千字，精选照片 84 幅，挖掘、整理、总结、详细阐述了威海卫的抗战历史，内容翔实，图文并茂，通俗易懂，让社会各界重温那段曾被长期遗忘的历史，弘扬以爱国主义为核心的民族精神。

（作者单位：威海市环翠区档案局）

《〈三国演义〉研究》内容提要

金玉兰

我国历史悠久，思想文化博大精深，对周边国家产生了深远的影响，三国文化是其中的典型。在东亚古典史上，《三国演义》一直都是中韩两国持续关注的代表性作品。《三国演义》自从传入韩国便在思想、文化、艺术以及人民生活等领域一直影响着韩国，《三国演义》在韩国是一部成就最高、影响最大、流传广泛、魅力无穷的小说。

三国故事源于历史记录，纪传体有西晋陈寿的《三国志》和南朝裴松之的《三国志·注》，编年体有北宋司马光的《资治通鉴·三国志》，这些作品对后代小说的撰写起了一定的影响。但三国故事的文艺性演变在民间更为活跃。从宋代的说唱、元代的杂剧、明代戏剧体传奇，发展到清代三国题材的地方戏，到了清末，则形成了高水平的京剧"三国戏"。除京剧以外，还有川剧、粤曲、豫剧等许多包含"三国戏"的地方戏，亦是数不胜数。

尽管岁月流逝，三国故事依然能够持续演变的原因，在于三国故事中有着很大部分的戏剧性因素。在群雄割据的乱世年代，交织着历史性、道德性评价的、众多有个性的英雄的活跃面貌和时代精神，经过历代文人和民众的钻研，终形成了文学的演变，民众的积极参与使作品拥有了大众化、民众化色彩的戏剧性现实，终获文艺的升华。这一魅力使作品风格在戏剧和小说之间变化。

《三国演义》这一古典作品，迄今在中韩两国拥有着广泛的读者群。虽然是一部超越时空获得读者喜爱的作品，然而在 16 世纪中期最初流入朝鲜时，还曾经受到那些对小说持否定立场的士大夫们的反对。之后，这部小说遇到了得以广为流传的机遇，即壬辰倭乱。特别是小说的特定人物被作为信仰对象，即国家积极支持关羽信仰，这也成为小说得以在各阶层广泛流传的原因之一。之后，不仅出现了《三国志演义》的手抄本、派生本、改编创作（又称"翻案"）本，而且根据部分特定内容改编的清唱也开始登场。

可以说《三国演义》在韩国体裁演变中最引人注目的，即清唱《赤壁歌》的形成和流行。从两班士大夫到平民，清唱《赤壁歌》曾经是所有阶层的人气曲目。比较清唱《赤壁歌》和《三国志演义》，虽然事件大体相似，但人物形象发生了巨大的转变。中国特定小说传入韩国后，改变原有风格，形成崭新形式，要理解这一情况，有必要关注其在中国的体裁演变面貌。在韩国和中国，三国故事均经历了多种风格演变。在中国，要通过《三国志演义》完成前后的时代状况，寻求探索其体裁演变的起因。有时候，这种演变会给作品的理解、研究方面带来混淆，这是由于忽视原本而衍生的问题。例如，将《三国志演义》和陈寿的正史《三国志》，或者元代无名氏的集大成作品《三国志平话》混淆，那么就会对相关内容理解不当。

为了纠正上述错误认识，更为了完善韩国对原著研究的不足部分，有必要对迄今在中韩两国片面而零散地探究过的《三国志演义》成立前后的体裁演变，进行系统的研究。这一研究，将为中韩两国《三国志演义》的形成、接受及演变的比较研究奠定基础。另外，在历史上，从戏剧向小说演变、转换而成的中国的《三国演义》，我们将从历史角度考察其成书和体裁演变，并将这一考察的视角用于对韩国相关作品的研究。

另外，为了深化这一研究，对体裁演变的代表作——中国京剧《赤壁鏖兵》和韩国清唱《赤壁歌》进行集中对比考察，整体上探讨京剧和清唱表演方式的区别。之后，将对这两部作品的具体成立背景、传承方式、叙事结构特征、人物形象和主题等进行比较讨论。通过讨论，以探究中韩两国《三国演义》体裁演变的历史性展开概况及文学史意义。

《〈三国演义〉研究》一书全面、系统地比较研究了中韩《三国演义》的体裁演变，内容涉及《三国演义》所接受的神话体裁，以及《三国演义》中赤壁大战的历史思考等。本书由五大部分组成，一是中国《三国演义》的成书及体裁演变；二是朝鲜朝时期对《三国演义》的接受与体裁演变；三是京剧《赤壁鏖兵》与清唱《赤壁歌》之比较；四是从体裁演变看《三国演义》的文学史意义；五是补充在韩国重要学术刊物上已经登载的 3 篇论文。

在第一部分中，首先阐述了三国故事的历史性记载及演变，以及在不同题材的史书中，三国故事的演变及文学继承关系。通过各种史书体裁的对比，分析这部历史小说。其次探索了民间文学体裁和思想倾向对《三国演义》的影响。三国故事在宋代已经倍受重视，宋代已有了专门讲三国故事的说书人，到了元代杂剧中的"三国戏"颇多，这个时期已经有了《三国志平话》。《三国志平话》是民间流传的三国故事的集大成者，也是《三国演义》的前身，它着重描写了蜀汉英雄，反映了"拥刘反曹"的倾向，通过元杂剧《连环计》的故事情节与《三国志平话》中王允用智慧打败恶贯满盈的董卓故事的比较，《三国志平话》在叙事体系上已经形成了《三国演义》的规模。最后论述了《三国演义》形成后的体裁演变。这对研究《三国演义》的传播及影响至关重要。以往的研究对明代的三国传奇作品的研究比较少，本研究探讨了这类作品对后代戏曲及"三国戏"发展的作用。清代是戏曲空前繁荣的时期，戏曲演出频繁，规模庞大，其中着重探索了京剧"三国戏"的形成过程及发展。在第二部分中，首先论述了《三国演义》流入朝鲜的时代背景及接受过程。其次论述了韩国（朝鲜朝时期）对《三国演义》体裁的演变过程，以及清唱《赤壁歌》的版本、叙事特点以及社会不同阶层对《赤壁歌》的看法。最后论述了清唱版小说《华容道》的形成、叙事特点、人物形象、表现手法。这一部分的研究，始终与原作《三国演义》进行了详细的比较。在第三部分中，首先论述了京剧《赤壁鏖兵》与清唱《赤壁歌》的演出形式；其次论述了《赤壁鏖兵》与清唱《赤壁歌》的形成背景和传承方式；再次论述这两部作品叙事结构上的特性；最后对两部作品的人物形象和主题进行了探讨。通过人物形象的比较研究，分析了中韩两国社会形态及思想意识的差异。第四部分是通过中韩《三国演义》体裁演变得出结论：在中韩两国，从中世纪开始直到现代，《三国演义》给文学艺术，乃至整个文化都带来了其他任何文学作品都无法比拟的莫大影响。第五部分是附录，为更好地解读这部小说，补充了在韩国重要学术刊物上已经登载的 3 篇论文，介绍如下。

一是《〈三国演义〉所接受的神话题材》，刊载于韩国的《东洋学》。这部小说在背景设定和人物形象方面，广泛采用了神话题材，这主要在蜀汉两位主要人物上表现得尤为明显。忠义化身的关羽，成为古代神话中吉神的原型，这归功于在民间流传的"关云长大破蚩尤"神话传说等。另外，卧龙孔明念咒呼风唤雨，看星座即可占卜人生命运，被描写得神乎其神，而且从他妻子身上也看到了这一点。关羽和诸葛亮死后，其灵魂不仅解救蜀汉将领，还在保护着百姓。小说将蜀汉英雄和以奸雄曹操为首的魏将领的死亡也进行了对比描写，具有突出英雄形象的美学力量。小说中采纳的这些神话题材，尽管是单纯的虚构，但也为提高其文学价值助了一臂之力。分析小说对神话题材的采纳，这既是对《三国志演义》研究方法的扩张，也是阐明特定文本人气持久不衰的原因的过程。

二是《〈三国演义〉中赤壁大战的历史思考》，刊载于韩国的《韩中人文科学研究》。《三国演义》传入朝鲜后，先出现了清唱《赤壁歌》，后来再次形成清唱系小说《华容道》。清唱《赤壁歌》主要选取了历史小说《三国演义》中赤壁大战的内容，并进行改编，所以，有必要充分考察原作品的历史和文学性。《三国演义》中赤壁大战主要讲述了魏蜀吴三方军事势力的政治斗争和军事行动，不仅是人气鼎盛的部分，也清晰体现出作者的思想意识。然而，在韩国迄今为止的研究中，作为历史小说，关于其历史性事实方面，似乎尚无充分的研究。本文对作品中的重要素材，如"草船借箭""苦肉计""三顾草庐"等历史真实性，以及在作品中变化的原因进行分析。通过这一分析，既能够更好地理解作者的创作思想、创作方法及创作技巧，又能够正确地解读这部历史小说。

三是《曹操形象的演变研究》，刊载于韩国的《韩中人文科学研究》。曹操在《三国演义》中被刻画成一个性格复杂多变的人物，人们对他的评价可以说是好坏参半。但是从现有的研究来看，对小说中曹操形象的研究却被忽视了。本文对曹操形象的文学价值进行了深入分析。小说中对曹操的描写以官渡大战为分水岭，大战之前侧重描写他"英雄"的一面，之后则侧重描写他"奸诈"的一面。小说中曹操独具慧眼、远见卓识、智慧超群、胸襟宽广，同时又兼有自私、残忍、骄傲的性格。曹操与其他历史人物不同，历史上的曹操也逐渐变为"奸雄"，这一点很特殊。魏和西晋时，曹魏被尊为正统，曹操因而受到人们的推崇。但是自从东晋开始便渐渐被称为"奸雄"，到了明清则彻底沦为篡权者和奸雄。从曹操形象的变化过程中可以看出，各时期的社会状况和中国的传统文化，以及血统论对曹操的形象变化影响极大。本文深究了曹操形象的文学价值，在小说中曹操形象获得了历史真实性和艺术真实性，"雄"和"奸"配合协调，以及细节描写凸显人物内心世界，尤其是成功刻画了智能型人物等，足以在文学史上留下重要一笔，是当之无愧的优秀历史小说。一千多年后的今天，曹操形象仍然吸引读者的眼球，令他们狂热不已。

至今韩国的一般读者和一些研究者对《三国演义》的认识和讨论往往只涉及三国时期的史实，有一些读者不把它看成"通俗小说"，甚至还把它看作"史书"。因此，大多数读者对这部小说的产生，流传及接受情况并不清楚，由此衍生出许多片面论断。这足以说明韩国对《三国演义》原著的学术研究还没有达到一定的高度，虽然对不少版本进行了比较研究，但针对作品内容的研究还不够深入，尤其是有些学者无法突破"兴趣爱好"的程度。本文进一步探讨了这部小说的产生过程以及这部小说的文学特性，进一步分析了以往被大部分研究者忽略的一般读者心理，以及对《三国演义》进行韩语翻译时常出现的一些错误、研究时主要观点容易出现偏颇等问题。本文可以使韩国读者在一定程度上正确、全面地解读这部小说。

[作者单位：山东大学（威海）]

《走进孩子的心灵》内容提要

刘晓瑜

教师不经意的一句夸赞，竟让一个原本落后的学生暗下决心、奋起直追。

教师无心的一个微笑，竟让一个原本讨厌学校生活的学生爱上了学习。

父母一次善意的比较，竟让原本优秀的孩子心生嫉妒、倔强执拗。

父母一句宽容的安慰，竟让原本失去希望的孩子重燃梦想。

…………

人的心理变化非常微妙，很多人都觉得既神奇又高深莫测，要么敬而远之，要么猜测玩味。2009 年，笔者有幸听了"知心姐姐"卢勤，芦咏莉、刘儒德、杨敏毅等教授的讲座，当神秘莫测的心理学以一种平民化的诠释入骨入髓的时候，笔者真有种相见恨晚的感觉。接下来的几年，笔者开始大量阅读教育心理学专著，获得了国家二级心理咨询师资格，并在教育教学和教学管理中实践运用心理学。当用心读书了，发现可以做的有很多；当用心实践了，发现存在的问题比想象的要多；当用心反思了，才发现所有的问题都有解决的好方法。神奇的心理学，当你走近它，你就会发现，其如同一位和蔼可亲的学者，平易近人、易于沟通。

其实我们每个人现在的一切，都可以在童年里找到它的影子。每个人的童年经历会对他的一生烙下挥之不去的印记。在学校里，在家里，一个人、一件事、一节课、一句话……交织在一起组成了孩子缤纷的世界。

当了校长之后，发现自己就是孩子们的"大家长"，希望每一个老师、每一个家长能蹲下来，走进孩子的心灵，倾听他们的心语。你会发现每一个孩子都是特别的，他们用稚嫩而天真的心灵感受着世间万物，对眼前的一切充满了新鲜感和好奇心，对所见与未见的一切均洋溢着热切的憧憬。同时，稚嫩纯真的世界也会有阴影，也会有不快，我们怎样做才能成为孩子成长中的太阳，让不同的小水滴都能折射出太阳七彩的光辉？

在思考之余，笔者意识到在高深莫测的心理学和微妙复杂的儿童教育之间，我们需要寻找到一个桥梁和一个纽带。于是，笔者便有了本书的构想，将平实的想法和做法、真实的事件和情感，呈现给老师和家长。在与学校领导班子团队、骨干教师、家长委员会的部分家长和众多良师益友的共同商榷反复探讨之下，全书的脉络依稀清晰起来——

一个立意：让心理学更接地气。

一个核心：帮助教师和家长找到更实用的教育方法。

一个原则：让孩子快乐、健康地成长！

经过近一年的努力，《走进孩子的心灵》已经熠熠生辉。作为作者，我真诚邀请广大教育同仁和家长抽出时间用心读一读这本书，或许您会有所收获。

敞开心扉，让身边的故事拉近彼此的距离；放飞心灵，让教育的智慧惠及每个蓓蕾；开启心路，让你我携手同行，心中永驻那一缕阳光。随着教育心理学的研究越来越被重视，教育学与心理学的有机融合已成为教师职业发展的必备之能。作为学校的管理者，为了让优质资源共享，实现教育的共赢，现将学校的经典案例、老师们的宝贵经验梳理成册，力求惠及更多的教师、家长和孩子。

本书共3个篇章，介绍了49个典型心理效应。以通俗而形象的故事切入，是本书的特色。每个心理效应结合故事进行"理论解读"，通过"实验分析"深层次解析效应的本质，最后通过"教育应用"指导读者将心理效应应用于实践。既有案例的解析，也有理论的升华，更有行动的指南，理论性和实用性并存。

来自身边的原生态教育案例是本书的又一特色。本书力求通过真实的案例帮助教师、家长准确了解发生在身边的教育问题，应用心理效应的理论和研究方法，对孩子学习或心理发展过程中存在的有关问题追根溯源，从而采取针对性的方法，促进孩子学业进步、心理健康发展。同时，也帮助教师、家长巧用心理效应，正确分析、了解孩子，预测孩子将要发生的行为或发展的方向，并采取相应的干预或预防措施，达到预期的教育效果。

《走进孩子的心灵》用原生态的案例，集一线教育工作者的睿智，借研修专家的东风，发挥团队合作精神磨砺而成。我们已经尽最大的努力来展示心理学研究与日常教育及家庭生活的联系，用故事或案例展示在心理学家的实验室或诊所里发生的事情，从而解释或阐明儿童教育中的谜题。我们一直在努力使它更有趣、与读者关系更密切。我们期待心理知识与教育案例的融合，能为教师、家长的教育困惑提供一些借鉴和指导，能够让读者豁然开朗、触类旁通。

客观地来说，作为独立的个人，我们这一生要经历幼儿园、小学、中学和大学以及步入社会之后的教育；作为父母，我们从胎生腹中之时就开始了对孩子的胎教，从孩子呱呱坠地之时，我们就开始了对孩子更多的教育，从最简单的吃喝拉撒教育到衣食住行的安排，从待人接物的谆谆诱导到好好学习的殷切希望，从好好工作的经验教诲到如何为父母的指导，生命周而复始，教育也是一个又一个的轮回。在所有的教育行为中，教育孩子，是人生的一件大事，教育好孩子，是每位老师和家长共同的责任。我们常常听到一些家长发牢骚："现在的独生子女真难管，打不得，骂不得。""我每天要看着他学习，稍不注意就开小差了，他怎么就是不理解父母的苦心。""怎么人家的孩子那么听话？为什么我的孩子就不省心呢？"有一位家长甚至还哭笑不得地说："现在的孩子都成精了，你让他向左，他偏向右，他跟你要心眼，斗智斗勇，稍一不留神，他就占了上风。"到底是哪里出现问题了呢？不少家长都百思不得其解。

翻开这本书，你也许会找到想要的答案：知"心"方能激发孩子的潜能。这本书既有理论方面的解析，又有身边真实的教育案例，可以让你既了解心理效应的理论依据，又能运用到现实教育中，具有说服力，也非常实用。

这本书通过"登门槛效应"，告诉我们，不宜一下子对孩子提出过高的要求，而是先提出一个只要比过去有进步的小要求，当孩子达到这个要求后再通过鼓励逐步向其提出更高的要求，孩子往往更容易接受并力求达到。

通过"罗森塔尔效应"，告诉我们对待孩子要多表扬鼓励，少指责埋怨。要注意发现孩子的闪光点，并耐心去培养，使之不断发扬光大。如果孩子有了缺点，要耐心帮助分析原因，鼓励他们克服纠正。

通过"霍桑效应"，让我们明白，老师要高度关注自己的学生，关注他们的一言一行、一举一动，关注他们的进步、退步，关注他们的喜悦、伤心，认真倾听他们的需求，并努力营造使学生有被关注感觉的环境、不断激发他们学习的自觉性、主动性，从而产生良好的教育效果，继而促进班级班风、学风的根本性改变，最终形成团结向上、富有活力的班级。

其实，心理效应是一种非常神奇的事物，它具有非凡的能量，既可以帮助一个懦弱的人强大，也可以让强大的心理瞬间崩塌。这就是心理效应的神奇之处，也是可怕之处。用得好，是雪中送炭，更是锦上添花；用不好，则可让人追悔莫及、悔之晚矣。所以，掌握一定的心理效应理论，是每个父母教育孩子的必备技能。除去我简单介绍的这几种心理效应之外，书中还详细介绍了另外四十多种心理效应，它们被时间证明着，被一个又一个生动的案例证明着。在你不明白为什么自己苦口婆心对孩子进行说教而孩子根本不领情时，你翻开此书发现，原来自己应了"超限效应"。不论你有何种教育困惑，都可以打开此书，认真、细心品读，你一定会有很多收获。的确，长大不容易，这正是养育过孩子的父母的共同感慨。虽然长大不容易，但是成长有规律，先来研究一下儿童心理学，用心理学的规律、效应、法则，把孩子培养成财富。

　　笔者所在的这所小学是一所新改建的小学，地处泉涌奔流的七里汤地下温泉之上，独特的水文地貌孕育了独特的水润文化。学校缔造"水润"文化，以水育人，办有温度的学校，着力培养具有水一样"纯洁、坚韧、宽容、自强、灵动、温润"品质的人。"做人晶莹剔透，做事水滴石穿"的校训、"上善若水、爱润人生"的校风、"海纳百川、润物无声"的教风、"乘风破浪、锲而不舍"的学风、"每一滴水都能折射出七彩光芒"的学校愿景、"聚滴成海、奔流不息"的学校精神，更加凸显了学校的特色，让校园里有了水一般的灵动。

　　"学生如同叶子，作为老师，要细心地发现每片叶子的与众不同。""每一个鲜活的生命都有自己的内心世界。""让我们把爱，把阳光，把美好撒进孩子童稚的心灵，让我们拥有一个永恒的春天。"孩子是祖国的未来和希望，他们的健康成长，牵动着家长的心，也吸引着社会各界关注的目光。心理效应在孩子不同的成长时期都如同一缕阳光，让孩子的成长有光彩，有温度。我还想告诉大家："长大不容易，成长有规律。"只有走过，才会懂得。就让我们开启一次温暖的"心理"之旅，去倾听心灵交流，去品味心理博学，去领略"水润"的绵美吧。

　　天然去雕饰，返璞蒂归真。我们旨在用原生态的案例，集一线教育工作者的睿智，借研修专家的东风，发挥科研团队群力磨砺，提高广大教师的科研水平，让更多的同仁资源共享。

（推荐单位：中共威海市文登区委宣传部）

忧伤之后，写作何在

——论迟子建的《群山之巅》

于京一

一直以来，发自内心深处的忧伤弥漫于迟子建小说的文本空间，甚至氤氲而成一种无法抹除的情感基调。从《白银那》《酒鬼的鱼鹰》到《世界上所有的夜晚》《额尔古纳河右岸》，这种黏稠而诱人的忧伤如歌如泣、四处飘散，催人肺腑、动人心魄，《群山之巅》承续了这种一如既往的哀伤之情。然而，与此前那种如梦似幻、缥缈密实却又总能升华、结晶而出的忧伤不尽相同，《群山之巅》的忧伤既尖锐杂沓，又深陷无奈。迟子建仿佛失去了往昔的镇定和气度，而显得絮叨与琐屑。恰如她在小说后记所言："写完《群山之巅》，我没有如释重负之感，而是愁肠百结，仍想倾诉。这种倾诉似乎不是针对作品中的某个人物，而是因着某种风景，比如滔天的大雪，不离不弃的日月，亘古的河流和山峦。但或许也不是因着风景，而是因着一种莫名的虚空和彻骨的悲凉！"这种欲说还休、怅然满腹的感叹，或者来自于她自言的更年期征兆，或者源自人到中年随之而来的病痛困扰和生命困惑，抑或是现代化的飞速演进已经打破了传统关于永恒与秩序的美好期许，在一个速产与速朽的时代，一切都变得那么匆促、脆弱、虚空和不可追觅。

总之，生活的碎片化和生命的无常感使迟子建已经无法铸造出一个坚实、丰润、可控的文本世界，或者说她开始怀疑这样一个世界存在的可能，因为从群山之巅，在最靠近神灵、最远离尘嚣的地方，她发现的却是精神的迷失和价值的崩溃。

一　英雄之像的溃散

对任何一个民族而言，英雄都是正义的化身和道德的楷模，是民族的脊梁和精神的高标。当然，英雄并非如主流意识形态所规训的那样单一和乏味，社会的各行各业、各个阶层，都不乏培植英雄的土壤，正如鲁迅先生所言："我们从古以来，就有埋头苦干的人，有拼命硬干的人，有为民请命的人，有舍生求法的人，……虽是等于为帝王将相作家谱的所谓'正史'，也往往掩不住他们的光耀，这就是中国的脊梁。"20世纪以来，中华民族在独立解放和富强崛起的现代化历史进程中，可谓英雄辈出、人才济济。然而时过境迁，当全球化的浪潮席卷而至，当官僚主义和消费主义沆瀣一气，当权钱交易、物质至上、娱乐至死甚嚣尘上时，英雄连同充满浪漫色彩的英雄主义统统成为明日黄花，或者被人弃若敝履，或者成为形式主义的可悲道具，孤独与蒙羞成为英雄们无法躲避的尴尬困境。《群山之巅》的创作灵感里包蕴着对英雄落魄的无奈和伤痛，进而在文本中化作了对英雄群体溃散的形象化呈现。

失去了半条胳膊和一条腿的安玉顺，参加过抗日战争和解放战争，是名副其实的英雄。然而胜利之后，他却只能成为英模事迹报告的工具，时间久了，连他自己都感到乏味和麻木。虽然有时千篇一律的英模事迹报告会让他感到充实和得意，但这种缺乏质感的生活让妻子心生厌烦。要知道，妻子孟青枝当年钟情于他，绝非出于对英雄的崇拜，而是被他朴素又真诚的心灵之语感动，是他在报告中暂时忘却英勇和无畏而抒发了对父亲的怀念和感恩让她产生了怜惜和疼爱。在生命最后的岁月里，患有老年痴呆症的安玉顺像孩童般洋相百出，以至于成为龙盏镇人茶余饭后的谈资："一个战斗英雄，没倒在枪炮下，却倒在了疾病的隘口，真是命呀。"死后的他，只能作为"道具"被安葬在烈士陵园的显眼处成为每年扫墓的对象。而且在这样的年代，英雄甚至成为令人嫉恨的对象，杀人犯辛欣来为了发泄对世道和命运的不满，居然跑到安玉顺的墓碑前拉屎、划痕。总之，在欲望膨胀和价值崩溃的时代里，老英雄的光辉形象瞬间黯淡，只能作为历史的符号遗落在岁月记忆的深处。

辛永库这位曾经的东北抗日联军战士，一直背负着"逃兵"的骂名而惨遭唾弃，"人们之所以相信他做了逃兵，理由很简单，辛永库在东北光复时，娶了个日本女人"。人们甚至不无恶意地给他改名为"辛开溜"（"开溜"是"逃跑"的意思）。小说在连绵的插叙中呈现出一个受尽苦难折磨仍善良如初的辛永库，他明知秋山爱子是日本女人，还带个孩子，将来自己会受尽白眼，但还是把他们带回了家。也许表面的动因来自他对女性的亲切和对家庭的向往，但在内心深处，是秋山爱子的孤苦和坚韧打动了他，让他在感同身受中萌生了唇齿相依的亲近与感动。而且，也正是这份亲近和感动，成为辛永库对秋山爱子挚爱一生的永恒动力（尽管后来秋山爱子神秘失踪）。而在现实生活中，表面沉默的辛永库其实一直在寻找机会证明自己的"战士"身份。但令人心酸的是，他的战士身份及英雄行为的最终证实和完成，居然是借助于对犯罪分子的掩护和救助（当然这里也有其朴素的人道思考）。但他对自我英雄的认知无疑信心十足且得意扬扬："我靠着它（马匹）打了一场战争，我赢了，全面胜利了，收兵了！"而且他的神勇得到了辛欣来的无比崇拜："辛永库同志真他妈的智慧，是指挥官的料儿！"然而，英雄身份一旦自我确认，辛永库随即陷入了精神虚空，他"沦落为酒鬼，腰像是被一夜大雪给压弯的树，突然就直不起来了，腿脚也不灵便了"。这其中尽管有对安平不仁不义的愤慨，但更多的是对几十年来的冤屈自我一朝雪耻后的落寞，那股子对抗耻辱的心劲儿正是支撑他存活于世的力量。但可悲的是，辛永库的英勇只有他自己知晓，周围人对他依然是一如既往的嘲笑和揶揄；哪怕他火葬后，在骨灰里发现的弹片残痕也没有彻底打消人们对他的猜忌和污蔑。

如果说从历史和战争中走来的安玉顺和辛永库无论如何还拥有某些神奇的英雄光环，那么在冷硬如铁、现实至上的滚滚红尘中，两位中年英雄的遭际则未免令人叹惋。一位是安玉顺的儿子安平。作为法警，安平本应是正义的象征，因为他的使命是代表政府和民意去终结那些象征罪恶与黑暗的犯罪者的生命。然而他的现实生活被流言蜚语包围和灌注：人们首先不敢与他握手，因为他的手曾经握枪处置死刑犯；继而不愿接触任何他经手的东西，哪怕是筷子等日常用品，这导致安平对自我的认知也出现怀疑，以至于不敢去抱自己喜欢的邻家小孩；最终他甚至不敢出现在私人场合（如参加婚礼），他已经被视为死神的代表。甚至于找对象也要撒谎隐瞒自己的身份，当身怀六甲的妻子得知真相后，也变得惊恐至极，哺乳期刚过就协议离婚了。当女儿安雪儿被辛欣来强暴后，流言又开始纷飞："辛欣来强奸安雪儿，真凶不是他，而是附在他身上的冤魂！冤魂借辛欣来的躯壳，来报法警的杀身之仇。"在一个价值崩溃的时代，人们对国家机器的正当性也产生了怀疑，居然把作为公平与正义执行载体的法警与封建迷信和飞短流长搅扰纠缠到了一起，这只能证明英雄情愫在这个时代的溃败。

另一位则是拥有民间传奇色彩的屠户辛七杂。小说中的辛七杂无疑是一位有情有义、有血有性的汉子，在某种意义上而言他身上传承流淌的是中国传统侠义的血缘基因。小说开篇对他的描述充满了神秘而浓郁的侠者之气：他以凸透镜和桦树皮借太阳取火，这一充满潇洒气息和自然之态的侠骨柔情令人倾倒；他身上散发着明确的凌厉之气——血腥气，所有的牲畜见了他的人或者闻到他的味道，都四处躲藏避之唯恐不及，而所有的家禽见了他则毫不在意、大摇大摆，因为辛七杂"不宰也不吃家禽，说它们太弱小，对它们下手下嘴太残忍"。而他对刀具的打磨、苛求、爱惜，更让人大开眼界、直呼神奇。在小说中他的侠情主要在对王秀满的爱惜和心疼，以及与金素袖的互相倾慕与理解，还有对父亲冤屈昭雪的悲恸欲绝中获得凸显。而他的义举则主要表现在对传说中贪生怕死的父亲的鄙视，甚至于"他成年后找对象，对媒婆开出的唯一条件，就是这个女人不生养，他不想让不洁不义的血脉流传"；对以儿子的痴傻为由头而推销煎饼的单四嫂的不满；对犯下杀人之罪的养子辛欣来的仁至义尽；对受辱怀孕的安雪儿的深深愧疚与默默接济；等等。然而，就是这样一个本该令人敬仰的民间侠义之士，在小说开篇之后几乎被遗弃和淹没了，原因何在？其实小说在开篇处已经于不经意间给出了暗示："这些手工打制的屠刀，都出自王铁匠之手。如今王铁匠还活着，可他的铁匠铺早就黄摊儿了。跟铁匠铺一样消失了的，还有供给制时期的供销社，粮店，以及弹棉花和锔缸锔碗的铺子。而这些店铺，在三十年前的龙盏镇，还是名角。"如此一来，焉知作为龙盏镇曾经名角的辛七杂不会过时？作为养子的辛欣来从来就没看好过辛七杂，从小嫌弃他屠夫的身份，哪怕到了被捕时，见了辛七杂也是一声咆哮："臭杀猪的，你来干屁呀！"龙盏镇人也多是在算计自己的私利时才会想到辛七杂：王秀满死后，有俩人同时想起了他，一个是陈美珍，她想让辛七杂娶走陈媛，以解脱自己的女儿唐眉；一个是单四嫂，离婚的她觉得可以在辛七杂那儿找到安稳和忠诚。可见，作为传统侠义英雄的辛七杂已经在现代社会中没落到了何种不堪的境地。

当然，小说并没有就此罢休，而是进一步展示了现代传媒对英雄的改写和塑造力量。安大营，这位野狐团的少壮军官，在嫉妒与气愤中不慎出车祸，他用付出生命的代价救出了自己喜欢的林大花。然而，颇具反讽的是，安大营此次执行的是私人任务，而且是一次充分暴露军队内部腐败与荒淫的恶劣事件——林大花以八万元的代价将自己的身体出售给了于师长，而交易双方却是那样的心甘情愿和理直气壮。安大营从一个吃醋受屈的倒霉蛋摇身一变成为英雄人物，完全是军队和地方两支笔杆子联合作战、摇旗呐喊、假话连篇的结果。报纸上信口胡诌的那些言辞连龙盏镇人都无法忍受、痛斥不已。因此，现代传媒的积极参与非但没有塑造出新时代的英雄楷模，反而完成了对英雄的淹没、嘲弄和解构。

综上所述，迟子建对我们时代的英雄投去的是无奈和悲愤的一瞥。无论是安玉顺、辛永库，还是安平、辛七杂，抑或是安大营，他们在世俗潮流和消费主义恣意横行的时代，均遭到了无情的抛弃、改写甚至嘲弄。这是一个英雄没落的时代，也是一个势利霸道的时代，迟子建以敏锐之笔探测着这个时代怪物的巨大脉搏，她获得了真实，却无能为力。多年之后，这种对英雄的工具化、虚假性塑造和对英雄情怀的无视、调侃与鄙弃，必将成为这个时代纪念碑上最鲜明的耻辱印记。

二　权力的失控和欲望的泛滥

迟子建的忧伤还来自当前社会由权力失控和欲望泛滥所带来的政治腐败与人性之殇。权力是政治赋予的保障社会正义与公平的有效武器，而不是以权谋私、徇情枉法的保护屏障。而当下社会，失控的权力犹如出笼的野兽肆虐横行，并与物质时代的无边欲望臭味相投、一拍即合，从而掀起了资本经济时代席卷一切的狂风暴雨。

在这种狂风暴雨的侵扰之下，整个社会的价值体系都被冲击得东倒西歪、面目全非。《群山之巅》中密布着众多价值混乱与倒塌的细节：公安机关知法犯法，依靠刑讯逼供迫使犯人就范，对冤假错案早已习以为常。这种滥施权力的后果十分严重，一方面丧失了正义的保证，逼迫某些含冤者彻底绝望、仇视社会，甚至铤而走险、报复正义。辛欣来由二流子向强奸犯的堕落就是强有力的证明，他对安平直言："我恨你们全家！你们家在龙盏镇太风光了，要英雄有英雄，要神仙有神仙，要警官有警官，要乡长有乡长，妈的个个得意！我们家呢，除了逃兵、屠夫就是蹲篱笆子的，一窝草寇！我连亲爹亲妈是谁都不知道，谁待见我？没人！我明明没在林子里吸烟，可公安局非把我抓去，说我扔烟头引起山火。我被屈打成招，受冤坐牢。你说我要是英雄的儿子，他们敢抓我吗？借他们十个胆儿也不敢！生活公平吗！不他妈公平哇。"另一方面，也使行政命令的执行者陷入困境，甚至无法获得正确的自我认知。作为法警的安平，一直以来坚信自己是正义的使者，是为民除害的英雄，但当他意识到自己枪口下可能也蹲伏着屈死鬼时，情不自禁地怀疑自己是否在助纣为虐，从而陷入一片恐慌之中。军队的腐败更是明目张胆、气焰嚣张：唐眉与汪团长的情人关系早已成为公开的秘密；人人厌恶但善于钻营的李奇有提拔的速度比战士们深深爱戴的郭晋快得多；打着视察的旗号到下级部门作威作福、吃喝嫖赌的于师长；如此等等。

而真正让人焦虑的是政府本身的腐败，小说中的陈金谷及其家族就是典型代表。所谓一人得道鸡犬升天，权钱交易、道德沦丧、自私自利和野蛮的原始积累，均在陈家得到了象征性的阐述和揭示。然而，需要特别提及的是那些看似普通且极易被漠视的官僚，如唐汉成。作为偏远地区的龙盏镇的镇长，唐表面是一个因珍爱原生态而拒绝招商开发的生态保护主义者，与大多数希冀借助轰轰烈烈的 GDP 大爆发捞取政治资本的官僚不同，唐的态度和行为似乎让我们看到了他对这片土地的热爱和坚守。但事实果真如此吗？小说在各种情节的连缀和累积中呈现的并非是以法治观念管理小镇的唐汉成，相反，某种意义上他完全在按照自己的私愿打造属于他的"独立王国"：为了打发屡屡闹事的烟婆，安排她去南市场当卫生监督员，尽管在镇人看来这是最具反讽意味的人事安排（烟婆最不卫生）；为了让学医的女儿对小镇死心而去县城工作，他特意不改造镇卫生院，任其破败；为了女儿的安全，他挖空心思说服政府斥资在女儿住处旁建派出所；他视安雪儿为小镇的招牌以吸引香客，当安雪儿被强暴后，他劝诱女儿和单四嫂作伪证以保安雪儿的清白；为了保住镇卫生院的收益，他指使院长造谣、欺骗那些拒绝医疗以逃避火葬的老人们；为了吓走来进行地质勘探的工程师，他买通斗羊的李来庆，结果误伤辛永库并致其死亡……总之，这样一个大家习以为常的镇长在小说中飘忽闪现、无所不能，叙述者于字里行间似乎对他没有多少訾议，小说中的各类人物对他也还尊敬有加；然而，也许正因为习以为常才更加令人惊惧和痛心——我们的政治生态已经到了令人担忧的地步。特权性的腐败也许并不可怕，可怕的是当特权成为庸常、当庸常成为习惯并渗入无意识领域，所谓施行和受行、吃人与被吃便可以打着各种冠冕堂皇的旗号堂而皇之地上演了。

三　民间秩序的失范和民间精神的坍塌

在我们这样一个家国同构并曾经依靠政治挂帅的统治肌体里，历史遗留和惯性的力量并没有因为时代的转变而彻底清除，整个社会的运转在某种程度上依然依循着政治、经济、文化和思想领域形成的牵一发而动全身的结构模式。所以，当政治领域和文化公共空间的价值体系分崩离析时，民间秩序的失范和民间精神的坍塌也无法避免。

当前，由于中国各地发展步调不统一，农业文明、工业文明和后工业文明同时并置，加之现代传媒的推波助澜和火上浇油，整个社会的价值空间看似无限放大、无限自由；而实际上，却也可以理解为一片混乱、一片芜杂，从而导致当下道德和价值体系众说纷纭、莫衷一是。一个安雪儿事件就将民间的精神现状展露无遗。安雪儿因为天生侏儒、聪明过人，刻碑无师自通且能预知人的寿命而被龙盏镇上下尊为"安小仙"，受人崇拜，得人尊敬。但是，当她被辛欣来强暴破了真身，龙盏镇人则开始对她展开新的演绎，认为她是附在辛欣来身上的屈死鬼来报复法警安平的道具，一夜之间由神变为魔。而当她怀孕食量大增后，人们由开始的惊诧、同情进而非议四起："有摊主说以后不能让她白吃了，因为她肚里怀个孽种！纵容她吃，就是犯了包庇罪。有店主说，以后安雪儿来吃饭，不能把菜给她往好了做，要弄成猪狗食，让她难以下咽，不能让辛欣来的种子，在好土壤里成长！当然也有好心人，认为安雪儿怀孕是好事，绣娘有了第四代，利于她康复；辛七杂有了孙子，能缓解他的丧妻之痛；而安雪儿有了自己的孩子，养老有保障了。"由此可见，传统民间正当的价值规范已经被现代以来的政治和消费文化串通一气进行了双重洗白和改写，变得价值混乱、歧义丛生，民间社会已经几乎沦为彻头彻尾的藏污纳垢之地。

此外，小说中密布着民间对道德失范已经见怪不怪甚至推波助澜的种种细节。水利局屈局长为包养小三，给退休的妻子到龙盏镇买门面，将她变相驱逐出家，而做了老板的刘小红也只能睁一只眼闭一只眼地维持着名存实亡的婚姻。一辈子受穷的烟婆给女儿林大花灌输的是消费时代金钱买卖式的婚姻理念：烟婆一再跟她说，她没有好出身，没有好工作，也没有惊人的美貌，这在现世，等于是个"三无女人"，前途出现彩虹的概率少，一定要保护好自己的处女身，这对某些看重它的男人来讲，就是豪车宝马！而陈美珍劝女儿唐眉嫁给家具厂的老总林善财，看中的也是他的经济资本和政治资本。辛欣来犯案后单四嫂的算盘是：一方面，自己暗地里喜欢辛七杂，觉得这是千载难逢的好机会；另一方面，觉得安雪儿失身后一夜贬值，恰恰可以与自己的傻儿子单夏门当户对、相提并论，这是提亲的大好时机。老魏自始至终堂而皇之地出入发廊等"色情"场所而毫不掩饰。"斗羊节"本有的朴素民风也沾染上了个人求名图利的功利色彩。那些鄂温克的老人，一开始在风俗的支撑下还以"集体自杀"（由大吃大喝到不吃不喝）的方式对抗丧葬制度的改革，却轻易败给了金钱的虚张声势。如此等等。试想，连这群自称有信仰的人都在金钱的凌厉攻势下丢盔弃甲、败下阵来，这个时代的精神堡垒还有什么可以依凭？

然而，值得思考的是，民间价值的崩溃和民间秩序的失范，一方面，将底层民众精神真空的情状暴露无遗，这种四分五裂的状态于某种程度上可以映现出当下社会草根群体的生存现状。另一方面，崩溃之后最大的受害者依然是底层民间，那些指指点点、自以为是的嚼舌者和冷漠者很快就会成为下一个灾难的牺牲品。所以，民间的价值崩塌和秩序失范的破坏力相当惊人，极有可能导致恶性循环而难以收拾，这无疑加剧了迟子建的忧伤情结。

四　忧伤的外溢与书写的犹疑

让人忧虑的是，《群山之巅》中过分外溢的忧伤不仅冲毁了小说的情感基调，变得过于主观和恣意，而且极大地影响、伤害了小说的叙事。众所周知，迟子建向来以珍惜自己的文体与叙述而著称，《群山之巅》的开篇也延续了其一贯的叙述质地和感觉，那种开门见山却不急不徐的叙事节奏，舒缓飘逸、老到娴熟的审美风格，以及贴近生活、水到渠成的词语句式，让人在不知不觉中坠入小说的情境之中。然而随着小说文本的展开，问题接踵而至，尽管在某些细部的片断上还闪现着属于迟子建式的语言光泽和叙事语调，但在叙事的整体节奏、结构和气氛上已经支离破碎、撒落一地。

首先，小说叙事杂沓，用力太匀。"一个飞速变化着的时代，它所产生的故事，可以说是卷扬机输送出来的，量大，新鲜，高频率，持之不休。"显然，迟子建对身处的时代有着清醒的认识，甚至透露出某种微妙的惊叹与无措感；但毫无疑问的是，文学不是包罗万象的百科全书，尽管有时候我们期盼它可以如此神奇和伟大。《群山之巅》的问题在于，作者过于爱惜、迁就作为素材搜集而来的那些人物，并且花费了太多的精力来构建只属于他们自身而不一定属于小说的故事。尽管迟子建曾坦言这些故事让人感动，我们也承认小说中的某些故事片断确实充满了温暖和力量，但这些片断有的并非出自小说主体的必然要求，或者说它们不是小说的有机组成部分，而是可有可无甚至应该简略以至舍弃的。比如安平与李素贞的"手"的故事，金素袖的故事和秋山爱子的故事。作为单独的故事它们都意蕴丰厚，而且它们的存在在很大程度上也抵御或冲淡了小说因浓郁的忧伤所带来的尖锐的绝望，但在整部小说中它们被处理得过于膨胀，以至于掩盖了小说的主体和主题，显得有些节外生枝和喧宾夺主，这未免得不偿失、令人遗憾。其他如单尔冬与单四嫂的婚姻故事、烟婆的故事、老魏的故事，虽然也显示了现实生活的某些面影，但是都可以进行简化处理。

其次，插叙过多，打破了小说的叙事节奏。正因为要照顾很多人物的故事，所以几乎每逢人物出场小说都要展开插叙以完成介绍，而整个小说又以倒叙的方式进入，这样文本中四处交织着倒叙与插叙的轮番上阵，导致整个小说的叙事磕磕绊绊、跟跟跄跄，完全冲毁了小说的气韵和生动性。我们完全理解迟子建的宏伟抱负和远大野心，她试图对"群山之巅"进行一种全景式、广覆盖的描写和呈现，从而在最广泛的意义上揭示芸芸众生的生活面相和生命本质。但是，这需要有高屋建瓴的宏阔视野和心灵手巧的构造技艺，而就《群山之巅》目前的艺术空间而言显然无法实现；而且实事求是地说，迟子建的创作气质也决定了她不太适合进行这样出力不讨好的劳作（当然如果她试图以此进行艺术突破，则另当别论）。因此，有些人物像单四嫂、绣娘、老魏、郝百香、葛喜宝、金素袖、季莫廖夫等，虽然他们的故事在小说中可能会发挥或多或少的作用，但是实在不应占用太多的笔墨而给人以阻碍小说叙事的感觉，因为小说的构架决定了他们只是陪衬。

再次，个别情节显得怪异，甚至矛盾。小说中有的情节让人摸不着头脑，因为它们与小说整体意蕴相去甚远。比如唐眉与陈媛，这原本可以看作一个赎罪的故事，因为唐眉的善举之下掩藏着惊天的罪孽。但是，令人疑惑的是，唐眉与汪团长之间长期不明不白、莫名其妙的情人关系如何理解？她后来又向安平求救，希望安平与她生养一个像安雪儿那样的精灵，又作何解？一个一心赎罪、祈求上苍谅解的人怎么可能有如此荒唐的举动？唯一的解释是她的赎罪并非发自内心，相反，这种赎罪的方式让她心有压抑、孤独恐惧，所以她希望通过欲望的放纵和俗世的力量得到救助或者释放。这可能与这一人物原初的塑造意愿背道而驰。其他如安平押送枪支、"斗羊节"上辛永库受伤等情节，都处理得大费周章而又莫名其妙。

总而言之，在小说《群山之巅》中，那个成竹在胸、款款而述的迟子建似乎遇到了相当的麻烦。她曾经在后记中特别提到小说结尾的那句话："一世界的鹅毛大雪，谁又能听见谁的呼唤！"在文本的意义上，这可能预示着安雪儿另一个"劫数"的开始也未可知；但在文本之外，它似乎暗示着对小说文本创作的颠覆。或者说，满怀忧伤之情的迟子建，以细腻、烦琐的叙事构建而成的文本之塔，在瞬间倒塌了。安雪儿的呼唤没人可以听到，那么迟子建的忧伤呼唤又有谁能够听到？或者说这种出自文人之笔的呼唤到底有多少力量可言呢？这部忧伤之作，既呈现出迟子建对世俗红尘中爱恨情仇、喜怒哀乐的悲悯关怀，又彰显着她个人对生命与生活的无限慨叹；然而，她所有的慨叹、申诉与悲愤，都将跟随这句话而自行解构，从而使小说文本陷入一片更为深广的寂寥与伤痛之中。迟子建在此回到了创作或者语言与存在本身，深深地怀疑创作的意义所在，陷入了一种自我价值认同的危机和焦虑之中。

在后记中，迟子建甚至明言是编辑们的相继认可让她心生安慰。作家的迷惘和无力，是否暗示或意味着诗性在我们这个时代的终结？我不想妄言揣测迟子建的创作未来，但我怀疑陷入过度忧伤中的迟子建是否还会创作出新的作品。"新"的意思是，她可能无以为继、无法超越写作《额尔古纳河右岸》的那个迟子建了。在"群山之巅"，迟子建以令人尊敬的悲悯之情，无限忧伤与哀婉地观看着人世间的堕落和罪孽；而我们则从《群山之巅》发现了迟子建在面对当前的社会、时代、民族和写作时内心的彷徨、怅惘和焦虑，这种心绪将影响她接下来的创作。

[作者单位：山东大学（威海）]

香港 20 世纪五六十年代刊物对中华
文化传统的传承

——以《中国学生周报》等为例

王艳丽　曹春玲

本文主要从以《中国学生周报》为代表的五六十年代的香港刊物对中国优秀传统文化的传承方面进行阐述，基于文化传统对一个国家和民族的重要性，中国优秀传统文化的价值在这些刊物中被不断地强调，通过刊物的文化空间让海内外的青年了解民族文化传统的丰富、博大和精深，使广大海内外华人青年学生能突破东西方冷战意识形态的局限，担当起继承和发扬祖国文化、接续民族精神血脉的大任。《中国学生周报》对传统文化的继承和宣传主要集中在 50 年代和 60 年代初期，尝试从以下三个方面展开论述。

一　办刊的宗旨与态度

《中国学生周报》（以下简称《周报》）秉承着沟通中西文化的创刊信念，致力于中国传统文化的宣传和传承工作，针对东南亚华人社会华文教育不足的问题，希望自身能够成为海外学生了解中国传统文化及其资讯的重要途径，并使拥有同一血脉的海外不同地区的学生在精神上团结起来，为复兴民族文化保存希望。

《周报》关于传统文化的办刊宗旨及编辑态度的言论主要集中在《学坛》版和《生活与思想》版，以及报刊周年纪念特刊中，下面是《周报》编辑及学者对传统文化的具体态度。比如在《学坛》版《如何做一个中国人》和《为什么该懂中国文学》等文章中，《周报》编辑们指出青年学生应该读懂中国文学，并且"在中国文学作品的熏陶中承接过去的民族大生命，开启未来的民族大生命"。学者钱穆在《敬告流亡海外的中国青年们》中警告流亡海外的中国青年要了解中国的传统文化和历史，同时把保留祖国文化、宣扬祖国历史的大任担当起来，这种重视中国历史文化的态度在一定程度上是对大陆、对传统文化压抑的一种反拨甚至对立。

这些信念，使读者增加了对中国传统文化的兴趣与使命感，意识到传统中国文学是传承和开启民族大生命的纽带。正如社长余德宽（申青）在《崭新的阶段遥远的行程》中所指出的："本报所负的使命，不只是供给同学们一份优良的课外读物而已；它还有一项更重大的使命，……希望生活在自由世界的中国学生们都能透过这份报纸，使大家在精神上更能团结起来。"可见，《周报》的重要使命是使海外华侨在精神上团结起来，传统文化是联系海外华侨的精神纽带，华侨也有责任担当起传承中国文化的责任。

60 年代后，尽管读者质疑传统文化的重要性，但是编辑一如既往地坚守着办刊的宗旨和原则，胡菊人在庆祝创刊九周年纪念《像树木一样的生长》中指出：《周报》依旧承担着保持和发扬传统的文化精神、吸收西方的科学与民主自由思想的责任。《周报》作为凝聚大陆之外华人精神的纽带，在某种程度上一直关注并呼吁华侨对中国传统文化的传承，因为华侨的双重生活和文化境遇，使他们在中西文化的沟通和融合中更易于感受到中国传统文化的精义和价值，也更能认识到传承传统文化的责任和使命意义重大。

二　传承传统文化的方式

通过梳理分析，我们发现《周报》对传统文化的承继和弘扬采用的是由易到难、由点到面、层层递进的方式，目的性与合理性安排得非常到位，有利于读者特别是青少年从简单到系统地掌握古典文化知识，从而达到更好地传承古典文化的美好愿景。从以下两个方面分析探讨。

（一）弘扬传统文化的典范方式——专栏

在上述编辑信念的主导下，《周报》更多地要帮助海外的中国学生了解中国的传统文化，因此其最初的很多专栏大都围绕传统文化这个主旨而建立运行。由于中国优秀的文化文学精品大都用文言文记载，所以要使过去的思想观念传承下去，文言文的学习就显得非常重要，因此对以文言为主要表达方式的古典文学作品的专栏及作者进行介绍和阐释，便成为《周报》传承文化传统的一种重要的方式。

首先，知识普及型专栏。为满足中学生群体的需要，《周报》辟专栏对中国传统文化和文学知识进行常识性的简介，这些专栏中的文章大都是作者从自我的阅读经验出发，为读者（特别是青少年）提供关于古典文学作品的逸闻趣事、文艺知识等，目的是培养他们的兴趣，同时打下良好的知识根底。这类知识普及型的专栏介绍主要集中在《读书研究》版，颇具代表性的有黄烽《文学杂谭》、《历史故事》、徐亮之的《诗经今译》、公遂的《中国文学小识》、赵聪的《国文研读》。它们不定期地在《读书研究》版上刊登，按照内容我们可将其具体分析、归纳如下。第一，轶事典故。《读书研究》版刊载了赵聪的多篇解读古典文学作家作品的文章，如《陶渊明和他的桃花源记》《滕王阁诗序的作者：王勃》等。在对这些古代名士趣事逸闻的讲述中，糅合进他们的成长历程、人生追求和思想风貌，展示出他们的人格魅力和生命传奇，有利于读者对其作品的深入理解和把握。第二，诗文简释。糜文开的《诗文举隅》，通过多种方式介绍古诗文知识，在具体艺术手法的精巧解析中展现出中国古代诗歌诗艺的精致与细腻，让读者在赏心悦目的体验中既获得了油然而生的兴趣，又增强了自我解读和赏析的能力。第三，文体简述。公遂的《中国文学小识》专栏让学生通过某一种文体在文学史上的演变，来领略中国古代文化和文学传统的博大精深及源远流长，理解中国传统文学丰富的内容和坚执的追求以及其中所展现出来的精神品格。总之，这里所进行的关于传统文化知识的简要性介绍，目的只是帮助青少年培养兴趣和夯实基础，使他们对中国传统文化心生向往、深感敬佩。当他们对传统文化的热望被这种普及性的知识专栏唤醒之时，他们便会对传统文化和文学生发出更大、更强烈的探索欲求和研究冲动；而要满足这种欲求和冲动，仅仅靠知识普及型的专栏已经捉襟见肘，这样的任务将由我们下面要介绍的系统构建型专栏来承担、完成。

其次，系统构建型专栏。学生的稿件增多以后，《周报》的文艺版更趋向多元化，《读书研究》版在编辑的主导下，展开了大规模的关于中国传统文化和文学的系统性专栏介绍和赏析。一是作者系统，即对古代诗词文赋诸多作家（大都是历史文化名人）进行系统而深入的介绍。众所周知，历史文化名人大都是受到本国优秀传统文化精神熏陶浸染的杰出代表，他们的身上承继着典范的传统文化精神。对中国历史文化名人的介绍，在某种意义上也是继承和发扬中国优秀传统文化精神的一种有效途径，如王序的《中国文学作家小传》专栏。此专栏从文学的角度认识传统文化，不仅让读者了解文学史的常识，理解中国文学发展的嬗变规律及脉络，更重要的是传承了传统文化，并在此基础上改良、纠正"五四"革命以来摒弃传统文化的流弊，肩负起保存中国传统文化的大任。此外像茜蒂的《中国历代代表作家》、玉笛《读书札记》中的历史人物、《历史故事》中的历史人物等皆如此。二是文体系统，即对中国古典文学作品按文体差异进行系统性介绍。如张军的连载的专栏《中国旧小说略举》。三是文学史系统，即以专题阐释的方式系统地介绍某一文学史问题，如汤恭卓的连载专栏《文学的自觉性——中国文学史划时代变革》。上述这些关于中国传统文化知识的专栏，无论是常识性的文学知识介绍、普及，还是系统性的文学体系建构，都对关注、保存和发扬中国优秀传统文化产生了举足轻重的影响，《周报》希冀借此改善香港学生及整个香港文坛未来格局的美好愿望，也在某种意义上获得了良好而久远的效果。

（二）传承传统文化的实践性方法

为了更好地保存传统文化，良好的国文水平也是非常重要的。对于英殖民地环境中的香港年轻人而言，为了提高国文水平，就要进行国文阅读与写作等诸多方面的实践性训练，《周报》为此拿出了相当的版面和篇幅，脚踏实地、不遗余力地进行传承传统文化的实践性方法的探讨。

首先，文学性创作的方法与技巧。除了一般性的写作与阅读训练，《周报》的编辑还通过深入地讨论文学创作的问题，尤其是有关文学的形式、结构等，以提高青年人的国文水平。讨论文学创作的开端是力匡和王敬羲，王敬羲《我怎样开始写作?》从个人写作经验入手，以不同的成功作家为例，探讨写作中的问题；力匡《谈诗创作》专栏主要谈个人创作诗的经验，从题材、结构、内容和意象等几方面探讨写诗的种种问题。此外，《周报》延伸出了探讨文艺理论的旁枝。此时期的文学评论大多以分析传统文学为例子，和前一时期以指导国文训练为宗旨和目的相比，开始以更加自由的方式探讨文艺创作的问题，或邀请专家，或采用学生来稿，抑或引用中西方作家或作品，探讨文艺的不同创作与批评问题，思考文艺理论的意义和价值。比如陆星的《文学创作和文学批评》一文，讨论文学批评与创作的方式，衍生了讨论文艺的意义和价值，比过去谈论写作的内容更丰富、更深入。这种探讨文学创作方法与技巧的文章，对引领和推动香港文学爱好者的创作善莫大焉，尤其是其中延伸出的对文艺理论相关问题的探究，进一步拓展和加深了香港青年对文学的理解和品悟。

其次，经典性作品赏析的方法和技巧。经典文学作品不仅具有极高的艺术价值和悠久的艺术生命力，还是一个民族优秀文化传统的凝聚和沉淀，对经典作品的解读和赏析同样构成了传承优秀传统文化的一部分。《周报》对经典文学作品的解读赏析主要表现在对《诗经》爱情题材的赏析和对《红楼梦》的多角度解读，如《两千五百年前的爱情歌唱》和《谈红楼梦》两个专栏。此外，是对特定主题集中而深入的透析，如杨啸《略谈汉光武的为人》、黄庸《读曾子大孝篇后》、杨健民《论语——做人处事的指南》等。这种深入探讨中国文学的各式各样特定主题的文章，使《周报》对保存传统文学的风格呈现多元化。这种特定题材的专栏，有助于集中凸显各具特色的传统文化的博大与精深，从而对传统文化的普及和深入产生特别明显的效果。

除此之外，不同刊物都在担负着保存中国传统文化的责任，黄万华在论文《跨越1949：在"常识"中展开的香港体验和想象》中提到："《海澜》几乎每期都要刊载评价中国古代作家的专文，还转载《中国古代文学名著研究》等。这种民族文化传统的努力，甚至使香港在整个华人世界中扮演了传承中华文化的重要角色。"吴兆刚在他的论文中也提到："与《周报》关系密切的《大学生活》，以'学术文艺综合性月刊'为创刊目标，当中的内容有不少涉及对中国传统文艺的介绍。例如第一卷第十一期的要目，就分别有潘重规的《红楼梦答问》、陈士文的《中国绘画思想（二）》、孙甄陶的《白居易长恨歌述评》等，介绍中国传统文艺之余，也较《周报》更深入讨论文艺问题，分担《周报》内容的负担。"上述文章无论是古典文学作品的介绍、历史故事的分析还是关于创作和欣赏文章的讨论，都是在保存、关注中国传统文化的同时，希冀改善香港的文坛。

三 创作中呈现出的对传统文化的传承

很多情况下，生长在某一文化环境中的人对于传统的直观感受，往往不是通过那些物化了的东西（文物、古建筑等），而是借助由于传统无所不在的熏陶，在耳濡目染中形成的作用于每个人的审美方式、价值标准和行为理念。正因如此，对于传统的承续是每一种文化向前发展的题中应有之义，只不过古代社会继承传统常常只是对于传统不折不扣地沿用，现代社会则必须运用现代的观点重估传统文化的价值，舍弃已经僵死的东西，以发现传统文化中有价值的东西，使传统对现代人的生活真正产生指导作用，才能使传统成为有生命力的东西。更重要的是，缘于东西文化的差异，用传统形成的独特中国式的价值观念与审美眼光，去发现西方现代文明中蕴含的难以避免的各种弊病，如商业文明的发达造成的社会上唯利是图、道德沦丧等，将有助于东西两种文化的相互借鉴与健康发展。《周报》对于传统文化的继承也主要沿用了以上路向，集中表现在以下方面。

（一）对原初的传统自然生活气息的怀恋和反省

五四时期有所谓的乡土文学，但那时乔寓异乡都市、书写家乡的作品充斥的多是对一种愁闷、伤痛和无奈的感叹，当然也有对原初乡土自然的钦羡和沉浸，如冯文炳的小说。《周报》的作者大多也处于这种乔寓异乡的状态，身在繁华的香港都市，他们自然无法掩饰和转移自我对遥远故土自然、质朴、悠闲生活的回忆和书写，于是当寂寞难耐的时候、孤独无依的时候、遭受打击的时候、逢年过节的时候……种种可以拨动乡思与乡恋之思绪的时刻，流淌在其笔端的便是对故乡淡然生活的一股浓浓的渴慕与想望之曲。

《爷爷的伙伴》正是带着对于乡土的无尽思恋，用含情脉脉的笔调细致描写了故乡美丽的自然和可敬可爱的人们。在那里，人和自然里的各种生物都相濡以沫、心灵相通，老牛"白老虎"在临死前懂得向所有人告别，爷爷也从来没有想过趁着它没死赶紧把它卖了好多挣几个钱；在那里，人充满了旺盛的生命力，倾其一生和命运搏斗，希望成为自己生活的主人。这些都和都市人的冷漠、功利、怯懦等形成了鲜明的对比。

在现代观念的烛照下，传统思想扼杀人性的弊端同样得到了体现。《爷爷的伙伴》中，作者笔下的乡村是日益走向衰败的，爷爷还在坚守着传统的生活方式，除了爷爷一辈，剩下的人已经无法接受这种基于小农观念的传统生活方式，爷爷最终只能陷入孤独的境地。《爷爷的伙伴》在无望地唱出乡土文明的挽歌之同时，也对一种更合理、更美好的城市文明的出现发出了召唤。让我们想起沈从文笔下的湘西世界，它是美丽的，充满了无尽的魅力，却又无可阻挡地必然衰落。在工业文明的侵蚀下，人们对这样的乡土生活只能表达一种怅然的怀恋，但无法阻碍的是现代化毅然前行的脚步。

（二）对城市工业文明的反思和批判

机械工业时代的来临，在带来物质丰富的同时，带来的更多是冷酷、僵硬和残忍，广阔的街道和挺拔的楼宇完全是钢筋水泥的"森林"，一切人与人之间的温情早已被这种令人恐惧却坚硬无比的物质世界击溃，精神的旗帜也在这钢铁水泥庞然大物的阴影下瑟瑟发抖、无所适从。而且，更为可怕的是都市的物质逻辑和冷漠条令，早已把匍匐于它脚下的都市人类驯服得服服帖帖，终至麻木不仁、乐在其中，甚而成为这一规训无可替代的维护者。于是，这里的人类丧失了一切关于人的灵气和本质，他们愚笨、庸俗、麻痹，形同动物，他们的一切感觉与感情早已钝化，终日生活于污秽和肮脏之中却忘记了人的生与死的界限。于是，他们的存在与死亡都失去了意义：他们的生存将会成为毫无意义的存在。尼采说：一个人若知道活着为什么，便能忍受如何活。而这里的人们并不知道自己活着的理由，却仍然可以浑浑噩噩地忍受下去，着实令人吃惊和羞辱。《周报》中的这些小说以寓言的方式，写出了自我陷身于都市的痛苦和迷惘，以及工业文明发展过程中所造成的人的精神的迷失和生存的困境，同时也暗示出某种突围的意念和前景。

姚拓的《所南》中，所南一直坚守着传统的生活方式，坚守着家乡，没离开过古老的土地，承继着老一辈淳朴诚实的美德，就这样生活着。与此相反，"我"则追求着都市的生活，一心向往城市的繁华。这篇文章通过"我"与所南两个人不同生活方式的对比，来反思城市文明。思考传统的生活方式和现代的生活方式哪种更能给人带来快乐，作家有对现代生活方式的怀疑，也有对传统生活方式的肯定。

朱韵成的《山城献给忧郁沙龙》将当代知识分子在传统文明和都市文明之间无所适从、备受折磨的心理状态用象征的手法表达了出来，小说将游走在两种文明的边缘，无法融入任何一种文明的当代知识分子的困境淋漓尽致地呈现出来。都市文明所带来的庸俗色情是知识分子所无法接受的，就像郁达夫所说的"曾因酒醉鞭名马，生怕情多误美人"，知识分子只能靠放浪形骸纵情酒色来暂时地麻醉自己，但这暂时的麻醉无疑是不成功的。这部小说充满了绝望颓废的氛围。在艺术上，现代派诗歌的引用，例如"……生之门是窄的，纪德说，而紫水晶的十架有太多纯真的爱……"，其中所表达的迷茫与困惑进一步加强了小说抑郁的情感基调。

此外，黄崖的《她的情人》是一篇有关"爱"的童话。"我"之所以冒充傅琪小姐的仰慕者，不辞劳苦地给她写信，帮助她走出失去爱人的阴影，是因为"我"对于周围人的无私关爱。曾经傲慢和冷酷的柯克教授之所以爱上傅琪小姐，是因为她对于慈善工作的无限热心。某种意义上，生活在现代都市里的每个人都在向往着这种温暖博大的爱，而对这种爱的向往本身，就标志着一种新的生活方式和价值模式在香港社会的正式建立。傅琪小姐的国籍不仅使这篇小说带上了一定的异域色彩，反映了香港社会的独特风貌，而且更提供了一种可能，一种传统文化在现代文明洗礼下获得新生的可能，一种用中国人特有的古道热肠医治都市文明病的可能，这同样显示了香港作家在用自己的作品回应现代生活方面的努力。

（三）对传统文学表现手法的借鉴和使用

对于现代作者而言，在自己的作品中借鉴和使用传统文学的表现手法，不仅是其固有文化根性下的自然选择，也有利于实现和生长于同样文化背景下读者的互动，产生一种心照不宣的微妙感觉，达到事半功倍的表达效果。

《周报》作者对于传统文学表现手法的借鉴和使用，首先表现为对传统意境的传承，如司马长风的《为自己的生活》，这是一篇行文优美、笔触平静而又内涵丰富的散文。司马长风从"人生三分论"谈起，畅想人生最后一阶段"为自己的生活"，如同一篇当代版的《归去来兮辞》，表达了自己希望远离尘嚣、避世著书的美好心愿，书写了一番逍遥自在的乡野生活。尤其是对田间劳作与所植花木的描绘，栩栩如生地展现了多姿多彩的田园风光，令人心醉而向往。可以说，作者的这番神思，是每一个饱经沧桑的文人墨客之最终梦想。然而，陶渊明在写罢《归去来兮辞》后，如愿隐居于田园；司马长风却在文中一再强调，这些畅想不过是空中楼阁，根本不可能实现。作者在想象之前便强调"我虽然自知后三分之一的人生多半仍须在紧张和劳苦中度过"，又以"也只是梦想而已"结束全文，让本文在看似轻松的笔调背后，隐藏着作者深深的无奈惆怅。由于历史与现实的种种原因，作者对人生之无常有着切身体会，故而称："今后的余生，在香港度过呢，还是在台湾或大陆度过呢，完全不可预料。今生究竟能否有真正的闲暇呢，也不可预料。"随意的一笔，细细体会，却能让人有惊心动魄之感，个人命运之悲与家国兴亡之叹，实则都浓缩在这一句话之中，意指深远。

借鉴传统表现手法还表现为对既有故事写作模式的传承，盛紫娟《母爱？》故事模式是看似老套的"孔雀东南飞"式的婆媳矛盾，一位对儿子占有欲过强的霸道婆婆，毁掉了两个儿子的婚恋幸福，最终也害了自己。但这篇小说在悬念设置、叙述视角、叙事节奏上多种巧妙手法的运用，实现了老题材的现代转化。小说的亮点是"我"这个旁观者的存在——既非当事人之一，又非第三人称小说以全知视角远距离地叙述情节，而是在"我"的观察中，这个家庭在表面和谐的背后真相被一层层地揭开。这样既可以让叙事氛围从头至尾既客观冷静又有强烈的真实感，并且，由于"我"开始对这个家庭的未知，可以设置令人疑惑的一个个谜团，吸引读者的阅读兴趣，而最后的残酷结局，又在"我"的无奈与无言中，让读者感到同样的无可奈何与强烈的情感震撼。陈太太的形象，让人联想到《孔雀东南飞》中的焦母与《金锁记》里的曹七巧，她们都是霸道凶悍的婆婆，又化身为吞噬儿子幸福的"老妖精"；然而，她们这种"凶悍"背后的原因不尽相同。焦母逐媳，从有限的诗歌文字中只能得出存在中国传统的婆媳矛盾；曹七巧的变态，主要是多年守寡在生理和心理上的压抑导致人格扭曲；而在陈太太身上，则突出体现着时代变迁、都市崛起中上一代人与下一代人的观念差异。陈太太年轻守寡，带着孩子艰难度日，原本也有着中国女性特有的忍辱负重和坚忍顽强的美好品格，原本也是一个惨遭婆婆虐待的"苦儿媳"，当媳妇熬成婆以后，按说她理应能理解儿媳的难处；但时代的变迁已经让她与青年人在伦理、性观念上有着巨大差异，青年男女之间恋爱时亲密交往以及同居的问题，在她看来是严重败坏门风的行为，也是典型"娶了媳妇忘了娘"的不孝之举，而这种亲密其实是都市青年再普遍不过的交往恋爱过程。陈太太的迂腐保守葬送了她的家庭，其孤苦无助的结局又让人在无奈中心生一丝怜悯。婆媳矛盾的背后，其实是时代价值观的更迭，而陈太太的遭遇也是香港这座迅速发展的都市对不肯走出"传统"的人的冲击。另外，文章中对陈太太孤独侧面的描写也让陈太太成为读者怜悯的对象，显现出一种人性的深度。此外，"我"对时髦都市小姐的物质人生与传统生活方式导致的妇姑勃溪生活的双向拒绝，暗示出一种新的可能，一种扎根中国现代社会本身的可能，即糅合传统的坚韧、温情和现代的理性与人道主义等为一体的崭新价值理念的产生。

由此可见，五六十年代的香港文学刊物扮演了在香港及海外传承传统文化的重要角色。20 世纪 50 年代的香港由于特殊的政治地理环境，成为国共两党以及美苏双方冷战之下意识形态角逐的一个边缘但激烈的战场，说它边缘是由其地理位置和政治殖民地的角色所决定的，然而正是这种看似边缘性的地位提供了可供双方甚至多方多元共存的意识形态交锋的公共舞台，由此使香港成为一个左右并存、华洋杂糅的政治文化空间。正是香港的这种包容性、开放性以及混杂性等特征，以开阔的视野吸收西方文化的同时，更加重视对传统文化的传承，50 年代的香港文学刊物就扮演了在香港及海外传承传统文化的重要角色，积累了保护、发展中华民族传统文化的丰富经验。此外，以《周报》为代表的香港刊物在当时的存在具有巨大的文学史意义。五六十年代，当文学创作在大陆和台湾无可奈何地沦为政治工具而丧失了主体性时，此时的香港却相当难得地为我们保留了一份文学自身的成长园地，其文学刊物不仅培育了香港文学的主体性，也在传承民族文化传统、发展五四新文学精神中丰富了五六十年代中国文学的成果。这是以《周报》为代表之一的香港文坛对华文文学的不朽贡献，值得我们研究和敬畏，其实践也为今天我们传承中华文化传统提供了有益的经验。

［作者单位：山东大学（威海）］

体育教学中强化学生身体素质练习的研究

吕兵文

身体素质，是指人体在活动中所表现出来的力量、速度、耐力、灵敏、柔韧等机能。身体素质是一个人体质强弱的外在表现。身体素质，既关乎一个人体质的强与弱、运动能力水平的高与低，更关乎一个人日常生活耐压能力的大与小，是一个人健康工作、幸福生活的源泉和保证。

身体素质练习，指的是围绕发展力量、速度、耐力、灵敏、柔韧等机能的身体活动，目的是强健体魄，立德树人。

当前，片面地追求升学率的现象依旧存在，学生的学习压力还很重，很多学生参加体育活动的时间严重不足，体育教学的评价机制不完善，学校体育仍然存在重竞技轻群体的现象，体育教学效率不高，放羊式教学仍未有效杜绝。课改以来，受"淡化运动技能教学"、片面的"快乐体育"、形而上学的"合作探究教学"、谈"学生运动伤害"色变等因素的影响，体育教学一度陷入迷茫，增强学生体质的目标没有很好达成。近20多年来，我国青少年学生体质健康水平持续下降，引起了党、国家领导和全社会的高度重视，也引发了对体育教学与学生身体素质提高的关系的大讨论。

《义务教育体育与健康课程标准》（2011年版）明确指出"体育与健康课程是增进学生健康的重要途径，对于提高全民族的健康素质具有重要而深远的意义"。

体育教学的本质是进行运动技术学习，并以此为载体强健学生身体，培养学生良好的品质与能力。那么，体育教学中如何强化学生身体素质练习呢？

一 充分利用"身体素质课课练"，强化学生身体素质练习

课课练，指由学校任课教师合作编写的针对学生现学书本的每一章节内容的练习题。体育教学中的"身体素质课课练"，指的是在每节体育课中都规划出一个专门的环节，对学生进行身体素质方面的练习，以促进学生体质的增强。

早在20世纪70年代，中国学校体育界就提出了体育课"身体素质课课练"，由于其练习目的明确，操作简单，实效性强，锻炼效果显著，能切实增强学生体质，因而被广泛运用。近几年，针对学生体质持续下降的现状，不少专家开始进一步关注"课课练"，2011年国家立项了"十二五"规划重点课题"中国青少年体能素质'课课练'创新研究"，促进了"课课练"的更深层次的研究。

在实施"身体素质课课练"的过程中，要注意以下几点。

1. 保证练习时间

体育教学中，一些"身体素质课课练"效率低下、流于形式的重要原因是练习时间不足。比如，只给课课练环节预设了5分钟的时间，教学中，除去教师讲解、提出练习要求和组织调动的时间，剩下就寥寥无几了，很多练习内容难以保证练习效果，只能草草结束。要保证"身体素质课课练"的练习效益，其时间最好控制在7~10分钟。

2. 科学安排练习组数

"身体素质课课练"时，练习次数与组数的安排，不可任意处之。比如，在"身体素质课课练"的教学环节中，上课教师安排男生练习15个俯卧撑，女生练习10个俯卧撑，共2组。这样的安排在教学中很常见，但安排得是否科学呢？值得商榷。

一般来说，上述俯卧撑等力量素质练习的设计原则是练习次数至少在8次以上，练习者要能在保证练习规格的前提下完成该动作。比如，俯卧撑的动作要规范——身体放平，直臂支撑，然后曲臂至大小臂夹角小于等于90^0，然后迅速撑直为一次。学生练习动作的规格不达标，就会降低练习的质量，练习就偏离了预设的目标。对于练习组数而言，每次练习做3组较为适宜。这样安排，机体能获得良好的刺激，经过超量恢复后，就能收到较理想的练习效益。

如果学生练习的次数已远远超出 8 次，此时，可以适当增加练习难度。比如，抬高脚部支撑的高度等，从而保证俯卧撑增强上肢力量练习效益的最大化。

3. 内容与主教材相联系

"身体素质课课练"内容的安排不能孤立地看待，不管主教材是什么，"身体素质课课练"不是安排增强下肢力量的蛙跳练习，就是增强上肢的俯卧撑练习，这是欠考虑的。

一般来说，本着全面发展身体素质的目的，如果课的主教材是上肢练习为主的，"身体素质课课练"的安排就要突出发展下肢力量为主的内容；反之，就要安排发展上肢力量为主的练习内容，以平衡上下肢力量的发展。如果主教材是耐久跑的练习，则"身体素质课课练"可以安排柔韧性练习内容为主的素质练习。

本着辅助主教材学习的目的，"身体素质课课练"也可以安排与主教材相关的练习内容。比如，双杠教学中，学生上肢力量较差，而学生练习的负荷又不是太大，"身体素质课课练"就可以安排双杠支撑曲臂伸的练习中；技巧练习，"身体素质课课练"可以安排仰卧起坐的素质练习等，这样，既充分利用了上课器材，又有助于学生主教材技术动作的学习。

二 巧妙运用组合练习，在运动技术的学习中强化学生身体素质练习

组合，指由几个部分或个体结合成的整体。体育教学中的组合练习，就是将几种不同的练习内容或形式搭配起来运用的教学手段。

体育教学中，单一的内容反复练习，学生很容易倦怠，导致练习质量下降。利用组合练习，既可以激发学生的练习热情，又可以加大练习强度，在悄无声息中，达成了强化身体素质练习的功效。比如，二人一组的排球正面双手对垫练习，学生基本掌握后，在垫球后增加一个蹲下双手手指触底的动作，然后接垫同伴垫回的球，练习难度陡增，运动强度加大，提升技术熟练程度和身体锻炼的效果立竿见影。

在运用组合练习中，要注意以下几点。

1. 搭配好组合练习的内容

技术动作学习初期宜与身体素质练习组合，而在技术动作学习后期宜与已掌握技术组合。初期的组合是为了加大练习难度和强度，以巩固单个技术

的掌握。技术动作学习后期的组合，是为了多个技术动作的联合、融汇、升华，更好地服务于实战需要。比如，篮球传接球技术初步掌握后，可以与跑步组合，做四角传球练习，既巩固了技术，又增大了练习强度。而在后期就可以与投篮、运球过人等技术组合练习，以加强所学技术的运用。但前滚翻技术初步掌握后，不宜与快速跑组合，学生容易注重速度，忽视前滚翻动作规格，对前滚翻学习不利；而与坐位体前屈组合，就会起到既巩固前滚翻技术，又考验学生前滚翻练习后身体的平衡能力，还锻炼了学生的柔韧力量，是个多赢的举措。

2. 要保证技术动作质量

组合后，练习难度和强度都增加了，如果只强调完成的数量，忽视了技术动作完成的质量，练习效果就会大打折扣，虽然突出了身体练习的强化训练，但丢掉了技术动作的练习，顾此失彼。比如，投篮技术初步掌握后，要求学生从中圈起跑，在三分线外接球投篮；然后跑回中圈折返，到罚球线后接球投篮；再跑到中圈后折返，接传球上篮。这个组合练习，如果忽略了或不计中篮数，那就只剩下折返跑和接球了，喧宾夺主。只有在保证投中球数量的前提下，折返跑的功用才能发挥到最佳。

三　巧妙调动队形，见缝插针地增加学生身体素质练习负荷

体育教学中，调动队形是必不可少的组织形式。课堂组织变化多了，队伍调动频繁，无疑会减少学生的练习时间。利用队伍调动，强化学生身体素质练习是一个值得关注的举措。

文化课教学中，教师让学生放下笔，抬头看黑板，然后教师板书题目与教师布置学生翻阅课本 27 页，然后板书，之后让学生看黑板。根据统筹学原理，不难发现，后者优于前者。

同理，学生四列横队，要将后二列调到与前面二列并排的位置，教师利用前二列学生向后转观摩后二列学生做纵队行进间高抬腿跑练习，将队伍调整好，就是一种可供借鉴的策略。

在利用调动队形增加练习负荷时，要注意以下几点。

1. 控制练习的强度

调动队伍是要方便后续练习的进行，如果强度过大，势必会降低后续练习的质量。比如，分组练习后滚翻后，原本是练习结束后，学生走、跑到小

组队尾站好等候下一次练习，如果要求学生后滚翻练习后，做蹲立行走到队尾，练习形式改变了，运动负荷增加了，很好地强化了身体素质练习；但5次练习后，不少学生的下肢就吃不消了，不仅蹲立行走速度迟缓了，后滚翻的动作也变形了，这就是负荷过大的表现。对此，教师可以提出每次蹲立行走的步数要求，并根据学生练习进展适当调整，以确保学生的练习强度不对动作技术学习起到干扰作用。

2. 注意与放松练习结合

调动队伍的原则大都是快速、整齐、安全，现在我们又加上练习负荷的因素，操作起来，往往运动强度会短时骤增，因此有必要进行适当的调整。比如，学生散站位练习后的集合，平常要求是跑步到达集合地点，现在我们提高强度，要求学生采用行进间高抬腿跑的形式进行，学生到达集合位置后，大都气喘吁吁，此时进行讲解也好，安排下一项练习也好，学生都很难顺利过渡。此时安排一个小的调整练习，就显得十分必要。比如，引导学生原地做深呼吸数次，或者做一下腿部放松的小练习等，既放松了身体，又缓冲了教学节奏，高效又人文。

四 以精讲促多练，提高学生身体练习运动负荷

精讲，指的是教学内容精要，方法恰当，语言精练。体育教学中的讲解要准确、精练，以利用有限的教学时间，为学生的身体练习增量、增时，从而促进学生身体素质的练习和提高，以及运动技术的掌握。

以精讲促多练，一直被视为教学方法的宝典，为教师所推崇，但实践中，很多教师在教学中，还是讲得很多、很繁，唯恐学生听不懂、听不透彻，既浪费了宝贵的时间，也偏离了体育教学的本质——身体练习。

体育教学中要做到精讲，须注意以下几点。

1. 建立良好的教学常规

好的教学常规，是实现精讲的必要前提，也有助于学生良好行为习惯的养成，更有助于教学组织的高速、顺畅。比如，体育教学中哨声信号系统的建立，"嘟！"一声哨音，配合相关手势，学生闻声令行禁止，清楚、短暂、高效。简化了口令的下达、要求的提出、队伍的指挥调度等时间，为学生更好地进行身体练习赢得了宝贵时间。

2. 提炼关键词

运动技术的动作要领，专业术语多，大都不适合学生理解、记忆。用学

生认知层面能理解的关键词，可以起到画龙点睛之奇效。比如，单杠骑撑前回环技术要领描述起来不是一句话、两句话能说明白的。有经验的教师提炼出一个关键词"高提远跨"，四个字就轻轻松松突破了教学难点，让人拍案叫绝。

3. 培养体育骨干

体育教学中，分组练习时，教师分身乏术，组织练习和指导、纠正等离不开体育骨干作用的发挥。教学中注意培养体育骨干学生，使课堂教学事半功倍。比如，一个比较复杂的耐久跑路线讲解，发给小组长人手一张练习图示，在教师提示下，小组长带领小组成员一起研读、尝试，很快就能熟悉、掌握，缩短了讲解时间，为学生的身体练习赢得了更多时间，更培养了学生合作、探究的能力，一举多得。

4. 多在练习中提示

体育教学中，指导、纠正学生动作，必不可少，很多时候需要集合、集中讲解，但集合多了，既占用了课堂时间，又打断了学生练习的节奏，少了练习的时间。因此要注意多在学生练习过程中用关键词提示学生改进、纠正动作，除非出现具有普遍性的、非停止练习进行强调和纠正不可的时机，尽可能少打断学生练习、少集合。

五 运用游戏比赛，促进学生积极参与身体素质练习

游戏比赛是体育运动的起源和不竭动力，能极大地调动学生参与身体素质练习的热情，最大限度地发挥体能和技战术，产生良好的锻炼价值。身体素质练习大都枯燥乏味，学生很容易抵触。将身体素质练习移植于游戏比赛之中，会激发学生的练习兴趣，使其乐此不疲。

在运用游戏比赛法时，应注意以下几点。

1. 要全员参与

通过游戏比赛，要让全部学生参与其中，人人都得到锻炼，尽享体育运动的乐趣。比如，利用"贴膏药"的游戏做准备活动，学生参与踊跃，但游戏中只是几个学生在跑动，大多数学生原地不动，这无疑使游戏效果大打折扣。而同样是用游戏做准备活动，传统游戏"老鹰叼小鸡"则是全体动员，锻炼价值较"贴膏药"胜出一筹。因此体育教学中，要注意选择、改编游戏比赛内容，使之更好地服务于全体学生。

2. 要关注差异

学生的体能差异客观存在，因此，游戏比赛不能搞"一刀切"，不能用同样的规则评判所有学生。因而，分层次进行游戏比赛是十分必要的，让每一位学生都"吃好""吃饱"。比如，跑的比赛，可以采用同质分组，让体能接近的学生为一组，使每人取胜的机会均等，以激发他们的挑战欲望，从而发挥出最佳的运动水平。也可以采用异质分组的阶梯起跑线，让所有学生都不甘人后，奋力向前。

对于特殊体质的学生，可以降低标准如减小运动强度、运动量等，让其尽其所能，体验体育运动的苦与乐，收获自己的进步。

3. 要严格规则

体育运动中，规则的制定有助于参与者公平、公正、安全地进行运动。游戏比赛也是如此，离开了规则的约束，也就没有了规矩方圆。游戏教学中，也存在学生投机取巧、不守诚信和消极参与的现象，对此，教师一定要注重教育，让游戏既锻炼身体又发挥教育职能，立德树人，培养学生良好的体育道德与意志品质。比如，让学生自报 1 分钟跳绳比赛的成绩，可能会出现学生谎报的情况，为教育学生诚实守信，教师可以组织第二次比赛，采用一组学生比赛，一组学生计数的方式，既有效提高了学生成绩的真实性，又不显山不露水地增加了练习负荷，促进了学生身体素质的提高。

总之，体育教学中要强化学生的身体素质练习，就要提高课堂教学效率，想办法适当增加练习密度，适当增强运动负荷，并长期坚持。

增强学生体质也并非体育教学本身所能实现的，体育教学重要的是教给学生科学的方法、培养其锻炼兴趣、养成坚持锻炼的习惯，要真正达成强健学生体魄的目标，更重要的是课内学习与课外锻炼的结合，认真落实好国家提出的"每天锻炼一小时"的号召，使体育教学的效益展现在每一位学生每一天的体育锻炼中。

（作者单位：威海市文登区葛家中学）

《健康教育》内容提要

温　勇　斯琴高娃

第六次全国多民族大规模的学生体质与健康调研结果显示，全国学生在形态发育水平继续提高、营养状况继续改善的同时，视力不良及肥胖检出率继续上升。在新时代背景下，学生的健康状况越来越受到关注，学校健康教育亟待提上日程。《健康教育》教材是根据教育部《中小学生健康教育指导纲要》编写的，结合贯彻十八届三中全会有关健康教育的指导精神，旨在为学校实施系统的健康教育提供专业、系统的引导。培养学生的各种有益于自身、社会和全民族健康的行为和习惯，提高卫生科学知识水平，从而达到预防和减少儿童少年某些常见病和多发病，尽可能避免意外伤亡事故，增强体质，促进身心发育，为一生的健康奠定基础。

本册教材主要分为"生理卫生""疾病预防""营养膳食""心理健康""体育运动"五大版块。

"生理卫生"版块主要围绕"保护好人体的运输系统——循环系统"这一主题，从"人体的动力泵——心脏""人体的运输通道——血管""认识血压""初步掌握心脏复苏术"等内容让学生了解人体具有不同功能的循环系统，学会如何保护好我们人体的循环系统，让身体各个机能保持健康的状态。

"疾病预防"版块主要围绕"藏在'心'里的疾病"这一主题，通过心肌炎、高血压、肺结核、抽动障碍这几大影响心脏健康疾病的成因、危害及预防几方面增强学生对心脏的了解，同时提高学生的健康意识和自救能力。

"营养膳食"版块通过生动、形象的事例，让学生对生命健康成长不可或缺的人体七大营养素及常量元素"钠"有了进一步的了解，明确不同食物中所具备的各种不同营养，以培养学生合理膳食的习惯。

"心理健康"版块主要围绕"让学习更出色"这一主题，通过时间管理、记忆力训练及正确对待考试这几方面内容，培养学生面对各自不同的学习体验，采用科学的方法、积极的心态，从而加深学生对自身的了解，形成良好的学习习惯及正确的人生态度。

"体育运动"版块通过"运动前的准备""常见的运动损伤及处理"两大内容，让学生明确任何一项运动都要遵循一定的科学规律，了解在运动过程中存在的安全隐患，学会在运动中的安全保护与预防，养成科学运动的好习惯。

整册教材编写时，充分考虑教材使用者——五年级孩子的阅读、理解能力，结合学生生理发育、心理成熟情况及已有相关知识的基础，全书的每一单元都设置有围绕单元主题内容的单元导读，便于让读者从整体上了解单元内容激发读者的学习兴趣；主题单元中的每一课，通过图文并茂的形式，用生动、活泼、简练的语言把复杂的健康教育科学理论准确地加以说明，通过"知识窗""想一想"等模块，结合情景再现、人物对话的形式深入浅出地将抽象的知识形象化、具体化，引导学生建构专业的健康模式、了解健康标准、掌握科学健康的保健方法，同时通过"做一做""活动与探究"等模块鼓励学生将从教材中掌握的技能延伸到生活中，培养学生健康的思维方式及生活习惯，进而提高学生的健康意识促进其健康成长。

（作者单位：威海市教育教研中心）

以师生合法权利制约校长权力

丁莉莉

法治的前提和基础是民主。没有"民主"参与的学校，可能一时走得快，但肯定走不远、走不稳。我们着力寻找师生权利与校长权力的平衡点，去除学校管理中的"人治"之弊，以法治思维提升办学境界。

一　制度设计从民主程序中来

我们的学校章程规定：凡属重大决策、重要事项，必须经全体教师充分酝酿，最终由教代会集体表决通过实施。舍此，别无他途。

阳光章程建设从民主程序中来。"依良法，达善治"，是法治思维的基本内涵。学校"阳光章程建设工程"，最大限度地把办学事务全部纳入制度规范，通过消除人治因素，弱化校长的权力角色，使其成为一个协调者和落实者，而不是发号施令者。管理中，不少人找我求情、行方便，我就一句话："规矩定了，我真没有这个权力。"

校园里，当同一类问题、失误反复出现时，肯定是制度有问题。我们反复修订完善《阳光神小管理文本和管理流程书》、《教师手册》和《阳光少年手册》等制度体系，尽力使其成为兼具合法性、科学性和前瞻性特质的"良法"。制度设计从民主程序中来，师生就能自觉执行好。

教育权益救济从民主选择中来。"没有救济，就没有权利。"随着公民权利和个体意识的提高，学校、教师、学生、家长之间纠纷增多，情况复杂。2014 年，学校两名同学放学途中大打出手，一人发生严重意外伤害，家长不走司法程序，多次非理性上访，想"把事情闹大"，以满足其不合理诉求。对此，我们召开教师代表和家委会会议，在讨论中有多种声音，有的主张"息事宁人"，有的主张"置之不理"，有的主张"依法维权"。最终通过民主表决，我们选择法律途径取得权益救济。

我们委托法制副校长及其律师团队代理解决此事。经两次庭审，最终判定学校零责任。以此为契机，我们开始致力建设教育法律纠纷防范机制，将因管理行为、教职工待遇、师生意外伤害等引发的纠纷纳入相应的解决渠道，发挥好调解组织、教职工、学生、家长自治组织和法制工作机构的优势和作用，彰显了法治的权利保障力量。

二　以民主管理涵养法治思维

民主，是法制发挥力量的源泉。只有推行民主管理，才能有效涵养校长的法治思维，最终固化为现代学校治理常态，培育师生的民主风貌和法治意识。

以"参与、建议、监督"为核心的"135民主管理"机制。"1"是指教师"一周执行校长"、学生"一周执行班长"、家长"一日驻校执行管理"制度；"3"是针对教师、学生、家长和社区，每学期至少开展3次针对性征集建议活动，评选"阳光金点子"；"5"是指家长监督委员会、教师监督委员会、学生监督委员会、学校教育协作联盟和网上紫学园工作室等五驾"马车"，联手参与、建议、监督，形成自由沟通和建言献策的自我成长生态。有学生提出，"在传统运动会的基础上再举行一次全员参与的益智运动会，每周举行一次单项吉尼斯活动……"。由此"校园益智运动会""周周吉尼斯""阳光币"等小特色、小温暖应运而生，人气红火。

执行校长制，让教师参与学校管理。每周一位来自普通教师的执行校长，负责管理和落实学校本周工作，校长为其提供全程服务、指导和协助；执行校长拥有相应的责权利，与校长换位思考，以命运共同体的状态自主成长，很多教师受益匪浅，竞相申报，充满热情。有位执行校长写下了这样的心声："做执行校长让我有了另一种生命存在的姿态，找到了管理角色的'代入感'。感同身受中，不再狭隘和偏执，对职业生涯的理解有了新感悟。"

这样做，是不是校长就没事了呢？除了要全面担负领导责任和引领服务外，我每周撰文《阳光服务室与老师说》，以周简报和网络跟帖、回帖等形式，与老师线上线下交流、互动、引导，民主管理"自治与共识"氛围一天比一天浓。

评选"小助理"，给孩子一个成长支点。学校遴选学生代表组成"评审团"，经演讲、答辩，投票产生"小助理"，在国旗下颁发聘书，通过培训引导孩子以独特的视角发现校园故事，发挥"智囊团"作用，寻找阳光故事和不良行为及问题，及时向校长反馈。小助理有权参加学校联席会议和重要活动，以小主人的微视角关注身边人、管理身边事，责无旁贷地投入学校治理"协奏曲"。

家校之间无"围墙"。学校搭台，家委会积极融入学校治理，审议学校工作报告、参与教师评价考核、管理家长信箱、开展问卷调查、提交合理化建议、对家长解疑释惑……推动学校从外部和家长的角度发现问题、解决问题。

三 公权力应得到制约和监督

孟德斯鸠说："防止滥用权力的办法，就是以权力制约权力。"法治思维以制约和监督公权为核心。校长的权力在接受法律规范和组织权力监督的同时，必须受到师生合法权利的制约和平衡。

民主测评是师生的权利。我们不断探索完善对民主测评的监督方式，对学校领导班子、班子成员和各个层次的管理者建立"阳光监督员制度"，设计了实事求是、据理评议的测评体系。以实事求是、客观公正为原则，对不同的监督主体采用不同的监督形式，分层梳理、归类问题，深入细致剖析原因，提出整改意见并进行多次监督，直到落实。我们坚持"有权有责、责权相符、权受监督、违责必究"，形成了服务师生的"一线意识"和"基层导向"，对上对下都负责。

阳光公开没有例外。公开是最美的阳光，更是信任和民主的基石。作为学校民主管理和监督制约的重要手段，我们坚持党务、校务双公开，即除规定保密事项外，做到"360度全方位公开、零距离真实公开、无迟延及时公开"。

我们建立阳光公开领导小组、工作小组和监督小组，抓住事前公开、过程公开、结果公开三环节，建立完善校务公开实施细则，利用学校宣传栏、网站、博客、微博、家校通、微信公众平台等载体，倒逼管理者做"透明"事，当"阳光"人，逐步从"不敢不公开"到"不能不公开"，最终"不想不公开"。

每位教师都关注绩效工资，尽管分配方案体现了集体意愿，但也不能让每个人都称心。对个别心里不平衡的老师，我都心平气和地让他们在全程留痕并公开的事实和数据面前消气、顺气，让他们"站在未来看现在"，一起研究专业成长。"阳光招生"全程公开，有效地杜绝了暗箱操作、违规操作。每月评选"阳光学生"，一律在线公开，学生服气、教师认可、家长满意。学校报表数据、统计资料、奖惩荣誉等相关情况，都可查询，信息对称，由此激发了校园里"信任的力量"。

（推荐单位：中共威海高技术产业开发区工委宣传部）

《"1 + 1 + 1" 三线一体化小学语文幸福课程整合的实践探索》 内容提要

孙向阳

"'1 + 1 + 1' 三线一体化小学语文幸福课程整合的实践探索"课题实验启动以来,全体语文教师严格按照各年级的实践计划,有效落实课堂教学、课外阅读、社会生活三条线上的探索研究,不断激发学生的学习兴趣,精心指导阅读方法,有序训练习作技巧,收到了良好的效果。

一 问题解读

(一) 问题的提出

荣成市幸福街小学地处城乡接合部,生源主要是附近自然村和外来务工的子女,由于诸多因素,学生自主学习能力、读写水平都较差,平时课堂上或与人交往不会说,也不敢说,也感受不到学习与成长的幸福。

针对师生生活实际,结合学校的现状及家长的共识,2010 年从创建省级规范化学校开始,在原有诗意特色项目的基础上,学校明确提出了幸福教育的主张,并确立了幸福教育的核心理念——把教育当作一件幸福的事情来做,幸福地教、幸福地学,让每个人都拥有幸福人生。同时,学校积极申报了省级规划课题"幸福教育的实践研究"。拟通过课题研究,促进学校特色建设,逐步凸显幸福教育品牌。

办学目标:围绕"教师幸福地教,学生幸福地学"两条主线,持之以恒地提高学校核心竞争力,建设"管理规范、特色明显、师生共进、学生向往、教师幸福、家长满意、社会认可"的幸福教育品牌学校。

学生发展目标：人人成为健康、阳光、自信、快乐的幸福学子。

教师发展目标：教师个人身正学高、谦虚仁厚、敬业乐教；名优教师团队水平达到专业较高标准。

发展构想：围绕"两条主线"，坚持"三个抓手"，做到"四个立足"，凸显"一个品牌"。两条主线：教师幸福地教，学生幸福地学。三个抓手：从细处着眼，从小处着手，从实处着力。四个立足：教学质量全面提高，学生个性充分发挥，教师专业素质稳步提高，学校文化整体提升。一个品牌：幸福教育品牌。

作为威海市首批特色培育学校，在参与专家诊断调研、校长理念培训、特色规划专家论证、赴名校实地学习、校长论坛交流、区域间相互观摩的过程中，荣成市幸福街小学不断完善幸福教育特色建设理论体系。从办学理念出发，构建了幸福教育特色学校创建框架体系（见图1）。

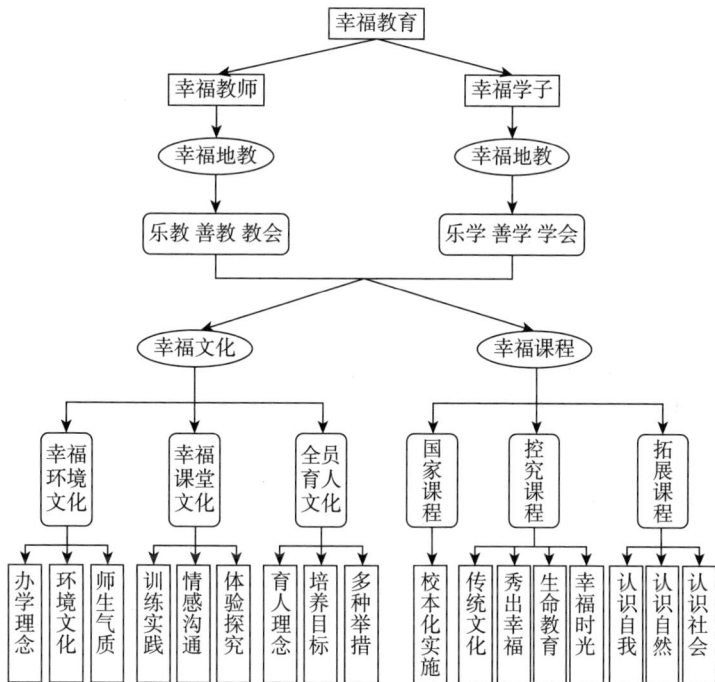

图1 幸福教育特色学校创建框架体系

上述框架体系中幸福课程包括国家课程、拓展课程和探究课程。课堂、课程是教学的核心要素，也是实施幸福教育的关键。幸福课堂需要什么样的课程内容作载体？教师幸福地教、学生幸福地学如何实现？怎样的评价才能有效推动幸福课堂的构建？课内语文教学，能不能与经典诵读、童书阅读整合起来，形成一个框架完整、思路清晰的内容体系，让广大老师轻松解决资源搜集、内容统整的难题，便于教师统筹使用语文课时，轻轻松松地实现提升学生语文素养、促进人格建构的目标？解决上述问题，由内容入手整合语文课程，构建"读写诵一体化"的课程体系，是语文课程改革的必然选择，也是语文课程标准的明确要求。基于此，学校提出了"'1+1+1'三线一体化小学语文幸福课程整合的实践探索"这一课题。

（二）概念界定

幸福课程：荣成市幸福街小学所实施的幸福课程，是指"国家—校本—生本"三个圈层的生态课程。指的是国家课程校本化实施链条，包括"目标导学"、"生本课堂"、"诗韵留香"、"真情表达"等。

"1+1+1"语文幸福课程：围绕课堂学习、课外实践和社会生活三条线，借助幸福课程的开发与实施，形成"国家—校本—生本"三个圈层的国家课程校本化实施链条，实现"教师团队+学生团队"凝智聚力的"1+1"、"学习+思考"有机融合的"1+1"、"学会+会学"实现双赢的"1+1"、"知识掌握+素质提升"兼而有之的"1+1"。

（三）研究的主要内容及目标

1. 研究的主要内容

①导学提纲的编写；②《诗韵留香》读本的开发；③幸福文化建设的研究；④"教师的幸福人生与专业成长"研究；⑤幸福课堂与高效课堂模式研究；⑥借助纸艺、绘画、小课题研究，促进小学生口语表达能力提升的研究。

2. 研究目标

（1）总体目标

"1+1+1"语文幸福课程的开发与实施，完成从"要我学—我要学—我学会—我会学"这一重大转变，不断提升学生的语文素养，人人感受和体验学习与成长的幸福。提升教师专业水平，掌握国家课程校本化实施的内涵，突出学校特色。

（2）学生发展目标

第一，课前：借助"导学提纲"这一拐杖，学会自主预习。

第二，课中：有了自学的基础，积极参与朗读感悟、观点碰撞、自由表达、角色表演等，成为学习的小主人。

第三，课后：①利用《诗韵留香》读本，在听、看、读、抄、讲中博闻强记，参与各项展示，润泽经典；②利用语言、图画、摄影、纸艺作品等表达自己的幸福体验，与他人分享幸福。

（3）教师发展目标

使教师及时转变观念，更新知识，具有比较厚实的文化素养和创造性地理解、使用教材的能力以及积极开发课程资源，灵活运用多种教学策略的能力和科研能力。在实践中理解和运用课程理论，实现角色转变，具备科学的课程意识、娴熟的课程开发艺术、精诚合作的精神，促进专业水平的提高。

（4）学校发展目标

探索"读—说—悟—议—练"语文幸福课堂教学模式，营造阅读经典诗书的良好环境，利用诵读教学活动的优势，促进学校幸福文化特色的形成，提高办学质量，提升办学品位，打造幸福品牌。

二　成果的意义与价值

扎实开展研究，为幸福教育的践行助力。

促进学习方式的转变。语文课堂教学重视学生个体生命存在的意义，学生学习的过程是自主建构的过程，也是一个生命成长的过程。构建幸福的语文课堂，促进学生自主、全面、和谐、健康的发展。

提高教师研究的能力。幸福课堂教学要求传统的教学向交往互动开放的教学转变，通过构建幸福课堂，促进教师教学行为的转变和专业能力的提高。

引领区域教学的方向。通过现场会、校际交流等形式，分享成果，进一步推进区域的课堂教学有效性的实施。

师生悦享教育的幸福。在学生的心灵里点亮幸福的灯盏，用崭新的理念、饱满的激情、无穷的智慧，彰显生命的尊严与价值。教师在成就学生的同时发展自我，在师生幸福成长的过程中推进学校的可持续发展。

三　有效的经验和做法

课题研究过程中，学校重视规划引领，扎实有序推进，一步步走出了教科研的轨迹。

（一）"三步走"课题规划，引领研究

在重点研究了"主题阅读"大单元教学、"读—说—悟—议—练"语文

阅读教学模式经验成果后，课题组形成了三步走的发展规划。

第一步：以语文教材单元主题为主线，围绕主题向外扩展，整体规划经典诵读、课内外阅读与习作、整本书阅读的内容，打通课内课外的联系，实现单元主题统整下的内容整合。

第二步：以"大单元整体教学""读—说—悟—议—练"语文生本课堂模式为主要框架，兼取新教育"晨诵""童心悦读"等成果的理念策略，实现教法体系的整合。

第三步：在内容整合、教法整合的基础上，进一步细化课程目标，调整课程评价体系，构建"读写诵一体化"的语文课程目标体系、评价体系。

随着课程整合实践的逐步深入，由总体目标向具体目标建构过渡，依据新的内容架构，细化各年级、各领域实施目标，形成完整的目标体系；逐步探索形成各年级、各领域评价思路，确定具体观测点，细化评价标准，完善评价方法策略，构建完整的评价体系（见图2）。

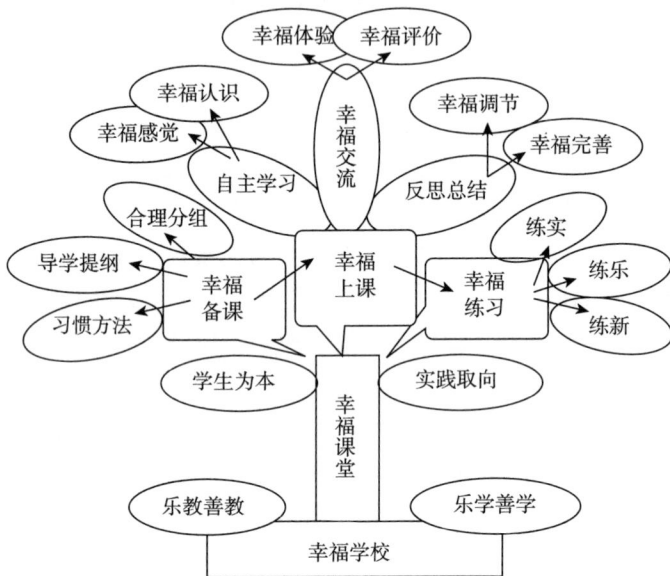

图 2　幸福学校评价体系

（二）"四重点"做实研究，注重深度

1. 年段计划循序渐进，实现梯级发展

"三线一体化"语文课程的整合，要求五个年级段分别根据《语文课程标准》第一、二、三学段阅读、写话、习作阶段目标，制定自己的实践目标、

训练内容、指导方法。各年级段教学关注问题示意见图 3。

在训练内容层面，课堂教学引导、课外阅读借鉴、社会生活练笔三管齐下，年级间统筹兼顾、循序渐进，梯级发展。

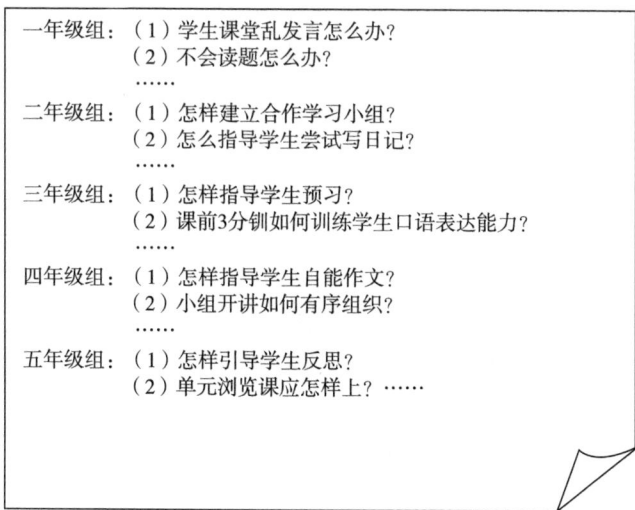

一年级组：（1）学生课堂乱发言怎么办？
　　　　　（2）不会读题怎么办？
　　　　　……
二年级组：（1）怎样建立合作学习小组？
　　　　　（2）怎么指导学生尝试写日记？
　　　　　……
三年级组：（1）怎样指导学生预习？
　　　　　（2）课前3分钟如何训练学生口语表达能力？
四年级组：（1）怎样指导学生自能作文？
　　　　　（2）小组开讲如何有序组织？
　　　　　……
五年级组：（1）怎样引导学生反思？
　　　　　（2）单元浏览课应怎样上？……

图 3　各年级段教学关注问题示意

2. 课堂教学加强指导，训练写作方法

将习作教学贯穿于整个语文教学过程中，在语文课中渗透习作指导，卓有成效地提高学生运用语言文字进行表达和交流的能力。

（1）低年级：以说促写，提前起步

低年级的课文内容丰富，图文并茂。老师们在课堂上进行语言的训练，拿课文做例子，培养学生的说话能力。在说话的基础上练习写话，为学生的写作铺路搭桥。

读写结合经常采用的方法有激发兴趣，模仿写话；利用插图，指导写话；把握特点，分类写话；放飞想象，自主写话。在老师的精心指导下，每个孩子都能写出富有童趣的作品。

（2）中年级：由段入手，扎实训练

到了中年级，老师们在课堂上指导学生认真阅读，仔细领悟课文中精美文段的具体表达方式方法，边学边练、讲练结合。通过仿写文章结构，改写故事经过，续写故事结尾等多种办法扎实训练，促使学生的写作能力由量变到质变。

（3）高年级：研读文本，学习写法

高年级的作文教学，鼓励学生大胆尝试，自由表达；引导学生把阅读课堂上习得的方法学以致用，激发学生潜在的想象力和创造力，引领学生个性化发展，让他们大胆、自如，有特色、有创意地表达。

3. 课外阅读广泛涉猎，丰富写作语言

"1+1+1" 三线一体化语文幸福课程整合的研究，重在激发学生广泛的阅读兴趣，教给学生阅读方法，做到"得法于课内，得益乃至成长于课外"。课外，老师带领学生欣赏品味精彩片段，体悟写法，并定期组织学生展开讨论，交流读书方法和收获。

（1）低年级：多向共读，激发兴趣

低年级的老师为了让学生从一入学就爱上阅读，开展了儿童阶梯阅读实验，带着学生多向共读，过一种幸福完整的教育生活。根据儿童的年龄特征，有针对性地精选篇目，进行师生共读，彼此间有了共同的语言。

为了让学生把萌芽状态的阅读兴趣持续下去，老师们还动员家长配合。给家长上亲子共读指导课，指导家长如何开展亲子共读。让家长与孩子拥有共同的语言密码，亲情更加牢固。

（2）中年级：广泛阅读，规范习惯

在广泛阅读的基础上，我们倡导"不动笔墨不读书"。培养学生养成记读书笔记的习惯，规范读书笔记的格式。

①"摘抄式"：摘抄精彩词语、句段。要求学生每人准备一个摘抄本，在读的过程中，对其精彩的词句、段落进行摘抄，为写作积累素材，以便出口成章。

②"心得式"：读有所思，读有所获，写出读后感。读完一本书之后，倡导学生写出读后感，这是十分有效的写作训练途径。

（3）高年级：深度阅读，注重感悟

根据单元进度向学生推荐一些有利于成长的书籍，并把课外阅读推广到家庭。通过多种方式与家长交流、沟通，让家长认识到阅读的重要性。指导学生和家长一起订阅读计划，并开展亲子共读征文，举办亲子共读交流会。

阅读的过程是孩子们不断亲近经典、滋养心灵的过程，是了解民族文化历史的过程，是引领他们寻找民族之根的过程。像这样一层层地引导学生有序地进行阅读，一定会为他们的一生打下坚实的基础。

4. 社会生活积极参与，积累写作素材

教育家陶行知先生曾指出："作文是生活的一部分，它离不开生活。"我们主张作文生活化，生活作文化。教师结合年级的实践计划，引导学生树立"生活即课堂"的观念，调动学生观察、思考和练笔的积极性。引导学生留心观察，积累素材，用自己的语言将体验表达出来。

（1）学会观察生活，多发现

生活是作文的矿藏，取之不尽，用之不竭。生活中有许多美好的事物、情境，美好的人物、心灵，它们自然而然地唤起学生对美的期待和向往。

在体验中，孩子们慢慢认识到，作文就是用自己的眼睛洞察生活中的点点滴滴。

（2）参与实践活动，有体验

为了丰厚学生的生活积淀，我们想方设法拓展学生的生活空间，丰富学生生活，带他们去创造生活、体验生活、感受生活，从而开辟作文创作的源泉。

每一次活动，都是一次难忘的记忆，也是一段精彩的人生旅程。“经历即文章”，学生在实践活动中开阔了视野，体验到了成功的快乐，激发了写作灵感。

（3）感悟反思生活，勤练笔

教育家陶行知说：“作文即做人。”我们引导学生不仅要观察生活，记录生活，而且要冷静思考，学会反思感悟。我们经常引导学生反思自己的一言一行，及时梳理自己的经历，学写生活随笔。把自己经历的印象深刻的事情记录下来，加上自己的反思感悟，既锻炼了写作能力，又提高了个人修养。作文的目的不只是锤炼表达能力，更重要的是让学生在作文训练过程中学会做人。

借助“在纸艺实践活动中培养小学生口语表达能力”小专题研究，提升学生的口语表达、写作能力。说说制作过程，讲讲作品内容，互相进行评价，在这一过程中孩子充分品尝到了参与、体验、表达的幸福。班级、橱窗、实践室里作品的展示，学生体验到的是创造的幸福。

通过举办“秀秀我的微幸福”的小组开讲、纸艺作品、绘画作品、摄影作品等展评活动，孩子能充分感悟到幸福是一种心态，是一种体验，幸福无处不在。

三 取得的实效

随着课题研究的步步深入，明晰了课程开发实施的路径，欣喜地看到教师、学生、学校方方面面都发生了很大变化。

1. 幸福课程的实施路径日渐清晰

调查访谈、实践积累、选择提炼、凝练经验、实践运用和评价完善。

2. 幸福教师的科研能力得以提升

①构建了课堂教学模式，得以在区域推广。"读—说—悟—议—练"语文阅读教学模式、"前中后三段自能作文"教学模式流程和具体方法得以在区域内推广。②开发了系列导学提纲、《诗韵留香》等系列校本教材，利于课题的实践。③汇编了《幸福作业 我的最爱》《幸福课堂——基于幸福教育理念的课堂实践探索》系列资料，记录实验的足迹。

3. 幸福学子的语文素养大大提高

①学习行为在改变。小组合作学习，人人参与，个个发展，合作学习的流程模式建构完成。②人文底蕴在厚实。学生积极参与丰富多彩的经典诵读活动，在优秀传统文化的滋养和浸润下，陶冶了情操，也形成了素养。

4. 幸福学校的办学品位上档升级

"1＋1＋1"三线一体化语文幸福课程开发与实施的研究，大大促进了学校办学水平的上档升级，也赢得社会和家长的普遍关注，从而形成了人人关心教育、关爱学生，个个支持并主动参与学校教育的良好局面。

2011 年以来，荣成市幸福街小学先后获得"全国新教育实验优秀实验学校""山东省十佳课题实施学校""威海市首批特色学校""荣成市教育质量先进单位"等 30 多项殊荣，立项的"幸福教育的实践研究"等 11 省市级课题结题，40 多项课题成果获威海市年度教科研成果、重大课题研究成果奖励，20 多人次在国家、省、市级课题会议上交流，承办了 6 次大型教科研会议，500 多节课被评为优质课、公开课，60 多项课程资源、优课获省市级奖励，30 多篇论文在国家、省市级报纸、杂志发表，出版了《诗意校园 放飞梦想》《幸福课堂——幸福教育理念的课堂教学实践探索》《常态课优质化的实践探索》《"三线一体化"小学语文课程整合的实践探索》4 本专著。在师生幸福成长的过程中，也推进了学校的可持续发展。2015《山东教育》第 6 期，头版两万多字的篇幅对荣成市幸福街小学幸福教育特色实施情况做了专题报道。学校内涵不断发展，赢得家长、社会各界的一致好评，连续多年被评为教育质量先进单位，幸福教育品牌正逐步凸显。

（作者单位：荣成市幸福街小学 课题组成员：李淑琴
刘景萍 孙文壮 柯艳艳）

"邻避冲突"中的议程设置

——基于 R 市的实证研究

张　乐　童　星

一　问题的提出与相关文献

当前，与中国快速城镇化如影随形的"邻避行动（Not in My Backyard，NIMBY）"越来越引起了人们的注意。所谓"邻避"意指一种产生效益为全体社会所共享，负外部效果却由附近的民众来承担的设施，当这些公共服务设施的影响达到一定程度或人们认知程度提升，从而造成当地民众的抗拒心态与反对行动。近几年，多地的 PX 事件、居民反对建立垃圾处理厂事件、居民反核电站修建事件等都属于典型的"邻避行动"。"邻避冲突"严重时会影响城市基建项目的建设进度，进而影响到经济发展和人民生活质量的提升。治理"邻避冲突"已经成为学术界和政府决策部门刻不容缓的任务。说到底，建设某些邻避设施时要不要征求民意，在哪里修建最合适，公共利益与附近居民的局部利益产生冲突时又该如何协调等问题都属于公共政策的范畴。在公共政策领域，人们更加关注政策的制定与实效却经常忽略议程设置阶段的重要性，使许多政策的制定缺乏广泛的民意基础，在执行中则是困难重重，实际效果不佳。诚如巴查赫等在《权力的两方面》一文中指出的那样：前决策过程在很大程度上仍然是一个未知的"黑箱"，……能否影响决策过程固然是权力的一面，能否影响议事日程的设置则是权力更重要的另一面。托马斯·戴伊也认为，决定哪些问题将成为政策问题甚至比决定哪些将成为解决方案还要重要。正是基于对政策议程设置重要性的认识，越来越多的研究者加入了讨论，相关理论视角可分为三类。

一是政策过程理论。该研究视角指出，通常情况下一个公共问题引发公共政策的产生要经过一般性的公众议程、媒体议程、机构议程几个阶段，最后经过行政官僚及其智囊的推动而导出政府议程。国内的研究者借用政策过程的类型学划分，结合当代中国政治背景与公共政策特征，着重开展了中国化的政策议程设置模式研究与理论建构。

二是议程设置的多元理论。与过分强调理性化的政策过程理论不同，科恩认为，政策议程并不是预先设计的结果，而是问题、解决方案、参与者及其资源在"垃圾桶"中随机混合后的产物。金登的多源流理论指出，政治系统中存在着问题、政治和政策三种源流，在某些特殊时间点上三种源流恰好匹配，形成"政策之窗"，使政策议题进入决策议程，从而开启政策过程。众多国内研究者或将其直接运用来探讨中国特定领域的政策议程设置，或进行本土化改进以增强对中国公共政策议程设置过程的解释力。

三是议程触发理论。安德森将那些引导和促使社会问题成为政策问题的事件称为"扳机触发器"，主要由自然灾害、意外的人为事件等内部触发器和国际冲突、国际政治变动等外部触发器构成。格斯顿指出，在政治过程的背景中，触发机制就是一个重要的事件，该事件把例行的日常问题转化成一种普遍共有的、消极的公众反应。国内的相关研究沿袭触发理论的思路，探讨了当代中国的公共政策的形成机制，尤其是对政策议程设置的压力来源、催化方式、触发途径以及议程动员等内容开展了许多有价值的研究。

整体上看，以往的研究成果比较多的从宏观层面概括出了特定时期政策议程设置活动的总体特征和一般规律。研究者经常使用现时性的视角对政策议程的设置过程进行解释。但是这些研究面对中国越来越多的"邻避冲突"现象还是缺乏历时性的动态分析，未能深入"邻避行动"的个案之中说明某一群体的具体困扰是怎么演变成公共问题又是如何触发政策议程的。本文将从公共政策过程的角度，立足国内 R 市"核电站选址"事例，使用历时性的分析方法阐释"邻避冲突"中的议程设置过程，以期为类似的公共决策提供有益的理论支持。

二　议程设置的过程与机制

（一）核能政策垄断与"混合式"议程设置

一般性的议程设置过程大多源自一些日益严重的社会问题，这些问题被公众或者媒体建构为议程话题。但是，在"邻避冲突"的议程设置里，新议程发起的原因更多的是来自之前的一些公共政策，这些政策要么已经实施许久，要么处在准备实施的阶段。被公众诟病的政策大多是在闭合的垄断系统内制定，往往缺乏民意基础，因此在新形势下更容易导致冲突。

中华人民共和国成立之初，中国的军事和民用核能项目的决策过程完全是按照"闭门拍板"的形式进行，核能的军事和民用议程都是被上升到国家安全、大国地位的高度加以设置的。所谓"闭门拍板"议程设置，就是由政治领袖或权力精英作为议程的提出者，在决策层内部直接建立正式议程，议程提出者和决策者都是政府高层精英。改革开放后，中国的核能政策逐步由"闭门拍板"向"闭门拍板"与"内参推动"相结合的模式演变。核能战略由"军事为主"变为"军民并进，保军转民"，民用核电站的建设被提上议事日程。这一时期中国坚持"自主研发，中外合作"的思路，军方研究机构、国立科研院所甚至是国外的核电专家纷纷参与到了国内民用核电站的决策中来。我们将其称之为"混合模式"。在该模式中，多个科研单位的核能发展的计划方案分别递交中央审查，而方案被采纳与否主要依赖于最高决策者的"拍板"。精英智囊与政府高层都不希望所讨论的问题变成公众议程，相关议程设置过程中只有智囊与决策者的互动。

政府及其技术精英的政策垄断还表现在政府对自己提出的议程所进行的社会动员上。一旦政府官员和技术精英预见（或者实际遭遇）公众对他们设定好的议程提出异议的时候，就会发起针对该议程的"社会动员"。本案例中，为了给核电项目上马争取更广泛的民意支持，对于那些坚定的"反核人士"，政府使用的是言论压制，而对普通公众则采取正面宣传。依靠宣传部门在人力、物力上的优势，R 市核电"筹建处"印制了大批挂历和宣传品在街头散发，地方电视台反复播放核电宣传片，同时在 R 市举办核电科普知识展览，并组织人员在《光明日报》和《科技日报》先后发表报道核电的正面文章。其间，R 市核电筹备处还组织拟定厂址周围的村民代表实地参观浙江省秦山核电站的厂房和安全防护设施。村民代表看到真实的核电站及其运行状况，对于之前的安全疑虑大为减少。此外，地方政府还打"经济牌"，给老百姓展示核电项目带来的可预期的经济收益。如果说核电站的建设有国家信用做保证，核电专家的科学承诺和其他核电企业的安全示范打消了原住居民的心理抵触的话，那么"算经济账"的宣传则成为周边村民认同核电发展的现实动因。决策者千方百计地宣传该议程实施的意义和所带来的收益，从而吸引公众的兴趣，努力争取他们对该议程的支持。

可见，中国早期的核能政策议程设置是"内敛"的，这导致整个政策过程的闭合与垄断。当然，这种垄断并非一成不变，而会根据需要做出适当的调整，让政府议程设置的模式变得更加复杂。这一变化被研究者称为"政策决策转型"，即从原来的行政精英垄断决策过程的模式，逐步向社会精英参与决策过程的模式转变。但是无论如何变化，政府主导议程设置乃至整个政策过程的意图依旧非常明显，控制和垄断政策议程的目标并没有发生根本性转变。

（二）公众议程的发起与新议程形象的建立

R市核电站备选厂址是在 1983 年确定的，直到 2006 年 H 核电站筹备处的成立才意味着该核电项目议程在搁置 20 多年后被政府重启。可是，地方政府在核电项目搁置期间发展度假旅游业，厂址周边地区的人口密度也因此大为提高。这意味着它作为备选厂址的基本条件已经不完全达标。由于之前的政策垄断惯性，政府部门并没有在该议程的合理性方面进行重新论证，更没有征询民意。故而重启备选厂址、兴建核电站的议程一经开启，马上招致核电站选址附近居民的抵制。为了同"拥核"的政府议程相对抗，民间群体针对该核电项目设置新的公众议程——反核议程。

反核新议程设置的第一步是界定问题。如何将自己小群体的困扰表达出来，引起政府官员的注意，让政府部门承认问题的严重性，这是公众议程启动的必要步骤。如果问题上不了议程，也就无从考虑采取行动。在做出一项政策选择之前，问题首先必须得到承认。得知度假区附近要修建核电站，反核人士最初把它界定为"超级核污染"。据此，几个积极反核的骨干连续在网络论坛发了几篇核电站是巨大污染源的帖子，被官方网站的新闻管理员斥责为不懂科学，帖子也屡遭删除。后来，更多的房产业主把将要修建核电站的政府议程当作一个损害其经济利益的"馊主意"，认为修建核电站将影响自己所购房产的保值增值。不过这样的问题界定方式并不能引起其他人的同情，还被官方和无直接利益相关者冠"不顾全大局的自私自利的炒房客"。无奈，反核积极分子改变了策略，他们不说"反核"，只讲"无核"；少说核电利弊的普遍性问题，只强调R市选址的特殊性问题；少说核电安全的技术性问题，只强调选址不当的社会性问题。当反核业主对议程问题界定不清的时候，一个名为"DH环保公社"的NGO向其伸出了援手。外地购房者与环保组织得以结成暂时性的反核联盟，环保NGO为反核提供了环保知识等智力支持，又将修建核电站问题的严重性上升到环境污染和破坏海洋生态的高度加以界定。

反核议程的发起还需要重新建立关于该问题的"议程形象"，即一个有别于原来政策的公众认知。无论社会的哪个层面都不会无缘无故地同意某一项议程，该议程的确立需要得到社会其他成员的理解和认知，在这个基础上才有可能去争取更多人同意议程发起者的诉求和主张。在核电政策垄断阶段，政府、核电企业一方已经建立起了有关核能利用的正面形象——高效、清洁、质优、价廉。这样做给核能带来了社会美誉度，特别是中国的核电站到目前为止从未发生过重大事故，安全运行的经验似乎比其他说辞更能打动公众的心。为了建立核能的负面社会评价，反核议程设置者使用简单通俗、具有象征性的语言来解释自己议程创建的目标和主要内容，同时尽量"抹黑"原有政策的形象，将其归入不合时宜的形象谱系中去。同样地，反核人士也是从经验观察和社会评价两个方面反驳核能的固有形象。在经验方面，反对方使用国外核事故的例子，暗示人们应该明白国内的核电站过去和现在没有核事故不代表将来不会发生核事故。他们从核电项目的低概率高风险性入手，逐一列举核电站一旦发生事故所导致的巨大破坏性以及核电站正常运转时所产生的看不见的辐射可能诱发的恶性疾病等风险。把核电站与辐射、疾病联系在一起，增强了对核能负面形象的渲染与描绘。

（三）议程议定场所的选择与管辖权的争夺

利益相关者界定问题并不能保证这个问题会自动成为政策议程。在政府垄断议程设置时，民间发起的新议程必须选择好议程设置的场所才有可能最终将问题清晰地呈现给政策的制定者。议题在哪里讨论以及谁（哪些集团、机构或者场域）拥有更大的管辖权等问题，将成为某些特定议程能否成功被设置的关键。社会中存在的一些机构和集团，甚至是互联网空间中的特定"场域"，都拥有相关议程决策的管辖权，它们就是议程的议定场所（policy venue）。有时某些议程会被一个单一机构管辖，而在其他情况下，同一个议程可能同时归属不同的机构（场所）管辖。在中国，国务院享有核能发展的最高决策权；国家发展和改革委员会及国家能源局负责核电管理，拟订核电发展规划、准入条件、技术标准并组织实施，提出核电布局和核能项目审核意见以及核事故应急管理等工作；环保部及核安全局则受国务院委托对重大核能项目发展规划进行环境影响评价，提出有关环境影响方面的意见，按国家规定审批核项目的环境影响评价文件，并对核设施安全、辐射安全及辐射环境保护工作实行统一的监督管理；中国核工业集团公司等央企是目前国内核电的主要投资方、核电技术开发主体、核电设计及工程总承包商、核电运行技术服务商和核电站出口商。国家层面的制度化议定场所的结构特征在地方同样存在，地方政府会比对中央建立自己的政策管辖系统。

一项重大核能决策肯定会涉及中央部委、央企和地方各级政府及其职能部门，使该议程的制度化议定场所的构成无比复杂，它们之间的关系也呈现出多样态。这种多层级、复杂程度高的制度化场所的结构化特征，对民间发起的反核议程的裁量和管辖也容易出现不一致，甚至是"争权"的局面。由于反核群体将核电站的建设界定为环境污染和事故风险问题，所以他们首先将自己的议程主张提交给各级环保部门。反核积极分子通过去信、邮寄（图片和视频）资料以及直接到国家环保部"上访"等方式，反映地方政府在备选厂址已进行"三通一平"的准备工作。这些努力得到了官方的回应。环保部（及原国家环保总局）在其官方网站上发布了一则通知，要求"任何地方在核电厂址选择安全分析报告和环境影响评价报告批准前，不得擅自开工建设，不得开展核电厂拟选厂址范围内准备工作"。环保部的表态让 R 市政府极为尴尬与被动。与此同时，地方宣传部门也将反核群体的网络言论转给了 H 核电站筹备处，他们的工作人员约谈了反核积极分子，试图扭转不利的局面。但是由地方政府主导的听证会、公众意见征询活动没有得到反核群体的认可，他们继续向国家发改委、环保部、国家信访局等部委反映问题。后来，国务院正式颁布《核电中长期发展规划（2005～2020 年）》，R 市 H 核电站选址被标注为"需要进一步研究的厂址"。为了打消中央的疑虑，R 市政府在国家规划颁布的一个月后公布了自己的《H 核电站环境影响评价公众参与信息二号公告》和《H 核电厂 1、2 号机组环境影响报告书》，试图用合法的程序树立自己的管辖权威。又隔了一个月，环保部在其官方网站上发表了一个声明："目前为止，H 核电项目并未向环保部提出申请。环保部欢迎相关人士通过正常渠道反映意见。"在环保部发表声明的 4 天后，国家核安全局相关负责人专程来到 R 市，现场调查并听取民意。H 核电站承建方的中核集团公司也不得不发表声明，解释 H 核电站的争议风波，声称中核集团仅在当地设了一个筹备处进行前期的调查、评审等准备工作，现在也只是做了一些平整土地的工作，还没有进入审批程序。至此，核电央企与地方政府扩张核电的议程得到了暂时性的抑制，反核议程有了新的转机。

上述议定场所间的互动过程展现的问题表明，我国现行的法律法规没有清晰地规定核电站规划和建设中"邻避冲突"的问题必须在哪一个议定场所讨论，也没有规定某一个场所对"核邻避"议程拥有绝对的管辖权。不同的场所对于该"核邻避"议程的解释和宣称会有所差异，甚至出现管辖权冲突的现象，这就给民间反核议程的设置创造了机会。他们逐步明白，提出问题并讨论议程的权力不会自动分配给特定的议程议定场所，相反，反核议程被安排进入一个制度化的议定场所之中往往需要自己的不懈努力。那些具有策略和眼光的反核积极分子选择和转换场所来阐释自己的诉求，参与议程设置的各方都试图操纵能处理自身议程的场所的理解，并努力地影响那些对议程具有管辖权的机构，为议程变成政策铺平道路。

（四）议程的扩张与政策垄断的破坏

由小群体发起的新议程如果仅仅限于自身能力所及的范围，就很难打破政府对政策的垄断。议程必须被扩张，让其他个人、群体和组织知晓该议程，努力把小群体困扰变成公共问题。戴伊认为，政策问题不只是"发生"的，制造出问题，给以戏剧性的夸大，引起人们的注意，给政府施加压力解决此问题，这些都是议程设置的重要策略。毕竟，公共政策程序的设定离不开"公众的敏锐嗅觉、主动参与和大声呼吁"，因为这样可能更好地发挥公众的认同和提示作用。另外，议程的扩张过程也是议程议定场所（尤其是非制度化场所）发挥影响力的过程，其中必然包含参与各方在价值偏好的指导下展开的"注意力"的争夺活动。

考虑到政府、核电企业在制度化的议程议定场所里占有绝对的优势，反核群体的骨干分子决定不再单纯地向各级政府部门反映诉求，而是到各大网络论坛发表自己的观点。国内几个主要的门户网站的论坛都有他们的言论帖子。这些"反核"言论也引起了大众传媒的注意，国内一家经济类报纸较早地关注到 R 市的反核事件，该报记者采访了"核邻避"的参与者与资深核电专家。报道中引述了省内核电专家的观点，认为"人们对核电的担心主要是不了解所致，……附近居民没有必要杞人忧天"。"拥核"专家的言论引发了其他传媒的关注，它们纷纷针对此事件给予多视角的解读。如《中国经济时报》针对上述"专家释疑"回应了一篇《应珍视百姓对核电的杞人忧天》的评论，提出政府要认真对待反核民众的公民意识，并提醒某些专家的精英言论不利于形成社会信任。大众传媒对核能议程的建构作用在日本"3·11 大地震"期间发挥得淋漓尽致。各类媒体全程跟踪报道日本核事故，结果由地震海啸引发的核事故以最快的速度被公众知晓，大众传媒和自媒体的交互效应在太平洋两岸居民的"抢盐狂潮"中达到顶峰，公众的反核情绪高涨，核电的高风险的负面形象迅速被构建了起来。

可见，传媒虽不可能完全左右大众"如何想问题"，却可以轻易对"大众关心什么问题"指手画脚，从而在一定时期制造出焦点来吸引公众的注意力。

注意力是一种极为短缺的资源，倘若该"注意力"与特定时期公众关切内容相关，那么，媒体议程就具有可以转化为公共议程的潜力，甚至可以转变为政策议程。麦库姆斯总结道："这种影响各种话题在公众议程上的显要性的能力被称作新闻媒介的议程设置作用。"公众议程和媒体议程的交织作用推动着政策议程的形成，也逐渐打破了政府对议程的垄断局面。反核群体凭借互联网的技术特性，扩张他们的影响范围，导致社会中的其他群体、集团对反核议题注意力的增加。大众传媒（以外省和境外为主）及时加入注意力的争夺之中，运用媒体先天的议程设置优势，将"反核与拥核"的事件所折射出的政策合法性和公民权益维护等问题加以放大。随着议程的不断扩张，原有核能政策所存在的问题被凸显出来，议程管辖的天平渐渐向反核群体一方倾斜。整个社会对于核电站选址与修建决策的评价变得负面起来，核能固有的形象随之受到了影响，从正面开始转为负面。最终，政府对核能相关政策的垄断也被打破。

（五）"机会之窗"与"焦点触发"

随着议程的扩张，小群体的"邻避"主张已经被足够多的其他场域的公众了解。公众议程加上各种媒体议程，其合力效应巨大，要求改变核能政策的社会舆论压力已经形成。这时，自下而上的公众议程和媒体议程向政府议程转化的可能性不断增加。金登用"机会之窗"来比喻这个时间点，他认为当社会中的某个问题变得越来越紧迫时，关于解决该问题的方案也日渐明朗且可行，两者又与有利的政治力量相结合，这个时间点就是"机会之窗"。"机会之窗"不会自动打开，它有赖于多种因素的混合与交汇。在众多因素中，焦点事件的影响最为明显。格斯顿认为，一个焦点事件越是能从范围、强度和触发时间上体现出某个公众议程的重要性和紧迫性，该议程就越是可能得到政策制定者的重视与回应。焦点事件的出现会打破既有的政策垄断与政治力量的平衡，在短时间内形成压倒性的社会舆论。

本次"核邻避"事件的发展走向正是如此。在"拥核"议程与"反核"议程相持不下的时候，2011年3月11日的一场突如其来的重大事件彻底改变了议程设置各方力量的对比。日本福岛核事故震惊了全世界，作为日本的近邻，中国的核能扩张的步伐也就此停歇。福岛核事故正是一个"触发器"，它对中国所有与核电站相关的议程的影响极其深远。它具有作为议程设置触发机制的三个明显特征。

其一是影响范围大。日本福岛核事故最终被国际原子能机构评定为最严重的 7 级核事故,该事故不仅终止了日本的所有核电站的运行,还致使世界主要有核国家都重新评估各自的核能政策,包括美国、中国、德国在内的大国纷纷采取最严格的措施检查运行中的核电站的安全系统。中国国务院还专门发文件要求暂停一切核电站的审批。

其二是作用强度高。福岛核事故导致的严重核泄漏的影响强度远远超出了公众和政府的心理承受能力。日本官方公布的每日外泄放射性物质是正常水平的几万倍甚至十几万倍。这些高剂量的放射性物质影响到了空气质量、饮水安全、海洋水产、动植物生长等各个方面,重创了日本及周边国家的农业、水产经济,甚至在太平洋两岸引发"抢盐狂潮",这是公众高度核恐慌的集中爆发。

其三是触发时间急促。严重的核事故在瞬间发生,通过现代化的新闻手段被迅速传播给全世界的观众。包括国内核能政策决策者在内的中国人几乎是第一时间感知到了核事故的巨大威胁,重新审视中国核能的安全性和扩张政策的议程马上被中央政府采纳。

日本福岛核事故之后,中国政府先后公布了《关于全国民用核设施综合安全检查情况的报告》《核安全与放射性污染防治"十二五"规划及 2020 年远景目标》,极其谨慎地重启了部分在建核电站项目,但终止了新的核电项目的审批,R 市的核电站申请被否决,在 R 市所在的 S 省《国民经济和社会发展"十二五"规划》中已找不到任何 H 核电站的文字描述。

四 结论与讨论

(一) 议程设置中的主要阻碍因素

通过本文的分析,我们可以发现"邻避"议程设置的过程不是一片坦途,其中存在几个显著的障碍。

来自政府方面的阻碍主要表现在体制和机制方面。一方面,决策体系的垄断与分割同时并存。虽然 30 多年来中国的决策体制有了很大的进步和改善,但精英主义的政策价值观没有改变,自上而下的决策惯性依然强大,而政策垄断恰恰是造成国家与社会发生冲突的主要根源。另一方面,最高决策层不能对政策过程进行全面控制,决策权为纵向和横向均高度分割的部门和机构所共享,决策过程充满了不同部门之间的竞争与冲突,使许多事关重大的决策不得不依赖于部门之间重复的博弈和协商。这种政府政策系统的分割状况严重影响到决策的效率，其在处理民间议程时要么是以"不决策"的方式予以忽略和拖延，要么是各个制度化的议程议定场所对社会性议题反应步调不一致，行动迟缓。

来自公众方面的阻碍主要是其在参与和主导议程设置的能力上存在缺憾。发起"邻避行动"的群体很多时候凭借的是自身的情感冲动和价值诉求，其设置议程并提出备选政策方案的能力明显不足，"不要在我家后院"式的本能冲动所导致的议题设置的理由不够充足，自身利益驱使下的某些过激的表达方式更使整个"邻避"议程设置过程略显无序和混乱。从更大的范围来说，并非所有的公众都对"邻避"议程感兴趣，他们的参与热情和参与深度具有不稳定的特性。

来自大众媒体方面的阻碍主要是他们对议程话语权的操作和过度的风险放大。媒体对议程设置有自身职业化的理解，"吸引眼球"的目标让媒体不能不对某些事件做"技术处理"。本地媒体充当地方政府的"喉舌"，为政府政策的垄断和社会动员摇旗呐喊；外地媒体则因此事不关己，大挖新闻事件背后的"真相"，意欲操纵议程话语权。媒体在议程的焦点触发阶段对事故风险的集中报道，虽然对议程的快速发酵并上升到政府议程层面起了推波助澜的作用，但长时间、高强度的信息加工和传播也无形中放大了风险，造成了不必要的社会恐慌。

（二）优化议程设置的可能性路径

首先，加强议程开启和沟通的制度化机制建设。鉴于现有的政策垄断状况不利于各方利益的充分表达，公众议程的开启更需要一个制度化的保障。在某些涉及国民经济发展和民生利益的议题上，政府必须一改以往被动等待民间议程的自下而上的启动模式，尽快在基层建立广泛的民意收集、分析和反馈机构，变被动为主动。将日常的信访制度、公共项目建设的社会稳定风险评估和环境影响评价机制与特定状态下的听证制度、应急管理预案结合起来，把这些制度做实、做细。在前政策阶段，要让议程设置过程从原有的制度化排斥转变为制度化吸纳，这样做既可以让政府回应民间议程时更加迅速，又可以让公众议程减少混乱，变得更加有序。

其次，建立和完善议程设定场所之间的统筹与协调机制。针对政府各个职能部门在议程处置和管辖权方面的条块分割弊端，现在急需在中央和地方建立一个类似"某某领导和协调小组"的机构，负责制定公众议程与政策议程互动机制方面的原则、方针和总体方案，统一部署全局性重大公共设施项目，协调处理跨地区、跨部门的重大公共政策问题，指导、推动、督促有关重要公共政策措施的组织与落实。在制度化和非制度化议程设定场所之间，政府要充分利用现代信息技术，将政府电子政务公开、微博问政等举措与互联网议程设置的功能紧密结合起来。既然公众借助互联网发起议程的模式不可阻挡，那么制度化议程设定场所对其单方面的压制、管控乃至刑罚威胁都是不可取的，政府必须为增加议程设定场所的开放性和包容性而不懈努力。

再次，培育公众在政策参与方面的能力。归根结底，要提升公众发现问题、界定问题、提出备选方案的能力。公众议程设置的能力建设要以理性、公共性和科学性为指导，提倡以对话而不是对抗的方式说明问题、阐明诉求。对那些距离邻避设施最近的公众来说，他们是邻避设施风险的直接承担者，其在界定议程上具有无可替代的发言权。然而，他们中的很多人受科学素养和问题意识所限，很难提出政策的备选方案。这就需要相关社会组织给予援助，尤其是由专家成员构成的 NGO 的加入将会大大提高公众议程设置的水平和备选方案的质量。从这个层面讲，只有市民社会得到培育和壮大，在个人和国家之间才能建立更大的缓冲地带，才能更好地协调彼此之间的利益，让公众议程和政府议程之间的互动和转化更加顺畅，"邻避冲突"的可能性才会大大减少。

［作者单位：山东大学（威海）］

韩国左翼政党式微原因之探析

焦 佩

韩国左翼政党宣称代表广大劳工阶级的根本利益，经济上抨击自由竞争至上的资本主义，力图全力解决失业问题和贫富分化问题；政治上主张实现平等基础上的民主自由，清算政治腐败和军事独裁；外交上反对封锁、制裁、孤立朝鲜，主张和平解决统一问题。这些主张顺应了冷战结束后的国际政治环境，在应对新自由主义的冲击和解决国内民生问题上开辟了新路。2008年受美国次贷危机影响，韩国经济低迷，贫富差距扩大，赤贫族和临时工大幅增加，社会主义理念被越来越多的民众接受，甚至在韩国国内掀起了马克思主义热。然而，左翼政党在韩国民众中的支持率远远不如预期所料，在国会选举中从未获得5%以上的议席，在总统选举中也从未获得5%以上的选票，甚至近年来还出现下降趋势。2014年12月，统合进步党更是被宣判"违宪"而强制解散。为什么韩国的劳工大众没有把选票投给代表自身利益的左翼政党？为什么致力于解决韩国民众最关心的失业和贫富分化问题的左翼政党反而人气低迷？为什么主张推进民主平等的左翼政党在急需深化民主主义的韩国却屡屡碰壁？为什么力主和平统一的韩国左翼政党在后冷战时代反遭边缘化？

一 韩国左翼政党式微的局面

韩国左翼政党建立于日本殖民时代，先追求民族独立，后致力于南北和平统一。因朝鲜战争和冷战而被非法化。直到1987年民主化初步实现，才重新活动，主要包括民主劳动党、进步新党、进步正义党、统合进步党、劳动党、正义党、绿色党等。近年来左翼政党的式微表现在国会、地方和总统三大选举中。

国会议席分布状况是衡量政党实力的关键指标。韩国国会共设 299 席左右，每四年举行一次选举，采用小选区和比例代表制两种方法。2004 年民主劳动党首次在国会选举中赢得 10 个席位，2008 年缩减为 5 席并有部分党员脱党成立进步新党，2012 年解散重组为统合进步党。2012 年统合进步党在国会选举中获得 13 席，同年有 7 席随进步正义党的成立而分裂出去，2014 年被判"违宪"而解散。2013 年进步新党和进步正义党分别重组改称"劳动党"和"正义党"，劳动党在国会中无议席，正义党因党员变化只剩 5 席。另外，绿色党虽在 2012 年成立，但因没有获得法定最低得票而被迫解散。

地方选举结果是衡量各政党实力的基础指标，特别是那些没有取得国会议席的政党，在地方选举中的表现直接关系生死存亡。韩国的地方选举每四年举行一次，包括广域自治团体长选举、广域自治团体议会选举、基础自治团体长选举和基础自治团体议会选举四个部分。迄今为止，左翼政党在广域自治团体长选举中仍无建树，在基础自治团体长选举、广域自治团体议会选举和基础自治团体议会选举中的成果也呈下降趋势。2010 年，民主劳动党分别获得 24 个广域自治团体议会议席、3 个基础自治团体长、115 个基础自治团体议会议席，进步新党分别获得 3 个广域自治团体议会议席和 22 个基础自治团体议会议席。这样，左翼政党共计获得 27 个广域自治团体议会议席、3 个基础自治团体长、137 个基础自治团体议会议席。2014 年，统合进步党分别获得 3 个广域自治团体议会议席和 34 个基础自治团体议会议席，劳动党分别获得 1 个广域自治团体议会议席和 6 个基础自治团体议会议席，正义党获得 11 个基础自治团体议会议席。这次，左翼政党共计获得 4 个广域自治团体议会议席和 51 个基础自治团体议会议席。比较来看，四年之间，左翼政党不仅没有在广域自治团体长选举中有所突破，而且在基础自治团体长选举中也从有到无，另外广域自治团体议会议席和基础自治团体议会议席还分别缩水 85% 和 63%。

虽然韩国左翼政党还没有竞争总统选举的能力，但是从参与程度和得票率的变化还是可以看出其实力变化趋势。韩国总统选举每五年举行一次，采取直选简单多数获胜制。2002 年，民主劳动党推荐权永吉为获选人，最终获得 3.9% 的选票，位列第三。2007 年，权永吉代表民主劳动党继续参选，最终获得 3.0% 的选票，位列第五。2012 年，统合进步党和进步正义党分别推出李正姬和沈相奵为候选人，但最终双双半途弃选。同年 11 月 26 日，沈相奵放弃候选人注册，转而支持民主统合党候选人文在寅。李正姬虽然按时进行候选人注册并参与包括电视辩论在内的一系列竞选活动，但是 12 月 17 日宣布弃权。

二 韩国左翼政党式微的理念原因

1. 理念表述过于超前

2002 年韩国社会科学数据中心着手制定符合韩国实际情况的国民理念量表，以"进步－保守"来区分国民理念。韩国左翼政党将其理念定位在"非常进步"的区间，与国民理念大都趋于"中道"的现实相左（见表1）。具体比较韩国左翼政党的各类主张和国民理念分布之间的差异，超前的特征更为明显。

表1 2002～2011 年韩国国民理念倾向变化趋势

单位：%

年份	非常保守	多少有点保守	中道	多少有点进步	非常进步
2002	6.0	37.9	30.4	23.2	2.6
2004	6.1	30.6	35.8	18.9	3.3
2006	8.3	27.9	47.7	13.0	3.4
2007	3.6	24.5	33.3	29.4	3.1
2011	2.9	21.9	41.3	25.9	2.4

资料来源：韩国社会科学数据中心，www.ksdcdb.kr/main.do。

在政治方面，左翼政党主张废除各种压制民主自由的法律，撤销一切滥用公权的国家机关。《国家保安法》和各种情报机关作为旧制度的代表，是左翼政党批判的焦点。民主劳动党在《党宪》中明确提出要废除《国家保安法》和国家情报院。在统合进步党的《党纲》中，《国家保安法》继续被视为反民主恶法的代表，与国情院和机务司等国家机关一同扮演侵害市民权利的角色。同样，劳动党和正义党也在《党纲》中把《国家保安法》列入反人权、反民主的范畴。然而，韩国国民对《国家保安法》存废的态度相当谨慎，不仅支持全面废除的比例从来没有超过10%，而且主张绝不废除的比例上升到20%左右（见表2）。

在经济社会方面，左翼政党主张通过民主的横向扩展，建立起完全平等的社会。据此，相继提出经济民主化、社会民主化、文化民主化、舆论民主化、科技民主化等诸多新概念。民主劳动党提出要建立以劳动者和民众为中心的民主经济体制，建立没有歧视的平等社会。统合进步党扩大反歧视的范围，例如将性别平等扩展为性平等，除男女平等外增加了性取向和性认知的平等，体现了一种在差异基础上对多样性的包容和认可。劳动党提出"学阀"概念，认为要建立平等的社会，就应该提高教育的公共性，用受教育者的自我实现来代替竞争。另外，左翼政党还主张民众广泛参与的文化民主化、舆论民主化和科技民主化，为此提出文化创造享有权、媒体接近权、科技发展决策参与权、生态共享权等一系列新概念。然而，在政治民主化都没有得以充分巩固的今天，如果说经济民主化还能引起民众普遍关注，那么讲社会民主化、文化民主化、舆论民主化、科技民主化就多少为时尚早。从国民理念调查问卷的内容来看，文化民主化、舆论民主化、科技民主化还没有被纳入调查范围（见表2）。

在国防外交方面，左翼政党主张和平统一和自主国防。民主劳动党在《党宪》中用了统一、外交、国防三个部分来阐述其相关理念，提出要实现自主、和平、民族对话协商的统一，要建立自主、互惠、平等的国际和平体系，要实现南北联合裁军，消除南北军事对峙，建立起以统一为目标的新型国防体制。统合进步党提出要建立通向自主平等的韩半岛民族统一体系。劳动党则提出，不仅要追求南北在进步体制下的统一，而且要打破以美国等大国为中心的国际秩序，建立和平合作的国际体系。正义党也用和平和共赢来描述其外交理念，认为和平是统一的基础，共赢是自主国防的方向。国防外交理念是左翼政党理念中最为充实和完善的部分。最初的左翼政党诞生在殖民地时代，独立建国后又面临南北分裂的局面，追求和平统一和自主国防是其一直以来的核心理念。特别是在保守政党也开始谈论经济民主化、绿色生态和社会安全网的当下，国防外交理念已经成为左翼政党区别于其他政党的显著特色。然而，近年来由于天安舰和延坪岛等事件，南北关系重新紧张，调查问卷中赞成或比较赞成无条件支援朝鲜的比例有所下降，相反赞成单向强化韩美同盟的比例有所上升（见表2）。

表2　2002～2011 年韩国国民理念调查结果

单位：%

问卷测量指标	年度	区分			
		全面废除	部分修正	因时而变	绝不废除
1.《国家保安法》的废存	2002	7.5	46.1	34.0	12.3
	2004	8.2	31.3	28.9	8.8

续表

问卷测量指标	年度	区分			
		全面废除	部分修正	因时而变	绝不废除
1.《国家保安法》的废存	2006	7.9	35.9	33.2	23.0
	2007	5.7	26.5	41.9	18.8
	2011	7.3	31.8	30.2	22.1
		非常赞成	大体赞成	大体反对	非常反对
2. 比起分配经济成果，政府应更关注经济增长	2002	34.3	34.6	22.5	8.6
	2004	29.7	39.2	16.7	9.0
	2006	25.8	52.9	15.4	5.9
	2007	35.8	38.7	15.6	5.0
	2011	15.2	48.4	24.9	4.5
3. 即使需要增税，政府也应提高对穷人的支援力度	2002	28.3	32.7	26.4	12.6
	2004	21.1	38.8	25.6	11.1
	2006	17.3	42.5	28.9	11.2
	2007	20.8	32.9	25.3	18.9
	2011	17.0	47.2	26.5	5.6
4. 应不考虑政治体制，只从民族角度出发尽可能多地支援朝鲜	2002	13.9	45.0	31.1	10.0
	2004	11.2	42.1	25.2	15.3
	2006	9.5	44.0	29.6	16.9
	2007	7.9	29.9	31.4	27.5
	2011	5.1	29.0	41.6	20.7
5. 在韩半岛安保相关的问题上，即便意见相左还是最好听从美国盟友的意见	2002	3.9	16.1	40.1	39.9
	2004	6.4	21.8	37.6	27.6
	2006	7.3	29.8	43.3	19.6
	2007	9.4	30.7	35.0	19.4
	2011	4.5	39.1	42.1	7.2

资料来源：韩国社会科学数据中心，www.ksdcdb.kr/main.do。

2. 缺乏可行性政策

韩国左翼政党的理念中只有很少的一部分转化为政策，其中具有实践可能性的政策更是少之又少。

总统选举是政党政策对决的主战场。2002年，民主劳动党候选人权永吉的竞选纲领主题是"平等的世界，自主的国家"，具体围绕"没有歧视的平等社会""和平和自主的国家""劳动者、农民、庶民活得有滋有味的社会"

"劳动者的政治"四大主题提出 21 项基本政策，核心内容包括增设富有税种，实施免费教育和免费医疗，修改《驻韩美军地位协定》和《韩美相互防卫条约》，阶段性撤出驻韩美军，在朝鲜半岛及周边建立非核地带，南北共同裁军，等等。2007 年，权永吉的竞选纲领在继续强调对富人增税、免费教育和免费医疗的同时，提出"建设韩国联邦共和国"的蓝图，包括解散韩美同盟、废除《国家保安法》、完全撤出驻韩美军等具体政策。2012 年，统合进步党的候选人李正姬在竞选纲领中提出十大主题，除了强化富人征税、免费教育和免费医疗外，还提出废除韩美 FTA，建立基本农产品国家收购制度，关闭核发电站等具体政策。纵观 2002~2012 年的三次总统选举，左翼政党的政策基本没有跳出两大思维模式：一是用增税来完善社会保障，从而实现平等；二是用反美来缓和南北关系，进而实现和平统一。然而，增税到什么程度才能满足免费教育、免费医疗等社会福利支出的需要？韩美关系调整到什么水平才能有效促进韩半岛自主和平统一？对于这些问题，左翼政党并未给出具有说服力的回答。

国会选举和地方选举是政党展开政策竞争的又一阵地。每次选举中形成的热点议题具有超越各个选区的共性，政党在热点议题上的政策取向即竞选对决的焦点。2004 年的国会选举中，虽然对卢武铉的弹劾和由此引发的政治改革是最大热点，但是具体的政策争议焦点是"伊拉克派兵"和"对北政策"，即政党是否赞成协助美国向伊拉克派兵，是否赞成对朝鲜采取强硬态度。民主劳动党对此持坚决反对态度。2008 年的国会选举被称为"政策失踪"的选举，分裂后的左翼政党忙于内斗更是没有提出什么可行性政策。2012 年的国会选举发生在李明博执政末期，左翼政党联合其他具有进步性质的在野党提出"政权审判论"，希望通过清算保守政党的施政错误来赢得选举。然而，李明博政府最具争议性的政策——推进韩美 FTA、组建济州岛海军基地，始于卢武铉政府，这使左翼政党的选举战略无法发挥出应有效果。在根植于地域社会的地方选举中，政党的竞争集中在内政之上。2010 年地方选举的政策焦点是"是否为中小学生提供免费午餐"。民主党对免费午餐采取积极支持态度，使左翼政党的免费午餐政策不再具有独特的吸引力。2014 年的地方选举，因"岁月号"沉没事件而使竞选焦点变为对新国家党执政能力的批判。这样，之前左翼政党力主的免费教育和免费医疗等提高社会保障水平的政策反而被边缘化。

总之，在历届国会选举和地方选举中，左翼政党的政策主张从未成为竞选的焦点。即便是社会保障政策上的优势，也多因为其他偏进步政党的相似主张或选举焦点的偏移，而无法引起选民的共鸣。

三 韩国左翼政党式微的策略原因

1. 左翼政党缺乏党内民主建设

权威时期左翼政党被迫采取地下活动，秘密活动和集中领导是其保持生存和进行民主斗争的重要策略。但是，当其成为院内政党后，传统的组织运作模式就显得与议会民主制度格格不入。党的政策路线不是在党员自由讨论的基础上形成，而是由党内占支配势力的派别专断或在各派别权力博弈中产生。

事实上，民主劳动党党内分裂为民族解放派（简单标记为 NL，又被称为"从北派"）和民众民主派（简单标记为 PD，又被称为"平等派"）后，如何对待朝鲜成了左翼政党关注的中心话题，社会公平和民生问题退居其次。此后的进步新党、统合进步党和进步正义党也都在"从北派"和"平等派"之间选边站。"从北派"主张从朝鲜的角度来看待朝鲜政权，承认朝鲜政权存在的合理性，理解朝鲜发展核武器的立场，认为天安舰事件是韩国政府的嫁祸，反对济州岛海军基地建设；"平等派"则恰恰相反。在"从北派"占优势的民主劳动党内，"平等派"和中间派受到排挤和打压，不同意见者被禁言和边缘化。2006 年 10 月朝鲜进行第一次核试验后，民主劳动党禁止党员对朝鲜进行任何形式的批判，统一口径认为朝鲜核武器开发的目的是自卫，反对美国对朝鲜采取任何形式的经济制裁和军事行动。在 2008 年的国会选举中，民主劳动党用秘密推荐的方法代替党内竞选制产生候选人，引发选民不满。2012 年 5 月 12 日，核心人物李正姬、柳时敏、沈相奵和赵俊虎全部表示辞去统合进步党共同代表职务，召开党中央委员会，讨论党纲修正案。但是，在当晚的中央委员会会议上，统合进步党的各派之间发生暴力冲突，赵俊虎在打斗中严重受伤，事后被迫接受人工关节移植手术。韩国左翼政党的党内非民主作法，导致政党凝聚力减弱，分党退党现象频发。

2. 左翼政党陷入目的至上主义

在过去的民主化运动中，左翼政党形成了为达到推翻独裁政权的目的不惜采取包括暴力革命在内的各种手段的传统。这种斗争方式在议会政治中的延续，遭到来自多方的诟病。

2010 年 2 月，全国教职员劳动组合和全国公务员劳动组合涉嫌参加政治活动，在警察对民主劳动党网络服务器搜查取证的过程中，民主劳动党相关人士事先藏匿了硬盘并对媒体宣称对本党私有财产有权自由处分。2012 年 4 月国会选举结束后，统合进步党在比例代表议席的分配中爆出丑闻，比例代表候选人的顺位排序上存在不当行为，网上投票和现场投票都存在不公正因素。为此，李正姬再次向国民道歉，李英姬、尹兰实和罗顺子相继辞去国会议员职务。2012 年国会选举后，警察对统合进步党的非法选举活动展开调查，统合进步党在与警察对峙 18 个小时后，才交出了储存着党员名单和网上投票系统的服务器。在对峙中，统合进步党的党员甚至用铁锤将警察车辆的玻璃砸碎，事后 10 名统合进步党党员被检察院以妨碍公务罪起诉。2013 年 9 月，统合进步党又爆出"叛国"丑闻。国情院搜集的证据显示，李石基召集统合进步党的骨干党员成立了亲北"革命组织"，在秘密集会中多次发表要配合朝鲜解放韩国的言论，他号召一旦接到朝鲜进攻的命令，组织成员就要尽其所能破坏韩国的通信设施和能源设施，配合朝鲜的武装解放行动。"叛国"行为一经爆出，统合进步党的支持率骤降，过半数的韩国国民在民意调查中表示该党应该解散。

3. 左翼政党议会政治经验不足

2004 年民主劳动党进入国会后，民众希望左翼政党能够在社会公平和弱者权利保障上有所建树。当时，民主劳动党仁川支部随机对 800 多名劳动者进行问卷调查后发现，36.1% 的劳动者最希望民主劳动党解决贫富分化问题，27.6% 的劳动者最希望民主劳动党解决临时工问题。

但是，第 17 届国会开院后，民主劳动党很快就陷入开放国家党和大国家党的纷争之中，疲于应付，甚至不能做到每天更新其网络主页的政策评论内容。虽然，民主劳动党也提出伊拉克撤军、增设富人税、保障临时工权利等相关政策，但招致总统、政府机关和国会其他党派的强烈反对，无法贯彻实行。很快民主劳动党就从 2004 年 4 月当选时 20% 以上的支持率，下落为 6 月的 18%、7 月的 13%。民主劳动党因缺乏政治经验，不善于和其他政党联合，在国会中总是处于边缘状态，甚至受到开放国家党这样的偏进步政党的孤立。2006 年民主劳动党换届以后，还是没有摆脱在国会中的尴尬地位。新一届民主劳动党在强调党内团结的同时，也将党关心的议题集中在废除《国家保安法》、驻韩美军撤军和南北统一问题上，而这些问题在朝鲜核试验的背景下很难获得国民支持。2007 年总统选举后，民主劳动党的支持率已经下降到了 5%，新成立的进步新党也只有 0.7%～2.1% 的支持率。继民主劳动党之后的统合进步党，更是在一系列丑闻后支持率降到冰点，突破 1% 都成为奢望。

四 比较与思考

韩国的民主社会已经进入巩固阶段，民众不仅追求一人一票式的形式民主，而且希望达到实质的民主，即在政治、经济和整个社会领域实现完全的自由和平等。作为解决资本主义弊端的社会主义理论，正好满足了韩国后民主主义时代的民众要求。这些表明，韩国政治发展需要左翼政党，韩国政治发展需要存在左翼政党的民主主义。但是，左翼政党要得到韩国国民的支持，还需要在理念和策略方面进行深思和转变。

首先，在理念的完善方面，西德左翼政党的成功经验可作启示。曾经同样面临冷战和统一问题的西德民主社会党，在统一和对东德态度的问题上，提出过许多创新理念和可行性政策。无论是巴尔的"以接近求转变"理念，还是勃兰特的"小步子"政策，都是对同一民族、不同制度国家统一道路的有益探索。这些做法既维持了同一民族的情感认同，又通过展示优势把握了统一主动权，既有改变现状的勇气，又不会被保守势力扣上"叛国"的帽子。在韩国，金大中的"阳光政策"就属于此类，但可惜没有深入下去。韩国左翼政党应在这个方向上有所作为，而不是与朝鲜的立场保持完全一致，甚至主张用朝鲜的主体思想来实现和平统一。只有这样，才不会被批评为"从北政党"和"高举主体思想"的政党，才能在韩国现有制度中合法生存，才能被整体趋于保守化的韩国国民支持。

其次，在政治策略方面，拉美国家新左翼政党的社会动员和党内组织建设能力，法国和意大利左翼政党灵活运用政治联盟的战略，欧洲各国左翼政党在完善社会福利制度上的贡献，挪威和爱尔兰左翼执政党的议会斗争经验等，都可为韩国左翼政党借鉴。左翼政党与人民大众的联系奠定其群众基础和社会动员能力。目前，韩国的左翼政党主要以公务员和大企业的正式职工为基础，左翼政党的最大支持势力——民主劳动组合总联盟的会员只有58万名，仅占韩国1680万名劳动者的3.5%。左翼政党如能对包括临时工在内的96.5%的劳动大众敞开大门，其群众基础和社会动员能力必然会产生飞跃。有效的党内民主竞争是左翼政党组织建设的核心。目前，韩国的左翼政党在党内出现意见分歧时，大多用强制或秘密的手段加以解决。在竞选时的政党候选人公荐环节，往往会采取"密室公荐""战略公荐""内部落选""内部指定"等非民主方式。左翼政党如能建立起兼备开放性、制度化和分权性的党内民主制度，其组织能力将会得以提升。相比外交，民众对左翼政党的国内民生政策更为期待。韩国左翼政党动用大规模人力物力去反对韩美 FTA、质疑天安舰调查结果，却没有提升其支持率。如果能把更多的精力放在切实解决诸如看病贵、上学贵、公租房、青年就业等具体的民生问题上，处境似乎更容易得到改善。在议会政治中灵活运用妥协、结盟等政治技巧是左翼政党院内竞争的法宝。韩国左翼政党在国会中只拥有 3% 左右席位，单打独斗难以通过议案。如果能把院内斗争和院外斗争很好地结合起来，在提出议案前充分收集整理相关信息，征求民众意见，扩大与市民团体的联系，造成有利的舆论攻势，促成在国会中的保守势力妥协并形成政治联盟，其国会影响力将显著提高。

最后，左翼政党的发展既应结合本国国民理念的现状，不可操之过急，又要放眼世界，拥有长远深邃的政治眼光。韩国的左翼不仅要走出和朝鲜左翼不同的道路，而且要把欧洲和拉美的经验本土化，使左翼能够有血有肉地扎根劳动大众之中，一步步成长壮大。也就是说，韩国左翼政党要有长远的政治发展规划，建党不是为马上以极端言论而博上位，也不是为草草应对眼前选举，而是为了二三十年后的长远发展。正如《朝鲜日报》在社论中所说："当进步势力如果不是为了三个月后的总统选举而匆忙建党，而是放眼未来三十年去建设真正的进步政党，在三年后的国会选举中他们也许就可以收获成果了。"这也许就是所谓的急事缓行。

[作者单位：山东大学（威海）]

后 记

威海市社会科学优秀成果奖，是威海市政府奖。1997年，时值威海市成立10周年之际，中共威海市委宣传部、威海市人事局、威海市财政局、威海市社会科学界联合会联合报请，经时任市委副书记、市长孙守璞同志亲自过问并批准设立。

自1997年设立威海市社会科学优秀成果奖至今，共举行20次评选，有接近1400项成果获奖。许多成果进入决策，较好地解决了经济社会发展实践中的难题。

2007年，为庆祝威海市建市20周年，我们编辑出版了《威海市社会科学优秀成果获奖作品文库》（第一卷～第十卷）。近10年来，威海的哲学社会科学事业，尤其是社科理论研究领域，从人才队伍到研究领域到成果质量水平，都得到了全面的发展。2017年，威海市成立30周年，我们继续组织编辑了本套《威海市社会科学优秀成果获奖作品文库》（第十一卷～第二十卷）。

《威海市社会科学优秀成果获奖作品文库》（第十一卷～第二十卷），汇集了2008～2017年获得威海市社会科学优秀成果奖的著作、论文、研究报告，集中反映了近十年威海市哲学社会科学界取得的优秀成果，研究范围涉及经济学、管理学、语言文字学、教育学、文艺理论、外国文学、哲学、政治学、社会学、法学、科学社会主义理论等专业领域以及党的建设、历史文化、社会发展、经济建设、体制改革、马克思主义研究等诸多方面。

受篇幅的限制，编辑过程中，我们删除了成果原文中的"内容提要""关键词""参考文献"以及"尾注""角注""夹注"，加注了作者所在单位。若需详查，读者可与作者直接联系。

编辑过程中，有些文稿中图片的清晰度不够，达不到印刷要求，在不影响原意表达的前提下，一般作删除处理。因时间跨度较长以及各种社会因素变化，有些获奖成果已难以搜集，有些作者提供的资料过于简单或者缺乏研究的深意，也有个别研究因为资料来源不规范和一些认识偏差，没有收录，在此一并说明。

社会科学文献出版社的领导和编辑们，在文库的编辑工作中展现了出色的业务能力、精益求精的工作态度和一切从客户愿望出发的职业道德，成为我们学习的榜样。在此，表示衷心感谢！

编 者
2017 年 9 月